祁志祥学术自选集

祁志祥 著

復旦大學出版社
2019·上海

校庆筹备工作领导小组

组　长：夏小和　刘晓红
副组长：潘牧天　刘　刚　关保英
　　　　胡继灵　姚建龙
成　员：高志刚　韩同兰　石其宝
　　　　张　军　郭玉生　欧阳美和
　　　　王晓宇　周　毅　赵运锋
　　　　王明华　赵　俊　叶　玮
　　　　祝耀明　蒋存耀

总序

三十五年的峥嵘岁月,三十五载的春华秋实,转眼间,上海政法学院已经走过三十五个年头。三十五载年华,寒来暑往,风雨阳光。三十五年征程,不忘初心,砥砺前行。三十五年中,上海政法学院坚持"立足政法、服务上海、面向全国、放眼世界",秉承"刻苦求实、开拓创新"的校训精神,走"以需育特、以特促强"的创新发展之路,努力培养德法兼修、全面发展,具有宽厚基础、实践能力、创新思维和全球视野的高素质复合型应用型人才,在中国特色社会主义法治建设征程中留下了浓墨重彩的一笔。

学校主动对接国家和社会发展重大需求,积极服务国家战略。2013年9月13日,习近平主席在上海合作组织比什凯克峰会上宣布,中方将在上海政法学院设立"中国—上海合作组织国际司法交流合作培训基地"(以下简称"中国—上合基地"),愿意利用这一平台为其他成员国培养司法人才。此后,2014年、2015年和2018年,习主席又分别在上合组织杜尚别峰会、乌法峰会、青岛峰会上强调了中方要依托中国—上合基地,为成员国培训司法人才。2017年,中国—上合基地被上海市人民政府列入《上海服务国家"一带一路"建设、发挥桥头堡作用行动方案》。五年来,学校充分发挥中国—上合基地的培训、智库和论坛三大功能,取得了一系列成果。

入选校庆系列丛书的三十五部作品印证了上海政法学院三十五周年的发展历程,也印证了中国—上合基地五周年的内涵提升。儒家经典《大学》开篇即倡导:"大学之道,在明明德,在亲民,在止于至善。"三十五年的刻苦,在有良田美池桑竹之属的野马浜,学校历经上海法律高等专科学校、上海政法管理干部学院、上海大学法学院和上海政法学院等办学阶段。三十五年的求实,上政人孜孜不倦地奋斗在中国法治建设的道路上,为推动中国的法治文明、政治进步、经济发展、文化繁荣与社会和谐而不懈努力。三十五年的开拓,上海政法学院学科门类经历了从单一性向多元性发展的过程,形成了以法学为主干,多学科协调发展的学科体系，学科布局日臻合理，学科交叉日趋完善。三十五年的创新，在我国社会主义法治建设进程中，上海政法学院学科建设与时俱进，为国家发展、社会进步、人民福祉献上累累硕果和片片赤诚之心！

"所谓大学者，非谓有大楼之谓也，有大师之谓也。"三十五部作品，是我校学术实力的一次整体亮相，是对我校学术成就的一次重要盘点，是上政方家指点江山、激扬文字的历史见证，也是上海政法学院学科发展的厚重回声和历史积淀。上海政法学院教师展示学术风采、呈现学术思想，如一川清流、一缕阳光，为我国法治事业发展注入新时代的理想与精神。三十五部校庆系列作品，藏诸名山，传之其人，体现了上海政法学院教师学术思想的精粹、气魄和境界。

红日初升，其道大光。迎着佘山日出的朝阳，莘莘学子承载着上政的学术灵魂和创新精神，走向社会，扎根司法，面向政法，服务社会国家。在佘山脚下这座美丽的花园学府，他们一起看情人坡上夕阳抹上夜色，一起欣赏天鹅一家漫步在中国—上合基地河畔，一起奋斗在落日余晖下的图书馆。这里记录着他们拼搏的青春，放飞着他们心中的梦想。

《礼记·大学》曰："古之欲明明德于天下者，先治其国。"怀着修身、齐家、治国、平天下理想的上政师生，对国家和社会始终怀着强烈的责任心和使命感。他们积极践行，敢为人先，坚持奔走在法治实践第一线；他们秉持正义，传播法义，为社会进步摇旗呐喊。上政人有着同一份情怀，那就是校国情怀。无论岁月流逝，无论天南海北，他们情系母校，矢志不渝，和衷共济，奋力拼搏。"刻苦、求实、开拓、创新"的校训，既是办学理念的集中体现，也是学术精神的象征。

路漫漫其修远兮，吾将上下而求索。回顾三十五年的建校历程，我们有过成功，也经历过挫折；我们积累了宝贵的办学经验，也总结了深刻的教训。展望未来，学校在新的发展阶段，如何把握机会，实现新的跨越，将上海政法学院建设成一流的法学强校，是我们应当思考的问题，也是我们努力的方向。不断推进中国的法治建设，为国家的繁荣富强做出贡献，是上政人的光荣使命。我们有经世济民、福泽万邦的志向与情怀，未来我们依旧任重而道远。

天行健，君子以自强不息。著书立说，为往圣继绝学，推动学术传统的发展，是上政群英在学术发展上谱写的华丽篇章。

上海政法学院党委书记　夏小和　教授

上海政法学院校长　刘晓红　教授

2019年7月23日

目录 CONTENTS

总序 …………………………………………………………………… 001

第一辑　文学研究

一、论文艺是审美的精神形态 …………………………………………… 003
二、论审美主体对艺术的双重美学关系 ………………………………… 011
三、现代艺术对传统艺术双重审美特征的反叛 ………………………… 021
四、"平淡"：中国古代诗苑中的一种风格美 …………………………… 039
五、柳宗元园记创作刍议 ………………………………………………… 049
六、"活法"说：中国古代文学的总体创作方法论 ……………………… 056
七、"定法"说：中国古代的具体创作方法论 …………………………… 065
八、"物我双会"说：中国古代的艺术观照方式论 ……………………… 081
九、关于中国古代文学原理的构思 ……………………………………… 089
十、中国古代表现主义民族文论体系刍议 ……………………………… 094
十一、古代文论方法论的文化阐释 ……………………………………… 102
十二、中国现当代文学发展的思想嬗变 ………………………………… 116

第二辑　美学研究

一、"美学"是"审美学"吗？ ……………………………………………… 145

二、论美是普遍快感的对象 …………………………………………… 160
三、论美是有价值的乐感对象 ………………………………………… 172
四、乐感美学原理的逻辑建构 ………………………………………… 181
五、"重构":"建设性后现代"方法论阐释 …………………………… 194
六、中国古代美学思想系统观 ………………………………………… 227
七、中国美学史书写的历史盘点与得失研判 ………………………… 240
八、中国古代诗文美学的历史演进 …………………………………… 263
九、中国现当代美学史的整体走向与时代分期 ……………………… 281

第三辑 佛学研究

一、佛教美学:在反美学中建构美学 ………………………………… 299
二、佛教美学观新探 …………………………………………………… 307
三、中国佛教美学的历史巡礼 ………………………………………… 319
四、以"圆"为美:佛教对现实美的变相肯定 ……………………… 331
五、佛教"光明为美"思想的独特建构 ……………………………… 338
六、论华严宗以"十"为美的思想倾向 ……………………………… 350

第四辑 人学研究

一、马克思恩格斯"人的本质"定义献疑 …………………………… 359
二、论人的双重本性及其现实启示 …………………………………… 362
三、论人的情感及其应对态度 ………………………………………… 379
四、善恶观:可欲为善、公意为善 …………………………………… 394
五、中国人文思想史上的六次启蒙 …………………………………… 401

第五辑 国学研究

一、周代:中国思想史上的第一个启蒙时期 ………………………… 431

二、《周易》：从"神道设教"走向"人文"之道 …………………… 456
三、《尚书》"民主"学说新探 …………………………………… 465
四、国学中的"民本"论及其现代意义 …………………………… 477
五、国学中的"民主"论及其现代意义 …………………………… 486
六、中国古代"民生""民心"思想及其当代意义 ……………… 499

第六辑　法学研究

一、"以人为本"的历史诠释与当代解读 ………………………… 513
二、国学中的"法治"论 …………………………………………… 526
三、论"公平正义" ………………………………………………… 534
四、时代语境下的"自由"新解 …………………………………… 545
五、从空想共产主义到马克思的共产主义 ……………………… 556

附录　祁志祥著作目录 …………………………………………… 575

第一辑
DI YI JI

文学研究

笔者自幼喜爱文学,读大学前曾写过不少诗文,读大学中文专业后醉心于小说与诗歌的阅读与写作中,梦想成为作家[1]。但作家没有当成,一个偶然的机遇意外成了学者[2]。从文学起家,研究文学是我的学术起点。1986年,我在《文艺研究》上发表的第一篇长篇论文《平淡——中国古代诗苑中的一种风格美》是关于诗学风格的论文。1988年,考上华东师大中文系研究生之后,我发表的第一篇论文《论审美主体对艺术的双重美学关系》是关于文艺的论文。我的硕士论文题目是《民族文论与宗法文化》,后来收在我的《中国美学的文化精神》(上海文艺出版社1996年版)一书中。我出版的第一部专著是文学理论著作《中国古代文学原理——一个表现主义民族文论体系的建构》(学林出版社1993年版)。这部后来被评为高等教育"十一五"国家级规划教材的《中国古代文学理论》,先后在山西教育出版社(2008)、华东师大出版社(2018)出版,并获上海市普通高校优秀教材奖。此外,我还写过不少文学论文,分别收在我的《美学关怀》(复旦大学出版社1998年版)、《人学视阈的文艺美学探究》(上海财经大学出版社2010年版)两书中。其中,最能反映我对文学本质认识的论文是《论文艺是审美的精神形态》(2001)。在上海财经大学工作期间,参加集体项目,完成《历代文学观照的经济维度》的编著(河南人民出版社2012年版)。后又参加朱志荣教授主编的丛书,从美学维度写中国文学理论批评史,完成《中国文学美学史》(山西教育出版社2014年版)。

---

[1] 参《且行且珍惜——祁志祥自传体诗文集》,汕头大学出版社2018年版。
[2] 参《钱中文祁志祥八十年代文艺美学通信》,上海教育出版社2018年版。

一、论文艺是审美的精神形态

1. 非本质主义给文艺本质思考的启示

艺术的生命源于创新。创新推动着艺术创作的不断发展和艺术形态的不断更新。不断更新而又被社会承认的艺术创作实践不断打破原来关于艺术统一性的定义,要求对艺术本质作出新的概括,而新的艺术本质定义又将被新的艺术创作实践所打破。艺术实践的开放性和艺术定义的封闭性始终处于难于协调的矛盾状态,只要我们承认艺术创新的开放性,就势必否认艺术概括的可能性。而艺术的创新不容否认,因而艺术的本质注定了解构主义、取消主义的命运。20世纪以来,蓬勃发展的艺术创作、日新月异的艺术形态启发艺术理论家开始思考艺术定义的解构性问题,20世纪初意大利的克罗齐,二三十年代英国的瑞恰兹,五六十年代美国的肯尼克和韦兹,70年代末美国的布洛克,80年代初出版《艺术的故事》的英国艺术史家贡布里希等人,都相继对艺术本质的解构性作过论述。如韦兹说:关于"艺术","一切美学理论试图建立一个正确的理论,便在原则上犯了错误……它们以为'艺术'能够有一个真正的或任何真实的定义,这是错误的"[1]。贡布里希在其艺术史论著《艺术的故事》导论中开宗明义:"实际上没有艺术这种东西,只有艺术家而已。……我们要牢牢记住,艺术这个名称用于不同时期和不同地方,所指的事物会大不相同。只要我们心中明白根本没有大写的艺术其物,那么把上述(艺术家的——引者)工作统统叫做艺术倒也无妨。事实上,大写的艺术已经成为叫人害怕的怪物和为人膜拜的偶像了。"[2]瑞恰兹甚至指出:"许多聪明人事实上……对艺术性质或对象的讨论不再感兴趣,因为他们觉得,几乎不存在达到任何明确结论的可能性。"[3]这种艺术本质不可界定的思想,可称之为"非本质主义"的艺术观。

如何看待"非本质主义"艺术观?显然,它注意到艺术本质理论概括的局限

---

[1] 转引自朱立元主编:《西方现代美学史》,上海文艺出版社1996年版,第24页。
[2] 贡布里希:《艺术的故事》,生活·读书·新知三联书店1999年版,第15页。
[3] 转引自朱立元主编:《西方现代美学史》,上海文艺出版社1996年版,第411页。

性,揭示了任何既有的艺术定义都不能涵盖新的艺术创造这一事实,无疑是其明智之处;但它否定在艺术创新诞生之前人们对既有的艺术作品的统一性进行概括的可能性和合理性,用一种完美主义、求全主义、绝对化的观点要求艺术定义,进而否定乃至嘲笑关于艺术本质的理论思考以及艺术理论对艺术现象统一性从事归纳概括的使命和权利,却是失察的、不可取的。正如创新是艺术创作的天然权利一样,概括是艺术理论的天赋权利。只要我们不用绝对化的观点看待自己的理论概括,那么,对已有的艺术现象存在的本质、特征作些尽可能周详的思考抽象,有什么值得诟病的呢? 它不正是一门严格意义上的艺术学赖以立足的逻辑起点吗?

2. 精神形态:文艺的基本属性

面对古今中外林林总总、形形色色的艺术作品实际,如果对它们之间最基本的共通属性作一抽象,这一抽象是什么呢?

这就是,无论什么样的艺术品,都是人的精神产品,是一门精神形态。

西方古典艺术作品产生于对自然的逼真摹仿和对现实的忠实再现,其理论上的反映是以亚里士多德为代表的艺术摹仿论和以别林斯基、车尔尼雪夫斯基为代表的艺术反映论。这种艺术作品无论对自然、社会的再现多么客观,它在形式上仍然是主观的,它的自然本质上属于"第二自然",是人的精神创造的作品。

西方现代艺术作品沿着情欲表现和形式主义两条岔道与古典艺术理性再现现实的路子分道扬镳。在情欲表现作品的理论概括中,克罗齐、科林伍德、鲍桑葵、开瑞特、朗格等人指出艺术即情感表现,叔本华、尼采、柏格森、弗洛伊德等人揭示说艺术的本质在欲望象征。而克莱夫·贝尔、罗杰·弗莱等人则为形式主义艺术创作的理论代表。他们认为艺术的本质既不在再现了什么现实,也不在表现了什么情欲,而在创造了"有意味的形式"。这是一种纯粹的与真善内容无关的形式,它仅仅具有使人愉快的审美意味。尽管上述诸说及其作品大相径庭,但在同为人的精神产品、形态这一点上却是共同的。

中国古代文艺作品分两种情况。一方面,"文,心学也"[1],"诗,原乎心也"[2],"书,心画也"[3],"画者,从于心者也"[4],"琴者心也,琴者吟也,所以

---

[1] 刘熙载:《游艺约言》,《古桐书屋续刻三种》,清光绪十三年刻本。
[2] 欧阳修语,转引自魏庆之:《诗人玉屑》卷一,上海古籍出版社1982年版。
[3] 扬雄:《法言·问神》,中华书局1987年版。
[4] 石涛:《苦瓜和尚语录·一画章》。

吟者心也"[1],要之,"诗文书画,俱精神为主"[2],文艺作品是主体心灵精神的表现;另一方面,"凡云'文'者,包络一切著于竹帛者而为言"[3],由于汉文字均为"错画也,象交文"[4],具有文饰性特点,"是故榷论文学,以文字为准,不以彣彰(文采——引者)为准"[5],文学即文字作品,书画即色彩、线条、用墨、运笔等技艺形式的创造,而这一切均可归之为艺术家精神的造物。

中国现代文艺作品在西方艺术摹仿论,尤其是马克思主义反映论的影响、指导下,强调文艺描写人生,是社会生活的形象反映,是一门特殊的社会意识形态。这种情况一直延续到1949年以后直至"文革"结束。由于强调文艺的意识形态本质,文艺发展到"文革"中完全沦为政治观念的传声筒,但我们却无法否认它是"文艺",从事文艺本质研究的理论家不应把这些作品排除在外,因为作为"文艺作品",它们的文艺属性是被那个时代的广大读者认可了的。新时期以来,文艺在忠实再现社会生活中的人性真实的同时,又逐渐走向主体心灵的表现和纯形式美的实验。由于过去我们对人的心灵的欲望层面压抑过甚,而大量译介进来的西方哲学论著又一再揭示无意识的欲望是支配意识的本源,所以新时期的文艺无论再现现实人性还是表现主体心灵,都更侧重向人性的深层部分——无意识层的欲望活动开掘。这时,文艺成了"欲望手枪""无意识形态",它与以往理性指导下反映现实的"意识形态"已不可同日而语。若在两者之间寻找什么共同性,那就是,它们都是人的精神形态。

这里,请允许我对当下流行的"审美意识形态"说提出某种商榷。此说不满意以前"社会意识形态"说文艺本体论的庸俗社会学和机械唯物论弊端,提出文艺的本质是"审美的意识形态"加以纠偏,自有积极意义。同时,它以审美中主体向客体的倾斜、理性向感性的开放界说自身的丰富性,也显示出见识的融通。但它以"意识形态"界定文艺的基本属性,按照约定俗成的对"意识形态"概念的理解,这仍然是不能令人信服地解释"欲望形态"的文艺作品实际的。有一种说法辩解说:尽管文艺描写了欲望活动,但艺术家在创作时却是清醒的、自觉的、有意识的,因而仍不能否认文艺是意识形态。这种说法诚然有理。创作过程的

---

[1] 李贽:《焚书》卷三《读史·琴赋》,中华书局1975年版。
[2] 方东树:《昭昧詹言》卷一,人民文学出版社1961年版。
[3] 章炳麟:《国故论衡·文学总略》,上海古籍出版社2006年版。
[4] 许慎:《说文解字》"文"字条注释。
[5] 章炳麟:《国故论衡·文学总略》。

自觉与否,确是决定艺术品是不是意识形态的根本因素。然而,我们看到,古今中外好多艺术作品,其创作过程恰恰是无意识的。中国古代文论一再揭示:成功的艺术作品诞生于"天人凑泊""天机自动",是"不以力构""不以思得之"的,正如沈约分析谢灵运诗句时所说:"至于高言妙句,音韵天成,皆暗与理合,匪由思至。"[1]如果说中国古代文艺作品由于表现对象的非欲望化而遮蔽了它作为无意识产物的非意识形态性,那么西方现代艺术则由于从表现对象到创作手段的无意识化,而将其自身的非意识形态性展现得淋漓尽致。20世纪二三十年代兴盛于西方的超现实主义艺术派别以解放潜意识相标榜,认为人世间唯一靠得住的是本能、潜意识,而不是理性、意识。人的本能、潜意识是生命中最本质的力量,平时它被理性的岩石压在心灵深处,只有当意识松懈或疏忽时,才能像火山一样喷发出来。为了获得欲望的本然状态,超现实主义主张打碎理性枷锁,提倡无意识、自发性创作。超现实主义给西方艺术带来的变革和影响是巨大深远的。此后出现的抽象艺术、非定形主义画派等,无不与此有关。抽象艺术以画笔为工具,听任画笔的提按疾徐、翻转扭动,在画布上留下龙飞凤舞的笔迹和信手涂洒的颜料。美国著名的画家波洛克是这一派的代表。他在作画时把大块画布铺在地上,一手拿着笔,一手提着颜料桶,在画布内外回旋进退,同时把颜料泼洒在画布上,因此获得"行动绘画""行动画家"之名。[2]《一体》是其用这种方法创作出来的代表作。[3] 20世纪四五十年代,在抽象艺术的中心巴黎,出现了一批挥洒自如的画家,人称"不定形主义",以区别于定形的立体主义和几何抽象主义。非定形,正是无意识创造的必然结果。[4] 中国当代作家中,热衷于"无意识、自发性写作"的也大有人在。著名作家残雪是典型的例子。她在接受采访时坦陈:她"不能允许"在"理性状态"支配下"写出来的东西",她的作品是"不知不觉"地写出来的。她说:"我一般是拿起一支笔把纸铺在桌子上,自己觉得可以就开始写,在那之前脑子里什么也没有。我平常从不想到创作的事……而且平常我也是早上写了一个钟头,就再也不想,做做其他的事,摸摸弄弄,随处走走看看。""我的世界是坐在书桌前用那种'野蛮的力'重新创造一个世界,可以说是他们所说的妄想狂的世界。""我一般很少修改我的稿子,就直接

---

[1] 《宋书·谢灵运传论》。
[2] 详参张延风:《西方文化艺术巡礼》,中国青年出版社1998年版,第306—307页。
[3] 《一体》画图片,见贡布里希《艺术的故事》,第603页。
[4] 详参张延风:《西方文化艺术巡礼》,中国青年出版社1998年版,第308—309页。

在稿纸上写。"[1]这一切实例向我们表明,把文艺定性为"意识形态"是欠准确的。文艺从本质上说仍然是人的精神形态,无论它是意识形态还是非意识形态。

由此可见,我们所说的作为文艺基本属性的人的"精神",不是与物欲、本能对立的概念,而是指包含着物欲、本能在内的完整的心灵世界。文艺作为人类特有的精神现象,必须展示人的精神世界的完整性、丰富性、真实性和深刻性。文艺的精神形态本性决定了文艺创作必须恪守以下一些人学原则:

意识与本能的统一。在人的精神世界中,意识只是浮出水面的冰山一角,本能是深藏水底的大片冰山。不仅人的意识机能是在实现生命本能欲望的物质活动中产生的,而且人的意识形态也是为实现个体本能服务的。意识与本能在人的精神世界中密不可分,艺术创作既不能仅仅是意识的载体,也不能仅仅是本能的象征,否则必然导致艺术作为人的精神状态的残缺。

自觉与直觉的统一。人的意识活动是清醒的、自觉的,人的本能活动是迷糊的、直觉的。自觉与直觉,是意识与本能活动方式呈现的相应特征。文艺写出人的精神世界中意识与本能的统一,也就要求相应写出人的精神活动的自觉与直觉的统一。同时必须承认,创作作为人的精神活动方式,它也不可能仅是自觉的或直觉的,自觉与自发的写作可以并行不悖。

受动与自动的统一。意识认知外物,接受外界信息指令,具有受动性、他动性、被动性。本能自发产生各种愿望,驱使人们行动,具有自动性、主动性、能动性。受动与自动,是意识与本能活动方式的另一特点。文艺要展示人的精神形态的完整性,势必兼顾人的自动性与受动性的统一,而不能将人仅仅写成受动的"工具"或只受本能驱动,不受理性及外在规范制约的"两脚动物"。

个体欲求与社会欲求的统一。本能追求维持个体生命的存在,滋生个体欲求,意识接受群体的社会规范,产生社会欲求,这是人的精神活动的另外一对矛盾。个体欲求的实现离不开社会欲求的满足,尊重社会欲求是为了更好地实现个体欲求,二者同样不能割裂。

善性与恶性的统一。善是社会公意,是约定俗成的行为规范。恶是对此的突破。合乎社会公意、规范的意识、本能是善,反之为恶。因此,笼统地说意识是善,本能是恶是错误的。同时,意识具有认知社会公意的潜在可能,本能具有突

---

[1]《文学创作与女性主义意识——残雪女士访谈录》,《天火——〈书屋〉佳作精选》上,岳麓书社2000年版,第189、191页。

破社会公意的潜在可能,因而人的意识与本能中又藏着善性与恶性的因子。文艺作为人的精神形态,应当顾及善性与恶性的统一,而不能将艺术仅仅写成善的或恶的容器。

人的精神世界的二元对立统一,是我们理解文艺的精神形态本质的指南。迄今为止,中外艺术作品不外乎三类情形:第一类,现实的再现;第二类,主体的表现;第三类,纯形式的构造。在再现现实的艺术中,要注重通过对象的人展示人的精神的二重性、丰富性。在表现主体的艺术中,要注意以"不虚美,不隐恶"的真诚和勇气,展现主体人的精神二重性、真实性。追求纯形式创造的艺术既不再现什么,也不表现什么,似乎与人的精神二重性距离甚远,其实不然。趋乐避苦,是人的本能、天性。艺术追求纯形式的美,体现了人求乐的本能。而认识纯形式美的规律并创造美的艺术形式,则是人的意识体现。

把文艺定性为"精神形态",较之定义为"意识形态"更有助于在基本属性层面凸显文艺与其他"意识形态"的不同。哲学、经济学等社会科学乃至自然科学,是人类运用理性对社会和自然规律的认识,属于标准的"意识形态";文艺作为包含本能的"精神形态",与它们迥然有别,彼此不可互易其名。

3. 审美特征:文艺的特殊属性

仅仅认识文艺的"精神形态"属性还远远不够,人类的精神形态不止一种,这就需要对文艺这门精神形态的特殊属性作出进一步限定。

文艺这门精神形态的特殊属性是什么呢?就是它的审美属性。就是说,文艺是能够给人带来美感享受或情感愉悦的精神形态。过去人们认为,文艺与科学的区别只在于形象,形象是文艺的根本特征,科学用三段论证明观点,文艺用形象描绘、显示观点,因而,文艺是用形象方式反映社会生活的意识形态。后来艺术实践的发展打破了艺术的形象特征定义,许多现代艺术并无形象,但却给人以美感,你无法否定它是"艺术"。于是,人们用涵盖面更广的"审美性"说明文艺的特征便有了理论深化意义。这方面的代表是钱中文先生。1984年,他在《文艺理论的发展和方法更新的迫切性》一文中提出,文学是"一种审美的意识形态",创作过程是一种"审美反映"。1986年,他发表《最具体的和最主观的是最丰富的》一文,重申"文学是一种审美的意识形态,其重要的特性就在于它的审美性和意识形态性"。1987年,他再次发表了以"文学是审美意识形态"为题的论文。[1] 尽管对"审美性"有不同的理解,但提出"审美性"取代"形象性"作为文艺特性,这是有相当积极的理论建设意义的。

文艺的审美特性有哪些?我以为可以从形象性、情感性、形式性三方面去理解。

(1) 形象性

美诉诸感觉愉快。为感觉把握的美必须具备可感性、形象性。一个不具备形象性、不可感知的物体是不可能发生审美功能的。因此,美的特点之一是形象性。通过形象方式使文艺具有美,是文艺实现其审美本质的有效途径之一。过去,我们把形象性视为审美创作的唯一途径,固然不准确,但是,矫枉过正,认为形象手段与审美创造无关,从而排斥形象审美创造,也属失当。晚清夏曾佑对形象的审美性有过一段精彩的评论。他在《小说原理》中指出:"人所乐者,肉身之实事"。人天性喜欢"肉身之实事"这样的生动具体的形象世界。由于文艺大量描写了"肉身之实事",所以能给人带来审美快乐。"肉身之实事"的详尽、鲜明、直接与否,决定着不同形态艺术门类审美快乐的强弱高低。在文艺作品中,"看画最乐,看小说其次"。何以如此呢?因为"如在目前之事,以画为最,去亲历一等耳。其次莫如小说"。尽管小说的审美快乐略逊绘画一筹,但由于小说"以详尽之笔写已知之理",不像"以简略之笔写已知之理"的"史","以简略之笔写未知之理"的"经文"那样索然无味,因而在诸文字之书中"最逸"。中国古代文论屡屡要求"假象见义""借景言情""即物寓意""即事明理",除了出于"温柔敦厚""主文谲谏"的礼教传统,也有审美的考虑。艺术形象美的规律主要在于逼真。经验告诉我们,事物本身虽然丑陋,但惟妙惟肖的摹仿却能引起我们的美感。当然,艺术形象并不是原物的简单复制,它可能出于艺术的虚构,但在情理上又更加真实,对于这样栩栩如生的艺术形象,我们总是感到美不可言。

(2) 情感性

美的另一特征是情感性。一种艺术形象如果毫无情感,肯定不会打动人、感染人。工程图、解剖图与艺术形象的本质区别,就在前者无情感,后者有情感。情感也是艺术家区别于手艺匠的根本之处。"手艺匠可以成为极伟大的艺术家,如果他把感情贯注进去。艺术家也可以成为手艺匠,如果他光是涂抹而没有

---

[1] 参钱中文:《新理性精神文学论》自序及《文学是审美意识形态》,华中师范大学出版社2000年版。

把感情贯注进去。"[1]情感可以产生动人的美,中外理论家早有所述。德谟克利特说:"一位诗人以热情并在神圣的灵感之下所作成的一切诗句当然是美的。"[2]狄德罗说:"凡有情感的地方就有美。"[3]车尔尼雪夫斯基说:情感会使在它影响下产生的事物具有特殊的美。[4] 加里宁指出:"我发现写作时如果没有情感,写出来的东西一定很坏。"[5]英国近代美学家卡里特指出:美就是感情的表现,凡是这样的表现没有例外都是美的。[6] 克罗齐指出:美即直觉、情感表现。中国古代,这样的言论也不少。陆机《文赋》指出:"诗缘情而绮靡","言寡情而鲜爱"。刘勰《文心雕龙》认为:"物以情观,故词必巧丽。""辩丽本于情性。"袁宏道说:"情至之语,自能感人。"[7]焦竑说:"情不深则无以惊心动魄。"[8]章学诚说:"文……所以入人者,情也。"[9]由于情能生美,所以人们把情感视为艺术的审美特性之一。近代英人金蒂雷认为,艺术即"感情本身",感情即"艺术本质"。[10] 赫伯恩认为,情感是艺术"现象上客观的性质"[11]。科林伍德给艺术的定义是:"通过……想象性活动以表现自己的情感,这就是我们所说的艺术。"[12]中国古代讲"情至文至"(黄宗羲)、"情至诗至"(王夫之)、"文者情之华"[13],胡适讲"情感者文学之灵魂"[14],无不如此。情感生美的规律在于真诚。"不精不诚,不能动人。故强哭者虽悲不哀,强怒者虽严不威,强亲者虽笑不和。"[15]"精诚由中,故其文语感动人深。"[16]这就叫"情挚文至"。文学不是不可以言理,但由于"理过其辞"则"淡乎寡味"(钟嵘),所以说理"须带情韵以行"(沈德潜)。文学自然可以咏物,但"专意琢物"便无"意味",故"善咏物

---

[1] 加里宁:《加里宁论文学和艺术》,草婴译,人民文学出版社1962年版。
[2] 《西方美学家论美和美感》,商务印书馆1982年版,第17页。
[3] 《文艺理论译丛》1958年第1期。
[4] 切尔尼雪夫斯基:《生活与美学》,周扬译,人民文学出版社1957年版,第72页。
[5] 加里宁:《加里宁论文学和艺术》,草婴译。
[6] 转引自李斯托威尔:《近代美学史述评》,蒋孔阳译,上海译文出版社1980年版,第7页。
[7] 《袁中郎全集》卷三《叙小修诗》。
[8] 《淡园集》卷十五《雅娱阁集序》。
[9] 《文史通义·史德》。
[10] 转引自李斯托威尔:《近代美学史述评》,蒋孔阳译,第10页。
[11] 转引自李普曼:《当代美学》译者前言,光明日报出版社1986年版,第24页。
[12] 科林伍德:《艺术原理》,王至元等译,中国社科出版社1985年版,第156页。
[13] 郑文焯:《鹤道人论词》。"华"通"花"。
[14] 胡适:《文学改良刍议》。
[15] 《庄子·渔父》。
[16] 王充:《论衡·超奇》。

者,妙在即景生情"[1]。

(3) 形式性

当形式的创造符合普遍令人愉快的心理规律,便可给人审美愉快。艺术不仅可以通过忠实地刻画形象,真实地表现情感获得美,而且可以通过符合审美规律的形式创造获得美。中国古代文论强调"格律声色"等"文饰"之美,所谓"诗赋欲丽""义归翰藻";20世纪上半叶以贝尔为代表的英国形式主义美学强调绘画的"形式意味",以雅各布逊为代表的俄国形式主义文论强调文学作品的"文学性",以罗兰·巴特为代表的法国结构主义文论强调文学的"能指",后来的韦勒克在《文学理论》中强调"文学是语言结构的审美创造",贡布里希在《艺术的故事》中强调绘画作品的"绘画性",等等,都是从形式方面说明文艺的审美性。艺术形式审美创造的基本规律是寓杂多于整一,是对立统一,是和谐对称。由于形式美仅诉诸感觉层,感官对形式美的感觉会随审美频率的增多而弱化,所以形式美的另一创造规律是创新。"新也者,天下事物之美称也。"(李渔)新的艺术形式打破传统规范,一方面使人不适应,另一方面又给人耳目一新的新鲜感和震撼刺激,久而久之会逐渐被人认同和接受。审美的形式就处在这种生生不息的永恒创造中。

形象性、情感性、形式性是艺术审美特性的三个来源。它们可同时共存于一部作品中,也可单独存在于一部作品中。

文艺是审美的精神形态。精神形态和审美特性,构成文艺的双重本质。

(原载《文艺理论研究》2001年第6期,转载于《上海作家作品双年选》理论卷,上海文艺出版社2003年版;收入《祁志祥论文精选集·人学视阈的文艺美学探究》,上海财经大学出版社2010年版)

二、论审美主体对艺术的双重美学关系

审美主体对艺术作品具有两层美学关系。它们可以单独地发生活动:当要评判艺术的艺术价值的高低,亦即形式的美丑得失时,对艺术的艺术美学属性的审美关系就发生作用;当要通过艺术展现的内容认识现实生活的美或丑乃至善或恶时,对艺术的现实美学属性的审美关系就发生作用。作品是内容与形式、生活与艺术、自然性与人工性之和。艺术作品的美学属性不外乎现实的美学属性

---

[1] 李渔:《闲情偶奇》。

与艺术的美学属性的相加,对艺术的审美活动自然会调动这两层审美关系。当我们要对整个作品从内容和形式两方面作出总体的美学评价时,也必须调动这双重关系。面对罗丹的雕塑《老妓》,葛赛尔惊叹了一声"丑得如此精美"[1],就是调动双重审美关系作出的一个审美判断。它在刹那间浓缩了三段式推理过程。第一层前提是对艺术形象的现实丑作出的判断,即:《老妓》所刻画的人物(题材)在形式(形体容貌)上是丑的;第二层前提是对艺术形象的表现形式的美作出的判断,即:《老妓》对人物的外形特征进而到心灵状态的刻画却是惟妙惟肖的、"精美的"。下面是一个结论:所以,《老妓》"丑得如此精美"!

作为包含着双重美学关系的对艺术作品的审美判断,假定艺术表现都是典型化的、高度真实的、美的,那么这些判断就可分为三种情形。这三种情形是由生活的三种基本的美学形态——美、丑和介乎二者之间的平淡决定的,它们分别是:艺术(表现)美中包含着现实美、艺术美中包含着现实丑、艺术美中包含着现实的平淡。

先谈艺术美中包含现实丑。现实丑通过真实的处理转化为艺术美的问题,从古希腊的亚里士多德到法国古典主义文学时期的波瓦洛,再到近现代的雕塑大师罗丹,都有过专门的论述。在20世纪初,卢那察尔斯基在分析描写丑恶现象的契诃夫小说的美时又申发到这一点。他说:"有个古老的传说,说是一位伟大的美术家得了麻风;他在最初几次病症大发作以后,终于下定决心照照镜子,一照,他害怕极了。可是后来他拿起画笔,描下他自己那副患麻风的丑陋的面容。他的技艺十分高超,明暗又配得十分美妙,他原先由于本身有病而撇下的未婚妻一看这幅画像,第一句话便是惊呼:'这多美。'契诃夫也做了类似的事情。他热诚地写出社会的祸害,把它们描述得非常美妙而真实,在这真实性中显出和谐与美。"[2]困难不在于说明对丑的忠实摹仿会产生美,而在于说明,丑的现实经常忠实的摹仿转变成美的艺术形象后,这现实的丑是不是消失了?我们说不是的,这丑作为现实的属性,依然保留在真实的艺术形象中,它与艺术真实的美同时并存,对读者发生美、丑效应。这种思想在亚里士多德那段以丑为关论中已露端倪:尽管对丑物的逼真的摹仿("惟妙惟肖的图像")会发生"快感"效应,然而摹仿的事物仍发生"痛感"效应,如可鄙的动物形象,并不因相关的摹仿而改

---

[1]《罗丹艺术论》中译本第20页。
[2]《安·巴·契诃夫对我们有什么意义》(1924)。见卢那察尔斯基:《论文学》,人民文学出版社1978年版,第243—244页。

变其"可鄙"的属性。到了纪德、别林斯基、卢那察尔斯基手中说得就更加明确了。纪德在出版他的自传小说《如果一粒麦不死》时写信给朋友说:"与其用假的面貌来骗取尊敬,不如以真的面貌被人所厌恶而感到舒畅,因此我写了这本书。"[1]可见对丑的真实描写既使人"感到舒畅"又使人"厌恶"。别林斯基在谈到希腊史诗《伊利亚特》中赫菲斯托斯跟在特洛亚人的队伍后面"一瘸一拐地走着;费力地拖动着两条残废的腿"之类的描写时写道:"这是关于——什么东西的?——不是美的,而是丑的一幅多么超群出众,奇妙而又美丽的图画啊!"[2]卢那察尔斯基评价契诃夫,"他看到了丑恶现象(例如短篇小说《醋栗》),可是把它写得那么高妙,以至用他的艺术技巧给您遮盖了题材的悲剧性"[3]。在他的小说中,现实丑统统变成了美,"畸形的现实被艺术欣赏战胜了,——当然不是欣赏现实,而是欣赏艺术家的画布上作出的素描"[4]。"在饱含深沉的哀伤的催眠曲声中他把我们领到一个甜美的哀痛的中心,那里的哀痛是为生活所强加,甜美则由艺术所造成。"[5]此外,车尔尼雪夫斯基也中肯地分析过描写丑物的艺术的双重审美效应:"一件艺术作品,虽然以它的艺术成就引起美的快感,却可以因为那被描写的事物的本质而唤起痛苦甚至憎恶。"[6]已经说得够清楚了:这些言论中的"美",指的是美的艺术表现,"丑",指的是艺术所表现的生活;"舒畅""甜美""快感"是由艺术的"美"产生的反应,"厌恶""哀痛""憎恶"是由现实的"丑"产生的反应;如果说对描写现实丑的作品谈得上什么美的欣赏,那只是欣赏现实丑的美的表现,而不是现实丑本身。因此,对这样的艺术作品,我们的审美反应将是快感和痛感交融一起的,在这样的情况下我们说"美中有丑"云云,就是一个包含着双重美学关系的对艺术作品的整体美学评判。这里值得附带说明的是,通常所谓的"现实丑经过典型化后就会转变为艺术美",这种说法是否严格是可以商榷的。因为"转变"一词意味着起了"质"的变化,如果缺少说明,会给人造成这样的理解:好像经过典型化后的现实丑就失去其为丑了。事实是:丑作为反映物的本质仍然存在,只不过在丑之上加上了一层艺术表现的美。如果要保留这种说法,必须附加说明;如果不加说明,这个

---

[1] 转引自日本依田新:《青年心理学》,杨宗义等译,知识出版社1981年版,第7页。
[2] 《别林斯基选集》卷二,第398页。
[3] 卢那察尔斯基:《论文学》,第243页。
[4] 卢那察尔斯基:《论文学》,第245页。
[5] 卢那察尔斯基:《论文学》,第248页。
[6] 车尔尼雪夫斯基:《生活与美学》,周扬译,人民文学出版社1957年版,第6页。

说法则可以改一改:"现实丑经典型化后具有艺术美"。

次谈艺术美中包含现实美。现实美被摹仿到艺术中,构成"艺术作品的美"通常称为"艺术美",常与"艺术表现的美"的简称"艺术美"混淆起来。自从亚里士多德把题材的丑与艺术的丑分开来以后,一世纪的普罗泰克又把题材的美与艺术作品的美作了区分,他指出,美是一件东西,美的摹仿是另一件东西;作为生活中存在的美,不经艺术摹仿它也美;艺术作品之所以使我们喜爱,不是由于它把现实的美绑在自己后面而是由于酷似原物的摹仿。[1] 这个意见是有见地的。靠现实美来博得美感和声誉不为艺术的本事,离开艺术也能行;艺术所以使人们喜爱和需要,是因为它有自身的美,后来车尔尼雪夫斯基多次强调了这一点。他指出:"美丽"的艺术表现是一回事,"被描写的事物"的美又是另外一回事,"'美丽地描绘一副面孔',和'描绘一副美丽的面孔'是两件全然不同的事"[2]。作为艺术作品"必要属性"的美是艺术"形式的美",而不是"艺术的对象、作为现实世界中我们所喜爱的事物的美"[3]。据此他批评了当时文坛上把"美"规定为"主要的"甚至是"唯一重要的一艺术内容"的偏向,分析了它在当时造成的危害是:第一,不管合不合需要都写恋爱;第二,写人物对话,总是那么"有条有理",那么"流利而雄辩""矫揉造作",极不真实,[4]指出了这种弊端的原因是"没有把作为艺术对象的美和那确实构成一切艺术作品的必要属性的美的形式明确区别开来",反而把二者"混淆起来"了。现实美忠实地表现在艺术中,与艺术表现的关系同存于艺术形象身上,然而它们自有不同处,这根本的不同就在于二者与读者存在着不同的美学关系。正如现实丑因真实的表现会具有一层美的色彩一样,现实美也会因失真的表现其有一层丑的墨晕。比较一下以美为美的作品与以丑为美的作品的审美效应的不同,在于前者给人的是双重的美感,是不包含痛感的纯然快感。十七、十八世纪之交英国的艾迪生在谈到对描绘美丽的大自然景色的艺术作品的审美活动时曾指出:"在这种情况下,我们的快感发自一个双重的本源;既由于外界事物的悦目,也由于艺术作品中的事物与其他事物之间的形似"[5],"我们在这里不仅从艺术表现同原物的比较之中得到乐趣,而且对原

---

[1] 汝信、夏森:《西方美学史论丛》,上海人民出版社1963年版,第72页。
[2] 车尔尼雪夫斯基:《生活与美学》,第5页。
[3] 车尔尼雪夫斯基:《生活与美学》,第8页。
[4] 车尔尼雪夫斯基:《生活与美学》,第7页。
[5] 《旁观者》,《西方文论选》上卷,上海译文出版社1979年版,第567—568页。

物本身也极为满意。"[1]。由于这种作品给人的美感比单是美丽地描写"渺小、平凡或畸形的事物"的作品要更强烈,更乐于为读者的想象所接受,因而艾迪生更崇尚前者。丹纳《艺术哲学》中也谈到过当时一些艺术家"专门表现心灵的健康与肉体的完美,用题材的固有的美加强后天的表情的美"(译者傅雷注:表情有赖于艺术家的手腕,所以说是后天的美)[2]的情况。在他们看来,具有题材、艺术表现双重美的作品较之摹仿丑或平淡题材的作品给人的美感最为强烈和丰富。

再谈艺术美中包含现实的"平淡"。通常的说法是:平淡的题材中包含不平淡的艺术美。生活中有许多事物,它既不具有强烈的"美",也不具有明显的"丑",我们通常把这种"美""丑"程度都不太强烈的生活形态叫做"平淡"(朱狄《当代西方美学》中讲到西方有些美学家把生活的美学形态划为美物、丑物和不美不丑的事物,其实不美不丑的事物是不存在的,它或者呈现出美的倾向,或者依稀着丑的色彩,叫做"平淡"似乎更妥)。如"在草屋里纺纱的管家妇,在刨凳上推刨子的木匠,替一个粗汉包扎手臂的外科医生,把鸡鸭插上烤扦的厨娘,由仆役服侍梳洗的富家妇,几个人在金漆雕花的屋内打牌,农民在四壁空空的客店里吃喝,一群在结冰的运河上溜冰的人,水槽旁边的几条母牛,浮在海上的小船,还有天上、地上、水上、白昼、黑夜的无穷的变化"[3],都属于这种"平淡"的生活图景。正如同"贫穷,愁苦,微光闪耀的阴暗的气氛"或"富庶,快乐,白昼的暖和愉快的阳光""固然产生了杰作"[4]一样,"平淡"的生活图景经过艺术的真实再现也能产生同样的杰作。由于"平淡"的事物没有鲜明的特征,要真实地把它再现出来很不容易,因而当艺术把它惟妙惟肖地反映出来时,它所显示的美就愈强烈,艺术的价值也就愈高。契诃夫因为生动地表现了一个穷苦儿童给乡下的爷爷写信给自己立了一块文学的丰碑,果戈理因为传神地写了"几乎无事的悲剧"(鲁迅语)赢得了世界性的声誉,画家米勒的伟大,正在于他善于从"拾穗""晚钟"这类"平常的生活中发现崇高的戏剧"[5]。这正像果戈理所说:在真正的艺术家看来,"大自然里没有低微的事物。艺术家创造者即使描写低微的事物,也

---

[1] 《旁观者》,《西方文论选》上卷,第52页。
[2] 丹纳:《艺术哲学》,人民文学出版社1981年版,第271页。
[3] 丹纳:《艺术哲学》,第232—233页。
[4] 丹纳:《艺术哲学》,第340页。
[5] 参见亨利·托马斯、黛娜·莉·托马斯:《世界名画家传》中译本,江苏人民出版社1982年版,第161—172页。

像描写伟大的事物一样伟大"[1]。

西方关于对艺术的双重美学关系的理论,虽然认为艺术的逼真摹仿会产生美,因而艺术可以摹仿整个社会生活,但也有些人提出一些不同意见。他们虽然承认摹仿的美,但又十分重视对丑的现实的摹仿所带来的题材丑对审美接受主体的不快效应,认为这些丑效应在诗的艺术中尚比较薄弱,在造型艺术中则很强烈,因此,他们提出,诗的题材可以是包括丑在内的整个生活,而造型艺术的题材却只应该是生活中美的部分。

持这一观点的主要有三个人:普罗泰克、莱辛、黑格尔。普罗泰克早先指出:"绘画与诗在题材和摹仿方式上都有区别。"[2]区别何在?他语焉不详。十八世纪启蒙文学时期,德国美学家莱辛以普罗泰克此语为理论根据和论述中心,1766年著成《拉奥孔》一书,"沦画与诗的界限"。讨论是围绕着古罗马时期的拉奥孔雕像群和古罗马诗人维吉尔关于拉奥孔史诗对拉奥孔及两个儿子被巨蟒缠绕、痛苦万状的题材的不同艺术表现展开的。在史诗中,拉奥孔等人"痛得要发狂气""发出惨痛的哀号",姿态被痛苦所扭曲,形体显得很丑。可在雕像中,大部身体、面部肌肉并未全部遮蔽,拉奥孔的嘴虽然张开了,但并没有张得很大,未放声哀号。这是什么原因呢?德国的艺术史家温克尔曼在《论希腊绘画和雕刻作品的摹仿》(1755)中指出这是希腊雕刻家以"高贵的单纯、静穆的伟大"为艺术理想,要表现人物与痛苦、不幸作斗争时"伟大而沉静的心灵"所致(引者按:温克尔曼认为拉奥孔雕像是属于希腊亚历山大大帝时代的作品,据近代考证,为罗马时期作品)。莱辛认为这是不确的,造成雕刻与史诗对丑的题材的不同处理的原因乃根源于由造型艺术与诗的不同方式决定的题材的区别。他指出:画是空间的艺术,它适合摹仿"静态"事物,它会把一切题材处理成空间各部分并列的"物体",从而构成直接诉诸视觉的直观艺术形象,如果绘画摹仿的是现实丑,这种丑会保留在艺术形象中直接作用于读者的视觉,使人久久不忘,因而由这种丑引起的"不快感"是强烈的、"永久的",即使如亚里士多德所说,逼真的摹仿会引起人"求知"的"快感",但这种快感也是"轻微的""短暂的",远远敌不过题材丑的不快感,所以不能成为美的艺术,因此他说:"作为美的艺术,绘画

---

[1] 《涅瓦大街》,转引自《文学评论》1982年第5期。
[2] 转引自莱辛的《拉奥孔》一书扉页。

却把自己局限于能引起快感的那一类可以眼见的事物。"[1]如果造型艺术非表现丑的题材不可,如拉奥孔被巨蟒缠身时痛苦地扭曲之类,那么艺术家必须"避免描绘激情顶点的顷刻"来"冲淡"丑,因为人物达到激情顶点如痛苦万分的那一顷刻,其外形往往是最丑的,艺术家应当选取痛苦趋于平复过程当中的一个顷刻来描绘,这样人物的可视形象既不太丑,又可由这个顷刻的形象对本身的由来与发展趋向的暗示激起读者广泛的联想。表现的美感大于题材轻度的丑感,造形艺术仍可保持有美。雕像中的拉奥孔只在"叹息",不在"哀号",正应当如是观。诗则是时间的艺术,它适合摹仿"动态"事物,它会把一切题材都处理成时间上前后承续的"动作",即便是空间各部分并列的可视"物体"形象,也会被它分解为由时间中流动的一个个达意的语音符号组成的不可视的、间接的、观念状态的艺术形象,它是诉诸想象的,这样,"丑在诗人的描绘里,常由形体丑陋所引起的那种反感被冲淡了,就效果说,丑仿佛已失其为丑了",所以,"丑才可以成为诗人所利用的题材"[2]。据此他解释了维吉尔、荷马史诗中对丑陋的现实形体的描写。在稍后的《汉堡剧评》中,他严厉批评了古典主义戏剧只表现狭隘的美的宫廷生活,[3]大概正是基于这个认识吧!莱辛的这些观点,使许多人为之风靡,连大美学家黑格尔也不例外。例如他在《美学》一书中说:"每种艺术须服从它自己的特性,例如内在的观念(引者按:指读者的观念想象)比起直接的知觉经得起较大程度的分裂。因此,诗在表现外在情况时可以达到极端绝望的痛苦,在表现外在情况时可以走到单纯的丑。造型艺术却不然,在图画里尤其在雕刻里,外在形象是固定不变的,不能取消掉,不能像音乐的曲调刚飞扬起来就消逝掉。在图画雕刻里如果丑的东西还没有得到克服时就把它固定下来,那就会是一种错误。因此,凡是戏剧所能表现得很好的不尽能在造型艺术里表现出来。因为在戏剧里,一种现象可以出现一顷刻马上就溜过去。"[4]这种由诗画区别带来的造型艺术表现丑的题材便不能使艺术作品具有美的理论,由于黑格尔的进一步倡导,影响更大,其影响所被,甚至冲击到诗的领域。如丹纳在《艺术哲学》中指出:"诗人从来不忘记冲淡事实,因为事实的本质往往不雅;凶杀的事决不搬上舞台,凡是兽性都加以掩饰;强暴、打架、杀戮、号叫、痰厥,一切使耳

---

[1] 莱辛:《拉奥孔》,朱光潜译,人民文学出版社1979年版,第135页。
[2] 莱辛:《拉奥孔》,朱光潜译,第130页。
[3] 参阅汝信:《西方美学史论丛续编》,上海人民出版社1983年版,第115页。
[4] 《西方文选论》下卷,第293页。

目难堪的景象一律回避……"作者在这里注意到艺术中的生活真实的假定性,要求诗人在摹仿生活丑时必须有所"冲淡",这是可取的,但由此把部分丑从诗的内容范围中剔除出去,却是不够妥当的。莎士比亚的剧作描写了"凶杀""强暴""兽性"这类的丑恶现象,照样以其激动人心的魅力拥有了千万读者观众。不仅诗的艺术是如此,造型艺术也是这样。早在文艺复兴时期,提香如实地画下了一副黄鼠狼嘴脸给教皇保罗三世,却并未减低他在保罗三世心目中的声誉;委拉斯凯兹毫不犹豫地画出了国王长垂的下颌,而依然得到国王的恩宠。近代以来,法国雕塑家罗丹在极丑的题材上成就了极美的艺术杰作,比利时的著名雕塑《撒尿的孩子》赢得了全世界人们的珍爱。它们一再证明:美的造型艺术的题材可以是包括丑在内的一切社会生活。莱辛对诗与绘画、雕刻的摹仿方式,审美效果的不同特点的分析是比较深入的,他不只看到艺术摹仿对读者的审美效应,而且看到艺术题材对读者的审美效应,这也是不错。但是,他过分看重、夸大艺术题材对读者的审美效应,甚至把题材的美学属性当作是决定艺术作品美、丑属性的因素,把人们依据对艺术题材和艺术摹仿的两重美学关系获得的审美感受视为可以相互加减的同一品级的审美感受,并进而提出"绘画不能表现丑",甚至说"按照丑的本质来说,丑也不能成为诗的题材"[1],这就不符合实际了。我们欣赏一部绘画或雕塑作品,针对的是它的艺术表现的成就如何,至于它表现的题材是美还是丑,我们何求于艺术呢?

艺术作品与审美主体存在的双重美学关系,是建立在摹仿的美与哲学的真相统一的基础上的。摹仿的美,不仅与哲学的真相统一,也与道德的善相统一:当艺术在摹仿客体时真实地写出了真、善、美与假、恶、丑,塑造了典型形象,揭示了生活真理和社会运动规律,便体现了作者泾渭分明的是非观,产生了合目的的、有益于社会进步和历史发展的客观的善;当艺术在描写自我(如西人的自传体小说)时真实地暴露了假、丑、恶,本身就体现了一种不文过饰非、勇于自我批评的美德。

摹仿的美是如何产生的?亚里士多德认为是出于先天赋有的"本能"。按照马克思主义的观点来看,人的摹仿能力乃是以往人类长期的历史劳动所形成的,艺术家的摹仿欲望、冲动,也不外是一定历史时期的社会生活在艺术家心灵中引起的反应。

---

[1] 莱辛:《拉奥孔》,朱光潜译,第130页。

西方的艺术摹仿论是建立在什么社会经济基础和民族文化背景之上的？西方的社会形态尽管经历了诸种更迭，但它始终是一个商业型的社会。早在古希腊，农业经济就开始转到工商业经济。商业型的社会生活，决定了西方人向外拓展的实践方式和认识客观世界的思维方式以及开放型的文化心理。正是在这样的社会生活和文化背景上，产生了艺术摹仿论。

中国古代文论中有没有"摹仿的美"？没有，却有一个与它对应的，叫"辞达"的美。当诗人把主观的"情"和"意"准确、真实地表达出来的时候，这种文辞形式就有了"辞达"的美。[1] 这"辞达"的"美"与认识自我的"真"、表现自我的"诚"是相互统一的。"昔为倡家女，今为荡子妇。荡子行不归，空床难独守。"（《古诗十九首》）就其表现的主体情思的性质说，"可谓淫鄙之尤""非无淫词"，然"读之者但觉亲切动人"，又"无视为淫词、鄙词者"，以其艺术的表现"真也"。[2] 为什么西方叫"摹仿"的美中国叫"辞达"的美？这也是由中国的社会生活和文化系统的特点决定的。中国自古以来就是宗法式的农业社会。男耕女织、一家一户的小农经济和宝塔型的用血缘关系连缀起来的宗法制度束缚了人的社会生活方面的手脚，养成了向内开掘的道德实践方式、自我反省的民族性格和闭合自锁型的思维模式，所以中国人写诗作画，不是要"摹仿"客观世界，而是要表现主观世界，所以说诗"以情志为本"（晋挚虞）[3]，"言志乃诗人之本意，咏物特诗人之余事"（宋张戒）[4]，所以有"辞达"的形式美。这恰与西方"摹仿"的美及其生成背景相映成趣。[5]

摹仿美在西人那儿也有一定的相对性。不过西方不论是古人还是今人，对于摹仿美的相对性的论述的可信性都大可推敲。如亚里士多德认为，绘画摹仿原物的美只存在于见过这原物的人之中，假如我们从来没有见过所摹仿的对象，而是由于技巧或着色或类似的原因。[6] 事实却是，人们无须见过摹仿的对象，只须对这种对象的同类现象或异类现象具有一定的生活经验，就可凭借联类想象或对比想象判断艺术形象是否真和美。古代维纳斯的雕像今天的人也能欣

---

[1] 本人曾就此写过《论"辞达而已"——评中国古代文论中的一条形式美标准》，前一部分已发，见《汉中师院学报》1987年第2期。
[2] 王国维：《人间词话》六二。《蕙风词话·人间词话》合编本，人民文学出版社1961年版。
[3] 《文章流别论》，《中国历代文论选》第二册。上海古籍出版社1979年版，第191页。
[4] 《岁寒堂诗话》，《中国历代文论选》第二册，第373页。
[5] 参阅陈伯海：《关于东西文化比较的随想》，《社会科学战线》1986年第1期。
[6] 《诗学》第4章。

赏,欧洲的《老妓》中国人也能判认出它的逼真。十八世纪英国的哈奇生把"抄本"与"蓝本"的"符合"称为"相对的美",所谓"相对",指一物必借另一物的参照才有美。[1] 那么,艺术"抄本"的美难道不在艺术"抄本"自身吗?我们说,虽然艺术摹仿的逼真美需要通过与艺术对象的比较,但美之为美,还是在于艺术摹仿本身,不管你有没有认识到这美,只要艺术家原来的摹仿忠于对象,它总作为美存在在那儿。从《当代西方美学》一书中来看,当代西方为数不少的美学家否认艺术摹仿的美,括其要点有两条:一是,摹仿美是在艺术身外去找艺术美,它排斥了艺术的纯形式的美;二是,摹仿美是呆板的,死气沉沉的,照相式的。这是不经验的。第一,摹仿的美存在于艺术表现形式自身,这已如上所述;这妙肖生活图景的艺术表现形式是由纯形式组成的,包含、凝聚着艺术家运用纯形式的高度技巧,因此并不排斥艺术的纯形式的美;但如果要突出纯形式的美,使它妨害真实地反映生活图景的艺术表现形式,甚而至于以纯形式的美作为艺术作品的全部表现内容,这却是摹仿美坚决不答应的。其实,即使在现代派著名诗人艾略特看来,美的艺术也不在于突出纯形式美,他说,好的诗是如此这般的诗,读者看不见"诗"而只见"诗所指示的东西"[2]。第二,西方古典文艺理论中所讲的摹仿的逼真,不是表象的真,而是本质的真,特别到了黑格尔、别林斯基、罗丹手中,它又不只是纯客观的,而是浸透着艺术家主观灵性、"生气灌注"、气韵生动的;写实主义的杰出作品已深深感动过不少人,因此,说摹仿美是呆板的、死气沉沉的是无力的,它只是把用在自然主义作品上的批评用在高度真实的写实主义的作品上。

重温西方古典文艺美学中审美主体对艺术的双重美学关系的原理,对于我们当前的创作和批评都是有好处的。动乱时期,我们犯过用题材的美决定艺术作品的美的错误;这以后,出现了"伤痕文学",又出现了"平淡"题材的文学,这是相当可喜的事,但表现丑,特别是人的兽性的丑、意识深层部位的丑又成了一时的时髦,生活中的美,却较少被人问津了。与此同时,随着当代西方美学思潮的流入,又有相当数量的从事绘画、诗歌、小说等创作的年轻人鄙弃摹仿的美和写实主义艺术,以纯形式的美乃至丑作为艺术的全部追求,甚至连写实的功底都极薄弱,就追求起人体的变形、线条色彩的稚拙、句式的倒错、章法的变幻跳跃,

---

[1]《西方美学家论美和美感》,商务印书馆1982年版,第98页,参见97页题解。另可参见朱光潜:《西方美学史》上卷,第222页。

[2]《诗的作用和批评的作用》。转引自宗白华:《美学散步》。

等等。这是不是科学,会不会走弯路,都是值得冷静思考的。另外在一些文艺评论或文艺随笔中,也常可看到把艺术的现实美丑概念与艺术美丑概念混为一谈的情况。如有篇文章谈《老妓》成为"艺术杰作"的根本原因,在于"通过触目惊心的形象控诉了社会的罪恶和不道德"[1],其实,"控诉社会的罪恶和不道德"是无须通过艺术雕塑的,因为生活中的那个欧米哀尔本身就可以"控诉","控诉"的美,并非《老妓》的"艺术"美,《老妓》的"艺术"美和"杰出"之处,在于它的高度真实或者说是典型真实的艺术表现,在于聚合、体现在这艺术表现中的艺术家的高超艺术技巧。如此看来,讨论审美主体与艺术的双重美学关系问题,还不无重要的现实意义。

(本文载《文艺理论研究》1988年第1期,中国人民大学复印资料《文艺理论》1988年第2期全文转载。此文被评为华东师大研究生优秀论文奖)

三、现代艺术对传统艺术双重审美特征的反叛

传统艺术是以"美"为特征的。这种美主要表现在艺术题材的美与艺术创造的形式美两方面。而十九世纪中期以后出现的现代艺术则对传统艺术的这双重审美特征展开了反叛,不断走向令人痛苦难堪、甚至毛骨悚然的"丑",不仅造成了传统意义上以"美"为特征的艺术的"死亡",也导致了"艺术"以混同于"反艺术"的方式的"终结"。现代艺术对传统艺术的双重审美特征是怎样走向反叛的?如何认识现代艺术的丑学特征?如何看待反艺术的现代艺术对艺术的"终结"?这些问题实际上是端绪纷繁、不易说清的。在拉开了一段必要的历史距离之后,对此进行一番深入的总结和清醒的反思无疑具有重要的理论意义和实践意义。

1. 现代艺术对传统艺术题材美特征的反叛

传统艺术理论认为,艺术美的重要来源和表现形态之一是题材美。作为非直观的、在时间中前后流动的想象艺术,文学艺术、音乐艺术虽然由于艺术媒介的作用,题材丑的效果被冲淡,可以适度表现丑的题材,但在空间并列、诉诸直观的造型艺术如绘画、雕塑、戏剧中,题材丑的效果特别强烈,因而必须以表现美的

---

[1] 杨文虎:《论艺术真实》,《文学评论》1982年第5期。另外,陈烟帆《丑中有美美在丑中》一文也认为《老妓》的"丑中有美"在人物的丑陋外表中藏有灵魂美,对美的分析太切中要害。见《新华文摘》1982年第5期。

题材为原则。然而这一切在现代艺术中则遭到了彻底颠覆。现代文学艺术在表现题材丑的时候不仅无所顾忌,而且肆无忌惮,追求触目惊心、不堪忍受的刺激,现代造型艺术在表现原来不宜表现的丑的题材时则取消了一切清规戒律,甚至也像文学艺术一样无所不用其极。

先看现代文学创作。法国十九世纪诗人波德莱尔的诗集《恶之花》标志着现代派诗歌的开端。在诗人的笔下,巴黎风光阴暗而丑恶。诗人津津乐道的是被社会抛弃的穷人、盲人、妓女,甚至不堪入目的横陈街头的女尸。如《腐尸》一诗:

> 苍蝇嗡嗡地聚在腐败的肚皮上,
> 黑压压的一大群蛆虫
> 从肚子里钻出来,沿着臭皮囊,
> 像黏稠的脓一样流动。
> 这些像潮水般汹涌起伏的蛆子
> 哗啦啦地乱撞乱爬……[1]

又如《憎恨的桶》:

> 疯狂的"复仇"用通红结实的手臂,
> 把一桶一桶死者的鲜血和眼泪,
> 倾入这黑暗的空桶,徒劳而无功,
> 哪怕"复仇"能使那些牺牲者还阳,
> 复活他们的肉体,再把鲜血榨干,
> 恶魔却在桶底凿了秘密的洞眼,
> 使千载的辛苦和汗水全部漏光[2]。

闻一多的《死水》是直接受此影响的实验:

> 这是一沟绝望的死水,
> 清风吹不起半点漪沦。
> 不如多扔些破铜烂铁,
> 爽性泼你的剩菜残羹。

---

[1] 波德莱尔:《恶之花·巴黎的忧郁》,钱春绮译,人民文学出版社1991年版,第66—67页。
[2] 波德莱尔:《恶之花·巴黎的忧郁》,钱春绮译,第153页。

也许铜的要绿成翡翠,
铁罐上锈出几瓣桃花;
再让油腻织一层罗绮,
霉菌给他蒸出些云霞。

让死水酵成一沟绿酒,
漂满了珍珠似的白沫;
小珠笑一声变成大珠,
又被偷酒的花蚊咬破。

那么一沟绝望的死水,
也就夸得上几分鲜明。
如果青蛙耐不住寂寞,
又算死水叫出了歌声。

这是一沟绝望的死水,
这里断不是美的所在,
不如让给丑恶来开垦,
看它造出个什么世界。

在卡夫卡的《变形记》《判决》里,在海勒的《第22条军规》里,在尤奈斯库的《秃头歌女》里,在贝克特的《等待戈多》里,"天空是尸布"(狄兰·托马斯),"大地是荒原"(艾略特),世界是阴森、黑暗、混乱、畸形、怪诞、肮脏、血腥。这种风气影响到中国新时期的先锋小说创作,就是往死里写脏、写丑、写恶,公开声称"身体写作""下半身写作",以迎合人们"窥奇""窥私""窥阴"的趣味。在"诗歌从肉体开始到肉体为止"[1]纲领的指导下,我们看到这样耸人听闻的诗集:《我要在与你做爱时死去》《我要在拜祭梅艳芳时奸尸》。我们看到这样触目惊心的诗句:

找一个男人来折磨

---

[1] 转引自綦运桂:《文艺怎么能是这样?》,《文艺报》2005年3月8日。

长虎牙的美女在微笑(唐亚平《黑色石头》)

女人发情的步履浪荡黑夜
只有欲望猩红……
在女人的洞穴里浇铸石钟乳(唐亚平《黑色沙漠》)

钱中文先生指出:"当今不少涉及性描写的一些小说,不过是一种满足低俗趣味的时尚,一种散发着霉烂气味的而被欣赏的时尚,一种掺和着令人作呕的毒品气味、但被奉为当今青年时尚的时尚,一种有如弗洛伊德说的力比多的过量释放、随时随地发泄性欲狂的兴奋叙事的时尚,一种在公共场所、厕所随时交媾射精、阴液流淌,由于性快感而发出刺耳尖叫的欣赏的时尚!"[1]诺奖得主莫言小说的艺术成就不容否认,但他的题材描写也明显带有现代派追求,对丑的表现无所顾忌,尖刻到令人毛骨悚然的地步。比如《红高粱》开头:"高密东北乡无疑是地球上最美丽最丑陋,最超脱最世俗,最圣洁最龌龊,最英雄好汉最王八蛋,最能喝酒最能爱的地方。"描写"奶奶"的花轿:"花轿里破破烂烂,肮脏污浊;它像具棺材,不知装过了多少个必定成为死尸的新娘,轿壁上衬里的黄缎子脏得流油,五只苍蝇有三只在奶奶头上方嗡嗡地飞翔,有两只伏在轿帘上,用棒状的墨腿擦着明亮的眼睛。""奶奶"的父亲贪财而把她嫁给了酿酒的单老板有麻风病的儿子单扁郎。对单扁郎的描写是:"单扁郎是个流白脓淌黄水的麻风病人,他们说站在单家院子里,就能闻到一股烂肉臭味,飞舞着成群结队的绿头苍蝇。"《红高粱》的煞尾说:"谨以此文召唤那些游荡在我的故乡无边无际的通红的高粱地里的英魂和冤魂,我是你们的不肖子孙,我愿扒出我的被酱油腌透了我的心切碎,放在三个碗里,摆在高粱地里。伏惟尚飨!尚飨!"《神道嫖》中描写毒疮:"左腿膝盖下三寸处有个铜钱大的毒疮正在化脓,苍蝇在疮上爬,它从毒疮鲜红的底盘爬上毒疮雪白的顶尖,在顶尖上它停顿两秒钟,叮几口,我的毒疮发痒,毒疮很想迸裂,苍蝇从疮尖上又爬到疮底,它好像在爬上爬下着一座顶端持雪的标准山峰。"《狗道》写到14岁的小女孩因躲日本兵和弟弟同困枯井,饥渴难忍时,发现枯井内一个小角落里有一汪绿幽幽的脏水,小女孩正想去喝时,却发现:水里有"一个干瘦的癞蛤蟆,蛤蟆背上生满豆粒大的绿黑的瘤子,蛤蟆嘴下那块浅黄色

---

[1] 钱中文:《躯体的表现、描写与消费主义》,载《文学理论:求索与反思》,中国社会科学出版社2013年版,第108页。

的皮肤不安地咕嘟着,蛤蟆凸出的眼睛正愤怒地瞪着"。又写人们故地重游时见到当年日本兵杀人留下的千人坑:"各种头盖骨都是一个形象,密密地挤在一个坑里,完全平等地被雨水浇泡着……仰着的骷髅都盛满了雨水,清冽、冰冷,像窖藏经年的高粱酒浆。"污秽的环境、恶心的人物、血腥的杀戮,屎尿横飞的场景,在莫言小说中屡见不鲜。莫言小说里关于丑的题材的描写,带给读者的是恶心、惊悚、恐怖,浑身起鸡皮疙瘩,甚至无法忍受。正如李清泉在谈到自己阅读《红高粱》中罗汉大爷之死的描写时所说:"我阅读到这部分时毛发耸立,有点惨不忍睹……它对于人的神经刺激过于强烈,久久不能消散……这当然不是不能接受罗汉大爷的死,而是不接受凌迟的具体细致的过程描写。"[1]有人认为莫言描写的那些特丑奇脏的东西是古今没人能比的,莫言的作品"粗俗"而"淫荡",不适合选入中小学教材。

再看现代造型艺术。它们彻底打破了传统艺术所设置,莱辛等人所揭示的美的限制,不加分别、无所顾忌地表现生活中的丑,挑战观众审美承受力的底线。1885年,法国雕塑家罗丹根据法国诗人维龙的诗作《美丽的欧米哀尔》创作了青铜雕塑《老妓》。罗丹的本意是要通过对极丑题材的忠实刻画创造艺术形象的逼真美,显示美的造型艺术的题材也是可以不受"美"的限制的。这尊雕塑代表了西方传统写实主义造型艺术成就的高峰,同时也开辟了西方现代造型艺术以表现极丑题材为特征的先河。西方现代造型艺术抛弃了《老妓》的逼真传统,却汲取、发展了它对丑陋题材的选择。后印象派画家塞尚有一幅画作,画的题材是三个骷髅。十九世纪末二十世纪初的挪威画家蒙克先后以《尖叫》为题,创作了四个版本的画作[2]。画中发出尖叫的人物形象如同虫子、蝌蚪、骷髅,第四个版本的人物甚至没有眼珠,脸上空洞而巨大的眼窝令其形同鬼魅。1917年,达达派代表杜尚在小便器上签了个字,便作为艺术品《泉》送去参展。杜尚还有一件作品,把一本几何教科书用绳子绑到阳台栏杆上,风吹日晒下任其慢慢腐坏。二十世纪五十年代流行的波普派将生活中丢弃的垃圾重新取用置入艺术园地,破布、破鞋、破包装箱、破汽车、褪色的照片、旧轮胎、旧发动机、竹棍、木桶、澡盆、废弃的海报、漫画、易拉罐,都作为"现成物"拼贴成艺术作品。这种以丑为艺术题材的做法从国外波及国内,从绘画雕塑影响到舞台艺术和行为艺术。2005年张

---

[1] 李清泉:《赞成与不赞成我都说——关于〈红高粱〉的话》,《文艺报》1986年8月30日。
[2] 蒙克1893年创作了蜡笔画《尖叫》和蛋彩画《尖叫》,1895年又以此为蓝本创作了粉彩画《尖叫》,1910年又画了一幅蛋彩画《尖叫》。

广天导演的"先锋戏剧"《左岸》在众目睽睽之下设计了两个场景:一是众人压着左岸,防止他出现性高潮;另一个场景是几个女人躲在沙发后面,模拟做爱的动作,并配有女人在性高潮时的呻吟声,使戏剧表演变成了当众宣淫[1];另一些人打着"行为艺术"的旗号,搞"街头裸奔",在街头撕女人衣服,搞"假强奸",甚至"钻牛腹""吃死婴""街头有人拉屎,有人吃屎"[2],肮脏、丑陋。

2. 现代艺术对传统艺术形式美特征的反叛

受"艺术是现实的摹仿"观念的影响,传统艺术也反映丑的生活题材,但与此同时还追求艺术创造的形式美,这就是逼真的艺术形象美、艺术媒介组合结构的纯形式美,因而可以将题材丑转化为艺术美。现代艺术则推翻了艺术形象的逼真美和艺术媒介结构的纯形式美。这种转变大致可分为三个阶段。

第一个阶段是十九世纪中叶的印象派绘画。这是西方艺术从传统的现实主义向现代主义过渡的开端,代表人物是马奈、雷诺阿和莫奈。印象派绘画吸收当时最新的光学理论成果,将题材的逼真转化为视觉效果的逼真;为了追求视觉效果的逼真,放弃甚至歪曲了题材色彩的逼真。当时的光学理论成果发现,色彩并不是物体固有的,而是在光的照射下在观赏者的特殊视觉认识中形成的。根据这一发现,新印象派画家将色彩分解成七种原色,描绘题材色彩时纯用原色小点排列,称为"点彩",尽管观赏者的眼睛在与画拉开一段距离观看后可以将点彩混合起来,还原物体的本色(其效果类似于后来常见的马赛克画),就是说,尽管在观赏者的视觉中仍然可获得艺术形象的逼真美,但画面上物像的点彩已迥然不同于原物的色彩,传统绘画的逼真美开始受到销蚀。

第二阶段是后印象派及抽象派、立体派绘画。在这个阶段,艺术形象的逼真美已经荡然无存,艺术家探寻着一种新的艺术形式的美,即艺术媒介结构的纯形式美,如绘画中令人愉快的几何图形、色彩组合,以图在艺术形象的逼真美消失之后用另外的艺术形式美愉悦、吸引观众,使艺术作品成为令人愉快的"有意味的形式"(贝尔)。

先说后印象派。后印象派绘画的代表是塞尚和梵高。塞尚和梵高脱胎于印象派,而又超越于印象派,最终告别了印象派追求的视觉效果的逼真美,将印象

---

[1] 据陈吉德:《招摇过市的伪先锋》,《文艺报》2005年8月18日。
[2] 据蔡运桂:《文艺怎么能是这样?》,《文艺报》2005年3月8日。

派绘画物象色彩与原物本色的不似特点作了进一步发展。其中,塞尚侧重颠覆了传统绘画的逼真美赖以存在的透视学原理,梵高侧重颠覆了传统绘画的逼真美赖以存在的色彩学原理。塞尚原先是印象派中的一员。1886年第8次印象派画展上,塞尚宣称告别印象派根据对象远近处理画中物体大小、反映题材真实的做法,提倡按照画家的思想和精神重新认识外界事物,并依照这种认识重新组构外界事物的形体。他说:"画画并不意味着盲目地去复制现实。""线是不存在的,明暗也不存在,只存在色彩之间的对比。物象的体积是从色调准确的相互关系中表现出来。"于是,酷似原物的透视学原理被打破了,绘画从真实地描画自然物象开始转向表现自我影像甚至幻象,不再受到题材本身的制约。"多少世纪以来,画家们都在解决一个问题,就是如何在画布或画板的平面上,表现出立体的世界。从十五世纪起,画家们遵循透视的原则,把近处的东西画得大,远处的东西画得小,这种方法使图画看起来很有景深。到十九世纪,塞尚试行一种新方法,他仔细研究了自然景象,把房屋、树木和山丘上的几何形状一一记下来,但不一定是从同一角度加以观察……然后,他把这些形状重新加以安排,把他想的那些东西组成一幅画。观众可以认出画中的单个形状,但整个风景是靠想象连接起来的。"这是"一种全新的方法。它实际上意味着:要抛开传统的透视方法"[1]。在作于1904—1906年之间的《圣维克图瓦山》系列绘画中,塞尚曾几十次从各种角度来画这座山和周围的风景。画中景物的轮廓线被松弛而破碎的块状笔触所取代,色彩飘浮在物体上,似乎游离于对象之外,物象的几何形状和色彩特征得到强调,近景和远景具有同样的清晰程度,明暗过渡等细节处理被有意淡化,原本自然而杂乱的物象变成了有序的构图和色块的组合。作品不再是对客观物象的忠实摹仿,艺术形象的逼真之美消失了。不过,塞尚的绘画仍追求的"怎么画"的纯形式美。"画什么已经不再重要了,重要的不是绘画的内容,而是绘画的形式,是怎么画。"[2]塞尚的做法奠定了现代派绘画的基石,使他成为从印象派向抽象派、立体派和现代各种形式主义绘画流派的重要过渡,被誉为"现代绘画之父"。

如果说塞尚的新变突出显示在构图上推翻了传统绘画的透视学原则,将绘画的形体造型从客观题材中解放出来,那么梵高的新变则集中体现为彻底反叛

---

[1] 苏珊·伍德福特等:《剑桥艺术史》第三卷,罗通秀、钱乘旦译,中国青年出版社1994年版,第206—207页。
[2] 陈炎:《西方艺术的文化困局与美学败绩》,《学术月刊》2009年第9期。

传统绘画的色彩学原理,将绘画色彩从自然题材的实际色彩中解放出来。梵高的绘画,不是实物的摹仿,而是心灵的表现。他曾说:"作画我并不谋求准确,我要更有力地表现我自己。"为此他探索出一种"表现主义"的色彩语言。他认为:"颜色不是要达到局部的真实,而是要启示某种激情。""为了更真实地表达我所见到的东西,我更自由地运用色彩,使其更具表现力。"过去,传统绘画利用三原色的不同比例,调制出各种各样的中间色和过渡色,以接近现实世界的真实面目。"今天我们所要求的,是一种在色彩上特别有生气、特别强烈和紧张的艺术。"[1]在他的画中,强烈的情感溶化在色彩与笔触的旋转、跃动中,浓重强烈的色彩对比往往达到极限,笔下的麦田、柏树、星空等有如火焰般升腾颤动。《向日葵》系列是他实践这种新的色彩主张的代表作。题材的色彩虽然不受原物制约,但并非无所顾忌的任意涂抹,显示着对悦人的色彩效果的特殊追求。

后印象派绘画关于构图与色彩的这种变革创新,直接影响、孕育了抽象派、立体派绘画。抽象派绘画的创始人是俄国的康定斯基(1866—1944)。康定斯基创作了一系列迥异于写实传统的构图美和色彩美的抽象绘画,并在理论上作了丰富总结,如1911年著《论艺术的精神》,1912年著《关于形式问题》,1913年著《作为纯艺术的绘画》,1923年著《形的基本元素》《色彩课程与研究课》,1923年著《点、线到面》,1926年著《绘画理论课程的价值》,1928年著《绘画基本元素分析》,等等。其基本主张是:艺术不是客观自然的摹仿,而是内在精神的表现;艺术表现应是抽象的,具象的图像有碍于主观精神的表现;抽象绘画语言的特点是非描述性,画面上没有可辨认的自然物象,若有也无须辨认;抽象绘画不是借助具体的物象来表达作者的主观精神,而是通过抽象的图形与色彩来传递作者的思想情怀。

立体派绘画的代表是西班牙的毕加索(1881—1973)。他继承塞尚、康定斯基多视点构图组合的技法而加以发展。1907年创作出第一幅具有立体主义倾向的画作《亚威农少女》,画面中五个裸女和一组静物组成了富于形式意味的构图。毕加索一生共创作近37 000件作品,其中包括油画1 885幅,素描7 089幅,版画20 000幅,平版画6 121幅,代表作有《卖艺人一家》《理头发的妇女》《哭泣的女人》《亚威农少女》《三个乐师》《格尔尼卡》等。他声称:"我是依我所想来画对象,而不是依我所见来画的。"在他的作品中,毕加索不再以现实物象为起

---

[1]《中国大百科全书》第一卷,中国大百科全书出版社1990年版,第213页。

点,而是将物象分解为许多个小块面作为基本元素,以此为基本单位组建物象的新形态和空间的新秩序。由于绘画的基本单位被分解为块面,这就为借助报纸、墙纸、木纹纸以及其他类似材料加以剪裁、拼贴提供了可能。1912年起,毕加索转向"综合立体主义"绘画实验,以拼贴的手法进行创作。《瓶子、玻璃杯和小提琴》就是这种实验的代表作。画面上有一个瓶子、一只玻璃杯和一把小提琴,它们都以剪贴的报纸来表现。这种拼贴的艺术语言是立体派绘画的主要标志。毕加索曾说:"即使从美学角度来说人们也可以偏爱立体主义,但纸黏贴才是我们发现的真正核心。""使用纸黏贴的目的是在于指出,不同的物质都可以引入构图,并且在画面上成为和自然相匹敌的现实。我们试图摆脱透视法,并且找到迷魂术。"[1]毕加索的画作不关心外在世界,他所致力的是形、色的特殊组合构成的迷人的独立世界。

塞尚、梵高、康定斯基、毕加索所代表的后印象派、抽象派、立体派绘画,标志着取消艺术形象逼真美的现代派绘画的正式诞生,由此带来了整个艺术领域的历史性转型。与绘画反叛二维平面上的真实物象相似的是,雕塑反叛三维立体中的真实物体,戏剧反叛现实生活中的真实时空关系,小说反叛在社会历史领域中存在的人物和故事,音乐反叛符合自然法则的节奏和旋律。要之,反叛艺术形象的逼真美,成为印象派之后现代派艺术的基本特色。不过后印象派、抽象派、立体派绘画作为距离传统绘画不远的新画种,它们的创始人大抵仍然承认:艺术与非艺术的界限还是存在的,艺术给人美的享受这一特征似乎也是难以否定的,艺术表现应当体现出未经专门的艺术训练的人不可能达到的艺术技巧和艺术水平。因而,在取消了惟妙惟肖、酷似原物的逼真艺术美后,艺术在表现画家内在精神和独特视像的时候必须创造一种令人愉快的构图美和色彩美。而这种纯形式美是能从塞尚、梵高、康定斯基、毕加索的部分作品中领略到的。在这类作品中,"艺术给予我们的是一个丰富得多的更为生动的和色彩绚丽的现实的形象,是一种对现实的形式构造更为深刻的洞察"[2]。那么,这种不同于逼真的艺术形象的纯形式美叫什么呢?英国绘画理论家克莱夫·贝尔(1881—1964)在1914年出版的《艺术》一书中称之为"有意味的形式"。面对现代绘画表现形式不断花样翻新的各种流派的艺术创作,贝尔总结说:"在各个不同的作

---

[1] 弗朗索瓦兹·吉洛等:《情侣笔下的毕加索》,天津人民出版社1988年版,第60页。
[2] 卡西尔语,蒋孔阳主编:《二十世纪西方美学名著选》下,复旦大学出版社1987年版,第24页。

品中,线条、色彩以及某种特殊方式组成某种形式或形式间的关系,激起我们审美感情。这种线、色的关系和组合,这些审美的感人形式,我称之为有意味的形式。'有意味的形式'就是一切视觉艺术的共同性质。"[1]这种"有意味的形式"是艺术家所创造的现实中不存在的形式美:"我们让自己沉浸在形式和色彩产生的愉快中,这些形式和色彩在自然中无疑是从未出现过的。"[2]

第三个阶段是现代艺术中的激进派,如波普派、达达主义、野兽主义、象征主义、表现主义、观念艺术、未来主义、超现实主义、非定型主义,等等。尽管名目繁多,但殊途同归,不仅取消艺术形象的逼真美,而且取消了"有意味的"纯形式美。于是,艺术彻底告别了"美",沦为"什么都行"的反艺术、伪艺术。这种现象,其实在塞尚、梵高、康定斯基、毕加索开创的后印象派、抽象派和立体派绘画中已埋下隐患。比如毕加索。他曾经给一个漂亮的美国女人画过几十张肖像画,第一幅画得与周围人看见的还没有什么不同,但是第二幅、第三幅……渐渐不同了,毕加索开始分解她的面部,说是发现了这个女人的一些性格特征,待到第十幅肖像,一位观赏者说:"这是一头立方体的猪。"俄罗斯作家爱伦堡是毕加索的朋友,他毫不掩饰自己的困惑说:我不能理解他何以竟如此憎恶一个漂亮女人的面孔。而毕加索本人也曾说过:"艺术不是美的赞歌,它只是人的本能和大脑中的意象",这种意象就是"秩序的爆炸"。而这种打破正常"秩序"的"意象"当时人们并不能受用。二十世纪四五十年代,英国艺术科学院举行过一次便宴,丘吉尔曾与院长调侃说:"要是咱们现在碰见毕加索,您能帮忙朝他的屁股踢一脚吗?"院长回答:"那还用说!"在现代主义绘画艺术风行了多年以后,这种情况也并未有多少好转。2011 年,上海举办毕加索绘画大展,共展出毕加索的 48 幅油画、7 幅版画和 7 尊雕塑,被称为"建国以来级别最高的艺术大师个展",媒体开足马力宣传,专家举办了十多场讲座,原计划每天至少 8 000 人参观,实际每天只有千人到场。[3] 可见,立体派及印象派、抽象派绘画所创造的新的纯形式并不都具有让大众能够领会的愉快之美。他们取消了逼真的艺术标准,追求色彩和构图的特殊组合、排列的形式美,但究竟怎样组合、排列才可以保

---

[1] 蒋孔阳主编:《二十世纪西方美学名著选》上,复旦大学出版社 1987 年版,第 156 页。该书的译文是:"在每件作品中,激起我们审美情感的是以一种独特的方式组合起来的线条和色彩,以及某些形式及其相互关系,这些线条和色彩之间的相互关系与组合,这些给人以审美感受的形式,我称其为'有意味的形式','有意味的形式'也就是所有视觉艺术作品所共有的一种性质。"
[2] 德索语,蒋孔阳主编:《二十世纪西方美学名著选》上,第 220 页。
[3] 柳延延:《"他有才能但并不热爱生活"》,《文汇报》2012 年 9 月 3 日。

证获得艺术形式的美,就是说新的艺术形式美的组合规律、法则是什么,却无法统一,也没能概括。这一点贝尔也有所觉察。尽管他"将这些令人心动的种种排列与组合称为'有意味的形式'",但他同时指出,这些形式是艺术家"根据某些未知的、神秘的规律组合起来的",每一个现代派艺术家都有自己的"独特的方式"[1],无法从客观方面加以明确地归纳。既然如此,这就为现代派画家随意地、无规律地、用普通大众无法理解和欣赏的古怪、丑陋的构图和色彩表现主观意象留下可乘之机。现代派艺术的奠基人已经如此,其他的激进派就可想而知了。

本来,是否逼真,是衡量和检验艺术水平高低的一个重要标尺,现在它被取消了,而且,形式组合的新的美的规律也无可追寻,观众在激进主义的现代艺术作品中很难看到什么经过专业训练所达到的一般难以企及的艺术表现技巧和成就,于是艺术观赏就与愉快的审美分道扬镳了。事实上,许多激进的现代艺术家的艺术创作本身就是对"艺术"的恶搞。如达达主义艺术家宣称:破坏一切就是他们的行动准则。1919年,达达派奠定人杜尚在《蒙娜丽莎》的复制品上用铅笔画了小胡子,并加上了标题"L.H.O.O.Q",意为"她的屁股热烘烘"。1967年,波普艺术家安迪·沃霍尔创作了《玛丽莲·梦露》,以梦露的头像作为创作的基本素材,将其一排排地重复排列,仅色彩稍有简单变化。他还用几乎同样的手法"加工"了毛泽东肖像和可口可乐罐子。二十世纪四五十年代,在抽象艺术的中心巴黎,出现了一批随心所欲挥洒颜料、拼构图案的画家,人称"非定型主义",以区别于创作之初在构思中已经定型的抽象主义和立体主义[2]。与此大同小异的是美国抽象表现主义画家波洛克。他把自己的作品理解为自由行动的结晶。他的创作并无构思和草图,而由一系列无意识的、即兴的行动完成。作画时,他把大块画布铺在地上用钉子固定,一手拿着笔或棍子,一手提着颜料桶,然后用笔尖或棍子蘸着颜料,滴到或洒到钉画布上,凭着直觉和经验从画布四面八方来作画,在画布内外回旋进退。这样随机地、不规则地纵横交错组成的图案,就是他的绘画作品。他因此获得"行动画家"之名。他的画也被称为"行动绘画""滴色画"[3]。《第一号》(1948)、《一体》(1950)是其代表作[4]。既然不需

---

[1] 蒋孔阳主编:《二十世纪西方美学名著选》上,第158页。
[2] 详参张延风:《西方文化艺术巡礼》,中国青年出版社1998年版,第308—309页。
[3] 详参张延风:《西方文化艺术巡礼》,第306—307页。
[4] 《一体》画图片,见贡布里希:《艺术的故事》,范景中译,生活·读书·新知三联书店1999年版,第603页。

要构思、不需要规则,也就不需要训练,艺术与非艺术、艺术家与非艺术家之间的区别也就消失了。"不仅是任何东西都被认为是艺术品,而且任何人,不管他才具怎样,训练如何——是人,是兽,包括大象、鸡、猴子,甚至机器——都可以封为艺术家。因此,西方现代艺术成了一个门户大开、四面漏风的领域。"〔1〕正如尼采指出:"现代艺术乃是制造残暴的艺术。——粗糙的和鲜明的勾画逻辑学;动机化为公式……这些线条出现了漫无秩序的一团,惊心动魄,感官为之迷离;色彩、质料、渴望,都显出凶残之相。"〔2〕

而另有一些现代派艺术作品根本就没有艺术的创作活动,只是把生活中的日用品直接拿来,起个名字,就叫"艺术作品"。比如杜尚径直拿来一件瓷质小便器,命名为《喷泉》,"创作"就算完成了。1964 年,沃霍尔将布里洛牌的肥皂盒拿到美术馆里展出,命名为《布里洛盒子》,就算"艺术品"。波普艺术直接将现实生活中丢弃的"现成物"拿来当作艺术素材拼贴、组合一下,泼洒些颜料,创作也就算大功告成了。沃霍尔声称:"每个事物都是美的,波普是每个事物。"另一位波普艺术家克拉斯·欧登伯格说:"我要搞丢弃物的艺术。"〔3〕更有甚者,1958 年,波普艺术家伊夫·克莱因办了一个展览,他把伊丽斯·克莱尔特的画廊展厅中的东西全部腾空,将展厅的墙刷成白色,在门口设了警卫岗,让观众来参观,但展厅里面却空空如也。1952 年,美国作曲家兼演奏家约翰·凯奇举行钢琴独奏音乐会。作品名《4 分 33 秒》。这是一部为任何乐器、任何演奏员、任何乐团而写的作品。三个乐章,没有一个音符。唯一的标识只有两个字:"沉默"。由于生活中的任何人工制品只要赋予了主题就成了"艺术品",生活用品与艺术品之间的鸿沟被填平了,"观念艺术"应运而生,并在二十世纪六十年代中期到七十年代前期达到一时之盛。在观念艺术中,一切可以传递观念的东西,从文字、方案、照片,到地图、行为、实物,都可以是艺术。于是"艺术"被理解为一件被人"授予供欣赏的候选者地位"的"人工制品"〔4〕。

在激进的西方现代艺术的影响下,中国当代行为艺术在形式的恶搞方面也不甘示弱,花样翻新。2000 年,朱昱炮制了名为《植皮》的艺术展品:一块浸泡

---

〔1〕 齐安·亚菲塔:《西方现代艺术:失去范式的文化误区》,《学术月刊》2009 年第 9 期。
〔2〕 尼采:《权力意志——重估一切价值的尝试》,张念东、凌素心译,商务印书馆 1991 年版,第 359 页。
〔3〕 据叶朗:《美学原理》,北京大学出版社 2009 年版,第 244 页。
〔4〕 迪基语,蒋孔阳主编:《二十世纪西方美学名著选》下,第 135 页。

在福尔马林溶液里的肉膨胀得冒起白泡,一侧挂有一张照片,医生拿起手术钳取下手术台上一名男子腹部的一块肉,说明了展品《植皮》的来龙去脉。而手术台上的那名男子正是作者本人朱昱,割下来的正是朱昱身上的一块人肉。2001年11月5日10点,杨志超在上海举办的"不合作方式"展览现场的二楼,临时搭了手术台,在一名外科医生的配合下,完成了他的行为艺术作品《种草》:不施麻药,在背部切开两个一厘米深的刀口,将两棵根部经过消毒的青草植入。在《献祭》中,朱昱将一条从集市上买回的狗与被引产出来的胎儿一同放置在桌子上,声称宣扬一种死亡美学。在《十二平方米》中,张洹全身涂满蜂蜜,置身于一间无法忍受的肮脏厕所长达一小时之久,声称自己不仅与场地认同,而且融入其中。在《连体》中,孙原和彭禹分别坐在一对连体婴儿标本背后,从他们的胳膊里抽出血来,并通过医用输液管,分别输入婴儿嘴里,声称表达对婚姻的看法。尤有甚者,闹市区惊现一具裸体"男尸",众人报警,这名"男尸"在被送到医院急诊后,竟然自己撕掉身上的塑料袋穿上衣服跑了。步行街上一名男子只穿一条裤衩,白漆涂满全身,沿路亲吻所见之物——电话亭、窨井盖、行人的脚、垃圾桶。一男子用一百元钞票糊满全身,带着古代刑具——押解犯人的枷锁,游街示众。八达岭长城如织的游人中间,有一家三口突然匍匐在地,向前爬行。这就是所谓的"行为艺术"。它们哗众取宠、惊世骇俗,以一种恶心、血腥、暴力或变态的极端方式刺激人们的情绪,挑战观众的审丑极限。一位艺术评论家指出:"艺术表现的目的或者在艺术欣赏者再创造后所造成的效果应该是美好的。"社会无论怎么开放,艺术无论怎样自由,艺术创作总不能违背公序良俗,污染公众视觉!"可惜,如今越来越多的行为艺术'个人至上',急于求成地恶搞,弃公共道德于不顾,消极影响不容小觑。一个没法认识公共环境与个体之间关系的人,谈何艺术实践?"[1]

要之,就总体而论,在现代派艺术中,"我们已经很难看到优美的身躯、和谐的线条、悦目的色彩,充斥我们眼帘的反而是残缺不全的躯体、歪七扭八的构图、混乱不堪的色彩、触目惊心的场景。一句话:我们看到的不再是'优美'和'壮美',也不再是'滑稽'与'崇高',而是'荒诞'和'丑陋',甚至让我们感到恶心!"[2]诚如亚菲塔分析的那样:"在'现代主义'和'后现代主义'这样的名号之

---

[1] 范昕:《行为艺术"个人至上",以恶心、血腥、暴力或变态等极端方式挑战他人承受极限;越大胆,越"前卫"?》,《文汇报》2011年2月28日。
[2] 陈炎:《艺术与技术》,人民出版社2012年版,第27页。

下……艺术已成了'什么都行'的'艺术',因此我们就看到有人把小便器送到了艺术博物馆,有人把大卸八块的牛泡在福尔马林中,或者把一匹会喘气的活马送到了艺术博物馆,如此等等。既然'什么都行',那就不需要强调任何想象力和创造力,需要的仅仅是肆无忌惮的破坏。"[1]"在典型的现代艺术作品当中,比方说,一个小便器或者一幅看起来并无多少章法的涂鸦之作究竟是不是一件艺术品,这本身就成了问题。"[2]

3. 如何看待艺术的"终结"?

现代艺术发展到这个阶段,艺术的题材和艺术的形式都显示出极其耸人听闻、触目惊心的丑,以"美"为特征的艺术已经"死亡"。

这种创作倾向在理论上的直接反映,就是否认艺术与美或美所产生的愉快有必然的联系。曾有的艺术"和审美的联系被认为具有先验的必然性的威力"[3],现在马利坦则怀疑:"美不是诗的对象"和"目的","美不规定诗,诗也不从属于美"[4]。阿诺·里德指出:寻找"艺术"与"审美"之间的共同点是"错误的",并且会"造成混乱"[5]。英国绘画理论家赫伯特·里德说:"艺术并不必须是美的,只是我们未能经常和十分明确地去阐明这一点。"他甚至根据传统艺术曾经反映过丑陋题材的事实以偏概全地断言:"无论我们从历史的角度(从过去时代的艺术中去考察它是什么),还是从社会的角度(从今天遍及世界各地的艺术中去考察它所呈现出来的是什么)去考察这一问题,我们都能发现,无论过去或现在,艺术通常是件不美的东西。"[6]克罗齐在《美学纲要》(1912)中指出:"考虑到艺术的本质,艺术就和'有用''快感''痛感'之类的东西无缘。实际上承认这一点并不困难,快感之为快感,不论是哪一种快感,就其本身来讲并不是艺术的。喝水解渴的快感,露天散步、伸展一下四肢以便血液循环更加畅通的快感,或者获得盼望已久的工作岗位以使我们在实际生活中安顿下来的那种快感,等等,都不是艺术的。""为了更有效地主张艺术是引起快感的事物这个定义,最多可以断言,所指的不是普通的引起快感的事物,而是特殊形式的引起快感的事

---

[1] 齐安·亚菲塔:《西方现代艺术:失去范式的文化误区》,《学术月刊》2009年第9期。
[2] 王祖哲:《失去了灵魂的西方现代艺术》,《学术月刊》2009年第9期。
[3] 丹托语,转引自曹砚黛:《西方现代艺术的观念转型》,《学术月刊》2009年第9期。
[4] 蒋孔阳主编:《二十世纪西方美学名著选》下,第160页。
[5] 阿诺·里德:《艺术作品》,《美学译文》第一辑,中国社会科学出版社1981年版,第88页。
[6] 转引自朱狄:《当代西方艺术哲学》,人民出版社1994年版,第4页。

物。可是这么一个限制也无济于事,这个限制实际上取消了这个命题;假如艺术是一种特殊形式的引起快感的事物,那么其特征则不是来自一切引起快感的事物,而是来自把这个引起快感的事物同其他引起快感的事物区别开来的东西。"[1]1958 年,美国哲学家肯尼克发表《传统美学是否建立在错误的基础之上》一文,肯定奈特夫人"我对一幅图画的喜爱绝不是一幅好画的标准"的新说,重申"我对一幅画的喜爱并不说明它就是一幅好画"[2],实际上是在为令人不快的现代派绘画张目。1967 年,波兰学者英伽登在英国美学协会的一次演讲中,批评将艺术的价值理解为美的快感的"十分流行"的看法,认为艺术作品在读者心中唤起的快感与艺术作品本身存在的美无必然关系,"如果在我们同艺术作品交流时这些愉快构成唯一表现出来的价值,那么,要把价值归于艺术作品自身就是不可能的。因为愉快完全在艺术作品之外保持着。作品是某种超出我们经验及其内容范围的东西,是某种在与我们自己的关系上完全超验的东西"[3]。因而,"艺术价值""不是在我们与艺术作品交流时我们的经验性体验或精神状态的一部分或一方面,因而不属于愉快或欢乐的范畴";"不是因为被看成某种如引起这样那样形式的愉快的工具而被归功于作品的东西"[4]。要之,现代艺术不再以令人愉快的"美"为特征,而是以为所欲为、不守规则的"丑"为特征了。

当艺术以为所欲为、不守规则的"丑"为特征时,艺术与非艺术之间的鸿沟就被填平了,"艺术"成了徒有其名的"非艺术""伪艺术"和彻头彻尾的"反艺术"。人们不仅要问:既然你随便涂抹一下就是艺术品,我为什么不能?既然你给一件生活用品取个名就是艺术家,我为什么不是?艺术创作的技巧体现在何处?艺术创作的成就体现在何处?事实上,许多现代派艺术家就是以"反艺术"的姿态出现的。这样,现代派艺术不仅走到了传统艺术的反面,也走到了艺术的反面。不仅以"美"为特征的传统艺术"死亡"了,而且连艺术本身也就"终结"了。正如美国美学学会主席和哲学学会主席丹托指出的那样:"当任何东西都可以成为艺术品"[5]的时候,当"美的艺术"被现代主义艺术终结的时

---

[1] 蒋孔阳主编:《二十世纪西方美学名著选》上,第 64—65 页。
[2] 蒋孔阳主编:《二十世纪西方美学名著选》上,第 120 页。
[3] 均见蒋孔阳主编:《二十世纪西方美学名著选》下,第 275 页。
[4] 均见蒋孔阳主编:《二十世纪西方美学名著选》下,第 277 页。
[5] 丹托:《艺术的终结之后》,王春辰译,江苏人民出版社 2007 年版,第 17 页。

候,"艺术"也就"终结"了[1]。因此,"'艺术的死亡'可以解释为'美的艺术的死亡'"[2]。因此,"有人认为现当代艺术幼稚、任性、胡闹,有人认为现代艺术是艺术史上的一次倒退,更有人公开认为它们令人作呕、毫无价值"[3]。当代以色列艺术理论家齐安·亚菲塔指出:"从二十世纪末开始,艺术家们抛弃了形象范式,而希望建立一种更抽象类型的艺术。这种艺术不再关心对形象世界的再现,而是关心人类思想和经验的深层的、普遍的本体层次。""但是,二十世纪现代艺术家们的美好展望仅仅停留在直觉的水平上。艺术家们抛弃了形象范式,但是不曾建立一个可资替代的新范式。从印象派发轫到二十世纪末这段时间出现在艺术中的'流派'和'运动'数目估计有二百之多,但是,众多的名号十有八九是为雷同的或者相似的东西起了许多不同的名字而已。按照科学哲学家托马斯·库恩的说法,一个领域的范式被废除了,而在同时不曾以一个新的范式取而代之,那就意味着领域本身的废弃。""我们看得出来,这些活动只是解构,没有建构;只是拆解,没有连接。而任何艺术品都必定是解构和建构、拆解和连接的辩证统一体,是一种阴和阳的统一体。"[4]

问题的诡异在于,既然"什么都行"、以丑为特征的现代艺术已经不是名副其实的"艺术",艺术博览馆为什么还要把它们作为"艺术品"加以接受和陈列?艺术批评、理论著作为什么在概括艺术本质、特征时还要将这些作品纳入研究对象?艺术拍卖行为什么还要将这些恶搞的作品作为"艺术品"拍卖?这其中有许多复杂奇怪的原因。一是创作出这些反艺术作品的作者打着"艺术家"的旗号,他们是把这些作品作为求新求变的"艺术品"向社会发布,并提交给相关艺术部门的,艺术部门无法拒绝,社会大众很难不把它们作为"艺术品"来看待,因而艺术理论也无法不把它们作为艺术研究对象。二是在民主社会中,只要不触犯法律,任何个人的怪癖——包括现代派古怪的艺术追求都会作为独特的人权受到政治保护。二十世纪末,因为纽约布鲁克林博物馆展出了一幅极为粗鄙的绘画《圣贞女玛丽》,纽约市市长圭里亚尼削减了对该博物馆的财政支持,但博物馆把他告上了法庭,联邦法院判决维持对博物馆全额拨款。这则案例说明:"在艺术失去了美学标准却获得了人权价值的情况下,陷入混乱是不可

---

[1] 丹托:《艺术的终结》,欧阳英译,江苏人民出版社2001年版,第15页。
[2] 丹托:《艺术终结后的艺术》,美国《艺术论坛》1993年4月号。
[3] 曹砚黛:《西方现代艺术的观念转型》,《学术月刊》2009年第9期。
[4] 齐安·亚菲塔:《西方现代艺术:失去范式的文化误区》,《学术月刊》2009年第9期。

避免的。"〔1〕此外，在市场经济中，造成反艺术的作品成为"艺术品"的原因还有三股势力。齐安·亚菲塔分析指出："由于在西方社会中艺术还是涉及天文数字资金的巨大市场，因此，不难料想，骗子和贼会混进来。现在把持已经失去了判断标准和原则的西方现代艺术领域的，就是由跟金钱有关的三股势力形成的一个圆圈儿体系。这三股势力的每一股，都养活着另两股：第一股势力，是艺术经纪人，后面有艺术结构撑腰，把一些古怪玩意儿当艺术品，卖给那些金钱比知识和灵性多的人。第二股是批评家和把同样的古怪玩意儿当艺术品向观众展览的博物馆；观众呢，热爱艺术，但缺乏判断工具，拿不准那些展览着的物件究竟是不是艺术品。第三股是些产品，它们逃过了艺术市场、展览会和批评家组成的粉碎机，给记录在书里，学院里研究这些书，训练那些继续从事这种活动的人，以及这圈子里的所有的人。"因此，"西方现代艺术""不过是一场骗局"〔2〕。最典型的例子莫过于蒙克创作于1895年的粉彩画《尖叫》。2012年5月2日，美国纽约苏富比印象派和现代艺术夜场拍卖会上，这幅作品拍出1.2亿美元的天价。是不是这幅画的艺术水准高得确实值这个天价呢？大谬不然。蒙克专家普里多说："当蒙克创作出第一幅《尖叫》，这位大烟枪和酗酒者正处在绝望的情绪中，他即将年满30岁，没有钱，感情生活坎坷，担心自己会患上家族性的精神疾病。这张脸孔身处的是挪威首都奥斯陆自杀圣地U形海湾，在蒙克那个时代，附近的过路人能听到屠宰场和精神病院传来的尖叫。蒙克的妹妹也同样被诊断为精神分裂症患者，被安置在这家精神病院中。"据此而作的1895年的版本大同小异，不仅所画的题材——发出尖叫的人物形同骷髅，丑陋不堪，而且构图、色彩处理极为简单粗糙，有关天空的涂鸦令专家怀疑为疯子所作，整部作品被称为"现代艺术史上最令人不适的作品"。苏富比专家菲利普·胡克甚至说："《尖叫》是一幅引发无数人去看心理医生的画。"这样一幅没有多少艺术含量的画作所以以天价落锤，实际上是收藏家、拍卖行和参与分肥的绘画鉴赏家、艺术评论家合谋的结果。如此这般，现代派对艺术的叛逆和恶搞也被煞有介事地当成"艺术"加以推销。亚菲塔特别尖锐地批判了艺术理论家、美学研究者在这场被市场主宰的现代艺术骗局中扮演的不光彩角色："有史以来的第一次，出现了这么一种情况：艺术真的需要美学知识，而美学却无能于提供这种拯救。更糟糕的是，不

---

〔1〕 王祖哲：《失去了灵魂的西方现代艺术》，《学术月刊》2009年第9期。
〔2〕 齐安·亚菲塔：《西方现代艺术：失去范式的文化误区》，《学术月刊》2009年第9期。

去严肃地问问,一个小便器或者把颜色泼在画布上,或者经过扭曲的废品究竟是不是艺术品,某些美学家却默不作声,另一些去找定义艺术的新路子,其方式是,任是什么东西都能够捏弄成艺术品。不是把陷入杀人狂状态的一群艺术家带往新的福地,美学家们却亦步亦趋,对艺术家们留下的那堆废墟啧啧称奇。不去净化艺术的神庙,他们倒对恶俗顶礼膜拜。"[1]面对现代派艺术的种种乱象,艺术理论正本清源的任务迫在眉睫,不容回避。诚如沃兰德所说:"随着现代艺术愈来愈激进(其目的就是要推翻艺术家所完成的那些美的作品,并且最后要推翻艺术作品本身),它也就变得更加难以理解了。……在目前的混乱中,美学必须确定艺术到底能够是什么和应该是些什么东西。"[2]美学要确定"艺术到底能够是什么和应该是些什么",就必须把现代艺术中那些打着"艺术"旗号的"反艺术"的作品排除在艺术概括的"艺术品"范围以外,而用括号注释的方式加以补充说明。

  这样一来,"艺术到底能够是什么和应该是些什么"就比较清晰明白了:艺术是以美为特征的人工作品,这是"艺术区别于自然"[3]的地方;艺术创作的目的,不是提供实际用途,而是给人非实用的愉快享受,于是,"艺术作为人们的技巧也和科学区分着","也和手工艺区别着"[4];艺术令人愉快的"美"并不意味着对现实题材的限制,而是对艺术创造的必然要求,因为成功反映丑陋题材的艺术品仍然有美;由于媒介的不同作用,文学艺术作为观念艺术、想象艺术,有权利表现一切生活题材,但即便如此,在描写丑陋题材时也要注意适度;而雕塑、绘画、戏剧等造型艺术在反映丑陋题材时应当有较大的限制,并懂得运用艺术技巧加以弱化处理;艺术创造的美既包括逼真的、典型的艺术形象美,也包括"有意味的"、悦人的艺术形式美;如果艺术创造具有逼真的形象美和悦人的纯形式美,艺术题材又具有动人的美,这样的艺术品就会带给人们双重的美,美感效果就会达到最大值,因而更受读者观众的青睐。

(本文载《人文杂志》2016年第7期)

---

[1] 齐安·亚菲塔:《艺术对非艺术》,王祖哲译,商务印书馆2009年版,第343页。
[2] 转引自朱狄:《当代西方艺术哲学》,人民出版社1994年版,第443页。
[3] 康德:《判断力批判》上卷,宗白华译,商务印书馆1996年版,第148页。
[4] 康德:《判断力批判》上卷,宗白华译,第149页。

四、"平淡":中国古代诗苑中的一种风格美

在中国古代诗苑中,有一种风格美清新脱俗,风姿绰约,尤其引人注目,这就是人们喋喋不休、津津乐道的"平淡"。淡中藏浓,质而实腴,让人顾盼流连,令人回味无限,蔚成古代诗学的特殊审美趣味。"平淡"美的奥秘何在?它的创作要求是什么?它在内容和形式上有什么特点?它在审美上又呈现出什么特征?中国古代文人为什么对它那么钟情?让我们试作探寻。

1. "平淡"风格美特征的系统透视

"会将取古淡,先可去浮嚣。"[1]没有"绝俗之特操",哪有"天然之真境"[2]!陶渊明之所以能写出"遂与尘事冥"的诗境,正因为他"胸次浩然,吐弃人间一切"[3]。创造平淡的风格美,首先要求作者能居平味淡,灭弃俗念,"不以躬耕为耻,不以无财为病"[4],具有"其志高矣美矣"的胸怀。

"夫诗,宣志而道和者也,故贵宛不贵险。"[5]平淡美的创造,其次要求作者保持温柔平和的情感。平和的情感,既有赖于道家的达观精神,又受孕于儒家的中和之气。朱熹说:"事理通达心气和平。"正兼儒道而并融。

淡泊的胸怀,平和的情感,酿造了以朴素为至美的美学趣味,所谓"素朴而天下莫能与之争美"。这恰恰是创造平淡美所必须具备的美学趣味。

在进入创作过程后,平淡美的创造还要求作者保持这样的心理状态:

虚静对待审美。平淡美的出世精神,要求作者用虚静的态度对待审美对象。有道是"冲静得自然"[6]。只有"审象于静心"[7],才能"因定而得境"[8]。

超脱处理情感。创作构思表现为剧烈的情感活动。平淡美中情感优柔不迫的特征,要求作者在创造平淡美时从剧烈的情感活动中解脱出来,把自我的情感作为异我的情境加以观照。

---

[1] 苏舜钦:《诗赠则晖求诗》。
[2] 潘德舆:《养一斋诗话》。
[3] 叶燮:《原诗·外篇》评陶语。
[4] 萧统:《〈陶渊明集〉序》。
[5] 包恢:《答曾子华诗论书》。
[6] 嵇康:《述志诗》之一。
[7] 王维:《〈绣如意轮象赞〉序》。
[8] 刘禹锡:《〈秋日过鸿举法师寺院,便送归江陵〉小引》。

闲淡处理艺术的表现。平淡美在形式上"法极无迹"的特点,是作者在艺术技巧的驾驭上达到炉火纯青境界的结果,因而要求创作主体在处理艺术表现时具备胸有成竹、神闲意定的心态。恰如宋代郭若虚《图画见闻志》所说:"神闲意定,思不竭而笔不困也。"

考察物化在古代诗文作品中的平淡风格的美学内涵,约略有以下四个特征:

(1) 内容上,超脱而不脱

淡泊的创作胸襟反映在作品内容上的鲜明倾向,是追求对功利世界的超脱。忘怀人世与追慕自然,是这种超脱追求的统一的两面。表现在主题上,这种风格的作品不愿谄谀政治、粉饰太平,不愿倾诉经营功名的喜悦和苦恼,专爱歌唱与世无争、心与物竞的生活理想和灭绝欲念、与造化同乐的恬然自得之情。表现在题材上,这类作品很少描写花天酒地的金銮宝殿,五光十色的画梁雕栋,惊天动地的金戈铁马,呼天抢地的黎民悲号,而着力描绘山川风物;即使不乏对人世的描写,也荡漾着古刹钟声,笼罩着超人世的氛围。"竹喧归浣女,莲动下渔舟。"(王维《山居秋暝》)"荷风送香气,竹露滴清响。"(孟浩然《夏日南亭怀辛大》)"细雨湿衣看不见,闲花落地听无声。"(刘长卿《送严士元》)"春潮带雨晚来急,野渡无人舟自横。"(韦应物《滁州西涧》)一种道士释子的虚无超脱精神,不是溢于言表吗?

然而,追求超功利,并不是事实上就完全地超脱了功利。在追求超脱的背后,曲折地折射着不脱世俗的微光。一方面,诗人超功利的追求是立足于基本功利的占有基础上的。作者只有在衣食等基本功利有了保障之后,才能咏出"东篱采菊"的悠然诗句来;如果衣食不保,便难免"饥者歌其食,劳者歌其事",顾不得什么超脱了。中国古代诗史上,追求超脱的诗人几乎都属于有闲阶层,所谓"此身闲得易为家,业是吟诗与看花"(司空图《闲夜二首》),不是有力的例证吗?另一方面,作者对政治、名利的淡漠往往历史地积淀着以往对政治、功名的热衷,或变相地表现了对政治、功名的追求。苏轼早年尚"峥嵘",晚年作《和陶》诗;陶渊明在高蹈遗世的诗风中寓藏着萧骚不平之豪气[1],是典型的说明。

(2) 表意上,无厚藏有厚

出现在平淡风格中的意境,貌似"无厚"(贺贻孙语),表面上给人以淡泊的

---

[1] 胡震亨在《唐音癸签》中指出陶诗"平淡中寓壮逸之气"。朱熹在《清邃阁论诗》中指出陶诗平淡中藏着"豪气",只不过"豪放来不觉"。龚自珍在《舟中读陶诗》中也说:"莫信诗人竟平淡,二分《梁甫》一分《骚》。"

感觉,仿佛"不思而得",来之甚易。其实,这种"无厚"的意境包含着深厚的意味;只要深入体味,就可获得丰腴之感;它来自精练,凝聚着深厚的艺术功力。

所谓"深",有两层意思。一是说,作者能于司空见惯的平淡题材中发现别人看不出的诗意。反映在作者对现实的审美方面,就如同德国大诗人歌德所说,"能从惯见的平凡事物中见出引人入胜的一个侧面"[1]。范成大《四时田园杂兴》:"昼出耘田夜绩麻,村庄儿女各当家。童孙未解供耕织,也傍桑阴学种瓜。"其中完整而优美的意境,即为前人未尝道,他人未尝见。二是由艺术表现言,诗人能够"状难写之景,如在目前"[2],"人所难言,我易言之"[3],道他人所难道。唐人章八元诗"雪晴山脊见,沙浅浪痕交",尤袤《全唐诗话》称其"得山水状貌也",指的正是这种情况。

所谓"厚",指在淡薄无厚的言内之意中蕴含丰富无限的言外意之,"含不尽之意见于言外"[4]。这方面,司空图的"景外之景""味外之味"实为先声,苏东坡的"质而实绮,癯而实腴"[5],王士禛的"古淡闲远而中实沉着痛快"[6]等论断,则阐述得更加畅达。而古人以此去分析陶渊明、谢灵运、王维、孟浩然、韦应物、柳宗元等人的诗歌,就不胜枚举了。[7]

显然,深厚的诗意只有通过深刻的锤炼才能取得。所以,古人在论述"平淡"的意境时都十分重视炼意。皎然《诗式·取境》中专门谈取境问题,要求"取境之时,须至难至险"。沈德潜《说诗晬语》认为,炼字要"以意胜而不以字胜",只有这样才能"平字见奇","朴字见色"。这些都说明,平淡风格中"有似等闲"的诗意,恰恰是来自苦炼。倘以"气少力弱为容易"(皎然语),则与平淡美南辕北辙。

深厚的诗意固然需要苦炼,把深厚的诗意炼成无厚的诗意,达到"神情冲淡,趋向幽远"(包恢语),则需要更为艰苦的工夫。这种无厚的诗意与浅薄不同,是"元气大化,声臭全无"[8]的表现形态,是"厚之至变而化者也"[9]。元人

---

[1] 《歌德谈话录》,朱光潜译,人民文学出版社1982年版,第6页。
[2] 欧阳修:《六一诗话》,引梅尧臣语,《历代诗话》上册,中华书局1981年版,第267页。
[3] 姜夔:《白石道人诗说》,《历代诗话》下册,中华书局1981年版,第680页。
[4] 欧阳修:《六一诗话》,引梅尧臣语,《历代诗话》上册第,中华书局1981年版,第267页。
[5] 苏轼:《与子由书》。
[6] 《芝廛集序》。
[7] 如苏轼《东坡提拔》卷二中评渊明、子厚诗"外枯而中膏,似淡而实美",李梦阳《怀麓堂诗话》中评谢灵运、韦苏州"寄鲜浓于淡泊之中",朱熹《清阁论诗》中评梅圣俞"枯淡中有意思",等等。
[8] 钟惺:《与高孩之观察》。
[9] 贺贻孙:《诗筏》。

戴表元曾比喻论证道:"酸咸甘苦之于食,各不胜其味也,而善医者调之,能使之无味。温凉平烈之于药,各不胜其性也,而善医者制之,能使之无性……"平淡风格中的无厚的意境,正如善庖者调出的"无味之味"、善医者制出的"无性之性"一样,是善诗者造出的"无厚之厚"境界。自古以来,"能厚者有之,能无厚者未易观也"〔1〕。为什么?乃由于深入深出、"以险而厚"者易,深入浅出、"以平而厚"者难。可见,"以平而厚"的无厚之厚较之"以险而厚"的深厚之厚,凝聚着更为深厚的艺术功力,具有更高的审美价值。

显然,平淡意境的可贵正在于"外枯而中膏"。若"枯淡之外,别无所有"〔2〕,则为枯槁浅薄矣。清人毛先舒《诗辩坻》卷一谓学养不够而强为平淡,则"寒瘠之形立见,要与浮华客气厥病等耳"。施补华《岘佣说诗》云:"凡作清淡古诗,须有沉至之语,朴实之理,以为之骨,乃可不朽;非然,则山水清音,易流于薄。"

(3) 表情上,无情却有情

情感,是构成诗意的主观元素之一。平淡在表意上无厚藏深厚,反映到表情方面的显著特征即无情却有情。

这个特征,突出地表现为以平淡的情态表现强烈的情感。表面上,"铺叙平淡,摹绘浅近",实际上,"万感横集,五中无主"〔3〕,是诗人"气敛神藏"的结果〔4〕。施补华《岘佣说诗》云:"悼亡诗必极写悲痛,韦公'幼女复何知,时来庭下戏',亦以淡笔写之,而悲痛更甚。"为什么深情要出之淡语呢?这除了施补华讲的"以淡笔写之,而悲痛更甚",即情感因反衬而更加强烈的一面外,还有更重要的一面,即表现诗人理想中的崇高人格。何晏不是说"圣人无喜怒哀乐"吗?

然而,更多的平淡风格的作品,表现的是至和至乐之情。它们爱用"闲""静"一类的字眼表现诗人的情感态度。写景,不动声色。写情,则把它当作"人心中之一境界"即客观情境加以冷静描写,亦仿佛无我,作者的情感好像是凝然不动的,真可谓是名副其实的"无情"了。其实不然。近人刘永济《文心雕龙校释》说得好,"无我之境","但写物之妙境,而吾心闲静之趣,亦在其中……"闲静

---

〔1〕 贺贻孙:《诗筏》。
〔2〕 李开先:《画品》评沈周画语。
〔3〕 周济:《宋四家词选目录序论》,光绪刻本《宋四家词选》。
〔4〕 黄子云:《野鸿诗的》:"理明句顺,气敛神藏,是谓平淡。"《清诗话》下册,上海古籍出版社1978年版。

的情感,即带有"趣"(乐)的色彩。虽然情感色彩淡薄,但情感程度却极深。古人或以"中和者"为"气之最"(李梦阳),或以灭绝欲念、"不忧不喜"为至乐(葛洪),所谓"至乐无乐"(庄子),不是以闲静之情为至乐之情吗?

(4) 形式上,极炼如不炼

平淡风格的形式,要求"淡到不见诗"[1],而只见"诗所指示的东西"[2],使形式通过对自身的否定成为内容的裸露,"不睹文字,但见情性"(皎然语),因而具有高度的"辞达"美;要求在古体诗中音节合度,韵脚相押,在近体诗以及词、散曲中平仄互协,字面、词性相对,从而具有"合律"的形式美。

要获得达意的精当和合律的工巧,必须花一番艰苦的艺术锤炼工夫。然而形式如果仅停留于达意的精当和合律的工巧,还不足以构成平淡美,因为这种精当和工巧还残留着人工痕迹。只有在这个基础上再进一步,使达意精当而又接近天然,合律工巧而又朴素平易,才能构成平淡风格形式的特征。晚清刘熙载《艺概·诗概》精辟指出:"常语易,奇语难,此诗之初关也;奇语易,常语难,此诗之重关也。"这种自然朴素的形式显然需要更深的艺术锤炼工夫,正如刘熙载《艺概·词曲概》所谓"极炼如不炼""出色而本色""人籁归天籁"。

所谓"极炼如不炼",具体说有两种情况。

一种是,平淡的形式来自艰苦的琢削,是"法极无迹"(王世贞语)、"神功谢锄耘"(韩愈语)的表现。这里,"不炼"来自"极炼"是很明显的。明人王圻《稗史》评陶诗:"陶诗淡,不是无绳削。但绳削到自然处,故见其淡之妙,不见其淡之迹。"王维"雨中山果落,灯下草虫鸣",潘德舆《养一斋诗话》以为"其难有十倍于'草枯鹰眼疾,雪尽马蹄轻'者",正以其造语极工而"琢之使无痕迹耳"[3]。因此,古人总结说:"大抵欲造平淡,当自组丽中来,落其华芬,然后可造平淡之境。"[4]"诗文书画,少而工,老而淡。不工,亦何能淡?"[5]

另一种情况是,平淡的形式出自作者信口而出、随手而成。在这种情况里,"不炼"来自"极炼"看似不好理解,其实信口而出而又不类口头语,随手而成而又兼备达意的精工和合律的工巧,恰恰是建立在长期的艺术锤炼基础上的。只

---

[1] 闻一多:《唐诗杂论·孟浩然》。
[2] 艾略特:《诗的作用和批评的作用》。
[3] 王世贞:《艺苑卮言》评陶渊明语。
[4] 葛立方:《韵语阳秋》,《历代诗话》下册,第483页。
[5] 董其昌语,转引自葛路:《中国古代绘画理论发展史》,上海人民出版社1982年版,第160页。

有学养深厚,并积累了相当的艺术实践经验,才能达到"随心所欲不逾矩"的出神入化、炉火纯青境界。陆游"剪裁妙处非刀尺",与他"早年但欲工藻绘"是分不开的。古人总结得好,"大凡为文",少小时"当使气象峥嵘,五色绚烂,渐老渐熟,乃造平淡"[1]。只有由难求易,才能左右逢源。如果"忽之为易,其难也方来"[2]。黑格尔指出:"既简单而又美这个理想的优点毋宁说是辛勤的结果,要经过多方面的转化作用,把繁芜的、驳杂的、混乱的、过分的、臃肿的因素一齐去掉,还要使这种胜利不露一丝辛苦的痕迹……"[3]平淡形式的不炼之炼,无迹之迹,正似于此。

平淡美的内涵特征,决定了它的审美特点。

平淡美,由于意蕴深厚,所以能给人丰腴的感觉;由于平易朴素的形式中含有达意的形式美与合律的形式美,所以能给人华美的感受;由于深厚的意蕴暗藏在无厚的诗意中,华丽的形式暗寓在朴素的形式中,所以咀嚼愈多,华美的联想、滋味也就愈烈。宋陈善《扪虱新语》云:"乍读渊明诗,颇似枯淡,久而有味……"胡仔《苕溪渔隐丛话》以梅圣俞"人家在何许?云外一声鸡""野凫眠岸有闲意,老树著花无丑枝"等诗句为例指出:"似此等句,须细味方见其用意也。"清代杨廷芝把"味之而愈觉其无穷者"称作"真绮丽"[4]。显而易见,由平淡至浓丽,是平淡美审美活动的方向;浓丽,是平淡美审美活动的终点。平淡与浓丽的统一,构成了平淡美审美活动的显著特点。

当然,这种浓丽的感受,不会像朱熹在批评六朝淫丽诗风时指出的那样,使人"散漫不收拾"。由于平淡美情感平和,并且艺术表现温柔敦厚,所以还能"持人性情",使人在欢愉之中有所节制,不失中正和平。这可视为平淡风格审美活动的另一特点。

通过以上探讨,我们可以作出如下把握:平淡,是古代作家用淡泊的胸怀,平和的情感,朴素的美学趣味,闲静的心理状态和高超的艺术技巧创造的一种风格美;它洋溢着出世的理想,浸润着温和的情感,包含着深厚的内容,形式朴素自然而又符合美的规律;能够普遍有效地引起读者华美的感受,使人在愉悦之中保持镇定自持。

---

[1]　周紫芝:《竹坡诗话》引苏轼语,《历代诗话》上册,第348页。
[2]　谢榛:《四溟诗话》。
[3]　《美学》第三卷,朱光潜译,商务印书馆1981年版,第5页。
[4]　杨廷芝:《二十四诗品浅解》释"淡者屡深"语。

2. "平淡"风格的文化成因

接着我们来讨论两个问题:第一,古代文论中,肯定"平淡"风格的资料很多,儒家思想占主导地位的人崇尚"平淡",道、释思想比较浓厚的人更偏爱"平淡",这是为什么?第二,历史地看,在诗歌领域中,平淡的风格是到东晋陶渊明时才正式诞生的,正如胡应麟《诗薮》中指出的那样:是陶渊明"开千古平淡之宗"。陶渊明的平淡诗风是这一时期出现的新的美学趣味的产物,正如宗白华所说:从魏晋南北朝起,"中国人的美感走到了一个新的方面,表现出一种新的美的理想,那就是认为'初发芙蓉'比之于'错彩镂金'是一种更高的美的境界"[1]。那么,平淡的诗歌风格和美学趣味为什么到魏晋南北朝才出现?由陶渊明开创的平淡诗风,中经谢灵运为代表的南朝诗人的绍续,在唐宋普遍蔓延开来。唐朝王维、孟浩然、储光羲、常建、刘长卿、柳宗元等许多诗人都专心"平淡"诗的创作。殷璠《河岳英灵集》、高仲武《中兴间气集》、姚合《极玄集》、韦庄《又玄集》,从入选的作品到编选者的评语,都表明平淡的风格到唐朝已达到非常兴盛的状况。宋代欧阳修、梅尧臣、苏轼、黄庭坚、朱熹等人都从创作和理论上肯定过"平淡","平淡"美的兴盛状况在宋代有增无减,这又是为什么?对此,我们只有站在更广远的角度对平淡美的内涵加以文化透视才行。

首先,我们来看"平淡"与儒、道、释三家思想之间的关系。

从主导思想上看,平淡是道、释思想哺育的结果。它是出世的,表现了与统治者某种孤高不合的姿态,与儒家积极入世的精神和功利主义判然二道。然而道家、释家又主张"不忧不喜",主张"诗中有虑犹须戒,莫向诗中着不平"(司空图语)。可见它的孤高对统治者并无多大妨碍。所以即便在这最不同的一点上,儒家也是能容纳平淡的。从情感特征上看,平淡美要求冲和平淡,更符合儒家温柔敦厚的旨趣。在创作构思上,平淡美要求"审象于静心","疏瀹五脏,澡雪精神",这与道释的"斋心契道"、儒家的"虚静格物"是完全相通的。儒道释均以质美为至美,平淡恰恰也要求底蕴深厚。道家追求"无言之美",释家追求"象外之义",平淡追求"近而不浮""淡者屡深""外枯而中膏,似淡而实美",正打着道、释的印记。"参禅乃知无功之功,学道乃知至道不烦。"道家、释家的这种似

---

[1]《中国美学史中重要问题的初步探索》,《美学散步》,宗白华著,上海人民出版社1981年版,第29页。

玄乎实辩证的方法论又直接凝聚在平淡风格意态的无厚之厚、情貌的无迹之迹、形式的不炼中。儒家强调质美,还重视文饰,希望"文质彬彬",道家以不雕不饰的"素朴"为美,认为"淡然无极而众美归之"(庄子),在这一点上,平淡恰与道家合而与儒家异。释家重视境像对宣传教义的作用,平淡美主张"羚羊挂角,无迹可求",以景语作情语,多少受到释家的启发。不难发现,平淡风格的美学内涵,与古代儒、道、释三家思想存在着交叉的地方。它与道、释的关系最亲,与儒家的关系也不疏。因此,道、释思想很浓的人尤尚平淡,儒学气味很浓的人也厚爱平淡。不难看出,平淡的艺术风格是在儒、道、释思想的交叉地带成长的花朵。没有东汉时期佛教的流入,没有魏晋时期玄学的大兴,就不可能有魏晋时期平淡自然的美学理想和诗歌风格的产生;平淡风格在唐宋所以能在整个艺苑风行开来,唐代统治者在思想界三教并立,宋代禅宗深入人心,自是重要的因素。

其次,我们来看平淡与古代哲学尤其是辩证法思想之间的关系。

美学思想本是世界观在审美方面的表现。平淡美的形成与古代哲学的影响存在着不可分割的联系。早在先秦两汉,哲学领域中就积累了辩证法思想的宝贵财富。这种思想体现在对刚柔关系的认识上,即认为纯柔固然是弱,而外强中干、色厉内荏也算不上刚;倘"内外皆坚",如石,则"无以为久,是以速亡"[1],也算不上至刚,所谓"至刚反摧藏"(陆游)。只有在阴柔的外表中深藏阳刚的本质,这种由"百炼刚"转化而来的"绕指柔"才是至刚。所以古人说:"大智若愚","大巧若拙"(老子)。伟大的圣人,应当"温良恭俭让";盖世的将帅,须能"谈笑净胡尘";真正的猛士,决不剑拔弩张。譬如水,它看似柔弱,实际上包含着阳刚的本质。《周易》"坎卦"以外阴中阳象征水,宋衷释曰:"坎,阳在中,内光明,有似于水。"[2]反映了对水的阳刚本质的认识。《尚书》说水具有"怀山襄陵""磨铁销铜"的伟大力量。《老子》说:"上善若水""守柔曰强"。《论语·子罕》载:"子在川上曰:'逝者如斯夫,不舍昼夜。'"孔子取于水的原因何在呢?《孟子·离娄下》解释说:"原原混混,不舍昼夜,盈科而后进,放乎四海,有本者如是,是之取尔。"董仲舒《春秋繁露·山川颂》解释说:"水则源泉混混沄沄,昼夜不竭,既似力者……""物皆困于火,而水独胜之。"这种以柔胜刚的哲学思想反映到美

---

[1]《晏子春秋·内篇·问下》。
[2] 转引自张善文、黄寿祺:《"观物取象"艺术思维的滥觞——读〈周易〉札记》,《古代文学理论研究丛刊》第4辑。

学趣味上,就是崇尚阴柔之美甚于阳刚之美。如宋张表臣在《珊瑚钩诗话》中说:诗"以平夷自然为上,怪险蹶趋为下。"徐增《而庵诗话》说:"作诗如抚琴,须心和气平,指柔音淡,方有雅人深致","若纯尚气魄,金戈铁马,乘斯下矣。"古代哲学在对浓淡、丽朴关系的认识上也是辩证的。《中庸》上云:"衣锦尚絅,恶其文之著者也。"意思是说,穿了锦衣,又罩上外单衣,是嫌锦衣的文采太华丽炫目了。据刘向《说苑》记载,孔子占得贲卦,怏怏不悦。子张问他何故,他说:"贲(华彩)非正色。"后来司空图在《诗品》中总结为"浓尽必枯",即浓丽过了头就会转化为枯槁,与此同意。反之,朴素的外表中包含着质美,倒是最浓丽的。《周易》"贲卦"是讲华彩的,作者把象征白色的一爻放在卦的最高位置,指出:"白贲,无咎。"用意何在呢?荀爽注解说,这是"极饰反素"的意思[1]。刘勰《文心雕龙·情采》认为这反映了"贵乎反本"的思想。刘熙载《艺概》指出:"白贲占于贲之上爻,乃知位居极上之文,只是本色。"这是说《易》以本色的美、素朴的美为最华丽的美。《论语》中有"素以为绚"的观点。老庄、韩非等人的著作亦普遍有"质有余者不受饰"的思想。这种关于丽、朴关系的辩证思想反映到美学趣味上,就是崇尚素朴美甚于浓丽美,用司空图的话说即"淡者屡深"。清杨廷芝解释此语时指出:此言"能得富贵神髓","不以世俗之绮丽为绮丽,木质无华,而天下之至文出焉。有味之而愈觉其无穷者,是乃真绮丽也。"[2]

由此可见,平淡美虽然偏重于阴柔美,但却包含着阳刚美,是阴柔美与阳刚美、朴素美与浓丽美的统一。平淡美的内涵所具有的一系列对立统一的特征,可以从先秦两汉的辩证法思想中找到渊源。正是由于平淡美是一系列辩证因素的组合体,所以它是较高层次的美。作为阴柔美的高级形态,又是至刚美;作为朴素美的高级形态,又是至丽美。它在平淡中蕴藏着功力,极富审美价值,因而成为艺术中人们广为崇尚的风格。

再次,我们看平淡与诗歌自身发展的联系以及与其他门类艺术之间的相互影响。

中国古代的"平淡"说主要是在诗学领域展开的。从诗歌发展过程的历史来看,诗的艺术形式经历了一个正、反、合的否定之否定过程。"黄、唐淳而质,虞、夏质而辩",诗歌在草创时期形式是质朴简陋的,它虽然具有一定的美,但由

---

[1] 转引自宗白华:《美学散步》,第38页。
[2] 《二十四诗品浅解》,《司空图〈诗品〉解说二种》,齐鲁书社1980年版,第100页。

于语言文字表现力的限制,达意还不够充分;由于艺术创作还处在不自觉的阶段,因而它的合律的美与达意的美一样,还处于一种较低级的形态。这是历史发展的"正"的阶段。"商、周丽而雅,楚、汉侈而艳",从商朝到南朝,这是历史发展的第二阶段,即"反"阶段,或叫"否定"阶段。在这个阶段,文字的出现和发展、散文的成就,为诗歌取得高度的"辞达"形式美提供了具有表现力的语言;从《诗经》,到楚辞、汉赋、汉魏古诗、"永明体",诗的四言、五言、七言、古体、近体等形式都获得了空前的发展。从西汉时人们就开始意识到诗的"丽"的特点,到"永明体"诗人手中,则把"丽"的规律加以发明和完善。总之,通过这次否定,诗歌获得了美形式,诗歌创作日益发展为有意识的审美创作。然而,与此同时,唯美主义偏向也应运而生。为了追求合律的形式美,踵事增华,浓施重抹,因而形式的美溢出了内容的需要,造成了"辞人之赋丽以淫"的流弊。于是历史又展开了否定之否定行程。这个行程从西汉末期的扬雄开始,到盛唐初告完成。扬雄以"诗人之赋丽以则"的口号反对"辞人之赋丽以淫",为后代诗人批判淫丽的形式美提供了一面旗帜。其后,挟带着"芙蓉出水"的风格来参与这个历史否定的有东晋的陶渊明,南北朝的谢灵运,唐朝的李白、王维、孟浩然等。他们对淫丽形式的否定不是全部抛弃,而是吸收了前人在形式美方面取得的成果,使形式既符合美的规律又符合内容表现的需要,朴素自然而又华丽丰缛。这是诗歌形式历史发展的高级阶段,即"合"的阶段,或叫"否定之否定"阶段。可见,平淡的风格美,是较高形态的质朴美,是建立在艺术形式历史发展的否定之否定基础上的。平淡的风格诞生于汉以后而不是汉以前,丰富、完善于王、孟手中而不是"永明体"以前的诗人手中,乃是诗歌历史发展的必然。

当然,平淡诗风的产生不只是诗歌自身发展的结果,其他种类的文学对它的影响也不容忽视。先秦时期普遍流行的"绘事后素"论[1],汉魏六朝书画理论中早已形成的"传神"理论也在平淡的神韵中留下了印记。而平淡的诗风一旦形成,又会给其他门类的艺术带来影响。唐以后,与诗歌中追求平淡相呼应,小说讲究白描,戏剧提倡本色,绘画偏尚写意,书法讲究无色的灿烂,从而形成了"平淡为上"的汉民族艺术趣味,平淡美因而成了人们评价作品美丑得失和风格美层次的一条审美标准。

复次,我们来看平淡美与其他风格美的关系。

---

[1] 语见《论语》《周礼·考工记》。

平淡,是运用对立统一规律复合其他风格组成的一种特殊风格,它与其他风格无论在内容上还是形式上都存在着包容或交叉关系。它包容着自然、朴素,但又不止于自然、朴素;它蕴藏着精工、华靡,但又不是精工、华靡;它欲说还休,一唱三叹,因而与含蓄、婉约是孪生姐妹;它千锤百炼,底蕴深厚,因而与沉着、雄浑亦非冤家对头;它质实,但质实又抵不上它那么清空;它清空,但清空又比不上它那么实质;它飘逸,但飘逸比它离世更远;它温柔,却没有温柔的顺从;它大巧若拙,因而苍古;它平中见奇,因而奇崛;它风清骨峻,因而清新,但又不能彻底超脱,因而总是萦绕着凄切的淡愁。如此等等。平淡,正像法国作家法朗士所说的那样,是一种"复合的"风格,它"像一道白光","是由七种颜色和谐地组成的","但看上去并非如此"。唯其复合着诸多对立统一的风格,故历代各有所尚的作家、评论家对它都能采取兼容的态度。

(本文载《文艺研究》1986年第3期,是笔者发表的最早一篇长篇论文。发表时被删节,现恢复全貌)

五、柳宗元园记创作刍议

1. 唐宋文人园林与堂记、亭记创作的兴盛

唐代前期的私家园林袭魏晋南北朝遗风,城市贵族的府邸园林趋于豪奢绮丽,落魄山林的文人园林偏于清新雅致。唐代中后期,这种分别逐渐融合,文人的审美趣味影响着城市贵族私家园林,文人园林也逐渐从山林走向城市。"如果说魏晋南北朝的山居不能算作真正的文人园林的话,那么唐朝后期文人园已经正式出现。"[1]北宋时期文人园林迅速发展。司马光的"独乐园"、苏舜钦的"沧浪亭"都是宋代文人园的代表。

唐代的文人园不同于六朝文人的山水庭园。六朝文人的山水庭园,在山水之间筑一居室,便可称"园",人工建筑以居室为主。唐人的"园"将山水之间的建筑改造为"亭""堂"或"亭堂",既保留了它的栖居功能,又增加了它的观景功能;同时,他们习惯将亭、堂及其所拥有的园林风景称为"亭""堂",从而,"亭""堂"就成了文人私家园林的别称,"亭记""堂记"实际上是"园记"。"亭",原来是置于路边、有门有墙、供行人歇脚留宿的实用建筑。唐人将亭改造为有顶无

---

[1] 陈从周主编:《中国园林鉴赏辞典》,华东师范大学出版社2001年版,第949页。

墙,造型别致,既可观景点景,又可居住栖息,集审美与实用功能于一身的建筑,并把它引入山水园林之中,成为宋代以后向纯审美的建筑小品方向发展的重要过渡。"堂",本来以居住为主,而在唐时,人们也增加了它的开敞观景功能,在这点上与这时的亭相当,故称"堂亭"。这些都在柳宗元的园记中留下了明确的记载。如关于游观之亭的栖居功能,《永州崔中丞万石亭记》说:"乃立游亭,以宅厥中。"《柳州东亭记》记述说:"乃取馆之北宇,右辟之以为夕室;取前置之东宇,右辟之以为朝室;又北辟之以为阴室;作屋于北牖下以为阳室;作斯亭于中以为中室。朝室以夕居之,夕室以朝居之,中室日中而居之。"关于居住之堂的游观功能,《永州韦使君新堂记》说:"乃作栋宇,以为游观。"而"亭""堂"合称则见《柳州东亭记》:"易(平易处)为堂亭,峭(陡峭处)为杠梁(皆桥也。杠,音江)。"

  园记是为私园尤其是文人园撰写的以记叙造园经过、揭示造园用心为主的一种独特的文学体裁。晋宋以来,伴随着玄学风气的盛行和山水文学的兴起,文人园记应运而生。其代表作是陶渊明的《归去来辞》、谢灵运的《山居赋》、庾信的《小园赋》。唐初,贵族造园延请著名文人妙笔生花,留下了王勃的传世美文《滕王阁序》。至中唐散文家柳宗元贬谪永州时,不仅写下了"以为是州之山水有异态者,皆我有"(《始得西山宴游记》)式的多篇准文人园记,而且为别人建造的亭堂写下了一系列园记。贞元二十一年(805),因参加王叔文的革新集团失败,柳宗元贬为永州(今湖南零陵)司马,十年后转为柳州(今广西柳州)刺史,直至四年后病逝。贬官永州以后,大自然的山水给他受到重创的心灵以极大的安慰。他登山涉水,饱览自然美景,写下了一系列山水游记,即著名的《永州八记》。这些自然山水虽然不属于人工园林,但由于柳宗元精神上自以为是山水的主人,于是便有了假想中的私园意味,这些山水游记也具有了准园记的色彩。在这期间,他造亭筑堂,力图将自然美景揽入怀中,尽情欣赏,不仅为自己,而且为他人建造的亭、堂写下了一系列园记。这些园记主要有:《潭州杨中丞作东池戴氏堂记》《邕州柳中丞作马退山茅亭记》《永州韦使君新堂记》《永州崔中丞万石亭记》《零陵三亭记》《永州法华寺西亭记》《永州龙兴寺西轩记》《永州龙兴寺东丘记》《柳州东亭记》等。与陶渊明、谢灵运、庾信、王勃相比,柳宗元的园记数量大大增加,写作手法更加自由,写作技巧更加丰富。他用散句单行改变了过去园记的赋体和骈文写作方式,使园记这种自由的散文文体通过丰富的创作实践得以定型。可以说,作为一种散文文体,园记到柳宗元手中方才成熟。柳宗元以堂记、亭记为名的园记创作对促进唐宋亭堂园记的大量创作起了率先垂范的作用。自柳宗元写出大量亭记、堂记后,唐宋之际不少著名文人有过类似之作。如刘禹锡的《洗心亭记》《武陵北亭记》[1],白居易著《草堂记》《冷泉亭记》《白萍州五亭记》[2],苏舜钦《沧浪亭记》《浩然堂记》[3],欧阳修著《有美堂记》《非非堂记》《醉翁亭记》《丰乐亭记》[4]《翠竹亭记》《真州东园记》,[5]等等。而宋代园主聘请著名文人撰写园记流成风气,柳宗元应邀为杨中丞、柳中丞、韦使君、崔中丞所造亭、堂撰写的园记实开其端也。

2. 柳宗元堂记、亭记的审美价值

柳宗元的堂记、亭记不仅在唐宋文人园记创作上具有承前启后的文体意义,而且总结了造园的基本美学法则,揭示了文人园的审美真谛,在中国园林美学史上具有重要的思想价值。

(1)"美不自美,因人而彰"

与皇家苑囿的极尽豪奢、满足声色欲、尽显帝王气派的特点不同,文人山水园林的审美特点不在于它怎样豪奢,而在于它"适获我心",是文人士子超尘脱俗之心的寄托。经历了王叔文政治革新失败沉重打击之后的柳宗元贬至永州之后,原来积极进取的儒家理想、济世情怀被忘情世务、寄情山水的道家精神所取代,而永州充满野趣的自然山水恰恰成为抚慰他心灵创伤的审美馈赠。永州山水虽然不是他的私家园林,却又好比是他拥有的私家园林,正如他在《始得西山宴游记》(809)中表达的那样:"以为凡是州之山水有异态者,皆我有也。"而无论未加人工修葺的自然山水还是略加人工修葺的山水自然,它的美都是以人为转移的。《邕州柳中丞作马退山茅亭记》(811)提出了这样一个深刻命题:"夫美不自美,因人而彰。"[6]"马退山茅亭",作于"马退山之阳"。它"因高丘之阻以面势,无欂栌节棁之华。不斫椽,不剪茨,不列墙,以白云为藩篱,碧山为屏风","其俭"有余。然而在柳宗元看来:"兰亭也,不遭右军,则清湍修竹,芜没于空山矣;是亭也,僻介闽岭,佳境罕到,不书所作,使盛迹郁堙,是贻林涧之愧,故志

---

[1] 均见《刘禹锡全集》卷九,上海古籍出版社1999年版。
[2] 分别载《白居易集》卷四十三、七十一,见《白居易全集》,上海古籍出版社1999年版。
[3] 均见《苏舜钦集》卷十三,上海古籍出版社1981年版。
[4] 均见《欧阳修文选》,人民文学出版社1982年版。
[5] 均见《欧阳修选集》,上海古籍出版社1999年版。
[6] 《柳宗元集》卷二十七。中华书局1979年版。

(记)之。"[1]"兰亭"之美因王羲之而显,"马退山茅亭"之美亦会因柳宗元而彰。为什么王羲之会钟情"兰亭",柳宗元会钟情"茅亭"呢?因为它们都是审美主体凌云之志的寄托。

柳宗元在多篇游记中都表现了类似的思想。《潭州东池戴氏堂记》(805)描述戴氏堂之美:"……堂成而胜益奇,望之若连舻縻舰,与波上下;就之颠倒万物,辽廓眇忽;树之松柏杉槠,被之菱芡芙蕖,郁然而阴,粲然而荣。凡观望浮游之美,专于戴氏矣。"[2]他同时指出:"是非离世乐道者不宜有此。"《钴鉧潭西小丘记》(809)说钴鉧潭西小丘之美:"清泠之状与目谋,潜潜之声与耳谋,悠然而虚者与神谋,渊然而静者与心谋。"[3]"虚静"而"与神谋"、"与心谋",才是此丘美的真谛。《永州韦使君新堂记》(812)记韦使君"乃作栋宇,以为观游",客人赞且贺曰:"思公之作,知公之志。公之因土而得胜,岂不欲因俗以成化?公之择恶而取美,岂不欲除残而佑仁?公之蠲浊而流清,岂不欲废贪而立廉?公之居高以望远,岂不欲家抚而户晓?夫然,则是堂也,岂独草木土石水泉之适欤?山原林麓之观欤?"[4]堂宇之美,不只在"草木土石水泉之适""山原林麓之观",而且在于它是主人志趣的体现。《愚溪诗序》(810)说明将自己居住的"冉溪"改名为"愚溪"的缘由,进一步彰显了自然山水的适志之美:

"愚溪"之上,买小丘为"愚丘"。自愚丘东南行六十步得泉焉,又买之为"愚泉"。

"愚泉"凡六穴,皆出山下平地……合流屈曲而南,为"愚沟"。遂负土累石,塞其隘为"愚池"。"愚池"之东为"愚堂",其南为"愚亭"。池之中为"愚岛"。

嘉木异石错置,皆山水之奇者。以余故,咸以"愚"辱焉。

夫水,智者乐也。今是溪独见辱于愚,何哉?盖其流甚下,不可以溉灌;又峻急,多坻石,大舟不可入也;幽邃浅狭,蛟龙不屑,不能兴云雨。无以利世,而适类于余。[5]

要之,这地处偏僻的冉溪"不可以溉灌""大舟不可入""不能兴云雨""无以

---

[1]《柳宗元集》卷二十七。
[2]《柳宗元集》卷二十七。
[3]《柳宗元集》卷二十九。
[4]《柳宗元集》卷二十七。
[5]《柳宗元集》卷二十四。

利世"、"适类于"、"违于理、悖于事"的"我",而"凡为愚者莫若我也"。所以以"愚"名溪,乃至此溪周围的丘、泉、沟、池、堂、亭、岛均以"愚"名之,正得其所。可见"愚溪"恰恰是柳宗元自我的化身。"我"以"愚"遭辱贬官,"溪"以"愚"见辱得名。然而"我"之"愚"是"邦无道则愚"式的"智而为愚"之愚,是颜回"终日不违如愚"式的"睿而为愚"之愚。愚溪亦然:"溪虽莫利于世",而"清莹透澈"、"善鉴万类"。因此,它"能使愚者嬉笑眷慕,乐而不能去也",是很自然的。

(2)"游之适,旷如也,奥如也"

从主体一端而言,山水之美,不只是"草木土石水泉之适""山原林麓之观",而在于适志见志,与心神相谋。从客体一端而言,山水的不同形式特征引起的审美情感是不同的,所以柳宗元说:"游之适,大率有二:旷如也,奥如也。""丘之幽幽,可以处休;丘之窅窅,可以观妙。"[1]"窅窅",深广,通"旷如";"幽幽",通"奥如"。柳宗元将自然山水的形式审美特征归纳为"旷如""奥如"两类,指出它们可以唤起不同的情感愉悦。

这里先说旷可观妙。

"妙"是出于道家的美学术语,其义在于有无相生,以有限的形迹唤起无限的想象。[2] 一望无际的空旷景象可以调动人极目远视,沉浸于一种无限的想象、神游之中,所以说"旷如""窅窅","可以观妙"。《永州龙兴寺东丘记》(作于永州,具体时间不详)说龙兴寺之"旷":"登高殿可以望南极,辟大门可以瞰湘流"。《桂州裴中丞作訾家洲亭记》(818)指出:訾家洲之美,在"非是洲之旷,不足以极视";它"南为燕亭,延宇垂阿""北有崇轩,以临千里""左浮飞阁,右列闲馆,比舟为梁,与波升降""苞漓山,涵龙宫,昔之所大,蓄在亭内;日出扶桑,云飞苍梧,海霞鸟雾,来助游物";"抗月槛于回溪,出风榭于篁中;昼极其美,又益以夜,列星下布,颢气回合"——"然则人之心目,其果有辽绝特殊而不可至者耶?"[3]柳宗元的答案明显是肯定的。

柳宗元在不少游记中都表现了类似的美学思想。《始得西山宴游记》表明,西山之美,在"是山之特立(高高耸立),不与培塿为类",于是人踞其上,"则凡数州之土壤,皆在衽席之下";"悠悠乎与颢气俱,而莫得其涯;洋洋乎与造物者游,

---

[1]《永州龙兴寺东丘记》,《柳宗元集》卷二十八。
[2] 详参祁志祥:《以"妙"为美——道家论美在有中通无》,《上海师范大学学报》2003年第3期。
[3]《柳宗元集》卷二十七。

而不知其所穷",从而,"心凝形释,与万化冥合"。《邕州柳中丞作马退山茅亭记》述及马退山之美,亦在"是山崒然起于莽苍之中,驰奔云矗,亘数十百里";登临是山,"手挥丝桐,目送还云,西山爽气,在我襟袖,八类万类,揽不盈掌"。《永州韦使君新堂记》描述"新堂"之美:"外之连山高原,林麓之崖,间厕隐显,迩延野绿,远混天碧,咸会于谯门之外。"《永州法华寺新作西亭记》(作于永州,具体时间不详)讲法华寺西亭之美:"法华寺居永州,地最高。""其下有陂池芙藻,申以湘水之流,众山之会。"在命仆人"持刀斧"将"丛莽"剪除之后,"万类皆出,旷焉茫焉;天为之益高,地为之加辟;丘陵山谷之峻,江湖池泽之大,咸若有而增广之者";"以为其亭,其高且广","足以观于空色之实,而游乎物之终始。"《零陵三亭记》(作于永州,具体时间不详)则从反面论证说:"视壅则志滞";"君子必有游息之物,高明之具,使之清宁平夷,恒若有余,然后理达而事成。""零陵"之"三亭","高者冠山巅,下者俯清池",可以虚含实,以小观大,具有"高明游息之道"[1]。《永州龙兴寺东丘记》据此提出因地制宜的人工造园美学法则:"其地之凌阻峭,出幽郁,寥廓悠长,则宜于旷……因其旷,虽增以崇台延阁,回环日星,临瞰风雨,不可病其敞也。"这可谓是深得园林美学三昧的经验之谈。当时,不少亭阁庙宇就是按照这种美学法则建造的。如永州崔中丞的万石亭,柳宗元描述它的建造:"于是刳辟朽壤,剪焚榛薉,决沴沟,导伏流,散为疏林,洄为清池。寥廓泓渟……乃立游亭,以宅厥中。"[2]达到的审美效果是:"直亭之西,石若掖(通腋)分,可以眺望。其上青壁斗绝,沉于渊源,莫究其极。自下而望,则合乎攒峦,与山无穷。"[3]再如永州龙兴寺的建造:"寺之居,于是州为高。西序之西,属当大江之流;江之外,山谷林麓甚众。于是凿西墉以为户,户之外为轩,以临群木之杪,无不瞩焉,不徙席,不运几,而得大观。"[4]

因其高,造其旷,观无穷,得大观,求不尽之妙,获动态之美,这就是柳宗元的游记散文呈现的一种园林审美意识。

另有一些山水风光,其地势并非很高耸,其视野并非很旷远,但却峰回水转,林木扶疏,显得深邃幽幽,"曲有奥趣"。对于这类山水的审美,不应极目远视地

---

[1]《柳宗元集》卷二十七。
[2]《永州崔中丞万石亭记》,《柳宗元集》卷二十七。
[3]《永州崔中丞万石亭记》,《柳宗元集》卷二十七。
[4]《永州龙兴寺西轩记》,《柳宗元集》卷二十八。序:隔开中堂与东西两夹室的墙,亦指正堂两侧东西厢。西序,指西厢。

去寻求无限之"妙",而应是悠然"处休",品味"奥趣"。《永州龙兴寺东丘记》指出:"丘之幽幽,可以处休;丘之窅窅,可以观妙。"显然,"处休"不同于"观妙"。何为"休"？如果我们考虑到与"观妙"的词性结构对应关系,"休"当作名词,指"美"。"休",《集韵》《韵会》《正韵》均释作"美善也"。《尚书·说命》:"乃罔不休。"孔安国传:"乃无不美。"《尚书·周官》:"作德,心逸日休。"孔安国传:"为德直道而行,于心逸豫,而名且美。"《诗·商颂·长发》:"何天之休。"郑玄笺:"休,美也。"《左传·襄公二十八年》:"以礼承天之休。"杜预注:"休,福禄也。"这些均为"休"作"美"之佐证。不过,"休"又不同于一般的"美",它是"美"的特殊状态。如果说"妙"是一种使人心灵飞动、想象无极的动态美,"休"则是一种心灵归于止息的静态美。《说文》谓:"休……人依木则休。"《尔雅》曰:"休,会止木,庇息意。""休"的本义是人倚靠在树木下休息、休养。"止"、"息"是其本义,"美"是其引申义。而"处休"作为一种审美状态,又有修身养性、静静涵泳、款款品味之义。"丘之幽幽,可以处休"。曲折深奥的自然山水,我们就应用"处休"的审美心态去对待它,以求获得静寂的本体之美。

　　永州的袁家渴,就是这种自然山水之美的代表。柳宗元《袁家渴记》[1](作于永州,具体时间不详)云:"袁家渴","永中幽丽奇处也";"渴上与南馆高嶂合,下与百家濑合。其中重洲小溪,澄潭浅渚,间厕(插也)曲折。(水)平者深黑,峻者沸白;舟行若穷,忽又无际。有小山出水中,山皆美石;石上生青丛,冬夏常蔚然;其旁多岩洞,其下多白砾。其树多枫、柟、石楠、楩、槠、樟、柚,草则兰芷,又有异卉,类合欢而蔓生,轇轕(同胶葛,交错、缠绕)水石。每风自四山而下,振动大木,掩苒众草,纷红骇绿,蓊勃香气,冲涛旋濑,退贮溪谷,摇飏葳蕤,与时推移",正可谓"曲有奥趣"的杰作。

　　柳宗元认为,面对这类自然山水,观赏者应把审美追求放在"奥趣"上,因而在人工修葺时,断不可"剪"其"丛莽"以求"万类皆出",而应保留其"丛莽"及山石曲折高下之态,增加林木的若隐若现和山谷的虚实相生效果,使其更加曲折通幽。《永州龙兴寺东丘记》说:"抵丘垤,伏灌莽,迫遽回合,则于奥宜……因其奥,虽增以茂树蘩石,穹若洞谷,蓊若林麓,不可病其邃也。"永州的东丘就是柳宗元依据这种园林美学思想因地制宜、人工改造的山林:"今所谓东丘者,奥之宜者也。其始龛之外弃地,余得而合焉,以属于堂之北陲,凡坳洼坻岸之状,无废

---

〔1〕 渴,柳宗元《袁家渴记》中释:"楚、越之间方言,谓水之反流者。"

其故。屏以密竹,联以曲梁;桂桧松杉梗楠之植,几三百本;嘉卉美石又经纬之;俯入绿缛,幽荫荟蔚;步武错迕,不知所出……水亭隩室,曲有奥趣……奥乎兹丘,孰从我游?"当东丘造成时,一些友人多不解其奥趣,"至焉者往往以邃为病"。然而时隔不久,他揭示的这种美学趣味就得到了人们的广泛认同。后来中国园林习惯采用回廊、曲径、起伏、显隐、虚实等手法,不外是为了开掘这种奥趣和幽美。

(本文载《文学遗产》2007年第5期,收入祁志祥编:《历代文学观照的经济维度》,河南人民出版社2012年版)

六、"活法"说:中国古代文学的总体创作方法论

1."活法"的提出及其丰富内涵

"活法"的概念是南宋吕本中首先提出来的。他说:"学诗当识'活法'。所谓'活法'者,规矩备具,而能出于规矩之外;变化不测,而亦不背于规矩也。是道也,盖有定法而无定法,无定法而有定法。知是者,则可以与语'活法'矣。"[1]吕氏所论,本针对诗歌创作而言,南宋的俞成发现它具有普遍的方法论意义,便把它引入整个文学创作领域:"文章一技,要自有'活法'。若胶古人之陈迹,而不能点化其句语,此乃谓之死法。死法专祖蹈袭,则不能生于吾言之外。活法夺胎换骨,则不能毙于吾言之内。毙吾言者故为死法,生吾言者故为活法。"[2]"活法"提出后,在宋、元、明、清文论界引起了广泛的反响。张孝祥、杨万里、严羽、姜夔、魏庆之、王若虚、郝经、方回、苏伯衡、李东阳、唐顺之、屠隆、陆时雍、李腾芳、邵长蘅、叶燮、王士祯、沈德潜、翁方纲、章学诚、刘大櫆、姚鼐、袁守定等人,或径以"活法"要求于文学创作,或通过对"死法"的批评从反面肯定"活法"的地位。他们从不同角度、不同层面丰富了"活法"理论,为我们全面理解"活法"的内涵提供了充分的依据。

那么,"活法"究竟是什么方法呢?

"活"即"灵活""圆活""活脱"。作为呆板、拘滞、因袭的对立面,其实质即流动、变化、创造。"活法"简单地说即变化多端、"不主故常"的创作方法。清代

---

[1] 《夏均父集序》,四部丛刊影旧抄本《后村先生大全集》卷九五《江西诗派》引。
[2] 《文章活法》,《萤雪丛说》卷一。

的邵长蘅指出:"文之法,有不变者,有至变者。"[1] 姚鼐指出:"古人文有一定之法,有无定之法……无定者,所以为纵横变化也。"[2] 邵氏讲的"至变"之法,姚氏讲的所以为"纵横变化"之法,指的就是"活法"。

"活法"作为灵活万变之法,在不同的创作环节上有着不同的表现形态。在创作过程的起始,"活法"要求"当机煞活",切忌"预设法式"。反对创作之先就有"一成之法"横亘胸中,主张文思触发的随机性。魏庆之《诗人玉屑》卷六载:"仆尝请益曰:下字之法当如何?公曰:正如弈棋,三百六十路都有好着,顾临时如何耳。"何以如此呢?因为"诗人之工,特在一时情味,固不可预设法式"[3]。如谢灵运的名句"池塘生春草,园柳变鸣禽","此语之工,正在无所用意,猝然与景相遇,借以成章"[4]。

那么,引发文思的"机缘"是什么呢?就是气象万千、瞬息万变的大自然。以"活法"作诗著称的杨万里在《荆溪集序》中曾这样自述创作体会:"每过午……登古城,采撷杞菊,攀翻花竹,万象毕来献予诗材,盖麾之不去,前者未雕,而后者已迫,涣然未觉作诗之难也。"大自然是"体有万殊,物无一量"的,因而文思的触发也就光景常新、变化无常了,故"当机煞活"联系到"机"的内涵来说即"随物应机"。

这种"随物应机"的方法直接从现实中汲取文思,给审美意象带来极大的鲜活性。这种文思触发的随机性,也给艺术创作带来了"鸢飞鱼跃""飞动驰掷"[5] 的流动美。古人形容这种美,往往以流转的"弹丸"为喻。

在艺术表现的过程中,"活法"要求"随物赋形""因情立格"。这种方法,用今天的话说即给内容赋予合适的形式的方法。内容有内外主客之分。相对于外物而言,"活法"表现为"随物赋形"(苏轼)。用清代叶燮的话说,就叫"准的自然"之法、"当乎理(事理)、确乎事、酌乎情(情状)"之法。相对于主体而言,"活法"表现为"因情立格"(徐祯卿)。由于"向心"文化的作用和表现主义文学观念的渗透,"活法"更多地被描述为"因情立格"、表现主体之法。如吕本中《夏均父集序》界说"活法",其特征之一是"惟意所出";王若虚认为文之大法即"词达

---

[1] 《与魏叔子论文书》,《国朝文录》卷三六。
[2] 《与张阮林书》,《惜抱轩尺牍》卷三。
[3] 张戒:《岁寒堂诗话》,无锡丁氏校印本《历代诗话续编》。
[4] 叶梦得:《石林诗话》,《历代诗话》,中华书局1981年版。
[5] 二语分别为钱锺书、方回评杨万里诗语。

理顺";章学诚指出"活法"即"心营意造"之法[1],都论述到"法"与主体的连带关系,从另一侧面揭示了"活法"的心灵表现特色。

"活法"根据特定内容赋予相应的形式,因而是"自然之法"(叶燮)。对此,古人曾屡屡论及。如沈德潜《说诗晬语》说:所谓"法"者,"行所不得不行,止所不得不止,而起伏照应,承接转换,自神明变化于其中"。从内容对形式的决定性方面论证了"活法"的内在必然性。而不问内容表现需要,硬从内容表达需要的外部寻找一种所谓美的模式加以恪守,则是不"自然"的,无必然性的。正如陆时雍《诗镜总论》说的那样:"水流自行,云生自行,更有何法可设?"

既然"活法"主要表现为"因情立格"之法,那么,"情无定位",法随情变,艺术创作自然不能被"一成之法"所束缚。这里有两个要点:一是"情无定位"说,它揭示了"活法"所以为变化无方之法的动力根源。它由明代徐祯卿在《谈艺录》中所提出:"夫情既异其形,故辞当因其势。譬如写情绘色,情盼各以其状,随规逐矩,圆方巧获其则。此乃因情立格,特守围环之大略也。"二是法随情变。既然"情无定位",所以法无定方,文学创作没有一成不变的法式可循。"活法"所以强调"不主故常",否定"文有定法",以此。王若虚《文辨》说:"夫文岂有定法哉? 意所至则为之题,意适然殊无害也。"又在《滹南诗话》中指出:"古之诗人,虽趣尚不同,体制不一,要皆出于自得。至于词达理顺,皆足以名家,何尝有以句法绳人哉?"章学诚《文史通义·文理》说:"文章变化,非一成之法所能限。"又在《文格举隅序》中指出:"古人文无定格,意之所至而文以至焉,盖有所以为文者也。文而有格,学者不知所以为文而竟趋于格,于是以格为当然之具而真文丧矣。"

在艺术表现的终端上,"活法"追求"姿态横生,不窘一律"[2]。既然艺术表现是"随物赋形""因情立格",其结果自然是"姿态横生","了无定文","莫有常态"。因而在作品面目上,"活法"最忌讳千篇一律,雷同他人,而崇尚"自立其法"[3],强调"法当立诸己,不当尼(泥)诸人"[4]。

衡量"自立其法"的一个重要标准是法在文成之前还是之后。"法在文成之

---

[1] 《文史通义·文理》。
[2] 吕本中:《与曾吉甫论诗第一帖》,海山仙馆丛书本《苕溪渔隐丛话》前集卷四九。
[3] 郝经:《答友人论文法书》,《郝文忠公陵川文集》卷一三。
[4] 郝经:《答友人论文法书》,《郝文忠公陵川文集》卷一三。

前,以理从辞,以辞从文,以文从法,一资于人而无我,是以愈工而愈不工"[1];"法在文成之后,辞由理出,文自辞生,法以文著","不期于工而自工,无意于法而皆自为法"[2]。所以古人强调:"文成法立。""夫文岂有常体,但以有体为常。"[3]根据"自得"之意赋予相应的表现方法、形态、格式,就是合理的、美的。意象各别,文态万千,美的表现方法、形态、格式也就多种多样,它存在于"因情立格"、创作告成后的各种特定作品中,没有超越特定内容、离开具体作品可以到处套用的美的"常体";只有根据"自得"之意写出的作品之法式才属于自己,才是"自立之法"。

除此而外,"活法"还表现为"圆活生动"、变通无碍之法。这主要是在"活法"与具体的创作手段、方法、技巧的关系中显示出来的。这里要交代一点,古人讲"文有大法无定法","定法"若指一成不变的美的创作方法、模式,那是没有的;但如果指"可以授受的规矩方圆",指文学创作基本的技巧、具体的手段,它还是存在的,所以古人在肯定文有"无定之法"的同时又肯定文有"一定之法"。那么,"活法"这个"文之大法"与之有什么关系呢?

首先,它表现为从"有法"到"无法",既不为法所囿又不背于法的"自由之法"。这一点,"活法"说的始作俑者吕本中说得很清楚:"所谓'活法'者,规矩备具,而能出于规矩之外,变化不测,而亦不背于规矩也。是道也,盖有定法而无定法,无定法而有定法。"这是一种领悟了"必然"的"自由",一种"无规律的合规律性",以古人之言名之即"从心所欲不逾矩"。它表明,"活法"排斥"定法",只不过是为了提醒人们不要用僵死的观点对待"法","泥定此处应如何,彼处应如何"[4],帮助人们破除对"法"的精神迷执,所谓"法既活而不可执也,又焉得泥于法"[5],对于具体的手段、基本的技巧,它并不排斥,恰恰相反,"活法"主张长期地学习、充分地掌握,并把这作为是达到超越、走向自由的关键,正像韩驹《赠赵伯鱼》诗形容的那样:"一朝悟罢正法眼,信手拈出皆成章。"

其次,"活法"作为一种注重变化、流动的思维方法,它用因物制宜的态度对待事物,从而使它在驾驭各种具体的方法手段时变得圆融无碍。如"起承转合,

---

[1] 郝经:《答友人论文法书》,《郝文忠公陵川文集》卷一三。
[2] 《答友人论文法书》,《郝文忠公陵川文集》卷一三。
[3] 张融:《门律自序》。
[4] 沈德潜:《说诗晬语》。
[5] 叶燮.《原诗》。

不为无法",但依"活法"之见,"不可泥","泥于法而为之,则撑柱对待,四方八角,无圆活生动之意。"[1]又如"字法""有虚实、深浅、显晦、清浊、轻重"等,但"第一要活,不要死。活则虚能为实、浅能为深、晦能为显、浊能为清、轻能为重"[2]。屠隆指出:"诗道有法,昔人贵在妙悟。""妙悟"之后就活脱无碍、左右逢源了:所谓"新不欲杜撰,旧不欲抄袭,实不欲黏滞,虚不欲空疏,浓不欲脂粉,淡不欲干枯,深不欲艰涩,浅不欲率易,奇不欲谲怪,平不欲凡陋,沉不欲黯惨,响不欲叫啸,华不欲轻艳,质不欲俚野"[3]。

由于"活法"是"随物应机""当机煞活","因情立格""随物赋形","姿态横生,不窘一律","圆活生动"、变通无碍的创作方法,换句话说,由于"活法"是根据个别的独得意象因宜适变地状物达意的方法,所以它充满了蓬勃的生机和旺盛的创造力,能给人类文化的长卷带来属于作者所有的美的作品和法式,从而与毫无生机的蹈袭摹仿形成了鲜明对比。俞成说:"专祖蹈袭"的"死法""不能生于吾言之外",是"毙吾言者",只有"夺胎换骨"的"活法"才不会"毙于吾言之内",是"生吾言者"。因此,"活法"是创新之法,而不是蹈袭之法、拟古之法。

以上,我们围绕"活"字,从诸环节、角度考察了"活法"的具体内涵。此外,"活法"还有两大特点。由于"活法"没有示人以具体可循的创作方法,因而是"无法之法"[4]、"虚名之法"[5]。"虚名",虚有"法"之名也。此其一。由于"活法"是驾驭各种"定法"的主宰,因而是"万法总归一法"[6]的"一法",是"执一驭万"之法。此其二。

2."活法"思想的形成和发展历史

在吕本中之前,"活法"的概念虽然尚未出现,但各种与"活法"内涵相通的思想早在积累。孔子说:"辞,达而已矣。"[7]这是个形式美命题,也是方法论命题。后来王若虚、郝经以"词达理顺""辞以达志"释文之大法,正本于孔子。扬雄《太玄》卷四云:"宏文无范,恣意往也。"这与"活法"的思想更靠近了:"宏文

---

[1] 李东阳:《麓堂诗话》。
[2] 李腾芳:《文字法三十五则》。
[3] 屠隆:《论诗文》,《鸿苞节录》卷六。
[4] 此语非原文,根据陆时雍《诗镜总论》意思改写。
[5] 此语非原文,根据叶燮《原诗》意思改写。
[6] 陆时雍:《诗镜总论》,《历代诗话续编》本。
[7] 《论语·卫灵公》。

无范"就是"文无定格","恣意往也"通于"因情立格"。陆机《文赋》追求"意逮物""文称意",主张"辞达而理举",并由此提出"因宜适变"。谢赫"六法"论提出"随类赋彩",催化了变化多端、"随物赋形"方法的诞生。唐代书家张怀瓘《书议》评论王献之书法,肯定其"临事制宜,从意适便"的特征;文章家李德裕在《文章论》中提出"意尽而止""言妙而适情"的主张,并指出由此产生"篇无定曲"的结果;柳宗元《复杜温夫书》自述其创作方法,是"引文行墨,快意累累,意尽便止"。这些即有"随物赋形""因情立格""不主一格"的意思。到了北宋,这种思想更加丰富,并获得了发展。先是宋初的田锡和欧阳修。田锡《贻宋小著书》主张"援毫之际,属思之时,以情合于性,以性合于道……随其运用而得性,任其方圆而寓理,亦犹微风动水,了无定文;太虚浮云,莫有常态"。欧阳修通过对韩愈的评价,表现了对"纵横驰逐,惟意所之"创作方法的称许[1]。二人的思想直接影响了苏轼。苏轼论为文,一主"风水相遭""天人凑泊";二主"辞达而已"[2],"意之所到,则笔力曲折无不尽"[3],如同"泉源""随物赋形"[4];三主"行于所当行""止于不可不止""文理自然"[5];四主"初无定质""姿态横生"[6];五主寄妙理于法度之外,也就是后人讲的"有法而无法"。应当说,"活法"的思想到苏轼手中已相当完备。由于苏轼在文坛的领袖地位,他的这些思想被他的弟子广为传播开来。张耒《答李推官书》以"水"为喻,要求为文应像"水"一样"顺道而决之"以求奇观;陈师道《后山诗话》以"水"为喻,要求为文"因事以出奇"。苏轼另一位重要弟子黄庭坚从他的老师那里继承了"自然""求变"的思想,据此他评杜甫诗"平淡而山高水深"、评李白诗"如黄帝张乐于洞庭之野,无首无尾,不主故常"[7]。他所发明的"夺胎换骨""点铁成金"之法,并不是一味的拟古之法,而是在"规摹前人"的基础上根据"陶冶万物"所得有所变通和创新之法。张戒《岁寒堂诗话》曾透露过此中消息:"往在桐庐见吕舍人居仁(即吕本中),余问:鲁直得子美之髓乎?居仁曰:然。然其佳处焉在?居仁曰:禅家所谓死蛇弄得活。"黄氏的这一思想,又传给了弟子范

---

[1] 《六一诗话》,《历代诗话》上册,第 272 页。
[2] 《答王庠书》。
[3] 转引自何薳:《春渚纪闻》,中华书局 1983 年版,第 84 页。
[4] 《文说》,文学古籍刊行社版《经进东坡文集事略》卷五七。
[5] 《答谢民师书》,文学古籍刊行社版《经进东坡文集事略》卷四六。
[6] 《答谢民师书》,文学古籍刊行社版《经进东坡文集事略》卷四六。
[7] 《题李白诗草后》。

温。从苏轼到黄庭坚、范温,个中一脉传承的关系相当明显。苏轼的影响是深远的。直到南宋,范开仍然拿着苏轼的"文理自然、姿态横生"的思想评论辛弃疾:稼秆"意不在作词,而其气之所充,蓄之所发,词不能不尔也";"其词之为体,如张乐洞庭之野,无首无尾,不主故常;又如春云浮空,卷舒起灭,随所变态,无非可观"[1]。

"临事制宜""惟意所之""因宜适变""不主故常""姿态横生""莫有常态""有法无法""变通无碍"……一切都具备好了,就等待着一个范畴——"认识之网的网上纽节"——把它们网络、集结起来。这个范畴就是"活法"。

3."活法"思想的文化透视

接下来我们面临着两个问题需要回答:第一,在吕本中之前,文艺创作领域内灵活万变、不主故常的方法论思想何以得成其气候?第二,"活法"的概念何以在宋代的吕本中手中提出?这看来要从更深沉的文化机制上寻找答案了。

一个明显的事实是,中国古代文人的世界观不外乎儒、道、佛三家。儒、道、佛三家与"活法"的关系怎么样?

儒家的基本思维方法是"折中"。"折中"即"叩其两端""允执厥中",破除拘执,不偏一端,因而是流动变化的思维方法。儒家主"静",也不废"动",所谓"仁者乐山,智者乐水"。而且主张以"静"制"动",以不变应万变。孔子还常常表现出对"动"的神往,所谓"子在川上曰:逝者如斯夫,不舍昼夜"。尤其作为在文学理论领域颇有建树的一个学派,先秦儒家还提出了"辞达而已""言以足志,文以足言"的创作方法论,为"随物赋形"、变化万方的"活法"的诞生提供了源头、启示和庇护。

较之儒家,道家中的庄子学派从另一个侧面走向"不主故常"的方法论。庄子学派首先把老子的"道"改造为"适性""自然",然后阐明:世界万物尽管各异,但只要"适性",具有"自然"的品格,就独立自足、完美无缺了。举几个例子。鹤足为长,凫颈为短,泰山为大,芥子为小,但由于符合各自的本性,并为各自的本性所必需,所以"长者不为有余,短者不为不足"[2],泰山不为大,芥子不为小。又如人有美丑之分,但无论美人丑人,只要"动以天行"、顺其本性地去生

---

[1]《稼秆词序》。
[2]《庄子·骈拇》。

活,都是"至人""神人""真人"。总之,只要"适性",就可"逍遥",只要"自然",就可"自由"[1]。故其于艺术创作,尤尚"止之于有穷,流之于无止""在谷满谷,在阬满阬""能短能长,能柔能刚,不主故常"的方法;《庄子》自身的创作,"以谬悠之说,荒唐之言,无端崖之辞,时恣纵而傥""独与天地精神往来"[2],也是"变化无常"、不拘一体的。这种方法论思想,给"活法"的诞生和壮大更多的影响。活法说的诸多用语都是袭用了《庄子》的。

如果说中国本有的儒、道思想给"活法"论种下了根基,那么后来的佛教则以更丰富的思想催化了"活法"论的生成。佛教为了教导僧众体认"圆寂"的"佛道",竭力倡导一种特殊的主体智慧——"圆智"。《文殊师利问菩提经》云:"如来智慧如月十五日。"《发菩提心品》第十一,《杂阿含经》卷十一,《增壹阿含经》卷八皆云:菩提心相如"圆满月轮于胸臆上明朗"。《大乘本生心地观经·报恩品》第二讲"四智圆满",其中之一便为"大圆镜智"。由于崇尚"圆智",故释典中多"圆月""圆镜""弹丸"之喻。所谓"圆智",大约注脚有三。一曰"圆转流动"(或"圆活生动"),二曰"圆融无碍",三曰"圆满无缺"。三者之间具有因果关系:只有思维方法"圆转流动",认识事物才能"圆融无碍",最后才能契合"圆满无缺"的真理。所以"圆转流动",或者叫"圆活"的思维方法是"圆智"的关键。以此观照佛道,它既是"寂灭"的、"本无变动"的(明·德宝),又是"无住"的,流动的,这就叫"法无定相"[3]。从"色法"方面看,由于各种相状的事物皆由空寂的佛道所幻现,因而无"自性",永远处在变化流转之中。佛家谓之曰"诸法无我""诸法无常"。色法既然由法身所幻现,故法身不在彼岸,就在眼前,领悟佛道不假外求,而应该"随物应机""当机煞活",正如钱锺书语《谈艺录》所说:"随遇皆道,触处可悟。"同时,理所当然不应执"法"为"有",迷"色"为"真",而应破除"法执""我执",透过色法把握其本体,故破除拘执,反对用僵死简单、形而上学的观点看待色法,成为佛家认识方法上的一大特征。佛道是离言的,所谓"言语道断";但为众生说法,又不得不权行"方便",施行"言教"。既然佛道非得言说不可又不可言说,那么言说的方法只能是用似是而非的语言去隐喻、象征法身,也就是以"镜花水月"般的"活句"传达、寄托佛道,切忌用字字执实的"死

---

[1] 详见拙作《"适性为美"——庄子美学系统管窥》,《华东师范大学学报》1989年第4期。
[2] 《庄子·天运》对黄帝咸池之乐的评论。
[3] 法身会幻化出各种各样的物象,罗什《大乘大义章》所谓"青青翠竹,尽是法身;郁郁黄花,莫非道场"。

句",也就是日常的逻辑语言传达佛道,这是佛家表达方法的"活"。因此,佛门弟子在参悟这些"言教"文字时也就不能用通常的逻辑方法,即"参死句"的方法去理解它,而应该用"参活句"的方法体会它的"言外之旨""无上妙道",这是僧众参悟释典方法上的"活"。中国佛教影响深远的宗派禅宗对"圆活生动"的思维方法尤其注重。禅宗"五家"之一的沩仰宗有九十七种圆相[1],突出体现了对"圆活"的追求。《坛经》宣称:"无住为本。"以变化无居为世界观和方法论。禅师传道,多是即境示人,随机拈取某种事物作象征、启示佛道之具。如《五灯会元》记载:僧问:"如何是祖师西来意?"师曰:"砖头瓦片。""如何是佛法大意?"师曰:"洞庭湖里浪淘天。"禅僧悟道,亦以眼前之物为禅机。正如《五灯会元》所云:"解道者,行住坐卧,无非是道;悟法者,纵横自在,无非是法。"充满了"不主故常"的随机性。禅宗祖师为弟子说法的"话头""公案"及答弟子问时使用的"机锋",大都文不对题,答非所问,变化莫测,体现了表达方式的"活"。禅宗发展到后来,对不知变通,只会"参死句"的弟子不是棒喝就是拳脚相加,这体现了参悟方法的"活"。禅宗把成佛的依据放在主体心性的自觉上,蔑视一切外来权威,反对"头上安头"、"屋下架屋"、因袭模仿,力倡"不主故常",甚至连佛祖也不在眼下;同时,禅宗又把主体的"觉悟"放在"渐修""熟参"的基础上,强调只有"遍参诸方",才能"自得""自悟","七横八横,头头是道"。禅宗的这些思想,与"活法"的内涵是相通的。史弥宁说:"诗家活法类禅机。"[2]葛天民说:"参禅学诗无两法,死蛇解弄活泼泼。"[3]韩驹说:"居仁说活法,大抵欲人悟。"[4]此为明证。佛教所说的"法无定相""诸法无常"虽有自身的特殊涵义,但无疑给"文无定格"的思想提供了启示。

综上所述,可见,无论儒家、道家,还是佛家,其思想都与"活法"的内涵存有相交相融的关系。它们为"活法"的产生提供了根基,它们为"活法"的成长提供了合适的气候。

宋代是一个士大夫普遍"好佛""习禅"的时代。许多知名文人,如杨亿、王禹偁、王安石、苏轼、苏辙、黄庭坚、陈师道、张耒、李之仪、陆游、姜白石、严羽,等等,不是交结"禅友",就是遁入"禅门",甚至一向以维护儒家正统地位,并以辟

---

[1] 智昭:《人天眼目》卷四。
[2] 《诗禅》,《友林乙稿》。
[3] 《寄杨诚斋》,《宋百家诗存·无怀小集》。
[4] 《读吕居仁旧诗有怀》,《陵阳先生诗》。

佛自居的欧阳修、司马光等人，后来也对佛教表示"好感"[1]。禅宗灯录典籍中虽然绝少见到"活法"术语，但"活"的方法论思想和"法"的用语则随处可见；与"活法"要义相近的"活句"用语亦屡屡可见，如克勤说："须参活句，莫参死句。活句下荐得，永劫不忘；死句下荐得，自救不了。"[2]这就为"活"的思想与"法"的用语结合提供了重要的契机。另一方面，如前所述，文学创作领域内有关"活法"的思想发展到北宋已相当充分和成熟，亟待有一个更高的范畴把它们网络、集结起来。

吕本中适应了历史提出的要求，一方面，作为"江西诗派"中人，他经由黄庭坚远绍苏轼，继承了北宋文学创作领域发展得已很充分的"活法"思想，另一方面，作为禅门中人，他又在"活句"这个禅宗活头的启发下将禅门"活"的思想与"法"的术语捏合起来，作为对文学创作领域"随物应机""惟意所之""不主故常""自由活脱"的方法论思想的概括。应当说，"活法"的概念在这个时期由一个同时兼诗人和禅友身份的人提出来，既是历史的必然，也是逻辑的必然。

（本文载《学术月刊》1992年第4期，中国人民大学复印资料《中国古代文学研究》1992年第5期全文转载）

七、"定法"说：中国古代的具体创作方法论

1. "定法"的内涵及其历史轨迹

关于文学创作的方法，古代文论既论述到"活法"，又论述到"定法"。所谓"活法"，即辞以达意、"随物赋形"、"因情立格"、"神明变化"之法。这种"法"只示人以文学创作的大法，并无一成之法可以死守，所以叫"活法"。它徒有"法"之名而无"法"之实，故叶燮《原诗·内篇下》云："法者，虚名也，非所论于有也。""活法为虚名，虚名不可以为有。"所谓"定法"，是状物达意时具体的技法，它可以传授和学习，所以叫"定法"。"定法"积淀了文学创作成功的审美经验，为进入文学堂奥之门径，不可或缺。叶燮《原诗·内篇下》云："又法者，定位也，非所

---

[1] 参郭朋：《宋元佛教》福建人民出版社1981年版，第31—34页；孙昌武：《佛教与中国文学》第二章《佛教与中国文人》上海人民出版社1988年版；周义敢：《北宋的禅宗与文学》，《文学遗产》1986年第3期。

[2] 《人慧普觉禅师语录》卷十四。

论于无也。""定位不可以为无。"即是指此。章学诚《文史通义·文理》指出:"学文之事,可授受者规矩方圆,不可授受者心营意造。"这"可授受"的"规矩方圆"就是"定法","不可授受"的"心营意造"即"活法"。尽管"立言之要,在于有物"[1],作为"言有物"的"活法"更为重要,但作为"言有序"的"定法"亦不可偏废。姚鼐《与张阮林》指出:"古人文有一定之法,有无定之法。有定者,所以为严整也;无定者,所以为纵横变化也。二者相济而不相妨。"[2]

"活法"本身虽然由内容决定灵活万变,不同于"定法",但在状物叙事、表情达意时又不得不借助于在创作实践中积累起来的一定的章法、句法、字法。这样,"活法"实际上离不开"定法",并包含"定法"。正如宋代吕本中在《夏均父集序》分析的那样:"所谓'活法'者,规矩具备,而能出于规矩之外;变化不测,而亦不背于规矩也。是道也,盖有定法而无定法,无定法而有定法。"而一定的章法、句法、字法如果离开了"当乎理、确乎事、酌乎情"的"活法"[3],就会沦为"死法"。方回《景疏庵记》将这种"死法"喻为毫无生机的"枯桩"[4]。沈德潜《说诗晬语》指出:"所谓法者……若泥定此处应如何,彼处应如何,不以意运法,转以意从法,则死法矣。试看天地间水流云在,月到风来,何处著得死法?"

由此看来,在古代文学创作方法理论中,"定法"是与"活法"并行不悖、相辅相成的,并为"活法"所统辖,为"神明变化"所服务的。这便决定了"定法"区别于"死法"的最终分野。不同于"活法"又不离"活法",有一定之法可以恪守而又不落入死守成法的僵化窠臼,这就是"定法"的基本内涵。

"文以意为主"。先秦时期,文章道德不分,立言从属于立德,文学创作无"定法"可循,《论语·卫灵公》中孔子的一句"辞达而已",揭示了这一时期文学创作的根本大法,亦为后世"活法"说所本。汉代,令人赏心悦目的诗赋逐渐从广义的文学中脱颖而出,以其美丽的风姿引起了理论家的关注。扬雄《法言》中揭示的"诗人之赋丽以则,辞人之赋丽以淫",标志着汉人对诗赋"丽"的形式美特征的最初自觉。魏晋六朝时期,美文学的创作取得空前发展,文论家们在"诗赋欲丽""绮靡浏亮""绮縠纷披""宫徵靡曼"等文学自身形式规律的审美自觉

---

[1] 章学诚:《文史通义·文理》,嘉业堂本《章氏遗书·文史通义》内篇二。
[2] 姚鼐:《惜抱轩尺牍》卷五,宣统元年小万柳堂刊本。
[3] 叶燮:《原诗·内篇下》,二弃草堂本。
[4] 方回:《桐江集》卷二,宛委别藏本。

的指导下,对文学创作的具体技法作出了丰富、深入的理论总结,标志着"定法"论的正式登场。尤其值得注意的是刘勰的巨著《文心雕龙》。这部"体大思精"的文学理论专著在《总术》《附会》《熔裁》《章句》《丽辞》《声律》《练字》《比兴》《事类》《夸饰》《隐秀》《指瑕》等篇目中论述、概括了谋篇布局、遣字造句的一系列审美规则,实开后世"篇法""句法""字法"理论的先河。唐代是一个律诗辉煌的时代。诗人们既不忘风雅美刺的道德承当,也以前所未有的热情打造诗律之美。"为人性僻耽佳句,语不惊人死不休。"(杜甫)"吟安一个字,捻断数茎须。"(卢延让)"两句三年得,一吟双泪流。"(贾岛)与此相应,唐代涌现了许多探讨诗律的诗论著作。如元兢的《诗髓脑》、崔融的《唐朝新定诗格》、齐己的《风骚旨格》,等等。宋代,受禅宗话头的影响,谈"文法""诗法"的用语多起来,"定法"作为与"活法"相对的术语开始诞生[1]。人们不只抽象地谈论"定法",而且具体地落实到"章法""句法""字法"层面[2]。尤其是江西诗派,"开口便说句法",不仅掀起了一股"活法"热,也掀起了一股"定法"热。明代是一个拟古的时代。在前后七子"诗必盛唐,文必秦汉"口号的倡导下,宋人提出的诗文"章法""句法""字法"问题得到进一步探讨和强调,如王世贞《艺苑卮言》卷一指出:"首尾开合,繁简奇正,各极其度,篇法也。抑扬顿挫,长短节奏,各极其致,句法也。点缀关键,金石绮彩,各极其造,字法也。""篇法,有起,有束,有放,有敛,有唤,有应。大抵一开则一阖,一扬则一抑,一象则一意,无偏用者。句法,有直下者,有倒插者……篇法之妙,有不见句法者,句法之妙,有不见字法者:此是法极无迹。"清代是一个善于综合、总结的集大成时期。叶燮、邵长蘅、徐增、王士禛、方苞、刘大櫆、姚鼐、沈德潜、翁方纲、章学诚、包世臣、刘熙载、金圣叹、毛宗岗、脂砚斋等人诗文小说的创作法则都发表过很有价值的意见,古代文论的"定法"说达到了空前丰富和深入。

古代"定法"说所总结的"定法"主要有哪些呢?

2. 字法

按古人的看法,积字而成句,积句而成章,因而"定法"就表现为"字法""句法""章法"。让我们先从字法谈起。

---

[1] "活法""定法"之名始见于南宋吕本中《夏均父集序》,《四部丛刊》影旧抄本《后村先生大全集》卷九十五《江西诗派》引。
[2] 谢枋得:《文章轨范》卷五,清光绪刊本。

汉语文字由形、音、义组成,字法因而就呈现为字形、字音、字义的运用法则。

(1) 字形的运用法则

汉字不同于拼音文字,其象形特点非常明显。由于汉字首先以字形诉诸读者的视觉直观,它的组合和安排必须符合视觉的审美要求。刘勰《文心雕龙·练字》总结指出"缀字属篇""必须练择"的四项法则:"一避诡异,二省联边,三权重出,四调单复",基本都是出于视觉审美的考虑。

"诡异"即字形怪僻的字。由于字形怪僻,读者多不能识,用到文章中,就像"字妖":"今一字诡异,则群句震惊","两字诡异,大疵美篇","况乃过此(超过两字),其可观乎?"用字必须"避诡异",尽量回避冷僻的怪字、异字。当时沈约强调文章当从"三易",其中之一是"易识字",亦是此意。

"联边"指"半字同文",即偏旁相同的字。秦汉以来,文章多用毛笔竖行书写。同一偏旁的字排列在一起,会给人强烈的雷同感受。所以刘勰主张缀字属篇"省联边":"如获不免,可至三接","三接之外",就像"字林"了[1]。就是说,同一偏旁的字最多连用三个,三个之外就如同字典的部首排列了,断不宜用。

"重出"指"同字相犯"。一般说来,同首诗中不宜使用两个或更多相同的字,因为这会给人雷同感。但如果因表意需要非用不可,则"宁在相犯"。这就叫"权(权衡)重出",即根据具体情况灵活决定是否使用同字。先秦诗赋以叠沓往复、反复歌唱为特点,故使用同字的现象屡见篇什。"永明体"出现后,人们发现使用同字不仅使人视觉上感到雷同,而且听觉上感到单调,故忌用同字。刘勰《文心雕龙·练字》指出这种变化:"《诗》《骚》适会,而近世忌同。"但"忌同"的结果,又带来以文害意的弊端,故刘勰提出了同字"相避"的一般法则和"若两字俱要,则宁在相犯"的特殊法则。

"单复"即"字形肥瘠者"。笔画多的叫"复字""肥字",笔画少的叫"单字""瘠字"。"瘠字累句,则纤疏而行劣;肥字积文,则黯黕而篇暗。"就是说,笔画少的字连在一起用,看上去则一片稀疏,笔画多的字连在一起用,看上去则黑压压一片,都妨碍视觉的美观。所以,"善酌字者,参伍单复",笔画少的字与笔画多的字应当交错开来使用。

我们发现,关于字形运用的视觉审美法则,刘勰之前无人论述,刘勰之后也

---

[1]《字林》,晋吕忱字书,按偏旁部首排列。

无继响,刘勰之论实可谓空前绝后。而他论述得如此全面深入和切中实际,足见刘勰具有过人之明。今天,当文学作品都由毛笔书写改为印刷体后,刘勰此论显得已无实际意义,但在书法作品的创作中,它仍有很强的指导意义。

(2) 字音的运用法则

汉字不只是视觉符号,也是音节单元。字音是供人诵读、诉诸听觉的,因而字音的组合必须服从"易诵读"(沈约)的"唇吻"美(钟嵘)、听觉美要求。就单个的音节来看,响亮的音节比低沉的音节更动听,所谓"铿锵美听"[1]、"清亮悦耳"[2]。所以,古人屡屡强调"下字贵响"[3]。就文句各个音节之间的关系来看,把不同声、韵、调的音节有规律地交错组合起来,比杂乱无章的自然音节和过分整齐协调的音节组合要动听悦耳得多。因此,古人强调,遣词造句要讲究音节飞沉、清浊、抑扬、顿挫的相间。对于诗赋而言,这一音律要求更高。司马相如主张"一宫一徵"交互使用。陆机《文赋》指出,"音声之迭代",应如"五色之相宜"。沈约《谢灵运传论》则说:"宫羽相变,低昂互节。若前有浮声,则后须切响。一简之内,音韵尽殊。两句之中,轻重悉异"。齐"永明体"则把这种音节错综的法则总结为"四声八病"。

汉字的音节由声、韵、调组成,字音的审美运用法则又分别表现为字声、字韵、字调的特殊运用之法。字调的用法即"平仄相间"。字声、字韵的法则主要体现在双声、叠韵字的处理上。汉语中的音节,有许多声母相同,有许多韵母相同。声母相同的字,为双声字。韵母相同的字,为叠韵字。使用双声、叠韵字,可以使语言获得一种协调的音乐美。《诗经》《楚辞》使用了许多双声、叠韵字,增加了诗的音乐美。但如果双声、叠韵字连用过多,便会像绕口令一样读来佶屈聱牙,同时在听觉上也有单调之嫌。所以刘勰《文心雕龙·声律》指出:"双声隔字而每舛,叠韵杂句而必睽。"意即,一句中如果双声字、叠韵字用得过多,念起来就不顺口,听起来就不入耳。"永明体"提出"清浊""飞沉"相间,自然也应当包括音节的声、韵相间而言。正如清代音韵学家钱大昕《潜研堂文集·音韵问答》所说:"汉代词赋家好用双声叠韵,如'潭浮滵汩,逼侧泌㴸''蜚纤垂髾''翕呷萃蔡''纡徐委蛇'之等,连篇累牍,读者聱牙,故沈周矫其失,欲一句之中平侧相间

---

[1] 王骥德:《曲律·论宾白》。
[2] 李渔:《闲情偶寄·声务铿锵》。
[3] 宋代至清,潘大临、吕本中、严羽、姜夔、朱熹、张炎、陆辅之、王骥德、李渔、黄子云、施补华等人都这样强调过。

耳。"然而,"永明体"要求交错使用双声、叠韵字的审美匠心,掩藏在整个音节"低昂互节""宫徵相间"的表述中,一般人容易误以为仅仅讲的是"平仄相间"。故就在"永明法"中诞生的南朝,五言诗中一句尽用双声、叠韵字的情况也很多。如王融双声诗云:"园蘅眩红蕸,湖荇烨黄华。回鹤横淮翰,远越合云霞。"南朝之后也是代不乏人,如晚唐温飞卿《题贺知章如故》云:"废砌翳薜荔,枯湖无菰蒲。"高季迪《吴宫词》:"筵前怜婵娟,醉媚睡翠被。精兵惊开城,弃避愧坠泪。"一句而连用双声字、叠韵字四五,令人难以卒读,不忍竟听。其实,"宫羽相变,低昂互节"的法则何尝仅仅局限于音调?何尝不适用于双声、叠韵的使用?双声、叠韵字连用过多固然不美,但连用两个双声、叠韵字,与非双声、叠韵的文字交错地组合一起,就会在变化中获得一种协调美。杜甫是深得此中三昧的杰出代表。《秋兴》云:"信宿渔人还泛泛,清秋燕子故飞飞。"信宿、清秋,双声对双声;泛泛、飞飞,双声叠韵对双声叠韵。《咏怀古迹》云:"怅望千秋一洒泪,萧条异代不同时。"怅望、萧条,叠韵对叠韵。《咏怀古迹》:"支离东北风尘际,漂泊西南天地间。"支离叠韵、漂泊双声,这是叠韵对双声。赵翼《陔余丛考·双声叠韵》指出:"杜诗于此等处最严。"在这种成功的诗歌创作审美实践的基础上,晚清精通音韵和诗艺的批评家刘熙载在《艺概·词曲概》中发明道:"词句中用双声、叠韵之字,自两字之外,不可多用。"道理很明白:多用了就拗口单调,不用的话又缺少声韵的协调,"自两字之外,不可多用",最恰到好处。他还指出:"惟犯叠韵者少,犯双声者多,盖同一双声,而开口、齐齿、合口、撮口呼法不同,便易忘其为双声也。解人正须于不同而同者,去其隐疾。且不惟双声也,凡喉、舌、齿、牙、唇五音,俱忌单从一音连下多字。""俱忌单从一音连下多字",是为了避免听觉雷同。"于不同而同",即在错综变化中追求听觉的协调美。

(3) 字义的择用法则

汉字的形、音是意义的载体。遣字造句不仅要考虑字形组合的视觉美、音节组合的听觉美,而且要考虑字义使用的恰当美。字义有虚有实。意义虚化的字是"虚字";意义实在的字是"实字"。"实字"可使句意饱满,故遣字贵实。但一味使用实字,易使句意质实而乏空灵之气,使句法板结而少顾盼之姿。在意义充实的前提下适当运用虚字,可使文章摇曳生姿。关于"虚字"的作用,《文心雕龙·章句》析之甚妙:"至于'夫''惟''盖''故'者,发端之首唱,'之''而''于''以'者,乃札句之旧体;'乎''哉''矣''也',亦送末之常科。据事似闲,在用实切。巧者回运,弥缝文体,将令数句之外,得一字之助矣。"但如果使用虚字过多,或把虚字当作意义不足之处的填充,就会使句意萎弱。故"虚实"之字宜根据情况斟酌使用,所谓"虚句用实字铺衬,实句用虚字点缀"〔1〕;精于字法者,"虚能为实",反之,"实字反虚"〔2〕。而无论用虚用实,都必须以精要恰当为美。所谓"句有可削,足见其疏;字不得减,乃知其密"〔3〕,"随事立体,贵乎精要,意少一字则义阙,句长一言则辞妨"〔4〕。精要恰当,句不可削,字不得减,就是字义择用的最高的美。

3. 句法

"句法"相对于句而言,约略相当于今天讲的"修辞方法"。古代文论讲到的句法主要有:

(1) 起兴

东汉郑众说:"兴者,起也,取譬引类,起发己心。诗文诸举草木鸟兽以见意者,皆兴辞也。"〔5〕朱熹说:"兴者,先言他物以引起所咏之辞也。"〔6〕如《关雎》:"关关雎鸠,在河之洲;窈窕淑女,君子好逑。"这里是用"在河之洲""关关"鸣叫、有一定配偶而不乱交的雎鸠鸟来兴起具有贞洁品德的"窈窕淑女"的歌咏。

(2) 比喻

"比者,比方于物也。"〔7〕如言愁,"有以山喻愁者,杜少陵云'忧端如山来,澒洞不可掇'、赵嘏云'夕阳楼上山重叠,未抵闲愁一倍多'是也。有以水喻愁者,李颀云'请量东海水,看取浅深愁'、李后主云'问君能有几多愁,恰似一江春水向东流'、秦少游云'落红万点愁如海'是也。贺方回云:'试问闲愁都几许,一川烟草,满城风絮,梅子黄时雨。'盖以三者比愁之多也,尤为新奇。"宋代陈骙《文则》对比喻的研究尤为精细。他指出:"取喻之法,大概有十",分别是"直喻""隐喻""类喻""诘语""对喻""博喻""简喻""详喻""引喻""虚喻"。每类分析,都有理论概括,有实例说明,标志着古代比喻研究的高峰。

(3) 通感

通感是比喻中的一类,即作者根据共通的感受,把不同感觉对象联系起来作

---

〔1〕 王骥德:《曲律·论字法》。
〔2〕 李腾芳:《文字法三十五则》,《李文庄公全集》卷九《山居杂著》。
〔3〕 刘勰:《文心雕龙·熔裁》。
〔4〕 刘勰:《文心雕龙·书记》。
〔5〕 转引自孔颖达:《毛诗序正义》,《毛诗正义》卷一。
〔6〕 朱熹:《诗集传》卷一。
〔7〕 郑玄:《周礼·人师》注,《周礼郑注》卷二三。

喻。如《礼记·乐记》云:"故歌者上如抗,下如队(坠),曲如折,止如槁木;倨中矩,勾中钩,累累乎端如贯珠。"孔颖达疏:"'上如抗'者,言歌声上响,感动人意,使之如似抗举也。'下如坠'者,言声音下响,感动人意,如似坠落之意也。'曲如折'者,言音声回曲,感动人心,如似方折也。'止如槁木'者,言音声止静,感动人心,如似枯槁之木止而不动也。'倨中矩'者……言音声雅曲,感动人心,如中当于矩也。'勾中钩'者……言音声大屈曲,感动人心,如中当于钩也。'累累乎端如贯珠'者,言声之状累累乎感动人心,端正其状,如贯于珠……令人心想形状如此。"这是对通感手法所造成的美感效果的表述。

(4) 夸张

古人叫"增"(王充)、"夸饰"(刘勰)、"激昂之语"(范温、胡仔)。它是用夸大的言辞来形容事物的一种修辞方法。当这夸大的言辞是对比喻中喻体的描绘时,夸张同时就是比喻,如李白《秋浦歌》"白发三千丈,缘愁似个长"、杜甫《古柏行》"霜皮溜雨四十围,黛色参天二千尺"。当然,夸张也有不与比喻交叉的情况,如《诗·大雅·云汉》中的诗句"周余黎民,靡有孑遗"。中国古代,孟子最早论及夸张问题。他指出夸张所用的喻体并非事实,读者不可望文生义,以文害意。只有"以意逆志",方能领会夸张所指。[1]继孟子后,东汉王充对夸张手法的认识又深入了一步。他指出《诗·大雅·云汉》中的那两句诗:"是谓周宣王之时遭大旱之灾也……夫旱甚,则有之矣;言无孑遗一人,增之也。"[2]这是颇有见地的。不过,他只肯定经书中的夸张,而否定书传俗语中的夸张[3],这就自相矛盾了。宗经的偏见使他最终未能对夸张手法得出客观的认识。刘勰《文心雕龙·夸饰》则克服了这个不足。他指出:夸饰之辞"辞虽已甚,其义无害也";使用夸饰方法时应防止"夸过其理""名实两乖",要遵循"夸而有节,饰而不诬"的原则。刘勰之后,常有人用胶柱鼓瑟的态度执实地理解夸张之辞。如对于上述杜甫《古柏行》的那两句诗,沈括《梦溪笔谈》批评说:"无乃太细长!"当然也有人提出中肯的意见:这不是"形似之语",而是"激昂之言","初不可形迹考"[4];"不如此,则不见柏之大也"[5]。这是把握到夸张手法的精髓的。

---

[1] 《孟子·万章》。
[2] 《论衡·艺增》。
[3] 《论衡·语增》。
[4] 范温:《潜溪诗眼》。
[5] 胡仔:《苕溪渔隐丛话》前集卷八。

(5) 用事

用事也与比喻存在交叉情况。当喻体是古代人事、言辞时,比喻就成了用事。所以古人有"呼比为用事"的情况[1]。用故事表达己意,论证观点,可使达意委婉,立论有力。然而文中用事,没有异议;诗中用事,却有争论。从梁代钟嵘开始,到清末刘熙载结束,围绕着诗能否用事,怎样用事,争论绵延不绝。争论中形成的共识是,从美感要求出发,诗可以用事,但要如"水中著盐""用得来不觉";对于"僻事"要"实用","对于隐事"要"明使",防止读者不理解,不理解就无从实现用事的美感效果;对于"熟事"应"虚用",对于"明事"应"隐使",防止过于直白地使用"熟事""明事"而略无余韵,不能给人留下想象的余地。

(6) 对偶

即行文中句与句的字数相当,结构相同,词性一致,平仄相对。运用这种方法,可使文章获得一种起伏、对称的节奏美。汉代产生的骈体文,以句法的骈偶为特征。到南朝,骈偶方法扩展到诗歌领域,演变为新体诗中的对仗。"对仗"与"对偶"本来有别。"对偶"是一个对一个,"对仗"是多数对偶的排列,是"扩大了的对偶"[2]。后来人们于二者遂不分,"对偶"即指"对仗"。对于律诗中的对偶规律,唐初曾掀起了一股讨论热,如上官仪有"六种对""八种对"之说,等等。日人遍照金刚《文镜秘府论·东卷》列之为"二十九种对",对对偶的探讨可谓细矣,但也有相互重复、可以合并的情况。其中的"借对""侧对",或借用、侧取某字的音为对[3],或借用、侧取某字的形为对[4],或借用、侧取某字的义为对[5],实际上是在读者对诗的直觉联想中探讨对偶的审美规律。在使用对偶方法时,必须防止"合掌"的毛病。"合掌"即两句词意重复。如刘琨《重赠卢谌》诗:"宣尼悲获麟,西狩涕孔丘。"鲁国人在西边打猎得到一只麒麟,孔子知道了为此流泪,感叹他的"道"行不通了。这里"宣尼"与"孔丘"、"悲"与"涕"、"获麟"与"西狩"都是一意,此为"合掌",应当避免。

---

[1] 皎然:《诗式》。
[2] 席金友:《诗词基本知识》,内蒙古人民出版社1980年版,第78页。
[3] 如孟浩然:"厨人具鸡黍,稚子摘杨梅","杨"与"鸡"本不相对,这里借"杨"的同音字"羊"与"鸡"对。
[4] 如"冯翊"与"龙首",取"冯"的"马"与"龙"为对。
[5] 如"千年铁锁沉江底,一片降幡出石头","石头"此指石头城,与"江底"本不相对,这里借用"石""头"的字面义与"江""底"为对。

(7) 互文

两个词本来要合在一起说,由于音节和字数的限制,不得不省去一个词,而其文义却可通过错开的文辞互相映照显示出来,这种方法就叫"互文"。王昌龄《出塞》:"秦时明月汉时关,万里长征人未还。"第一句便是"互文",意即秦汉的明月秦汉的关。全句的意思是,秦汉以来,边地的战争一直未停。故沈德潜《说诗晬语》云:"边防筑城,起于秦汉。'明月'属秦,'关'属汉,诗中互文。"

(8) 重复

为了强调某种效果,常常使用重复的句式。《孟子·离娄》说:"齐人有一妻一妾而处室者。其良人出,则必餍酒肉而后返。其妻问所与饮食者,则尽富贵也。其妻告其妾曰:'良人出,则必餍酒肉而后反。问所与饮食者,尽富贵也,而未尝有显者来;吾将瞯良人之所之也。'"顾炎武曾指出:"此必重叠而情事乃尽。此《孟子》文章之妙。"如杜甫《草堂》诗:"旧犬喜我归,低徊簇衣裾;邻舍喜我归,沽酒携葫芦;大官喜我来,遣骑向所须;城郭喜我来,宾客隘村墟。"

(9) 倒插

所谓"倒插",指为了符合审美的要求,打乱正常的语序,把后说的放在前面说。王世贞《艺苑卮言》云:"句法……有倒插者,倒插最难,非老杜不能也。"如杜甫《秋兴八首》之八,有"香稻啄余鹦鹉粒,碧梧栖老凤凰枝"二句,它是"鹦鹉啄余香稻粒,凤凰栖老碧梧枝"的倒置。把"鹦鹉啄余"、"凤凰栖老"这样的主谓结构倒置为"啄余鹦鹉,栖老凤凰"这样的谓主结构,是为了适应音节的平仄关系。如果不倒装,则为"香稻(仄)鹦鹉(仄)啄余(平)粒(仄),碧梧(平)凤凰(平)栖老(仄)枝(平)",就成了两个仄声音节与两个平声音节连用,不合律诗的审美要求。

(10) 反语

如杜甫《奉陪郑驸马韦曲》之一:"韦曲花无赖,家家恼杀人。绿樽虽尽日,白发好禁春。石角钩衣破,藤枝刺眼新。何时占丛竹,头带小乌巾。"王嗣奭指出:"此诗全是反言以形容其佳胜。曰'无赖',正见其有趣;曰'恼杀人',正见其爱杀人;曰'好禁春',正是无奈春何;曰'钩衣刺眼',本可憎而转觉可喜。"[1]

(11) 化用

或叫"点铁成金""脱胎换骨",由江西诗派提出,即化用前人语句为表达己

---

[1] 江浩然:《杜诗集说》引。

意服务,如同自出机杼的一种造句方法。如李白诗:"白发三千丈,缘愁似个长。"王安石点化用之,则云:"缲成白雪三千丈。"刘禹锡诗:"遥望洞庭湖水面,白银盘里一青螺。"黄山谷化用之,则云:"可惜不当湖水面,银山堆里看青山。"

(12) 衬托

王昌龄《少年行》云:"白马金鞍从武皇,旌旗十万宿长杨。楼头小妇鸣筝坐,遥见飞尘入建章。"全诗写"少年",却没有一字提到"少年",所以王夫之说:"此善于取影者也。"[1] 不描写形体,描写它的影子,通过影子显示形体,叫"取影",亦即衬托。衬托有陪衬,有反衬。杜甫《登高》:"无边落木萧萧下,不尽长江滚滚来。万里悲秋常作客,百年多病独登台。"以哀景写哀,是陪衬的名句。《诗经》名句"昔我往矣,杨柳依依;今我来思,雨雪霏霏。"王夫之说它"以乐景写哀,以哀景写乐",是反衬的名句。

(13) 含蓄

此即"以少少许胜多多许"。古人讲"以少总多"、"以简制繁"、"小中出大,短内生长"[2],"称名也小,取类也大","用意十分,下语三分","长言可以明百意","言有尽而意无穷",都是对这种方法的表述。

4. 章法

"章法"是谋篇布局、结构全篇的写作方法。相对一篇而言,又叫"篇法"。古代文论论及的"章法"主要有:

(1) "立主脑"

"主脑非他,即作者立言之本意也。"[3] 也就是主题。"主脑既得,则制动以静,治繁以简,一线到底,百变而不离其宗。"[4] 因此,"作诗必先命意","附辞会义,务总纲领,驱万涂于同归,贞百虑于一致"[5]。反之,如果主题不明,全文结构就会像断绳之线,散线之珠,散漫紊乱,不可收拾。

(2) "起承转合"

王士禛《师友诗传续录》载:"问:'律诗论起承转合之法否?'答:'勿论古文

---

[1] 《姜斋诗话》卷上。
[2] 旧题魏文帝《诗格》。
[3] 李渔:《闲情偶寄·立主脑》。
[4] 刘熙载:《艺概·经义概》。
[5] 刘勰:《文心雕龙·附会》。

今文,古今体诗,皆离此四字不可.'""起承转合"是一切文体的结构方法。在论说文中,"起"相当于提出论点,"承""转"相当于论证论点,"合"相当于作出结论。在叙事文中,"起"相当于开端,"承"相当于发展,"转"相当于高潮,"合"相当于结局。譬之于人,"起""合"好比"头""尾","承""转"好比身段。关于文章结构的"首""中""尾","起""承""还",古代文论还要求:一、开头要吸引人,中间要饱满,结尾要有力,所谓"起要美丽,中要浩荡,尾要响亮"[1];"起贵明切,如人之有眉目;承贵疏通,如人之有咽喉;铺贵详悉,如人之有心胸;叙贵重实,如人之有腹脏;过贵转折,如人之有腰膂;结贵紧切,如人之有足"[2];"其发也,如千钧之弩,一举透草";其转也,"如天骥坂,明珠走备";其收也,如"橐声一击,万骑忽敛"[3]。古代又有"凤头、猪肚、豹尾"之喻,亦是此意。二、在"起"、"承"、"还"(转、合)或"首"、"中"(承、转)、"尾"各部分之间,要有合适的比例,不可头重脚步轻,虎头蛇尾。如姜夔《白石道人诗说》云:"作大篇尤当……首尾匀停,腰腹肥满",切忌"前面有余,后面不足;前面极工,后面草草"。三、在"起""承""转""合"之间,要讲究彼此照应,使之成为血脉贯通的有机体。刘勰《文心雕龙·章句》:"启行之辞,逆萌中篇之意;绝笔之言,追媵前句之旨。故能外文绮交,内义脉注;跗萼相衔,首尾一体。"刘氏之后,要求开合照应、首尾一贯的言论很多,如南宋陈善《扪虱新话》要求文章结构如"常山蛇势","击其首则尾应,击其尾则首应,击其中则首尾俱应"。清末刘熙载《艺概·经义概》所论最为详切:"起承转合四字,起者,起下也,连合亦起在内;合者,合上也,连起亦合在内;中间用承用转,皆兼顾起合也。"

(3)"文贵参差"[4]

古人的"章法""篇法"论,主要表现为结构方法论,而结构方法的根本,则是表现为"起"与"束"、"开"与"阖"、"放"与"敛"、"唤"与"应"、"扬"与"抑"、"象"与"意"的对立统一。古人把这种对立统一叫做"参差"。文学作品的结构,如果单讲严整划一或错落变化,都会使人感到缺憾。只有坚持整饬写的调与错落变化的辩证统一,才能给人以圆满的美感。所以,"古人之作,其法虽多端,大

---

[1] 陶宗仪:《南村辍耕录》卷八。
[2] 高琦:《文章一贯》。
[3] 王世贞:《艺苑卮言》卷一。
[4] 刘大櫆:《论文偶记》。

抵前疏者后必密,半阔者半必细,一实者必一虚,叠景者意必工。"[1]古代文论家每每强调:"篇法,有起,有束,有放,有敛,有唤,有应。大抵一开则一合,一扬则一抑,一象则一意,无偏用者。"[2]"词之章法,不外相摩相荡,如奇正、空实、抑扬、开合、工易、宽紧之类是已。"[3]"大起大落,大开大合,用之长篇,此如黄河之百里一曲,千里之一曲一直也。然即短至绝句,亦未尝无尺水兴波之法。"[4]

(4) 象征

也就是借物寓意、借事寓情的写作手法。古代文论的"比"不仅是一种"句法",也是一种"章法"。作为章法,"比"就是象征。如屈原的《橘颂》、白居易《有木》、周敦颐的《爱莲说》都是用象征方法写成的诗文名篇。

(5) 叙述

这是叙事散文中常用的方法。明代高琦《文章一贯》总结"叙事有十一法":"正叙:叙事得文质详略之中。总叙:总事之繁者,略言之。间叙:以叙事为经,而纬以他辞,相间成文。引叙:首篇或篇中因叙事以引起他辞。铺叙:详叙事语,极意铺陈。别叙:排别事物,因而备陈之。直叙:依事直叙,不施曲折。婉叙:设辞深婉,事寓于情理之中。意叙:略睹事迹,度必其然,以意叙之。平叙:在直婉之间。"刘熙载《艺概·文概》分析更为深入:"叙事有特叙,有类叙,有正叙,有带叙,有实叙,有借叙,有详叙,有约叙,有顺叙,有倒叙,有连叙,有截叙,有豫(预也)叙,有补叙,有跨叙,有插叙,有推叙,种种不同。唯能线索在手,则错综变化,唯吾所施。""叙事有寓理、有寓情、有寓气、有寓识。无寓,则如偶人耳矣。"

5. 人物塑造与情节处理

明清时期,伴随小说、戏曲创作的繁荣,小说、戏曲评点达到了高峰。理论批评家们通过对《三国演义》《水浒传》《红楼梦》《西厢记》等名著的评点,就小说、戏曲的人物塑造、情节处理、结构布局、艺术真实等创作方法作了深入丰富乃至近乎烦琐的理论剖析。这里择其大要,略述数端。

---

[1] 李梦阳:《再与何氏书》。
[2] 王世贞:《艺苑卮言》。
[3] 刘熙载:《艺概·词曲概》。
[4] 刘熙载:《艺概·诗概》。

关于人物塑造的方法,主要有:

(1) 代人立心

李渔《闲情偶寄·词曲部·宾白第四·语求肖似》提出"代人立心"说:"言者,心之声也。欲代此一人立言,先宜代此一人立心。若非梦往神游,何谓设身处地。无论立心端正者,我当设身处地,代生端正之想。即遇立心邪辟者,我亦当舍经从权,暂为邪辟之思。"金圣叹在《水浒传》第五十五回总批中提出"动心"说:"非淫妇定不知淫妇,非偷儿定不知偷儿也。谓耐庵非淫妇偷儿者,此自是未临文之耐庵也。……若夫既动心而为淫妇,既动心而为偷儿,则岂唯淫妇偷儿而已。惟耐庵于三寸之笔、一幅之纸之间,实亲动心而为淫妇,亲动心而为偷儿。既已动心,则均矣,又安辩泚笔点墨之非入马通奸,泚笔点墨之非飞檐走壁耶?"所谓"动心",即作家运用虚构性的想象把自己化为各种艺术形象来展开构思、塑造形象。对于作者构思中的这种情状,金圣叹在《西厢记》的批注中也有所发明。《酬韵》折描写张生在花园外窥视莺莺月夜焚香、两人隔墙酬唱,以及莺莺红娘倏然回房等情节都非常生动,特别是把张生初恋时的热切、焦躁的心理刻画得淋漓尽致。金圣叹分析道,这些栩栩如生的描写与作者创作时"设身处地"为人物设想是分不开的,它是作者"心存妙境,身代妙人"的"妙想"的产物[1]。李渔的"立心"说和金圣叹的"妙想"说要求作者在塑造人物时在人物形象特定的性格、思想逻辑中进行"设身处地"的"梦往神游",是对中国古代小说戏剧人物塑造方法的重要贡献。

(2) 个性描写

代人立心,心存妙想,无非是为了把人物形象塑造出来。而人物塑造的最高成就是写出个性。金圣叹《读第五才子书法》指出:"别一部书,看过一遍即休。独有《水浒传》,只是看不厌,无非为他把一百八人性格都写出来。""《水浒传》只是写人粗鲁处,便有许多写法。如鲁达粗鲁是性急,史进粗鲁是少年任气,李逵粗鲁是蛮,武松粗鲁是豪杰不受羁勒,阮小七粗鲁是悲愤无说处,焦挺粗鲁是气质不好。"人物塑造的最高成就是将同类人物的不同个性刻画出来。

(3) "烘云托月"与"背面敷粉"

"烘云托月"即正衬。如金圣叹《增订金批西厢》卷一《惊艳》批语说:《西厢记》"将写双文,而写之不得,因置双文勿写,而先写张生者,所谓画家烘云托月

---

[1] 《增订金批西厢》卷一《酬韵》批语,北宜阁藏版。

之秘法。""背面敷粉"即反衬。金圣叹《读第五才子书法》分析道:"如要衬宋江奸诈,不觉写作李逵真率;要衬石秀尖利,不觉写作杨雄糊涂是也。"

(4) 相反相成

金圣叹《水浒传》第五十六回总评:"但要写李逵朴至,便倒写其奸猾,便愈朴至。"毛宗岗《三国演义》第五十一回总评:"忠厚人乖觉,极乖觉处正是极忠厚处;老实人使心,极使心处正是极老实处。"通过性格不同侧面甚至对立侧面的描写,展示人物性格的丰富性、真实性。

关于情节处理的方法,主要有:

(1) "犯中有避"

所谓"犯"就是敢于设计同样的情节。所谓"避",就是在同样的情节中写出不同细节来。如《水浒传》"武松打虎后又写李逵杀虎,又写二解争虎;潘金莲偷汉后,又写潘巧云偷汉;江州城劫法场后,又写大名府劫法场;何涛捕盗后,又写黄安捕盗;林冲起解后,又写卢俊义起解;朱仝、雷横放晁盖后,又写朱仝、雷横放宋江等。正是要故意把题目犯了,却有本事出落得无一点一画相借。"[1]这种方法,金圣叹叫"先犯后避",毛宗岗叫"善犯善避",脂砚斋叫"特犯不犯",蔡元放叫"犯而不犯"。它于险处见才,体现了高超的驾驭情节的技巧。

(2) "草蛇灰线"

蔡元放《水浒后传读法》分析说:"如李俊在金鳌岛救起安道全,为后引两寨诸人入海之线;闻小姐患病求安道全医治,诊太素脉,说他大贵,为后嫁李俊为妃之线……皆是远远生根,闲闲下着,到后来忽然照应,何等自然。"可知即埋藏伏笔之法。

关于结构布局的方法,主要有:

(1) "横云断岭"

即结构安排的断续相生。金圣叹《读第五才子书法》剖析《水浒传》的"横云断山法":"如两打祝家庄后,忽插出解珍、解宝争虎越狱事;又正打大名城时,忽插出截江鬼油里鳅谋财倾命事等是也。只为文字太长了,便恐累坠,故从半腰中暂时闪出,以间隔之。"毛宗岗《读三国志法》指出:"《三国》一书,有横云断岭、横桥锁溪之妙。有宜于连者,有宜于断者。如五关斩将、三顾茅庐、七擒孟获,此文之妙于连者也。如三气周瑜、六出祁山、九伐中原,此文之妙于断者也。盖文之短者不连叙则不贯串,文之长者连叙则惧其累附,故必叙别事以间之,而后文势

---

[1] 金圣叹:《第五才子书施耐庵水浒传》卷一《读第五才子书法》。

乃错综尽变。"

（2）"忙里偷闲"

蔡元放《水浒后传读法》分析："于百忙叙事中，忽写景物时序。"即张弛相间，造成小说情感节奏的方法。

关于艺术真实的处理方法。即真幻相即、虚实相生。明清文学批评家认识到小说戏剧的真实不同于生活事实。如谢肇淛《五杂俎》指出："凡为小说及杂剧戏文，须是虚实相半，方为游戏三昧之笔。亦要情景造极而止，不必问其有无也。"他们强调小说戏剧的虚构特点。如叶昼说："天下文章当以趣为第一。既然趣了，何必实有其事，并实有其人？"[1]袁于令说："传奇者贵幻。"[2]冯梦龙说："人不必有其事，事不必丽其。"[3]金圣叹《读第五才子书法》指出：《水浒传》是"因文生事"，而历史著作是"以文运事"。然而，他们所强调的"幻"是揭示了生活真理、符合生活逻辑的"幻"。正如谢肇淛《五杂俎》所说："小说野俚诸书……虽极幻妄无当，然亦有至理存焉。"袁于令《西游记题辞》说："天下极幻之事，乃极真之事；极幻之理，乃极真之理。"冯梦龙《警世通言序》说："事赝而理亦真。"叶昼容与堂百回本《水浒传》第十四回回末总评说："《水浒传》文字原是假的，只为他描写得真情出，所以便可与天地相终始。"脂砚斋甲戌本《石头记》第二回批语说："事之所无，理之必有。"艺术描写的"逼真"，是人情物理的真实。明清人在小说戏剧中追求的真实是"真幻相即"的艺术真实，它与生活真实保持着"不脱不系""不即不离"的关系。因此，在明清小说戏剧批评理论中，占主流的艺术真实创造法则是"虚实相半"（谢肇淛）、"事赝而理亦真"（冯梦龙）、"事之所无，理之必有"（脂砚斋）、"实者虚之，虚者实之"（李日华）、"无者造之而使有，有者化之而使无"[4]。

古代文论中的"定法"说所探讨、总结的文学创作的技巧、方法丰富多彩。如果说"活法"论体现了中国古代文艺美学以意为美、以道为美的主导追求，那么，在"定法"说身上，则凝聚了中国古代文艺美学以文饰为美的形式美思想。

（本文载《文学评论》2006年第2期）

---

〔1〕 明容与堂刊一百回本《李卓吾先生批评忠义水浒传》第五十回回末总评。按：该书评点实出自叶昼的假托。

〔2〕《隋史遗文序》。

〔3〕《警世通言序》。

〔4〕 清黄越：《〈第九才子书平鬼传〉序》。

八、"物我双会"说：中国古代的艺术观照方式论

文学创作的发生还关涉到作家对现实的艺术观照方式。中国古代文论的"心物交融""物我双会"说，就是对艺术观照方式的精彩论述。

"物我双会"作为中国古典美学的深刻命题，肇始于南朝，极盛于清代，它不仅有其理论演变的逻辑进程，而且有其思想发生的文化背景。中国古代"天人感应"的世界观，以"虚静"为特点的哲学认识论和以"比德"为特点的审美观照传统，道家兼合"无欲""有欲"的观"道"方式，佛家圆融"真""俗"二谛的"中观"思想，无不与之有着千丝万缕的联系。这一根植于传统文化的美学命题又因与现代"发生认识论"和"审美心理学"的研究成果相吻合，至今仍具有着强大的生命力。

1. "物我双会"理论的历时演进

较早触及这一问题的是梁代的刘勰。他在《文心雕龙·物色》中分析过"情往似赠，兴来如答"的现象，在《诠赋》篇中指出过"情以物兴，物以情观"的现象。这"情往似赠"，"物以情观"是作家观照现实时"由我及物"的一面。这"兴来如答""情以物兴"是作家观照现实时"由物及我"的一面。刘勰二者并提，表明他对作家观照现实时"物我双会""心物交融"的特点已有所认识。这种认识是清晰的。《物色》篇说："目既往还，心亦吐纳。"这"目"与"心"的"往还""吐纳"，把作家艺术观照方式的"物"与"我"的双向逆反运动特点表述得淋漓尽致。《物色》篇又说："写气图貌，既随物以宛转；属采附声，亦与心而徘徊。"王元化解释为"二语互文足义"，"其意犹云：作家一旦进入创作的实践活动，在摹写并表现自然的气象和形貌的时候，就以外境为材料，形成一种心物间的融会交流的现象，一方面既随物以宛转，另方面亦与心而徘徊"[1]。可见，这两句话讲的是作家艺术把握现实的方式。艺术把握方式包括艺术观照方式和艺术反映方式，它理所当然地包含了艺术观照现实的方式。

唐代王昌龄在《诗格》中提出"三境""三格"说。"三境"说论及"三境"的发生情况："诗有三境。一曰物境：欲为山水诗，则张泉石云峰之境，极丽绝秀者，神之于心；处身于境，视境于心，莹然掌中，然后用思，了然境象，故得形似。二曰

---

[1] 王元化：《文心雕龙创作论》，上海古籍出版社1984年版，第102页。

情境：娱乐愁怨，皆张于意而处于身，然后驰思，深得其情。三曰意境：亦张之于意而思之于心，则得其真矣。"[1]王昌龄的"情境"，约相当于王国维说的"喜怒哀乐，亦人心中之一境界"的意思，是一种感情境界；"意境"与"情境"稍异，偏系思想境界，又与"情境"相通，同为与"物境"相对的主观境界。王昌龄认为主观境界得之于心，而客观的"物境"则得之于"处身于境，视境于心"的物我交流活动。"三格"说则直接论述诗思产生的三种情况："诗有三格。一曰生思：久用精思，未契意象，力疲智竭，放安神思，心偶照境，率然而生。二曰感思：寻味前言，吟讽古制，感而生思。三曰取思：搜求于象，心入于境，神会于物，因心而得。"[2]在"生思"中，"心偶照境"，"率然"生"思"，这"思"由外境机缘触发而生，这是"由物及我"；而"照境"之"心"是"久用精思"过的"心"，具有一定的"心理定势"的"心"，只有这种"心"才能在外境引发之下产生诗思的奇葩，所以这"心照境"又包含"由我及物"。"感思"亦然。"寻味前言，感而生思"，这是"由物及我"；所以能"吟讽古制，感而生思"，又取决于不同的主体心理定式，此即"由我及物"。至于"取思"则说得更分明：既要"搜求于象"，又要"心入于境"，只有"神""物"两会，才能"取思"。要之，王昌龄所论，虽非专门论述诗人观照现实的方式，却也包含了这层意思；对于诗人艺术观照方式的物我双会特点虽然论述得不够明确，但仔细寻味还是不难体会得出的。

明初，茶陵派诗歌领袖李梦阳在《梅月先生诗序》中，一面从"天下无不根之萌，君子无不根之情"方面指出"情者，动乎遇者也"，一面又从"忧乐潜之中，而后感触应之外"方面指出"遇者因乎情"[3]，文学创作发生中"遇"与"情"、"物"与"我"是互为条件、互相生发的。

这种关系，清初王夫之表述为"互藏其宅"的关系。他在《诗绎》中说："情、景虽有在心、在物之分，而景生情，情生景；哀乐之触（指物），荣悴之迎（指心），互藏其宅。"他在《夕堂永日绪论·内篇》中说："夫景以情合，情以景生，初不相离，唯意所适。截分两橛，则情不足兴，而景非其景。"纪昀指出："凡物色之感于外，与喜怒哀乐之动于中者，两相薄而发为歌咏，如风水相遭，自然成文，如泉石相舂，自然成响。"[4]刘熙载分析赋的产生："在外者物色，在我者生意，二者相

---

[1]《诗学指南》卷三，清乾隆教本堂刊本。
[2]《诗学指南》卷三，清乾隆教本堂刊本。
[3]《空同集》卷五〇，明嘉靖刊本。
[4]《清艳堂诗序》，《纪文达公遗集》卷九，清嘉庆刊本。

摩相荡而赋出焉。"[1]他对于"物我双会",更重主体对客体的拥抱、心灵对外物的渗透:"若与自家生意无相入处,则物色只成闲事,志士遑问及乎?"[2]这段分析很有深度。十八世纪德国的美学家莱辛曾指出这种现象:"那些处境和我们最相近的人的不幸必然能最深刻地打入我们的灵魂深处。"[3]十九世纪俄国的批评家杜勃罗留波夫在《什么是奥勃洛摩夫的性格》一文中指出:作家在生活中注意捕捉的往往是那些"跟他的心灵十分接近而又亲切的东西"。至于与作家不相仿的东西呢?法国艺术史家丹纳说得好,这种东西"无论如何精彩","对他都不生作用"。这里论及创作发生中主、客体同构相感的问题,刘氏此论与此有异曲同工之妙。

到了近代王国维的手中,对这个问题的认识又有所深化。他说:"有有我之境,有无我之境……有我之境,以我观物,故物皆著我之色彩;无我之境,以物观物,故不知何者为我,何者为物。"可知"有我之境"出于"以我观物","无我之境"出于"以物观物"。什么叫"以物观物"? 邵雍《观物外篇》之十云:"以物观物,性也;以我观物,情也。性公而明,情偏而暗。"[4]之十二云:"任我则情,情则蔽,蔽则昏矣;因物则性,性则神,神则明矣。"[5]"以物观物"即站在"物"的角度观"物",排除主观情感的干扰和主体意识的介入,保持心灵静寂不动、清明澄澈的本性,使心灵成为反映外物的"明镜"、包藏外物的空筐,从认识方式上说,它是"物→我"的反映过程。与之相对的"以我观物"不只邵雍讲得很清楚,王国维也就讲得很分明,它即是刘勰讲的"物以情观"的方式,与西方美学讲的"移情"观照方式相通,是"我→物"的生成、建构过程。而"无我之境"未必"无我","有我之境"未必"无物",所谓"文学之事,其内足以摅己,而外足以感人者,意与境二者而已……苟缺其一,不足以言文学"[6],故任何文学作品都不外乎"有我之境"与"无我之境"的交融统一,都是作家"以我观物"与"以物观物"并行不悖的结果。所以王氏此论,实际上不只是作品论,也是作品所由产生的作家对现实的艺术把握方式论,它是"物→我"的哲学认知方式与"我→物"的审美认知方式的统一。王氏此意,还可在另一处言论中得到印证。《文学小言》曰:"文学中有

---

[1] 《艺概》,上海古籍出版社1978年版,第98页。
[2] 《艺概》,第98页。
[3] 《汉堡剧评》,《世界文学》1961年第10期。
[4] 邵雍:《皇极经世书解》,清王植辑录。
[5] 邵雍:《皇极经世书解》,清王植辑录。
[6] 《人间词甲乙两稿》序,王国维:《人间词话》附录。

二原质焉:曰景,曰情。前者以描写自然及人生之事实为主,后者则吾人对此种事实之精神的态度也。故前者客观的,后者主观的也;前者知识的,后者感情的也。自一方面言之,则必吾人之胸中洞然无物,而后其观物也深,而其体物也切;即客观的知识,实与主观的情感为反比例。自他方面言之,则激烈之情感,亦得为直观之对象、文学之材料;而观物与其描写之也,亦有无限之快乐伴之。要之,文学者,不外知识与情感交代之结果而已。"

辛弃疾在《贺新郎》一词中咏叹:"我见青山多妩媚,料青山见我应如是。"辛弃疾面对青山的观照方式,正代表了古代作家、艺术家观照现实时物我双向交流的方式;而他的这一诗句,正可作为中国古代"以物观物"与"以我观物"交融、并行的艺术观照方式的生动概括。

2. 物我交流观照方式的文化解读

在传统的文艺理论教科书中,在西方古典文论中,作家、艺术家对世界的观照方式被描述为一种"形象反映"的方式,它与哲学家观照世界的方式只有形式的不同,即前者用"形象"的形式反映世界,后者则用"概念、判断、推理"即"抽象"的形式反映世界。在实质、内容上,二者并无不同,都是对客观真理的反映,都是"物→我"的单向生成活动。明确把艺术发生界说为"物—我"的双向建构活动,把艺术观照世界的方式理解为"物—我"的双向交流方式只是当代的事。瑞士心理学家皮亚杰在《发生认识论原理》中指出:"认识既不是起因于一个有自我意识的主体,也不是起因于业已形成的、会把自己烙印在主体之上的客体;认识起因于主客体之间的相互作用,这些作用发生在主体和客体之间的中途,因而既包括主体又包含客体。"伴随着皮亚杰在人类认识心理研究方面的这一发现,传统的艺术、审美认识的发生论也为之一变。滕守尧先生曾这样描述审美知觉:"知学是一种主动探索的活动,也是一种高度选择性的活动,它既涉及着外在形式与内在心理结构的契合,也包含着一定的理解和解释。知觉就像一只无形的手,它总是在探索着和触摸着,哪里有事物的存在,它就进入哪里;一旦发现了适应它的事物之后,它就捕捉它们,触摸它们……"[1]这可代表国内当代学者的认识。而滕氏所述,是建立在对西方现代文艺理论、美学理论的译介、吸收之上的,因而也代表国外学者在这个问题上的认识水平。然而打开中国古代文

---

[1] 滕守尧:《审美心理描述》,中国社会科学出版社1985年版,第60—61页。

论便知,今天我们在文学创作的发生、作家对现实的观照方式上取得的这个最新认识恰恰是古代中国文论家在特殊的文化氛围中早就超验地把握到的。这并非说古代中国人比长于理性分析、科学实证的西方人和我们今天的人怎么高明,而是说,处在特殊的文化氛围中,习惯以超验的方式把握对象的中国古代人是很容易得到上述认识的。

这个"特殊的文化氛围"是什么呢?

(1)"天人合一""物我一体"。中国古代的"天人合一"论是通过两种思维路线得来的。一是"由天及人",即万物都由"太极""道""气"所化生,因而"天人之本无二"[1],老庄、张载的"天人合一"论就是按照这条思路来的。二是"由人及天",因为"尽心而后知天"(孟子),所以"宇宙便是吾心"(陆九渊),孟子、陆王心学的"天人合一"论便是循着这条思路来的。另有一些人,如董仲舒、朱熹、二程,表面上看好像是按"由天及人"的思路推导出"天人合一"的,其实他们所说的"天"("太极""天道""天理")是道德化了的"天",仍是按照"由人及天"的路子走向"天人合一"的,不过他们不自觉罢了。佛教认为万物均由"法身"幻现,万事万物本无分别,这"法身"倘在人心之外,它就通过"由天及人"之路走向"天人合一";这"法身"倘在人心之内,它就通过"由人及天"的路子走向"天人合一",所以在印度佛教中,就有"梵我合一"之说。如《大方广佛华严经》云:"万法是一心,一心是万法。"《佛说法印经》云:"诸蕴本空,由心所生,心法灭已,诸蕴无作。"这种世界观传到中国后,很快为中国僧人接受并弘扬。僧肇《涅槃无名论》指出:"玄道在于妙悟,妙悟在于即真,即真在于有无齐观,齐观则彼己无二,所以天地与我同根,万物与我一体。"古代社会是宗法社会。宗法社会以"天下为家",认为国之本在于家,家之本在于身,身之本在于心,要求通过"正心"走向"齐家治国平天下",由是形成"内重外轻"的"向心"文化,它习惯以心去消融外物。宗法社会的"祖宗崇拜"把人间的祖先当作天国的神灵加以敬奉,使祖宗神与天神合为一体。宗法社会又以"君权神授"论证宗族血缘等级对政治、经济、军事特权等级的决定作用。这些都通过不同渠道合成了"天人合一"的观念。由于"天人合一","物我一体",所以"天"与"人"之间可以相互"感应","物"与"我"之间可以彼此交流。因此,中国古代人面对高山流水、青竹黄花,总喜欢悄然对语,什么"相看两不厌,只有

---

[1] 张载:《正蒙·诚明》。

敬亭山";什么"细数落花因坐久,缓寻芳草得归迟"。仿佛我是自然的朋友,自然能理解我的衷曲。这种"天人感应"、"物我交流"的认识方式,本身就富于审美意味。

（2）按照中国古代"文以意为主"的表现主义文学观念和"温柔敦厚"的诗教,"含蓄为上"的审美理想,状物叙事必须"托物伸意,即事寓理",表情达意必须出之比兴、化情语为景语,所以"意"不离"象","象"不离"意"。而"意象"的产生不应仅仅视为作家构思创作的结果,它早已存在于作家对外物作艺术观照的刹那。作家怎样通过艺术观照从外物身上发现、把握"意象"呢？一方面,要通过"虚静格物""以物观物",也就是哲学认知的方式,体认到物象的"真",把握物象的特征,与此同时,又要通过"物以情观""以我观物"的审美认知方式,体认到物象的"美",把握住物象特征所契合、象征、物化的"人格"、"人情"以及一切与"人"有关的意义。艺术观照就是"以物观物"的哲学观照与"以我观物"的审美观照的统一。在"以物观物"的哲学观照方面,中国哲学有"虚静"说,它告诫人们,要"虚静""忘我",不能"任情""任我",这样才可"识得好事物";在"以我观物"的审美观照方面,中国美学有"比德"说[1],它使得中国人素有"仁者见仁,智者见智""登山则情满于山,观海则意溢于海"的传统。加之"比德"的审美观照必基于对外物真实相状、特征的哲学认知之上,这就为"虚静"说与"比德"说走向一体,构成"以物观物"与"以我观物"交融的艺术观照方式提供了可能与契机。《管子·水地》曰:"夫水淖弱以清,而好洒人之恶,仁也;视之黑而白,精也;量之不可使概,至满而止,正也;唯无不流,至平而止,义也;人皆赴高,已独赴下,卑也……"发现水"仁""精""正""义""卑"（谦卑）的美德,这是"以我观物"审美观照的结果;而这又建立在对水的"淖弱（按:淖,《字林》:濡甚曰淖。知淖即濡,弱亦当通溺）以清,而好洒人之恶""黑而白""量之不可使概,至满而止""唯无不流,至平而止""人皆赴高,已独赴下"之类的自然特性的确认之上的,这是"以物观物"哲学观照的结果。《管子》中对"水"的这段观照文字,正是典型的艺术观照方式的记录。

（3）老庄认为"道"有"无、有"、"体、用"之分,魏晋玄学认为凡物都有"本末""体用""有无"之别,要全面认识"道"的体用、"物"的"本末",就必须"无

---

[1] 参钟子翱:《论先秦美学中的"比德"说》,载《复旦学报》编辑部编《中国古代美学史研究》,复旦大学出版社1983年版。

欲"以观其"无","有欲"以观其"有"。《老子》首章云:"道可道,非常道;名可名,非常名。'无'名天地之始,'有'名万物之母。故常无欲以观其妙,常有欲以观其徼。"[1]后两句讲的是观"道"方式。怎么解?王弼《道德真经注》以"常无欲,以观其妙;常有欲,以观其徼"断句,本来很好讲通,但从宋代王安石开始,问题便变得复杂化了。他们认为王弼断句有误,而应断句为"常无,欲以观其妙;常有,欲以观其徼"。王安石《老子注》云:"道之本出于无,故常无,所以自观其妙;道之用常归于有,故常有,得以自观其徼。"司马光《道德真经解》、苏辙《老子解》、明代王樵《老子解》、清代俞樾《老子平议》、易顺鼎《读老札记》均持此说,台湾当代著名治老者陈鼓应在其《老子注译及评介》中亦照此断句、解释。然而,二十世纪七十年代出土的马王堆帛书本《老子》印证了这种断句的错误和王弼断句的正确。帛书《老子》这两句作:"故恒无欲也,以观其妙,恒有欲也,以观其噭。"可见,以"欲"字断句是没有问题了。这两句怎么解释呢?"妙",古人曰:"神而不知其迹曰妙",可见它即指"形而上"的本体,即上文讲的不"可道"、不"可名"、作为"天地之始"的"常道"、"常名"——"无";"徼",帛书本作"噭","噭"是叫号之声,已有人指出不可通[2]。敦煌本《老子》作"曒"。"徼"是边际,"曒"是明白,均可引申为形迹。两字可通,指"道"之"形迹""功用",即上文讲的那个"形而下"的、"可道""可名"的"有",乃至一切有形可见的物象。这两句的意思是说,常用"无欲"的方式来观照"道"的神妙无迹的本体——"无",常用"有欲"的方式来观照"道"形迹、功用——"有"。而经过玄学大师王弼的解释,这种观"道"的方式一变而为日常生活中观"物"的方式。物之"本""体"为"无",物之"末""用"为"有",把握外物应该"本末""体用""动静""有无"相兼,故观照外物也应该"无欲"与"有欲"并行。这"有欲"与"无欲"并行的观"道"、观"物"方式,与"以我观物""以物观物"交融的艺术观照方式存有交叉之处。

(4)佛教中有"中观"一派。"中观"派以圆融真俗二谛、不落两边、合乎"中道"的观照、认识方法而得名。公元四世纪初,西域僧人鸠摩罗什来华译经,印度"中观"派的主要经典被系统地介绍过来。当时,般若学在中土流行。其特点是认识方法上总不免落入一偏,不合"中道"。以"六家七宗"中的三家为例。

---

[1] 此处引文据陈鼓应:《老子注译及评介》,中华书局1984年版,第53页。
[2] 严灵峰:《马王堆帛书老子试探》,转引自陈鼓应《老子注译及评介》,第61页。

"心无"宗"无心于万物,万物未尝无"[1],特点是"空心不空境色"[2],执色为"有"。"即色"宗认为"色不自有,虽色而空"[3],特点是执色为"空"。"本无"宗"情尚于'无'多,触言以宾'无'。故非'有','有'即'无';非'无','无'亦'无'"[4]。它既否定"心无"宗的执色为"有",又否定"即色"宗的执色为"无",算是"空"到底了,但在一个更高的层次上还是落入对"无"的偏执,把"无"当成了一种实在。所以,罗什的高足僧肇起来,对般若学派落于一偏的认识方法加以清算。他批判"心无"宗:"此得在于神静(按:即'心无'),失在于物虚(按:即不认识物自性本空)"。批判"即色"宗:"但当色即色,岂待色色而后为色哉?"(按:只应就色论色,肯定色的存在,岂能把物色看作有待以之为色的主观名想的作用才成其为物色的呢?就是说,色本身就是有,并不因我们的主观名想才是有。)批判"本无"宗:"此直好'无'之谈,岂谓顺通事实,即物之情哉"?[5] 在僧肇看来,事物的真实面目既是"空"(本体空),也是"有"(现象有)。这"有"是因缘凑合的必然产物,而不是产生于主观想象;又因为这"有"将随缘散而灭,本质是"空",所以"有"是"不真"、"假有"。经过僧肇的破立、倡导,"中观"派教义及其认识方法在中国大大弘扬开来。六世纪,天台宗实际创始人慧文根据"中观"派教义提出"一心三观"的禅法,后来天台宗四祖智𫖮又提出"三谛圆融"的教义。这个天台宗一直延续到明代。而隋唐时期生灭的"三论"宗则以印度"中观"派的三个经典《中论》《十二门论》《百论》名宗,他们从世界观到认识方法都与印度"中观"派无异。唐代创立、宋以后广为流行的禅宗也一双遣双非的"中观"思维为其方法论上的显著特征。罗什的译介,僧肇的倡导,天台宗、三论宗、禅宗的传习,使"中观"的方法深入、浸透到中国学者文人的认识方式中来。所谓"中观",具体讲就是融合"俗谛"、"真谛"观照诸法实相的方法。从"俗谛"看,诸法是"有",从"真谛"看,诸法是"空",这都不是诸法的真实性相。诸法实相要融合真、俗二谛才能把握。圆融二谛观诸法,诸法"有"是"非有","空"是"非空","空""有"相即,才是诸法实相。慧文的"一心三观",说法有异,其实不过是"中观"方法的分解与相加。即从"俗谛"看是一观,从"真谛"看是一观,再

---

[1] 僧肇:《不真空论》,《中国佛教思想资料选编》第一卷,中华书局1981年版。任继愈《汉唐佛教思想论集》录有全文并附有译文,人民出版社1981年版。
[2] 见《不真空论》的《元康疏》《吉藏论疏》。
[3] 支遁:《妙观章》,《中国佛教思想资料选编》第一卷。
[4] 僧肇:《不真空论》,《中国佛教思想资料选编》第一卷。
[5] 僧肇对"心无"宗、"即色"宗、"本无"宗的批判之语,皆见《不真空论》。

加上"中观"一观,是为"三观"。它教导人们,一个人既要学会看到事物的"空",又要学会看到事物的"假"("有"),还要学会同时看到事物的"非空非假"。学会分开看是为了学会合起来看,实质还是圆融二谛观诸法的"中观"方法。从"真谛"观照诸法,要求观照主体息绝相念,心性圆寂,与"虚静格物""以物观物"相通;从"俗谛"观照诸法,心灵应物起舞,"触事生情",甚至会"将真心翻成妄想",与"由我及物""以我观物"相通。圆融二谛的"中观"方法,因而与"以物观物"与"以我观物"并行、"由物及我"与"由我及物"交融的艺术观照方式存有交叉、相通之处。

在"天人感应""物我交流"的世界观与方法论,"虚静"的哲学观照方式论与"比德"的审美观照方法论,兼合"无欲""有欲"以观"道"、观物的方法论,圆融真、俗二谛观诸法的"中观"方法论构成的文化氛围中,产生以"以物观物"与"以我观物"并行的"心物交融"艺术观照方式论,就是一个很自然、很可信的事情了。

(本文载《文史哲》1991年第6期,中国人民大学复印资料《文艺理论》1992年第1期全文转载)

九、关于中国古代文学原理的构思

在文学理论领域中,中国古代文论是一个重要的组成部分。可是长期以来,古代文论只是作为零星的点缀出现在一般的文学理论著作中,常常和西方文论乃至马列文论一锅煮,用来说明普泛得大而无当的文学原理。其实中国古代文学理论渊源有自,自成系统,自有神理,亦有自己的解释对象。随着古代文论研究的深入,我们是否可以在此基础上纯粹用中国古代文论资料,写一部文艺学著作,建构具有民族特色的文学理论体系?20世纪80年代,这曾经成为中国文艺学界和中国古代文学理论界学人的共同心愿。这里想就笔者有关这方面的思考略作论说,请方家教正。

中国古代文学理论有自己的一套话语系统与思想系统,可它并没有以严密的逻辑体系和理论形态表现出来。就是说,中国古代文学理论并没有现成的理论体系。因此,按什么结构、框架来全面阐述古代文学理论,就成为建构民族特色文论体系首先必须面对的一个棘手问题。

如果按照现代文学理论的科学、逻辑要求去阐述古代文论思想,势必肢解古代文论的浑融性和原生态,招来"以今格古"之诟;反过来,如果照顾古代文论的原生态和浑融性,又势必肢解文学原理著作所必备的科学性、逻辑性、系统性,给人"以古说古"之嫌。考虑到上述结构方式各有所长,也各有其弊,《中国古代文学理论》依据古今相兼的原则,按观念论、创作论、方法论三大块,从古代文论中选取 30 多个范畴或命题来网络中国古代文艺思想,并按其主导涵义用现代文论话语加以释义。笔者设计的构架如下:

一、中国古代文学观念论
  1."文学以文字为准"——中国古代的文学特征论
  2."文,心学也"——中国古代的文学表现论

二、"德学才识"说
  ——中国古代的文学创作主体论

三、中国古代文学的创作发生论
  1."文本心性"说——中国古代的文源论
  2."心物交融"说——中国古代的艺术观照方式论

四、中国古代文学的创作法论
  1."虚静"说——中国古代的构思心态论
  2."神思"说——中国古代的构思特征论
  3."兴会"说——中国古代的灵感奥秘论

五、中国古代文学的创作方法论
  1."活法"说——中国古代的总体创作方法论
  2."定法"说——中国古代的具体创作方法论
  3."用事"说——中国古代的诗文创作方法论
  4."赋比兴"说——中国古代的诗歌创作方法论

六、中国古代文学作品论
  1."文气"说——中国古代的文学生命论
  2."文体"说——中国古代的文学体裁论
  3."文质"说——中国古代文学的形式内容关系论之一
  4."言意"说——中国古代文学的形式内容关系论之二
  5."形神"说——中国古代文学的形式内容关系论之三
  6."意境"说——中国古代表现主义文学特征论
  7."情景"说——中国古代诗歌意境形态论

8."真幻"说——中国古代的文学真实论

9."变通"说——中国古代文学的继承革新论

七、中国古代的文学风格论

1."文类乎人""雅无一格"——中国古代文学风格成因、形态论

2."平淡"说——中国古代的阴柔美论

3."风骨"说——中国古代的阳刚美论

八、中国古代的文学形式美论

1."辞达而已"说——中国古代文学的"合目的"形式美论

2."格律声色"说——中国古代文学的纯形式美论

九、中国古代文学的鉴赏论

1."知音"说——中国古代的批评主体修养论

2."以意逆志"说——中国古代的文学鉴赏方法论

3."好恶因人""妍媸有定"说——中国古代的审美主客体关系论

十、中国古代的文学功用论

1."观志知风"说——中国古代文学的认识功用论

2."劝惩美刺"说——中国古代文学的教育功用论

3."神人以和"说——中国古代文学的宗教功用论

4."趣味"说——中国古代文学美感功用论

十一、"三不朽"说

——中国古代文学价值论

十二、中国古代文学理论的方法论

1."训诂"——名言概念的阐释方法

2."折中"——矛盾关系分析方法

3."类比"——因果关系的推理方法

4."原始表末"——历史发展的观照方法

5."以少总多"——思想感受的表述方法之一

6."假象见义"——思想感受的表述方法之二

这个理论框架分为三块。第一章是一块,它从总体上介绍了中国古代文论"文学是什么"和"文学应是什么"的基本文学观念。第二章至第十一章是一块,它按照文学创作发生的自然顺序,逐一阐述古代文论在创作过程每一环节上的

主要思想,可视为文学创作论。最后一章是一块,它探讨了中国古代文论自身的方法论特征,并借以说明为什么中国古代文论思想上有系统而理论上无系统。这三块之间有着紧密的内在关联:中国古代的基本"文学"观念规定了古代文学理论作为文章学理论或者叫广义的文学理论的特征,奠定了中国古代文学原理的表现主义基调;而古代文论的方法论又渗透、体现在对文学创作全过程的各种文学现象的理论思考中,渗透、体现在表现主义文学观念中。第二块作为全书的主体,它的每一章乃至每一章下属的每一节既环环紧扣、彼此照应,又独立自主,互不重复。

范畴是认识对象之网的"网上纽结"。在按照观念论、创作论、方法论阐述中国古代文学理论时,笔者尽量从古代文论中具有代表性的主要范畴入手,如"虚静""神思""兴会""活法""定法""用事""赋比兴""文气""文质""言意""形神""意境""情景""真幻""变通""平淡""风骨""知音""趣味""训诂""折中"等。如果相应环节缺少合适的范畴,就在从古代文论中选取精要的命题去补充替代,如"文学以文字为准""文,心学也""文本心性""心物交融""辞达而已""观志知风""以意逆志""好恶因人""媸妍有定""原始表末""以少总多""假象见义"等。主要的范畴、重要的命题好比是"纲",它们可以吸附、连缀一系列的范畴命题群和相关思想细胞,只要把它们各自的流变、内涵及其相互关系阐述清楚了,中国古代文学思想之"目"也就不言自明了。这就叫"纲举目张"。

系统建构中国古代文学理论,质言之即把古代文学理论的重要范畴、命题组合成一个大系统。不言而喻,"系统"的方法,或者叫"整体"的方法应当成为《中国古代文学理论》结撰的重要方法。所谓"系统"的方法,是指在阐述某一个古代文论范畴、命题时要有全局的视野,注意前后左右的照应和顾盼,不要把某一范畴、命题的重要性推向极端,将其涵义说得包罗万象,而为其他范畴、命题留下表述的空间。古人说:"不谋全局者,不足以谋一域。"正是此意。

在将古代文学理论的重要范畴、命题组合成一个大系统时,古今相兼尤为重要。曾见一些讲述中国古代文学理论的论著,纯粹从古代文论范畴出发编织纲目,令今天的读者不知这些范畴究竟论述的是什么文学理论问题,应置于文学理论逻辑的哪一个环节。也曾见过另一类论著正好相反,单纯从现代文学理论著作的逻辑框架出发讲述古代文论思想,但从纲目上却看不到古代文论范畴、命题的原貌。因而,《中国古代文学理论》的纲目设计遵守古今相兼的原则,力图各取其长,各去其短。

在古今兼顾的格义中,"整合"的方法便显得必不可少。由于古代文论范畴、命题往往具有浑融性,常常横跨文学理论逻辑框架的诸多环节,今天我们按照现代文艺学论著所要求的逻辑结构去阐述它们,势必得以古代文论范畴、命题的主导思想为考量标准,搁置其他次要涵义,将其整合在的合适的逻辑环节,同时对其他次要涵义在行文中加以交代。如"文,心学也""诗言志",既是文学观念论,也是创作发生论,还是文学作品论,等等。不过按其主导涵义,笔者觉得放在"文学观念论"中论述更合适。又如"比兴"范畴不仅指创作方法,而且指内容寄托。我们依据"比兴"说的主导涵义,把它纳入"创作方法论"环节,而对它的其他涵义则在行文中加以交代。所谓"整合",就是这个意思。

要厘清几十个古代文论范畴、命题产生发展的历史流变及其积淀下来的内涵,一切从零开始是不可想象的。新时期以来,学界在古代文论思想范畴的资料类编与专项研究中取得了丰富成果。这为《中国古代文学理论》的系统建构提供了综合的基础。综合既是对前贤成果的尊重和继承,也是对研究现状的超越与飞跃。某种意义上可以说,《中国古代文学理论》是对古代文论资料汇编与专题研究的深度加工。"综合"是融会贯通,它应当有自己的长期积累、深入思考作基础,才不致人云亦云、七拼八凑。用表情达意的"表现主义"作为主线去贯穿、统辖诸多古代文论命范畴命题,就是笔者在长期潜浸涵濡的基础上对中国古代文学理论民族特征和文化品格的概括。

为揭示中国古代文学理论的自身特点,还需要用比较的方法,与西方古典文论作比较。如果说西方自亚里士多德至黑格尔、别林斯基的古典文论是建立在"摹仿"说基础上的再现主义文论,中国古代文论则是建立在"言志"说基础上的表现主义文论。它们在文学创作的各个环节都有所体现。笔者反对过去的文学概论著作将古代文论与西方文论一锅煮的粗疏,但并不拒绝中西文论的比较。恰恰相反,只有时时注意以反映客体的西方文论为参照对象,中国古代文论表现主体的特点才能得到彰显。

中国古代文学理论的民族特点是由中国传统文化决定的。依据对古代文论范畴、命题的筛选、梳理系统阐述中国古代文学原理固然不易,但如果仅仅停留于就文论阐述文论,则未必切中肯綮。只有深入到中国古代文论特色文化成因的底里,才能令人信服,也能增加读者的阅读兴味。因此,用文化学的方法来考察中国古代文学理论民族特色的文化成因,就成为《中国古代文学理论》的另一方法。古代文论与中国文化的联系,主要体现在与中国古代的精神文化,主要是儒家文化、道家道教文化、佛教文化、宗法文化、训诂文化的联系上。因此,《中国古代文学理论》不只标志着中国古代文论走向系统研究,也标志着中国古代文论走向文化研究。

中国古代文学理论不仅能帮助今天的读者更好地理解中国古代文学作品,而且具有一种现实的穿透力。中国古代文学理论作为表现主义文论,它理应较再现主义文论更能有效地说明表现主义作品,特别是西方现代主义文学作品。西方文学自19世纪末以来,愈益向主体表现方向发展。在这些作品中,现实不再成为生活真实的反映,而蜕变为徒有其形、不反映生活本质规律的"幻相"(朗格语),成为象征"情感"的"形式"(朗格语)、表现主体的媒介。这类作品中"文字""现实""主体"的关系与中国古代文论中"言""象""意"的关系或"文字""景物""神情"的关系何其相似!当中国当代文学创作受西方文学影响日益向主体表现的方向发展时,中国古代文学理论作为"以意为主"的文论就有了有助于解释西方现代文学作品和中国当代文学作品的意义和价值。

(本文载《社会科学》1991年第1期。这是关于中国古代文学理论逻辑体系横向建构的最早论文。1993年7月,笔者在学林出版社出版《中国古代文学原理》,即按照此文所提的框架叙写。2008年,此书作为"十一五"国家级规划教材,易名为《中国古代文学理论》,由山西教育出版社出版。2018年12月,该书修订版由华东师范大学出版社出版)

十、中国古代表现主义民族文论体系刍议

系统阐述中国古代文学理论的难处,不仅在于应有一个妥善的叙述结构,而且在于这个叙述结构的诸环节之间还须有一种相互联系、一以贯之的有机性和逻辑性。贯穿在中国古代文学理论叙述结构中的这种有机联系或者叫内在逻辑是什么呢?我认为就是"言志""达意"为主的"表现主义"。

所谓"表现主义",是现代西方文论中与"再现主义"相对的一个概念。西方古典文论强调文学是现实的"摹仿",是客观外物的"再现",一般称作"再现主义"。西方现代文论强调文学是直觉的"表现"、主体的"象征",一般称作"表现主义"。这里借用这一约定俗成的概念,作为对强调"文以意为主"的中国古代

文论民族特色的概括。

什么是"文学"或文学之"文"呢？晚清以前，一直没有人作出明确的界说。但历代《文选》一类作品集、《文心雕龙》一类的文论著作不断涌现，从入选及所论作品的体裁、范围来看，"文学"的外延是极广的，不仅包括美文学与杂文学，而且包括簿记、算书、处方一类的文字，如果说它们之间有什么共通点而统一叫做"文"，那就是它们都是文字著作。所以晚清章炳麟在《国故论衡·文学总略》中总结说："是故榷论文学，以文字为准，不以彣彰为准。""文"即"著于竹帛"的"文字"著作，不一定以"彣彰"、文采、美为特征。

然而，这只是古人对"文"的不带价值倾向的认识，或可视为古人关于"文"的哲学观念、知性界定。当价值观念掺杂进来之后，对"文"的认识则出现了新的变化。这个价值观念是什么呢？也就是"内重外轻"[1]。这是宗法文化形成的特殊价值取向模式。宗法社会以"国"为"家"，以人为本，故"治国平天下"最终归结为"齐家修身"，"正心诚意"。所以古人治国，尤重个人道德修养。而道德修养的方式，就是"吾日三省吾身"，"反身而诚，乐莫大焉"；为政向往的"仁政"理想，就是"正心诚意"了的国君以"己所不欲，勿施于人"的方式去对待臣民。一句话，无论上下，均应以治心为本，治心为贵。于是心外物色则成为无足轻重的东西。这就叫"内重外轻"。当它历史地积淀为一种价值取向模式并浸染到文学观念中来时，便出现了"文，心学也"[2]、"文以意为主"[3]之类的文学表现论。这种把文学界说为心灵表现的文字作品的观念，可以说是关于"文"的价值界定，是文学观念中的价值论。

这种"文以意为主"的表现主义文学观念，是中国文学乃至中国艺术之"神"，是统帅中国古代文艺理论的一根红线。

让我们先来看古代文论中的创作主体论。中国古代既然认为文学应当是心灵表现的文字，则作家的心灵素质在创作中的作用和地位自然倍受重视。故古人喋喋不休地强调：作家要有"德"，以保证作品中的"善"；作家要有"记性""作性""悟性"，以炼就"学""才""识"，创造出富有"材料""见识"和"辞章之美"的文学作品。

再来看古代文论中的创作发生论。

---

[1] 刘熙载：《古桐书屋札记》，清光绪十三年刻本。
[2] 刘熙载：《游艺约言》，《古桐书屋续刻三种》，清光绪十三年刻本。
[3] 杜牧：《答庄充书》，《樊川文集》卷十二，《四部丛刊》本。

创作发生关联着两方面。一是创作的对象本源,一是作者观照世界的方式。前者偏重于客体,后者偏重于主体。古代的文源论,其形态有四:一、"人文之元,肇自太极。"二、"感物吟志,莫非自然。"三、"六经之作,本于心性。"四、"六经者,文章之渊薮也。"其实质则一:"文本心性"。在中国古代文化中,"太极"即是"吾心","天道"即是"人道"。故"文肇太极"即"文本心性"。"物"是"太极"所生,"经"是"道沿圣而垂文"的产物,故"源物""渊经"二说亦可归为"文本心性"一说。这可看作表现主义在文源论中的渗透。

古代论作家艺术家观照现实的方式,不是单向的由物及我,而是双向的"物我双会","心物交融"。为什么呢?因为在古人看来,事物的美,不在事物自身的形质,而在事物所蕴含的人化精神。所以许慎《说文解字》释"玉"之"美",是"美有五德"。邵雍教导人们"观花不以形",因为"花妙在精神"[1]。这样,对象精神的美,就只能是为人而存在,就有待于"由物及我"后"由我及物"的能动创造。这种双向交流的审美观照方式,即"我见青山多妩媚,料青山见我应如是"式的观照方式,是一种表现主义的审美观照方式。

再次,我们来看古代文论中的构思论。

古代文论构思论大抵由"虚静"说、"兴会"说、"神思"说组成。由于古人习惯于"反观自身",所以对文学创作中的构思状况有颇为清醒的内省认识;由于古人重视创作主体的地位和作用,所以对文学创作的主体心态有更多的要求。而表现主义的特点也在构思论中显示出来。"虚静"说是对构思心态的要求。古人认为,文学构思是一种高度专一、集中的思维活动。为保证这种思维活动顺利进行,构思主体在"运思"之先,须"虚心""静思"。"虚心"就是使心灵虚空无物;"静思"就是使各种杂虑停止运动。通过"虚心",心灵从"有"变成"无",其目的还是为了变成"有";通过"静思",心灵从"动"变成"止",其指向还是归于"动"。这就叫"虚心纳物"(物:构思中的意象)、"绝虑运思"(思:艺术构思)。这是有无相生、动静相成的辩证心灵运动,是艺术构思的必经环节,结果是为艺术构思营造所需的心灵状态。

当挪出了"虚静"的心理空间后,文学构思就登场了。"神思"说就是古代文论对文学构思特征的论述。"神思"即精神活动。这个概念本身昭示了表现主义文学构思的特点:它是一种外延广泛的心灵运动,可具象,亦可抽象,未必为

---

[1] 邵雍:《善赏花吟》,《伊川击壤集》卷十一,《四部丛刊》本。

"形象思维"。然而按中国古代"温柔敦厚""主文谲谏"的审美传统,表情达意不宜直露,最好托物伸意,即景传情,故"文之思"又经常表现为"神与物游"的意象运动、形象思维。这种思维分"按实肖像"与"凭虚构像"两种[1]。就"凭虚构象"一面讲,它可上天入地,来去古今,大临须弥,细入芥子,在空间上达到无限,时间上达到永恒。同时,它可离开物象,但须臾不可离开语言作孤立运动,所谓"物沿耳目,辞令管其机枢"。这里,它又时常流露出文学作为广义的语言文字著作这一文学观念的烙印。

"兴会"即兴致之钟会,也就是灵感。"兴会"说对文艺构思中的特殊状态——灵感现象的特征和奥秘作了深入剖析。"文章之道,遭际兴会,抒发性灵,生于临文之顷者也。然须平日餐经馈史,霍然有怀,对景感物,旷然有会,尝有欲吐之言,难遏之意,然后拈题泚笔,忽忽相遭,得之在俄顷,积之在平日,昌黎所谓'有诸中'是也。"[2]灵感是偶然与必然、倏忽与长期、天工与人力、主观与客观、不自觉与有意识的对立统一。

表现主义在古代文学创作方法中有什么表现呢?我们挑出几个主要的方法来看。一是"活法"。古代文论连篇累牍地强调"活法"这种文学创作"大法"。"活法"的本义是灵活万变、不主故常之法。什么是灵活万变之法呢?就是"随物赋形"之法。这个方法表现的对象性的"物"就是心灵意蕴。于是"活法"又被界说为"辞以达志"之法、"惟意所之"之法、"因情立格"之法、"神明变化"之法。意蕴千姿、情感百态,故表情达意的方法也千变万化,不主故常,"活法"之"活",注脚正在于此。

中国古代崇尚"温柔敦厚"的礼教,故表情达意切忌直露。"用事""比兴"正是含蓄委婉地表情达意的有效方法。"用事"即引用成辞、故事,把自己的意思放在古代的言语、事件中让人品味。"比兴"照郑玄的解释,"比"即"见今之失,不敢斥言,取比类以言之";"兴"即"见今之美,嫌于媚谀,取善事以喻劝之"[3]。易言之,"比"是委婉的批评、讽刺方法,"兴"是委婉的表扬、歌颂方法。后来,"比"一般被视为以彼物喻此物的"比喻"方法,"兴"一般被理解为委婉的开头方法。"用事""比兴"说到底均为委婉、含蓄的表情达意方法。

在古代文学作品论中,表现主义烙印何在呢?

---

[1] 刘熙载:《艺概·赋概》,上海古籍出版社1978年版。
[2] 袁守定:《谈文》,《占毕丛谈》,光绪重校刻本。
[3] 郑玄:《周礼注疏》卷二三,《十三经注疏》本,上海古籍出版社1997年版。

古代文论有"文气"说。"气",西人译为"以太""生命力"。置于古代哲学元气论中看,它不外是一种"元气"。"元气"是生命力的象征。故"文气"实即"文学生命"。文学怎么才能有"生命"呢? 就是要在对象性描写中寄寓人的精神。如果就物咏物,即事叙事,不寓情,不寓意,不寓识,不寓气,则"物色只成闲事",文章只成"纸花""偶人",必然毫无生机。

古代的"文体"说论述了十几至几十类文体的特点,而论述得最充分、最详尽的文体往往都是与心灵表现相关的文体。如诗歌是"言志咏情"的,散文是"以意为主"的,历史是"寓主意于客位"的,辞赋是"有自家生意在"的,小说是"寓意劝惩"的,戏剧是"不关风化体,纵好也徒然"的。对于书、籍、谱、录之类与心灵表现无关的文体,古代文论论之甚少甚简,古代文选也收之极为有限。这说明,表现主义文体在古代是最受欢迎、重视的。马克思曾指出:一种理论的实现程度取决于大众对这种理论的需要程度。正是在中国古代普遍崇尚表现情达意的文化环境中,表现主义文体才成为文学创作的主流。而诗之所以成为古代文学的正宗,具有凌驾于其他文体之上的最高品位,与诗这种文体与心灵联系得最为紧密不无关系。"诗"照文字学家的解释,本身就是由"言志"二字构成的。

关于文学作品形式与内容的关系,古代文论的"文质"说、"言意"说、"形神"说分别作了论述。"文"即"形式","质"即内容。由于古代并不以"形象"为文学必不可少的特征,而以人的心灵意蕴为高品位的文学作品不可或缺的因素,故文学作品的"文质"关系,一般表现为"言意"关系。为含蓄不露地表情达意,古代文论又强调"以形传神",故"文质"又常常表现为"形神"。这里,"形"是"物之形","神"是外化为"物之神"的"我之神"。通过"言"描写"形"从而构成了"文"(形式),以表达作为"质"的主体之"神",这就是古代文学作品形式内容关系论的总体走向。

古代文论中有大量的"意境""意象"理论。曾有不少学者把"意境""意象"与现今文学理论教科书中作为文学特征的"形象"等同起来。这并不确切。首先,我们必须辩明,"形象"在今天的文学理论教科书中曾经是作为文学必不可少的特征出现的,而"意境"或"意象"并不是古代文学必不可少的特征。古代不少被认可为"文"的作品并不具备"意境"或"意象","意境"或"意象"毋宁说只是古代表现主义文学作品的特征。其次必须辩明,"形象"与"意象"、"意境"的来源、重心个个不同。现在通行的文论教科书承袭的是西方文论的模式。在西方文论模式中,"形象"产生于对客观外物的"摹仿"。"摹仿"愈忠实,"形象"愈真实,主体思想感情的介入就愈少,所以"形象"的重心在"象"不在"意"。"意境""意象"则不同。它诞生于运用含蓄的、审美的手段(即物象)实现表情达意的目的这样一种机制,故重心在"意"不在"象"。

诗歌,是古代表现主义文学作品之最。"诗者,吟咏性情也。"诗歌中的"意",往往具体化为"情"。诗"以含蓄为上",以"比兴"为主。诗歌中通过"比兴"温柔含蓄地表达"情"的媒介,又常常落实为"景"。故"情景"实即诗歌中的"意境","情景交融"实即"意境浑融","情景"说即诗歌"意境"形态论。

从中国古代诗歌创作的内在机制上说,既然"情"、"意"、"神"被公认为诗歌所应表现的内容和传达的目的,"景"、"象"、"形"被视为诗歌表情、达意、传神的形式和手段,那么,自然之"景"和物之"形"、"象"就自然会为了表情、达意、传神的需要而发生变形,而这种变形的手段往往是夸张和比喻。"白发三千丈,缘愁似个长",就是为表情、达意、传神的需要运用夸张和比喻描写物象发生变形的典型例证。这种情况,与中国古代画坛流行的不拘形似的写意画出于同一机杼。这便形成了古代文论艺术真实论中的"真幻"说。在诗歌作品的"意境"、"情景"、"形神"中,写"意"、"情"、"神"是"真",写"境"、"景"、"形"是"幻"。而在西方再现主义文学作品中,物象的描写必须真实,作家的心灵意蕴必须蕴藏在真实的物象描绘中。正是在这点上,中国古代文论的艺术真实论呈现出不同于西方文论的民族特色。

古代文学作品的风格从总体上分有阴柔与阳刚两大类。阴柔之美表现为"平淡",阳刚之美表现为"风骨"。"平淡"的特点是似淡实浓,言近旨远,美在意味深长;"风骨"的特点是情怀壮烈,意气刚贞,美在动人心魄。我们不妨把它们看作是表现主义的两种不同风格表现形态。"风骨"作为一种崇高美,其表现主义特征尤其可以在与西方艺术崇高美的对比中见出。西方人讲的"崇高",对象体积巨大、"数学的崇高"是不可或缺的突出因素。这在中国古代的"风骨"美中却可有可无。"风骨"所更侧重的是"力学的崇高",是一种"浩然之气",是高远的抱负和令人仰慕的精神境界。

古代文论论文学作品的形式美,一个重要组成部分是与内容相联系的形式美,即"合目的"的形式美。用宋人张戒的话说,就叫"中的为工"[1]。这个形式

---

[1] 张戒:《岁寒堂诗话》,《历代诗话续编》本。

所要瞄准、击中的"的"是什么呢？主要不是客观之物,而是主体之神。所谓"辞,达而已矣"[1]。"达"的对象就是"意"。"辞达而已"即文辞对"意"的表达"无过不及"之谓。辞不及意为质木无文,辞过乎意则为巧言靡辞,均不可取。

作品的表现主义特色,同样规定了审美鉴赏不同于西方文学接受的特点。

西方文论讲文学接受,是"披文入象",通过文学语言把握它所再现的社会生活。中国古代文论讲文学鉴赏,则是"披文入情",通过语言文字把握它所表达的作者思想感情。有时,作者的思想感情并非由文字直接表达的,而是在形象描写中含蓄地流露出来的。在这样的作品中,欣赏者的接受步骤就分两步走。首先是"披文入象",通过文字认识它所描写的物象;紧接着是"披象入情",通过物象描写认识它所传达的情意。由于古代文学作品多讲究含蓄不露地传达,所以读者对于作品中的"意"往往不是一下子能认识的,而是通过"一唱三叹"、"反复涵泳"、慢慢咀嚼回味才能领略的。"优游涵泳",是含蓄的表现主义文学作品的特殊鉴赏方法。

不仅如此,"内重外轻"的思维模式还使中国古代文论特别注重发挥读者在文学鉴赏接受中的主观能动性。这种主观能动性表现为读者在阅读中会以自己的经验与想象去丰富作品的内涵。所谓"作者之用心未必然,读者之用心何必不然"[2],"诗无达诂"[3],"文无定价"[4]。然而古代文论同时又让人看到,尽管"好恶因人",但"妍媸有定"[5]。"书之本量初不以此加损焉"[6],这是作为鉴赏主体的读者与作为审美对象的作品之间的一种"双向交流"。既肯定、鼓励鉴赏主体的能动创造,又不否认审美对象自身固有的美学价值。不妨视为作者作为审美者在观照现实世界时的"物我交流"方式在读者审美环节上的一种复现。

表现主义同样在文学功用论上留下了自己的印记。

西方文论讲文学的认识功用,是对现实的认识功用,而作家的面影则在高度忠实于原物的描写中淹没了。中国古代文论也讲文学认识现实的作用,如"观风"云云,但文学对社会时代风貌的这种认识作用是通过人情这个中介间接实

---

[1]《论语·卫灵公》孔子语。朱熹:《四书章句集注》本,中华书局1983年版。
[2] 谭献:《复堂词录序》。光绪刻本《复堂类稿》文一。
[3] 董仲舒:《春秋繁露·精华》,《二十二子》本,上海古籍出版社1986年版。
[4] 苏轼:《答毛滂书》,《经进东坡文集事略》卷四七。按:原话为"文章如金玉,各有定价。"
[5] 葛洪:《抱朴子·塞难》,《四部丛刊》本。
[6]《艺概·文概》,上海古籍出版社1978年版。

现的,所谓"治世之音安以乐,其政和;乱世之音怨以怒,其政乖"[1]云云即是显例。易言之,古代文学对现实的认识功用是间接的,对作者思想感情的认识功用是直接的。"文者,作者之胸襟也。"通过作品,我们可以更方便、更直截了当地"知人"。

由于古代文学作品重视"善"的道德情感的表现,所以借助文学手段,上可"教化"下,下可"美刺"上,文学的教育功用是自然而然、不言而喻的。

古代文论论文学作品的美感功用,有"趣味"一说。"味"是重经验感受的中国人用以指称"美"的常用术语。古人"趣""味"联言,既可释为偏正结构的复合词,指"趣之味",也可释为联合结构的复合词,"趣"即"味","味"即"趣"。从历史流变来看,是先有偏正结构的"趣味",才有联合结构的"趣味"的。易言之,即"趣"先被人们认可为"味",才得以与"味"并列构成一个双音词同指"美"的。而"趣"的本义有什么呢?文字学告诉我们,它本与"旨趋"的"趋"相通,即"意旨"。在古人看来,一部作品只有意蕴深厚,使人感到意味深长,才有"味"、有"美"。"趣"就这样与"味"走到一起了。可见,"趣味"即"意味",它是中国特色的艺术美,与西方文学摹仿的逼真美迥异其趣。

徐复观在《中国艺术精神》中把庄子精神界说为中国艺术(主指绘画,亦与文学相通)之神。步承此旨,叶朗在《中国美学史大纲》中把中国古典美学的命脉描述为:通过有限走向无限,通过有形走向无形,这"无限"、"无形"就是老庄式的"道",即弥漫于宇宙、派生万物的客观实体。尽管这自成一说,也不乏精彩论证,但这却是不合中国古代"凡诗文书画,以精神为主"[2]的表现主义实情的。不错,中国艺术是通过有限走向无限,通过有形走向无形,但这"无限"、"无形"不一定是客观实体性的"道",而更多地呈现为主体精神性的"意"。文学艺术是内容与形式统一体,内容有主、客之分。侧重于用形式反映客观内容的形成再现性艺术,侧重于用形式表现主观内容的形成表现性艺术。如果我们既不作绝对化的理解又照顾到主导倾向,对此我们是不难达成共识的。中国古代文学理论,就是对这种表现主体的文学作品的理论概括。

[本文载《东方丛刊》创刊号,1991年第1期。此为笔者《中国古代文学原理》(学林出版社1993年版)绪论。该书的副题即《一个表现主义民族文论体系的建构》]

---

[1] 《毛诗序》,《毛诗正义》卷一,《十三经注疏》本。
[2] 方东树:《昭昧詹言》卷一,人民文学出版社1961年版。

十一、古代文论方法论的文化阐释

古代文论的方法论,其涵义有二:一指古代文论中的方法论,即古代文论中关于文学创作方法的理论,如"活法"说、"定法"说、"用事"说、"赋比兴"说,等等;二指古代文论自身的方法论,即古代文学理论批评在思维方式与表达方式方面所形成的总体特色。本文探讨的是后一种涵义上的方法论。

阅读中国古代文学理论著作,会感到其方法论与西方文论和我们今天的文学理论有着明显的不同。如果稍加推究,便不难发现,这些富有民族个性的方法论是根植于丰饶活跃的中国传统文化土壤之中的。古代文论的方法论自然很丰富,并非本章所论列的六种方法所能囊括,但从主导方面说,本章所着力探讨的六种方法基本上可以昭示中国古代文论方法论的概貌。这六种方法是:"训诂"的方法,"折中"的方法,"类比"的方法,"原始表末"的方法,"以少总多"的方法,"假象见义"的方法。其中,"训诂"主要用于阐释名言概念,"折中"主要用于矛盾关系的分析,"类比"主要用于因果关系的推理,"原始表末"主要用于历史发展的观照,"以少总多"和"假象见义"主要见于思想感受的表达。它们在不同功能上发挥作用,构成了中国古代文论独立自主的方法论整体。

1. "训诂"——名言概念的阐释方法

"训诂",本为中国古代"小学"的一支。"小学",即中国古代的语言文字学,包括狭义的文字学、音韵学、训诂学。文字学研究字形构造,音韵学研究字音诵读,训诂学研究字义解释[1]。先秦时期,虽尚无"训诂"之名,但训诂学的基本方法已经具备[2]。汉代以后,伴随着经学的昌盛,出于治经的需要[3],训诂学充分发展起来。"音训",便是训诂学的基本方法之一。"音训",又叫"声训",即以读音相同、相近的字解释另一字的涵义。古代经传都出于口授,到汉代逐渐记之于文字。因记录者方言、知识水平各异,同一读音、涵义的词可能记录为多种同音、近音字。于是音同、音近通假,因音求义的训诂学方法便此产生。这种现

---

[1] "小学"之名,首见于刘向、刘歆父子所编《七略》。明确以"小学"为文字、音韵、训诂之学从宋代始,如晁公武《郡斋读书志》、王应麟《玉海》、欧阳修《崇文总目叙释·小学类》。清代《四库全书总目》、章太炎《论语言文字之学》皆作如是观。

[2] 参胡奇光:《中国小学史》,上海人民出版社1987年版,第39页。

[3] 段玉裁:《王怀祖广雅注序》:"治经莫重于得义。"

象,东汉初年的郑众首先发明。他在注解《周孔·天官·酒正》中饮料专名时发现它与《礼记·内则》记载的文字有异,探究其原因在于:"'糟'音声与'酨'相似,'医'与'醷'亦相似。文字不同,记之者各异耳,此皆一物。"后来郑玄进一步阐明"同言异字"(一义多字)和"同字异言"(一字多义)现象的来由:"其始书之也,仓卒无其字,或以音类比方假借为之,趣于近之而已。受之者非一邦之人,人用其乡,同言异字,同字异言,于兹遂生。"[1]因此,同音为训,作为解释字义的一种方法,具有一定的合理性、科学性。

早在先秦,音训求义的方法就开始应用。如《周易·象传》:"需,须也";"离,丽也";"晋,进也"。这是同音相训。《孟子·滕文公上》:"设为庠序学校以教之。庠者养也,校者教也,序者射也。夏曰校,殷曰序,周曰庠,学则三代共之,皆所以明人伦也。""庠者养也,校者教也,序者射也。"这是音近为训。汉代以后,经学昌盛。古文经学为了实事求是地弄清经文的本义,特别重视"就其原文字之声类考训诂"(郑玄),所谓"读九经自考文始,考文自知音始"[2];"治经莫重于得义,得义莫切于得音"[3],"疑于声者,以义正之"[4]。以《说文》为例,"《说文》列字九千,以声训者十居七八,而义训不过二三"[5]。足见音训为古文经学家探明经义的重要而有效的方法。

不过,汉语同音字甚多,以音为训,也具有较大的主观随意性,易于借阐释字义来发挥己见。季康子向孔子问政,孔子说:"政者,正也。子帅以正,孰敢不正?"[6]孟子反对征战,主张施行仁政,便说:"征之为言正也。各欲正己也,焉用战?"[7]荀子说:"君者,善群也。"[8]都是通过音训灌输、发挥己见的例子,其所释义,未必所释对象的本义。汉代,与谶纬之学结合一起的今文经学所钟情的音训方法将这种音训方法发展为远离本义的主观比附。如《大戴礼记·本命》曰:"'男'者'任'也,'子'者'孳'也。男子者,方任天地之道,如长万物之义也,故谓之'丈夫'。'丈'者'长'也,'夫'者'扶'也,言长万物也。""'女'者'如'

---

[1] 陆德明:《经典释文·序录》引。
[2] 顾炎武:《顾亭林诗文集·答李子德书》。
[3] 段玉裁:《王怀祖广雅注序》。
[4] 戴震:《转语二十章序》。
[5] 黄焯编:《文字声韵训诂笔记》,上海古籍出版社1983年版,第194页。
[6] 《论语·颜渊》。
[7] 《孟子·尽心下》。
[8] 《荀子·王制》。

也,'子'者'孳'也。女子者,言如男子之教而长其义理者也,故谓之'妇人'。'妇人',伏于人也。是故无专制之义,有三从之道。在家从父,适人从夫,夫死从子,无所敢自遂也。"董仲舒《春秋繁露·深察名号》曰:"'王'者'皇'也,'王'者'方'也,'王'者'匡'也,'王'者'黄'也,'王'者'往'也。是故王意不普大而皇,则道不能正直而方;道不能正直而方,则德不能匡运周遍;德不能匡运周遍,则美不能黄;美不能黄,则四放不能往;四方不能往,则不全于王。"《白虎通·辟雍》:"'辟'者'璧'也,象璧圆,以法天也;'雍'者'壅'之以水,象教化之流行也。'辟'之言'积'也,积天下之道德;'雍'之言'壅'也,天下之仪则。"《白虎通·宗庙》:"'宗'者'尊'也,'庙'者'貌'也,象先祖之尊貌也。"《白虎通·天地》:"天者何也?'天'之为言'镇'也,居高理下,为人镇也。'地'之为方'易'也,言养万物怀任,交易变化也。"

中国古代,文学包括学术,文人就是学者。古代学者为了读经,"才能胜衣,甫就小学","音训"这种训诂学方法自然浸染到他们对文学的名方概念的认识与阐释中,从而构成古代文论方法论上强烈的民族特色之一。如古人释"风":"风,风(讽)也,教也,风以动之,教以化之。"[1]释"颂":"颂者,容也,所以美盛德而述形容也。"[2]释"赋":"赋者,铺也。"[3]"赋者,敷也,布也。"[4]释"诗":"诗者,持也,持人情性。三百之蔽,义归'无邪','持'之为训,有符焉尔。"[5]他如:"盟者,明也。"[6]"箴者,针也。"[7]"铭者,名也,名其器物以自警也。"[8]"诔者,累也,累其德行,旌之不朽也。""碑者,埤也。上古帝皇,纪号封禅,树石埤岳,故曰碑也。"[9]"谐之言皆了,辞浅会俗,皆悦笑也。""䜌者隐也,遁辞以隐意,谲譬以指事也。"[10]"史者,使也,执笔左右,使之记。""传者,转也,转受经旨,以授于后。"[11]"论者,伦也,伦理无爽,则圣意不坠。""说者,悦也……故言

---

[1]《毛诗序》。
[2]《文心雕龙·颂赞》。
[3]《文心雕龙·诠赋》。
[4] 贾岛:《二南密旨》。
[5]《文心雕龙·明诗》。
[6]《文心雕龙·祝盟》。
[7] 唐写本《文心雕龙·铭箴》。
[8] 吴讷:《文章辨体》。
[9]《文心雕龙·诔碑》。
[10]《文心雕龙·谐䜌》。
[11]《文心雕龙·史传》。

咨（通资）悦怿。"[1]"移者，易也，移风易俗，令往而民随者也。""檄者，皎也，宣露于外，皎然明白也。"[2]"表者，标也。"[3]《文心雕龙·书记》论述"书记"体裁时涉及二十四个子目，解释亦多用音训："籍者，借也，岁借民力，条之于版。""簿者，圃也，草木区别，文书类聚。""占者，觇也，星辰飞伏，伺候乃见。""术者，路也（按：这是叠韵为训），算历极数，见路乃明。""式者，则也，阴阳盈虚，五行消息，变虽不常，而稽之有则也。""令者，命也，出命申禁，有若自天。""符者，孚也，征召防伪，事资中孚。""契者，结也。""疏者，布也。""牒者，叶也，短简编牒，如叶在枝。"如此等等。

从上述例证中可以看出，运用音训的方法阐释名言概念，有些的确比较合理、科学地揭示了名方概念的本义，且富有创造性，有些则存在着明显的牵强附会，完全是出于发挥其道德教化说教的需要（典型的如把"诗"训为"持"、"持人情性"的阐释）。而在这"仁者见仁"、违背本义的训诂学阐释中，确又与西方现代接受美学、阐释学存有某种相通之处。

2."折中"——矛盾关系的分析方法

"折中"一词，出于儒家经典。屈原《惜诵》："明五帝以折中。"是现在所见的"折中"的最早出处。"折"是"断"之意。"中"，宋均释为动词"当"（dàng）。若依此，"中"则念为 zhòng。与什么相"当"相"中"呢？在"折中"一词中并看不出，故不确。司马贞《史记索隐》在宋均注释之后补充："方欲折断其物而用之，与'度'相中当，故以言其折中也。"作为"折中"的语义，似嫌牵强。笔者以为将"中"释为名词较确。作为名词，"中"的本义是"中间"。如此，则"折中"即"折于中""从中折之"。用孔子的话说即"叩其两端"[4]、"允执厥中"[5]的意思。《中庸》云："舜好问而好察迩言，隐恶而扬善，执其两端，用其中于民，其斯以为舜乎！"这"执其两端用其中"，可作"折中"这种意义的注脚。朱熹《中庸章句》："中者，不偏不倚，无过不及之名。""折中"即按照"不偏不倚，无过不及"的原则处理矛盾对立两极关系的方法。"中"作为名词，又可从"中间"引申为"正确"。

---

[1]《文心雕龙·论说》。
[2]《文心雕龙·檄移》。
[3]《文心雕龙·章表》。
[4]《论语·子罕》。
[5]《论语·尧曰》。

王逸注《惜诵》："折中,正也。"颜师古注《汉书》："折,断也。非孔子之言,则无以为中也。"均可为证。如此,"折中"即"折于中","按中折之","折而合于中"之意。作为"中"的正确原则是什么呢?在儒家看来,就是孔子学说。《史记·孔子世家》:"孔子布衣,传十余世,学者宗之,自天子王侯,中国言六艺者折中于夫子,可谓至圣矣!"《汉书·贡禹传》:"孔子,匹夫之人耳,以乐道正身不解之故,四海之内,天下之君,微孔子之言亡所折中。"《盐铁论·相刺》:孔子"退而修王道,作《春秋》,垂之万载之后,天下折中焉"。王充《论衡·自纪》:"上自黄唐,下臻秦汉以来,折中以圣道,析理于通材,如衡之平,如鉴之开。"在这个意义上,"折中",即按孔子学说指导思想、评论是非方法。

这里所说的"折中",指按照"不偏不倚,无过不及"的原则处理矛盾对立两极关系的方法。

这种"叩其两端,允执厥(其)中"的方法,不只为儒家所发明,而且为道家所恪守,佛家所重视。

《论语·先进》载:"子贡问:'师与商也孰贤?'子曰:'师也过,商也不及。'曰:'然则师愈与?'子曰:'过犹不及。'"又《子路》记载孔子语:"不得中行而与之,必也狂狷乎!狂者进取,狷者有所不为也。"又《尧曰》记载孔子对君子修养的要求:"惠而不费,劳而不怨,欲而不贪,泰而不骄,威而不猛。"这里集中体现了孔子思想方法的"折中"特点。孔子发明的"折中"方法,子思在《中庸》中作了系统发挥。三国时魏国思想家刘劭以此去分析生活中的各种矛盾关系,深化、丰富了人们对儒家"中庸"思维方法的认识。《人物志·体别》云:"夫'中庸'之德,其质无名。故咸而不酼,淡而不醴,质而不缦,文而不绘;能威能怀,能辩能讷,变化无方,以达为节。是以抗(高也,引申为直)者过之,而拘(音勾,曲也)者不逮。夫拘抗违中,故善所章,而理有所失。是故厉直刚毅,材在矫正,失在激讦。柔顺安恕,每(美)在宽容,失在少决。雄悍杰健,任在胆烈,失在多忌。精良畏慎,善在恭谨,失在多疑。强楷坚劲,用在桢干,失在专固。论辩理绎,能在释结,失在流宕。普博周给,弘在宽裕,失在溷浊。清介廉洁,节在俭固,失在拘扃。休动磊落,业在攀跻,失在疏越。沉静机密,精在玄征,失在迟缓。朴露径尽,质在中诚,失在不微。多智韬情,权在谲略,失在依违。"总之,任何性格特征,在具有优点的同时,也就同时具备了缺点。事物总是有两面性的。

"折中"一语,虽不见于道家著作,但作为对立统一的辩证思维方法,也鲜明存在于道家著作中。道家认为,"道生一,一生二,二生三,三生万物",万事万物都由阴阳二气化合而成,都是阴阳对立元素相互斗争又相互依存的统一体。《老子》提出了很多对立统的概念,如牝牡、雌雄、刚柔、善恶、美丑、祸福、利害、曲直、盈洼、虚实、强弱、兴废、与夺、厚薄、进退、得亡、贵贱、智愚、生死、大小,等等,并说明,它们既是对立的,又是互为为条件的,假如一方不存在,另一方也就失去了存在的条件:"有无相生,难易相成,长短相形,高下相倾,音声相和,前后相随。"所以道家反对在处理矛盾时走极端。道家思维方式的这个特点,在深受其影响的魏晋玄学中也可以看到。玄学家曾提出了有无、本末、体用、动静、一多、名实、形神、言意等一系列相互对立的概念,虽有所侧重,但从未偏于一端,把它们割裂开来。相反,他们始终把它们描述为相反相成的整体。

佛教没有"折中"的术语,但有"中观""中道"用语。"中"即不落"两边"(两个极端)、不偏不倚之意。"中观"即不偏不倚的观照、认识方法。"中道"即不偏不倚之道。其要义有"二谛"与"八不"。"二谛"即"真谛""俗谛"。观照、认识万物要同时从"真谛"和"俗谛"两方面看。从真谛看,万法是"空",故"非有";从俗谛看,万物是"有",故"非空"。既不能迷执于"有",又不能迷执于"空"。诸法"实相"就是"有"与"空"的统一,如龙树《中论》所云:"因缘所生法,我说即是空,亦为是假名(有),亦是中道义。"如果说"二谛"说表现了在"色"与"空"、"有"与"无"问题上的辩证统一观,那么"八不"说则表现了在"生"与"灭"、"常"(常住不变)与"断"(断灭不起)、"一"(同)与"异"、"来"与"去"四对矛盾上的辩证统一观;"不生亦不灭,不常亦不断,不一亦不异,不来亦不去。"[1]可见,佛教的"中观"方法,与"折中"相通。因而有学者干脆以"折中"指称"中道"[2]。"中道"本为印度大小乘佛教共同信仰[3],以龙树、提婆为代表的印度大乘空宗"中观派"径以合乎"中道"的观照、认识方法自名,从理论和实践上给"中观"方法以极大地丰富。东晋十六国时期,"中观"学说经鸠摩罗什的系统译介和僧肇的大力倡导,在中土弘扬开来,隋唐以后生灭流传的中国佛教宗派"三论宗","天台宗""华严宗""禅宗"均以此派经典为立宗的重要根据,"中观"的思维方法因而浸淫到中国僧众的脑海中。

中国古代文论家,其世界观不出儒、道、佛三家,因而在方法论上,必然打上

---

[1] 龙树:《中论·观因缘品》。文见任继愈主编:《宗教词典》,上海辞书出版社1981年版,第41页。"去",原文为"出",不易解。吉藏《中观论疏》、僧肇《物不迁论》皆以"去"与"来"对,今改。
[2] 吕澂:《中国佛学源流略讲》,中华书局1988年版,第96页。
[3] 任继愈主编:《宗教词典》,"中道"条,上海辞书出版社1981年版。

"折中"的烙印。所以在分析文学创作中一系列对立元素的矛盾关系时,古代文论体现强烈的"折中"特色。"情信辞巧"、"美善相乐"、"文质彬彬"、"形神相即"、"心物凑泊"、"情景交融"、"参伍因革"、"错综繁简"、"迭用奇偶"、"平仄相间"……无不是"折中"的命题。具体说来,"折中"的思维方法往往表现为这样一些手法:

(1) 比较。包含对立面的一方与不包含对立面而落于一偏的一方在表面上往往呈现出相似之处。必须通过比较,透过相似的表象,把握不同的实质,为"折中"地取舍提供基础。如"精者要约,匮者亦鲜;博者该赡,芜者亦繁;辩者昭晰,浅者亦露;奥者复隐,诡者亦曲"〔1〕。论者只有"圆鉴区域,大判条例"〔2〕,才能分辨良莠,"制胜文苑"〔3〕。

(2) 兼顾。"折中"要求平稳妥帖,不偏两端,因而发表意见时为避免过激之论,往往采用两头兼顾的手法。具体又表现为二。一是在肯定某点时告诫人们要防止把肯定推向极端。其句式通常是"既要……而不要……",或"既要……又要……"。如《左传·襄公二十九年》所载吴公子季札评《颂》的一段:"直而不倨,曲而不屈,迩而不逼,远而不携,迁而不淫,复而不厌,哀而不愁,乐而不荒,用而不匮,广而不宣,施而不费,取而不贪,处而不底,行而不流。"《尚书·尧典》要求诗歌:"直而温,宽而栗(按:这两句属"既要……又要……"句式),刚而无虐,简而无傲。"刘勰《文心雕龙·宗经》说:"情深而不诡","文丽而不淫";《辨骚》说:"酌奇而不失其贞,玩华而不坠其实。"皎然《诗式》要求:"气高而不怒,力劲而不露,情多而不暗,才赡而不疏";"至险而不僻,至奇而不差,至丽而自然,至若而无迹,至近而意远,至放而不迂";"虽欲废巧尚直,而思致不得置;虽欲废言尚意,而典丽不得遗";"虽有道情,而离深僻;虽用经史,而离书生;虽尚高逸,而离迂远;虽欲飞动,而离轻浮"。刘熙载《艺概·诗概》:"凡诗迷离者要不间,切实者要不尽,广大者要不廓,精微者要不僻。"二是在否定某点的同时告诫人们要防止把这种否定推向极端。其句式通常是"非……非非……"。如《白石道人诗说》:"文以文而工,不以文而妙。"这是"非文"。但接着又说:"然舍文无妙。"这是"非'非文'"。严羽《沧浪诗话》:"诗有别材,非关书也;诗有别趣,非关理也。"这是"非书""非理"。"然非多读书、多穷理则不能极其

---

〔1〕《文心雕龙·总术》。"曲",原作"典",现据刘永济《文心雕龙校释》改。
〔2〕《文心雕龙·总术》。
〔3〕《文心雕龙·总术》。

至。"这是"非'非书'""非'非理'"。刘熙载《艺概》:"常语易,奇语难,此诗之初关也。"这是"非'常'"。又说:"奇语易,常语难,此诗之重关也。"这是"非'非常'"。这种表达方式,尤其可能看出佛家的"非有、非非有""非无、非非无"的"中观"方法的影响。

(3)交融。即矛盾双方你中有我,我中有你,可以有所偏重,不可有所偏废。如刘熙载《艺概》分析庄子文:"寓真于诞,寓实于玄。"称道《左传》:"左氏叙事,纷者整之,孤者辅之,板者活之,直者婉之,俗者雅之,枯者腴之。"评论韩愈文:"文或结实,或空灵,虽各有所长,皆不免著于一偏。试观韩文,结实处何尝不空灵,空灵处何尝不结实。"论词则崇尚:"寄深于浅,寄厚于轻,寄劲于婉,寄直于曲,寄实于虚,寄正于余","极炼如不炼,出色而本色,人籁归天籁"。

刘勰《文心雕龙·序志》曾自述此书"擘肌分理,唯务折衷(通中)"。"折中"不仅是贯穿《文心雕龙》全书的方法,也是贯穿于先秦至清末整个中国古代文学批评理论中的主要思维方法。古人以此去进行文学的横向研究和纵向研究,分析文学创作中各种矛盾现象,从而避免了过激之论,获得了稳妥之见,使古代文论的许多观点至今仍有巨大的生命力。

3. "类比"——因果关系的推理方法

当代著名文化学者葛兆光在《道教与中国文化》一书中以大量饶有趣味的实例和富有创造性的论证令人信服地指出:"古代中国的思维方式与古希腊、古印度都不一样",古希腊是"理性的",古印度是"冥想的",古代中国则是"经验的"。"人们在日常直观的感觉、经验基础上,将各种并不相干的事物凭着某种感觉经验上的相似而系连在一起,并以此推论出它们之间有相关性、感应性","自然、社会、人的分界"因而消失了,它们"就在这个基础上达到了某种统一与和谐"[1]。葛氏此论揭示了中国古代的一个重要思维模式,即古人是以"感觉经验上的相似"为原则来推知事物间的联系的。事物之间客观上尽管"并不相干",但只要给人"感觉经验上的相似",古人就会认为它们之具有"相关性""感应性""联系性"。而产生"感觉经验上的相仿"的对象基础是结构相同或相类。所以在古人看来,"异质同构"的事物都可以相互感应:"物类相同,本标相应。"[2]

---

[1]《道教与中国文化》,上海人民出版社1987年版,第122页。
[2]《淮南子·天文训》。

类比，正是这样一种按"感觉经验上的类似"来推断、比附事物间因果关系的思维方式。

在中国古代文论中，类比的方法主要用于对论点、命题、结论的论证和推理。其表现形态有二。

一是将"天"与"人"进行平行类比，把"天文现象"（自然现象）作为"人文现象"（文学现象）之因，把文学原理作为自然原理（"天理"）之果。如《乐记》论证"乐"之"和"的特点，便以"天地之和"（宇宙是和谐的）为依据："地气上齐，天气下降，阴阳相摩，天地相荡；鼓之以雷霆，奋之以风雨，动之以四时，暖之以日月，而百化兴焉。（以上说明宇宙天地以和为特点）如此，则乐者，天地之和也。（由此推导出乐以和为特点）"阮瑀《文质论》论证"质"比"文"重要，是因为"日月丽天，可瞻而难附；群物著地，可见而易制"；既然"文之观也"（日月丽天）"远不可识"，"质之用也"（群物著地）"近而得察"，所以"质"胜于"文"。刘勰肯定文学作品中文饰美的合理性，其推理过程是："夫以无识之物（自然现象），郁然有彩，有心之器（文学现象），其无文与？"[1]刘勰崇尚文学创作的"自然之道"："人禀七情，应物斯感，感物吟志，莫非自然"[2]，其推理过程是：因为自然现象的产生是"自然"的（"道"生"阴阳"二仪，天、地、人"三才"和万物是自然的、不假人为的过程），所以人文现象的产生（文学作品的创作）也应该遵循"自然之道"[3]。韩愈《送孟东野序》肯定"发愤著书""不平则鸣"的合理性，也是从自然现象谈起的："大凡物不得其平则鸣。草木之无声，风挠之鸣；水之无声，风荡之鸣……金石之无声，或击之鸣。人之于言也亦然。有不得已而后言，其歌也有思，其哭也有怀。"

另一种形态是将"人"与"文"进行平行类比，把做人之理作为做文之理之因，把文学原理作为人学原理之果。如做人的理想是"仁"内"礼"外，"文质彬彬"，为文的典范也是"美善相乐"，"文质相副"；做人上"女恶容之厚于德，不恶德之厚于容"[4]，为文也宁以"质胜文"，不以"文灭质"；做人上"无盐缺容而有德，曷若文王太姒有容而有德乎？"[5]为文也应力求"文质兼备"；论人上"相形

---

〔1〕《文心雕龙·原道》。
〔2〕《文心雕龙·物色》。
〔3〕《文心雕龙·原道》。
〔4〕 柳开：《上大名府王学士第三书》，《河东先生集》卷五。
〔5〕 皎然：《诗式》。

不如论心"[1]，论文也是"形似不如神似"；做人上"形相虽恶而心术善，无害为君子"[2]，做文也是神似而形不似无害为上品；做人上"重神理而遗形骸"[3]，为文亦尚"遗形取神""离形得似"。他如"文以意为主，意犹帅也，无帅之兵，谓之乌合"[4]；"唐诗有意，而托比兴以杂出之，其词婉而微，如人而衣冠；宋诗亦有意，惟赋而少比兴，其词径以直，如人而赤体"[5]；"识为目，学为足。有目无足，如老而策杖，不失为明眼人；有足无目，则为瞽者之行道也"[6]；"美色不同面，皆佳于目……谓文当与前合，是谓舜眉当复八采，禹目当复重瞳"[7]；文章"起贵明切，如人之有眉目；承贵疏通，如人之有咽喉；铺贵详悉，如人之有心胸；叙贵重实，如人之有腹脏；过贵转折，如人之有腰膂；结贵紧切，如人之有足"[8]；如此等等，其思维历程几乎都是从做人之理推导出文学之理的。

这种"以类相从"的因果推理方法并不是建立在对对象自身客观存在的因果联系的科学分析之上的，而是建立在认识主体"感觉经验的相似"之心理基础上的，因而这种类比论证往往缺少科学的说服力。正如阴阳并不能必然地派生"刑德"、五行不能必然地派生"仁义礼智信"，自然之理、做人之理也不能成为做文之理由以成立的逻辑根据。忽视文学内部的必然联系，从文学外部寻找文学生成的依据，往往会使因果论证流于主观比附，在逻辑上出现漏洞。

4."原始表末"——历史发展的观照方法

中国古代是宗法社会，宗法社会盛行祖宗崇拜，祖宗总是生活在古代。"尊祖敬宗"，势必在思维方式上一切以古为据。于是"征古"，或者叫"援古""拟古""法古""托古"作为一种纵向的思维取向模式便应运而生了。一切朝古看，古往今来的历史发展脉络便彰彰分明地呈现在眼前。古人认为，"古"具有正价值，"今"具有负价值，孰"古"孰"今"不可不辨。"原始表末""由源溯流"的历史

---

[1]《荀子·非相》。
[2]《荀子·非相》。
[3] 汤用彤：《魏晋玄学论稿·言意之辨》，人民出版社 1957 年版。
[4]《姜斋诗话》卷二。
[5] 吴乔：《围炉诗话》。
[6] 吴乔：《围炉诗话》。
[7] 王充：《论衡·自纪》。
[8] 高琦：《文章一贯》引《文筌》。

主义观照方法就是在"征古"的文化模式下,适应分辨古今的需要产生的。

这种方法同样存在于中国古代文学批评中。

刘勰在《序志》篇中阐述《文心雕龙》的写作方法之一,是"原始以表末"。《文心雕龙》二十一篇文体论在论述每一文体时[1],一般在"释名以彰义""敷理以举统"(解释文体概念的涵义,说明它基本原理的大体特色)之后,便按照"原始以表末"的方法"选文以定篇",分析文体的渊源,阐明它的流变,列举、品评历代作家作品,从而使文体论成了分科文学发展史论。在创作论和批评论部分,刘勰总是尽量把每一个问题放在历史的发展中加以考察,使其充满了历史感。创作论中的《通变》篇和批评论中的《时序》篇是两篇专门的文学史论,它集中反映了刘勰"原始表末"的历史主义方法论及其所达到的理论深度。可以说,历史的方法与"折中"的方法是《文心雕龙》使用的两个最主要的方法。

由刘勰开辟的"原始表末"的方法论传统在后世的文学批评中产生了深远的影响。以古代几部著名的文学批评论著为例。

钟嵘《诗品》由序言和具体诗评组成。序言不仅分析了诗歌的特点、方法、功能,阐明了他的诗学主张,而且按历史的顺序剖析了每个时代的诗歌创作特色,勾勒了先秦到南朝宋代的诗歌的发展脉络。具体诗评分上中下三卷,所论共一百二十二人,分为三品。每品中的人物,"略以时代为先后,不以优劣为诠次"[2]。《诗品》还按国风、小雅、楚辞三系将历代五言诗人加以归类,溯源及流,集中显示了其"原始表末"特色。

清人叶燮的论诗名著《原诗》以"原始表末"的历史方法分析诗歌发展的"源""流""正""变",并揭示了它们之间的辩证关系:"诗始于《三百篇》,而规模体具于汉,自是而魏,而六朝三唐,历宋、元、明以至昭代,上下三千余年间,诗之质文、体裁、格律、声调、辞句,递相升降不同。而要之,诗有源必有流,有本必有末,又有因流而溯源,循末以返本……乃知诗之为道,未有一日不相续相禅而或息者也。但就一时而论,有盛必有衰。综千古而论,则盛而必至于衰,又必自衰而复盛。非在前者之必居于盛,后者之必居于衰也。""历考汉、魏以来之诗,循其源流升降,不得谓正为源而长盛,变为流而始衰。惟正有渐衰,故变能启盛。"是知"诗之原流本末正变盛衰,互为循环"[3]。

---

[1]《辨骚》既是总论,也是文体论。
[2]《诗品序》。
[3]《原诗·内篇上》。

晚清刘熙载的论艺名著《艺概》分《文概》《诗概》《赋概》《词曲概》《书概》《经艺概》。《书概》《经艺概》这里可以不去管它,就与文学有关的《文概》《诗概》《赋概》《词曲概》来看,作者除了解释"诗""文""词""赋"概念,阐明其写作特色之外,大量篇幅就是用来评论作品。而作者评论作品的逻辑顺序,便是历史顺序。所以《文概》《赋概》《诗概》《词曲概》我们均可作散文史、赋史、诗史、词曲史来读。

5."以少总多"——思想感受的表述方法之一

中国古代文论中,像《文心雕龙》《原诗》这样"体大思精"、富于系统性的理论著作并不多,更多的是像《诗品》《诗式》《白石诗说》《沧浪诗话》《艺概》一类的短小精悍、一语破的的札记性著作。即使像《文心雕龙》这样的"弥纶群言"的著作,也不过五万字左右。不爱作系统的鸿篇巨制,是中国古代文学批评形式的一大特点。

为什么会形成这种情况呢?古代文论著名研究者徐中玉先生曾屡次指出:"我国古代文论大家对系统繁文非都不能为,乃不愿为,或以为不必为,甚至不屑为。"[1]

古人认为,"形而上者谓之道,形而下者谓之器。神道难摹,精言不能追其极;形器易写,壮辞可得喻其真"[2]。文学批评、理论是讲"文心"(文理)、"文道"的,"文心"、"文道"属于"形而上者",实际上是不可名言的,所以"明者弗授,智者弗师"[3]。如果非言不可,绝不能奢望"言其详"(因为"精言不能追其极"),而只能"言其大概",留待人从中体会、领悟"为文之道""作文用心"。因此在表述方式上,古人强调"以少总多"[4],"以一毕万"。所谓"片言可以明百意"[5],"以数言而统万形"[6],"举此以概乎彼,举少以概乎多"[7],"略小存大,举重明轻,一言而巨细咸该,片语而洪纤靡漏"[8]。刘熙载还阐发道:"文家

---

[1] 徐中玉:《读近代文论札记》第四《刘熙载的〈游艺约言〉》,《文艺理论研究》1990年第6期。
[2] 《文心雕龙·夸饰》。
[3] 《文心雕龙·风骨》。
[4] 《文心雕龙·物色》。
[5] 刘禹锡:《董氏武陵集纪》。
[6] 谢榛:《四溟诗话》。
[7] 刘熙载:《艺概叙》,上海古籍出版社1978年版。
[8] 刘知幾:《史通·叙事》。

会用字者,一字能抵无数字;不会用字者,一字抵不到一字。"[1]"古人所知者多,所言者少,是以其文纯而厚;后人所知者少,所言者多,是以其文杂而薄。"[2]结合他在《艺概叙》中所申明的,我们不仅可以理解《艺概》札记体的产生,而且可以理解中国古代文学批评形式的产生。古代文论家不愿意作"系统繁文",而喜欢作短小精悍的"札记""约言""概说",乃出于对"以少总多"表达方法的自觉追求。

"以少总多"的批评方法凝聚着明显的民族文化特色。

道家、佛家认为,"道"不可言,"言不尽意",因而"言者不智","辩不若默"。无论道家还是佛家,得道之士都以"无言""离言"为其特征,所谓"智者不言"。儒家之"道"虽然可言,但道德之士亦以"少言"为特征,所谓"吉人之辞寡"[3],"辞尚体要"[4]。道家、佛家的"智者不言"与儒家的"吉人之辞寡"之人格理想无疑促使古代文论家在"不言而不可以已"时不愿多言。

"大音希声,大象无形"(老子),"通道必简"[5],"至道不烦","易简而天下之理得矣"[6]。真理总是单纯的。古人对真理的这一认识,也是驱使阐述"为文之道"的文学批评著作采取"以少概多"方式的一个重要因素。

采取"以少总多"的批评方法固然使古代文论著作缺少系统性,这是它的不足,但它少而精,在有限的文字中包含深刻丰富的思想,耐人寻味,发人深思,这是它的长处,不可一笔抹杀。

6. "假象见义"——思想感受的表述方法之二

中国古代文论在表述方式上的另一特点是大量使用形象比喻性的描述语言,"假象见义"[7]。如钟嵘《诗品》:"潘诗烂若舒锦,无处不佳,陆文披沙拣金,往往见宝。"司空图《二十四诗品》通体用形象比喻写成,如《纤秾》:"采采流水,蓬蓬远春。窈窕深谷,时见美人。碧桃满树,风日水滨。柳阴路曲,流莺比邻。乘之愈往,识之愈真。如将不尽,与古为新。"朱权《太和正音谱·古今群英乐府

---

[1] 《游艺约言》,《古桐书屋续刻三种》,清光绪十三年刻本。
[2] 《游艺约言》,《古桐书屋续刻三种》,清光绪十三年刻本。
[3] 《易·系辞下》。
[4] 《尚书·毕命》。
[5] 《大戴礼记》。
[6] 《易·系辞上》。
[7] 皎然:《诗式》卷一"团扇二篇"条,《全唐五代诗格校考》,陕西人民教育出版社1996年版,第222页。

格势》:"马东篱之词,如朝阳鸣凤……有振鬣长鸣,万马皆瘖之意……"马荣祖《文颂·风骨》:"溟鹏天飞,六月乃息。荡日垂云,山川失色。问何能然,中挟神力。骨重风高,翻疑境仄。下视文禽,恣弄颜色。载好其音,兰苕啾唧。"魏庆之《诗人玉屑》卷二《朦翁诗评》一段,将古代文学批评的形象比喻特色展示得淋漓尽致:"因暇日与弟侄辈评古今诸名人诗:魏武帝如幽燕老将,气韵沉雄;曹子建如三河少年,风流自赏;鲍明远如饥鹰独出,奇矫无前;谢康乐如东海扬帆,风日流丽;陶彭泽如绛云在霄,舒卷自如;王右丞如秋水芙蕖,倚风自笑;韦苏州如园客独茧,暗合音徽;孟浩然如洞庭始波,木叶微脱;杜牧之如铜丸走坂,骏马注坡;白乐如山东父老课农桑,言言皆实;元微之如李龟年说天宝遗事,貌悴而神不伤;刘梦得如镂冰雕琼,流光自照;李太白如刘安鸡犬,遗响白云,核其归存,恍无定处;韩退之如囊沙背水,唯韩信独能;李长吉如武帝食露盘,无补多欲;孟东野如埋泉断剑,卧壑寒松;张籍如优工行乡饮,酬献秩如,时有诙气;柳子厚如高秋独眺,霁晚孤吹;李义山如百宝流苏,千丝铁网,绮密瑰妍,要非适用。本朝苏东坡如屈注天潢,倒连沧海,变眩百怪,终归雄浑;欧公如四瑚八琏,止可施之宗庙;荆公如邓艾缒兵入蜀,要以险绝为功;山谷如陶弘景祗(音之,恭敬)诏入宫,析理谈玄,而松风水梦故在;梅圣俞如关河放溜,瞬息无声;秦少游如时女步春,终伤婉弱;后山如九皋独唳,深林孤芳,冲寂自妍,不求识赏;韩子苍如梨园按乐,排比得伦;吕居仁如散圣安禅,自能奇逸。"如此等等。

  形象比喻的心理实质是感觉、知觉表象。形象比喻的批评从深层机制上说乃是感觉型、经验型的批评。道家、佛家是否定理性的。在他们看来,人类的理性认识和感性认识都不能认识"道",只有超感性和理性的虚静心灵才具有认知"道"的功能。否定理性和感性的实际结果,是造成了整个民族理性思维的薄弱,给人们感性经验的膨胀留下了可乘之机。儒家虽然崇尚理性,但儒家理性乃是一种"实践理性",它与人类的现世生活结合得很紧,并紧密依附于人类的感性经验,对超越人世以外的问题并不感兴趣,也不愿追问。因此,在理性与感性、经验与思辨的关系上,中国古代更重感性、重经验。形象比喻式的文艺批评,可视为中国古代重感性、重经验的思维模式的产物。

  形象比喻的文艺批评,不喜欢对作品作条分缕析,只愿诉说主体对对象的整体感受,所以又是"整体把握"的批评方式。这种方式与佛家"了无分别"的认识方法存有某种渊源关系。佛家的"道"是一个浑圆的整体,是超越形色、离析名言,"不可阶级"的。因而在认识论上,要求主体以"了无分别"的方式对待外物,体认佛道,所谓"智者了无分别,愚者强析名言"。般若学强调的"般若智"就是这种"无分别智"。禅宗把领悟佛道的根本放在体性圆寂、"了无分别"的"妙明真心"上,认为"欲达至道,先悟真心","真心本无念缘,不见边际;本无变动,不见住相;本无所依,不见可执;本无名言,性相假立"(德宝)。可见禅宗所强调的"真心"也是这种"无分别智"。佛家主张以"了无分别"的心灵去观照外物,是为了泯物我,齐万物,一空色,与"整体把握"并不完全等同,但不言而喻,二者是相通的。

形象批评还是一种审美的批评方法,这与中国古代喜欢文饰的传统也有关[1]。人们对于美先天地具有一种喜好和热情。周代各种礼仪规范的繁文缛节,奠定了中国古代"好文"传统的基石。所以孔子说:"郁郁乎文哉!吾从周。"以孔子为代表的儒家则进一步发展了这种倾向。儒家的"礼""乐"都是"好文"的表征。以此看待文学,则是尚"质"而不废"文",甚至从"文"能更好地传"质"的角度好"文"习"文",所谓"不学《诗》,无以言","言之无文,行而不远"。所以中国古代虽以"文"(文学作品)为一切文字著作,而在文学著作中,一以"意"为贵,二以"文"(美)为尚。在坚持表现主体的前提下,文章写得越美,越是受人喜爱。因此,古代批评家在评论作品时使用大量形象比喻以使批评文字变得美些,就很自然了。

(本文载《文艺理论研究》1992 年第 5 期,中国人民大学复印资料《文艺理论》1992 年第 6 期全文转载)

十二、中国现当代文学发展的思想嬗变

"五四"新文学运动标志着中国现代文学的诞生。中华人民共和国的成立标志着中国当代文学的开端。中国现当代文学的发展演变与人文价值理念的变化相生相伴。认识中国现当代文学的发展演变,必须紧扣文学作品内在的价值理念的变化,才能抓住问题的根本。

1928 年,创造社成员成仿吾在"文学革命"论争爆发时期曾发表过一篇名文

---

[1] 中国人的"好文"倾向,在佛经翻译过程中明显体现出来。晋道安《摩诃钵罗若波罗蜜经抄序》指出"译胡为秦有五失本",其中之一是"胡经尚质,秦人好文,传可(适合)众心,非文不合"。佛经反对"绮语"(郗超《奉法要》),"秦人"在翻译时为适应本国人的"好文"习惯而在文字上作了修饰,造成翻译佛经有失本义的情况。在这种分析中,"好文"作为中国人的一大传统,清楚地被揭示出来。

《从文学革命到革命文学》[1]。在这篇文章中,作者肯定了五四"文学革命"的实绩和意义,同时反思了活动主体和意识形态阶级属性的严重问题,结合当时的社会革命现实,提出了告别"五四""文学革命""小资产阶级的恶劣的根性"、与工农大众阶级结合、掌握"辩证法的唯物论"、向"革命文学"转化的发展方向。诚如有研究者指出的那样,"从文学革命到革命文学"是一个"杰出的概括"[2],不过,他"多少辜负了这个好题目"[3],受制于特定的时代环境,分析未必准确与周全,文章并没有做好。今天,当我们分析把握中国现代文艺思想史发展演变的时代特征的时候,借用这篇文章的题目倒十分合适。

"文学革命"是"五四"时期新文学运动的一面旗帜,我这里用来指1915年至1922年之间,即1919年"五四"前后的新文学运动。"革命文学"是1928年至1929年之间文学论争中树立的一面大旗,而这个概念早在1922年至1927年期间就逐渐酝酿,1930年至1936年"左联"活动时期进一步巩固了"无产阶级革命文学"的领导地位。狭义的"革命文学",指1922年到1936年"左联"结束期间共产党人和革命作家倡导的"无产阶级革命文学"。

1937年,全面抗日战争正式爆发。为适应全国抗日民族统一战线的建立,文艺界也形成了民族革命战争的统一战线,由此形成的文化,就是"抗日统一战线的文化"。然而,这种文化仍然是"无产阶级领导的人民大众的反帝反封建的文化","只能由无产阶级的文化思想即共产主义思想去领导"[4]。尽管这时"城市小资产阶级"被视为与工、农、兵一样的参加革命的"人民大众"[5],但革命文艺在为这四种革命阶级服务时决不能站在"小资产阶级的立场上",而"必须站在无产阶级的立场上"[6]。这就是说,先前"无产阶级革命文学"的性质和内涵这时并没有发生改变。正是在这个意义上,毛泽东在1942年《在延安文艺座谈会上的讲话》中继续肯定1927年至1936年十年内战时期的"革命文艺":"革命的文学艺术运动,在十年内战时期有了大的发展。这个运动和当时的革命战争在总的方向上是一致的。"[7]他进一步重申:"革命文艺"是"无产阶级整

---

[1] 该文发表于《创造月刊》第1卷第9期。
[2] 许道明:《中国现代文学批评史新编》,复旦大学出版社2002年版,第73页。
[3] 许道明:《中国现代文学批评史新编》,第73页。
[4] 均见毛泽东:《新民主主义论》,《毛泽东选集》第2卷,人民出版社1991年版,第698页。
[5] 毛泽东:《在延安文艺座谈会上的讲话》,《毛泽东选集》第3卷,人民出版社1991年版,第855页。
[6] 毛泽东:《在延安文艺座谈会上的讲话》,《毛泽东选集》第3卷,第856页。
[7] 毛泽东:《在延安文艺座谈会上的讲话》,《毛泽东选集》第3卷,第848页。

个革命事业的一部分。"〔1〕第三次国内革命战争到中华人民共和国成立,直至"文化大革命"结束的社会主义革命时期,尽管"革命"的内涵有所变化,但"无产阶级革命"的内核没有变,文学的"革命"特色没有变。广义上说,从1922年无产阶级革命文学理论开始酝酿起,到1978年12月中国共产党十一届三中全会之间的文学的根本特征,都可用"革命文学"来概括。

值得回味的是,"革命文学"脱胎于五四"文学革命",延续了五四"文学革命",但又告别了五四"文学革命",其价值取向与五四"文学革命"渐行渐远,分道扬镳,直到1978年改革开放的新时期到来后才展开了回归五四"人的文学"的新的历程。如此,整个中国现当代文学史呈现出"之"字走向,分为三块即可。第一块为1915年至1922年的五四"文学革命"时期,倡导的是"人道主义"和"人的文学",其价值取向包括人性、博爱、自我、个性、民主、自由、艺术自律等。第二块是1922年至1978年的"革命文学"时期,倡导的是"马克思主义"和"无产文学",其价值取向是阶级性、唯物论、集体、人民、遵命、政治工具等。第三块是1978年12月以后的新时期,这是"人的文学"的复归时期,既是对五四"文学革命"的回归,又是对五四"文学革命"的超越。人性、人道、博爱、自我、个性、民主、自由、艺术自律等五四文学革命用以反抗封建〔2〕旧思想、旧文学的价值理念,在中国签署的一系列世界人权公约的开放眼光中,向普适价值谱系方面改造和弘扬。

1. 五四时期的"文学革命"

"革命"一词,源出《尚书》。《尚书》收录的《周书》中有一篇《多士》,当中提到"殷革夏命",这是我们看到的"革命"一词的最早出处。《易经》"革"卦中的《彖》传谓:"汤、武革命,顺乎天而应乎人。""革命"联言,自此始也。《尚书》《易传》所说的"革命","革"指废除、推翻;"命",指国命,即天下、国家的生命、命运。而革除国命的合法理由,即以"有道"伐"无道",以"有德"伐"暴政"。"革命"的法理在此,"革命"的号召力、吸引力、凝聚力亦在此。

《尚书》《易传》中的"革命"思想,在秦始皇统一六国以后建立的两千多年的

---

〔1〕 毛泽东:《在延安文艺座谈会上的讲话》,《毛泽东选集》第3卷,第866页。
〔2〕 封建:这是按照当时约定俗成的说法,其实这个说法与其注入的专制涵义不但不合,而且矛盾。见李慎之、冯天瑜有关著述。

皇权专制主义时代一直讳莫如深。到了19世纪末,资产阶级改良派配合政治改良运动的需要,"革命"一词开始在文学变革中频频亮相。如梁启超、夏曾佑、谭嗣同在戊戌变法前一二年提出"诗界革命"的口号,并试作新诗;戊戌变法失败后,梁启超在日本著《饮冰室诗话》,继续鼓吹"诗界革命"。此外还提出"文界革命"[1]与"小说界革命"[2]。19世纪末至20世纪初,以孙中山为首的资产阶级革命党人开始了推翻封建帝制的资产阶级民主革命。"革命"一词在他们的著作中作为一种政治主张屡屡提及。如仅在题目中提到"革命"的文章,孙中山就有1905年的《中国民主革命之重要》、1911年的《民生主义与社会革命》《社会革命之正道》等,章炳麟就有《驳康有为论革命书》(1903)、《〈革命军〉序》(1903)、《革命之道德》等。这些"革命"的文学主张和政治口号,为五四"文学革命"的倡导提供了思想基础。

鲁迅曾指出:"《新青年》是提倡'文学改良'、后来更进一步而号召'文学革命'的发难者。"[3]而胡适、陈独秀则是五四"文学革命"首倡者。1915年9月15日,《新青年》(第一卷原名《青年杂志》)在上海创刊(1917年1月迁往北京),主编陈独秀为倡导"民主"与"科学",改变中国的愚昧落后状况,赶上欧洲发达国家,发起了反对旧文学、创造新文学的文学运动。1916年10月,远在美国留学的胡适在《寄陈独秀》一信中,向陈独秀遥致敬意,并首次提出了"文学革命"的概念。"文学坠落之因,盖可以'文胜质'一语包之。""今日欲言文学革命,须从八事入手。"1917年1月,他在《新青年》第二卷第五号上发表《文学改良刍议》,将"文学革命"的"八事"称作"文学改良"。1918年4月,在《建设的文学革命论》中,他将"文学改良"的"八事"改称"八不主义",又把"国语(白话)的文学"作为"文学革命"的"唯一宗旨"。在这当中,也就是胡适发表《文学改良刍议》之后的第二个月,陈独秀在1917年2月《新青年》第二卷第六号发表《文学革命论》,提出"文学革命"的"三大主义":"曰:推倒雕琢的、阿谀的贵族文学,建设平易的、抒情的国民文学;曰:推倒陈腐的、铺张的古典文学,建设新鲜的、立诚的写实文学;曰:推倒迂晦的、艰涩的山林文学,建设明了的、通俗的社会文学。"并表示"愿拖四十二生的大炮"为新文学的"革命军""前驱"。陈独秀的这篇文章,明确以"文学革命"为题,是五四"文学革命"运动的标志。在胡适、陈独

---

[1]《夏威夷游记》,1899年著。又名《汗漫录》。
[2] 见1902年11月发表的《论小说与群治之关系》。
[3] 鲁迅:《中国新文学大系·小说二集序》,《鲁迅全集》第6卷,第238页。

秀之外,周作人是五四"文学革命"的另一员主将。1918年底,他在《新青年》上发表《人的文学》,次年3月,又写下了《思想革命》,为新文学运动的内容革命注入了特定内涵。

在胡适、陈独秀、周作人等人的理论倡导下,1920年前后,中国文坛掀起了声势浩大的以新文学取代旧文学的文学革命运动,而鲁迅等人则以鲜明的创作实绩印证了五四"文学革命"的主张。这场"文学革命",大抵以陈独秀主编《新青年》休刊的1922年为下限。

2."无产阶级革命文学"的倡导

五四"文学革命"的主要阵地是《新青年》。1922年7月,《新青年》休刊。1923年6月,《新青年》由月刊改为季刊复刊,原先独立自由的文化刊物自此改变为中国共产党中央委员会的机关刊物,主编也由陈独秀改为瞿秋白。改版的《新青年》出版4期后又休刊。1925年4月再复刊,改为不定期刊物,最终于1926年7月停刊。

陈独秀主编《新青年》的休刊,是对五四新文学运动的沉重打击。鲁迅曾自述当时的感受:《新青年》团体散掉后,自己"成了游勇,布不成阵了,所以技术虽然比先前好一些,思路似较无拘束,而战斗的意气却少得不少"。[1]鲁迅的小说集《彷徨》正写于1924年至1925年间。它表现了鲁迅这个时期苦闷、彷徨、探索的心路历程。

五四运动促进了知识分子与工人阶级相结合,催生了中国共产党。从1921年起,中国共产党开始登上中国现代民主革命的历史舞台。在五四新文化运动告一段落之后,1924年至1927年,第一次国内革命战争开始了如火如荼的行程。1924年,孙中山召集有共产党人参加的国民党第一次全国代表大会,确定联俄、联共、扶助农工三大政策,改组了国民党,实现了国共合作,组织了革命军队。1925年在共产党人领导下先后爆发"五卅"运动和省港大罢工,全国掀起了群众性的民主革命高潮。在工农群众的支持下,国民革命军东征西讨,肃清了广东境内的军阀势力,统一和巩固了广东革命根据地。1926年2月,中共提出了北伐推翻北洋军阀政府的主张。7月1日,广东革命政府发出《北伐宣言》,开始了北伐战争。尽管这场战争最后以蒋介石、汪精卫1927年4月12日和7月15

---

[1] 鲁迅:《自选集自序》,《鲁迅全集》第4卷,第456页。

日发动的军事政变告终,但它沉重打击了帝国主义、封建主义和北洋军阀政府,具有积极的革命意义。

蒋介石发动军事政变后,背叛了孙中山的联共政策,于1930年11月至1933年9月发动了针对共产党的五次围剿。中国共产党率领全国人民开展了十年的反对帝国主义、封建主义及其代理人蒋介石政府的第二次国内革命战争。1927年8月1日,中共举行南昌起义,打响了武装反抗国民党反动派的第一枪。8月7日,中共中央召开紧急会议,结束了陈独秀的投降路线,确定了土地革命和武装起义的方针。随后,中共领导了秋收起义、广州起义和其他许多地方的起义。同年10月,毛泽东率领秋收起义的余部到达井冈山,创立了第一个农村革命根据地。1928年4月,朱德、陈毅等领导的部队也到达井冈山,与毛泽东会师,此后逐渐扩大了革命根据地。1930年11月至1936年10月,中共领导的工农红军粉碎了蒋介石军队的五次军事围剿,完成了二万五千里长征,建立了陕北革命根据地。1935年,面对日本帝国主义侵略华北、民族危机日益深重的局面,中共中央发表《八一宣言》,号召停止内战,一致抗日。1936年12月,西安事变爆发,蒋介石被迫停止内战,联共抗日。1937年7月卢沟桥事变后,国共两党重新合作,全国抗日民族统一战线形成,中国人民开始了八年的抗日战争。

从1922年至1937年第一次、第二次国内革命战争时期,适应反帝、反封建民主革命斗争的需要,"革命文学"走过了酝酿提出到主流话语,再到巩固成熟的历程。

关于"革命文学"的倡导经过,1928年2月,李初梨发表《怎样地建设革命文学》指出:"1926年4月,郭沫若氏曾在《创造月刊》上发表了一篇《革命与文学》的论文。据我所知道,这是在中国文坛上首先倡导革命文学的第一声。自此以后,革命与文学几成为文坛上议论的中心题目……到了一年后的今天,革命文学已完全地成了一个固定的熟语。"李初梨的这个说法并不准确。在郭沫若之前的1924年,恽代英就曾发表过《文学与革命》。"革命文学"是"无产阶级革命文学"的省称,也是"无产阶级文学"的异称。从相关的思想理论来看,"革命文学"思想的提出最早要上推到1922年。

1922年至1927年是"革命文学"逐渐提出的形成期。这时,"革命文学"只是当时文坛众声喧哗中的一种声音。中国共产党的诞生给中国革命和中国文学带来新气象。早在1922年2月,党所领导的社会主义青年团的机关刊物《先驱》就增辟了"革命文艺"栏,陆续发表了若干具有革命鼓动内容的诗歌。同年召开的社会主义青年团第一次全国大会号召团员:"使有技术有学问的人才不为资产阶级服务而为无产阶级服务,并使学术文艺成为无产阶级化。"[1] 1923年6月,中国共产党在重新恢复的《新青年》季刊发表的《新宣言》中,着重分析了当时的社会思潮和文学思潮,指出:"现时中国文学思想——资产阶级的'诗思',往往有颓废派的倾向",中国革命运动和文学运动"非劳动阶级为之指导,不能成就"。这些可以说是早期共产党人提倡"革命文学"的先声。1923年起,早期中国共产党人在马克思主义阶级斗争和无产阶级革命学说指导之下,呼吁作家投身革命,用文学为革命事业服务。邓中夏1923年12月在《中国青年》第10期发表《贡献于新诗人之前》,要求"新诗人"必须"以文学为工具""从事革命活动"。1924年5月恽代英在《中国青年》第31期发表《文学与革命》,要求青年人"投身于革命事业","培养""革命的感情","产生""革命的文学","做一个革命文学家"。1924年11月6日沈泽民在上海《国民日报》发表《文学与革命的文学》,从唯物论的反映论出发指出:创造"革命的文学",光有"革命思想"还不行,重要的是必须有革命的生活,"现代的革命的泉源是在无产阶级里面,不走到这个阶级里面去,决不能交通他们的情绪生活,决不能产生革命的文学"。"革命的文学家若不曾亲身参加过工人罢工的运动,若不曾亲自尝过牢狱的滋味,亲自受过官厅的迫逐,不曾和满身泥污的工人和农人同睡过一间小屋子,同做过吃力的工作,同受过雇主和工头的鞭打斥骂,他决不能了解无产阶级的每一种潜在的情绪,决不配创造革命的文学。"1925年1月1日,蒋光慈在《民国日报》发表《现代中国社会与革命文学》(署名光赤),将五四文学革命以来除郭沫若以外的所有作家,如叶绍钧、冰心、郁达夫等都作了批判,呼唤"伟大的、反抗的、革命的文学家"的诞生。与此同时,第一次国内革命战争推动了许多作家从五四资产阶级文学革命向无产阶级文学革命的转化。如以"绝端的自由"姿态投身五四文学运动的郭沫若从1923年5月在《创造周报》第3号发表《我们的文学新运动》起,便开始了告别五四的180度的大转弯。在这篇宣言中,他批判说:"四五年前的白话文革命,在破了的絮袄上虽打上了几个补绽,在污了的粉壁上虽然涂上了一层白垩,但是里面的内容依然是败絮,依然是粪土。Bourgeois(资产阶级——引者)的根性,在那些提倡者与附和者之中是植根太深了,我们要把恶根性和盘推翻,要把那败絮烧成灰烬,把那粪土消灭于无形。""我们的运动要

---

[1]《中国社会主义青年团与中国各团体的关系之议决案》,《先驱》第8期,1922年5月。

在文学之中爆发出无产阶级的精神。"1926 年 5 月 1 日,郭沫若在《洪水》半月刊第 2 卷第 16 期发表《文艺家的觉悟》,强调"我们现在所需要的文艺……在形式上是现实主义的,在内容上是社会主义的"。又在 1926 年 5 月 16 日《创造月刊》第 1 卷第 3 期发表《革命与文学》,提出"我们所要求的文学是表同情于无产阶级的社会主义的写实主义的文学"。以无政府主义和唯艺术论加入五四的郁达夫也不能不受影响地发出了"文学上的阶级斗争"[1]的声音,呼吁世界上"无产阶级"团结起来,开展对"有产阶级"的斗争。五四时期以历史进化论和"为人生"的主张领导文学研究会的沈雁冰在 1925 年"五卅"运动爆发的第二天,就在《文学周报》连载《论无产阶级艺术》长文,提出"无产阶级艺术"这一概念,并对其内涵做了详细阐述。这标志着他思想立场的转变。以"个体精神独立"参加五四并在创作上取得重要实绩的鲁迅也从 1927 年起向无产阶级文学革命转变。1927 年 4 月 8 日,鲁迅在黄埔军官学校作了《革命时代的文学》的演讲,指出:"为革命起见,要有'革命人','革命文学'倒无须急急,革命人做出东西来,才是革命文学。所以,我想:革命,倒是与文章有关系的。"[2]1927 年 10 月 21 日在《民众旬刊》发表的《革命文学》一文中,鲁迅又一次重申了同样的思想:"我以为根本问题是在作者可是一个'革命人',倘是的,则无论写的是什么事件,用的是什么材料,即都是'革命文学'。"

1928 年至 1929 年,是"革命文学"论争爆发期。仅 1928 年一年,在 130 种报刊上发表的讨论文章就达 300 余篇。这场文学论争,是适应北伐革命失败,无产阶级及其先锋队中国共产党领导工农大众反抗国民党专制政府的新的革命形势需要产生的。它体现了无产阶级领导的民主革命对文学艺术提出的新的要求。论争主要集中在"革命文学"队伍内部。倡导"革命文学"的主体是创造社、太阳社成员。郭沫若、成仿吾、冯乃超、李初梨和蒋光慈、钱杏邨是其中的主要代表。郭沫若的《英雄树》[3]、《桌子的跳舞》[4]、成仿吾的《从文学革命到革命文学》[5]、冯乃超的《艺术与社会生活》[6]、蒋光慈的《关于革命文学》[7]、李初梨

---

[1]《文学上的阶级斗争》,《创造周报》第 3 号,1923 年 5 月 27 日。
[2]《黄埔生活》周刊第 4 期,1927 年 6 月 12 日。
[3]《英雄树》,《创造月刊》第 1 卷第 8 期,1928 年 1 月,署名麦克昂。
[4]《桌子的跳舞》,《创造月刊》第 1 卷第 11 期,1928 年 5 月 1 日,署名麦克昂。
[5]《从文学革命到革命文学》,《创造月刊》第 1 卷第 9 期,1928 年 2 月。
[6]《艺术与社会生活》,《文化批判》创刊号,1928 年 1 月 15 日。
[7]《关于革命文学》,《太阳》月刊第 2 期,1928 年 2 月。

的《怎样建设革命文学》[1]、钱杏邨《死去了的阿Q时代》[2]是他们的代表作。他们对同样认同"革命文学",但观点、倾向有异的鲁迅、茅盾、叶圣陶、郁达夫等人发起攻击[3]。如鲁迅被批判为"封建余孽","对于社会主义是二重的反革命"[4]。茅盾被批判为"小资产阶级文艺理论"的代表[5]。而鲁迅、茅盾等人也撰文参与论争,发表了《"醉眼"中的朦胧》(1928年3月12日《语丝》第4卷第11期)、《文艺与革命》(1928年4月16日《语丝》第4卷第16期)、《我们的态度气量和年纪》(1928年5月《语丝》第4卷第19期)、《文学的阶级性》(1928年8月20日《语丝》第4卷第34期)和《读〈倪焕之〉》(1929年5月《文学周报》第8卷第20期)。与此同时,"革命文学"论者还与外部主张文学表现人性的"新月派"展开了论争。"新月派"代表梁实秋依据五四时期周作人"人的文学"的观念,发表《文学与革命》(1928年6月10日《新月》第1卷第4号)、《文学是有阶级性的吗?》(1929年9月10日《新月》第2卷第6、7号合刊),否认"革命文学"和"无产阶级文学"的提法。冯乃超发表《冷静的头脑——评驳梁实秋的〈文学与革命〉》(1928年8月10日《创造月刊》第2卷第1期)、《阶级社会的艺术》(1930年2月10日《拓荒者》第1卷第2期),鲁迅发表《新月社批评家的任务》(1930年1月1日《萌芽月刊》第1卷第1期)、《"硬译"与"文学的阶级性"》(1930年3月1日《萌芽月刊》第1卷第3期)、《"丧家的""资本家的乏走狗"》(写于1930年4月9日)等加以批驳。在坚持文学的阶级性和无产文学、革命文学这些关键点上,鲁迅和创造社的文学革命论者表现出高度的一致性。

1930年至1936年"左联"活动时期是"革命文学"论争的继续和"革命文学"思想深入人心、成为共识的时期。正因为持续了一年多的"革命文学"内部论争究其实乃属大同小异,1929年秋,中国共产党指示原创造社、太阳社成员与鲁迅及在鲁迅影响下的作家联合起来,成立革命作家的统一组织,并指定创造社

---

[1] 《怎样建设革命文学》,《文化批判》第2号,1928年2月。
[2] 《死去了的阿Q时代》,《太阳》月刊3月号,1928年3月;《我们》月刊创刊号,1928年5月。
[3] 冯乃超发表于《文化批判》创刊号(1928年1月15日)上的《艺术与社会生活》首先点名批评叶圣陶、鲁迅、郁达夫。3月,钱杏邨发表《死去了的阿Q时代》;8月,郭沫若化名杜荃发表《文艺战线上的封建余孽》,批判鲁迅。
[4] 杜荃(郭沫若):《文艺战线上的封建余孽》,《创造月刊》第2卷第1期,1928年8月10日。
[5] 克兴:《小资产阶级文艺理论之谬误——评茅盾君底〈从牯岭到东京〉》,《创造月刊》第2卷第5期,1928年12月10日。

的冯乃超、与太阳社关系较好的沈端先(夏衍),以及与鲁迅关系密切的冯雪峰筹备这一工作。1930年2月16日,鲁迅、蒋光慈、冯乃超、冯雪峰、沈端先、钱杏邨等十二人成立筹备委员会,1930年3月2日,中国左翼作家联盟在上海成立。鲁迅、冯乃超、沈端先、钱杏邨等七人被选为常务委员。稍后,茅盾也回国参加左联工作。1936年初,为了建立文艺界抗日民族统一战线,左联自动解散。左联是"中国无产阶级的文学运动的全国性的统一机关"[1]。它自觉以"文学领域上的革命斗争"配合"无产阶级解放斗争运动"[2],明确宣称左联的文学活动就是"中国无产阶级革命文学"活动[3]。于是,"无产阶级革命文学"成为这个时期中国文艺界的基本命题。鲁迅曾在1931年指出:"现在,在中国,无产阶级的革命的文艺运动,其实就是惟一的文艺运动。"[4]在此期间,"自由人"、"第三种人"以及政府文人"民族主义文学"论者曾从不同方面对"革命文学"提出责难,左联的革命文学家在论争中继续捍卫着"革命文学"的理念,进一步巩固了它在文坛的强势地位。

从1922年到1936年期间"革命文学"的提出、爆发和巩固,奠定了后世很长时期内中国文学的特征。抗日战争、解放战争和建国后毛泽东领导的社会主义时期,尽管民族民主革命的内容、对象、任务发生了变化,但文学是无产阶级革命事业一部分,必须为革命事业服务这一基本定位不变。从广义上说,从1922年中国共产党所领导的社会主义青年团的机关刊物《先驱》增辟"革命文艺"栏开始到1978年12月中共十一届三中全会以前的这段时期的文学,都可称之为"革命文学"。

3. 从"文学革命"到"革命文学"的价值转向

无论五四"文学革命",还是后来的"革命文学",都是政治革命在文学领域的反映。要分析二者的异同,首先必须联系它们所服务的政治革命的异同来看。

五四运动开始是一场反封建的思想启蒙运动,后来演变为一场反帝爱国运

---

[1] 冯乃超:《中国无产阶级文学运动及左联产生之历史的意义》,《萌芽月刊》第1卷第6期,1930年6月1日。
[2] 冯乃超:《中国无产阶级文学运动及左联产生之历史的意义》,《萌芽月刊》第1卷第6期,1930年6月1日。
[3] 鲁迅:《中国无产阶级革命文学和前驱的血》,《前哨》第1卷第1期,1931年4月25日。
[4] 鲁迅:《黑暗中国的文艺界的现状——为美国〈新群众〉作》,1931年4、5月间美国《新群众》。

动。从政治性质上看,五四新文化运动"不过是中国反帝反封建的资产阶级民主革命的一种表现形式"[1]。五四运动用以反帝反封建的思想武器,是西方资本主义社会资产阶级"民主"与"科学"为核心的价值理念。不过,这场资产阶级民主革命不同于孙中山领导的辛亥革命。按毛泽东的说法,那属旧民主义革命范畴。五四运动由于促进了学生运动与工人运动、知识分子与工人阶级的结合,催生了中国共产党,中国无产阶级作为独立的政治力量登上历史舞台,中国资产阶级民主革命从此出现了新气象,因而五四以后的中国资产阶级革命,属于新民主主义革命范畴。五四革命,就成为中国新民主主义革命的开端。五四文学革命作为新民主主义革命的重要一翼,自然属于资产阶级民主革命。

"在五四运动以后……中国资产阶级民主革命的政治指导者,已经不是属于中国资产阶级,而是属于中国无产阶级了。这时,中国无产阶级,由于自己的长成和俄国革命的影响,已经迅速地变成了一个觉悟了的独立的政治力量了。"[2]中国无产阶级及其组织代表中国共产党不仅参与了第一次国内革命战争,而且从第二次国内革命战争开始,承担起领导资产阶级新民主主义革命的使命。五四以后的资产阶级民主革命与五四民主革命是属反帝反封建的资产阶级革命范畴,依附于其上的"革命文学"运动亦当如斯。因此,无产阶级领导的新民主主义革命及无产阶级革命文学运动理当对五四运动及其文学革命有更多的肯定。在这个意义上,毛泽东在《新民主主义论》中肯定五四运动:"五四运动的杰出的历史意义,在于它带着辛亥革命还不曾有的姿态,这就是彻底地不妥协地反帝国主义和彻底地不妥协地反封建主义。""五四运动所进行的文化革命则是彻底地反对封建文化的运动,自有中国历史以来,还没有过这样伟大而彻底的文化革命。当时以反对旧道德提倡新道德、反对旧文学提倡新文学为文化革命的两大旗帜,立下了伟大的功劳。"出于同一机杼,李希凡在五四运动八十周年之际发表文章肯定五四文学革命的历史意义:"从'五四'的文学革命,到三十年代的左翼文学运动,到四十年代的文艺为工农兵服务,到今天的文艺的'二为'方向,尽管时代已经不同,文学的审美追求也有了很大的改变,但是,与人民同呼吸共命运,却始终是中国现代文学继承和发展'五四'的优秀传统。"[3]无产阶级

---

〔1〕 毛泽东:《五四运动》,《毛泽东选集》第二卷,人民出版社1991年版,第558页。
〔2〕 毛泽东:《新民主主义论》,《毛泽东选集》第二卷,第672页。
〔3〕 李希凡:《"五四"文学革命的伟大历史意义》,《人民日报》1999年4月24日。

"革命文学"的倡导者往往是五四"文学革命"的参加者,后来虽然"革命"的外延有所变化,但"革命"的方式、手段没变;"文学革命"倡导"平民文学"[1],"革命文学"也倡导"大众文学";"文学革命"倡导白话文,"革命文学"也保留了白话文体,并强调通俗易懂、群众喜闻乐见的文学形式。在这些方面,二者确实显示了某种相似性。

然而,我要特别强调指出的是,"文学革命"与"革命文学"这种表面的相似其实掩盖了实质的巨大不同。这实质的巨大不同根本就在于"无产阶级领导的资产阶级民主革命"当成了"无产阶级革命",进而把资产阶级和小资产阶级这些革命的同盟者当作革命对象,由此产生了以"社会主义"反对"资本主义"、以"马克思主义"反对"人道主义"、以"阶级论"反对"人性论"、以"无产文学"取代"人的文学"、以唯物论批判唯心论、以集体主义批判个人主义、以人民文学取代个性文学、以遵命文学取代自由文学、以政治工具论取消艺术自律论等一系列的差异。而这些差异,早在狭义的"革命文学"对五四"文学革命"的批判中就有明确表现。

4. 从"资产阶级革命"到"无产阶级革命"

毫无疑问,五四运动是一场资产阶级民主革命运动。毛泽东1939年所作的《五四运动》中对此作过定性。作为反抗几千年中国封建专制社会"奴隶道德"的资产阶级民主革命,它自有其进步的历史意义。不只五四运动是如此,此后直至1949年新中国成立前的中国民主革命都是如此。1939年5月4日,毛泽东在《青年运动的方向》中指出:"我们现在干的是什么革命呢?我们现在干的是资产阶级性的民主主义革命,我们所做的一切,不超过资产阶级民主革命的范围。现在还不应该破坏一般资产阶级私有财产制,要破坏的是帝国主义和封建主义,这就叫做资产阶级性的民主革命。"[2]这是由中国历史没有经历过资本主义社会的事实决定的。不过,到了"革命文学"倡导时期,由于对社会形势和革命性质的误判,即将无产阶级参加或领导的资产阶级民主革命当作无产阶级性质的革命,将当时的民主革命视为十月革命后世界无产阶级社会主义革

---

[1] 周作人:《平民文学》,《艺术与生活》1918年12月20日。
[2] 《毛泽东选集》第二卷,第563页。

命的一部分[1]，"革命文学"也被等同于"无产阶级文学"[2]，于是五四文学革命的"资产阶级""小资产阶级""资本主义"的属性被当作罪状受到猛烈攻击。"赛先生"（科学）、"德先生"（民主）本是《新青年》树立的两面激动人心的旗帜，这时被指责为"资本主义意识的代表"[3]。创造社在五四时期以狂飙突进的姿态登上历史舞台，这时连他们自己也反省说："创造社是代表着小资产阶级的革命的'印贴利更追亚'（Intelligentsia，知识阶级——引者）。浪漫主义与感伤主义都是小资产阶级特有的根性。"[4]"其实他们所演的角色在《创造》季刊时代或《创造周报》时代，百分之八十以上仍然是在替资产阶级做喉舌。"[5]他们甚至宣称："我们的目的是要消灭布尔乔亚阶级（资产阶级），乃至消灭阶级的，这点便是普罗列塔利亚（无产阶级）文艺的精神。"[6]左联成立时在理论纲领中明确声明："我们的艺术是反封建阶级的，反资产阶级的。"[7]正是从"无产阶级革命文学"对五四文学革命"资产阶级"、"小资产阶级"属性的否定出发，"革命文学"运动开展了对"人道""博爱""自我""个性""自由""为艺术而艺术"等五四文学追求的全面批判，因为这些思想据说都是"资产阶级"或"小资产阶级"的。1942年，毛泽东《在延安文艺座谈会上的讲话》中说的一段话颇能点明"革命文学"的这一转捩："对于无产阶级文艺家"，"要破坏那些封建的、资产阶级的、小资产阶级的、自由主义的、个人主义的、虚无主义的、为艺术而艺术的、贵族式的、颓废的、悲观的以及其他种种非人民大众非无产阶级的创作情绪"[8]。"资产阶级"是如此可怕，以至于当时的文学作品一涉及"小资产阶级"的情绪和生活，"便罪同反革命"[9]。

---

〔1〕 如成仿吾《从文学革命到革命文学》："资本主义已经发展到了最后的阶段（帝国主义），全人类社会的改革已经来到目前。在整个资本主义与封建势力二重压迫下的我们，也已曳着跛脚开始了我们的国民革命。""要明白我们的社会发展的现阶段，必须从事近代资产阶级社会全部合理的批判。"

〔2〕 李初梨：《怎样地建设革命文学》，"现在的革命文学必然的是无产阶级文学"《文化批判》第2号，1928年2月。

〔3〕 李初梨：《怎样地建设革命文学》，《文化批判》第2号，1928年2月。

〔4〕 成仿吾：《从文学革命到革命文学》，《创造月刊》第1卷第9期，1928年2月1日，1923年11月16日写。

〔5〕 麦克昂（郭沫若）：《文学革命之回顾》，《文艺讲座》第1册，1930年4月10日。

〔6〕 麦克昂（郭沫若）：《桌子的跳舞》，《创造月刊》第1卷第11期，1928年5月1日。

〔7〕 《中国左翼作家联盟的成立》，《拓荒者》第1卷第3期，1930年3月10日。

〔8〕 《毛泽东选集》第三卷，人民出版社1991年版，第874页。

〔9〕 茅盾《从牯岭到东京》："现在差不多有这样一种倾向：你做一篇小说为劳苦群众的工农诉苦，那就不问如何，大家齐声称你是革命作家；假如你为小资产阶级诉苦，便罪同反革命……几乎全国十分之六是属于小资产阶级的中国，然而它的文坛上没有表现小资产阶级的作品，这不能不说是怪现象吧。"《小说月报》第19期第10号，1928年10月10日。

5. 从"人道主义"到"马克思主义"

作为反封建的资产阶级民主革命,五四运动所运用的主要思想武器是"人道主义"。新文化运动的代表蔡元培指出:"人道主义"又称"博爱主义"[1],是"人性所固有","人心所自然","夫人类共同之鹄的,为今日所堪公认者,不外乎人道主义"[2]。以此观照文学,周作人提出了"人的文学"概念。"人的文学"实质上"希望从文学上起首,提倡一点人道主义思想"。"用这人道主义为本,对于人生诸问题,加以记录研究的文字,便谓之人的文学。"[3] 1935 年,朱自清在《〈新中国文学大系·诗集〉导言》中评价"周氏提倡人道主义的文学":这是"时代的声音","至今还为新诗特色之一"。

不过,五四"文学革命"给文学注入的"人道主义",在后来的"无产阶级革命文学"运动中则遭到扬弃。周扬将"对于被压迫者"的"同情"指责为"浅薄的人道主义"[4]。洪深把"人道主义"作为与"封建道德"等并列的东西加以批判[5]。冯雪峰在一篇为"反顾人道主义"的鲁迅辩护的文章《革命与智识阶级》中指出:当时的文学革命"抛弃了人道主义"。[6] 代之而起的是什么呢? 是"马克思主义"。马克思主义的世界观和方法论是辩证唯物论,社会理想是建立社会主义。李初梨在《怎样地建设革命文学》中以马克思主义关于社会存在决定社会意识的原理考察中国文学革命的发展历程,认为时代发展到 1928 年,社会状况发生了很大变化,"中国一般大众的激增","中国阶级的贫困化"推动了作家的革命要求,促进了"无产阶级文学"的诞生和"革命文学"的倡导。作家只有"牢牢地把握着无产阶级的世界观……即战斗的唯物论,唯物的辩证法",才可以创造出无产阶级"革命文学"来。郭沫若认为,"资本主义对于社会主义是反革命"[7],因此,"我们现在所需要的文艺……在形式上是现实主义的,在内容上是社会主义的。除此以外的文艺都已经是过去的了"[8]。"我们所要求的文

---

[1] 《华法教育会之意趣》,《蔡元培全集》第 2 卷,中华书局 1984 年版,第 130 页。
[2] 《哲学大纲·美学观念》,《蔡元培全集》第 2 卷,第 379 页。
[3] 周作人:《人的文学》,《新青年》第 5 卷第 6 号,1918 年 12 月 15 日。
[4] 起应:《关于文学大众化》,《北斗》第 2 卷第 3、4 期合刊,1932 年 7 月。
[5] 《电影戏剧编剧的方法·为什么写剧》。
[6] 《无轨列车》第 2 期,1928 年 9 月 25 日。
[7] 化名杜荃:《文艺战线上的封建余孽》,《创造月刊》第 2 卷第 1 期,1928 年 8 月。
[8] 郭沫若:《文艺家的觉悟》,《洪水》半月刊第 2 卷第 16 期,1926 年 5 月。

学是表同情与无产阶级的社会主义的写实主义的文学。"[1]"无产阶级的文艺是倾向社会主义的文艺。我说'倾向'！——因为社会主义还没有实现,所以才有阶级；因为要求社会主义的实现,所以才巩固无产阶级的大本营以鼓动革命。"[2]左联的共同特点是："马克思主义唯物史观,尤其是其中的阶级论观点在他们是最活跃的思想。"[3]鉴于马克思主义对革命文学的指导作用,左联在理论纲领中强调"确立马克思主义的艺术理论及批评理论",成立了"马克思主义文艺理论研究会",后来相继出版了马克思主义文艺理论丛书。1932年9月左联改组后,又把"指导翻译国际普洛（无产——引者）文学作品及文艺理论书籍论文"作为其下属"国际联络委员会"的重要工作之一[4],要求其机关杂志《文学》"负起建立中国马克思列宁主义的文艺理论的任务"[5]。在这种理论的指导下,"社会主义现实主义"的创作方法观念也被提出来。[6]

6. 从"人性论"到"阶级论",从"人的文学"到"无产文学"

鲁迅在回忆五四文学革命的指导思想时指出："最初,文学革命者的要求是人性的解放。"[7]

1918年底,周作人在《新青年》发表《人的文学》一文,提出"人的文学"口号。这个"人",不是阶级的"人",而是普遍的"人"类的"人"。他说："我们要说人的文学,须得先将这个人字,略加说明。我们所说的人……乃是说,'从动物进化的人类'。其中有两个要点,（一）'从动物'进化的,（二）从动物'进化'的。"由于人是"从动物"进化的,所以,即便是"人",他身上仍然保留着"动物性",或者说,"兽性"是"人性"的一部分,有权利得到满足："我们承认人是一种生物。他的生活现象,与别的动物并无不同,所以我们相信人的一切生活本能,都是美的善的,应得完全满足。凡有违反人性不自然的习惯制度,都应该排斥改正。"但是同时,我们又要看到,人是从动物"进化"的,他应当有高于动物、比动

---

[1] 郭沫若：《革命与文学》,《创造月刊》第1卷第3期,1926年5月16日。
[2] 麦克昂（郭沫若）：《英雄树》,《创造月刊》第1卷第8期,1928年1月。
[3] 许道明：《中国现代文学批评史新编》,复旦大学出版社2002年版,第122页。
[4] 《关于左联改组的决议》,《秘书处消息》第1期。
[5] 《关于左联理论指导机关杂志〈文学〉的决议》,《秘书处消息》第1期。
[6] 周起应（周扬）：《关于"社会主义的现实主义与革命的浪漫主义"》,《文学》第6卷第1号,1936年1月1日。
[7] 《且介亭杂文·〈草鞋脚〉小引》。

物进步的地方:"人是一种从动物进化的生物。他的内面生活,比别的动物更为复杂高深,而且逐渐向上,有能够改造生活的力量。所以我们相信人类以动物的生活为生存的基础,而其内面生活,却渐与动物相远,终能达到高尚和平的境地。"人高于动物的地方是什么呢? 就是人的"灵性""神性"。于是,"人的灵肉二重的生活",才是人的完整生活;"兽性与神性,合起来便只是人性";"人类正当生活,便是这灵肉一致的生活"。由此看来,单独满足人的"兽性"欲求而置人的"灵性"法则于不顾,或仅从"神性"出发扼杀人的"兽性"欲望,都是对"人性"的肢解。所以说:"凡兽性的余留,与古代礼法可以阻碍人性向上的发展者,也都应该排斥改正。"在周作人看来,中国古代的"人性观"恰好是处于分裂状态的:"古人的思想,以为人性有灵肉二元,同时并存,永相冲突。肉的一面,是兽性的遗传;灵的一面,是神性的发端。人生的目的,便偏重在发展这神性;其手段,便在灭了体质以救灵魂。所以古来宗教,大都厉行禁欲主义,有种种苦行,抵制人类的本能。一方面却别有不顾灵魂的快乐派,只愿'死便埋我'。其实两者都是趋于极端,不能说是人的正当生活。""人性"不则是"兽性"与"神性"的合一,而且是"利己"与"利他"的合一。在1920年1月《新文学的要求》的演讲中,周作人将"人的文学"表述为:"这文学是人性的,不是兽性的,也不是神性的。"周作人提出"人的文学",旨在批判和取代替封建专制社会中"非人的文学"。在他看来,"中国文学中,人的文学本极少。"首先,"从儒教道教出来的文章,几乎都不合格。"其次,"单从纯文学上"来看,中国古代文学不出"色情狂的淫书类"、"迷信的鬼神书类""神仙书类""妖怪书类""奴隶书类""强盗书类""才子佳人书类""下等谐谑书类""黑幕类"十类。"这几类全是妨碍人性的生长,破坏人类的平和的东西,统应该排斥。"[1]

  用解放人性的观点创作"人的文学",对过去"非人的文学"实行思想内容的"革命",是五四新文学运动的另一特色。鲁迅在1918年发表的《狂人日记》中曾痛斥中国历史的"吃人"本质。胡适1922年为《申报》五十周年纪念刊撰写的《五十年来之中国文学》考察五四新文学以来的创作,指出"大凡文学有两个主要分子",其中之一便是"要有人"。1935年,胡适在《〈中国新文学大系·建设理论集〉导言》中指出:"新文学运动只有两个主要的理论",其中之一是"要做'人的'文学"。1928年,在大力倡导"无产阶级革命文学"的时候,梁实秋等人

---

[1] 以上引文均见《人的文学》,《周作人文类编》卷二,湖南文艺出版社1998年版,第33页。

创立《新月》月刊,进一步宣扬周作人"人的文学"观。在 1928 年出版的评论集《文学的纪律》中,他指出文学"发于人性,基于人性,亦止于人性",文学的作用在于"表示出普遍固定之人性"。在《文学与革命》一文中,他指出:"'革命的文学'这个名词根本的就不能成立。""伟大的文学乃是基于固定的普遍的人性,从人心深处流出来的情思才是好的文学,文学难得的是忠实——忠于人性,至于与当时的时代潮流发生怎样的关系,是受时代的影响,还是影响到时代,是与革命理论结合,还是为传统思想所拘束,满不相干,对于文学的价值不发生关系。因为人性是测量文学的唯一标准。"[1]

马克思主义是以唯物史观观照社会的。以唯物史观观照社会的结果,是经济基础决定上层建筑和意识形态,人划分为阶级,具有阶级属性。以此为指导的"革命文学"自然对五四倡导的超阶级的人性论和"人的文学"持否定态度。他们指出:"文艺是有阶级性的。"[2]"艺术是阶级对立的强有力的工具。"[3]"阶级社会里底艺术,都是阶级艺术",把艺术视为"超然于社会斗争、社会意识之上",是"有闲阶级的艺术论"[4]。"所谓为全人类的文艺就是不革命甚至反革命的文艺。"[5]"'五四'是中国资产阶级争取政权时对于封建势力的一种意识形态的斗争……无产阶级的崛起,时代走上了新的机遇,'五四'埋葬在坟墓里了。"[6]"五四时期的反对封建礼教斗争只限于知识分子,这是一个资产阶级的自由主义启蒙主义的文艺运动。我们要有一个'无产阶级的五四'。"[7]在"革命文学"者看来,"人性论""人的文学"不过是五四"资产阶级启蒙主义文艺运动"的口号,"革命文学"运动就是要把"资产阶级"的五四变为"无产阶级的五四",其中,将"人的文学"改变为"无产文学"是一项重要标志。李初梨《怎样地建设革命文学》集中表述了他"关于无产文艺的意见"。所谓"无产文学",即"无产阶级文学"的略称。他总结了各国无产阶级文学的历史和样式,呼唤"讽刺的无产文学""暴露的无产文学""鼓动的无产文学""教导的无产文学"。在"革命文学"论争关于文艺"阶级性"的论争中,鲁迅发表了大量文章,影响很大,值得

---

[1]《文学与革命》,《新月》第 1 卷第 4 号,1928 年 6 月。
[2] 钱杏邨:《批评的建设》,《太阳月刊》第 5 期。
[3] 李初梨:《普罗列塔利亚文艺批评标准》,《我们》第 2 期。
[4] 忻启介:《无产阶级艺术论》,《流沙》第 4 期。
[5] 麦克昂(郭沫若):《桌子的跳舞》,《创造月刊》第 2 卷第 1 期,1928 年 8 月。
[6] 茅盾:《"五四"运动的检讨》,《前哨》第 1 卷第 2 期。
[7] 瞿秋白:《普洛大众文艺的现实问题》。

特别关注。鲁迅早期是一个进化论者。以进化论的观点看人性,他更多地看到人区别于动物的类的属性,即普遍人性、共同人性。经历了1928年前后的"革命文学"论争,他逐渐转化为一个阶级论者。在与梁实秋的论争中,他指出:"文学不借人,也无以表示性。一用人,而且还在阶级社会里,断不能免掉所属的阶级性,无须加以束缚,实乃出于必然。自然,喜怒哀乐人之情也。然而穷人绝无开交易所折本的懊恼,煤油大王那会知道北京拣煤渣老婆子身受的酸辛,饥区的灾民,大约总不去种兰花,像阔人的老太爷一样,贾府上的焦大,也不爱林妹妹的。""倘说,因为我们是人,所以以表现人性为限,那么,无产者就因为是无产阶级,所以要做无产文学。"[1]在与"第三种人"苏汶的论争中,鲁迅指出:"生在有阶级的社会里而要做超阶级的作家……恰如用自己的手拔着头发,要离开地球一样。"[2]在《对于左翼作家联盟的意见》中,他更是明确地宣称:"无产阶级文学,是无产阶级解放斗争的一翼,它跟着无产阶级的社会的势力的成长而成长。"[3]不过,鲁迅不赞成主张普遍人性的梁实秋,也不赞成把阶级性推向极端的"革命文学"论者。在《文学的阶级性》一文中,鲁迅指出:"若据性格情感等,都受'支配于经济'之说,则这些就一定都带着阶级性。但是'都带',而非'只有'。所以不相信有一切超乎阶级、文章如日月的永久的大文豪,也不相信住洋房、喝咖啡,却道'唯我把握了无产阶级意识,所以我是真的无产者'的革命文学者。"[4]鲁迅的文学"都带"阶级性,后来变成"只有"阶级性被毛泽东加以继承发展。1942年,毛泽东《在延安文艺座谈会上的讲话》中明确将"人性论"和"人类之爱"作为"糊涂观念"加以批判:"有没有人性这种东西?当然有的。但是只有具体的人性,没有抽象的人性。在阶级社会里就是只有带着阶级性的人性,而没有什么超阶级的人性。"[5]"就说爱吧,在阶级社会里,也只有阶级的爱。"[6]"世上决没有无缘无故的爱,也没有无缘无故的恨。至于所谓'人类之爱',自从人类分化成为阶级以后,就没有过这种统一的爱。"[7]在批判超阶级的"人性论"的基础上,毛泽东提出了"无产阶级文艺"的主张:"文艺是为地主阶级的,这

---

[1] 《"硬译"与"文学的阶级性"》,《萌芽》第1卷第3期。
[2] 《论"第三种人"》,《现代》第2卷第1期,1923年11月。
[3] 《二心集》,《鲁迅全集》第4卷,第236页。
[4] 《语丝》第4卷第34期,1928年8月。
[5] 《毛泽东选集》第三卷,人民出版社1991年版,第870页。
[6] 《毛泽东选集》第三卷,人民出版社1991年版,,第852页。
[7] 《毛泽东选集》第三卷,人民出版社1991年版,第871页。

是封建主义的文艺。中国封建时代统治阶级的文学艺术,就是这种东西。直到今天,这种文艺在中国还有颇大的势力。文艺是为资产阶级的,这是资产阶级的文艺。像鲁迅所批评的梁实秋一类人,他们虽然在口头上提出什么文艺是超阶级的,但是他们在实际上是主张资产阶级的文艺,反对无产阶级的文艺的。"[1]"我们的文学艺术,首先是为工农兵的,为工农兵而创作,为工农兵所利用的。"[2]毛泽东的这一主张,后来被贯彻到抗日战争、解放战争和社会主义时期的"革命文学"创作中。

7. 从"唯心论"到"唯物论"、从"浪漫主义"到"现实主义"

五四"文学革命"为了冲决封建罗网,强调文学表现"自我",从而带有浓重的主观唯心主义倾向和浪漫主义色彩。创造社是重要代表。"他们当时文学上的标语,是'内心的要求','自我的表现'。"[3]郭沫若在《创造者》一诗中甚至称诗人是开天辟地的盘古:"本体就是他,上帝就是他,/他在无极之先,/他在感官之外,/他在他的自身,/创造个光明的世界。"主体自我不仅是文学创作的来源,也是世界宇宙的本体。他不赞成文学是现实反映的"再现论",认为文学模仿自然无异于做"自然的儿子",认为文学应重在"自我表现",重在能动"创造",做"自然的老子"[4]。田汉认为,"自己表现的冲动才是艺术的真正起源","诗人是自己的情感之音乐的表现者"[5]。成仿吾在《新文学的使命》中说:"文学上的创作,本来是出自内心的要求,原不必有什么预定的目的。""我们最是把内心的自然的要求作它的原动力。"[6]与推崇主体心灵在文学创作中的能动创造作用相应,"浪漫主义"创作方法也受到崇尚。"创造社批评家的趋赴浪漫主义正是体现了这种特征。"[7]不仅创造社成员如此,整个"五四","说它是一个浪漫主义的时代也不为过。《新青年》批评家几乎没有一个人对浪漫主义不抱好感的,特别当他们年轻的时候。联系个性解放的思潮,清末民初的鲁迅和新文学运动时期的陈独秀的言论,都有相当浓重的浪漫主义倾向。连笃实沉厚

---

[1] 《毛泽东选集》第三卷,人民出版社1991年版,第855页。
[2] 《毛泽东选集》第三卷,第863页。
[3] 李初梨:《怎样地建设革命文学》,《文化批判》第2期。
[4] 郭沫若:《自然与艺术》,《创造周报》第16号。
[5] 田汉:《三叶集》,上海东亚图书局1920年版。
[6] 《创造周报》第2号,1923年5月。
[7] 许道明:《中国现代文学批评史新编》,复旦大学出版社2002年版,第57页。

的李大钊在《〈晨钟〉之使命》中也明确表示誓为浪漫主义文学'执鞭以从'。文学研究会人生写实派批评家开的虽是写实主义的店铺,内中也不乏浪漫主义的货色"[1]。

然而,这种崇尚自我心灵创造的文学观和方法论在"革命文学"时代则遭到了马克思主义唯物论的批判。成仿吾指出,从"文学革命"转向"革命文学"的根本是"获得辩证法的唯物论","把握唯物的辩证法"[2]。李初梨指出:"革命文学"是"为革命而文学",所以应当将资产阶级意识形态克服干净,"牢牢地把握着无产阶级的世界观……即战斗的唯物论,唯物的辩证法"[3]。蒋光慈认为:"文学是表现社会生活的",当时"中国社会革命的潮流已经到了极高涨的时代","革命文学"就应将这种激烈的社会斗争"表现"出来。[4] 瞿秋白的《马克思恩格斯和文学上的现实主义》一文以马克思与拉萨尔关于文艺问题的讨论和恩格斯致哈克纳斯的信为据,"反对浅薄的浪漫主义",反对"理想化"的"主观主义唯心论的文学","鼓励现实主义",提倡"客观现实主义的文学"[5]。30 年代初期,左联曾开展了关于"文艺大众化运动"和马克思主义文艺创作方法的讨论。文艺的大众化不仅指形式的通俗易懂、思想感情的大众化,而且包括"号召左联全体盟员到工厂到农村到战线到社会的地下层中去"[6]深入大众生活,"写工人民众和一切题材","反映现实的人生,社会关系,社会斗争"[7]。与此相应,忠于生活的"现实主义"创作方法受到褒扬,而且对传统的"现实主义"方法加入了"社会主义"改造,周扬阐释为"社会主义现实主义"[8]。在《文学的真实性》中,他指出:"只有站在革命阶级的立场,把握住唯物辩证法的方法,从万花缭乱的现象中,找出必然的、本质的东西,即运动的根本法则,才是到现实的最正确的认识之路,到文学的真实性的最高峰之路。"[9] "革命文学"论者中坚持的唯物论的文学观和包含主观能动性、积极性的现实主义创作方法,后来在毛

---

[1] 许道明:《中国现代文学批评史新编》,第 57 页。
[2] 《从文学革命到革命文学》,《创造月刊》第 1 卷第 9 号,1928 年 2 月 1 日。
[3] 《怎样地建设革命文学》,《文化批判》第 2 号,1928 年 2 月 15 日。
[4] 《关于革命文学》,《太阳》月刊第 2 期,1928 年 2 月。
[5] 署名静华:《马克思恩格斯和文学上的现实主义》,《现代》第 2 卷第 6 期,1933 年 4 月。
[6] 《无产阶级文学运动新的情势及我们的任务》(1930 年 8 月 4 日左联执行委员会通过),《文化斗争》第 1 卷第 1 期,1930 年 8 月 15 日。
[7] 史铁儿(瞿秋白):《普洛大众文艺的现实问题》,《文学》第 1 卷第 1 期,1932 年 4 月。
[8] 周起应:《关于"社会主义的现实主义与革命的浪漫主义"》,《现代》第 4 卷第 1 期,1933 年 11 月。
[9] 周起应:《文学的真实性》,《现代》第 3 卷第 1 期,1933 年 5 月。

泽东《在延安文艺座谈会上的讲话》得到了进一步概括:"我们要用辩证唯物论和历史唯物论的观点去观察世界、观察社会、观察文学艺术。"[1]"作为观念形态的文艺作品,都是一定的社会生活在人类头脑中的反映的产物。人们生活中本来存在着文学艺术原料的矿藏……它们是一切文学艺术的取之不尽、用之不竭的唯一源泉。"[2]"中国的革命的文学家艺术家,有出息的文学家艺术家,必须到群众中去,必须长期地无条件地全心全意地到工农兵群众中去,到火热的斗争中去,到唯一的最广大最丰富的源泉中去,观察、体验、研究、分析一切人,一切阶级,一切群众,一切生动的生活形式和斗争形式,一切文学和艺术的原始材料,然后才有可能进入创作过程。"[3]"人们生活中的文学艺术的材料,经过革命作家的创造性的劳动而形成观念形态上的为人民大众的文学艺术。"[4]

8. 从"个人主义"到"集体主义",从"个性文学"到"人民文学"

早在黄遵宪提倡的"诗界革命"中,就高扬过"我"的地位,所谓"我手写我口","诗之中有人""要不失为我之诗"。五四"文学革命"作为反对扼杀人性的封建专制主义的民主革命,中心是"个性"的解放。陈独秀用来反抗、取代"三纲"、"忠、孝、节"之类"旧道德"的"新道德"是"个人本位主义"。在1915年9月发表的《敬告青年》中,他呼吁:"盖自认为独立自主之人格以上,一切操行、一切权利、一切信仰,唯有听命各自固有之智能,绝无盲从隶属他人之理。""'解放'云者,脱离乎奴隶之羁绊,以完其自主自由之人格之谓也。"在1915年12月发表的《东西民族根本思想之差异》一文中,他表明了对西方个人主义道德的向往:"西洋民族,自古迄今,彻头彻尾,个人主义之民族也……举凡一切伦理、道德、政治、法律、社会之所向往,国家之所祈求,拥有个人之自由权利与幸福而已。"陈氏此论,对周作人很有影响。他所提倡的"人道主义",即是一种"个人主义的人间本位主义"[5]。在周作人看来,个人才是世界的中心,社会则是个人的派生,而国家、种族更在其次。"人类或社会本来是个人的总体,抽去了个人便空洞

---

[1]《毛泽东选集》第三卷,人民出版社1991年,第874页。
[2]《毛泽东选集》第三卷,第860页。
[3]《毛泽东选集》第三卷,第861页。
[4]《毛泽东选集》第三卷,第863页。
[5]《人的文学》,《新青年》第5卷第6号,1918年12月15日。

无物。"[1]"中国所缺少的,是彻底的个人主义。"[2]以此去观照文学创作,个人成了文学价值的崇高标准:"我想现在讲文艺,第一重要的是'个人的解放',其余的主义可以随便。"[3]1918年,胡适在《新青年》"易卜生专号"发表《易卜生主义》指出:"社会最大的罪恶莫过于摧折个人的个性,不使他自由发展。""社会国家没有自由独立的人格,如同酒里少了酒曲,面包里少了酵,人身上少了筋:那种社会国家决没有改良进步的希望。"他认为,文学有两个"主要分子",其一是"要有我"[4]。李大钊认为人与世界的关系说到底是"我"与世界的关系,所以他发表《我与世界》一文说:"我们现在所要求的,是个解放自由的我,和一个人人相爱的世界。在我与"鲁迅早在1907年的《文化偏至论》中就提出"重个人""尊个性"的主张。在《新青年》随感录里,鲁迅提倡有几分天才、几分狂气的"个人的自大"。在早期杂文《坟》中,鲁迅指出:"惟发挥个性,为至高之道德。""张大个人之人格,又人生之第一义也。"郭沫若宣称:"我们反抗不以个性为根底的既成道德。"[5]如此等等。正如茅盾总结概括的那样:"人的发现,即发展个性,即个人主义,成为'五四'时期新文学运动的主要目标。"[6]郁达夫也说:"五四运动的最大的成功,第一个要算'个人'的发见。"[7]"五四运动,在文学上促生的新意义,是自我的发见……自我发见之后,文学的范围就扩大,文学的内容和思想,自然也就丰富起来了。"[8]

然而,这种在反抗封建奴隶道德时很受褒誉的"个人主义"新道德,却在"革命文学"运动中因为与无产阶级集体革命事业发生矛盾,而遭到"集体主义""人民文学"的打压。1925年沈雁冰发表《论无产阶级艺术》,就将"个人主义"作为与"无产阶级艺术"对立的思想加以批判。1928年1月郭沫若发表《英雄树》,将"个人主义"当作"最丑恶"的东西加以诅咒。1930年,郭沫若回忆创造社在五四时期的追求颇有悔意:"他们主张个性,要有内在的要求;他们蔑视传统,要有自由的组织。……这用一句话归总,便是极端的个人主义的表现。"而"个人主

---

[1] 周作人:《文艺的统一》,《周作人文类编》卷三,湖南文艺出版社1998年版,第77页。
[2] 周作人:《〈潮州畲歌集〉序》。《周作人文类编》卷六,第568页。
[3] 周作人:《文艺的讨论》,《周作人文类编》卷一,第65—66页。
[4] 胡适:《五十年来之中国文学》。
[5] 《我们的文学新运动》,《创造周报》第3号,1923年5月。
[6] 《关于"创作"》,《北斗》创刊号,1931年9月。
[7] 《现代散文导论》(下),《中国新文学大系·导论集》。
[8] 郁达夫:《五四文学运动之历史的意义》。

义""是资本主义社会中的根本精神"〔1〕。1928年2月,蒋光慈发表《关于革命文学》,"个人主义"成了"旧思想"的代表、声讨的靶子:"革命文学应当是反个人主义的文学,它的主人翁应当是群众,而不是个人。它的倾向应当是集体主义,而不是个人主义。""革命文学的任务,是要在此斗争生活中,表现出群众的力量,暗示人们以集体主义的倾向。在革命的作品中,当然也有英雄,也有很可贵的个性,但他们只是为群众的服务者。而不是社会生活的中心。""旧式的作家因为受了旧思想的支配,成为个人主义者,因之他们写出来的作品,也就充分地表现出个人主义倾向。他们以个人主义为创作的中心,以个人生活为描写的目标,而忽视了群众的生活。他们心目中只知道有英雄,而不知道有群众,只知道有个人,而不知道有集体。不错,在社会生活中,所谓个人生活,所谓英雄,当然占有相当的地位,但是现代革命的潮流,很显然地指示了我们,就是群众已登了政治的舞台,集体的生活已经将个人的生活送到不重要的地位了。无论什么个人或英雄,倘若他违背革命的倾向,反对集体的利益,那只是旧势力的遗物,而不能长此地维持其生命。"〔2〕于是,"小我"服从"大我","个人"听命于"革命"的"集体",成为文学创作至高无上的律令。五四时期的"个性文学"这时让位于"人民文学"。郁达夫指出:文学不能局限于表现"小我",而应扩大为"代表全世界的大多数民众的大我"〔3〕。40年代,郭沫若大力宣传"人民文艺"和"以人民为本"的文艺观,文艺应当"歌人民大众的功,颂人民大众的德"〔4〕,文艺必须"始于人民,终于人民",文艺家应是"以文艺服务于人民的忠实的仆役"〔5〕。他进而提出了"人民至上主义的文艺"口号〔6〕。郭沫若的转变代表着一个时代文艺观的转变。如郑振铎1946年为《文艺复兴》撰写的《发刊词》要求:"人民之友、人民的最亲切的代言人的文艺作者,你必须为人民而歌唱、而写作;你必须在黑暗中为人民执着火炬,作先驱者。""应该配合着整个新的中国的动向,为民主,为绝大多数的民众而写作。"在"人民文学"这个动听的口号背后,五四提倡的个人主义文学或者说个性的文学遁身不见了。

---

〔1〕 麦克昂:《文学革命之回顾》,《萌芽月刊》第1卷第2期,1930年2月。
〔2〕 《太阳》月刊第2期,1928年2月。
〔3〕 郁达夫:《断残集自序》,上海北新书局1933年版。
〔4〕 《新缪司九神礼赞》,《文萃》1947年第14期。
〔5〕 《纪念第二届"五四"文艺节告全国文艺工作者》,《天地玄黄》,大孚出版公司1947年版。
〔6〕 《人民至上主义的文艺》,《文汇报》1947年3月3日。

9. 从"自由"到"遵命"、从"艺术自律"论到"革命工具"论

"自由"是五四"文学革命"的另一价值坐标。"自由"不仅指内容上反抗奴性的、非人的旧文学,形式上挣脱文言文、格律诗的束缚,还包括尊重艺术自律,反对将文学当作革命手段或政治工具。胡适在阐述"文学革命"的"自由"特点时指出:"新文学的语言是白话的,新文学的文体是自由的,是不拘格律的。形式上的束缚,使精神不能自由发展,使良好的内容不能充分表现。若想有一种新内容和新精神,不能不先打破那些束缚精神的枷锁镣铐。"于是"自由吐出心里的东西"[1],实现思想和诗体的"大解放",就成为胡适倡导的"新诗运动"的基本主张。五四诗坛郭沫若奉行的诗歌创作纲领是"绝端的自由,绝端的自主"。他说:"诗的本职专在抒情。抒情的文字不采诗形,也不失其诗。例如近代的自由诗、散文诗,都是抒情的散文。自由诗散文诗的建设也正是近代诗人不愿受一切的束缚,破除一切已成的形式,而专挹诗的神髓以便于其自然流露的一种表示。"创造社成立之初,以"为艺术而艺术"为创作法则。郁达夫在《创造日宣言》中声称:"我们想以纯粹的学理和严正的言论来批评文艺政治家及,我们更想以唯真唯美的精神来创造文学和介绍文学。"[2]指出:"艺术所追求的是形式和精神的美……美的追求是艺术的核心。"[3]"小说在艺术上的价值,可以以真和美的两条件来决定……至于社会价值,及伦理的价值,作者在创作的时候,尽可以不管。"[4]五四时期"是一个美的价值普遍认同的时期,蔡元培讲'纯美',文坛以'纯美'或'唯美'相标榜,人生写实派批评家同样无意简单化地拒斥美的创造"[5]如王统照《何为文学的"创作者"?》把"美"放在"善"和"知"之前,认为文学"因美的文字,以情绪作基本"。瞿世英《小说的研究》从"美"的角度论证文学特质和文学家的职责。这种思想在三十年代的代表是胡秋原、苏汶。左联倡导"革命文学"初期,胡秋原、苏汶以"自由人""第三种人"的身份强调文艺不依附于政治的独立性。胡秋原在1931年底《文化评论》创刊号上发表《阿狗文艺论》,批评"将艺术堕落到一种政治的留声机,那是艺术的叛徒",强调"文学与艺

---

[1] 胡适:《谈新诗》。
[2] 《中华新报·创造日》1923年7月21日。
[3] 《艺术与国家》,《创造周报》第7号,1923年6月。
[4] 郁达夫:《小说论》。
[5] 许道明:《中国现代文学批评史新编》,复旦大学出版社2002年版,第40页。

术至死也是自由的"。翌年,他又在《文化评论》第4期发表《勿侵略文艺》论,反对政治功利对文艺的"侵略"。苏汶虽然与胡秋原的观点有异,但在反对政治对艺术的"干涉",要求给文艺创作"自由"和独立这点上是一致的。他从艺术自律出发批评左联革命文学暴露的公式化、口号化弊病:"文学不再是文学了,变为连环图画之类;而作者也不再是作者了,变为煽动家之类。"[1]

五四"文学革命"所标举的"创作自由"和"艺术自律"论到"革命文学"时期遭到全盘清算与彻底瓦解。道理很简单:"革命文学"既然"是整个革命事业的一部分,是齿轮和螺丝钉"[2],就应当"从属于政治"[3],充当政治的工具,为宣传革命、鼓动革命服务。这时如果坚持什么"创作自由"、"艺术自律",无异于是不革命甚至反革命。早在1924年,萧楚女就在《艺术与生活》中批评了"为艺术而艺术"的"艺术至上主义"。[4] 这种价值取向,集中体现在对胡秋原、苏汶为代表的"自由人"、"第三种人"的批判上。胡秋原本是马克思主义唯物史观的拥护者,并不否认文艺的阶级性,在尊重"艺术尊严"的同时并不反对"生活之表现",所谓"伟大的文艺","就是为了艺术,同时也为了人生"[5]。苏汶曾翻译过苏联革命文艺作品和理论。只是因为他们同时兼顾艺术自律和创作自由,便遭到左联革命文学家的猛烈痛击。瞿秋白发表《文艺的自由和文学家的不自由》,批判胡秋原:"最重要的是他要文学脱离无产阶级而自由,脱离广大的群众而自由。""在阶级的社会里,没有真正的实在的自由。当无产阶级公开的要求文艺的斗争工具的时候,谁要出来大叫'勿侵略文艺',谁就无意之中做了伪善的资产阶级的艺术至上派的'留声机'。"[6]批评苏汶:"在这天罗地网的阶级社会里,你逃不到什么地方,也就做不成什么'第三种人'。""苏汶先生还嫌胡秋原的自由主义不彻底,他主张把一切群众的新兴阶级的文艺运动,一概归到'非文学'之中去,让文学脱离新兴阶级和群众而自由。"[7]钱杏邨为革命文学的口号化倾向辩护:"宣传文艺当然不能说一定要全篇充满了宣传的标语或口号,然而绝对的避免口号标语……那也未免太不了解文艺的社会使命了。所以在革命的

---

[1] 《关于〈文新〉与胡秋原的文艺论辩》,1932年《现代》第1卷3号。
[2] 《毛泽东选集》第三卷,人民出版社1991年版,第866页。
[3] 《毛泽东选集》第三卷,第866页。
[4] 萧楚女:《艺术与生活》,《中国青年》周刊第38期,1924年7月5日。
[5] 《阿狗文艺论》,《文化评论》创刊号,1931年12月。
[6] 署名易嘉:《文艺的自由和文学家的不自由》,《现代》第1卷6号,1932年7月。
[7] 《文艺的自由和文学家的不自由》,《现代》第1卷6号,1932年7月。

现阶段,标语口号文学在事实上还不是没有作用的,这种文学对于革命的前途是比任何种类的文艺更具有力量的……总之,宣传文艺的重要条件是煽动,在煽动力量丰富的程度上规定文章的作用的多寡。我们不必绝对的去避免标语口号化,我们也不必在作品里专门堆砌口号标语,然而,我们必定要做到有丰富的煽动力量的一点。"[1]在这场斗争中,鲁迅发表了一系列文章,矛头集中对准"第三种人"。文艺自由论者声称坚守不偏不倚、不左不右的价值中立,左联的批评家"甚至于将中立者认为非中立,而一非中立,便有认为'资产阶级的走狗'的可能"[2]。鲁迅从阶级论出发,仍然坚持这种观点:"生在有阶级的社会而要做超阶级的作家,生在战斗的时代而要离开战斗而独立……在现实世界上是没有的要做这样的人,恰如用自己的手拔着头发,要离开地球一样,他离不开。""所以虽是'第三种人',却还是一定超不出阶级的。"[3]针对文艺与政治宣传的关系,鲁迅早在1928年3月写的《文艺与革命》一文中就指出:"我以为一切文艺固是宣传,而一切宣传却并非全是文艺,这正如一切花皆有色(我将白也算作一种色),而凡颜色未必都是花一样。革命之所以于口号、标语、布告、电报、教科书……之外,要用文艺者,就因为它是文艺。"[4]他并不反对文艺是政治宣传,只不过要求在此之外兼顾艺术性而已。于是,文学在鲁迅变成了听命于"革命"要求的"遵命文学"。三十年代初,鲁迅在《南腔北调集·〈自选集·自序〉》(1932)中回顾说:他在"五四"时期的作品,是"遵命文学","不过我所遵奉的,是那时革命先驱者的命令,也是我自己愿意遵奉的命令,决不是皇上的圣旨,也不是金元和真的指挥刀。""我做小说,是开始于一九一八年,《新青年》上提倡'文学革命'的时候的。……我的作品在《新青年》上,步调是和大家大概一致的,所以我想,这些确可以算作那时的'革命文学'。"鲁迅回忆小说《药》的创作时也说:"我的文学是一种'遵命文学',既然是遵命文学,当然须得听将令的了。于是我有时不惜在小说中用了曲笔,比如,在瑜儿的坟上凭空添上一个花环……"用"遵命文学"指称五四文学只是后话,并不准确。因为五四新文学的"革命"是包含着个性自由和艺术独立的,用来指称后来的"革命文学"倒很贴切,因为"革命文学"所说的"无产阶级革命",已消解了个性自由和艺术自律。

---

[1]《幻灭动摇的时代推动论》,《海风周报》第14、15期合刊。
[2] 鲁迅:《对"第三种人"和"文艺自由论"的斗争》,《南腔北调集》,1932年10月10日。
[3]《对"第三种人"和"文艺自由论"的斗争》,《南腔北调集》,1932年10月10日。
[4] 1928年3月《文艺与革命》,《鲁迅全集》第4卷,第84页。

1932年,鲁迅写了七律诗《自嘲》:"横眉冷对千夫指,俯首甘为孺子牛。"这两句诗受到毛泽东的高度称赞:"一切共产党员,一切革命家,一切革命的文艺工作者,都应该学鲁迅的榜样",做无产阶级和人民大众的'牛',鞠躬尽瘁,死而后已。"[1]1927年后的鲁迅堪称无产阶级"遵命文学"的代表。

  综上所述,不难看出,1922年开始的"革命文学"历程,其价值取向与五四"文学革命"相较发生了根本的转变。尽管它在反帝反封建的新民主主义革命中曾发挥过积极作用,但受当时国际社会主义运动和中国共产党党内占统治地位的左倾路线的掣肘,它无可置疑地带有极左色彩。教条式地对待马克思主义,机械地理解唯物论和唯物史观,用想当然的绝对化的思维方式取代辩证法,混淆民主主义革命与社会主义革命的界限,不仅将资产阶级当作革命对象,而且将知识分子当作"小资产阶级"进行革命,从而把人道主义、自我表现、个人主义、自由主义、艺术自律等等都当作资产阶级或小资产阶级的思想加以批判,于是将五四新文学视为资产阶级文学予以否定,不适当地开展了对鲁迅等人的思想斗争,乃至对革命队伍之外的不同文艺观点无限上纲上线,实行唯我独革的关门主义,纵容和鼓励标语口号化和公式化,等等。这些问题,在抗战文艺和解放战争时期的革命文艺中都有程度不同的表现,在新中国成立后十七年的社会主义文艺和"文革"文艺中则愈演愈烈,得到总爆发。物极必反。1978年以后改革开放时期"人的文学"的呼唤和"五四文学"的回归,正是对此前五十多年无产阶级革命文学运动中蕴藏的问题的矫正。

  [本章以《从"文学革命"到"革命文学"——论五四新文学运动的价值转向》为题,发表于《云南大学学报(社会科学版)》2009年第2期]

---

[1]《在延安文艺座谈会上的讲话》,《毛泽东选集》第三卷,人民出版社1991年版,第877页。

第二辑
DI ER JI

美学研究

在研究文学艺术时,常听到一种说法,说文学艺术的特征是美,不仅具有认识功能、教育功能,而且具有审美功能。于是,什么是"美"或"审美",成为我关注、思考的问题。要把这类问题搞清楚,不能临时抱佛脚地查查字典,必须跳开文艺理论的圈子,好好地去专研一下美学。加之美学是文艺理论的近邻,从美学的角度研究文艺理论,可增加文艺理论研究的深度。与文艺理论相较,美学不仅关注艺术美问题,而且要对现实美作出解释。于是,研究的范围加大了。随着研究的深入,我的重心逐渐转到美学上来。我发表的论文、出版的著作中,美学作品是最多的。因此,我这个文学出身的人成了美学工作者。在理学理论上,我先后提出"美是普遍快感的对象"(1998)、"美是有价值的乐感对象"(2017),出版《美学关怀》(复旦大学出版社1998年版)和2014年国家社科基金后期资助项目成果《乐感美学》(北京大学出版社2016年版),成为"乐感美学"学说的创始人;运用这个学说研究中国古代美学思想,出版《中国美学原理》(山西教育出版社2003年版)、《中华传统美学精神》(上海人民出版社2018年版)。在美学史领域,主持并独立完成2005年国家社科基金项目成果《中国美学通史》三卷本(人民出版社2008年版)、2016年国家社科基金后期资助项目成果《中国现当代美学史》二卷本(商务印书馆2018年版)以及2016年上海市高校服务国家重大战略出版工程项目、"十三五"国家重点图书出版规划项目成果《中国美学全史》五卷本(上海人民出版社2018年版)。此外还出版过从文化角度研究中国古代美学民族特色的《中国美学的文化精神》(上海文化出版社1996年版)、从人学角度研究美学的《人学视阈的文艺美学探究》(上海财经大学出版社2010年版)等。

一、"美学"是"审美学"吗？

"美学"这个学科名称，近来曾遭到"审美学"的挑战。一些学者认为，美学主要不应当研究美，而应当研究审美活动，因而，美学也就应当从原来的"美之学"（简称"美学"）改名为"审美学"。笔者的研究结论是，无论从这门学科诞生的最初历史，还是从当代审美活动的实践和美学研究的逻辑来看，美学的学科定义还是以研究"美"为中心的"美的哲学"，因而其学科名称还是保留"美学"的译名为好。由于使主体快乐的"乐感"是美的最基本的特质和性能，所以，"美的哲学"又可易名为"乐感的哲学"。这种作为"乐感哲学"的"美学"原理，简称为"乐感美学"。

"美学"的学科名称究竟应当叫什么，它的内涵究竟指什么，是美学研究的基本问题。然而19世纪以来，这个基本问题被各种美学学说弄得令人扑朔迷离。1921年，德国现象学美学创始人盖格尔指出："就像风向标一样，美学被来自哲学的、文化的、科学的阵风吹得转来转去。时而被构想为形而上学，时而被构想为经验科学；有时候是理论性的，有时候是描述性的；有时候从艺术家的观点出发，有时候又从观赏者的爱好出发；今天从崇尚艺术美的观点出发，认为原初状态的自然美还只是艺术美的初级阶段，明天从崇尚自然美的角度出发，认为艺术美不过是对自然美的间接反映。在今天，当历史上的种种方法论并非都能得到认同的时候，我们就无法知道，今天哲学上的变化会不会使过去某种被长期遗忘的方法复活，从而将今天的方法置换为过去的方法。"[1]时至今日，伴随着美学研究的中心从"美"向"审美"的转移[2]，有人主张用"审美学"取代原来的"美学"名称。1987年山东文艺出版社出版王世德的《审美学》，1991年陕西人民教育出版社出版了周长鼎、尤西林的《审美学》，2000年北京大学出版社出版

---

[1] 转引自亨克曼：《二十世纪德国美学状况》，《社会科学家》1999年第2期。
[2] 如1999年北京大学出版社出版的叶朗主编的《现代美学体系》、2004年高等教育出版社出版的杨春时主编的《美学》、2006年高等教育出版社出版的朱立元主编的《美学》、2013年高等教育出版社出版陈炎主编的《美学》，都不约而同地取消了美论，而以各种"审美"的形态作为章目阐述美学原理。陈伯海《生命体验与审美超越》（生活·读书·新知三联书店2012年版）一书在揭示当代美学的时代特征时说：与古代美学是"有美无学"、近代美学是"有美有学"不同，当代美学是"有学无美"，可谓一语中的。

了胡家祥的《审美学》,2007年复旦大学出版社出版了王建疆的《审美学教程》。就在这一年,杜学敏发表《美学:概念与学科》一文,指出"中文'美学'一词是出生于清末的一个外来词,相对妥帖的译词应是'审美学'"[1]。2008年,王建疆发表《是美学还是审美学》一文指出:"美学表面上看起来研究的是美,而非审美,但实际上却研究的是审美。""就美学的实际存在而言,确切地说它应该是审美感性学,简称审美学,而不是什么美学。"[2]"美学"之所以可以叫"审美学",还与鲍姆加滕创立的"美学"概念包含"审美"的涵义有关。姚文放指出:"'审美'概念最早是德国哲学家鲍姆加通提出的,他用 aesthetica 来命名他所创立的新学科,并以此作为他有关著作的书名,后来在英文中通用的词是 aesthetic,现在通常译为'美学','审美'是其另一译法……二者为何能在 aesthetic 一词上相通呢?盖在于'美学'与'审美'有着天然的联系。"[3]

上述论著追根寻源地挖掘了"美学"与"审美学"的联系,反思了传统美学将研究对象聚焦在"美"的问题上的局限和缺失,提醒人们注意"审美"在美学研究对象中的重要地位,对于人们重新认识"美学"的涵义有一定启发意义。然而,它们主张将"美学"改名为"审美学",将美学研究的对象集中在"审美"关系、活动、经验内,否认对"美"的本质思考的合法性,这却是令人难以苟同的。

笔者的研究表明,虽然"美"包含"审美","美学"包含"审美学",也可译为"审美学",但作为学科名称,还是保留"美学"的译名更为合适。由于在中文中"美"与"审美"是两个概念,"审美"必须以"美"为存在前提,因此,对"美"的追问是美学研究回避不了的问题,也是美学研究的中心问题。美学就是"美的哲学",是"美之学"。

1. 鲍姆加滕:美学是感觉学、情感学

辨析"美学"的本义,首先应当从"美学之父"鲍姆加滕创立的"美学"学科概念说起。

德国学者鲍姆加滕年轻时醉心于拉丁诗歌。有感于人类的心理活动分知、情、意三方面,已有的哲学中研究理性认识的有逻辑学、研究意志的有伦理学,而研究情感或感性认识的却缺少相应的学科,他在希腊文"aisthesis"("感性")的

---

[1] 杜学敏:《美学:概念与学科》,《人文杂志》2007年第6期。
[2] 王建疆:《是美学还是审美学?》,《社会科学战线》2008年第6期。
[3] 姚文放:《"审美"概念的分析》,《求是学刊》2008年第1期。

基础上创造了拉丁文"Aesthetica"(音译为"伊斯特惕克"),指"感性学"。1750年他出版了 Aesthetica 第一卷,系统研究感性认识的特点和规律。该书第一章指出:Aesthetica"研究的对象"是"感性认识的完善",而"感性认识的完善""就是美"[1],所以"Aesthetica"又译为"美学"。英文译作"aesthetics"、"aesthetic"[2]。因而,《美学》一书的出版被认为是"美学"学科诞生的标志,鲍姆加滕也因此获得了"美学之父"的称号。

这里有几点值得辨析。

第一,中文里的"感性"既可指主体的感觉、情感等感性认识,也可指触发感觉、情感等感性认识的客观事物的感性形式。为了避免产生后一种误解,作为"感性学"的"美学"还是译为"感觉学"、"情感学"更为准确。鲍姆加滕指出:"美学作为……低级认识论……是感性认识的科学。"[3]所谓"感性认识",指感觉、感受、情感、想象、虚构等[4]。"感觉"、"情感"是"感性认识"的主要元素。黑格尔指出:"'伊斯特惕克'的比较精确的意义是研究感觉和情感的科学。"[5]在这个意义上,朱光潜先生说:"aesthetic 这个词译为'美学'还不如译为'直觉学'。"[6]

第二,鲍姆加滕指出:"美学的目的是感性认识本身的完善。而这完善也就是美。"[7]"美学"研究的主要对象是"美","美学"即关于"美"的哲学,简称"美学"。西方人所说的"美",中国人习惯称"艳丽"。因此,"美学"最早曾翻译为"艳丽之学"。留美学者颜永京 1878 年起担任上海教会学校圣约翰书院院长八年,兼授心理学等课程。他翻译过美国牧师、心理学家约瑟·海文的《心灵学》,1889 年由益智书会校订出版。《心灵学》包含了中国人最早译介西方美学的内容。在论述"直觉能力"的部分,该书译美学为"艳丽之学"。益智书会负责审定和统一外来名词的美国传教士狄考文在 1902 年编纂、1904 年出版的《中英对照术语辞典》中,便采用了以"艳丽之学"的译名来翻译"Aesthetics"。1908 年,颜

---

[1] 朱光潜:《西方美学史》上卷,人民文学出版社 1982 年版,第 297 页。
[2] "aesthetics"不仅译为美学、美的哲学,还译为美感、审美学。"aesthetic"不仅译为美的、美学的、审美的,还译为美学、美学标准、审美观。
[3] 鲍姆加滕:《美学》,简明、王旭晓译,文化艺术出版社 1987 年版,第 13 页。鲍姆加滕,多译鲍姆嘉通。
[4] 鲍姆加滕:《美学》,简明、王旭晓译,第 15 页。
[5] 黑格尔:《美学》第一卷,朱光潜译,商务印书馆 1981 年版,第 3 页。
[6] 《朱光潜美学文集》第一卷,上海文艺出版社 1982 年版,第 12 页。
[7] 鲍姆加滕:《美学》,简明、王旭晓译,第 18 页。

永京之子颜惠庆主编、商务印书馆出版的《英华大词典》,在将"Aesthetics"译为"美学"、"美术"的同时,仍保留着"艳丽学"的译名。1902年,王国维在一篇题为《哲学小辞典》的译文中将"Aesthetics"译为"美学",并这样界定"美学"的涵义:"美学者,论事物之美之原理也。""美学"聚焦的对象是"事物之美"。这种理解直接影响到1915年出版的《辞源》"美学"词条的解释:美学是"就普通心理上所认为美好之事物,而说明其原理及作用之学也"[1]。

第三,鲍姆加滕认为美学研究的中心问题是"美",而"美"就是"感性认识的完善"。什么是"完善"?鲍姆加滕的这个概念,源自其导师沃尔夫,意指对象圆满无缺,具有引起快感的性质。他说:"美在于一件事物的完善,只要那件事物易于凭它的完善来引起我们的快感。""美可以下定义为:(事物的——引者,下同)一种适宜于产生快感的性质,或是(事物的)一种显而易见的完善。""(事物)产生快感的(性质——引者,下同)叫做美,产生不快感的(性质)叫做丑。"[2]鲍姆加滕所说的"感性认识的完善",既指凭感官认识到的事物的完美无缺,也指主体感觉、情感的圆满快乐。"感性认识的美和事物的美本身,都是复合的完善,而且是无所不包的完善。"[3]"完善的外形,或是广义的鉴赏力为显而易见的完善,就是美,相应的不完善就是丑。因此,美本身就使观者喜爱,丑本身就使观者嫌厌。"[4]对象外形的"完善",康德《判断力批判》宗白华译本译为"圆满",也就是适宜于引起审美主体快感、本身虽无目的却有主观的合目的性的形式。托尔斯泰说:"从客观的意义来看,我们把存在于外界的某种绝对完满的东西称为'美'。但是我们之所以认识外界存在的绝对完满的东西,并认为它是完满的,只是因为我们从这种绝对完满的东西的显现中得到了某种快乐,因此,客观的定义只不过是按另一种方式表达的主观的定义。"[5]所以,在车尔尼雪夫斯基的论著中,鲍姆加滕"感性认识的完善"又被译为"感性认识的极致"[6],指"一切的美仅是对感觉而存在","美产生着快乐"[7]。要之,"感性认识的完善"一个基本涵义是主体对客观事物圆满无憾的审美感受、乐感经验。

---

[1] 据黄兴涛:《"美学"一词及西方美学在中国的最早传播》,《哲学动态》2000年第7期。
[2] 《西方美学家论美和美感》,商务印书馆1982年版,第87页。括号内注释为引者所加。
[3] 马奇主编:《西方美学史资料选编》上卷,上海人民出版社1987年版,第695页。
[4] 《西方美学家论美和美感》,第142页。
[5] 列夫·托尔斯泰:《艺术论》,丰陈宝译,人民文学出版社1958年版,第39页。
[6] 车尔尼雪夫斯基:《美学论文选》,缪灵珠译,人民文学出版社1957年版,第37页。
[7] 康德:《判断力批判》上卷,宗白华译,商务印书馆1996年版,第210页。

这就为国人将"美学"译为"审美学"的提供了某种合理的依据。1866年,英国来华传教士罗存德所编《英华词典》将"Aesthetics"不仅译为"佳美之理",同时译为"审美之理"。因为"佳美"是属于主体的感觉,与审美经验是相通的。1875年,谭达轩编辑出版《英汉辞典》,将"Aesthetics"译为"审辨美恶之法"。1902年,王国维在《哲学小辞典》的译文中,将"Aesthetics"同时译为"美学"和"审美学",因为美学研究的"美"实际上是主体的审美快感。1903年,汪荣宝、叶澜编辑出版了近代中国第一部具有现代学术辞典性质的《新尔雅》,给"审美学"下的定义是:"研究美之性质及美之要素,不拘在主观客观,引起其感觉者,名曰审美学。"1915年出版的《辞源》对"美学"词条的解释是:"就普通心理上所认为美好之事物,而说明其原理及作用之学也。……德国哲学家薄姆哥登 Alexander Cottlieb Baumgarten 出,始成为独立之学科。亦称审美学。"[1]由此可见,"美学"包含"审美学",将"美学"译为"审美学"在鲍姆加滕那里是可以找到最早根据的。

2. 黑格尔:"美学"是"艺术哲学"

在鲍姆加滕之后,德国出现了又一位美学大家黑格尔,他出版了多卷本《美学》巨著。黑格尔与鲍姆加滕一样,认为"美学"即关于"美"的哲学。"美"是什么?黑格尔认为:"美就是理念的感性显现。"[2]"真正的美的东西……就是具有具体形象的心灵性的东西。"[3]纯抽象的"理念"或纯物质的自然都不可能是美的。只有艺术最符合他的"美"的定义,所以,"美"只存在于"艺术"中,"美学"即"艺术哲学",准确地说是"美的艺术的哲学"[4]。

黑格尔为什么把艺术之外的自然现实排除在"美"之外呢?这要结合他的世界观来理解。依据黑格尔的世界观,世界万物最早是由"绝对理念"派生的,"绝对理念"的最初阶段是"逻辑阶段"。在这个阶段,"绝对理念"处在纯思想的阶段,以抽象的概念形态出现,它只通过纯粹思维和纯粹理论的形式展开自身,在内部矛盾的推动下从一个抽象概念或逻辑范畴向另一个抽象概念或逻辑范畴

---

[1] 参黄兴涛:《"美学"一词及西方美学在中国的最早传播》,《哲学动态》2000年第7期。
[2] 黑格尔:《美学》第一卷,朱光潜译,商务印书馆1981年版,第142页。
[3] 黑格尔:《美学》第一卷,朱光潜译,第104页。
[4] 黑格尔:《美学》第一卷,朱光潜译,第4页。

运动和演化,是片面的。而"美只能在形象中见出"[1],因而逻辑阶段的抽象概念无"美"可言。

于是"绝对理念"否定自身的片面性,创造出一个外在自然界,进入"自然阶段"。在这一阶段,"绝对理念"异化为"自然",不再以抽象的概念形态出现,而以物质的感性形式出现。这"自然"不仅包括无机的"天空""河流""石头",而且包括有机的"植物"和"动物",包括"作为自然物存在"的"人"的肉体。自然物是纯客观的,没有心灵意蕴的,因而也是无"美"可言的。"只有心灵才是真实的,只有心灵才能涵盖一切,所以一切美只有涉及这较高境界而由这较高境界产生出来时,才是真正美的。"[2]无机的矿物和低等的有机物植物没有灵魂,不可能成为"理念的感性显现",因而无"美"可言,只有当它成为人的心灵意蕴的某种表现、象征时才能有"美"。比如寂静的月夜、雄伟的大海那一类"感发心情和契合心情"的自然美,"这里的意蕴并不属于对象本身,而是属于所唤起的心情"[3]。"就这个意义来说,自然美只是属于心灵的那种美的反映,它所反映的是一种不完全的、不完善的形态。"[4]高级的有机物动物具有灵魂,可以成为"理念的感性显现",因而"自然美的顶峰是动物的生命"[5];但动物没有自我意识,不能自觉地成为"理念的感性显现",就是说,动物"不能看到它自己的灵魂","不能把自己外现为观念性的东西",或者说"动物的灵魂""不能自为地成为这种观念性的统一",不会"把这种自为存在的自己显现给旁人看"[6],因而它自身也不可能有真正的"美"。因此黑格尔说:"由于理念还只是在直接的感性形式里存在,有生命的自然事物之所以美,既不是为它本身,也不是由它本身,为着要显现美而创造出来的。自然美只是为其他对象而美,这就是说,为我们,为审美的意识而美。"[7]"人"虽然具有自我意识,但在理念所处的自然阶段,还只是"作为自然物存在"的肉身存在物[8],也没有真正的美。要之,"自然作为具体的概念和理念的感性表现时,就可以成为美的"[9]。但在理念运动的"自

---

[1] 黑格尔:《美学》第一卷,朱光潜译,第161页。
[2] 黑格尔:《美学》第一卷,朱光潜译,第5页。
[3] 黑格尔:《美学》第一卷,朱光潜译,第170页。
[4] 黑格尔:《美学》第一卷,朱光潜译,第5页。
[5] 黑格尔:《美学》第一卷,朱光潜译,第170页。
[6] 黑格尔:《美学》第一卷,朱光潜译,第170—171页。
[7] 黑格尔:《美学》第一卷,朱光潜译,第160页。
[8] 黑格尔:《美学》第一卷,朱光潜译,第38页。
[9] 黑格尔:《美学》第一卷,朱光潜译,第168页。

然阶段",自然只有感性物质,没有理念意涵,因而本身没有"美"。

在理念的自然阶段,当动物有机体的最高形态"人"出现后,绝对理念最终就附着于人的自我意识而否定自然界,返回精神界,进入"精神阶段",也就是人类社会阶段。在这一阶段,"人"已经超越了原先的自然存在,而成为心灵存在、自我意识的存在,"观照自己、认识自己、思考自己","为自己而存在",人"只有通过这种自为的存在,人才是心灵"[1]。理念在人类社会阶段的运动过程经历了个人意识的"主观精神"阶段,社会制度和社会意识的"客观精神"阶段,以及个人与社会、主观精神与客观精神乃至逻辑与自然、概念与物质相统一的"绝对精神"阶段。在"绝对精神"阶段,"绝对精神"又呈现为"艺术""宗教""哲学"这前后相续的三个环节。"艺术"以"感性观照"的形式表现绝对理念,宗教以"表象"和"观念"的形式象征绝对理念,"哲学"以"自由思考"的形式掌握绝对理念。[2] 尽管依据残留的感性物质的多寡"宗教"高于"艺术"、"哲学"高于"宗教",但只有在"艺术"中,"理念"与"感性形象"达到了完美统一,符合"理念的感性显现"这一"美"的定义,才具有"美",这是"宗教""哲学"所无法比拟的。与不具有理念的自然现实相较,"艺术的必要性是由于直接现实有缺陷"[3],"艺术也可以说是把每一个形象的看得见的外表上的每一个点都化成眼睛或灵魂的住所,使它把心灵显现出来。……人们从这眼睛里就可以认识到内在的无限的自由的心灵。"[4]美既不存在于自然现实中,也不存在于宗教哲学中,只存在于艺术中,所以美学研究的"范围就是艺术,或则毋宁说,就是美的艺术"[5],美学就是"艺术哲学"。

黑格尔否定自然中有美,是他依据自己独特的世界观和美的定义逻辑推导的结果,在他那个理论体系中是符合逻辑、独立自主的,然而并不符合事实。但由于黑格尔的《美学》著作影响巨大,他将"美学"等同于"艺术哲学"的观点成为后世美学研究的重要依据之一。阿多诺指出:"从谢林开始,美学几乎只关心艺术作品,中断了对'自然美'的研究。"[6]于斯曼认为:"应该把美学看作是对艺

---

[1] 黑格尔:《美学》第一卷,朱光潜译,第39页。
[2] 参黑格尔:《美学》第一卷,朱光潜译,第129—133页。
[3] 黑格尔:《美学》第一卷,朱光潜译,第195页。
[4] 黑格尔:《美学》第一卷,朱光潜译,第198页。
[5] 黑格尔:《美学》第一卷,朱光潜译,第3页。
[6] 阿多诺:《美学理论》,王柯平译,四川人民出版社1998年版,第109页。

术的专门研究,而绝不应看作是对自然美的专门研究。"[1]科林伍德概括说:"总而言之,美学理论并不是关于美的理论,而是关于艺术的理论。"[2]20世纪50年代美学大讨论中,马奇坚持美学就是艺术观,是关于艺术的一般理论。据此他将自己的美学文集取名为《艺术哲学论稿》。朱光潜也认为美学必须以艺术为中心。后世许多文艺理论著作取名"美学",许多以"美学"命名的论著局限于探讨艺术,根据都来自黑格尔。客观说来,这是经不起推敲的。自然、生活中存在着大量的美,它们同样应当是美学研究的对象。其实,黑格尔一方面根据"美学是艺术哲学"的定义否认自然美,"把自然美除开了",但另一方面又承认"在日常生活中"人们"常说的美的颜色、美的天空、美的河流,以及美的花卉、美的动物,尤其常说的是美的人"[3],并在第一卷第二章中以"自然美"为题花了很大篇幅探讨其现象和规律,本身就存在着自相矛盾。如果我们只抓住黑格尔的表面词句,将"美学"仅仅等同于"艺术哲学",将会置艺术之外的大量审美现象于不顾,造成美学研究的重大缺失。诚如李泽厚所说:"现实生活、自然美和许多审美现象并不属于艺术,却仍在美学研究的范围。"[4]

3. 各国辞典最初对"美学"的定义:研究现实和艺术中的美的哲学分支

基于美学是关于"美"的哲学的看法,鲍桑葵将美学史定义为"关于美的哲学的历史":"如果说美学指的是关于美的哲学,那么美学史就必定是关于美的哲学的历史;它必定是把哲学家们曾经用来说明或综述与美有关的事实的系统理论的发展进程做为直接的研究题。"[5]美大量存在于现实生活中,艺术是人为创造的更为典型、更为集中的美,所以,在综合鲍姆加滕和黑格尔"美学"定义的基础上,世界各国辞典最初在给"美学"词条下定义时,都不约而同地解释为研究现实和艺术中的美的哲学分支。法国《美学辞典》指出:美学是"美的玄思"及"艺术的哲学和科学"。英国《大英百科全书》说:美学"是关于美及其在艺术和自然领域中的表现的认识"。《美国学术百科全书》说:"美学是哲学的一个分支,其目标在于建立艺术和美的一般原则。"德国《哲学史辞典》说:"美学一

---

[1] 于斯曼:《美学》,栾栋等译,商务印书馆1995年版,第136页。
[2] 科林伍德:《艺术原理》,王至元、陈华中译,中国社会科学出版社2000年版,第22页。
[3] 黑格尔:《美学》第一卷,朱光潜译,第4页。
[4] 《美学四讲》第一讲,李泽厚《美学三书》,安徽文艺出版社1999年版,第443页。
[5] 蒋孔阳主编:《二十世纪西方美学名著选》上,复旦大学出版社1987年版,第81页。

词已成为哲学分支的代名词,研究的是艺术和美。"意大利《哲学百科全书》说:美学是"将美与艺术作为对象的哲学学科。"日本《広辞苑》说:美学是"阐明自然和艺术中美之本质与结构的学问。它以美的一般现象为规定,对其内外条件和基础发展进行阐明规定"。在麦克阿瑟出版公司1993年出版的《牛津英语指南》中,美学的这种涵义仍然保留:"美学是哲学的一个分支,它关注的是对美和趣味的理解,以及对艺术、文学和风格的鉴赏。它要回答的问题是:美或丑是内在于所考察的对象之中呢,还是在欣赏者心里?"[1]《新亚美利加百科全书》说:"美学是研究自然和艺术中的美的科学。"[2] 不管美体现为事物的客观性质,还是体现为主体的情感反应,美学都应当以研究文学艺术中的美和遍布于现实生活的美为使命。据此,我国1915年出版的《辞源》"美学"词条解释说:"就普通心理上所认为美好之事物,而说明其原理及作用之学也。以美术为主,而自然美、历史美等皆包括其中。"显然,这类解释既综合吸取了鲍姆加滕和黑格尔美学定义的合理之处,又扬弃了二人美学定义中的某些不足,是较为全面稳妥的,也更贴合中文"美学"作为"美之学"简称的字面意义。值得注意的是,李泽厚在后期著作《美学四讲》中,一方面批评"美学是研究美的学科"是"同语反复","美学是艺术哲学"的定义"过于狭窄","美学是研究感性愉快的学科"的定义"更空泛"[3],认为"美学"是一个"开放的家族","追求或寻觅一个统一的美学定义"或许是"徒劳无益或缺乏意义的事情",同时又认为,他早先提出的"美学是以美感经验为中心,研究美和艺术的学科"的界定"还有一定的适用性",也许是最好的"美学"定义[4]。而这种看法恰恰与上述各国辞典对"美学"的解释大体相似。

4. 现代"美学"定义的转向:研究审美关系、审美活动的"审美学"

在鲍姆加滕创立"美学"学科之前,西方美学史上美学家们就在探寻着"美"的奥秘。鲍姆加滕创立"美学"学科、将"美"规定为美学的研究对象之后,人们便将目光更多地聚焦在"美"的本质上。古往今来,关于"美"是什么,人们曾提出过若干定义,但由于"美"要依赖于主体的愉快感去实现,而主体快感的产生

---

[1] 据王建疆:《是美学还是审美学?》,《社会科学战线》2008年第6期。
[2] 《美学》第2期,上海文艺出版社1980年版,第251页。
[3] 李泽厚:《美学三书》,安徽文艺出版社1999年版,第443页。
[4] 李泽厚:《美学三书》,第447页。

具有不完全由对象客观属性决定的不确定性,因而这些"美"的定义由于不够严密,没能得到普遍认同。鉴于"美"的定义众说纷纭,莫衷一是,而审美经验可以描述,所以现代美学家说:"美"是说不清楚的东西,美学不应当追问"美",而应当关注"审美";不应当把研究中心放在"美"的本质上,而应当放在人对现实的审美关系、审美活动上。英国美学家摩尔认为:"美"是主体的一种情感状态,"我们说,'看到一事物的美',一般意指对它的各个美质具有一种情感。"[1]因此,美不是科学事实,不可定义。英国学者艾耶尔进一步发展了这种观点:"美学的词的确是与伦理学的词以同样的方式使用的。如像'美的'和'讨厌的'这样的美学词的运用一样,不是用来构成事实命题,而只是表达某些情感和唤起某种反应。"[2]英国美学家瑞恰兹也认为:"美"这个词主要是一种情感语言,它仅表明了我们的情感态度,因此没有必要、也不可能对美作出确定的定义。"就事物是美的这类判断而言,权威们在作判断方面似乎有如此巨大的分歧,这种时候,他们也同意,没有什么方法可以认识他们要取得一致的是什么东西。"[3]"无济于事的幻影——美,这个不可言传的、根本的、不可分析的、单纯的观念至少已被抛弃。"[4]1967年,英国美学家哈·奥斯本在其出版的《美学与艺术评论》一书中总结西方当代美学的这种趋向:"近三十年来……美学著作中所表现出来的最明显的特征,或许就是否认美学的系统性,以及对给一些关键性的词汇譬如'艺术'或'美'等下定义的必要性和价值所采取的多少有点武断的怀疑态度。"[5]奥地利哲学家维特根斯坦早年认为"美"是可以归纳的,是"使人幸福的东西"[6],但后期发现"美"具有多义性,便否认统一定义其本质的可能性。"在实际生活中,当你作出审美判断时,'美丽的'、'美好的'之类的美学形容词几乎不起什么作用。"[7]人们评论"这是美的",只不过表达了一种情感、一种赞成的态度或是一种喝彩而已。他甚至认为"美"的问题是"荒谬无稽"的"虚伪"问

---

[1] 朱立元总主编、陆扬主编:《二十世纪西方美学经典文本》第二卷,复旦大学出版社2000年版,第176页。

[2] 转引自蒋孔阳、朱立元主编:《西方美学通史》第六卷(上),上海文艺出版社1999年版,第348页。

[3] 蒋孔阳主编:《二十世纪西方美学名著选》上册,复旦大学出版社1987年版,第373页。

[4] 蒋孔阳主编:《二十世纪西方美学名著选》上册,第366页。

[5] 奥斯本:《二十世纪的美学》,蒋孔阳主编《美学与艺术评论》第二集,复旦大学出版社1985年版,第441页。

[6] 转引自蒋孔阳、朱立元主编:《西方美学通史》第六卷(上),第355页。

[7] 转引自蒋孔阳、朱立元主编:《西方美学通史》第六卷(上),第355页。

题[1]，把美学看成是说明美是什么的科学是"可笑的"[2]。因此，美是"不可言说的东西"，我们应当对它保持沉默[3]。

在这种思潮的影响下，当代中国美学界也出现了"美学是研究审美关系、审美活动的科学"的流行看法。1989年版《辞海》"美学"词条解释："研究人对现实的审美关系和审美意识的科学。"就是这种思潮的典型反映。朱立元先生在1999年主编出版的《西方美学通史》中曾坚持美本质可以追问、归纳的观点，后来则改变了早先的看法，主张在"美"本质问题上"用生成论取代现成论"，肯定"活动在先"，美在审美活动中当下生成。呼吁美学改变以往多以美的本质、规律为主要研究对象的做法，"以人与世界的审美关系及其现实展开即审美活动为研究对象"[4]。叶朗指出，"不存在一种实体化的、外在于人的'美'"，也"不存在一种实体化的、纯粹主观的'美'"。"美在意象"，"审美意象只能存在于审美活动之中"。美学就是研究审美活动及其规律的科学[5]。随着美学研究对象、中心问题的变化，所以名称也发生相应改变。研究"美"的叫"美学"，研究"审美"的应当叫"审美学"。王建疆以"是美学还是审美学"为题撰文指出："美学把'美'作为研究对象，审美学把'审美'作为研究对象。"由于"美"离不开审美活动中主体的参与生成，"'审美'在美学中处于比'美'更为根本、更关乎全局的位置上"，所以"把美学应当改为审美学"才更加"名正言顺"[6]。新时期出版了许多以"审美学"命名的美学专著，也是基于差不多同样的思路。

5. 美学是研究美及其审美经验的哲学学科

那么，"美学"到底是应当保持原名，还是应当改名为"审美学"呢？美学研究的对象到底是"美"，还是"审美"，抑或二者兼而有之呢？

首先，我们要指出的是，"美学"所研究的现实和艺术中的"美"，看似存在于事物中的一种客观属性，其实不过是主体乐感的客观物化。所以在英语"Aesthetic"一词中，既有"美的"涵义，又有"审美的"涵义，"审美的"与"美的"是一个词。同理，"Aesthetica"的英译"Aesthetic"一词既有"美学"的涵义，也有"审

---

[1] 维特根斯坦：《逻辑哲学论》，郭英译，商务印书馆1985年版，第38页。
[2] 转引自薛华：《黑格尔与艺术难题》，中国社会科学出版社1981年版，第131页。
[3] 转引自毛崇杰、张德兴、马驰：《二十世纪西方美学主流》，吉林教育出版社1993年版，第615页。
[4] 均见朱立元：《我为何走向实践存在论美学》，《文艺争鸣》2008年第11期。
[5] 叶朗：《美在意象——美学基本原理提要》，《北京大学学报》2009年第3期。
[6] 王建疆：《是美学还是审美学？》，《社会科学战线》2008年第6期。

美学"的涵义,"美学"包含"审美学"。事实上,在鲍姆加滕创立的"Aesthetica"中,由于"Aesthetica"研究的主要对象是感性认识完善与否的规律,是主体的审美经验,而这圆满无憾的审美经验就是美,所以中文译为"美学"或"审美学"均是可以的,不存在非此即彼的矛盾。由于"Aesthetica"着力研究的中心问题是"感性认识的完善",是"美",所以译为"美学"更加精准。当代一些中国学者以"美学"不包括"审美学"、"美学"的研究对象不包括"审美"为由主张易名为"审美学",是经不起推敲的。蔡仪曾在 1947 年出版的《新美学》中指出:"Aesthetics"今人有译之为美学者,而其实源出于希腊文"Aisthetikos",意为'感性学'或'感性之学',意译为审美学尚说得过去,若译为美学就失其原义了。[1]李泽厚指出:中文的"美学"是西文"Aesthetics"一词的翻译,"如用更准确的中文翻译,'美学'一词应该是'审美学',指研究人们认识美、感知美的学科。"[2]其实,由于在鲍姆加滕那里"美"就是完善的感性认识,就是审美认识,所以译为"审美学"固然可以,译为"美学"亦绝无不确,更不能说"失其原义"。蔡仪、李泽厚在后来的美学论著中依然保留了"美学"的称谓,而没有叫"审美学",与此也许不无关系。

其次,在英文中,"审美"与"美"是同一个词,但在中文中,"美"与"审美"是两个词。蒋孔阳先生指出:"美"是审美主体在审美活动中观照的对象及其呈现的客观性质,"'审美'则是指对于美的对象的观照、考察和鉴别过程"[3]。"审美欣赏明显地包含主、客两个方面。审,谁去审?怎样审?……审什么?审得怎样?"[4]有趣的是,在俄文中也是这样。斯托洛维奇指出:"'审美'这个词不只是作为'美'的同义词出现的,而且是作为新的范畴出现的。"[5]尽管"事物能引起美感经验才能算是美"[6],客观事物的美有赖于主体快感的审美经验,好像"审美"在先,"美"的呈现在后,但在形式逻辑上,必须先有对"美"的辨认,而后才有对"审美"活动的定性。如果不明白"美"是什么,就无法确定主体从事的怎样的活动是"审美活动",主体与对象所处的何种关系是"审美关系",主体获得

---

[1] 蔡仪:《美学论著初编》上册,上海文艺出版社 1982 年版,第 184 页注 1。
[2] 李泽厚:《美学四讲》,李泽厚《美学三书》,安徽文艺出版社 1999 年版,第 443 页。
[3] 姚文放:《"审美"概念的分析》,《求是学刊》2008 年第 1 期。
[4] 蒋孔阳:《审美欣赏的心理特征》,蒋孔阳主编:《美学与艺术评论》第二集,复旦大学出版社 1985 年版,第 2 页。
[5] 斯托洛维奇:《审美价值的本质》,凌继尧译,中国社会科学出版社 1984 年版,第 129 页。
[6] 朱光潜:《文艺心理学》。转引自姚文放《"审美"概念的分析》,《求是学刊》2008 年第 1 期。

的怎样的感受是"美"的感受,一句话,就无法判断"审"的是不是"美"。可见,不是"'审美'在美学中处于比'美'更为根本、更关乎全局的位置",恰恰相反,而是"美"在美学中处于比"审美"更为根本、更关乎全局的位置。有人说:"'美是难的',难就难在美是什么很难说清楚,而美学又是可以研究的,就在于审美是可以说清楚的。"[1]殊不知"美"说不清楚,"审美活动"、"审美关系"又怎能说得清楚?主张将"美学"定义为"研究审美关系的学科"或"审美学"的致命伤,正如李泽厚一语中的批评的那样:"审美关系是一个极为模糊含混的概念。什么叫'审美关系'呢?不清楚……用它来定义美学,使人更感糊涂。"[2]

"美"是难的,然而正是由于"美"很难解释清楚,才引发了无数人探究的热情。道不可言,因而才不能不言。这是人类认识领域中经常出现的二律背反,对于"美"本质的探求也是如此。倘若"美"那么容易说清楚,美的本质也就失去其理论魅力了。西方美学史上,关于"美"本质的困惑其实早已存在,但人们并没有因此放弃对它的思考。苏格拉底一方面感叹:"我得到了一个益处,那就是更清楚地了解一句谚语:'美是难的。'"[3]同时又在甄别思考美是"有用",或是"恰当",或是"视听觉的快感"。狄德罗一方面意识到:"人们谈论得最多的东西,每每注定是人们知道得很少的东西,而美的性质则是其中之一。几乎所有的人都同意有美,许多人强烈感觉到它,而知道什么是美的人竟如此之少"[4],另一方面又揭示"美是关系"。歌德一方面说:"我对美学家们不免要笑,笑他们自讨苦吃,想通过一些抽象名词,把我们叫做美的那种不可言说的东西化成一种概念。"[5]但另一方面又举例说明:自然物合目的即美[6]。黑格尔一方面说:"对于美的看法是非常复杂、各人各样的,所以关于美和审美的鉴赏力,就不可能得到有放皆准的普遍规律。"[7]"乍看起来,美好像是一个很简单的概念,但不久我们就会发现:美可以有许多方面,这个人抓住的是这一方面,那个人抓住的是那一方面;纵然都是从一个观点去看,究竟哪一方面是本质的,也还是一个引起

---

[1] 王建疆:《是美学还是审美学?》,《社会科学战线》2008年第6期。
[2] 李泽厚:《美学四讲》,李泽厚《美学三书》,第443页。
[3] 柏拉图:《文艺对话集》,朱光潜译,人民文学出版社1963年版,第210页。
[4] 马奇主编:《西方美学史资料选编》上卷,上海人民出版社1987年版,第637页。
[5] 《歌德谈话录》,朱光潜译,人民文学出版社1978年版,第132页。
[6] 《歌德谈话录》,朱光潜译,第132—134页。
[7] 黑格尔:《美学》第一卷,朱光潜译,商务印书馆1981年版,第9页。

争论的问题。"[1]另一方面又下定义:"美就是理念的感性显现。"[2]列夫·托尔斯泰一方面说:"'美'的客观定义是没有的"[3],"想为绝对的'美'下定义的一切尝试……结果或者什么定义也没有下"[4],"一切想为趣味下定义的企图不可能有任何结果"[5],另一方面又概括说:"凡是使人感到惬意而不引起欲望的就是'美'。"[6]克罗齐一方面说,"同一事物从某一方面看是丑,从另一方面看却美……美不是物理的存在","用大多数的票来决定美、丑的东西在哪里"的"归纳的美学家们连一个规律还没有发现"[7],另一方面又归纳说:美是主体的"直觉表现"。迪基一方面为维特根斯坦的解构主义美学观拍手称快,进而否定历史上的各种艺术定义,另一方面又以不断变化的"习俗欣赏"论表明:"'艺术'是可以界定的。"[8]罗兰·巴特一方面说"美是无法解释的",它"缄默不语","拒绝任何直接谓语",同时又说:"只有用同语反复(一张完美的椭圆形的脸)或比喻式(美得像拉斐尔的圣母像,美得像宝石的梦等)那种谓语才是可能的。"[9]维特根斯坦一面说"美"是不可解的,我们应当对它"保持缄默",另一方面又说:美是"使人幸福的东西"[10]。如此等等。只要不用绝对化的态度看待美本质的概括,那么,人们关于"美"本质的解释总是这样那样、或多或少地接近了"美"的概念的本来面目,会给人们认识"美"的共性和规律带来不同角度的启示。今天的学者为什么因为求全不得而放弃美的追问、否定美的研究呢?这样的思维方式是不是显得过于绝对化、极端化了呢?

美学研究取消"美"的本质追问和"美"的共性归纳,事实上会削弱美学的理论品格,造成美学研究的表象化和肤浅化,危及美学学科的存在必要。美学是感觉学、情感学。而感觉、情感是飘忽不定、矛盾复杂的。莱辛指出:"替人类情感定普遍规律从来就是最虚幻难凭的。情感和激情的网是既精微而又繁复的,连

---

[1] 黑格尔:《美学》第一卷,朱光潜译,第21页。
[2] 黑格尔:《美学》第一卷,朱光潜译,第142页。
[3] 托尔斯泰:《艺术论》,丰陈宝译,人民文学出版社1958年版,第40页。
[4] 托尔斯泰:《艺术论》,丰陈宝译,第39页。
[5] 托尔斯泰:《艺术论》,丰陈宝译,第40页。
[6] 托尔斯泰:《艺术论》,丰陈宝译,第40页。
[7] 克罗齐:《美学原理》,朱光潜译,外国文学出版社1983年版,第119—120页。
[8] 蒋孔阳主编:《二十世纪西方美学名著选》下册,复旦大学出版社1987年版,第125页。
[9] 《罗兰·巴特随笔选》,怀宇译,百花洲文艺出版社1995年版,第174页。
[10] 维特根斯坦语,转引自蒋孔阳、朱立元主编:《西方美学通史》第六卷,上海文艺出版社1999年版,第355页。

最谨严的思辨也很难从其中很清楚地理出一条线索来。"[1]黑格尔指出:"情感就它本身来说,纯粹是主观感动的一种空洞的形式……在这主观感动里面,具体的内容消逝了。"[2]鲍桑葵在翻译黑格尔《美学》的英译本中注解说:"情感不是可以下定义的。"[3]金蒂雷在《艺术哲学》一书中也认为,感情是"某种无人能够准确地说明的东西"[4]。正因为如此,在鲍姆加滕之前,西方哲学中一直没有专门研究情感规律的学科。鲍姆加滕当初所以创立"美学",就是要以哲学的方法研究混乱的情感和低级的感性认识的规律,弥补原有学科之缺。本质归纳、共性概括和规律抽象是哲学的基本方法。否定和取消关于美的本质、共性、规律的分析思考,必然会造成这门哲学学科思维深度和理论品格的弱化,为肤浅混乱的审美表象、经验的描述提供理论庇护,从而失去"美学"学科当初创立的本义。美学作为研究感性认识和情感规律的哲学学科,透过形形色色、相互矛盾的情感现象,概括、抽象其背后的共性和规律,是这门科学的基本任务。"美学"如果不研究感觉、情感的本质、特征和规律,"美学"学科还有什么存在的必要?

美学研究取消了"美的本质"和"美的规律"的哲学思考,在实践上也是非常有害的。无论艺术创作,还是社会生活,抑或人生修养,都存在着客观的"美的规律"。正如马克思揭示的那样,人类凭借"自觉自由"的"意识",可以认识"美"的本质和规律,"按美的规律造型"[5]。正因为如此,才有了人造的山水园林,有了动人的城市形象,有了赏心悦目的人居环境,有了美轮美奂的音乐绘画、戏剧雕塑。综合吸收历史上各种关于美的本质、特征的思维成果,总结和揭示"美的规律",为指导人们的审美实践服务,是大众对美学工作者提出的责无旁贷的要求,也是美学学科不可推诿的使命。用"美不可解"、"美无规律可循"回应寻求专业指导的普通大众,不仅对"美学家"的讽刺,也是对"美学"的嘲弄。事实上,诚如卡西尔所说:"美是作为一种最显而易见的人类现象而出现的。美的特征和本质,是不会因任何隐秘和神秘的气氛而被遮掩其光辉的","美,明了可感,不会弄错"[6]。与此殊途同归、异曲同工的是,李泽厚先生也曾指出:"事

---

[1] 莱辛:《拉奥孔》,朱光潜译,人民文学出版社1997年版,第28页。
[2] 黑格尔:《美学》第一卷,朱光潜译,第41页。
[3] 转引自黑格尔:《美学》第一卷,朱光潜译,第41页。
[4] 转引自李斯托威尔:《近代美学史评述》,蒋孔阳译,上海译文出版社1980年版,第10页。
[5] 马克思:《1844年经济学哲学手稿》,人民出版社1985年版,第54页。
[6] 均见卡西尔:《人论》第九章《艺术》,蒋孔阳主编《二十世纪西方美学名著选》下册,复旦大学出版社1988年版,第5页。

实上,尽管一直有各种怀疑和反对,迄今为止,并没有一种理论能够严格证实传统意义上的美学不能成立或不存在。分析美学也未能真正取消任何一种传统美学问题。相反,从古到今,关于美、审美和艺术的哲学性的探索、讨论和研究始终不绝如缕,许多时候还相当兴盛。可见,人们还是需要和要求这种探讨,希望了解什么是美,希望了解审美经验和艺术创作、欣赏的概括性的问题或因素。"[1]

综合而论,由于感性认识的圆满完善在审美实践中被指称为"美",由于事物的美是主体快乐的审美感受的物化,"美"包含着"审美","美学"包含着"审美学",同时由于中文话语中"审美"不同于"美","审美"必须以对"美"的确认为逻辑前提,因此,"美学"是比"审美学"更加妥帖的学科名称。美学研究"美","美"存在于在现实与艺术中,"是被当作事物之属性的快乐"[2],"审美"则是主体对事物中存在的"美"的感受认识,所以,"美学"的具体内涵,就应当是研究现实与艺术中的美及其审美经验的哲学学科,而其中心问题是美的问题。因而,美学又可简单概括为"美的哲学"。愉悦快乐的情感反应是"美"的无法约简的最基本的义项,所以,"美的哲学"又叫"乐感之学";作为"乐感之学"的美学原理就叫"乐感美学"。

(本文载《哲学动态》2012 年第 9 期)

二、论美是普遍快感的对象

汉语中的"美"具有双重语义。一是作名词,指对象性的实体,属于客体。一是作形容词,指"美的",易言之即"愉快",它是一种功能性概念,指实体美的功能,显然,"愉快"是种感觉、经验,属于主体所有。通常,当人们面对一个物象惊叹"美"的时候,这"美"可以是对客观实体的一种判断,即用作名词,也可以是对主观经验的一种描述,即用作形容词。而凡是使人感到"美的"(愉快)必然被人们认可为"美",凡是被人判认为"美"的对象必然能使人感到美(愉快),于是,"美"的双重语义便水乳交融、难分难解了。有趣的是,在英文中,"beauty"这个词也是既可以作"美"(属客体)解也可以作"美感"(属主体)解的[3],这就为人们把客体的"美"与主体的"美"混为一谈提供了语言上的便利。我们当然不能重复前人的这个疏忽。在语言的使用中,在实际审美判断中,尽管客体的美与主

---

[1] 李泽厚:《美学四讲》,李泽厚《美学三书》,第 441 页。
[2] 桑塔亚那:《美感》,缪灵珠译,中国社会科学出版社 1982 年版,第 33 页。
[3] 《英华大辞典》,时代出版社 1955 年版,第 100 页。

体上的美难解难分,但我们所要寻找的美的本质只能是作为客观实体存在于对象世界的那种美的本质,也就是说,我们所要界说的是汉语中与"真""善"并列的那个名词性的"美"。

这种"美"是什么呢?人们曾从客观方面寻求过它的统一的本质,但历史证明:此路不通。比如说美是"和谐",但不和谐有时也美;美是"自由的象征",但非自由的象征物也美;"对称"是美,但不对称有时也美,等等。正如詹姆斯·萨利早在1920年所著的《论笑》中说的那样:"在笑的领域里,'原因的多样性'作用特别明显,而关于笑的理论却要在这样一个领域里去寻找一个统一的原因,所以总是一再失败。"[1]而另有些定义看似包罗万象,实则大而无当。比如"美是关系""美是生活""美是实践",等等。

如果说从客观方面找不到美的统一性,那么从主观方面则可以找到。这就是,无论什么美,它都能引起主体的美的感受,换句话说,都能引起主体的愉快反应。这种情况导源于这样一种事实:在审美经验中,"如果一件事物不能给任何人以快感,它决不可能是美的"[2],反之,如果一件事物能引起人的愉快感觉,它就被这个人判认是美。所以,凡是令人愉快的就为这个审美个体叫作"美"。

古有"红肿之处,艳若三月之桃花"之说,显然,这只能是"嗜痂者"的怪癖。在审美中,尽管凡是美的事物必然能引起人的愉快感,但并非引起人愉快感的对象就是真美,那样就会走向相对主义。真正的美只能是普遍令人愉快的对象。易言之,美即普遍愉快的对象。

这里牵涉到一个美的主观性与客观标准的辩证关系问题。显然,在我们的美学定义中,美是由主体的"愉快"决定的,判认对象是否为美的根据是主体的愉快感。这是美的主观性。然而,这种美又不是主观的,而是有客观标准的,衡量美是不是真美的客观标准就是快感反应的普遍有效性。愉快充其量不过是对象所发出的物质信息与具有感觉器官的生命体的感官结构阈值相契合的感觉标志。同一物种的生命体其感官的结构阈值相同,它所契合的对象也就相同。因此,在美所引起的普遍愉快效应中,包含着美的客观性。这种客观性还表现在美只要普遍地引起同一物种生命体快感就足以为美,不需要得到该物种中每一个生命体的认可。正如物种延续中的个别变异并不能改变该物种的属性一样,个

---

[1] 转引自朱光潜:《悲剧心理学》,张隆溪译本。
[2] 桑塔亚那:《美感》,《二十世纪西方美学名著选》上册,蒋孔阳主编,复旦大学出版社1987年版,第282页。

别感官结构阈值发生了变异的个体在审美感知上与大多数个体发生矛盾,也不能改变为大众所认可的对象的美学属性。

在这种定义中,我们把美引起的主体反应界定为"愉快","愉快"是种感觉,于是"美感"与"快感"等同起来了。这似乎是违反常识的。

是的,我们违反了美学理论的常识。从柏拉图、托马斯·阿奎那,到黑格尔、萨特[1],西方的美学大师们一直喋喋不休地强调:美感不同于快感。直到当代,这种声音仍然鼓噪得很厉害,例如说:"我们不应当称一块烤牛排是美味的。"[2]

然而,人类审美经验的大量事实则无情地粉碎了美学家的向壁虚构。不仅视、听觉以外的味觉、嗅觉、肤觉的愉快人们叫做美,而且比五官在生物学上低一个层次的机体的愉快感也被称作美。如称体觉愉快:美美地睡一觉。称味觉愉快:鲜美、甜美、美味、美滋滋。西方现代唯美主义诗歌的重要特色之一,即在于他们善于捕捉和歌唱"嗅觉美":"嫩白的山楂花/有刺的野蔷薇/叶丛里的紫罗兰/异香的玫瑰/香气袭人/令人心醉……"[3]

肤觉(触觉)在审美感官中向来是最无地位的,因为它可以直接引起人的肉欲。但事实恰好相反,"性感"这个词本来是讳莫如深的,但在现代社会中,它恰恰成为"美"的代名词。那些俊男倩女都希望用紧身衣把自己打扮得"性感"一点,并以有"性感"为荣。人们称赞明星的美,谓之"性感明星";描述波姬·小丝美丽的胴体,谓之"颇富性感"。法国《方位》周刊《赛场上的阴阳人》一文也给我们留下了有关文字资料。文中描写美国短跑明星乔伊娜:"她那颇具性感的女性美是举世称颂的。"[4]人们常说"美丽的大腿""美丽的胸脯",等等,无不与性的联想相关。黑格尔曾揭示过西方人的一种服饰观:美的服饰是能够体现身体自然线条的服饰。可他却不明白,这恰恰是较为开放(与东方比)的西方社会中历代公众以性感参与审美选择的结果。再一个例子,"苔丝姑娘"的扮演者金丝基口唇偏大。部分中国观众感到美中不足,问西方人有何观感。一位美国学者马克·萨尔兹曼倾吐了其中的奥妙:"丰满的嘴唇非常好","因为吻得舒

---

[1] 参李曼普:《当代美学》,光明日报出版社 1986 年版,第 139 页。
[2] 转引自科林伍德:《艺术原理》,中国社会科学出版社 1985 年版,第 40 页。
[3] 杨国华:《现代派文学概说》,华东师范大学出版社 1989 年版,第 34 页。
[4] 《读者文摘》1990 年第 2 期。

服"[1]。在这里,"美导源于性感的范围看来是完全确实的","'美'和'吸引力'首先要归因于性的对象的原因"[2]。

与西方人长于理性分析迥异其趣,古代中国人则偏重于感觉经验的浑融。在这种浑融的经验熔炉中,不仅五官快感相通,而且官能愉快与精神愉快也融为一体。许慎《说文解字》说:"美,甘也。""美"即是一种"甘"味。《淮南子·主术训》:"肥酞甘脆,非不美也。"《说文解字·肉部》:"肥,多肉也。"又《吕氏春秋·适音》:"口之情欲滋味。"高诱注:"滋味,美味。"又《说文解字·旨部》:"旨,美也,从甘匕声。""旨"、"脂"可互训,故"旨"作为"美"被广泛用于古代饮食品评方面。《诗·邶风·谷风》六章:"我有旨蓄,亦以御冬。"《毛传》:"旨,美。"《小雅·鱼丽》一章:"君子有酒,旨且多。"《郑笺》:"酒美而此鱼又多也。"《仪礼·士冠礼》:"旨酒令芳。"《礼记·学记》:"虽有佳肴,弗食不知其旨也。"这些材料,使我们怀疑汉字中的"美"最初是用来指称味觉愉快及其对象的。古人不是不用"美"指称视觉对象,《淮南子》高诱注:"艳"字:"好色曰美。"《左传·桓公元年》:"宋华夫瞥见孔父之妻于路……曰:'美而艳。'"《诗·卫风·硕人》:"蝤首蛾眉,巧笑倩兮。"《广雅》:"娥,美也。"等等。然而古人又常说"秀色可餐",如《诗·汝坟》:"未见君子,惄如调饥。"《郑笺》:"调,朝也,如朝饥之思食。"曹植《洛神赋》:"华容婀娜,令我忘餐。"沈约《六忆诗》:"相看常不足,相见乃忘饥。"马令《南唐书·女宪传》载李后主作《昭惠周后诔》:"实曰能容,壮心是醉;信美堪餐,朝饥是慰。"古人不是不用"美"指称听觉对象,但孔子闻《韶》是"三月而不知肉味"……想来这并不奇怪。人类生活必经先满足食、色之类的功利需要,而后才能进行与功利无关的纯审美活动。而在食、色中,食又是人类最基本的功利需求。因此,"美"字最初用来指称味觉愉快及其对象正在情理当中。

如果我们承认,在中国古代,"美"的本义是"味","味"是"美"的同义词,那么我们就得承认,在下面这段文字所记录的审美经验中,男女交媾的快感也是一种"味",一种"美":"闵妃匹合,其身是健,胡维嗜不同味,而快朝饱?"(《楚辞·天问》,屈原用早饭饿了得以饱餐一顿的味觉快感比喻男女交媾的快感)

不仅味、嗅、触觉愉快与视、听觉愉快相通,而且精神享受与之也相通。这是因为无论精神满足引起的愉快还是官能(生理)满足引起的愉快,在本质上都是

---

[1] 《读者文摘》1990年第2期《幽默的中国人》。
[2] 弗洛伊德:《文明与它的不满意》,转引自朱狄《当代西方美学》,人民出版社1984年版,第25页。

一种感觉愉快,都是同种取向的情感体验。所以,钟嵘称五言诗之美,是"众作之有滋味者也";刘勰称意蕴深厚的美,叫"余味曲包";宗炳称山水画欣赏,是"澄怀味象";古人称艺术品美不胜收,叫令人"回味无穷"。古代美学理论中常常"意味"联言,就是精神愉快与生理愉快溶为一炉的显豁证明。

大量的审美实践昭示着:主体感受的美就是愉快,美感即是快感,这与美学家们苦心经营起来的理论针锋相对。

在一厢情愿、固执僵化的美学条文与鸢飞鱼跃、奔腾活泼的审美实践面前,究竟何去何从?显然我们只能尊重后者而不能曲从前者。

我们无意否认将美感(视听觉快感)从一般快感中分离出来、独立出来在美学认识史上的进步意义。也许,人类的认识是一个"圆圈",它将在更高的层次上"归朴返真"。美感从一般快感中分离出来的固然是认识的进步,但当我们发现此路不通后,让它再回到一般快感中去,也许是更为明智之举。

其实,汪济生在其大著《系统进化论美学观》中早已对五官感觉的相通生理机制作过科学的论证。作者以翔实的生理学知识令人信服地说明:五官感觉活动"都有可以确定、捕捉的生物化学物理机制"。以视觉、味觉为例,"这两种感觉在向各自的中枢部分传导的过程中,不都仅仅是电位而已吗?所不同的不过是味觉的电位是由食物刺激味蕾引起化学反应而产生,视觉的电位是由光在视网膜上引起色素变化造成化学变化而产生的"[1]。视听觉没有什么优越于嗅、味、肤觉的特殊性,它们属于"同一的质的阶段"[2]。而五觉的快感不过是五官对象的物质信息契合了五官的"结构阈值",从而引起五官的"适宜活动"而已[3]。在同为肯定性感觉、同为不假思考而作出判断这两点上,它们是一致的。因此,人们既然把视、听觉愉快称作"美",也就没有什么理由不把嗅、味、肤觉愉快称作"美"。的确,如果像上述那个西方美学家说的那样:"我们不应当称一块烤牛排是美味的",我们真不知道用什么词来形容吃牛排时的愉快感。

既然美感与快感没有什么不同,而普遍快感的对象就是美,那么,美就不是像黑格尔等人所说的,仅为人而存在,是人的一种专利。凡是有感觉功能的有机生命体,都应当有自己的感觉愉快对象,易言之,动物也有美。

对此,达尔文早已从一个生物学家的角度,以大量坚实审慎的科学考察资料

---

[1] 汪济生:《系统进化论美学观》,北京大学出版社 1987 年版,第 12 页。
[2] 汪济生:《系统进化论美学观》,第 12 页。
[3] 汪济生:《系统进化论美学观》,第 176 页。

指明:"美感——这种感觉曾经被宣传为人类专有的特点,但是,如果我们记得某些鸟类的雄鸟在雌鸟面前有意地展示自己的羽毛,炫耀鲜艳的色彩,而其他没有美丽羽毛的鸟类就不这样卖弄风情,那末当然,我们就不会怀疑雌鸟是欣赏雄鸟的美丽了。"[1]达尔文认为,动物也有对"色彩""声音""形状"的"美感"("快感")。在动物的求爱、交配活动中,雌类特别喜欢美丽的雄类,雄类为求媚于雌类,也尽量把自己装饰得漂亮一点,于是,"用进废退""适者生存",在长期的物种繁衍、进化过程中,雄类动物愈来愈美丽,不美的雄类逐渐被淘汰。如果不承认动物有审美力,那么也就等于说雌类不会欣赏雄类的美姿美色美音,于是"雄鸟所显示之努力与苦心,所以展布其美好于雌类之前者,皆所无用",达尔文说:"是乃不能承认之事。"[2]他还以那些通过鸟兽吞食排泄的方式将种子散布开来的植物其果实往往是颜色十分艳丽的事实来说明,果实色彩的艳丽是鸟兽审美力选择的结果。他写道:"我们可以断言,如果在地球上不曾有昆虫的发展,植物便不会生有美丽的花朵,而只开不美丽的花……同样的论点也可以应用在果实方面。成熟的草莓或樱桃,既可悦目又极适口。卫矛的华丽颜色的果实和冬青树的赤红色浆果,都很美丽,这是任何人所承认的。但是这种美,是供招引鸟兽的吞食,以便种子借粪便排泄而得散布。凡种子外面有果实包裹的……而且果实又是色彩鲜艳或黑白分明的,总是这样散布的。"[3]

达尔文指出动物有美感和审美力,这一点是功不可没的。但是,一、他仍恪守"美感是视听觉快感"的传统美学信条[4];二、他认为人与动物拥有的美是"同样的"[5],这却是我们不能同意的。动物体与人体的感官结构阈值是不一样的,各别动物体自身感官的结构阈值也不一样,这就决定了不只人与动物的感觉愉快对象不同,动物之间的感觉愉快对象也各不相同。

周钧韬在《美与生活》中,曾引述过许多有趣的动物"爱美"的现象,不妨一录:

---

[1]《人类原始及类择》,转引自普列汉诺夫:《论艺术》,曹葆华译,生活·读书·新知三联书店1973年版,第8页。
[2]《人类原始及类择》第一册,第147页。
[3]《物种起源》,商务印书馆1981年版,第125—126页。
[4] 如在《物种起源》中说:"最简单的美感,就是说对于某种色彩、声音或形状所得的快感。"转引自普列汉诺夫《艺术论》,第126页。
[5] 如在《人类原始及类择》中说:"我们和下等动物所喜欢的颜色和声音是同样的。"转引自普列汉诺夫《艺术论》,第9页。

昆虫,一般来讲雄的比雌的长得漂亮,鱼类、鸟类也是这样。我们常见的野鸡、孔雀,还有赤鲤鱼,雄的比雌的漂亮得多。有的动物还有许多特殊的"美的装饰",如肉冠、肉垂、肉瘤、角、长羽等。到了求偶时期,这些美饰会大放异彩。孔雀的开屏艳丽无比,赤鲤鱼的光斑和光线斑斓迷离,火鸡和西班牙斗鸡的朱冠光彩夺人,角眼雉的蓝色肉垂鼓胀起来,犹如晶莹的宝石一般。这些美饰,突出于身体的一个部位,于争斗是不利的,甚至会因此而导致败亡。鹿的枝角和某些羚羊的角,虽然原为攻击或防御的武器,但如英格兰有一种鹿,其角的分叉竟有十二个之多,于争斗是极为不利的。在长期的生物进化中,这些东西并未退化,可见另有他用,"装饰"是不是也是一种用处呢?还有些动物不仅有美的装饰,还有跳舞、唱歌等审美活动。百灵鸟、画眉、鲸鱼的"歌喉"是那么迷人。科学家曾对鲸鱼跟踪六个月,作了大量的水下录音和摄影,发现鲸鱼的歌声优美曲折,浑厚,有时微带尖细。一八五六年,航海家诺特霍夫在描述船舱下一条鲸鱼的歌声时说:"它像一个人那样,唱着一种扣人心弦的,忧郁的曲调,并不时夹着汩汩的高音。"一九七七年,美国向银河系发射的"航程一号"、"航程二号"宇宙飞船里,装有一张能保存十亿年的唱片。唱片的最后部分就是一段鲸鱼的歌。……如果说鲸鱼是"天才的歌手"的话,那么龙虾就是"杰出的舞蹈家"了。跳舞是雄龙虾向雌类求婚的方式,其过程是:雄龙虾缓缓地从雌龙虾的背后爬到前面,按"8"字形来回跳舞,大约重复进行十五分钟,然后交配。[1]

周氏肯定动物界有"爱美"的现象,这是难得的。他本来可以由此逻辑地得出动物也有美,美并不专为人而存在的结论,可对传统信条的迷信与怯懦使他不顾事实、自相矛盾地申辩:"美只存在于人类的社会生活之中,离开人类社会,在动物界……都无所谓美。美是对人而言,对人而存在的。"

最值得肯定的是汪济生。汪氏在其洋洋洒洒的美学专著《系统进化论美学观》(1987)中,不仅对达尔文动物美感论中的有价值的部分作了详尽的发挥和发展,而且颇为犀利地批判、扬弃了其中的不足。首先,汪氏反复强调,五觉快感都是美感。其次,汪氏明确指出:美是属于"动物体"的,它包括人但又不限于人。其论证的精彩,不妨取视觉美一段为例:

---

[1] 周钧韬:《美与生活》,黑龙江人民出版社1983年版,第55—56页。

动物机体部的基本需求中,食欲是几乎首当其冲的,而我们就可以在动物求食的活动中发现视觉美感活动的基本形态。……虫媒花植物当然首先是以它能为昆虫提供食物而吸引昆虫的,可是为什么虫媒花又会越发展越美丽呢?原因看来……就是:昆虫在寻找到食物时,不但先注意花的可食性,而且还像一位被富贵生活娇宠坏了的绅士一样,要选择那些对视觉也有愉悦美感的食物。这样,在这些"昆虫鉴赏家","蜂蝶审美专家"的挑剔之下,这场自然选择运动,使那些更美丽的虫媒花植物博得青睐,获得授粉的优势,繁衍不绝;而那些比较不美丽的虫媒花植物便受冷落,缩小了传宗接代的规模……所以,我们说,自然界色彩缤纷夺目的异卉奇葩,是昆虫动物鉴赏家们辛勤劳动的成果,又是它们非凡审美趣味的证明。

在动物体机体部的基本需求中,性欲几乎是仅次于食欲的。而我们也可以在动物性欲满足过程中,找到渐渐渗透进去的视觉审美活动的形态。按一般的概念来说,性活动,只要活动双方具有性生理机构不同的条件就可以了。可是情况并不如此。异性双方,还要从对方的色彩感觉(引者按:该书后来又讨论了音调感觉)上进行美感的比较和选择,从而使毛色愈美的鸟兽愈能多获得繁衍子孙的机会,也愈能保持和发展美丽的性状……所以,我们可以说,今天我们所看到的千奇百异的美丽鸟兽,在某种意义上,是鸟兽经自己审美鉴赏选择后的作品。

我们也要指出植物和动物在繁殖中审美选择活动的不同性质。植物,尤其是虫媒植物,虽然也是在繁殖活动中越来越美丽,但这种美丽却不是它们自己审美力的结果,而是动物对它们审美的结果。动物则不同。动物自身的愈益美丽,却是它们自身审美能力的证明,只不过它们是通过异性体相互之间的选择来进行的。[1]

上述材料都向我们印证着一条真理:美并非人独有的专利,鸟兽虫鱼也有美。如果你看过科教片《瓢虫》,如果你有幸看过或听说过关于音乐有助于鸡的生长的报道,你就会对此更加置信勿疑。

然而,前人有几点意犹未尽,需要我们进一步作出阐明。

第一,所谓"动物有美",只是说,动物有自己的快感对象,并不是说动物有人类所使用的那种术语的"美"字。"美"是人类用以指代、标志快感对象的一个

---

[1] 汪济生:《系统进化论美学观》,北京大学出版社1987年版,第196—198页。

符号,正如不同的民族所使用的"美"字音节、写法都不一样而无害为一指一样,我们可以设想,动物肯定有指代快感对象的信息或音节,不过我们人类听不到或听不懂,但它作为一种符号与人类的"美"字在功能上是一样的,所标志的实体在质上也是相同的(同为快感对象)。

第二,既然美是"普遍快感的对象",而快感的本质在于对象信息契合感官的结构阈值,则不同物种的动物其感官具有不同的生理构造和不同的接纳对象信息的结构阈值,它们所拥有的美也就不一样。因此,达尔文说人类与低等动物拥有的美是"同样的"显然错误。比如人眼人耳能够看到、听到的是一定波长、频率之间的光波与音波,低于其下限或高于其上限都眼不能见耳不能闻,而看起来最悦目的光波与音波,其阈值更有限。而猫却能看到人所看不到的,蝙蝠却能听到人所听不到的。所以猫、蝙蝠的视听觉愉快对象肯定与人不一样。鸭子喜欢钻阴沟觅食烂鱼臭虾(味觉),熊猫吃那坚硬的青竹津津有味(触觉),狗看到生肉骨头便摇头摆尾,常常使不能接受的人们大惑不解。这说明,不同的物种具有不同的审美尺度,因而具有不同的美。关于这点庄子似乎早有先见之明。他认为,物适其性即美[1],各物的本性不一,其所契合的对象(即美)也就不一,所以,"毛嫱、丽姬,人之所美也,鱼见之深入,鸟见之高飞,麋鹿见之决骤"[2]。"《咸池》《九韶》之乐,张之洞庭之野,鸟闻之而飞,兽闻之而走,鱼闻之而下入,人卒闻之,相与还而观之。"[3]同时,我们也应注意到,动物的美与人类的美有时也有交叉、重合、包容的一面。"令蜂蝶留恋不舍的鲜花,也正是令人类心醉神迷的。"令雌类鸟虫兽喜爱的雄类美丽的羽毛、色彩、美饰,也正是人类所欣赏的。这种"共同美"现象的产生或许是由于人与这些动物的感官结构阈值相互交叉所致。然而我们应当指出两点。一、有时某类动物的形态、色彩、声音被人类认为美的,在动物自身看来也许不美的;二、有时某类动物的形、色、音人类认为不美的,在动物自身看来也许是美。一句话,应破除以人的审美尺度为中心去评价动物界审美选择的现象。由此,我们就可以理解:生物界那些在人看来不够美的雌类何以会与美丽的雄类一同遗传下来。难道雌类对雄类有审美要求而雄类对雌类则没有?也许,雄类恰恰认为现在这个样子的雌类就是美的。

美虽然不是人的专利,但无可否认,人类的美是发展得最为充分、最为丰

---

[1] 详见祁志祥:《适性为美——庄子美学系统管窥》,《华东师范大学学报》1989年第4期。
[2] 《庄子·齐物》。
[3] 《庄子·至乐》。

富的。

这是基于这样一个事实：人是有意识的动物。尽管"意识"是不是人区别于动物的根本特性尚有争议，如海克尔指出："高度进化的猿猴、犬、象等等的意识和人类的意识只有程度上的区分，而没有本质上的差异。"[1] 但人的"意识"功能发达的使人成为万物的主宰足以说明，人的"意识"具有其他动物意识所不可比拟的规定性。在这种意识的指导下，人类产生了反映对象本质的"真"与反映人与人之间相处的行为准则的"善"，当一种对象引起人的道德理性（善）与哲学思考（真）满足时，必然会带来相应的情感愉悦。这种千姿百态的"真""善"之美，就是动物界所没有的。

真、善、美的联系就在于，既然美是"愉快的对象"，而"真的形象""善的化身"都能"普遍有效"地引起人的感觉愉快和情感愉悦而成为"愉快的对象"，因而，"真"、"善"与"美"相通。古人常称"意趣""意味"，今人常说"美德""美誉""美好的情操""知识的美""智慧的美"等等，就是证明。卡西莫多形象奇丑，但一颗善良的心灵却使他的丑陋的外表焕发出美丽的光彩，激动了少女艾丝美拉达的心旌；一个人相貌平平，但武装了知识之后的充满机智的谈吐常会令人倾心刮目，都是常见的"善"转化为"美"，"真"转化为"美"的审美经验。所以美育学教导人们："以美引善"，"以美启真"。

然而只看到美与真、善的联系，看不到三者之间的分别，"美"也就失其为"美"了。尽管"美"包容着"真"与"善"，但并不等于"真"与"善"，在外延上，"美"比"真"、"善"大得多。明白些说，有些既非"真"亦非"善"的东西却可能是"美"。比如一道彩虹、一湾流水、一缕花香、一组乐音、一片山石，等等。它们既与"真"无关，亦与"善"无涉。欣赏它们，既不需调动道德思考，又不需调动真假判断，但却能普遍地唤起人的审美愉悦，你无法否认它们是美。这种美，就是只关事物形式不关事物内容的"纯形式美"，康德叫它"自由美"，"纯粹美"。的确，美的特殊性、独立性全由这一部分美的显现。美育学讲的"以美怡情"，就是指的这种美。可惜的是，我国美学界过分强调了真、善、美的统一性而忽视乃至消融了美之为美的独立性、特殊性，因为反"唯美主义"、"形式主义"而忽视了对普遍引人愉快的纯形式美的规律的研究，放松了教导民众对纯形式美的感受能力的培养。

---

[1] 《宇宙之谜》，上海人民出版社1974年版，第170页。

"纯粹美"与"真、善的美"比较起来,"纯粹善"基于人类共同的感官知觉结构,因而往往呈现为超越时空界限的"共同美"。"真、善的美"则基于不同阶级、不同国度、民族、区域乃至不同时代的人们的不同是非意识与道德意识,因而这种形态的美是最有争议的。

从人类的美与动物界的美的关系来说,人类"真、善的美"是动物界不存在的,唯有人类的"纯粹美"与动物界的美可能存某种交叉状态。

美的主客观之争在美学史上一直纠缠不休。中国现代美学史亦然。蔡仪强调美是客观的,吕荧强调是主观的,朱光潜声称:美是主客观的统一。其他如高尔太则可归入吕荧的阵营,李泽厚、蒋孔阳、王朝闻等虽然重新阐释了美的客观性,又补充说美离不开人的主体而存在,实质上与朱光潜一个样。其实,说美是客观的,有些美恰恰是主观的,如"移情"之美;说美是主观的,有些美恰恰是客观的,如星星彩虹的美,桂林石钟乳的美,不可能说看到时它就存在,看不到时它就不存在,作为美它是种客观存在;那么,美是主客观的统一?不错,确实有些美是这样。如一根斜直线,人们普遍感到它静中有动,这种动静相生的美就与主体对重力的认识紧密相关,这种美可以解释为是"人的本质力量的对象化"。但像星星的美你却只能说它是客观的,像"移情的美"(如"情人眼中的西施"的美)你又只能说它是主观的,总之,有的美你无法说它是"主客观的统一",这时,当代西方美学家拉克斯梯尔"有的美是客观的,有的美是主观的"〔1〕的论断想必会激起你的共鸣,但以此作为美本质解释又陷入了二元论。真令人莫衷一是。

而在"美是普遍愉快的对象"这个定义中,延绵不已、纠缠不休的美的主客之争就豁然冰释。你看,星星的客观美是一种"普遍愉快的对象","移情"的主观美(或者说直觉、想象创造的美)也是一种"普遍愉快的对象",那些"主客观合一"创造的斜线的静动相生之美乃至一切"实践"之美,不同样是"普遍愉快的对象"吗?

我们关于美的定义,想必会使人感到与桑塔亚那"美是客观化了的快感"的定义无异。其实,这当中的区别大着呢。

桑塔亚那是这样界说"美的本质"的:"我们觉得,我们的判断不过是对一种外在存在,对外界的真正美妙的感知和发现。然而这种想法却是十分荒谬的和矛盾的。我们知道,美是一种价值;不能想象它是作用于我们感官后我们才感知

---

〔1〕 转引自朱狄:《当代西方美学》,人民出版社 1984 年版,第 212 页。

它的独立存在。它只存在于知觉中,不能存在于其他地方。""美是一种感性因素,是我们的一种快感,不过我们却把它当作事物属性。""当感知的过程本身是愉快的时候,当感知因素联合起来投射到物上并产生出事物的形式和本质概念的时候,当这种知性作用自然而然是愉快的时候;那时我们的快感就与此事物密切地结合起来了,同它的特性和组织也分不开了,而这种快感的主观根源也就同知觉的客观根源一样了……快感就像其他感觉一样变成了事物的一种属性。我们把这种属性同其他在知觉过程中不是这样结合的快感加以区别,而称之为美。"[1]这一切向我们表明了什么呢?一、"美"是主观的;二、"美"是一种功能性概念,即把"美"当作"美感",当作我们所反对的形容词"愉快"加以界定和使用,这是我们不能同意的。

后来,桑塔亚那又加了好多规定性:如美的"快感必不是事物的功利作用,而是对事物的直觉";"官能的快感不同于审美的知觉"[2]。这里显然残留着西方传统美学关于美感不同于一般快感,而是只涉及视、听觉的超功利快感思想的痕迹,我们也与此大相径庭。

要之,我们的定义较之桑塔亚那有着自己的更为丰富的规定性。

为了更有助于人们理解我们的定义,不妨对本定义的要点再作一简单归纳:

(1) 美是一种快感对象。不管这种对象是客观本有的,还是主观创造的,还是主客观合一的。一种对象只要能引起主体感觉性的愉快,它就是美。

(2) 美是普遍快感的对象。引起快感的就被认可为美,快感的本质是主体感官结构阈值对外界物质信息的契合,是主客观的一种协调,主体生理构造相同,感官结构阈值相同,契合、协调的对象也就相同,于是美呈现出一定的稳定性与客观性,美总是能普遍有效地引起主体的快感。

(3) 美是具有感觉功能的物种——动物生命体普遍快感的对象。因而,美不仅为人而存在,动物也有美。不同的物种有不同的审美尺度,因而有不同的美。

(4) 美的统一性不在对象自身的结构、质素、规律,而在引起主体快感的普遍有效性。

(5) 主体感受的"美"即"愉快","美感"与"快感"相通。

---

[1] 蒋孔阳主编:《二十世纪西方美学名著选》上册,复旦大学出版社1987年版,第279页。
[2] 蒋孔阳主编:《二十世纪西方美学名著选》上册,第283页。

(6) 美与真、善既相统一又有区别。

[原载《学术月刊》1998年第1期,中国人民大学复印资料《美学》1998年第4期全文转载。《美学人学研究文集》(江西高校出版社2000年版)全文转载;《美学人学研究与探索》(安徽大学出版社2008年版)全文转载。收入祁志祥《美学关怀》,复旦大学出版社1998年版;又收入《祁志祥论文精选集·人学视阈的文艺美学探究》,上海财经大学出版社2010年版]

三、论美是有价值的乐感对象

美丑颠倒、是非混淆,是当下社会突出的一种乱象。这既与价值多元的思想环境和利益驱动的经济环境有关,也与否定本质的学术环境有关。须知,当"美"的本质成为"伪问题"被取消之后,"美"也就可能是"丑",而且理直气壮。

"本质"为什么会被现代哲学取消呢?理由是,它是永恒不变的客观实体,这种实体是不存在的,因为物质一直在变,只有当下,没有永恒;只有现象,没有本体。这种理论看似高妙,实则似是而非。在自然科学领域,人们对于各种物质现象背后的本质、规律的认知,使得卫星上天,蛟龙入海,取得了屡试不爽、不断为人类享用的科技成果。在社会科学领域,各种社会现象背后的本质也客观存在着,它使得政治学、经济学、社会学、法律学、军事学等用科学的方法研究人类社会的种种现象,揭示其背后的规律成为可能。人文科学虽然带有一定的价值观和主体倾向,但只要是"科学",就不能排斥是一种真理性探索,作为人文社会科学的简称,人文科学是指以人的社会存在为研究对象,以揭示人类社会的本质和发展规律为目的的科学,"本质"也不可取消。而且,"本质"一词,在人们的日常使用中,并非像现代西方哲学所批评的那样,仅仅指物质永恒不变的客观实体,还指某一类现象背后的统一规定性,包括指称这类现象的语词的稳定涵义(定义),这类现象的共同根源、规律、特征。美学作为带有主观性、价值性的人文科学,它所聚焦的"美"的"本质"就是如此。

美学所探讨的"美本质",不是纯客观的永恒不变的物质实体。"美"作为人类使用的一种价值判断,不是物理的,而是心理的。人们之所以用"美"指称某种物质现象,不仅缘于客观对象的原因,而且缘于主体心理的原因。同种物质现象,不仅不同的人会有不同的审美判断,而且同一个人会在不同的心理状态下有不同的审美判断。美学所要研究的"美本质",不是"美"这种客观物质的实体是什么,而是人类使用的"美"这个语词的统一涵义是什么,也就是"美"的语义或"美"这个词的定义是什么。对于这一点,李泽厚其实早有领悟。他在《美学四讲》第二讲中指出:"'美'这个词首先可作词(字)源学的询究。"

那么,"美"这个词的定义是什么呢?依据对他人审美实践的考察和对自己审美经验的内省,综合古今中外留下的记录和剖析审美经验的理论资料,笔者思考的结果是"有价值的乐感对象"。这个定义有两个要点,一是美是能够带来快乐的对象,二是这种快乐必须有价值。

1. 美是一种乐感对象

当我们探讨"美"本质的时候,"美"是当作一种名词,指美的事物,而不是当作形容词,指美的感受。所以,美在物不在我。美与美感是不同的。美是愉快的东西,美感是愉快感。赫西俄德说:"美的事物使人感到快感,丑的事物使人感到不快。"托马斯·阿奎那说:"凡是一眼见到就使人愉快的东西才叫做美的(东西)。"沃尔夫指出:"美可以定义为:一种适宜于产生快感的性质。"桑塔亚那说:"如果一件事物不能给人以快感,它决不可能是美的",美是"客观化的快感"。美的感受不会无缘无故地产生。人们总是习惯把引起美感的身外对象,即审美对象称作"美",把审美对象引起的愉快的感受和认识称为"美感"或"审美"。

"美"作为令人愉快的事物,具有客观性。美所以使人愉快,是因为它本身具有适合普遍使人愉快的品质、属性。徐岱反思说:"一种觊觎着实在论在美学界的主导位置的主观论美学自身,太经不起推敲。……'认为审美态度是造成审美经验的决定性的先行条件,其荒唐不亚于一个人相信他只要持一种享乐态度,他就会由一块发霉的面包尝到烤龙虾的味道。'这样的表达虽然有些尖刻,但也的确击中了主观论美学的要害。"[1]主张美在主体生成的论者无论如何也不敢否定"美的条件",因为事实很显然,龙虾是美味,而发霉的面包不可能是美味。

美作为产生乐感的对象,是相对于感官存在的,因而具有可感的形象性。说"花是美的",这只是一个科学判断,它揭示了一个审美事实,但判断本身是不能感人的;只有到百花园中,通过对含苞待放或昂首绽放的花朵的观赏,才

---

[1] 徐岱.《美学新概念》,学林出版社2001年版,第307页。

能感受到花的美。再如"秋日游子思乡",这个判断只是告诉人们一种人生的知识,并不能打动人的情感,本身并不美,但马致远的《天净沙·秋思》以一种形象的意境的营造,给人浮想联翩、咀嚼不尽的美感,从而具有脍炙人口、千年传诵的美。

"美"尽管在物不在我,具有客观性及其形象性,但把客观对象叫做"美"的统一性根据却在我不在物。事实证明,从客观方面寻找、归纳"美"的语义的统一性是徒劳无功的,"美"这个词的涵义的统一性只有从主体的感觉方面去寻找。这个统一性就是,只要是被称为"美"的事物,都能统一地产生乐感。对此,《淮南子》早有先见之明:"佳人不同体,美人不同面,而皆说于目;梨橘枣栗不同味,而皆调于口。"葛洪《抱朴子》也指出:"妍姿媚貌,形色不齐,而悦情可钧;丝竹金石,五声诡韵,而快耳不异。"客观方面找不到美的统一性虽然令从事归纳的理论家们遗憾,但另一方面,人类可对千姿百态的对象产生乐感而视为美,恰恰体现了人类乐感的包容性和人类指称"美"的对象的丰富性。

"美"的统一性在于快感反应的统一性,这种快感不仅包括感觉愉快,而且包括精神愉快。由于在中文语境中"快感"通常被理解为远离精神愉悦的官能反应,我们借用中国古代美学中的"乐感"概念,将"美"定义为一种"乐感对象",而非"快感对象"。"乐感"概念源于"孔颜乐处",它既指道德欢愉、精神快乐,又包括"风乎舞雩""吾与点也"式的感性欢乐。在这里,我们明确反对"美感不是感官快感"的保守观念,为感官快感松绑。如果"美"所引起的快感对感官无缘,只是精神快乐,那么,"美"就失去了区别于真善的独立性,"美"也就失其为美了。在感官快乐对象中,传统的西方美学将"美"限定在视听觉快感对象范围内,但审美实践并不尽然。在审美实践中,我们看到"美者甘也","妙境可以鼻观",触觉亦可审美,人们不仅用"美"指称视觉、听觉快感对象,也用"美"来指称味觉、嗅觉、触觉快感对象。五觉快感并无质的不同。"美"可以是五觉快感的对象。"美"所引起的感官快乐可以是五觉快感。这是我们特别要强调的。

同时我们要指出:"美"所引起的快感不仅是超功利的,而且包括功利的。换句话说,"美"不仅用来指称超功利的快感对象,也指功利快乐的对象。前者叫形式美,也就是康德所说的"自由美";后者叫内涵美,也就是康德所说的"附庸美"。康德的《判断力批判》一方面在"美的分析"中揭示美是超功利的、不依赖概念而被直觉到的、普遍愉快的对象,这叫"自由美",另一方面又在"崇高的分析"中揭示"美是道德的象征",而"道德"恰恰是功利的。事实上,对象形式带来的感觉愉快是超功利的,对象内涵带来的精神愉快则是功利性的。但是由于我们对康德《判断力批判》"美的分析"的误读,以为这里分析的超功利的"美"是一个周延的概念,指"美"的全部,不知这个"美"乃是一个与"崇高"并列、对峙的"优美"、"纯美"概念(康德另著《对美感和崇高感的观察》《论优美感和崇高感》),对"优美""纯美"的超功利特性的分析并不能作为对包含着"崇高"等范畴的属概念"美"的要求。在内涵美、道德美领域,正如桑塔亚那所说:"审美快感的特征不是无利害观念。""说美在某种意义上是切合实用之根据,这对我们就不一定是毫无意义的。""美的本质就是功利其物。也就是说,我们对于某些形式的实用优点的感觉,就是我们在审美上称赞它们的理由。据说马腿所以美,是因为适合奔驰;眼睛所以美,是因为生来能看东西的;房屋所以美,是因为便于居住。"[1]对于口干舌燥的人来说,一瓶汽水是最美的;对于饥肠辘辘的人来说,一顿饱餐是最美的;对于等候太久的乘客来说,一辆巴士是最美的;对于久旱无雨的庄稼汉来说,一场及时雨是最美的;对于等米下锅的农民工来说,及时拿到工钱是最美的;对于喜欢炫富的年轻人来说,奢侈品是最美的。在这里,对象之所以产生令人愉快的美,在于其中凝聚的功利价值。当然,我们也不赞成将桑塔亚那的说法夸大到以偏概全、否定无功利的形式美、自由美的地步。

如此看来,"美"由于引起的快感的部位、机制不同,也就分为形式美与内涵美。美作为带来乐感的对象,引起五官感觉愉快的对象,叫形式美,引起精神愉快的对象,叫内涵美。形式美包括视觉快感对象美、听觉快感对象美、味觉快感对象美、嗅觉快感对象美、肤觉快感对象美,其快感反应机制属于天然的、不假思索的无条件反射,内涵美作为引起中枢系统中精神愉悦的对象,其反应机制属于后天习得但同样不假思索的条件反射。

正如西方传统美学将美感视为视听觉快感,达尔文因而认为具有视听觉快感能力的动物也具有美感能力和自己感受的美,既然美是一种乐感对象,只要有感觉功能的生命体都有自己的乐感对象,因此,美就不只是人的专利,而是相对于一切动物体而存在,动物也有美。这里,如果我们恪守教条,认为美是只为人而存在的,其他动物没有美的感觉能力,恰恰会在逻辑上留下巨大的漏洞。不过值得辨析的是,当我们说其他动物像人类一样具有感受美的能力和自己能感觉

――――――――――
[1] 桑塔亚纳:《美感》,缪灵珠译,中国社会科学出版社1982年版,第25、108、106页。

的美时,不是说动物能感受人类感受的美,动物感受的美与人类感受的美是一样的。不,动物感受的美与人类感受的美既有同,也有异。动物感受的美与人类感受的美的异同只能发生感官所感觉的形式美领域,源于人类大脑中枢精神喜悦的内涵美,在动物界显然是不存在的。在感官所感觉的形式美领域,牛听音乐能多出奶,孔雀听音乐能开屏,这是动物感受的美与人类感受的美相通的例子。"毛嫱丽姬,人之所美也,鱼见之深入,鸟见之高飞,麋鹿见之决骤。"这是动物感受的美与人类感受的美不同的地方。

对象所以成为快感对象,源于客体与主体属性的契合。在人类认可的形式美领域,外物的形式所以会成为引起快感的美形式,在于外物诉诸感官的物质信息契合了主体感觉的结构阈值。举例来说,人类所能看见的光波,波长在400—760毫微米之间,人类所能听到的声频,每秒振动在20—20 000次。当对象的视觉形式和听觉形式契合了主体视听觉感官能够接纳的结构阈值,主客体处于一种契合、谐和、舒适状态,视听觉的形式美就会产生。如果光线太强或太弱,声响太大或太小,超过了人体视听觉感官的接受限度,就会产生不舒服的丑感。内涵美亦然。内涵美的根源,在于对象具有或象征的意义契合了主体的心理期待,从而产生主客体合一的和谐运动。

如此看来,对象所以成为美,原因在于客观对象与生命主体感官属性、心理属性的相互契合。在美学上,这叫对象具有"主观的合目的性"而成为"美"。不过,不同的动物物种有不同的"主观的合目的性"、不同的美。某一物种的动物体能否以自己物种的"主观的合目的性"否定、扼杀其他物种的动物体的"主观的合目的性"呢?不能。《庄子》早已揭示:"彼至正者,不失其性命之情。故合者不为骈,而枝者不为跂,长者不为有余,短者不为不足。是故凫胫虽短,续之则忧;鹤胫虽长,断之则悲。故性长非所断,性短非所续,无所去忧也。"站在不同物种动物体的生命本性角度看,不同的动物有不同的感官属性、不同的"主观合目的性"、不同的美,和谐的自然生态是尊重每一种动物物种的生命存在权利,从而达到每一种动物物种"主观的合目的性"之美的共存。动物具有"主观的合目的性",但有生命、无感觉的植物和无生命的无机物种无所谓"主观的合目的性",它们是不是就应该束手待擒,任由有感觉的动物物种宰割、砍伐呢?从生态和谐、物种长久存在的角度来看,也不行。只有让植物、无机物按照自身的规律自然生长化育,才有助于各种物种的共生共荣。不过,为本能所主宰的一般动物既看不到,也做不到这一点,只有人类可以凭借高度发达的智慧机能,认识到人类与其他动物乃至植物、无机物的相互依存关系,从主观的合目的性走向客观的合规律性,即对其他各种物种自身生命规律的尊重。对此,马克思在《1844年经济学哲学手稿》中有过精辟的揭示:"动物只是按照它所属的那个物种的尺度来进行塑造,而人则懂得按照任何物种的尺度来进行生产,并且随时随地都能用内在固有的尺度来衡量对象。"于是,美就呈现为合主体的目的性与合客体的规律性的兼顾,由此带来的是一个物物有美、美美与共的生态美学场景。

2. 美的乐感的价值属性

美是一种乐感对象,但并非所有的乐感对象都是美。美只能是有价值的那部分乐感对象。

什么是"价值"呢?"价值"是客体相对于主体显示的意义。斯托洛维奇指出:"价值不仅是现象的属性,而且是现象对人、对人类社会的积极意义。"凡可充当主体的,必是有感觉的生命体。有益于促进主体的生命存在,就叫有价值,反之就叫无价值。正如美国学者兰德所指出:"一个机体的生存就是它的价值标准。"[1]

美所带来的愉快感必须对主体的生命存在有价值。亚里士多德早已指出:"美是自身就具有价值并同时给人愉快的东西。"吕澂《美学概论》指出:"美为物象之价值。"范寿康《美学概论》指出:"美是'价值',丑是'非价值'。"美作为乐感对象,必须是有价值的,具有正能量。

关于"内涵美",值得注意的是,并非所有的心灵愉悦对象都是美。一般说来,心灵作为精神的主宰,懂得按照有益于生命存在的理性规范去控制过度的官能快感追求,从而凝聚为真、善内涵,真、善对主体的生命存在来说具有价值,因而包含真善内涵的愉快对象是一种美,心灵的乐感对象大多体现为美。但同时,真、善又具有见仁见智的主体性,心灵如果走火入魔,误入邪道,其精神乐感对象就不是美,而是面目可憎的丑,如邪教组织者眼中的人体炸弹、恐怖袭击等。所以,即便在心灵乐感对象前,仍需加上"有价值"的限定。事物因内涵而令人快乐的美,只能是"有价值的心灵乐感对象"。

---

[1] 兰德:《客观主义的认识论导论》,转引自宾克莱:《理想的冲突——西方社会中变化着的价值观念》,马德元等译,商务印书馆1983年版,第37页。

不包含真善内涵的形式带来的快感也是如此,包括有价值与无价值两种现象。一般说来,五觉快感标志着对象形式契合主体五官感觉的生理结构阈值,因而对主体的感性生命存在是有价值的。痛苦往往是生命遭受打击、机体平衡失调的反应,快乐则常常是体内平衡、机体健康的感觉,痛苦迫使机体逃避或自卫,快乐则鼓励机体继续前行,从而达到维护生命的目的,生命体追求健康地成长,自然会有快乐相随。从这个意义上看,"一切快感都是固有的和积极的价值"[1],能够带来快感的事物具有价值。

另一方面,机体按其天性对于快乐的追求是无止境的,而感性生命的健康存在对于五觉快感对象的需要是有限度的,超过这个限度的快感满足就是对生命存在来说是有害的,因而是无价值的,不美的。比如吃饱了之后因贪图味觉快感而大快朵颐,美味佳肴就不再是有价值的美,而异化为无价值的丑了。同理,"出则以车,入则以辇,务以自佚,命之曰招蹶之机;肥肉厚酒,务以自强,命之曰烂肠之食;靡曼皓齿,郑卫之音,务以自乐,命之曰伐性之斧。"[2]当下演艺界为追求票房,过度追求感官娱乐,以致"娱乐至死",也将美的艺术异化为无价值的伪艺术、坏艺术。

同时,正如并非所有的痛苦都无价值,比如良药苦口,亦非所有的快乐都有价值,比如鸦片、毒品带来的快乐,"这种快乐是'不自然的',一个由这种快乐构成的生命不再是一个'人'的生命。无论它所包容的快乐是多么丰富巨大,对于人类的意志和标准来说,它都是一种绝对无价值的生命"[3]。心理学博士出身的毕淑敏在小说《红处方》中揭示毒品制造无价值的伪快乐的生理机制:人充满喜悦时,大脑的蓝斑内便积聚起一种奇特的物质"F 肽"。蓝斑是人类大脑内产生疼痛和快乐的感觉中枢,"F 肽"是脑黄金,它是情感快乐的密码。毒品是"F 肽"的天然模仿者,它能让极端渴望快乐的机体在巨量快乐面前,完全被击昏,不能自主,迷失方向。在毒品产生的虚假快乐面前,人体有一套自动反馈机制,会停止自身"F 肽"的生产,吸毒者也就得不到人体的正常快乐了。而人体从毒品中接受的强烈快乐迅速麻痹了神经,此后需要更多剂量的毒品才能获得同等的快感。于是,快感必须依赖毒品的刺激,一旦停用毒品,神经就会狂乱翻搅,陷

---

[1] 桑塔亚那语,见《西方美学家论美和美感》,商务印书馆1982年版,第284页。
[2] 《吕氏春秋·本生》。
[3] 均见弗里德里希·包尔生:《伦理学体系》,何怀宏、廖申白译,中国社会科学出版社1988年版,第229页。

入前所未有的痛苦中。吸毒者从寻找快乐出发,最终却走向了万劫不复的死亡深渊。因此,正如吕澂早已指出的那样:"有价值者必生快感,然生快感者不必尽有价值。"[1]

形式美就是产生有价值五觉快感的那部分对象,它只应在符合感性生命需要的限度内加以追求。

"美"是一个属概念,在它下面,还可分解出一系列种概念,诸如"优美"与"壮美"、"崇高"与"滑稽"、"悲剧"与"喜剧"。它们作为"美"所统辖的子范畴,以不同方式与"有价值的乐感对象"相联系,进一步丰富、充实和证明了"美"作为"有价值的乐感对象"这个属概念。

"优美"是温柔、单纯、和谐的乐感对象,特点是体积小巧、重量轻盈、运动舒缓、音响宁静、线条圆润、光色中和、质地光滑、触感柔软;而"壮美"是复杂的、刚劲的、令人惊叹而不失和谐的乐感对象,特点是体积巨大、厚重有力、富于动感、直露奔放、棱角分明、光色强烈、质地粗糙、触感坚硬。它们给人的快感都有益而无害。

"崇高"是包含痛感,令人震撼、仰慕的乐感对象,本身就包含着肯定的价值,特点是唤起审美主体关于对象外在形象和内在精神无限强大的想象;而"滑稽"则是自感优越、令人发笑、有点苦涩的乐感对象,特点是无害的荒谬悖理。尽管荒谬悖理属于无价值,但它对于审美主体是"无害"的,因而也不是无价值的。"滑稽"分"肯定性滑稽"与"否定性滑稽"。"肯定性滑稽"一般以"幽默"的形态出现,它制造出一系列令人捧腹的荒谬悖理而又无害的笑话,显示出一种过人智慧,体现出一种价值,令人击节赞赏。"否定性滑稽"以无伤大雅的"怪诞""荒谬"形式,成为人们嘲笑、揶揄的对象,博得不以为然的笑声,在审美主体的嘲笑与否定中实现价值。

"悲剧"原是表现崇高人物毁灭的艺术美范畴,后来也用以指现实生活中好人遭遇不幸的审美现象,是夹杂着刺激、撕裂、敬畏等痛感,导致怜悯同情、心灵净化的乐感对象,其价值性不言而喻。"喜剧"原是表现生活中滑稽可笑现象的艺术美范畴,后来也泛指现实生活中具有"可笑性"的审美现象。"笑"有肯定性与否定性之分。歌颂性喜剧产生肯定性的笑,是具有欣赏性、肯定性的笑中取乐对象,直接彰显某种价值;讽刺性喜剧产生否定性的笑,是具有嘲弄性、批判性的

---

[1] 吕澂:《美感概论》,商务印书馆1923年版,第4页。

笑中取乐对象,在审美主体的嘲弄与批判中体现某种价值。

3. 美的特征、原因与规律

"美"的"本质"作为被指称为"美"的现象背后的统一性,不仅突显为"美"这个词的统一定义,还体现为"美"的现象的普遍性特征、共有原因及创造规律。

"美"作为"有价值的乐感对象",通过上述分析,便呈现出下列特征。一是它的"愉快性"。即美的事物具有使审美主体悦乐的属性和功能。这是"真"与"善"未必具备的,也与使审美主体不快的"丑"区分开来。二是它的"形象性"。无论美采取什么样的形态,都必须具备诉诸感官的感性形象。形式美中五官对应的形式本身就是直接引起乐感的形象。内涵美的实质是给"真"与"善"的意蕴加上合适的形象。离开了诉诸感官的形象,就无所谓令感官快乐的形式美;离开了合适的形象外壳,"真"与"善"也不会转化为生动感人的"美"。三是"价值性"。"价值"是有益于生命存在、为生命体所宝贵的一种属性,它的内涵外延比"真""善"还大。一种非"真"非"善"的对象,比如悦目之色、悦耳之声、悦口之味、悦鼻之香、悦肤之物,也许说不上蕴含什么真理,符合什么道德,但只要为生命所需,不危害生命存在,对生命主体来说就具有价值。无价值、反价值的东西虽然可以带来快感,但却不是美而是丑。价值将客体与主体联系了起来,因而,美既具有是否适合主体、是否有益于主体的客观性特征,又具有客体是否契合审美主体,为主体所感动、认同的主体性特征。美的客观性特征,决定了美的稳定性和普遍有效性,决定了共同美以及普适的审美标准的存在。而美是否契合审美主体,为审美主体所认同感动的主体性特征,决定了美所产生的乐感反应的差异性、丰富性,决定了不能通约的美的民族性和历史性。四是"流动性"。同一事物,当它对主体说来成为有价值的乐感对象时,它就是美的,反之就是不美的、甚至是丑的。美不是一种固定的事物或实体,而是一种流动性范畴。

"美"有无规律可循呢?当然有。现代美学强调美的当下生成性,否定美的规律,恰恰是不符合人类审美实践和艺术实践的。我们肯定美是"有价值的乐感对象",也就肯定了"美的规律"的存在,这就是普遍引起有价值快感的法则。形式美的构成法则主要体现为"单一纯粹""整齐一律""对称比例""错综对比""和谐节奏"。内涵美的构成法则主要体现为"理念的感性显现"和"给自然灌注生气"。无论善的理念还是真的理念,要转化为美,必须赋予合适的感性形象。好生恶死是生命主体的本能欲求。人总是视自己的生命存活以及自然中那些生机勃勃的物象为天地间最大的美。审美主体通过给自然灌注心灵意蕴,赋予无生命的自然物以勃勃生气,并赋予自然物各部分形象的统一性、整体性和有机性,等等,通过给艺术品灌注正气、真气以及艺术形式元素之间的阴阳组合,赋予艺术作品以鲜活的生命,这是内涵美创造的另一重要规律。对于身体没有毛病、生理没有缺陷、排除了主观情感好恶成见、拥有客观公正的审美心态的主体而言,任何既成的事物或创造的事物只要符合上述规律,就会被人们普遍视为"美"、叫做"美"。

(本文载《学习与探索》2017年第2期。收入朱立元、祁志祥主编《美学与远方》,上海人民出版社2018年版。详细论述见祁志祥《乐感美学》第三章"美"的语义:有价值的乐感对象》。另见《"美"的原始语义考察:美是"愉快的对象"或"客观化的愉快"》《广东社会科学》2013年第5期;《"美"的特殊语义:美是有价值的五官快感对象与心灵愉悦对象》《学习与探索》2013年第9期)

四、乐感美学原理的逻辑建构

本文系笔者试图重构的新美学原理"乐感美学"的总论,旨在提纲挈领地说明"乐感美学"原理的逻辑结构。笔者认为,美学是美的哲学。美的最基本的性能是产生乐感。因此,美学原理可名之为"乐感美学原理"。在辨明美学的学科定义、标举解构之后重构的建设性后现代方法论的基础上,本文揭示了美是"有价值的乐感对象"这一基本语义;并由此出发,对美的范畴、原因、规律、特征、形态、领域、风格及美感活动特点等作了逻辑一贯、首尾呼应的分析阐释,为填补反本质的解构主义美学留下的巨大真空提供了一份建设性的系统思考成果。

1. 缘起、方法与学科定义

美学之父鲍姆加滕提出"美学"学科概念时,美学是指"美的哲学"。由于他认为美是"感性知识的完善",所以美学作为"美的哲学"就成为"感性学"或"感觉学"。但他并没有建构起严密丰富的"美的哲学"体系,所以,"美的哲学"作为"感性学"或"感觉学",尚留下了一片空白。

康德沿着鲍姆加滕的思路,聚焦"美"的分析,在这方面作出巨大贡献,但他分析的"美"的四大特性其实只是"自由美"、"形式美"的特征,并不能有效说明"附庸美""道德美"的特征。就是说,在康德关于"自由美"与"附庸美"、"形式美"与"道德美"概念的使用、解说之间,存在着各自为政、互不通约的逻辑矛盾。

在"自由美"与"附庸美"、"形式美"与"道德美"之上,"美"的共同属性、特征是什么,尚需人们去继续追寻。

黑格尔研究的"美学"也是"美的哲学"涵义。由于他认为只有艺术中才有美,所以美学就只是"艺术哲学"。黑格尔虽然在"'美的艺术'哲学"的系统建构上作出很大贡献,但由于他认为自然、生活中没有美,因而取消了现实美的研究,使美学研究的范围缩小在艺术的有限天地内,留下的缺憾也不容否认。

鲍姆加滕、康德、黑格尔作为"美的哲学"的先驱,奠定了"美学是美的哲学"的学科定义,为19世纪末、20世纪初世界各国辞典的"美学"词条所采纳。20世纪初,在"美学"作为一门新的研究感觉、情感规律的科学学科介绍到中国学界的时候,基本上都持这种看法。如萧公弼1917年在《寸心》杂志上发表《美学》的"概论"部分,指出:"美学者(Aesthetics),哲学之流别。其学'固取资于感觉界,而其范围则在研究吾人美丑之感觉之原因也'。"[1]"美学者,情感之哲学。"[2]1923年吕澂出版《美学概论》,指出"美学……实则关于美之学也","美学之研究对象,必为美也"[3]。后人沿着这个思路,从事着"美"探索,取得了不少成绩。不过,也出现了一些问题,其中最突出的问题是由于误把"美"的"本质"当作纯客观的"实体"和客观世界中存在的唯一"本体",不明白"美"实际上乃是人们对于契合自己属性需求的有价值的乐感对象的一种主观评价,具有动态性,不明白同一事物既可以显现为"美"也可能显现为"丑",可以呈现为"美"的事物多种多样,不存在唯一的、不变的、终极的"美本体",因而使这种机械唯物论的美学研究走进了死胡同。

当代中国美学吸收了西方解构主义哲学学说和存在论、现象学美学的研究成果,对传统的唯物论美学聚焦美本质研究的缺陷作了清醒的反思和批判,自有积极的纠偏意义,但一味否定美本质研究的合理性,完全取消对"美"的统一性研究的必要性,否定"主客二分"的审美认识方法和美学研究方法,甚至主张用单纯研究审美活动、描述审美文化现象的"审美学"代替作为"美的哲学"的传统"美学",使美学研究变成了"有学无美"、有名无实的研究,只有解构,没有建构,只有否定,没有建树,只有现象描述,没有本质概括,只有知识陈列,没有思想提炼,美学的理论表述因而变得碎片化,没有逻辑体系可言,陷入了另一种极端和

---

[1] 叶朗总主编:《中国历代美学文库》近代卷下册,高等教育出版社2004年版,第641页。
[2] 叶朗总主编:《中国历代美学文库》近代卷下册,第643页。
[3] 吕澂:《美学概论》,商务印书馆1923年版,第1页。

误区。这已经引起国内不少有识之士的重新反思。

其实,如果我们不是在形而上学实体论的意义上理解"本质"一词,而是把"本质"视为复杂现象背后统一的属性、原因、特征、规律,那么,"本质"是存在的,不可否定的。否定了它,必然导致"理论"自身的异化和"哲学"自身的瓦解。今天,站在否定之否定、不断扬弃完善的新的历史高度,从审美实践和审美经验出发,在避免机械唯物论缺陷的前提下,对"美"的现象背后的统一性加以研究,在兼顾主客互动的前提下坚持主客二分,并以古今并尊、转益多师的态度,对古今历史上各种美学成果加以综合吸收,不仅可以弥补传统美学关于"美的哲学"建构的不足,而且可以补救解构主义美学的矫枉过正之处,为反本质主义美学潮流盛行的当下提供另一种不同的思考维度。

美学研究的成果更新离不开美学研究的方法更新。笔者借用当代西方后现代学者的概念,标举以"重构"为标志的"建设性后现代"方法,并根据自己的独特理解赋予特殊的阐释,力图贯彻到"乐感美学"理论的建设中。在笔者看来,"建设性后现代"方法的精髓,是传统与现代并取,反对以今非古;本质与现象并尊,反对"去本质化""去体系化";感受与思辨并重,反对"去理性化"、"去思想化";主体与客体兼顾,在物我交融中坚持主客二分。笔者期望借此为深化美学研究、提升理论水准、更为圆满地解释审美现象提供新的方法论保障。

如前所述,美学研究无法回避"美",而且应当聚焦"美"。"美"的基本性能、特质是什么呢? 就是能给生命体带来快乐、愉悦的感觉,也就是"快感"或者叫"乐感"。按照人们常有的理解,往往以为"快感"与官能快乐联系较近,与精神快乐距离较远。提美是一种"快感对象",很容易给人造成美是官能快乐对象的误解。所以,笔者借用李泽厚提出的"乐感"概念,指称"美"令人愉快的基本性能和特质。"乐感文化"命题是李泽厚于 1985 年春在一次题为《中国的智慧》讲演中提出的,收录在《中国古代思想史论》中,后来在《华夏美学》中有所发挥。李泽厚津津乐道的"乐感"源于孔子。这种"乐感"既包含无害于生命存在的感官快乐,也包含克制有害的感官快乐的精神快乐,这就是"孔颜乐处":"昔夫子之贤回也以乐,而其与曾点也以童冠咏歌……颜之乐,点之歌,圣门之所谓真儒也。"[1]孔子所向往的曾点"风乎舞雩""以童冠咏歌"式的"乐",大抵属于无害于生命存在的感官快乐;孔子所称道的颜回安贫乐道式的"乐",大抵属于有益

---

[1] 袁宏道:《寿存斋张公七十序》,《袁中郎全集》卷二。

于生命存在的精神快乐。"美"就是存在于现实和艺术中的"有价值的乐感对象"。

在坚持美学是聚焦"美"的哲学分支这一基本学科定义的前提下,"乐感美学"从"美"的"乐感"性能、特质出发,演绎、推导、剖析、探讨由"美的语义"、"美的范畴"、"美的根源"、"美的特征"、"美的规律"构成的本质论,由"美的形态"、"美的领域"、"美的风格"构成的现象论,以及由"美感的本质与特征"、"美感的心理元素"、"审美的基本方法"、"美感的结构与机制"构成的美感论,力图建构起由"有价值的乐感对象"这一核心观念辐射开来的美学原理体系。

2. 本质论

当下美学侧重于否定"美的本质",其实在审美实践中,"美的本质"作为美的现象背后的统一性是客观存在的,它通常被表述为"美的语义"、"美的根源"、"美的规律"、"美的特征"。

用必有体。在某个语词所指称的现象、行迹之后,必定有万变不离其宗的本体,这个本体表现为具有稳定性、统一性的语义。"美"的统一语义是什么呢?在日常生活中,凡是一眼见到就使人愉快的对象,人们就把它叫做"美"。美是"愉快的对象"或"客观化的愉快"。这是"美"的原始语义和基本语义,"美"是表示"愉快"、"乐感"的"情感语言"。不过,是不是所有的快感对象都是"美"呢?显然不是。可卡因、卖淫女等可以给人带来快乐,但人们决不会认同它(她)们是"美"。可见,"美"不同于一般的乐感对象,而是神圣的价值符号,指对生命有益、也就是有价值的那部分乐感对象。这是"美"的特殊语义,也是"美"的完整涵义。

能够与主体构成"对象"关系的是五官和心灵,因此,从"美"所覆盖的范围来说,美是"有价值的五官快感对象"和"心灵愉快对象"。"有价值的五官快感对象"构成"形式美","有价值的心灵愉快对象"构成"内涵美"。关于"形式美",应当注意的是既要防止狭隘化,又要防止泛化。所谓"狭隘化",即不顾审美实践,从理论家的一厢情愿出发,将形式美局限在视、听觉愉快对象的范围内,而将其他三觉的愉快对象排除在外。事实上,形式美不只是视觉、听觉快感的对象,也是味觉、嗅觉、触觉快感的对象。所谓"泛化",是将形式美视为给生命体的一切官能带来快感的事物,比如氧气给呼吸系统带来快感,盐水给病体带来快感,排泄给肛门带来快感。氧气、盐水、排泄之类只是善,而不是美,因为机体在感受快乐的同时,已将引起快感的物质消耗掉,无法构成生命主体感官所面对的快感对象。此外值得注意的是:目好美色,耳好美声,口好美味,鼻好香气,肌肤好舒适之物,适合主体需要的五官快感对象是美的事物,但超过主体需要、伤害主体生命的五官快感对象就是丑的玩物,所以,形式美只能是"有价值"的五官快感对象。关于"内涵美",同样值得注意的是,并非所有的心灵乐感对象都是美。一般说来,心灵作为精神的主宰,懂得按照有益于生命存在的理性规范去控制过度的官能快感追求,所以心灵的乐感对象大多体现为美;但心灵如果走火入魔,误入邪道,其乐感对象就不是美,而是面目可憎的丑,如邪教组织者眼中的人体炸弹、恐怖袭击等。所以,即便在心灵乐感对象前,仍需加上"有价值"的限定。事物因内涵而令人快乐的美,只能是"有价值的心灵乐感对象"。

既然"美"是一种"有价值的乐感对象",那么,只要有感觉器官的生命体都有自己的乐感对象、自己的美,因此,从逻辑上说,"美"就不能只是人类才拥有的专利,它是为一切有快感功能的动物生命体而存在的,就是说,动物也有自己有价值的乐感对象、自己的美。动物感受、认可的美或许与人类认可的美呈现出某种交叉重合之处,但动物认可的美与人类认可的美并不完全相同。不同的物种有不同的物种属性、不同的审美尺度,因而就有不同的乐感对象、不同的美。不仅人类认可的美与其他动物不尽相同,即便不同物种的动物也有不同的美。应当破除传统美学人类中心主义的价值立场和思维模式,站在万物平等的生态立场去审视天下万物,承认物物有美,追求美美与共。在这个问题上,我们既要承认、兼顾其他动物感受的美,懂得认识并按照动物认可的审美尺度设身处地地从事美的创造,在与其他动物之美的和谐共存中追求、发展人类认可的美,也要注重欣赏、研究和创造人类认可的美,使人类生活得更加美好和幸福。

属必有种。"美"是一个属概念,在它下面,还可分解出一系列种概念,诸如"优美"与"壮美"、"崇高"与"滑稽"、"悲剧"与"喜剧"。它们作为"美"所统辖的子范畴,以不同方式与"有价值的乐感对象"相联系,进一步丰富和充实了"美"的属概念。"优美"是温柔、单纯、和谐的乐感对象,特点是体积小巧、重量轻盈、运动舒缓、音响宁静、线条圆润、光色中和、质地光滑、触感柔软;而"壮美"是复杂的、刚劲的、令人惊叹而不失和谐的乐感对象,特点是体积巨大、厚重有力、富于动感、直露奔放、棱角分明、光色强烈、质地粗糙、触感坚硬。"崇高"是包含痛感,令人震撼、仰慕的乐感对象,特点是唤起审美主体关于对象外在形象和内在精神无限强大的想象;而"滑稽"是自感优越、令人发笑、有点苦涩的乐感对象,特点是无害的荒谬悖理。"滑稽"分"肯定性滑稽"与"否定性滑稽"。"肯定性滑稽"一般以"幽默"的形态出现,它制造出一系列令人捧腹的荒谬悖理而又无害的笑话,显示出一种过人智慧,令人击节赞赏。"否定性滑稽"以无伤大雅的"怪诞"、"荒谬"形式,成为人们嘲笑、揶揄的对象,博得不以为然的笑声。"悲剧"原是表现崇高人物毁灭的艺术美范畴,后来也用以指现实生活中好人遭遇不幸的审美现象,是夹杂着刺激、撕裂、敬畏等痛感,导致怜悯同情、心灵净化的乐感对象。"喜剧"原是表现生活中滑稽可笑现象的艺术美范畴,后来也泛指现实生活中具有"可笑性"的审美现象。"笑"有肯定性与否定性之分。歌颂性喜剧产生肯定性的笑,是具有欣赏性、肯定性的笑中取乐对象;讽刺性喜剧产生否定性的笑,是具有嘲弄性、批判性的笑中取乐对象。

事必有因。"美"对生命主体而言何以成为有价值的乐感对象呢?易言之,美的原因、根源是什么呢?就是"适性"。这个"性",是审美主体之性与审美客体之性的对立统一。一般说来,审美对象适合审美主体的生理、心理需求,就会唤起审美主体的愉快感,进而被审美主体感受、认可为美。对象因适合主体之性而被主体认可为美,包括审美客体适合审美主体的物种本性、习俗个性或功用目的而美,审美客体与审美主体同构共感而美,通过人化自然走向物我合一,主客体双向交流达到心物冥合而美诸种表现形态。人类具有其他动物所不及的高度发达的理性智慧,因而人类不仅会按照人类主体"内在固有的尺度"从事审美,进而感受对象适合主体尺度的美,而且能够认识审美对象的本质规律,懂得按照"任何物种的尺度"进行审美,承认并感受客观外物适合自己本性的美,从而破除人类中心主义审美传统,走向物物有美、美美与共的生态美学。

成必有道。既然美是"有价值的乐感对象",其成因是"适性",那么,所以成为这些"适性"的"有价值的乐感对象"的法则、规律是什么呢?李普斯曾经指出:美学的任务之一就是"分析确定由美的物象引起之美感性质,又发现物象所以能引起美感之必备条件作用之法则"[1]。李普斯所说的"物象所以能引起美感之法则",大约就相当于"美的规律"。"美的规律"实际上乃是有价值的普遍快感法则。形式美的构成法则主要体现为"单一纯粹"、"整齐一律"、"对称比例"、"错综对比"、"和谐节奏"。内涵美的构成法则主要体现为"理念的感性显现"和"给自然灌注生气"。无论善的理念还是真的理念,要转化为美,必须赋予

---

[1] 转引自吕澂:《美学概论》,商务印书馆 1923 年版,第 2 页。

合适的感性形象。借用黑格尔的话,就叫"美就是理念的感性显现",借用中国古代的话,就叫"立象以尽意"。好生恶死是生命主体的本能欲求。人总是视自己的生命存活以及自然中那些生机勃勃的物象为天地间最大的美。审美主体通过给自然灌注心灵意蕴,赋予无生命的自然物以勃勃生气,并赋予自然物各部分形象的统一性、整体性和有机性等等,通过给艺术品灌注正气、真气以及艺术形式元素之间的阴阳组合,赋予艺术作品以鲜活的生命,这是内涵美创造的另一重要规律。借用黑格尔的话说就叫"生气灌注",化用中国古代美学的话说就叫"生气为美"。对于身体没有毛病、生理没有缺陷、排除了主观情感成见、拥有客观公正的审美心态的主体而言,任何事物只要符合上述规律,就被视为美的对象。

  物必有类。类是种类、特征。"美"作为"有价值的乐感对象",呈现出哪些特征呢?一是它的愉快性,即美的事物具有使审美主体悦乐的属性和功能。这是"真"与"善"未必具备的,也与使审美主体不快的"丑"区分开来。二是它的形象性。无论美采取什么样的形态,都必须具备诉诸感官的感性形象。形式美中五官对应的形式本身就是直接引起乐感的形象。内涵美的实质是给"真"与"善"的意蕴加上合适的形象。离开了诉诸感官的形象,就无所谓令感官快乐的形式美;离开了合适的形象外壳,"真"与"善"也不会转化为生动感人的"美"。三是价值性。所谓"价值",是有益于生命存在、为生命体所宝贵的一种属性,它的内涵外延比"真"、"善"还大。一种非"真"非"善"的对象,比如悦目之色、悦耳之声、悦口之味、悦鼻之香、悦肤之物,也许说不上蕴含什么真理,符合什么道德,但只要为生命所需,不危害生命存在,对生命主体来说就具有价值。无价值、反价值的东西虽然可以带来快感,但却不是美而是丑。四是它的客观性。五是它的主观性。这两种特征是由美的价值性特征决定的。价值既然对生命主体有益,就为生命主体所珍惜和重视。价值将客体与主体联系了起来,因而,美既具有是否适合主体、是否有益于主体的客观性特征,又具有客体是否契合审美主体,为主体所感动、认同的主体性特征。美的客观性特征,决定了美的稳定性和普遍有效性,决定了共同美以及普适的审美标准的存在,不能"因为人们在高级审美领域存在着趣味的差异性,就走向相对主义的极端"[1]。而美是否契合审美主体,为审美主体所认同感动的主体性特征,决定了美所产生的乐感反应的差

---

[1] 汪济生:《进化论系统论美学观》,北京大学出版社1987年版,第6页。

异性、丰富性,决定了不能通约的美的民族性和历史性。

3. 现象论

大千世界,美的现象琳琅满目,多姿多彩。关于美的现象,美学界有多种划分,让人感到比较随意,颇为凌乱。笔者综合比较,反复权衡,依据本书的逻辑结构,将形式美与内涵美划归"美的形态",将现实美与艺术美(含自然美与人工美)划归"美的领域",将阳刚美与阴柔美划归"美的风格"。

"美"的形态千变万化,大体上可分为形式美与内涵美。传统的西方美学将形式美限制在视听觉快感的范围内,认为形式美是视听觉快感的对象。然而在审美实践中,美不仅是视听觉的快感对象,也是味觉、嗅觉、触觉快感的对象。由于食、色欲求在人的本能中是最为基本的,因而,与食欲联系密切的味觉美与色欲联系密切的性感美在形式美中占有更重要的基础地位。用"美"来指称味觉对象是世界各民族的共有习惯。不仅"美食"、"美酒"、"甘美"、"甜美"、"鲜美"、"肥美"、"美滋滋"等是中国人的常用词语,将至高无上的"涅槃"之美比为"甘露"、"醍醐"之味也是印度佛经的一贯传统,而且在西方世界的审美实践中,"美"与"味"也是融为一体而言的。如法语的 savoureux,德语的 delikatesse、delikatdainty,英语的 delicacy、delicate、delicious、savoriness、savor、savoury、nice 都有"美味"或"美味的"之意[1]。当我们将探寻美的触角伸展到味觉快适对象范围的时候,中国传统的美食文化、美酒文化以及美茗文化的美学神韵则得到令人如痴如醉的开显。触觉美又叫肤觉美,因为它联系着肉欲的性感美,过去在西方美学理论史上是讳莫如深的。其实,性感美在中外原初的人类历史上雄辩地存在于各种性崇拜、特别是生殖器崇拜的文化风俗之中。尽管后世的道德文明产生的"不洁"、"污秽"、"羞耻"概念遮掩了性感对象为美的真相,然而随着当代审美实践的世俗化潮流,性感美正在经历着返璞归真的历程。性作为维持人类生命存在和繁衍的不可或缺的元素,在生生为美的美学视野下也重新获得了它的合法性。可以说,只要对个体生命和相关的社会生命没有危害,易言之,只要符合社会的法律规范和道德规范,性快感的对象就被认可为是美的。食色美之外,嗅觉美与味觉美联系得最为紧密。味觉美往往伴随着嗅之香。美食、美酒、美茗

---

[1] 据笠原仲二:《古代中国人的美意识》原注之三,杨若薇译,生活·读书·新知三联书店1988年版,第11—12页。

往往口之未尝而鼻已先觉,所以中国古代美学提出"妙境可能先鼻观"。人们通常将带来怡人芳香的事物视为嗅觉美。自然界中最典型的嗅觉美是花香之美。生活用品中最典型的嗅觉美是人们从花香中提炼而成的各种香型的香水之美。视觉美与听觉美因为距离人的基本的食色欲望最远,所以古来受到西方美学理论的肯定和青睐,是没有争议的形式美概念,不过对它们的探讨尚待深入和细化。视觉美不仅表现为形象美、线条美,而且表现为色彩美、光明美。听觉美表现为自然界的音响美和人工创作的音乐美。人的五觉感官不仅可以各司其职感知外物,而且可以相互联手构成联觉,形成通感美。在欣赏汉字艺术作品的审美活动中,字面意义唤起的直觉意象美与字内意义传达的所指无关,也属于一种形式美。比如"夜夜龙泉壁上鸣"唤起的黄色泉水在山涧石壁上哗哗流淌的直觉意象美。其实秋瑾这句诗表达的真实用意是每天都在练剑习武,渴望早日杀敌报国。

内涵美主要表现为真、善的形象美,也就是本体美、知识美与道德美、功利美;此外还表现为情感的物化美、意蕴的象征美以及想象美、悬念美。内涵美的复杂性,在于往往以形式美的形态呈现,易与形式美混淆,比如喜庆的红色、尊贵的黄色、宁静的蓝色、温馨的绿色。形式美与内涵美往往同时并存于一个物体中。在这种情况下,形式美只有在确保与内涵美不相冲突的前提下才得以成立。如果给五觉带来快感的对象形式为心灵判断的内涵美标准所不容,就不是美而是丑。决定事物整体美学属性的不是形式,而是内涵。如果一个事物外表艳丽,但内质丑恶,那么它的整体美学属性无疑是丑的。

"美"存在于哪些领域呢?存在于现实与艺术中,存在于自然物品与人工制品中。由于自然美属于现实美中的一部分,人工美中的社会美与艺术美与现实美与艺术美相交叉,因此,"美的领域"就主要体现为"现实美"与"艺术美"。

"现实美"具体分为两种类型,一是非人为的"自然美",一是人为的"社会美"。所谓"自然美",是指自然物中不假人力而令人愉快的那些性质或具有这种性质的物象。对于自然美,美学史上存有两种态度。一是认为自然物无美可言,美只存在于艺术中,是艺术品的特点和专利。这种观点以黑格尔为代表。另一种观点与此截然相反,不仅认为自然物中有美,甚至认为一切自然物都是美的,所谓"自然全美",这种观点的代表人物是当代加拿大环境美学家卡尔松。平心而论,这两种观点都有片面之处。按照约定俗成的审美习惯,人们总是把自然物中那些普遍令人愉快的性质或具有这种性质的物象称作"自然美",美不仅存在于艺术作品中,而且存在于自然事物中。自然物中有的令人赏心悦目,被称作"美";有的令人呕心不快,被称为"丑",比如灰尘、垃圾、臭水沟、腐烂的动物尸体,等等。因此,卡尔松等人抛出的"自然全美"论是不合事实、难以成立的。自然物的美,或在于令五觉愉快的对象形式,如花之容、玉之貌;或在于对象形体象征的令审美主体精神愉悦的人格意蕴,如花之韵、玉之神。自然物的形式美源于对象形式天然契合审美主体五官的生理结构阈值,是美的客观性、物质性的雄辩证明;自然物的意蕴美出自审美主体心灵的物化,这是美的主观性、象征性的充分彰显。"社会美"是人类生活中存在于艺术之外而又为人工创造的令人愉快的社会现象。"人"是社会生活的中心。社会美首先表现为人物身心的美。人的形体有美丑之别,作为社会美的人的身体美包括美容美发、健身锻炼等塑造的形体美,人的心灵美包括道德教化、知识武装等塑造的灵魂美、行为美。人的生存主要依赖人类自身创造的劳动成果。劳动成果不仅以满足人的实用需求的实物形象产生令人愉快的功利美,而且在外观上日趋满足消费者的五觉愉快而具有超功利的形式美。人类在美化自己的身心、创造兼有功利美和形式美的劳动成果的同时,还通过各种手段美化自己的生活环境,使日常生活日益趋于"审美化"。在社会生产力空前提高、科技文明不断发展的时代背景下,"日常生活的审美化"是人类追求美好生活的必然结果。

与"社会美"相较,"艺术美"虽然也是人工产物,虽然也可以承载某种功利内涵,但它是以满足读者超实用功利的愉悦需求为基本特征的。艺术美依据与现实的审美关系呈现为现实本有的"艺术题材美"与现实中原来不存在的"艺术创造美"。艺术题材的美说到底属于一种现实美,它虽然参与了艺术美的构成,但并不决定艺术美,就是说,反映丑的现实题材的艺术作品也可以是美的艺术作品。不过,由于艺术媒介不同,产生的美丑效果有强弱之分。作为观念艺术的文学体裁在反映丑的题材时,不快反应不那么强烈,因而文学拥有反映丑的题材的更大权利;而造型艺术反映的丑的现实题材产生的不快反应过于强烈,故而在反映丑的现实题材的范围、方式上受到更多的限制。真正体现艺术美价值、决定艺术美特征的关键因素是艺术所创造的美。这种美表现为三种形态。一是逼真的艺术形象美,指艺术形象对现实题材惟妙惟肖的刻画可产生悦人的审美效果;二是艺术的主观精神美,指艺术家在反映现实题材时流露的积极健康的价值取向和道德精神;三是艺术媒介结构的纯形式美,指艺术媒介组成的纯形式结构因为符合审美规律产生的普遍令人愉快的"意味"。艺术创造的美保证了艺术在反映任何现实题材时都可以获得美,从而不受题材美丑的限制。艺术既可以因美丽地描写了美的现实题材而"锦上添花",获得双重的审美效果,也可以因美丽地描绘了丑陋的现实题材而"化丑为美",形成艺术史上"丑中有美"的动人奇观。传统的古典艺术热衷于美的现实题材的美的再现;后来艺术家发现在丑陋的题材上照样可以完成美的艺术杰作,于是突破现实美的限制,致力于创造艺术形象的逼真美、艺术家传达的精神美和艺术媒介组合的纯形式美。要之,无论通过艺术反映的题材美途径,还是通过艺术创造的形象美、精神美、纯形式美途径,令人愉快的"美"构成了西方传统艺术的根本特征。而在西方现代艺术乃至后现代艺术中,"美"的特征逐渐被消解。其步骤大体是先取消古代艺术(如古希腊雕塑)钟情的题材美,将题材范围转向丑的事物,继而取消艺术形象的逼真美、艺术表现的精神美和艺术媒介的纯形式美,令人不快、触目惊心的丑成为现代艺术的标志,以"美"为特征的艺术随之消亡。

"美"的现象丰富多彩,广泛存在于人类生活的方方面面,成为一种范围极广的文化现象。从风格上区分,则呈现为"阳刚美"与"阴柔美"。"阳刚美"与"阴柔美"也属于基本的美学范畴,与"优美"和"壮美"的范畴存在某种交叉,但有微妙差别。一是"阳刚美"与"阴柔美"是中国美学发明的范畴,而"优美"和"壮美"则属于西方美学阐释的范畴,它们在范畴涵义的厘定论析方面并不完全重合;二是"阳刚美"与"阴柔美"外延比"优美"和"壮美"要大,还涵盖着"崇高"与"滑稽"、"悲剧"与"喜剧"的范畴,囊括着美学之外广泛的文化现象,是对文化现象审美风格取向的概括,所以划归"美的风格"范畴更加合适。其间奥妙,当细细体会。"阳刚美"与"阴柔美"的概念源于中国传统文化,也用来说明中国传统文化。在中国传统文化视阈里,中国南方与北方不同的地理环境决定了不同的审美文化,如孔子分"南方之强"与"北方之强",禅宗分南宗北宗,《北史》《隋书》论文章学术有南北之别,董其昌论画分"南北二宗",徐渭论曲分"南曲北调",阮元论书分南派北派,刘熙载论南书北书,康有为论北碑南帖,刘师培论南北文学,等等。这种南北方文化的不同,整体上体现为北方重理,南方唯情;北方质实,南方空灵;北方朴素,南方流丽;北方彪悍,南方典雅;北方豪放,南方含蓄;北方繁复,南方简约;北方粗犷,南方细腻。一句话,北方崇尚"阳刚"之美,南方偏爱"阴柔"之美。中国古代是一个文官社会、诗歌国度。"阳刚美"与"阴柔美"这两种风格美追求又体现在中国古代以诗歌为代表的文艺创作与评论中,其中,"阳刚美"凝聚为对"风骨"的推尊,"阴柔美"凝聚为对"平淡"的崇尚。中国传统文艺美学追慕的"风骨"美,是作家以儒家的入世精神、忠贞胸怀,以及炽热的情感、直露的表白、阔大的气象、刚健的力量创造的一种艺术风格,它具有"感发志意"的强大教化功能和席卷人心的巨大震撼力,使人在警醒之中自我检省,焕发出一种激越奋发、积极向上之情。中国传统文艺美学所推崇的"平淡"美,则是作家用道释的精神、淡泊的胸怀、娴静的心态、平和的情感和高超的技巧创造的一种艺术风格,它洋溢着出世的理想,浸润着温婉的情调,饱含着深厚的意蕴,形式朴素自然而又符合美的规律,能够普遍有效地引起读者丰腴的感受和回味,使人在悦乐之中保持镇定和谐。

4. 美感论

自然与社会、现实与艺术中呈现出形形色色、千姿百态的令人悦目赏心的形式美与内涵美,对此加以感受、体验和欣赏,就是"美感活动",或者叫"审美活动"。由此获得的愉快感受,就是"美感",或者叫"审美经验"。传统美学理论中,"美"有时仅指"快感","美感论"有时以"美论"的形态出现。这就要求我们将貌似"美论"的"美感论"纳入审美活动的考察视野。

美作为有价值的乐感对象,逻辑推衍的自然结果是,乐感对象的审美主体未必是人,有感觉功能的动物都可以充当审美主体。这已得到许多生物学、动物学研究成果的佐证。在崇尚物物有美的生态美学大视野的今天,任何囿于传统成见对动物有美感的否定,不仅有害,而且显得不合时宜。当然,我们人类讨论美感,毫无疑问应将审美主体的重点放在人类身上,着力研究人类的审美活动。

人的美感活动是审美主体对有价值的乐感对象的经验把握。愉快性、直觉性、反应性是美感的三个基本特征。美感作为乐感对象的拥抱和感知,愉快性是其显著特征。美感的愉快性与美的愉快性的根本不同,是美使审美主体愉快,自身并无乐感可言,而美感则是审美主体愉快,自身就是乐感。在对象之美中,愉快只是功能特征,就是说美具有产生愉快的功能;而在审美主体的美感中,愉快就是美感自身的属性特征。直觉性特征是指美感判断是不假思索的直觉判断。美感的直觉性是由美的形象性决定的。五觉对象的形式美直接作用于人的五官,因契合五官的生理需要立刻引起五觉愉快,美感判断的直觉性特征相当明显。内涵美寄托在某种特定的感性形象中,以此作用于审美主体的感官,再因条件反射性的精神满足而呈现为直接感受和直觉判断。美感不同于意识反映,而是一种情感反应。从情感与外物的关系来看,情感是主体对外物的"反应"而非

"反映",是主体对外物的"态度"而非"认识",是主体对外物自发的"评价"而非自觉的"意识"。意识的反映活动只是单纯的由物及我的客观认识活动,情感反应活动则是由物及我与由我及物的双向活动,打着强烈的主体烙印。美感作为一种情感反应,自然也不例外。所谓"反应",指动物生命体受到刺激后引起的相应情感活动。人受外界刺激产生的情感反应,主要有"喜、怒、哀、乐、爱、恶、欲"等"七情"。其中,"喜"、"乐"、"爱"、"欲"属于美感活动,"怒"、"哀"、"恶"属于丑感活动。情感反应的心理机制是"反射活动"。反射活动分为"无条件反射"(又称一级反射)与"条件反射"(又称二级、三级反射),二者分别对应着形式美与内涵美。五觉形式美的美感活动属于"无条件反射",中枢内涵美的美感活动属于"条件反射"。传统美学总是强调"美感"与"快感"的不同,这个不同究竟是什么呢? 其实它们所说的"快感"不外是"一级反射机制所引发的肯定性感觉";而它们所说的"美感"可以说是"由二级、三级反射机制所引发的肯定性感觉"。"所谓美感和快感的区别,说到底,也就是由反射机制级别不同而区别开来的不同层次的快乐体验罢了。"[1]在笔者看来,只要是有价值的乐感,无论是由无条件的一级反射机制引发的官能快感,还是由有条件的二级、三级反射机制引发的中枢喜悦,都属于美感。

  美感构成的心理元素有哪些呢? 原有的美学论著往往在美论中将美区分为不同形态,但在美感论中却不加分别地一锅煮;新出的美学原理则取消美论,只谈审美,结果在美感元素的分析上愈说愈随意愈糊涂,令人难以信服。笔者认为,美的形态不同,美感的心理成分也不同。对形式之美的感受主要体现为感觉、情感、表象,对内涵之美的感受则在感觉、情感、表象之外,还要加上想象、联想、理解。感觉、情感、表象是美感的基本元素,想象、联想、理解是美感的充分元素。没有想象、联想和理解,美感活动照样可以发生;加上想象、联想和理解,美感活动将更为丰富深刻。

  美感活动中基本的审美方法是什么呢? 是"直觉"与"回味"相结合、"反映"与"生成"相结合的方法。与美分形式美与内涵美两种形态相应,审美方法就呈现为对形式美的"直觉"与对内涵美的"回味"。用"直觉"的方法对待内涵美,无疑不能充分领会其奥妙;用"回味"的方法对待形式美,无异小题大做,会陷于牵强附会。美感活动是客观认识活动与主观创造活动的辩证统一。作为客观认识

---

[1] 汪济生:《美感概论:关于美感的结构与功能》,上海科学技术文献出版社2008年版,第21页。

活动,美感活动是由物及我的、对客观对象审美属性的忠实反映活动;作为主观创造活动,审美活动是由我及物的、对审美对象的审美价值的创造生成活动。因此,美感把握审美对象的美,必须兼顾"反映"的方法和"生成"的方法。

美感中审美判断的结构与心理机制如何呢？从结构上看,审美判断有"分立判断"与"综合判断"之分。"分立判断"指分别着眼于审美对象的形式因素或内涵因素作出的审美判断,"综合判断"指综合审美对象的形式和内涵对事物的整体审美属性作出的审美判断。在对事物整体属性的综合审美判断中,关于内涵的审美判断起主导、决定作用。从审美的心理机制上看,审美反应的兴奋程度与审美刺激的频率密切相关。当审美主体反复接受审美对象强度、容量同样的刺激的时候,审美反应就逐渐弱化,从而产生"审美麻木",直至"审美疲劳",从而走向对"审美新变"、"审美时尚"的追求。美感的心理历程,就是在总体保障审美对象与审美主体生命共振的大前提下,不断由"审美麻木"走向"审美新变"、"审美疲劳"走向"审美时尚"的往复过程,或者说是不断由乏味的"自动化"走向新奇的"陌生化"、再走向和谐的"常规化"和乏味的"自动化"的循环过程。令人激动不已的美感就处在审美主体与审美对象既不失和谐共振,又生生不息、光景常新的创造洪流中。

(本文载《文艺理论研究》2016年第3期,为祁志祥《乐感美学》一书前言,北京大学出版社2016年版)

五、"重构":"建设性后现代"方法论阐释

美学研究的成果更新是离不开美学研究的方法更新的。这里笔者借用两位当代西方后现代学者的概念,标举以"重构"为标志的"建设性后现代"方法,并赋予特殊的阐释。它既反映了笔者对传统和现代乃至否定性后现代美学研究方法得失的思考,也体现了笔者在建构"乐感美学"理论体系时努力贯彻的方法论原则。

1."建设性后现代"方法的提出及其涵义

美学上的所谓"建设性后现代",是一个与"否定性后现代"相对的概念。而"后现代"又是相对于"现代"与"传统"而言的一个概念。所谓"传统"美学,约相当于柏拉图、亚里士多德到鲍姆加滕、康德、黑格尔这段时期的美学,这是一个"逻格斯中心主义"的时代,以崇尚理性和形而上学、追问实体性的本质论、坚持

客观主义现成论和主客二分认识方法为特征。所谓"现代"美学,是指从柏格森、尼采、叔本华、波特莱尔到胡塞尔、萨特、海德格尔等人这个约一百年左右的美学,以解构"逻格斯中心主义"、崇尚非理性和形而下的现象学、虚无主义的本质论、坚持主观主义的存在论和生成论以及主客合一的认识方法为特征。它们有价值,也有缺陷。牟宗三就曾批判过:"如胡塞尔、海德格尔、维特根斯坦都是纤巧,这些人的哲学看起来有很多的妙处,其实一无所有,他们的哲学在论辩的过程中有吸引力,有迷人的地方,但终究是不通透的,故这些思想都是无归宿无收摄的。"[1]雅斯贝尔斯曾一针见血地指出对于海德格尔的存在论,"事实是没有人能够声称,他懂得了海德格尔所谈的那个存在是什么"。"海德格尔的思想本身就是存在:一切都围绕着它谈,指向它,但并达不到它。"[2]再后来进入"后现代"。"后现代"是一个极为复杂的概念,大体上可分"否定性后现代"与"建设性后现代"两种情况。所谓"否定性后现代",就是否定一切、解构一切。在这一点上它与"现代主义"不是一个矛盾的概念,而是一个方向一致、走得更远更极端的概念。关于否定性后现代与现代主义思潮反叛古典传统的一致性,正如法国后现代思潮理论家利奥塔所言:"现代性在本质上是不断地充满它的后现代性。""和现代性正相反的不是后现代,而是古典时代。"[3]美国后现代理论家哈桑认为,后现代性的根本特征之一就是不确定性,由此导致了模糊性、间断性、弥散性、多元性和游戏性等一系列解构而不是建构的特征。[4] 另一位美国后现代学者卡胡恩概说,批判本原、肯定肤浅的表层现实,批判统一,崇尚现象的多元,批判超验、强调范式的内在性和主体的生成性是后现代主义的几个主题,不过同时,后现代主义又以批判在场、否定直接当下的经验在认识中的作用为另一主题[5],呈现出与前述几个主题无法统一,令人无法理解的矛盾,而逻辑上的矛盾性,正是后现代理论的一个特征。正如陆扬指出的那样:"后现代反传统、反理式、反本质、反规律,一路反下来是必然使它自己的传统、理式、本质和规律如坠云里雾中,不知所云。"[6]这里说的"后现代",实际上都是指"否定性后现代",它是"后现代"思潮的主体部分,以利奥塔、德里达、福柯、拉康等人为标志,

---

[1] 牟宗三:《中西哲学之会通十四讲》,上海古籍出版社1997年版,第435页。
[2] 萨弗兰斯基:《海德格尔传》,靳西平译,商务印书馆1999年版,第516页。
[3] 《后现代性与公正游戏:利奥塔访谈、书信录》,谈瀛洲译,上海人民出版社1997年版,第154页。
[4] 陆扬:《后现代文化景观》,新星出版社2014年版,第35页。
[5] 陆扬:《后现代文化景观》,第37—38页。
[6] 陆扬:《后现代文化景观》,第36页。另参同书,第121页。

代表人物众多。否定性后现代理论只有否定,没有建设,只有解构,没有建构,只有开放,没有边际。因此,"它就不具有任何定性,这样的事物也就不成其为特定的事物,而只能归之于虚无"[1]。所以否定性后现代理论就由否定性、解构性、矛盾性、不确定性最终走向虚无主义。按照科学哲学家托马斯·库恩的说法,一个领域的范式被废除了,而在同时并未以新的范式取而代之,那就意味着该领域本身的废弃。"这样一来,Aesthetics(不管作为'美学'还是'审美之学')将全然不复存在,'美学终结'的丧钟就要敲响了。"[2]

"建设性后现代"理论有感于现代美学及否定性后现代理论自身的矛盾及其极端主义、虚无主义缺陷,主张"在解构的基础上建构",也就是"重构"。"建设性后现代"这个方法论概念早先主要由美国学者格里芬提出。"到了1970年代,建设性后现代主义理论流派开始在美国兴起,其主要代表人物是小约翰·科布和大卫·格里芬等,他们从怀特海的过程哲学出发,通过对现代性的质疑以及对否定性后现代主义中的怀疑主义和虚无主义的批判,提出了一套兼具批判性和建设性的新的哲学思想体系,其中后现代整体有机论、后现代生态文明观以及后现代创造观等被视为该体系的三大理论支柱。"[3]格里芬指出:"建设性或修正性的后现代主义是一种科学的、道德的、美学的、宗教的和直觉的新体系,它并不反对科学本身,而是反对那种允许现代自然科学数据单独参与建构我们世界观的科学主义。"[4]德国后现代美学家韦尔施以美学的"重构"实践呼应了"建设性后现代"的主张。韦尔施以美学论著《重构美学》著称于世。该书英文名为 Undoing Aesthetics。"undoing"有取消、拆解之意,本身是一个后现代意味浓厚的概念,但韦尔施的真正用意并不在一味拆解传统美学的论域,更不是取消美学学科本身的存在,而是说美学应当在解构之后重新建构。因此,陆扬将此书译为"重构美学"[5]。"在后结构主义和解构主义之后,美学将如何存在?传统美学三大问题即审美客体(美的本质)、审美主体(审美心理)和艺术原理,在后现代思潮之后已无以为继,由此如何拯救美学?韦尔施的主张值得期待。"[6]韦尔施是如何"重构美学"的呢?首先根据当代日常社会生活不断美化的现实,从四

---

[1] 陈伯海:《生命体验与审美超越》,生活·读书·新知三联书店2012年版,第138页。
[2] 陈伯海:《生命体验与审美超越》,第8页。
[3] 李丽纯:《建设性后现代理论》,《学习时报》2010年3月10日。
[4] 转引自李丽纯:《建设性后现代理论》,《学习时报》2010年3月10日。
[5] 陆扬:《日常生活审美化批判》,复旦大学出版社2012年版,第164页。
[6] 章辉:《论韦尔施的后现代美学思想》,《上海交通大学学报(哲学社会科学版)》2008年第3期。

方面分析了当代审美文化现象[1],确认了美学研究的新论域,指出美学研究不能将范围仅仅局限在艺术中,还应扩展到日常生活的审美现象中。"在传统美学的三大块即美与真、美与善和艺术哲学解体之后,我们如何言说美学?美学如何面对当代文化现实?""韦尔施总结,新美学的三大领域是非现实化、对感知的重构和传统经验形式的重新确认。"[2]也就是在处理美与真(审美客体)的关系时确认审美图像的虚拟化、在处理美与善(审美心理)的关系时确认感性意志的基础地位、在处理美学研究范围时确认艺术之外人们的日常生活中存在的愉快经验现象被研究的合法性。由此可见,《重构美学》"综合了与感知相关的所有问题,吸纳着哲学、社会学、艺术史、心理学、人类学、神经科学等的成果。'感知'构成其学科的框架,尽管艺术可能是最重要的,但它只是这一学科中的一个"[3]。尽管韦尔施"重构"的新美学体系我们未必全部赞同,但他提出的立足于解构之上建构的"重构"却具有走出现代美学和否定性后现代美学局限的方法论示范意义。1967年,英国美学家奥斯本在《美学与艺术》一书中指出:现代解构主义美学全盘"否认美学的系统性",否认"给一些关键性的词汇譬如'艺术'或'美'等下定义的必要性和价值",是"多少有点武断的"。"近三十年来……美学著作中所表现出来的最明显的特征,或许就是否认美学的系统性,以及对给一些关键性的词汇譬如'艺术'或'美'等下定义的必要性和价值所采取的多少有点武断的怀疑态度。"[4]前英国美学协会主席卡里特说得好:"我们并不否认一切美的事物都是个别的说法。我们的意思是说,被归之为所有美的事物的美,完全不是一个多义的名称,而是一种同一性。它能够在美的所有实例中,被作为不同于例如道德这另一种同一性的因素而被辨认出来。"[5]因此,"我们应为一种已被清洗过的形而上学保留一块地盘"[6]。当代美国分析美学家肯尼克清醒地意识到:"哲学上的错误极少是一钱不值的笑柄,它们总有一定的道理。"[7]"虽然一切艺术品的共同点无法找到,在一些差异悬殊的艺术品之

---

[1] 即作为审美客体的日常生活表层锦上添花的美化;技术和传媒通过制造虚拟幻象对客观的社会现实的美化;主体在身体和灵魂两方面的美化;以及由于审美是认识活动的基础形成的认识论的审美化。

[2] 章辉:《论韦尔施的后现代美学思想》,《上海交通大学学报(哲学社会科学版)》2008年第3期。

[3] 韦尔施:《重构美学》,上海译文出版社2002年版,第137页。

[4] 奥斯本:《二十世纪的美学》,《美学与艺术评论》第二集,复旦大学出版社1985年版,第441页。

[5] 卡里特:《走向表现主义的美学》,苏晓离、曾谊、李洁修译,光明日报出版社1990年版,第24页。

[6] 斯特劳逊语,转引自查尔斯沃斯:《哲学的还原》,田晓春译,四川人民出版社1987年版,第201页。

[7] 蒋孔阳主编:《二十世纪西方美学名著选》上册,复旦大学出版社1987年版,第110页。

间寻求相似的努力都颇有成效。"[1]当代以色列艺术理论家亚菲塔对陷入"恶搞"的西方现代主义艺术极尽批判之能事,为传统艺术的本体论和范式的合理性辩护,他说:现代主义艺术活动"只是解构,没有建构;只是拆解,没有联接。而任何艺术品都必定是解构和建构、拆解和联接的辩证统一体,是一种阴和阳的统一体"[2]。"旧秩序毁了,却没有新秩序去占领腾出来的地方……就是因为这个原因,艺术陷入了散漫不堪的境地。"因此,"现代主义不过是一场伪革命"[3]。奥斯本、卡里特、肯尼克、韦尔施、亚塔菲虽然没有给自己贴上"建设性后现代"的标签,但其批评一味否定,坚持有所肯定、概括,主张在解构的基础上有所建构的态度与格里芬的"建设性后现代"主张是一致的。

另一方面,即便以全盘"解构"著称的那些"现代"或"否定性后现代"学者,他们实际的所作所为也是有所建构的。对此,阎嘉分析揭示:"所谓'解构',已成了后现代的典型特征。解构主义者所针对的目标是所谓'元叙事'或'元话语',它们多半是传统的文学理论与批评当作出发点或理论诉求的'理论预设'……然而,我们时常可以发现,'解构'成了一些理论家和批评家的策略,即借'解构'之名来张扬自己的观点和立场。""当我们认真阅读那些解构'大师'们的著作时,实际上可以发现一个确凿的事实:他们在对既有理论和观点进行解构时,同时也在建构自己的观点和理论。""我们不能被他们表面上的姿态所迷惑。"[4]比如利奥塔一方面解构理论的宏大叙述,另一方面又拥有一种普遍性的框架和宏大的理论叙述。佛克马指出:"利奥塔的关于一切宏大叙述均已终结的似是而非的宏大叙述,显然不能令人信服。"[5]波普尔一方面拒绝一切"是什么的问题",另一方面又提出了"修改了的"本质观:"虽然我们不能够用普遍的规律去描述这个世界的终极本质,但是我并不怀疑:我们可以越来越深刻地探索世界的结构,或者也可以说探索那越来越具有本质性的,或越来越有深度的世界属性。"[6]海德格尔以反对传统的形而上学实体论著称,但另一方面,他也

---

[1] 蒋孔阳主编:《二十世纪西方美学名著选》下册,复旦大学出版社1987年,第122页。
[2] 齐安·亚菲塔:《西方现代艺术:失去范式的文化误区》,《学术月刊》2009年第9期。
[3] 均见齐安·亚菲塔:《艺术对非艺术》,王祖哲译,商务印书馆2009年版,第9页。
[4] 阎嘉:《21世纪西方文学理论和批评的走向与问题》,《文艺理论研究》2007年第1期。
[5] 佛克马:《走向新世界主义》,《东方丛刊》1999年第1期。
[6] 卡尔·波普尔:《开放的思想和社会——波普尔思想精粹》,张之沧编,江苏人民出版社2000年版,第170页。

承认:"形而上学属于人的本性。"[1]对形而上学的"整体性"追求表示理解:"形而上学就是一种超出存在者之外的追问,以求回过头来获得对存在者之为存在者以及存在者整体的理解。"[2]这就从实践上否定了"否定性后现代"极端的虚无主义主张,确认了"建设性后现代"概念的成立。

在中国学界,有不少学者也在反思以解构主义为特征的现代美学及否定性后现代美学的得失,探寻着如何在解构的基础上重构的美学出路,这些学者有钱中文、童庆炳、陆贵山、陈伯海、王元骧、张玉能、赖大仁、阎嘉、陶东风、李西建以及比较年轻的一代学者刘旭光、刘阳、张旭曙等。比如张玉能批评解构主义美学的致命缺陷:"割裂了实践中事物及其意义的确定性和不确定性的辩证关系,从而走向了绝对不确定性的泥淖而不能自拔。"[3]赖大仁指出:"从当代文论界的整体情况来看,似乎人们更容易产生质疑与'解构'的冲动,而难以燃起探究与'建构'的热情。""我们的当代文论自身究竟应当如何建构?在什么样的理论基础上建构?围绕哪些基本问题进行建构?以及站在什么样的理论立场和用什么样的价值观念进行建构?这一系列的问题似乎都不甚明确,更难以达成理论界的'共识'。"[4]"从理论的创造、生成及深化的角度看,解构文论在中国学界所得到的实质性拓展并不令人乐观","无法完成'破'中有'立'的理论革新任务,因而也无力引导中国文论走向未来。""解构之后重审文艺学的本体论问题,是一个关乎中国文论建设的基础性工作,也是该学科研究的元命题。"[5]陆贵山先生提出:"应当解构即解构,应当建构即建构,建构必须解构,解构必须建构,解构的目的是为了建构,解构与建构是一个持续发展、不断螺旋式上升的过程。"[6]刘旭光提出:"这个时代否定了美的'本质'",然而,"在美学这一人文学科中,美的'本质'具有不可或缺的功能,在审美的形而上学性这一基础上,对'美'的本质的建构是不能放弃的。""必须重提审美的形而上性质,重建'美'的形上魅力。"[7]如何重建呢?钱中文先生指出:就是在反对"本质主义"的前提

---

[1] 海德格尔:《路标》,孙周兴译,商务印书馆2000年版,第140页。
[2] 海德格尔:《路标》,孙周兴译,第137页。
[3] 张玉能、张弓:《解构主义文论与中国当代文论建设》,《江西社会科学》2008年第9期。
[4] 均见赖大仁:《当代文论研究:反思、调整与深化》,《文艺理论研究》2013年第3期。
[5] 均见李西建:《解构之后:重审当代文艺学的本体论问题》,《陕西师范大学学报(哲学社会科学版)》2009年第1期。
[6] 陆贵山:《本质主义解析与文学理论建构》,《文学评论》2010年第5期。
[7] 刘旭光:《审美的"复魅":回到形而上学》,《文艺理论研究》2014年第3期。

下从事"本质"研究。"本质主义"是一种"自我定义为永恒真理的教条主义思维方式,它把预设的东西都当成亘古不变的真理",而必然"导致思想僵化"。但反对"本质主义",未必等于取消对事物本质的研究,因为本质研究可以"揭示现象后面隐蔽着的最具特性、确定现象性质的因素","是人的高级认识能力的表现"[1]。如何处理"本质研究"与"本质主义"的关系呢?就是从事事物的本质研究,但不把它绝对化。另有些学者主张改变传统的实体论的"本质"概念,将"本质"视为在认识活动中的动态建构,刷新"本质"研究的格局。这些学者的主张,不妨视为"建设性后现代"美学的丰富。

笔者试图以"建设性后现代"的新方法来"重构"乐感美学理论体系。在笔者看来,"建设性后现代"方法的精髓,是从审美实践出发,否定和扬弃传统美学、现代美学(包括否定性后现代美学)各自的缺陷,继承和择取传统美学、现代美学(包括否定性后现代美学)各自的合理成分,在解构基础上重构,在批判基础上肯定,在否定基础是建设,使美学理论能更圆满地解释和说明审美经验。具体说来,就是古代与现代并取,本质与现象并尊,思辨与感受并重,唯物论与存在论结合,现成论与生成论结合,客观主义与主观主义兼顾,主客二分与主客互动兼顾,以美是一种乐感对象为理论原点,按逻辑与实证相结合的原则重构一个新的"乐感美学"体系,以图为人们认识美的奥秘,掌握美的规律,指导审美实践,美化自我人生提供有益参考。

2. 传统与现代并取,反对以今非古

任何成功的建构都是建立在对既有成果的继承基础之上的。当《乐感美学》试图建构一个新的美学体系的时候,它所要继承、吸取的成果到底是应该只有现代美学的,还是应该包括古代美学的呢?从"建设性后现代"的角度来看,答案非常清楚,那就是古今中外的成果同等尊重,化用古代诗句的话说就是:不薄古人爱今人,转益多师是吾师。

美学研究发展到今天,积累了大量研究成果。关于古往今来美学研究的阶段特征,陈伯海先生有一个精辟的概括:"古代美学是'有美无学',近代美学属'有美有学'","现代美学恰成了'无美有学'"[2]。从世界观、本体论、方法论

---

[1] 钱中文:《文学理论:求索与反思》,中国社会科学出版社2013年版,第30页。
[2] 陈伯海:《生命体验与审美超越》,生活·读书·新知三联书店2012年版,第6页。

方面看,陈先生所说的美学研究的三阶段,约相当于笔者所说的"传统"与"现代"两个阶段,即从"古代美学"到以鲍姆加滕为代表的"近代美学"合称为"传统美学",这是坚持唯物论的世界观、追寻普遍不变的美本质、应用主客二分的方法论建构美学原理体系的阶段;此后的"现代美学"则是坚持存在论的世界观、否定普遍永恒的美本质、应用主客交流的方法论解构美学体系、对美学理论进行散点阐述的阶段。它们都是为了更好地解释自己经历和观察到的审美经验,尽管有些理论出现了经验的异化状况,但总体上可作为阐释各种审美经验的记录来看。因而,它们各有优点,值得兼尊并取,也各有缺失,所以"传统美学"遭到了"现代美学"的反叛,"现代美学"又遭到了"建设性后现代美学"的反驳。"建设性后现代美学"立足于"传统美学"与"现代美学"之后,能够对二者的得失看得清清楚楚,从而不偏一端,既重视择取现代美学的最新成果,也认真吸收古代美学的丰富资源。成果有古今,学说有先后,理论有新旧,但价值无高下,它们总是从某一角度、某一层面接近审美经验,不能简单地说新的总比旧的高明正确。20世纪初,中国学界盛行进化论,以为新的必定胜过旧的,年轻的必定胜过年老的,结果闹出笑话。当下中国理论界包括美学界也流行一种"厚今薄古"甚至"以今非古"的成见,必定贻笑后人。

美学史上后来的学说大多是在不满前人不足的基础上提出来的,后来又被别人的新说所否定和超越。在新中国美学研究的历史上,曾经历过笃信唯物论、笃信实践论、笃信车别杜[1]、笃信康德黑格尔的阶段,后来发现,任何一种过分笃信都有失偏颇。时下又笃信维特根斯坦、海德格尔、德里达等人的存在论和解构主义,是否有同样的绝对化偏颇值得警惕,答案不言而喻。学术史上趋向无限的芳林新叶催陈叶,各领风骚数十年的否定之否定历程启示人们,任何学说都不是绝对正确的,但从某个角度、层面看又都有可取之处。历史地看,从古希腊到黑格尔,从周秦到新时期,西方的古代美学和中国的传统美学横跨两千多年,积累了大量成果,而西方的现代美学只有一百年左右的历史,中国区别于传统的现代美学步尘西方,只有几十年的历史,尚未经过学术史的过滤和沉淀,这就要求我们综合古今美学成果重构美学理论体系的时候,应当将更多精力投放在古代美学、传统美学成果的潜浸涵濡上。总之,我们要努力树立全方位的视角,以一种平等精神和尽可能大的包容性,将古今中外美学资料中那些能够有效说明审

---

[1] 车尔尼雪夫斯基、别林斯基、杜勃罗留波夫。

美经验的合理成分吸收进来,建构"乐感美学"体系,使自己的美学新论成为凝聚着古今美学思想最大公约数的结晶。

重构的继承是一种扬弃的继承,它是建立在对前人成果不足的甄别和否定基础上的。于是,如何正确认识和评价前人成果以及自己提出的新说,就成为摆在建构者面前的一个重要课题。否定容易立论难。"在美学争论中往往有这样一种情况,当他在批评别人的观点时,总是一语中的,很有分量,可是,当他自己树立一个观点时,又会显得矛盾百出。"[1]常见的情况是,在批评别人的不足时夸大其词,陷入极端,而对自己平庸的、甚至矛盾百出的立论却过于自信。20世纪初,英国美学史家鲍桑葵在比较了西方美学史上若干美的定义之后,提出了一个自认为是"全面的美的定义":"凡是对感官知觉或想象力具有特征的,也就是个性的表现力的东西,同时又经过同样的媒介,服从于一般的、也就是抽象的表现力的东西就是美。"[2]这个定义究竟给我们怎样的感受呢? 不仅意义含混,而且表达啰唆,比以前的定义要差得多。依据这个定义,很难明白美为何物。稍后英国的绘画理论家克莱夫·贝尔不满前人的艺术定义,提出自己的定义,即艺术是"有意味的形式"。这"意味"是一种"审美情感"。"有意味的形式"指能够"激起我们审美情感的形式的排列组合"[3]。这个定义怎样呢? 正如有学者指出的那样:"在逻辑上有比较明显的循环论证的毛病。"[4]维特根斯坦揶揄说:"如果我们指令他把库房中一切有意味的形式或一切有所表现的物体搬出来,那他一定会感到踌躇。当他看到一件艺术品时他是能一眼就识别出来的,可是当他要去寻找的是有意味的形式的东西时,他便茫然失措了。"[5]肯尼克批评道:"以贝尔的名言'艺术是有意味的形式'为例,它完全无助于我们对艺术的本质的理解。在这种意义上,它失败了。"[6]德国学者卡西尔不仅自信满满地提出了"人是文化动物"的人性定义,也自以为是地重新界定"艺术":"艺术可以定

---

[1] 楼昔勇:《美学导论》,华东师范大学出版社1996年版,第28页。
[2] 鲍桑葵:《美学史》,张今译,商务印书馆1985年版,第9页。
[3] 蒋孔阳主编:《二十世纪西方美学名著选》上册,复旦大学出版社1987年版,第160页。贝尔定义的另外一位倡导者罗杰·弗莱说:"我认为,我们十分赞成说'有意味的形式'是与那些令人愉快的排列形式、合谐的形式等等不同的东西。我们觉得,具有'有意味的形式'的一件作品,是艺术家努力表现一种观念的结果,而不是创造一个令人愉快的对象的结果。"(同上书,第200页)这是不符合贝尔原意的。
[4] 王又如语,蒋孔阳主编:《二十世纪西方美学名著选》上册,第152页。
[5] 蒋孔阳主编:《二十世纪西方美学名著选》下册,复旦大学出版社1987年版,第108页。
[6] 蒋孔阳主编:《二十世纪西方美学名著选》下册,第111页。

义为一种符号的语言。"[1]什么是"符号"呢？卡西尔又给出了自己的特殊解释。以"符号的语言"定义"艺术"，实际上涵义晦涩而模糊，远不如此前艺术是"现实的摹仿"、是"情感的表现"之类的传统定义明确。美国学者迪基在1974年出版的《艺术与审美》一书中，对"艺术"的本质重新给予定义："艺术"是不同时期的社会"习俗"普遍"欣赏"的"艺术品"。这个定义又如何呢？连迪基自己也意识到，"有人可能感到不舒服，认为我的定义是恶性循环。"他不得不说："应当承认，在某种意义上，这个定义是循环。"[2]当代波兰现象学美学家英伽登1967年在英国美学协会的演讲中评述一种"十分流行"的"主观的""看法"："一个艺术作品的价值，除了被理解为某个接触已知的艺术作品的观赏者所经历的明确的心理状态或体验的愉快外，别无他物。他得到的愉快越多，观赏者就认为这个艺术作品价值越大。"[3]他对此持批判态度，主张这种"审美（或艺术）价值的主观性理论应该彻底被抛弃"。他在论证自己的这种结论时说："诚然，观赏者是通过评价艺术作品而报告他的愉快的，但严格地说，他是在评价他自己的愉快，他的愉快对他是有价值的，他不加鉴别地把这愉快转移到引起他愉快的艺术作品上去。但是，同样的作品在不同的主体上唤起不同的愉快，或者也许根本不引起愉快，甚至完全同一个主体身上在不同的时候它引起不同的愉快。因此，所谓艺术作品的价值对于观赏者及其状况来说，将不仅是主观的，而且是相对的。"[4]艺术品所唤起的"这些愉快，或是心灵的真实状态，或是精神状态和体验的特质，它们都不包含在艺术作品中，或受艺术作品的牵制"。"如果在我们同艺术作品交流时这些愉快构成唯一表现出来的价值，那么，要把价值归于艺术作品自身就是不可能的。因为愉快完全在艺术作品之外保持着。作品是某种超出我们经验及其内容范围的东西，是某种在与我们自己的关系上完全超验的东西。"[5]英伽登在批评中完全否定艺术作品乐感反应的普遍有效性及其与艺术作品的客观联系，断定作品引起的"愉快""完全在艺术作品之外保持着"，不"受艺术作品的牵制"，则是以偏概全的妄断。如果把这类妄断不加甄别地当作真理作为我们建设的根据，将使这种建设在歧途上愈走愈远。

---

[1] 蒋孔阳主编：《二十世纪西方美学名著选》下册，第22页。
[2] 蒋孔阳主编：《二十世纪西方美学名著选》下册，第141页。
[3] 均见蒋孔阳主编：《二十世纪西方美学名著选》下册，第274页。
[4] 均见蒋孔阳主编：《二十世纪西方美学名著选》下册，第274页。
[5] 蒋孔阳主编：《二十世纪西方美学名著选》下册，第275页。

历史上发生的这些教训告诫我们：在批评前人不足、重构美学新论时要怀有"忠恕"之道，对待别人的成果要尽量肯定、吸收其可取之处，对待自己的立论切勿自以为是，要给别人留下商榷的余地。所谓"忠恕"，是清人章学诚对学者提出来的"文德"："凡为古文辞，必敬以恕。"[1]它同样可以吸收进来，作为"建设性后现代"方法论的一个要求。"敬"是自己作文、立论应当秉持的态度。要小心谨慎，不说大话，懂得尊重别人。这就叫"临文必敬"[2]。"恕"是对待前人文章、观点应当秉持的态度。要懂得宽容，多看前人的长处，不能抓住一点，全盘否定，不及其余。这就叫"论古必恕"[3]。章学诚提出的"忠恕"之道，也是从事任何有价值的美学批评与建构应当秉持的态度。鲍桑葵在写《美学史》的时候，并不同意历史上出现的那些"美的定义"，但着眼于它们是后人进行新的创造性阐释的基础，还是把它们集中梳理出来："没有一种美的定义可以说已得到普遍的承认。然而我还是应该对本书中所使用的'美学'一词的含义作出一种解释，这似乎是恰当的。如果在这样一种解释中，古人的基本理论能够作为现代人指出的那些最富有创造性的概念的基础的话，那么，由此所产生的美的定义至少是可以被用在美学史的写作中。"[4]这种对待前人成果的宽容态度不仅为美学史研究所必需，也为一切致力于创新的美学建设所必需。对待自己的立论所以必须谨慎，切忌自以为是，说过头话，是因为稳妥的立论涉及多方面的知识考量，假如有一点不足，就会导致破绽，即便大思想家也不能幸免。比如萨特说："把道德和审美混淆起来是极其愚蠢的"，因为道德是客观的，审美是主观的："善的价值本身就意味着现实中的存在，它们关系到现实的行为"，"实在的东西永远也不是美的，美是只适用于想象的事物的一种价值，它意味着对世界的本质结构的否定"[5]。然而事实是，"善"恰恰不是纯客观的存在，而是一种主观的社会公意；"审美"不能彻底离开"道德"，把道德和审美彻底分开才是"极其愚蠢"的。萨特还说："如果想占有她，我们就必须忘记她是美的，因为肉欲是向存在的核心的下落，向最偶然的、最荒谬的领域的下落。"[6]其实，"如果想占有她"，恰恰因为"她是美的"，而且"肉欲"也不能简单地说成"向最荒谬的领域的下落"的

---

[1] 章学诚：《文史通义·文德》。
[2] 章学诚：《文史通义·文德》。
[3] 章学诚：《文史通义·文德》。
[4] 蒋孔阳主编：《二十世纪西方美学名著选》上册，第84—85页。
[5] 蒋孔阳主编：《二十世纪西方美学名著选》下册，第230页。
[6] 蒋孔阳主编：《二十世纪西方美学名著选》下册，第231页。

恶。传统美学认为:"若无整套适用于一切艺术品的准则、规范、标准,就不可能有值得信赖的文艺批评。"肯尼克认为这是"错误"的,原因在于不了解"文艺批评"与"道德评价"方式的区别,"未能认识艺术的非理性"特征。他主张:"如果人们已放弃了寻求一切艺术的共同点的努力,那他们还必须同时放弃在艺术的本性中推出批评性鉴赏和评价的标准的努力。"[1]其实,艺术不仅包含纯形式美,还包含理性内容;纯形式美有普遍令人愉快的共同规律,理性内容更有约定俗成、被广泛认可的普遍标准,"文艺批评"与"道德评价"存在交叉之处。肯尼克批评前人其实未必错的"错误",殊不知自己恰恰是从一个"错误"的前提出发的。读者如果信以为真,就会造成新的更多的"错误"。

几十年前,美学艺术理论家迪基曾满怀信心地期待:"我们可以把从摹仿说开始对艺术下定义的各种传统的尝试看作第一阶段,而可以把'艺术不可能加以界定'的论点看作第二阶段。而我则想要通过这样一种方式来给'艺术'下定义,以便既避免传统定义的种种困难,又吸收较晚近的分析的洞见,从而提供出第三阶段。"[2]而我们则可把信奉唯物论的本质论和形而上学实体论的古代美学、传统美学视为第一阶段,把主张对此加以解构的现代美学视为第二阶段,把站在传统美学与现代美学之后、避两者所短、合两者之长的建设性后现代美学视为第三个阶段。当我们不再把"本质"当成一种客观事物固有的不变的"实体",而当作现象背后的统一性,当我们不再用一种"唯我独尊"、"非此即彼"的封闭绝对的眼光,而是用一种相对包容、亦此亦彼、多元互补的态度来对待美学的本质研究、系统建构,为什么不可以眺望把美学理论的"重构"提升到一个生机勃勃、更为圆满的新水平呢?

3. 本质与现象并尊,反对"去本质化"

传统美学笼罩在唯物论的反映论框架之下,一直追问"美是什么"之类的美本质问题,习惯把"本质"看作客观事物固有的不变的实体。到了现代,"存在主义对本质、可能性以及抽象的概念一概不感兴趣"[3],"存在主义也绝不是对一

---

[1] 均见蒋孔阳主编:《二十世纪西方美学名著选》下册,第122页。
[2] 迪基:《艺术和审美》第一章《什么是艺术?》,蒋孔阳主编《二十世纪西方美学名著选》下册,第125页。
[3] 富尔基埃:《存在主义》,潘培庆、郝珉译,上海译文出版社1988年版,第34页。

般的存在进行思辨,因为这又将陷入抽象的概念并把存在本身变成一种本质"[1]。维特根斯坦、海德格尔、胡塞尔、德里达等人以反"逻各斯中心主义"为名,对一切有关"本质"的研究都采取否定态度,而对审美现象呈现出巨大的兴趣。在美学领域,鉴于过去各种关于"美是什么"的定义都不能令人满意,于是断定"美是什么"是个伪问题,"美的本质"概念应该取消,美学研究的中心问题应该转向"美如何生成"、"美是怎样"之类的审美现象。"在美的本质的问题上,由原初的实体论演变为当代非实体性的生成论,是美学发展的一个基本趋势。"[2]"在现代美学理念中,由于其哲学前提已发生了从认识论向存在论(生存论)的转变,'审美'常被视为人的一种本原性的存在方式,是人的精神创造活动的最高表现。换言之,在现代人的心目中,不是美的对象派生出审美经验,乃是审美活动创造了整个美的世界,'美'不再是美学大厦所赖以构建的底基,审美活动方足以成为探究美学奥区的逻辑起点与贯穿线索,这可以认作现代美学的一大新变。"[3]因而有学者指出:"我们应该用生成论而不是现成论的观点和思路来看待美,否则容易陷入本质主义。"[4]过去"所有的"艺术和美学的"定义或论点""都只是在回答两个问题:'艺术是什么?''美是什么?'但结果是,无论哪一种回答都没能真正回答好这两个问题"[5]。"只有在审美的实践活动中,美才能存在,才现实地生成。"[6]"我们要取得根本性的突破,就必须首先跳出一上来就直接追问'美是什么'的认识论框架,重点关注'美存在吗'、'它是怎样存在的'的一些存在论的问题。"[7]波及文艺理论领域,有人认为:文学没有"固定本质"和"普遍规律","审美自律论"是时代需要建构的产物,不是文学的基本特性[8]。追求文学本质意义的传统文学理论不过是人们"幻觉的蛊惑"[9]。"如果将文学牢牢地拴在某种'本质'之上,这肯定遗忘了变动不居的历史。历史不断地修正人们的各种观点,包括什么叫做'文学'。"[10]于是世纪之交出现

---

[1] 富尔基埃:《存在主义》,潘培庆、郝珉译,第35页。
[2] 陈伯海:《生命体验与审美超越》,第9页。
[3] 陈伯海:《生命体验与审美超越》,第7页。
[4] 朱立元:《走向实践存在论美学》,苏州大学出版社2008年版,第299页。
[5] 朱立元:《走向实践存在论美学》,第298页。
[6] 朱立元:《走向实践存在论美学》,第303页。
[7] 朱立元:《走向实践存在论美学》,第303—304页。
[8] 陶东风:《文学理论的公共性——重建政治批评》,福建人民出版社2008年版,第119—120页。
[9] 南帆:《关于文学性以及文学研究问题》,《江苏大学学报(社会科学版)》2005年第6期。
[10] 南帆:《文学研究:本质主义,抑或关系主义》,《文艺研究》2007年第8期。

了"为文艺再正名"的思潮。它将新时期之初"为文艺正名"、"回归文学自身"所积累的审美成就彻底摧毁,"文学本体""审美自律""独立性""无功利性""文学自身"这些概念受到广泛否定和批判。"既然文学没有固定的本质,关于文学的这些概念的概括都会随着语境的变迁而变迁,'文学自身'成为神话而受到嘲笑。"[1]于是,反本质主义成为当前中国文艺美学研究界的一个潮流。[2]

"去本质化"带来的另一个潮流,是"去体系化"[3]。尼采在《悲剧的诞生》里声称:"我不相信并尽量避免一切体系,对体系的追求是缺乏诚意的表现。"胡塞尔要求现象学家们"放弃建立一个哲学体系的理想"[4]。法兰克福学派的"否定美学"和"批判理论"本身就意味着"反体系"。其代表人物阿多诺在《否定的辩证法》一书序言中开宗明义:"否定的辩证法是反体系的,要用非同一性的思想替代同一性原则。"当美学取消了本质研究和形上追问,取消了系统归纳和体系建构,就必然导致集中于现象描述、案例陈列和文化研究,导致美学研究的表象化、无序化、碎片化。

美学的本质研究、体系建设果真可以彻底取消吗?现象描述果真可以取代本质研究和体系建构吗?"建设性后现代"的回答显然是说不的。现象与本质,是事物的一体两面,应当都给予尊重。现代美学对审美现象的钟情固然自有道理,但传统美学对本质的思考同样不可一概否定。"其实很多事物本质的东西,我们现在不是研究的太多,而是难以研究!"[5]

站在"建设性后现代"的历史角度,我们应当承认现代美学对传统美学本质研究缺陷的批评。反本质主义的现代美学要求人们不要用静止绝对的态度看待美的本质的定义,过去那种自以为提出了一种美本质新说就真理在握、包打天下的想法过于天真,这是值得肯定的。1974年,美国学者迪基在《艺术和审美》一书"什么是艺术"一章中指出:"在本世纪五十年代中期,有几位哲学家受到维特根斯坦演讲的鼓舞,开始提出,艺术不存在必要的和充分的条件。到最近为止,

---

[1] 刘峰杰等:《文学政治学的创构——百年来文学与政治关系论争研究》,复旦大学出版社2013年版,第533页。
[2] 王德胜:《"去"之三昧:中国美学的当代建构意识》,《美学文化论集》,首都师范大学出版社2012年版,第6页。
[3] 王德胜:《"去"之三昧:中国美学的当代建构意识》,《美学文化论集》,第6页。
[4] 倪梁康编:《胡塞尔选集》上册,上海三联书店1997年版,第364页。
[5] 均见《文艺理论提供知识,也创造思想》,钱中文:《文学理论:求索与反思》,中国社会科学出版社2013年版,第34—35页。

这种论点已经折服了那么多无谓地尝试着替艺术下定义的哲学家们,以至于这类定义的泛滥几乎停止了。虽然我最终将表明,'艺术'是可以界定的,但那种对下定义的可能性的否认,在迫使我们更深入审视'艺术'概念方面有着巨大的价值。"[1]陆贵山先生肯定:新时期以来"反本质主义对增强怀疑精神和批判精神,促进思想解放运动是有益的,具有一定的合理性和正义性"[2]。与此同时,反本质主义告诫我们,美作为一种客观实体、"自在之物",是不存在的,在美本质问题上不要陷入"实体"论思路,这同样是有积极的警醒意义的。美作为有价值的乐感对象,各种现象都可以具有美的价值,美的事物可以多种多样。同一个客观事物,当契合审美主体要求的时候被视为美,反之就变成了丑,不存在恒一不变的美的实体。要之,反本质主义"试图将我们的思想从对本质主义抽象理念的盲目迷信中拖出来,使我们永远地同一元独断论告别",是"是功不可没的"[3]。

不过,站在"建设性后现代"的立场,我们同样应当正视反本质主义自身存在的诸多问题。

首先是逻辑上的自相矛盾。"反本质主义所倡导的放逐抽象本质、回归实际存在的主张虽然听上去煞有介事,实际操作起来并非那回事。"[4]"即便是最彻底的存在主义者,如果他想要说点什么,那就必须倒退到某些本质论的说法上去,因为不用那些说法连话都说不成。"[5]分析美学代表人物维特根斯坦一方面否定"本质"概念,另一方面又"再次引进了关于本质的思想"[6],即"家族相似"概念,招来英国学者查尔斯沃斯、美国学者曼德尔鲍姆、德国学者施太格缪勒的批评[7]。如舒斯特曼指出:"艺术上的反本质论……的追求,也许就是分析美学最一般和最显著的特点",但是,"潜藏于所有优秀批评中的那种观念,即存在着或必定存在着一个本质的或适当的阐述性逻辑,乃是分析美学难以摆脱的美学上的本质主义的遗迹"[8]。关于这种自相矛盾的"以一种本质主义的立

---

[1] 蒋孔阳主编:《二十世纪西方美学名著选》下册,第125页。
[2] 陆贵山:《本质主义解析与文学理论建构》,《文学评论》2010年第5期。
[3] 徐岱:《美学新概念》,学林出版社2001年版,第304页。
[4] 徐岱:《美学新概念》,第290页。
[5] 蒂利希语,转引自宾克莱:《理想的冲突》,马元德等译,商务印书馆1984年版,第277页。
[6] 查尔斯沃斯:《哲学的还原》,田晓春译,四川人民出版社1987年版,第200页。
[7] 参查尔斯沃斯:《哲学的还原》,田晓春译,第201页;施太格缪勒:《当代哲学主流》上册,王炳文、燕宏远、张金言等译,商务印书馆1986年版,第602页。
[8] 舒斯特曼:《对分析美学的回顾与展望》,《哲学译丛》1990年第1期。

场张扬自己的反本质主义的主张"[1]的现象,美国学者罗蒂揶揄说:"反本质主义通过虚构它自己的元叙说、它自己关于什么地方可以发现力量的终极杠杆的自私的故事,而在最后关头又推了本质主义一把,反倒使自己变得可笑了。"[2]

其次,反本质主义的现代美学强调"美"在"审美活动"中的生成,美学要将研究重心转移到"美如何生成"、"怎样存在"的"审美活动"上来,似乎也存在着因果倒置、由果定因的问题。德索曾在《美学与艺术理论》一书中精辟指出:"美"实际上也是"审美过程的核心"。否定"美"的规定性,不知"美"是什么,也就不可能知晓"审美活动""审美经验"是什么,不可能明白在审美活动中生成的东西哪些是"美",哪些不是"美",不可能知道"美如何生成""怎样存在"。"美"是"审美"的前提,"美是什么"是"美如何生成"、"怎样存在"的预设,大凡有关美在审美活动中"如何生成"、"怎样存在"的描述,其实均已暗含着"美是什么"的观念。施皮格伯格指出:反本质主义以对具体现象的描述作为手段来取消对本质的概括是无力的,因为"描述已经包含了对本质的考察"[3]。徐岱指出:"事实上没有谁能严格地落实反本质主义的主张,除非他们愿意被现象的海洋所淹没。因为任何一种认识活动都意味着对纯粹个别的超越……从经验的立场来看,反本质主义其实是认识论上的一种乌托邦。因为它所推崇的'描述'手法本身,终究还是同'前陈述'有某种暧昧关系。因为任何描述都只能是有选择地进行,因而必须以某种范围的相对'确定'为其前提,这也就意味着在我们对'所在'之物作出描述之际,就一定有关于它之'所是'的判断的渗入。"[4]如果真的"消解'美的本质'和审美的'形上'追求",势必"消解审美活动自身的限界和审美批评自身的性能"[5],会产生无法收拾的后果。此外,虽然对象的"美"有时离不开主体在审美活动中的生成,所谓"仁者见仁谓之仁,智者见智谓之智",但对象是不是"仁"或"智",却不能仅仅由"见者"决定。比如伊格尔顿说:"要从所有形形色色称为'文学'的文本中,将某些内在的特征分离出来,并非易事。事实上,就像试图确定所有的游戏都共同具有某一特征一样,是不可能的。根本就不存在文学的'本质'这回事。"[6]"任何东西都可以算作文学,任何被视为不

---

[1] 徐岱:《美学新概念》,第 295 页。
[2] 罗蒂:《后哲学文化》,黄勇译,上海译文出版社 1992 年版,第 158 页。
[3] 施皮格伯格:《现象学运动》,王炳文、张金言译,商务印书馆 1995 年版,第 937 页。
[4] 徐岱:《美学新概念》,第 291 页。
[5] 陈伯海:《生命体验与审美超越》,第 8 页。
[6] 伊格尔顿:《文学原理引论》,刘峰、龚国杰等译,文化艺术出版社 1987 年版,第 11 页。

会改变的、没有疑义的文学——如莎士比亚的作品——可以不再视为文学。任何认为研究文学就是研究一种稳定的、界定清晰的实体——就像昆虫学是研究昆虫一样——的想法，都是可以当作妄想来加以摈弃的。某些文学是虚构的，但某些则不是；某些文学在文字上自创一套，而某些相当洗练的文字却不算文学。有人认为文学就是一系列具有可靠的、不会改变的价值的作品，明显地具备这些共有的内在特征，其实这样的文学根本不存在。"[1]他甚至举例说火车时刻表也可以是"文学"："如果，我用心地阅读火车时刻表，不是为了查找火车联运之事，而是为了加深我对现代生活的高速度和复杂性的整体认识，那么，也可以说是将火车时刻表作为文学来阅读。"[2]在这段话中，伊格尔顿完全抛弃作者创造的客观文本在文学作品中的地位，将文学作品说成仅仅由读者心境创造的产物、决定的东西。如此极端的论断看似雄辩滔滔，实际上属于一叶障目、不见泰山的自说自话。

　　再次是认识上的以偏概全。人们追问"美是什么"，除了指美的"实体"是什么这类思维误区值得反思、防范外，还指"美"所指称的各种现象背后的统一性是什么，或者说，"美"这个语词的统一涵义是什么。毫无疑问，在后者的意义上，"美"是可以追问，也是应当加以追问的。童庆炳先生指出：我们反对简单庸俗、绝对封闭的"本质主义"，"并不意味着事物没有本质"；"反本质主义不能走向极端"，否则必然"导致不可知论和虚无主义"。[3] 反本质主义根据美没有唯一和绝对的"实体"，就一概否认"美是什么"的追问，取消关于现象背后统一性的本质研究，是以偏概全的。在"现象背后的统一性"这一涵义上，"'本质'却没有改变到要使我们不再用同一个词来称呼它的程度"[4]。"应该承认在我们有可能看见的存在事物的那些个别特性后面，有种类的典型，即它的一般本质。"[5]即便"在小说与回忆录、传记、自传之间"，也"有着本质的不同"[6]。同中见异固然不可忽视，异中见同更加重要。"吏部（韩愈）、仪曹（柳宗元）体不同，拾遗（杜甫）、供奉（李白）各家风。未言看到无同处，看到同时已有功。"[7]

---

[1] 伊格尔顿：《文学原理引论》，刘峰、龚国杰等译，第13页。
[2] 伊格尔顿：《文学原理引论》，刘峰、龚国杰等译，第11页。
[3] 童庆炳：《反本质主义与当代文学理论建设》，《文艺争鸣》2009年第7期。
[4] 艾耶尔：《二十世纪哲学》，李步楼等译，上海译文出版社1987年版，第306页。
[5] 富尔基埃：《存在主义》，潘培庆、郝珉译，上海译文出版社1988年版，第3页。
[6] 昆德拉：《被背叛的遗嘱》，孟湄译，上海人民出版社1995年版，第22页。
[7] 陆游：《与儿辈论李杜韩柳文章偶成》。

卡西尔曾经告诫人们："如果我只简单地分析我们对于一个艺术作品的直接经验,而不去寻求一个关于美的形而上学的理论,那么我们几乎要失去目标。"[1]对于现象背后的统一性加以归纳、抽象的本质研究是任何一门哲学学科的基本品格。"理论学科不同于经验科学,它旨在探讨的就是事物的内部关系、事物的本质和规律,若不能实现这一目的,理论科学也就失去了自身存在的价值。"[2]美学作为哲学分支——"美的哲学"也是如此。"否定美有统一的本质,这无异是抽掉了整个美学学科的基石,从而否定了任何美学研究的可能性。"[3]"即使在审美经验已构成美学研究的重心之后,作为各种审美现象的基本价值定位的'美',仍然是这门学科所要把握的一个核心目标。丢掉了'美'来谈论美学,就好比上演莎士比亚的《哈姆莱特》一剧,却缺漏了丹麦王子的角色那样令人感到别扭。"[4]

复次是方法论上的武断绝对。人作为有意识、会思维的动物,"what is this"是其认识未知世界的正常思考方式。正是通过提问这种方式,人类认识和掌握了自然和社会的许多奥秘。亚里士多德指出:"古今来人们开始哲理探索,都应起于对自然万物的惊异;他们先是惊异于种种迷惑的现象,逐渐积累起一点一滴的解释,对一些较重大的问题……作成说明。"[5]对于"美"的本质的哲学思考也应作如是观。因为迄今为止关于"美是什么"的答案没有达成令人满意的共识,部分现代美学理论家就断定这是个伪问题,不应当这样思考,应当改变传统的提问方式,甚至否定别人思考"美是什么"的权利,实在不免有过于武断和绝对化之嫌。提问"这是什么"之类的问题,是作为有意识动物的人类对未知事物与生俱来的好奇心和求知欲使然。"所谓求知,就是不满足于事物向我们呈示的相貌,而要寻索它们的本质。"[6]同时,"在差异中寻找出共同的东西,这就是哲学的任务"[7]。这种探寻不会因为没有统一答案而停止思考,也不会因为被指劳而无功甚至错误而放弃追寻。恰恰相反,"永远面对一个彻底的疑问,这正是哲学的英雄本色之所在。""对谬误的恐惧本身就是一个谬误,深入分析之下,

---

[1] 蒋孔阳主编:《二十世纪西方美学名著选》下册,第21页。
[2] 王元骧:《论美与人的生存》,浙江大学出版社2010年版,第2页。
[3] 朱立元、张德兴等著:《西方美学通史》第六卷,上海文艺出版社1999年版,第358页。
[4] 陈伯海:《生命体验与审美超越》,第87页。
[5] 亚里士多德:《形而上学》,吴寿彭译,商务印书馆1959年版,第5页。
[6] 加塞尔:《什么是哲学》,商樟书等译,商务印书馆1994年版,第38页。
[7] 伽达默尔语,刘小枫:《人类困境中的审美精神》,知识出版社1994年版,第655页。

这其实是对真理的恐惧。"[1]事实上,没有统一答案并不等于劳而无功,正是没有统一答案才激发了人们对于真理不懈探寻的热情。"哲学本身是没有固定答案的"[2],但哲学并未因此取消,"没有固定答案"恰恰是哲学存在的深层依据。美学作为"人文学科",主观色彩更强,在研究结果上表现为"基于一定主张和一定事实的主观判断,这种主观判断是无法在科学意义上进行验证的"[3],也是"没有固定答案"的,但这正是美学的魅力所在。"美"的解答的差异性、多元性不仅不应成为取消美本质研究的理由,反而应当成为推动人们自由思考"美是什么"并奉献新说的动因。

最后是研究结果的表象化。既然"美"不可界定,于是致力于看得见、摸得到、说不清的"审美文化"的描述,各种与"美"无关的文化现象都被拉进美学中来,并美其名曰"实证研究""文化研究",形成了"有学无美"或"无美的美学"这样的结果。由于忽视高度的思辨能力和概括能力,在谈到"美"的概念时只能作历史陈列,而不敢也不能作出自己的归纳,"往往把对问题的理论性追问与探究都当作'本质主义'加以怀疑和否定,甚至干脆把关于文学的'问题'本身也当作'本质主义'的根源加以抛弃,于是当代文学理论的'问题'模糊了、遮蔽了、消失了","对理论问题的追问与探究变成了所谓'知识生产'",一些理论新著"并不注重理论系统性和逻辑性,也不追求多少研究的学理深度,往往也只是在一些看似理论化的标题之下,介绍各种理论知识,引述各家各派的论述,成为一种平面化理论知识的集束式堆集","导致理论的进一步萎缩和蜕化","于是作为一种理论学说应有的'理论品格'丧失了"[4]。有鉴于此,有学者"惊呼":当今的反本质主义"已把文学理论研究推向了绝境"[5]。钱中文先生提出忠告:"文学理论不仅需要提供知识,也应该提供思想的。"[6]陆贵山先生主张:"不能笼统地反对一切本质。反对旧本质和发现新本质,是一个问题的两个方面。"[7]

反本质主义现代美学的"去体系化"问题也值得反思。"体系"是理论思考

---

[1] 均见加塞尔:《什么是哲学》,商梓书等译,第50页。
[2] 傅佩荣语,蒋楚婷:《傅佩荣:哲学就是把"道理"说清楚》,《文汇读书周报》2012年9月21日。
[3] 王建疆:《是美学还是审美学?》,《社会科学战线》2008年第6期。
[4] 均见赖大仁:《当代文论研究:反思、调整与深化》,《文艺理论研究》2013年第3期。
[5] 转引自钱中文:《文艺理论提供知识,也创造思想》,《文学理论:求索与反思》,中国社会科学出版社2013年版,第35页。
[6] 钱中文:《文艺理论提供知识,也创造思想》,《文学理论:求索与反思》,第35页。
[7] 陆贵山:《本质主义解析与文学理论建构》,《文学评论》2010年第5期。

整体性、系统性的要求,它是人的认识由浅入深、由表入里、从现象到本质、从知之甚少到知之甚多的结果。"体系"的对立面是零散、细碎、杂乱,它是人们尚停留于对事物现象的感性认识阶段,或对事物本质认识尚处于不深入、不全面阶段的体现,是人的认识过程最终所要告别的。

反本质主义美学认为:"本质主义的元理论"是一种"无穷空的理论",只有"元理论的终结",才会有"批评的开始"[1]。由于取消了本质研究和形上追问,也就取消了系统归纳和体系建构,造成平面化、拼贴化、碎片化、非逻辑化、非系统化的现象分析、案例罗列、文化描述,使美学作为一门哲学学科的理论品格丧失了,美学也就名存实亡了。对此,王元骧先生曾经发表意见说:"现在有些学者对理论所提出的非难是没有道理的,它反映了对于理论的深刻偏见和严重误解。这种偏见和误解不仅导致这些年来我国文艺基础理论研究的严重萎缩,使许多学人疏离了具有重大的理论意义和现实意义的文艺问题的研探讨,使文学理论走向零散化、技术化、实用化、肤浅化,而且也使得我们的文艺批评由于缺乏坚实的理论支撑难见深度和力量,甚至丧失自己的根本职能。事实证明批评的开始不是'元理论的终结',而恰恰应是元理论的加强!"[2]

综上所述,现代美学取消"美是什么"的本质研究,热衷于"美是怎样"的现象分析,虽然在破除传统美学形而上学的实体论方面功不可没,但重用轻体,甚至以现象取代本质,却造成了更大的麻烦。正是在这一点上,作为反本质主义的鼻祖,"维特根斯坦是那种虽有错误但却是极为重要的错误的哲学家"[3]。从"建设性后现代"的立场看,"至少我们可以对各类'反本质主义'的名义对事物本质的全面围剿,出示一张黄牌。因为分析起来,这个学说的理论破绽实在太耀眼"[4]。"美学只能诞生于人们不再只是欣赏各种美的现象,而试图进一步了解这些现象的统一性时。"[5]

4. 感受与思辨并重,反对"去理性化"

"建设性后现代"美学现象与本质并尊,决定了在研究主体素质上,感受与

---

[1] 陈晓明:《元理论的终结与批评的开始》,《中国社会科学》2004年第6期。
[2] 王元骧:《文艺理论:工具性的还是反思性的?》,《社会科学战线》2008年第4期。收入王元骧《论美与人的生存》,浙江大学出版社2010年版,第17页。
[3] 查尔斯沃斯:《哲学的还原》,田晓春译,四川人民出版社1987年版,第202页。
[4] 徐岱:《美学新概念》,294页。
[5] 徐岱:《美学新概念》,299页。

思辨并重。

由于反本质主义的盛行,当下美学研究的现状是对审美经验很为热衷,但对理论思辨颇多忽视,甚至出现了"去理性化"的潮流[1]。雅斯贝尔斯曾表示:"只有当理性触礁时哲学才开始。"[2]海德格尔则说得更加绝对:"唯当我们已经体会到,千百年来被人们颂扬不绝的理性乃是思想的最顽冥的敌人,这时候思想才能启程。"[3]赖大仁指出:由于"不相信有什么确定性、实质性的东西可以把握,也不相信有什么真理性或普世性的价值存在,于是就轻易放弃对问题应有的思考,往往会停留在表面,以对某些现象的描述、阐释代替对问题的'思考',导致'思'的弱化与消解";"一些新编的文学理论教科书并不注重自身的理论建构,而是在某些章节标题框架之下,罗列介绍各种中外文论知识,差不多就是一种文论知识的杂烩'大拼盘'";于是美学"作为一种理论学说应有的'理论品格'丧失了",人们"普遍感觉到了理论的'疲软',现象描述阐释有余而对问题的思考不足,缺乏思想的力量和力度"[4]。由于理论研究可以"去理性",哲学思考可以"去思想",这就给各种胡言乱语、胡说八道充塞美学园地提供了可乘之机。而天马行空、波诡云谲、自相矛盾、不知所云,就是后现代理论所呈现的特征[5]。"建设性后现代"美学恰恰建立在对现代美学和否定性后现代美学"去理性化"、"去思想化"缺陷的批判上,不仅对审美现象的感受能力,而且对现象提炼、本质抽象的思辨能力都加以强调。

英国当代美学家克莱夫·贝尔曾经指出:"就我所知的学科而言,大概没有比美学更少得到非常中肯的研究的了。原因不难发现:希望精心构制一种似乎可信的美学理论的人必须具备两种品质——艺术的敏感性和明晰的思维能力。没有敏感性,一个人不会有审美体验。不言而喻,没有广泛和深入的审美体验作基础的理论是毫无价值的。只有那些将艺术当作激情的永恒源泉的人,才能掌握材料,并从中推导出有价值的理论。但是,即使从精确的材料中推导有价值的

---

[1] 王德胜:《"去"之三味:中国美学的当代建构意识》,《美学文化论集》,首都师范大学出版社2012年版,第8页。
[2] 考夫曼编:《存在主义》,陈鼓应、孟祥森、刘崎译,商务印书馆1994年版,第23页。
[3] 孙周兴编:《海德格尔选集》上册《尼采的话"上帝死了"》,上海三联书店1996年版。这句话的另一种译文是:"只有在我们认识到,几世纪以来一直受到颂扬的理性是最为顽固的敌人的地方,思才会开始。"转见巴雷特:《非理性的人》,杨照明等译,商务印书馆1995年版,第203页。
[4] 均见赖大仁:《当代文论研究:反思、调整与深化》,《文艺理论研究》2013年第3期。
[5] 据陆扬:《后现代文化景观》,新星出版社2014年版,第1、36页。

理论,也涉及一定的脑力劳动。不幸的是,健全的智力同敏感的感觉力常常是分离的。最严格的思想家往往毫无任何审美体验。"[1]他举例说,有一个朋友"天赐睿智",美学"论证达到了严密无错的逻辑的顶点",但长期脱离审美经验,"结论建立在极其荒谬虚假的前提之上而不可相信";另有一些学者,"虽然他们据有的材料是任何一种理论体系都必须依赖的基础",但"缺乏从真实的材料中引出正确结论的能力"[2]。克莱夫·贝尔认为,这两种偏向都不可取;成功的美学研究必须同时具备的两个基本素质,一是对审美现象尤其是艺术现象的敏锐、丰富的审美感受能力,二是对审美感受所把握的现象和经验作出理论分析和抽象概括的高度的逻辑思辨能力。

美学是研究形形色色的审美现象的学科,美学理论的提炼必须以大量的对审美现象的感受为基础。如果割断审美经验,美学理论就会变成无源之水、无本之木。日本学者浜田正秀告诫人们:"'感动是第一位的',这是我们从事文学研究所必需的前提。""文学批评、文学研究的出发点是美的体验、美的印象和美的感动,一切文学研究都应由此出发。要想有好的文学研究和文学批评,首先必须要有美的体验,并且不使它在研究过程中衰竭。"[3]英国学者安妮·谢泼德警示说:"如果把哲学美学与审美经验的实际分割开来,哲学美学就会面临徒劳无益、枯燥无味的危险。"[4]因此,奈特夫人下面这段话是站不住脚的。奈特夫人说:"'我对一幅画的喜爱绝不是一幅好画的标准。'也就是说,我对一幅画的喜爱并不说明它就是一幅好画,虽然这可能是我说它是幅好画的理由。"[5]尽管这段表白曾受到现代美国分析美学家肯尼克的高度肯定,其实是违反常识的。如果"我"对一件艺术作品的"喜爱"能够得到普遍有效的认同,那么,这种肯定性的审美感受不仅"是我说它是幅好画的理由",也是"说明它就是一幅好画"的根据。审美感受是审美判断及由此建立的美学理论的基础。因此,对存在于现实和艺术中的千姿百态的美,美学研究者必须努力培养和具备高度的敏感,以获得细腻、丰富的审美感受,懂得做有心人,悉心搜集整理,为理论阐释提供鲜活的经验和有力的支撑。如果仅满足于从本本到本本、从概念到概念,忽视审美现象

---

[1] 蒋孔阳主编:《二十世纪西方美学名著选》上册,第153页。
[2] 蒋孔阳主编:《二十世纪西方美学名著选》上册,第154页。
[3] 浜田正秀:《文艺学概论》,陈秋峰、杨国华译,中国戏剧出版社1985年版,第9页。
[4] 安妮·谢泼德:《美学:艺术哲学引论》,艾彦译,辽宁教育出版社1998年版,第4页。
[5] 转引自肯尼克:《传统美学是否建立在错误的基础之上?》,蒋孔阳主编《二十世纪西方美学名著选》下册,第120页。

的观察和审美经验的储存,面对多姿多彩的审美现象尤其艺术现象视而不见、无动于衷,缺少敏锐而丰富的审美感受,就会使美学理论异化为脱离实际的自说自话和束之高阁的案头讲章。

然而,对于美学研究而言,光有敏锐的现象感受力是远远不够的,还需要透过现象概括本质、建构理论的思辨能力。无可否认:美学属于一门哲学分支。由表及里、由个别到一般的理性思辨能力是从事这门学科的基本条件。如果沉溺于经验描述而不能自拔,体现不出理性思辨的深度和广度,经不起逻辑的严密推敲,这样的"理论"就不是名副其实、令人信服的美学理论。比如尼采,他一方面说:"没有什么是美的,只有人是美的。"[1]另一方面又说:"'全部美学的基础'是这个'一般原理':审美价值立足于生物学价值,审美满足即生物学满足","审美状态仅仅出现在那些能使肉体的活力横溢的天性之中,永远是在肉体的活力里面"[2],"动物性的快感和欲望的这些极其精妙的细微差别的混合就是审美状态"[3]。这两种说法本身是自相矛盾的。而且,"没有什么是美的,只有人是美的"这个表达本身也很不严密,它可以引起多种理解:是说除了人类之外自然界、植物界、动物界都没有让人类感到美的现象呢,还是说人类之外的自然界、植物界、动物界没有自身的美呢,抑或说人的世界都是美的呢?无论哪一种理解,都经不起实际检验和理论推敲。他还说:"如果试图离开人对人的愉悦去思考美,就会立刻失去根据和立足点。"[4]人"对人的愉悦"是美学思考的"根据"和"立足点",那么人"对自然(包括动植物)的愉悦""对艺术的愉悦"是"思考美"的什么呢?难道不也是"根据"和"立足点"之一吗?尼采学说中所以出现这样的逻辑混乱,因为他明确声称反"体系"、"非理性"[5],"他那些半生不熟的真理没能成熟为真正的智慧"[6]。所以,罗素指出尼采算不上是一位真正的哲学家,"他在本体论和认识论方面没创造任何新的专门理论"[7],尼采"没在专门哲学家中间,却在有文学和艺术修养的人们中间起了很大影响"[8]。一

---

[1] 尼采:《悲剧的诞生》,周国平译,生活·读书·新知三联书店1986年版,第322页。
[2] 转引自周国平:《尼采:在世纪的转折点上》,上海人民出版社1986年版,第146页。
[3] 尼采:《悲剧的诞生》译序,周国平译,第11页。
[4] 尼采:《悲剧的诞生》,周国平译,第321页。
[5] 徐岱:《美学新概念》,第49页
[6] 杜兰特:《哲学的故事》,未安等译,文化艺术出版社1991年版,第449页。
[7] 罗素:《西方哲学史》下卷,马元德译,商务印书馆1976年版,第311页。
[8] 罗素:《西方哲学史》下卷,马元德译,第319页。

些哲学史家认为,尼采不应作为"哲学家",而应作为"诗人"列入史册[1],因为"他的一切唯有作为审美现象才有存在的理由,才能被人理解、受人推崇"[2]。再如当代法国美学家马利坦。在同篇文章中,他先从诗的"自由"精神的"创造性"出发,提出"美不是诗的对象"和"目的","美不规定诗,诗也不从属于美"[3],本身已露破绽,但后来又说:"诗不能离开美而生存","因为诗爱美,美爱诗"[4],逻辑上就更加混乱。而且,用"诗爱美,美爱诗"这样的感性语言作为"诗不能离开美而生存"结论的论证,实在缺乏理论的说服力量。又如英国当代艺术批评家罗杰·弗莱,他说:"'美'这个词"有两种"明显矛盾"的"不同用法","一种用法适合于有感觉的魅力的对象,另一种用法适合于对富有想象力的艺术作品表示审美的赞赏,这种艺术品向我们所展示的对象常常具有极度的丑"[5]。这段话也令人十分困惑。唤起直觉愉快、"有感觉的魅力"的艺术品叫做"美","展示的对象极度的丑"但"富有想象力"、能唤起读者想象愉快进而引起"赞赏"的艺术品也叫做"美","美"这个词的两种用法虽有不同,但并无不可调和的"明显矛盾",二者最终都统一在能使人愉快这点上(前者令直觉愉快,后者令想象愉快)。逻辑思辨力如此薄弱,面对古今众多"美"的定义,想要归纳出一个更富概括性的圆满定义自然不堪重负。问题在于你自己思辨能力薄弱,无法进行更好的概括关系不大,如果把这种感觉放大,据此断定别人也无法进行更好的概括,甚至否定和剥夺别人这样做的权利,就甚为有害了。罗杰·弗莱曾这样自述:"我年轻时所有关于美学的思考,都令人厌烦地、固执地围绕着美的本质问题。像我的前辈那样,我试图寻找出判断艺术美或自然美的标准。这种寻找总是导致混乱不堪的矛盾,或是导致某些形而上学的观念,这种观念如此模糊不清,以致不能适用于各种具体的事例。"[6]"模糊不清"、"混乱不堪",他对自己的判断没错。但是,你自己"模糊不清""混乱不堪",别人未必"模糊不清""混乱不堪";你自己做不到的事,别人未必做不到;因为自己力不能及,就推断别人也力不能及,进而断定别人的一切努力都徒劳无效、大可不必,是不是有点

---

[1] 文德尔班:《哲学史教程》下卷,罗达仁译,商务印书馆1993年版,第922页。
[2] 托马斯·曼:《从我们的体验看尼采哲学》,刘小枫编《人类困境中的审美精神》,知识出版社1994年版,第338页。
[3] 蒋孔阳主编:《二十世纪西方美学名著选》下册,第160、169页。
[4] 蒋孔阳主编:《二十世纪西方美学名著选》下册,第160页。
[5] 蒋孔阳主编:《二十世纪西方美学名著选》上册,第185页。
[6] 蒋孔阳主编:《二十世纪西方美学名著选》上册,第194页。

过于武断和褊狭？尼采、马利坦、弗莱的案例为我们提供了忽视理性思辨的反面教训。美学理论关于美的现象背后统一的属性、原因、特征、规律的抽象提炼和美的现象呈现的形态、疆域、风格的分类论析以及美感活动的本质、特征、元素、方法、结构、机制的推演阐释，对研究主体思辨的深刻性、丰富性、系统性、逻辑性提出了很高的要求。美学研究者要取得令人信奉的杰出成绩，理应在具有深刻性、丰富性、系统性、逻辑性的杰出思辨能力方面不断加强修炼和培养。

5. 主体与客体兼顾，在物我交融中坚持主客二分

当代德国美学家德索曾在《美学与艺术理论》一书中将美学史上的美学主张分为"客观主义"与"主观主义"两类。大体说来，传统美学以"客观主义"为主，现代美学以"主观主义"为主。如美国学者托马斯·门罗指出："客观主义……学说的基础早已被休谟永久地削弱了，在科学领域特别是在人文学科里，它已在逐渐被抛弃。"[1]英国学者奥斯本指出："美的主观论在今天的思想家、艺术家和批评家那里被广泛地信仰，这种信仰经常伴随着人们自己的审美偏爱的倾向，成了目前最流行、最时髦的观点。"[2]

传统的"客观主义"美学强调由物及我、心由像生的反映和认识，坚持主客对立二分的理性认识方法，认为美是一种客观实体，审美认识是对客观实体美的反映，艺术以表现美为己任，艺术家的全部任务就是发现和再现客观现实中的美。如越诺尔兹说："我们所从事的艺术以美为目标，我们的任务就在发现而且表现这种美。"[3]库尔贝说："美的东西是在自然中，而它以最多种多样的现实形式呈现出来，一旦它被找到，它就属于艺术……属于发现它的那个艺术家。"[4]

现代"主观主义"美学强调由我及物、相由心生的反应和生成，坚持主客融合不分的情感反应方法。如现代派画家瓦尔特·赫斯指出："印象派只反映瞬间的感觉和主观的情调……这是把纯主观的虚构'看人'自然现象里去。"[5]亨利·马蒂斯说："'看'在自身……是一种创造性的事业。""人们必须毕生能够像孩子那样看世界，因为丧失这种视觉能力就意味着同时丧失每一个独创性的表

---

[1] 托马斯·门罗：《走向科学的美学》，转引自徐岱：《美学新概念》，第306页。
[2] 奥斯本：《美的理论》，转引自徐岱《美学新概念》，第306页。
[3] 《西方美学家论美和美感》，商务印书馆1980年，第116页。
[4] 《西方美学家论美和美感》，第241页。
[5] 瓦尔特·赫斯编著：《欧洲现代画派画论选》，人民美术出版社1980年，第11页。

现。例如我相信,对于艺术家没有比画一朵玫瑰更困难,因为他必须忘掉在他以前所画过的一切玫瑰,才能创造。"[1]克尔希奈也说:"我的画是譬喻,不是模仿品,形式与色彩不是自身美,而是那些通过心灵的意志创造出来的才是美。那是某种神秘的东西,它存在于人与物、色彩与框架的背后,它把一切重新和生命、和感性的形象联系起来,这才是美——我所寻找的美。"[2]因此,卡西尔总结道:"艺术家的眼光不是一种被动地接受和登记事物印象的眼光。它是一种构成性的眼光,也只有靠着构成性的活动,我们才能发现自然事物的美。"[3]由于美由心生,心物融合,于是在审美认识及其研究方法上取消主客二分,成为现代美学的另一趋向。"近年来,随着美学建构的立足点由认识论本位向存在论本位的转移,超越认知活动固有的主客二分思维态势来看待审美活动的呼声高涨起来。"[4]现代美学以融合现象学的存在论为根基。胡塞尔的现象学揭示了主观的意向性在客观现象构成中的作用。海德格尔对此加以改造,使之成为以生成论为标志的"存在论现象学"[5]。从此出发,海德格尔对传统的唯物论的认识论进行了彻底否定。他批判传统认识论遵循"主客二分"的思维模式,将"存在"与"存在者"分裂开来,从而导致对事物真理的"遮蔽"。在这种认识模式下,人与自然从根本上是对立的,不可能达到协调统一。他提出的存在论哲学是一种"此在与世界"的"在世"关系。"在世"作为"此在"生存的基本结构,它所表示的"此在"与"世界"的关系是比空间关系更为原始的浑然一体的关系。只有这种"在世"关系才提供了"人"与"自然"统一协调的前提与可能。"主体和客体同此在和世界不是一而二,而是二而一的。"[6]在这种"此在"和"世界"、主体和客体浑然合一的关系中,客观事物的美作为"存在者"的呈现是离不开主体的"人"的。人与事物之美的审美关系是一种心物不分的"在世"关系,人对事物的审美认识更是一种物我交融的关系。从这种存在论的世界观和方法论出发反观传统美学,人们发现"传统美学哲学基础一直是以一种主客对立的认识论占主导地位的",比如建国后不久出现的美学四大派虽然观点各异,但"都局限在一

---

[1] 瓦尔特·赫斯编著:《欧洲现代画派画论选》,第51页。
[2] 瓦尔特·赫斯编著:《欧洲现代画派画论选》,第67页。
[3] 蒋孔阳主编:《二十世纪西方美学名著选》下册,第13页。
[4] 陈伯海:《生命体验与审美超越》,生活·读书·新知三联书店2012年版,第56页。
[5] 据曾繁仁:《生态美学导论》,商务印书馆2010年版,第72—73页。
[6] 海德格尔:《存在与时间》,陈嘉映等译,生活·读书·新知三联书店2006年版,第70页。引者按:海德格尔的"主体"指"此在""人";其"客体",指"世界""自然"。

种主客二元对立的认识论思维方式和框架之中来讨论问题"〔1〕。"主客二元对立的认识论"是"阻碍中国当代美学突破的一个重要因素","中国美学要实现重大的突破和发展,一个最重要的途径恐怕就是要首先突破主客二元对立的单纯认识论思维方式和框架"〔2〕。于是,"主客二分"成了几乎人人喊打的阻碍美学发展的罪魁祸首,"甚至认为在美学讨论中再涉及主客界分,便是思想落伍的表现"〔3〕,令人倍感困惑,也不敢苟同。

其实审美认识中主客合一既有合理性,也有片面性,"建设性后现代"的方法论既不赞成单纯的由物及我、主客二分的客观主义,也不赞成单纯的由我及物、主客不分的主观主义,而主张在审美活动和美学研究中兼顾主体与客体,在主客契合中恪守主客二分。

为什么不赞成单纯的由物及我、主客二分的客观主义呢？因为审美认识带有一定的主观性,现代美学主张"主客合一"的审美认识方法具有一定的合理性。

在日常用语中,"美"是人们用来指称有价值的乐感对象的一种符号。作为"乐感对象","美"只有在审美主体的感知中才能存在。对审美主体而言,客观事物所以成为有价值的乐感对象,原因即在于客观对象契合了审美主体的感性阈值和心灵需要。所以,主客合一是美的心理根源。在审美活动中,人们总是把心中涌起的愉快和引起愉快的对象叫做"美",对象的 beauty（美）是让审美主体感到 beautiful（美、愉快）的事物。当我们说"美景""美人""美貌""美文""美名""美味""美酒"等时,"美"好像是客观对象的一种属性,词性为名词,指"具有美的属性的景""具有美的属性的人""具有美的属性的貌""具有美的属性的文""具有美的属性的名""具有美的属性的味""具有美的属性的酒",但实际上,"美"与"长短"、"方圆"、"高大"、"矮小"、"彤红"、"湛蓝"等物质形态的描述可以确定地把握不同,而是表达的主体对客观对象的肯定性情感评价,即"使人感到美的景""使人感到美的人""使人感到美的貌""使人感到美的文""使人感到美的名""使人感到美的味""使人感到美的酒",词性又属于形容词,指愉

---

〔1〕 均见朱立元:《走向实践存在论美学——实践美学突破之途初探》,《湖南师范大学社会科学学报》2004 年第 4 期。

〔2〕 朱立元:《走向实践存在论美学——实践美学突破之途初探》,《湖南师范大学社会科学学报》2004 年第 4 期。

〔3〕 陈伯海:《生命体验与审美超越》,第 56 页。

快。如普罗提诺在《九章书》第一卷第六章中指出:"心灵是这样一种东西,它使得我们称之为美的物体成为美。"在审美判断中,"美"充其量是"对我们自身内心体验的一种表达","因而其意思其实也就是'美感'"。对象之所以成为客观的"具有美的属性的景"、"具有美的属性的人"云云,是因为它们是"使人感到美(愉快)的景"、"使人感到美(愉快)的人"等。审美主体只有先感到形容词性的 beautiful,而后才认识到对象具有名词性的 beauty。这就是由心生物的"形容词→名词"的"逻辑运作轨迹"[1]。正如尼采所说:"人相信世界本身充斥着美——他忘了自己是美的原因。"[2] 然而,由于"美"作为标志对象属性的名词在审美感受之先就存在于"美景"、"美人"等客观事物中,"通常是对实际事物的一种命名,连带着使'美'也成了一种真实地存在于某些物质客体中的东西"[3],所以人们又常常以为是先有名词性的 beauty,而后才产生形容词性的 beautiful,也就是愉快感,这就是由物生心的"名词→形容词"的逻辑运作轨迹。于是,在"美"字的"形容词与名词之间总是存在着一种双向迁移的现象"[4],无论是对象的"美"还是主体感受的"美",都存在一种主客体互为因果、互动合一的特点。究竟"事物因其本身是美的,所以使人愉悦,还是因为它使人愉悦,所以它是美的"[5],仿佛成了"先有鸡后有蛋"还是"先有蛋后有鸡"的"元命题"。在审美实践中,由于"美这个词在日常用语中是作为形容词来使用的,但在哲学或美学的科学用语中,则变成了名词"[6],快乐的美感是指称对象"美"的起点,这就为理论家从主观感受的形容词性的"美"来认识和界定客观事物中具有的名词性的"美"提供了方法论启示。卡西尔指出:"无人能否认:艺术作品给予我们最大的愉悦,也许是人类本性能够感受的最为持久的和最为强烈的愉悦。因此,只要我们一采用这种心理途径,艺术之谜似乎就能得到解决。没有什么东西能比愉悦和痛苦更少神秘的了。对于这些为人知晓的现象——不仅是人类生活的现象而且是一般生活的现象——的疑虑必将是可笑的。在这点上,如果我们在那儿找到了'一块立足之地',站立在一个牢固不动和坚定不移的地方,如果我们以这种观点来考虑我们的审美经验,那么,关于美和艺术的特征就不再存在

---

[1] 参徐岱:《美学新概念》,第 312 页。
[2] 尼采:《悲剧的诞生》,周国平译,第 322 页。
[3] 徐岱:《美学新概念》,第 313 页。
[4] 徐岱:《美学新概念》,第 313 页。
[5] 陆扬:《日常生活审美化批判》,复旦大学出版社 2012 年版,第 112 页。
[6] 杜夫海纳:《美学与哲学》,孙非译,中国社会科学出版社 1985 年版,第 9 页。

任何的不确定性了。"[1]"在我们进行选择时,我们所关心的仅仅是这种快感有多大,持续有多久,是否容易获得和怎样经常重复。"[2]所以,依据美感的心理要求来分析、推演美的对象的内涵、范畴、原因、特征、规律乃至形态、疆域、风格及审美认识,就成为美学研究的不二法门。这种方法也就是人们常说的"心理学方法"。

审美认识既包含一定的科学认识,也与一般的科学认识存在根本的不同,这就是科学认识以"主客二分"为特征,而审美认识以"主客合一"为特征。关于这一点,陈伯海先生有一段相近的很好的分析。从审美主体与审美对象的相互关系来看,审美认识"显然不同于认知与实践活动中常见的那种主客二分的态势,却更多地表现为双向交流、彼此呼应。在前两种活动方式即实践与认知过程中,主客双方本非一体,主体为目的,客体为手段,主体力求利用客体来为自己服务,而客体亦有自身不以主体意志为转移的客观可能性,于是主客体之间往往会出现占有与反占有、改造与反改造的紧张关系,必须通过相生相克的矛盾斗争来求得统一。但在审美活动过程中,主客双方出自共有的生命本根,显现为既有区别亦有联系的生命形态,虽异形却又同质,虽界分而自融通。这就是为什么审美观照经常出现主体沉没于对象之中,与对象同呼吸、共命运的心理状态,也是'移情'、'内模仿'、'异质同构'、'心物交感'诸说在美学研讨中盛行不衰的缘由"[3]。

然而,承认现代美学"主客合一"的合理性,是不是意味着完全否定传统美学"主客二分"的合法性呢?不是的。为什么呢?因为在审美认识中,主客体既相互交融,又恪守二分,主客二分不仅是主客合一的前提,也是检验和衡量主客交融的审美认识是否正确的依据。现代美学在强调审美认识主客合一的同时走向主客不分的相对主义,这对后现代的美学建设不仅无助,而且有害。

主客二分是主客合一的前提,没有主客分立,就无所谓主客超越。陈伯海先生在批评"把超越主客二分理解为取消审美主体与客体的设置"的偏向时指出:"审美固然有超越主客二分的取向,但这超越是在人的现实生命活动的基础上实现的,现实生命活动中的主客分立不能不构成审美超越的前提。此其一。也正因为前提是主客分立,审美的超越便不能不呈现为由分向合的转变与发展的

---

[1] 蒋孔阳主编:《二十世纪西方美学名著选》下册,第19—20页。
[2] 蒋孔阳主编:《二十世纪西方美学名著选》下册,第20页。
[3] 陈伯海:《生命体验与审美超越》,第68—69页。

趋势,亦即从心物交感、意象共生经神与物游、物我同化以至最终达成天人一体、混合无间的演进过程,其间自会有各种复杂的主客互动关系存在,难能一笔抹杀。此其二。"[1]"我们固然要超越传统主客二分的狭隘视野,却并不能也不必要'超越'审美活动中实际存在着的主客关系;美学家的职责恰恰是要深入到人的审美领域中去具体观照与把握这一特殊的主客关系,以作出实事求是的令人信服的解说。"[2]实际上,由于审美认识中主客体的分别不能彻底取消,所以在西方现代美学中部分理论家并未一笔抹杀,而是作出新的解释,揭示主客二分在把握美的当下生成中发挥着新的作用。比如德国法兰克福学派代表人物阿多诺主张:"必须批判地坚持主体和客体的二元性。"[3]在现象学美学中,主、客范畴扮演着重要角色。没有这对范畴,就无法讲清"审美经验"。盖格尔、杜夫海纳都力图摆脱实在论的主客观念,造就一种新型的主客关系,即审美客体是主体在对审美现象的体验中被给定为自在的东西。杜夫海纳指出,产生"美"的"审美"诚然是"主体躯体和对象躯体等同起来"的"主客体的调和"[4],是"主体与客体间的一种原始交流",同时,"作为目的的主体和作为现象的客体既互相区别而又互相关联,因为客体既通过主体存在,同时又在主体面前存在"[5]。可见,"以反对现成性为出发点的现象学美学,虽然也批判在主客问题上的'自然态度',批判那种机械的二元对立,但它并未取消主客范畴,而是改写了它的内涵。"[6]他们对"主客二分"的这种建设性态度,是值得"建设性后现代"方法论继承的。

在审美认识中,作为"主客二分"的前提,必须承认审美对象是产生审美经验的原因,"美的客体"是"产生愉快的机会"[7]。无论怎样赞同"美"的主观性,都无法彻底否定对象原因的客观性。当代英国学者乔德对主观主义美学的批评可谓击中要害:"如果美可以等同于美的鉴赏,那么我们就只好说,当我赞美一个日落景色时,我的赞美仅仅是由于我自己的赞美,我们根本无法接近或静观一个日落景色。而事实上,我们之所以会产生一种赞美的情感,就因为在我们的头

---

[1] 陈伯海:《生命体验与审美超越》,第56页。
[2] 陈伯海:《生命体验与审美超越》,第57页。
[3] 阿多诺:《否定的辩证法》,张峰译,重庆出版社1993年,第173页。
[4] 杜夫海纳:《审美经验现象学》,韩树站译,文化艺术出版社1996年版,第255页。
[5] 杜夫海纳:《美学与哲学》,孙非译,第56—57页。
[6] 汤拥华:《主客二分与实践存在论美学》,《人文杂志》2007年第2期。
[7] 杜夫海纳:《美学与哲学》,孙非译,第14页。

脑之外,发生着日落这一事实。"[1]杜夫海纳强调:"审美愉快是给予我们的,它确实是对象所唤起的。"[2]"真正的审美感受是以客体为导向的,它是对客体的感受,并非观赏者的某种主观反射。"[3]徐岱强调:"审美对象要以审美的方式去予以观赏才有意义,而并不意味着审美对象的存在毫无价值。"[4]

在审美认识中,作为"主客二分"的前提,"美的事物"具有某种特定的属性和品质,决定着审美愉快的产生。借用杜夫海纳的话说就是"美的客体""作为可能的审美对象而存在"[5]。什么意思呢?就是美的自然物和艺术作品虽然在无人欣赏时"不作为审美对象"存在,"只是作为东西而存在"[6],但其特定的属性和品质决定了能普遍有效地使人愉快,所以是"可能"的或"潜在"的"审美对象",也就是人们通常说的"美"。"当人们谈到审美对象时,言下之意不就是认为那些对象美吗?人们之所以全神贯注于享有悠久传统的优秀艺术作品,难道丝毫不是因为知道这些作品美吗?"[7]苏东坡只有置身于西湖山色中,才会写出"水光潋滟晴方好,山色空蒙雨亦奇。欲把西湖比西子,淡妆浓抹总相宜"的诗句;《巴黎圣母院》中的敲钟人卡西莫多只有目睹了艾丝美拉达的美貌之后,才情不自禁地发出了"美""美""美"的赞叹;"对于我们具体的美感经验来说,不仅总有一个相应对象的存在,而且它们各自的特点似乎还直接制约着我们的审美享受:比如我们在欣赏了以奇拔峻秀名冠天下的华山风光之后,还想再去攀登以奇峰怪石与云海苍松闻名于世的黄山;比如我们在领略了西湖之美后并不会善罢甘休,还会设法去游历漓江山水和长江风景。凡此种种似乎无不由于'此美'不同于'彼美'。于是我们也就很容易将'美'归之于为我们提供了这些美好享受的'美的事物'。"[8]因此,徐岱反思说:"一种觊觎着实在论在美学界的主导位置的主观论美学自身,太经不起推敲。……'认为审美态度是造成审美经验的决定性的先行条件,其荒唐不亚于一个人相信他只要持一种享乐态度,他就会由一块发霉的面包尝到烤龙虾的味道。'这样的表达虽然有些尖刻,

---

[1] 转引自朱狄:《当代西方艺术哲学》,人民出版社1994年版,第425页。
[2] 杜夫海纳:《美学与哲学》,孙非译,第15页。
[3] 阿多诺:《美学理论》,王柯平译,四川人民出版社1998年版,第284页。
[4] 徐岱:《美学新概念》,第313页。
[5] 杜夫海纳:《美学与哲学》,孙非译,第55页。
[6] 均见杜夫海纳:《美学与哲学》,孙非译,第55页。
[7] 杜夫海纳:《审美经验现象学》,韩树站译,第17页。
[8] 徐岱:《美学新概念》,第308页。

但也的确击中了主观论美学的要害。"[1]

值得指出的是,现代"主客合一"论者对传统"主客二分"认识方法的批判,有矫枉过正、片面极端之嫌,未能正视"主客二分"在人类科学文明和审美认识发展中的积极作用。须知"主客不分"是混沌谬误的人类原始思维的特征。只有在原始思维中,才"没有认识论上的主观与客观的对立",世界、宇宙"作为完整的、与人统一的东西而出现"[2]。随着文明的发展,人类逐渐将主体与客体、心理与物理区分开来,以理性的主体冷静、清醒地认识客体本质,掌握对象规律。正是依靠"主客二分"的认识—思维方式,人类改造现实,驾驭自然,创造了灿烂的物质文明,产生了蒸汽技术革命、电力技术革命和以原子能、电子计算机和空间技术的广泛应用为主要标志,涉及信息技术、新能源技术、新材料技术、生物技术、空间技术和海洋技术等诸多领域的信息控制技术革命,人类可以成批量、大规模地复制科技产品和物质财富,造福于人类社会。因此,王元骧先生高度评价说:"主客二分思维模式的出现,某种意义上说,正是人类文明发展和历史进步的积极成果。""这种主客二分思维模式的产生表明人与世界开始从原先混乱的状态中分离出来,把世界当作自己认识和意志的对象,由此使得人的活动开始从自然的状态进入文化的领域,从而使得社会得以发展、人类得以进步。所以,没有主客二分,也就没有现代的科技文明。"[3]在对世界的审美认识上,也从原来与现实属性背离脱节的神话发展为对客观对象审美属性的真实反映。如传统美学说:"治世之音安以乐,其政和;乱世之音怨以怒,其政乖;亡国之音哀以思,其民困。"[4]诗歌"安以乐""怨以怒""哀以思"的情感恰恰分别反映、印证着"治世政和""乱世政乖""亡国民困"的社会现实。虽然"好恶因人"[5]、"憎爱异情"[6],但"雅郑有素"、"妍媸有定"[7]。如果"倒白为黑,变苦为甘,移角成羽,佩犹当薰"[8],美丑混淆,是非颠倒,那是传统美学决不同意的。中外传统美学认识论中的这个方法论思想,无疑值得我们标举的"建设性后现代"方法所

---

[1] 徐岱:《美学新概念》,第 307 页。
[2] 帕尔纽克主编:《作为哲学问题的主体和客体》,刘继岳译,中国人民大学出版社 1988 年版,第 9 页。
[3] 王元骧:《对文艺研究中"主客二分"思维模式的批判性考察》,《学术月刊》2004 年第 5 期。
[4] 《毛诗序》,《毛诗正义》卷一。
[5] 刘熙载:《艺概·文概》。
[6] 葛洪:《抱朴子·塞难》。
[7] 葛洪:《抱朴子·塞难》。
[8] 刘昼:《刘子·殊好》。据傅亚庶:《刘子校释》,中华书局 1998 年版。

继承。

审美认识中必须承认客观对象特定的审美属性、品质的存在及其对审美感受取向的决定性,意味着审美中包含着辨别真伪的科学认识。审美认识既是一种情感反应,但不同于听任感学的胡说八道,也包含着对美的真理的科学认识。因而,审美认识必须遵循科学认识的基本模式。一般的科学认识以清醒的主客二分反映着客观对象的本质属性,审美认识从根本上来说也不例外,它与反映客观对象的审美属性不仅不矛盾,而且是否反映着客观对象的审美属性也构成检验自身真伪的根本依据。西方谚语说:"一千个读者就有一千个哈姆莱特",但读者无论对王子哈姆莱特的感受有多么不同,总不会把他与僭王克劳狄斯混为一谈。"趣味无争辩"只能发生在不违背美的真理或无伤大雅的形式美的范围内。人们可以容忍"情人眼里出西施",但不会答应将毒品视为美的物品。即便在无伤大雅的形式美、感觉美范围内,美丑也有大体的标准可以辩论,"以徵为羽,非弦之罪;以甘为苦,非味之过"[1]。这里,检验美丑真伪的最终依据是立足于主客二分基础上判断的客观真相。诚如陈伯海先生指出的那样,"审美"活动"若真的不分主体与对象,这活动岂不成了盲动、乱动,一片混沌,该如何进行考察研究?"[2]而现代主观主义美学完全取消"主客二分"导致"主客不分"的后果,如当代英国哲学家波普尔所说:"据我看来,唯心主义是荒谬的,因为它包含这样一些东西:我的心灵创造了美好的世界。但是我知道我不是世界的创造者。我知道伦勃朗自画像并不是由于我的眼睛,巴赫圣曲的美也不是由于我的耳朵。正相反,通过开、闭我的双眼和两耳,我可以作出使自己满意的证明,即我的眼和耳不足以包容那全部的美。"[3]这个批评可谓一针见血、发人深省!"主客二分"的对立面是"主客不分"。完全取消"主客二分",必然导致美学研究的"主客不分",其理论表述是不讲事实依据、充满着臆想妄断的。否定"主客二分"论者所以拿不出令人信服的成果,恐怕与此很有关系。

皮亚杰指出:"认识既不是起因于一个有自我意识的主体,也不是起因于业已形成的、会把自己烙印在主体之上的客体:认识起因于主客体之间的相互作用。这些使用发生在主体与客体之间的中途,因而既包括主体又包含客

---

[1] 《淮南子·修务训》。
[2] 陈伯海:《生命体验与审美超越》,第 57 页。
[3] 波普尔:《客观知识》,舒炜光等译,上海译文出版社 1987 年版,第 44 页。

体。"[1]在如何对待"主客二分"审美认识方法和理论研究方法的问题上,"建设性后现代"方法论既反对客观主义的"主客对立",也反对主观主义的"主客不分",主张兼顾主体与客体,在主客互动、交流、融合中恪守"主客二分",在"主客二分"的前提和无伤大雅的范围内包容主客合一,从而为"乐感美学"理论的重构提供有益的方法论保障。

(本文载《学习与探索》2015年第8期,中国人民大学复印资料《文艺理论》2015年第12期全文转载,《高等学校文科学术文摘》2015年第6期转摘)

六、中国古代美学思想系统观

1. 中国古代普遍的美本质观

中国古代对美的看法,既有异,又有同。所谓"同",即儒、道、佛各家相通相近、殊途同归、末异本同之处,或中国古代文化典籍中颇为流行、占主导地位的观点。中国古代对美的普遍看法大抵有如下数端:

一、以"味"为美。这是中国古代关于美本质的不带价值倾向的客观认识,可视为对美本质本然状态的哲学界定。从东汉许慎将"美"释为一种"甘"味,到清代段玉裁说的"五味之美皆曰甘",文字学家们普遍将美界定为一种悦口的滋味。古代文字学家对"美"的诠释,反映了中国古代对"美"是"甘"味的普遍认识。孔子"食不厌精,脍不厌细",听到优美的《韶》乐"三月不知肉味"。老子本来鄙弃欲望和感觉,但他又以"为腹不为目"为"圣人"的生活准则,并把自己认可的"大美"——"道"叫做"无味"之"味",且以之为"至味"。佛家也有"至味无味"的思想。以"味"为美,构成了与西方把美仅限制在视听觉愉快范围内的美本质观的最根本的差异。

二、以"意"为美。这可视为中国古代对美本质当然状态的价值界定,其中寄托了中国古代的审美思想。中国古代美学认为,美是一种快适的滋味,这种滋味,主要在事物所寓含的人化精神。这种精神既可以表现为审美主体审美观照时的情感、直觉、意念的即时投射,所谓"物以情观,故辞必巧丽"(刘勰),"以我观物,故物皆着我之色彩"(王国维),也可以表现为一种客观化了的主观精神,所谓"玉美有五德"(《说文解字》"玉"字条),"花妙在精神"(邵雍)。梅、兰、

---

[1] 皮亚杰:《发生认识论原理》,王宪钿等译,商务印书馆1997年版,第21页。

菊、竹,因为符合儒家的"君子"思想,所以成为历代文人墨客钟爱的对象。山、水、泉、林,因为是清虚恬淡的思想之境,所以成为道释之徒、出世之士心爱的栖身之所。现实的美源于"人化自然",艺术的美亦在"人的本质的对象化"。"诗"者"言志","文"为"心学","书"为"心画","画"尚"写意"。"文所以入人者情也"(章学诚),"情不深则无以惊心动魄"(焦竑),只有"意深"才能"味有余"。所以古人主张:"文以意为主","诗文书画俱精神为主"(方东树)。中国古代由此形成了"趣味"说。"趣",即"意趣";"趣味",即"意味"。"趣味"说凝结了中国古代这样一种美本质观:有意即有味。这与西方客观主义美学观明显不同。

三、以"道"为美。这是中国古代关于美本质当然状态价值界定的另一种形态,也是中国古代以"意"为美的具体化。这当中寄托了更明显的道德理想。儒家以道德充实为美,如孔子说"道斯为美",孟子说"充实之为美",荀子说"不全不粹之不足以为美"。道家也以道德充实为美。《庄子》有一篇《德充符》,明确把美视为道德充满的符号,描写了不少形体畸形而道德完满的"至人""神人"。老子说"大音希声,大象无形",庄子说"朴素而天下莫能与之争美","希声""无形""朴素",均是"无为""自然"的道德形象。佛家认为世相之美均是空幻不实的"泡影",真正的美是涅槃佛道,涅槃具有"无垢""清凉""清静""快乐""光明"诸种美好属性。

四、同构为美。这是中国古代对美的心理本质的认识。人性"爱同憎异","会己则嗟讽,异我则沮弃"。"同声相应,同气相求。""百物去其所与异,而从其所与同。"这些是同构为美思想的明确说明。它源于中国古代天人合一、物我合一的文化系统。在中国古代文化中,天与人、物与我为同源所生,是同类事物,它们异质而同构,可以互相感应。《淮南子》说得好:"天地宇宙,一人之身。""物类相同,本标相应。"这种感应属于共鸣现象,是愉快的美。其实,在中国古代以"意"为美、以"道"为美的思想中,已包含主客体同构为美的深层意识。儒家认为"万物皆备于我","尽心而后知天"(孟子),"仁"是"天心"(董仲舒),"天理"即"吾心",天地之美正是主体之美的对象化,因而呈现出某种同构状态。道家认为,大道至美,道体虚无,要把握到虚无的道体,认知主体必须以虚无清静之心观之,所谓"常无欲,以观其妙,常有欲,以观其徼"(《老子》)。与此相通,佛家认为真正的美是佛道,佛道即涅槃,涅槃即寂灭虚空。芸芸万法,以实有之心观之即执以为有,以虚空之心观之即以之为空,这就叫"内外相与,成其照功"(僧肇《般若无知论》)。可见,道、释二家所认可的至美之道,都是主体空无之心在客体上的同构。这与西方现代格式塔美学相映成趣。

五、中国古代尽管以"意"、以"道"为理想美，但并没有否定物体形式的美。"文"，在古汉语中有"文饰""美丽"之义。以"文"为美，就是中国古代关于形式美思想的集中体现。"文"的原初涵义是"交文"、"错画"（许慎）之形象，即形式之纹理或有纹理之形式。因为这种特点的形式给人赏心悦目的愉悦感，所以"文"产生了"美"的衍生义。中国古代以"文"为美，体现了古人在偏尊道德美、内容美的同时，亦未完全忽视文饰美、形式美。在对待文饰美、形式美的态度上，重视"礼教"的儒家表现出强烈的"好文"传统。由于儒家思想是古代占统治地位的思想，经过历代统治者的大力倡导和身体力行，"好文"成为汉民族全社会的传统风尚。相比起来，释、道二家是非"文"的。道家从人性无情无欲的角度出发要求"闭目塞聪"、杜绝文饰之美，佛家从"色即是空"的前提出发指责色相之美为镜花水月。由于这些学说内在的矛盾性，并不为古代大众所信服，因而并未对儒家以"文"为美思想的统治、主导地位形成根本性的挑战。

以味为美、以心为美、以道为美、同构为美、以文为美，是中国古代关于美本质的普遍看法。它构成了中国美学美本质观的整体特色。

然而，仅仅注意到上述整体风貌上的特点还是不够的，深入进去看，中国古代美学在对美本质的看法上还呈现出一定的学派差异，它们主要体现为儒、道、佛的差异。

2. 儒家美论

"比德"为美，是儒家关于自然美本质的基本观点。其含义是，自然美之所以为美，在于作为审美客体的自然物象可以与人"比德"，成为人道德的某种象征；自然物的美，不在于物体的自然属性，而在于它们所象征的道德意义。如孔子说："智者乐水，仁者乐山。"刘宝楠《论语正义》指出："仁者乐山"，"言仁者比德于山，故乐山也"。"智者乐水"，刘宝楠《论语正义》引孔子语："夫水者，君子比德焉。"孟子认为，水之美，在于它有不竭的"源泉"，在于它扎扎实实，循序渐进，正如同"君子"有深厚的道德之"本"，道德修养循序渐进一样："流水之为物也，不盈科不行；君子之志于道也，不成章不达。"荀子仍继续承孔子，并借孔子之口，表述他比德为美的自然观。如《荀子·法行》记载孔子以"玉"比德："子贡问于孔子曰：君子之所以贵玉而贱珉者，何也？为夫玉之少而珉之多也邪？孔子曰：恶！赐！是何言也！夫君子岂多而贱之，少而贵之哉！夫玉者，君子比德焉。温润而泽,仁也;栗而理,知也;坚刚而不屈,义也;廉而不刿,行也;折而不挠,勇也;瑕适并见,情也;扣之,其声清扬而远闻,其止辍然,辞(治也,有条理也)也。故虽有珉之雕雕,不若玉之章章。《诗》曰:言念君子,温其如玉。此之谓也。"汉儒董仲舒在《春秋繁露·山川颂》中指出,山、水之美在其为"仁人志士"进德修业的象征。周敦颐曾著《爱莲说》,塑造了"莲"出淤泥而不染的美的形象。从先秦儒家到汉儒,经隋唐儒家,到宋儒,自然比德为美的思想被不断继承、宣扬与传播,形成了儒家美学的一个传统、一大特色。正是在这样的美学传统和审美语境下,产生了中国绘画中的"四君子图"、"岁寒三友"图,产生了中国诗赋和绘画中道德化了的自然美意象系列,如梅、兰、竹、菊、松、水仙、山水等。

中国古代美学中存在着大量的以"情"为美的思想。从学派属性和思想渊源来说,以"情"为美,属于儒家美学。道家从人性自然、无意志出发,要求人们绝情去欲,无思无虑。佛家认为人的情欲是产生人生痛苦的祸根,要求通过守戒修行加以根治。儒家就基本态度和总体倾向而言,是正视、承认情欲这一人性的客观存在的,如孔子说"因民所利而利之",孟子主张因民"所欲","与之聚之",荀子指出:"礼者养也","养人之欲,给人以求"。中国历史上,即便是最保守的儒家代表董仲舒、朱熹,也没有一概否定情欲。如董仲舒说:"圣人之制民,使之有欲,不得过节;使之敦朴,不得无欲。"朱熹指出:"人心不全是不好","饥能不欲食乎?寒能不假衣乎?能令无生人之所欲乎?虽欲灭之,终不可得而灭也。"儒家对"情欲"的这一基本态度,奠定了中国美学以"情"为美的思想基础。中国古代美学以"情"为美,追寻源头,《荀子·乐论》和《礼记·乐记》可视作滥觞。《乐论》《乐记》认为,人生而有情,情得不到发泄和满足则不能无乱,而过分放纵情欲也会带来社会纷乱,所以圣人制礼作乐,用以有节度地泄导人情。因此,音乐的第一项功能是使人快乐,使人求乐的情感得到满足;第二项功能是使情不逾礼失德,达到"美善相乐"。六朝时期,人们继承、弘扬先秦儒家和汉儒合礼之情为善为美、合度之欲未可尽非的思想,"越名教而任自然",将"情"从道德礼教的牢笼下独立出来,明确提出以"情"为美。晋陆机《文赋》指出:"诗缘情而绮靡。""言寡情而鲜爱。"梁代刘勰《文心雕龙》中也明确把"情"与"美"联系起来:"物以情观,故辞必巧丽。""文采所以饰言,而辨丽本于情性。""繁采寡情,味之必厌。"沈约《宋书·谢灵运传论》分析文学作品时指出"以情纬文","文以情变"。萧绎《立言》区别了"文"、"笔"之后指出:"至如'文'者,惟须绮縠纷披,宫徵靡曼,唇吻遒会,情灵摇荡。"晋挚虞《文章流别论》提出:"情之发,因辞以形之",诗

"以情志为本""以情义为主",如此等等,可看作六朝诗文领域情感美学的组成部分。隋唐至宋末明初,是政治上趋于专制、思想上趋于守旧的时代,汉代的"性善情恶"论在唐宋又被重新提起,六朝的情美说一下子跌入深渊,经过长达一千年的沉重压抑,伴随着明代中叶王学左派对自身的反动和明末清初启蒙主义思潮的突起,在明清之际又重见天日,形成了唯情主义的巨大浪潮,奏出了中国美学史上情感美学的强音。对情感能产生感人的美,明清美学家曾屡屡论及。李开先《市井艳词序》盛称市井艳词,正在于"以其情尤足感人也"。徐渭指出:"摹情弥真,则动人弥易。"焦竑说:"情不深则无以惊心动魄。"袁宏道说:"大概情至之语,自能动人。"章学诚说:"凡文不足以入人,所以入人者,情也。"黄宗羲说:"凡情之至者,其文未有不至者也。"王夫之说:"情之所至,诗无不至;诗之所至,情以之至。"等等。

儒家尚礼,"礼之用,和为贵"。"中和"为美,是儒家美学另一份独特贡献。《论语·学而》记载孔子弟子有子的话说:"礼之用,和为贵,先王之道斯为美。"有子的这段话是符合孔子思想本义的。汉儒董仲舒《春秋繁露·循天之道》说得好:"中者,天地之美达理也……和者,天之正也……举天地之道而美于和。"由"礼"派生的"和"之美,在中国古代社会现实中有多种表现形态。首先是天地之和,它是人间之和的本体和生成依据。其次是作为"天地之和"必然反映的"天人之和"和"人人之和"。"人人之和"又表现为同辈之和、代间之和与社会之和。代间之和的原则是"以父统子""以长统幼";同代之和的原则是"以嫡统庶"、"以长统幼"、"以男统女"。社会之和是由同辈人与不同辈人组成的人人相亲相爱的和谐社会。《礼记·礼运》描述的"大同世界"就是这种和谐社会。按照"天地之和"实现"人人之和""天下之和",关键取决于统治者的政治之和。政治之和,一方面取决于下无条件地统一于上,也就是"大一统";另一方面取决于上抚爱下。和谐的社会必以和谐的人为美。所谓"人和",即社会中的人必须遵守代间之和与同代之和以及政治之和、神人之和等一系列行为准则去行事,不可放纵任性,为所欲为。为反对任性而为,孔子提出"中庸"之道。中国古代的文艺美学要求:"乐之务在于和心","琴所首重者,和也","温柔敦厚,诗教也",都是以和为艺术美特质的著名命题。

与佛、道鄙薄文饰相比,儒家特别重视形式美。在以"文"为美的纯形式美论之外,儒家还论述了内容的合适表现美——"合目的"形式美,如孔子说:"辞达而已。""辞多则史,少则不达。"张戒说得更明确:"中的为工。"刘熙载说:"辞之患,不外过与不及"。在古代文学批评中,围绕着文学作品语言形式的美丑问题经常展开一系列争论:文章的文辞是繁好还是简好?是深好还是浅好?是骈偶好还是散行好?是华丽好还是朴素好?是含蓄好还是直露好?是老陈好还是生新好?如此等等。这些问题虽然属于形式美方面的问题,但必须结合文辞所蕴涵的意义来考察。当文辞合适地表达了意义的时候,这种文辞就是美的,溢出意思需要的淫靡之辞与不能充分地达意之辞,都是不美的。如果离开文辞所蕴涵的意义,孤立地偏尚简约、朴素、散行、含蓄,等等,只能是不得要领的皮相之见。

3. 道家美论

道家认为美的本质是"道"。"道"具有一系列特征,美也呈现出一系列形态。"道"超越形色名声,因而,经验之美是有限的,不是至美;无限之美恰恰是不可经验性的,"至味无味"、"至乐无乐"。据此道家论述了"无为"之美、"无声"之美、"无形"之美、"无言"之美、"无味"之美。

尽管"无"是最高的美,但在现实中,"无"之美是离不开"有"的。正像王弼所说:"四象不形,则大象无以畅;五音不声,则大音无以至。"(《老子指略》)因而,"无"的美,最后落实于"有"中。这种有无相即、有中通无之美,扑朔迷离,玄妙叵测,道家以"妙"称之,"妙"因而变成了"美"的异名,而且是最高的美。"玄""远""逸""古""苍""老""神""微""幽""绝"等,均因"妙"而美。

"道之出口,淡乎其无味。""道"作为"无味"之味,从感觉上来说是薄味、淡味,故道家又以"淡"为美。"淡"作为审美范畴由老子提出后,在魏晋以前,主要是以现实美的面目出现的,魏晋名士在生活践履中把它发展到极致。同时,从魏晋起,"淡"开始以艺术美的面目出现,其标志是陶渊明的诗。作为现实美,"淡"更多地是指人格的审美理想。其要义大体有三:一是"意淡",淡泊世务,超然物外。古人所谓"玄淡""恬淡""闲淡""清淡""澄淡""雅淡""古淡""淡泊""淡远",云云,大抵均是指这种美。二是"情淡"。既然世俗的一切不必太在意,因而任何事情都无须太投入、太动情,哪怕面对生死大限也应当气定情安,神态自若。这是一种通达人生宇宙奥秘之后的无情之美,也是五岳崩于前而方寸不乱的镇定自持之美,是处理、驾驭情感波涛的令人仰慕的审美方式。古人所谓的"冲淡""平淡""淡漠"之美即是指此。三是"形淡"。这是人格的"淡"之美在行为方式上的表现。所谓"简淡"、"疏淡"就是指此。"大道若简""至道不烦""明道若昧"。简淡之人出言吐语、举手投足应以"希言"、无为、不留痕迹、不露声色为特点,从而给人留下回味不尽的意味。作为艺术美,现实美中"淡"的内涵自然保留、反映到艺术之平淡的境界中。值得注意的是,宋代以后,艺术中的"淡"并不突出强调思想之"玄淡",而更强调内容与形式之"平淡"。内容的"平淡"指艺术品所表现的意蕴要"淡而远""淡而厚""淡而深"。形式的"平淡"指"极炼如不炼"(刘熙载),"平淡当自组丽中来","看似平淡却崎岖,成如容易却艰辛"。它"淡而浓""朴而丽""易而难""枯而膏"。

"道"柔弱、处下,"柔"因而也成为一种美学范畴。《老子》说:"柔弱胜刚强。""强大处下,柔弱处上。""弱之胜强,柔之胜刚,天下莫不知。""天下之至柔,驰骋天下之至坚。""柔"、"弱"是比"刚"、"强"更美的境界。同理,"雌"胜于"雄"、"小"胜于"大"。"下""贱""愚""拙""不争",都具有了美学意义。

中国古代"自然"一词与"美"相通。如张彦远《历代名画记》:"自然者为上品之上。"这一美学范畴,最早由老子提出。《老子》说:"道法自然","道之尊,德之贵,莫之命而常自然。"可见"自然"是"道"生万物过程中呈现的一大特征。"自然之为美"是"道"之美的逻辑产物。"天下皆知美之为美,斯恶已;皆知善知为善,斯不善已。"失却自然,有目的、有意志地去干什么,只能添乱,与"美"背道而驰。本着自然为美的思想,庄子认为"天籁"比"人籁"更美,主张"既雕既琢,复归于朴","朴素而天下莫能与之争美"。《庄子·山本》说:"美者自美,吾不知其美也……行贤而去自贤之行,安往而不爱哉!"这既有以谦卑、处下为美之意,也有自然为美之意。

老、庄反对"悦生"而又主张"尊生",这种思想导源于"生"为"道"的一种特性。在老、庄看来,"道"生万物,成就众生,既然"道"属至美,作为道的属性之一的"生"势必也是美好的,值得尊重、珍贵的。老子的这一思想,后来被战国时期的《易传》表述为"天地之大德曰生"。天阳地阴,天地阴阳化生万物。使万物赋有生命,是天地间最美的事情。扬雄《太玄·大玄文》:"天地之所贵曰'生'。""所贵"者,正所以为美者也。谢良佐《上蔡语录》云:"心者何也?仁是已。仁者何也?活者为仁,死者为不仁。令人自身麻痹,不知痛痒,谓之'不仁'。桃杏之核可种而生者,谓之'桃仁'、'杏仁',言有生之意。"所谓"活者为仁,死者为不仁",说穿了即"活者(生者)为美,死者为丑"也。古代汉语中有"麻木不仁"一语,"仁"不可释作"善",只有释作"美"才可通。生命的存活是天地间最大的美。

而宇宙万物的生命乃是由元气所化生。故以"生"为美,自然以"元气"为美。古代美学中有"文气"说,"文气"即"文学生命力"。"文气"说要求文章"气盛"、"气昌"、"气足"、"气厚",反对文章"气屡"、"气弱",倡导的正是这种郁勃健旺的"生命力"。作为作家主体生命力的表现,"文气"必须戒除"昏气""矜气""伧气""村气""市气""霸气""滞气""匠气""俳气""腐气""浮气""江湖气""门客气""酒肉气""蔬笋气"这类与"生气"相敌的"死气",而必须给艺术作品注入"正气"、"真气"。文中的"生气"不仅是作家"正气"、"真气"的流淌,也是作家对于艺术生命的创造。如果说作家主体生命力的展示为"文气"提供了内容上的生机,那么作家对于艺术生命的创造则为"文气"提供了形式方面的活力。当"气"与文章的辞藻、结构、形式结合在一起时,便形成"气辞""气韵""气脉""气势""气骨""气象",等等,它们是"有生命力的形象"。

在道家学说中,"自然"除了指"无意志"外,还指"适性",即"顺应事物的本性"。"全生"的实质在"全性"。"自然"为美,易言之即"适性"为美。《庄子》反对"逆物之情",多处强调要"安其性命之情"(《在宥》)、"任其性命之情"(《骈拇》)、"不失其性命之情"(同上)。《庄子》以不同的表达方式反复重申了这样一种思想:物适其性即美,失性即丑。在此基础上,庄子强调"自适其适"而不是"适他之适"。"名""利""国家""天下",这些都是人性的异化,是人的身外之物,为它们殉身,都属于不知"自适其适"的愚蠢行为。既然事物顺应己性即美,而物性各异,符合物性的形态也就多种多样,美也就千姿百态了。《庄子·骈拇》篇论及美的多样性:"彼至正者,不失其性命之情。故合者不为骈,而枝者不为跂;长者不为有余,短者不为不足。是故凫胫虽短,续之则忧,鹤胫虽长,断之则悲。故性长非所断,性短非所续,无所去忧也。"对庄子的这一思想,郭象的《庄子注》作了更详尽的发挥。《〈逍遥游〉注》谈"大"与"小"只要"适性"均可以是美:"夫小大虽殊,而放于自得之场,则物任其性,事称其能,各当其分,逍遥一也,岂容胜负于其间哉?""苟足于其性,则虽大鹏无以自贵于小鸟,小鸟无羡于天池,而荣愿有余矣。故小大虽殊,逍遥一也。""夫物未尝以大欲小,而必以小羡大。故举大小之殊各有定分,非羡欲所及,则羡欲之累可以绝矣。"《〈逍遥游〉注》甚至推而广之曰:"庖人尸祝,各安其所司;鸟兽万物,各足于所受;帝尧许由,各静其所遇,此乃天下之至实也。各得其实,又何所为乎哉?自得而已矣。"

4. 佛家美论

佛家美论从缘起论出发认为"色即是空",物质世界的美没有恒常不变的主体,是空幻不实的,人对物质世界美好事物的贪爱执取是引起人生无限痛苦的根源。在强调破除对物色之美的愚痴贪爱的基础上,佛教又提出了观照美色时"于相破相"的"不净观"。"不净观"包括观对象的"他身不净"和观主体的"自身不净"。观他身不净,包括观种子不净(以过去惑业为因,以父母精血为种)、住处不净(住于母胎不净)、自相不净(对象由36种不净之物组成身体)、终究不净(身死后或埋葬成土,或虫吃成粪,或火烧成灰)。观自身不净,包括观自己身死、尸发胀、变青瘀、脓烂、腐朽、虫吃等。"不净观"要求用"九想"破除"六欲"。即用"青瘀想"(遍地青瘀的想象)、"血涂想"(血肉模糊的想象)、"脓烂想"(脓烂腐臭的想象)破"色欲"(对美的颜色的喜好);用"膨胀想"(尸体膨胀的想象)破"细滑欲";最后,用上述九想破"人相欲"。通过"不净观",美女变成了"盛血革囊"。《涅槃经》甚至说:"一切女人皆是众恶所住处。"明莲池大师《答净土四十八问》谓:"无女人之为净也。女人之为不乐,无女人之为极乐也。"佛教不仅通过"不净观"将客观对象的美洞照为丑,而且将人体的"九窍"——两眼、两鼻、两耳、一口、大小便通道视为"九疮",从主体方面否定掉人的审美感官。

佛教反对世俗之美,但"中观"的思维方法使其又肯定涅槃之美、"法喜禅悦"之美。佛典指出:现实世界"一切无常,乐少苦多",涅槃境界则"寂灭为乐"。《杂阿含经》卷十八形容涅槃之美,说是达此境界时,"贪欲永尽,瞋恚永尽,愚痴永尽,一切烦恼永尽,是名涅槃"。大乘佛教一些派别指出,涅槃具有"常""乐""我""净"四种德性或"常""恒""安""清凉""不老""不死""无垢""快乐"八种德性(《大般涅槃经》)。"涅槃"不仅是最高的"真"("常""恒""不老""不死"——永恒存在,"我"——实在本体),最高的"善"("净""无垢——清净无染"),而且是最高的"美"("乐""安""清凉""快乐")。佛教将"涅槃"说成独立于人们主体之外的至善至美实体,并说进入了涅槃境界就往生"佛国""净界",而"佛国""净界"又是美妙无比的。关于"净土"之美,宋延寿《万善同归集》卷上所引《安国抄》《群疑论》有"二十四种乐""三十种益"之说。《无量寿经》宣扬在弥陀净土世界里,国土以黄金铺地,一切器具都由无量杂宝、百千种香共同合成,到处莲花香洁,鸟鸣雅音。众生没有任何痛苦,享受着无限的快乐,"衣服饮食,花香璎珞,缯盖幢幡,微妙音声,所居舍宅,宫殿楼阁,称其形色,高下大小,或一宝二宝,乃至无量众宝,随意所欲,应念而至"。所谓"法喜",指契合佛法(佛教真理)给人带来的"欢喜"之情。《大般涅槃经》卷二十《梵行品》:"修行涅槃者心生欢喜。"《法华经·宝塔品》:"闻塔中发出音声,皆得法喜。"所谓"禅悦",指修习禅定而生的喜悦之情。《华严经》:"若饭食时,当愿众生禅悦为食,而以禅悦为味。"这种修禅闻法、悟道成佛所达到的大快乐,王维《苦热》诗喻为"忽入甘露门,宛然清凉乐"。佛法是美,闻佛法是美,认识佛法的佛性也是美。"佛性"不仅具有认识真理的"真",而且因为能够契合真理,不致陷入迷妄而具有最高的"善"与"美"。因而,"佛性"又叫"净心""自性清净心"。佛教以"寂灭为乐",必然逻辑地推导出以"死亡"为美。事实也是这样。佛典称死亡为"圆寂"。"圆"即圆满、美好。"涅槃",又译作"不生"。"涅槃"为美,即"不生"为美。佛陀释迦牟尼临终前曾说:

> 在一切足迹中,
> 大象的足迹最为尊贵;
> 在一切正念禅中,
> 念死最为尊贵。[1]

佛陀还用诗般的语言,赞颂过死亡之美:

> 我们的存在就像秋天的云,
> 那么短暂,
> 看着众生的生死就像看着舞步,
> 生命时光就像空中闪电,
> 就像急流冲下山脊,冲冲滑逝。[2]

自然界的空旷寂寥和宁静无动最能体现"涅槃""佛性"。因而,"涅槃""佛性"之美,又集中凝聚为"空虚"之美和"静寂"之美。

  佛教虽然从因缘聚散方面揭示出事物虚妄不实的本质,但同时又指出,事物从现象上看又是不空而有的。这一辩证思想,借用支遁《妙观章》的话说就是:"色即是空,色复异空。"这样,佛教就从对现实美的否定走向了再否定,即对现实美的变相肯定。在佛教变相肯定的现实世相美中,圆相之美是甚为突出的一

---

〔1〕 转引自索甲仁波切:《西藏生死书》,郑振煌译,内蒙古文化出版社1998年版,第29页。
〔2〕 转引自索甲仁波切:《西藏生死书》,郑振煌译,第28页。

种形态。天台宗经典《辅行》谓:"圆者全也……即圆全无缺也。"又《四教仪》谓:"圆以不偏为义。"佛教认为,圆相圆满无缺,是一切形状中最美的形状。在佛陀的"三十二"种美好之相中,与"圆"有关的有许多,如"足跟满足","踵圆满无凹处";"足背高起而圆满";"股肉纤圆";"肩圆满相,两肩圆满而丰腴";"两足下、两掌、两肩并顶中,此七处皆丰满无缺陷"等。佛教传入中国后,相圆为美的思想也随之流传进来。中国佛教经典《大乘义章》《法界次第》等描写的佛教的"八十种随行好"中,以"圆"或"圆满"形容佛祖之美的就达十多处,如"首相妙好,周圆平等""面轮修广,净如满月""面门圆满""额广圆满""手足指圆""手足圆满""膝轮圆满""膝骨坚而圆好""脐深圆好""脐深右旋,圆妙光泽""隐处妙好,圆满清净""身有圆光",等等。华严宗经典《华严经》描写尼姑善现:"颈项圆直""七处丰满""其身圆满,相好庄严"。禅宗对圆相更加钟情。禅门沩仰宗列出九十七种圆相。此外,佛教多取相于圆形之物,如"圆轮""圆月""圆镜""圆珠""弹丸"等。或借为法身的象征,如"法轮""圆塔",或用作佛、菩萨像顶后的装饰,如"圆光",或用作修行的器物,如佛珠,或借作美好的比喻,如称般若智为"圆镜智",喻无住的活法为"弹丸",称佛之说法为"圆音",或取作供奉佛、菩萨的道场,如"圆坛",乃至常见寺庙里释迦佛"说法印"也是右手向上屈指成圆环形。圆这种形状的最大特点是圆满、周遍、无缺。在佛家看来,佛教真理恰恰也是圆满、周遍、无缺的,因此,"圆"成为佛教真理最好的象征之具和最美的形容词。在这个意义上,"圆"即"完美"。"涅槃"圆满无缺,故称"理圆"。般若无幽不照,故称"智圆"。佛法圆活无碍,故称"法圆"。

佛教对现实世相之美的变相肯定,除了以"圆"为美外,还以光明为美。在佛教中,佛、菩萨始终与"光明"相伴,统称"佛光"。《探玄记》曰:"光明亦二义:一是照暗义,二是现法义。"佛、菩萨之光明,分"智光"与"身光"。"智光"又叫"心光","身光"又叫"色光"。通常听见佛、菩萨身体鎏金,使其金光闪耀;顶上有一轮圆光,此即"身光"。"心光"即佛教所指的认证佛教真理的特殊智慧——主要指般若智所具有的无幽不照的光明功能。《大乘起信论》:"自体有大智慧光明。"《镇州临济慧照禅师语录》:"法者,心光明是;道者,处处无碍净光是。"佛教向往光明、追求光明、赞美光明,可以说达到了"光明崇拜"的程度。如西方佛土叫"光明土";观音所住处,叫"光明山";大日如来所住处,叫"光明心殿";金刚杵作为"大日智慧"之标识,叫"光明峰杵";念佛口诀,叫"光明真言";发愿往生净土,叫"光明无量愿";佛寺有叫"光明寺"的;佛教高僧有称"光明大师"的;佛有叫"光明王佛"的;观世音,又叫"光世音";毗卢遮那佛,意译即"光明普照",故又叫"大日如来"。佛经有以"光"或"光明"为名的,如《光明童子因缘经》《金光明经》《金光明玄义》《金光明经文句》《成具光明定意经》《光明疏》《放光般若经》,等等。尤值一提的是净土宗,它对"光明"的崇拜几乎可以说达到了无以复加的地步。该宗所说的"西方极乐世界"的教主阿弥陀佛名号有 13 个,其中 12 个是与"光明"有关的:"无量光佛""无边光佛""无碍光佛""无对光佛""焰王光佛""清净光佛""欢喜光佛""智慧光佛""不断光佛""难思光佛""无称光佛""超日月光佛"。由阿弥陀佛所照耀的西方佛土之光明亦为"光中极尊",大大超过了现实中所见之光的明亮程度。佛教在佛菩萨的"心光明""身光明"之外,又提出"外光明"一说。所谓"外光明",即外界存在的种种光明之相,如日、月、灯、火、金、镜、珠等。由于外光明可驱除黑暗,象征佛光可驱除心灵的黑暗,因而佛教对这些光明之相表现出极大的崇拜。而"无明",则被佛教说成人的一切痛苦的总根源。

5. 中国古代的审美特征论

中国古代的审美特征论,论及美感的愉悦性、直觉性、客观性、主观性、真实性等问题。

关于美感的愉悦性,古代美学常以"乐""悦""快""适""娱"等词界说之。古人指出,尽管美的形态、风格多种多样,但它们在引起人的愉快感这一点上是共同的。正是这一点,使它们都叫做"美"。此所谓"心不乐,五色在前弗视"(《吕氏春秋》),"妍姿媚貌形色不齐,而悦情可均;丝竹金石五声诡韵,而快耳不异"(葛洪)。艺术之美的根本特点在于能够感染人、打动人、使人快乐,所谓"乐者,乐也"(《乐记》),"论曲之妙无他,曰'能感人'而已"(黄周星)。无论生理快感还是心理快感,感觉愉快还是理智愉快,在同为情感愉快、肯定性情感这一点上都是相通的,"礼义之悦我心,犹刍豢之悦我口"(孟子)。

关于美感的直觉性,指美感的产生无须经过思考推理这个过程,美感判断是不假思索的直觉判断。梁朝的钟嵘在《诗品序》中提出"直寻"说,宋代的叶梦得在《石林诗话》中提出"无所用意"说,王夫之提出"不假思量"说,以及古代文论中大量存在的"即景会心""天人凑泊""自然成文"说,都直接指向它。

关于审美的主观性,古代美学指出,审美活动不是主体对客体的被动反映,而是主体对客体的能动反应。这样,美在向美感的生成过程中就可能发生若干变异。《吕氏春秋·孝行览》谓之"遇合无常",葛洪《抱朴子·塞难》谓之"憎爱异性",刘熙载《艺概·文概》谓之"好恶因人",黄庭坚《书林和靖诗》举例说明:"文章大概亦如女色,好恶止系于人。"总之,一切审美活动都是因人而异的。

古代美学既看到审美中的"殊好",又强调"正赏"。这就论及审美的客观性。刘昼《刘子·正赏》指出:"赏而不正,则情乱于实。"柳宗元《与友人论为文书》提出"正鉴"的概念。在《答吴秀才谢示新文书》中,他说:"夫观文章,宜若悬衡然,增之铢则俯,反是则仰,无可私者。"这是对"正鉴"的具体说明。可见,所谓"正赏"、"正鉴",说的是审美反应不应抹杀审美对象客观的美丑属性。取消了客观性,审美就走向了无是非对错的相对主义。从客观方面说,尽管"憎爱异性"、"好恶因人",但这并不能抹杀"妍媸有定"、"雅郑有素"。一方面,"诗文无定价",另一方面,我们又不能否认,"文章如金玉,各有定价"。关于审美主观方面"无定价"而客观方面"有定价"的现象,刘熙载《艺概·文概》中有一段精彩的论断:"好恶因人,书之本量初不以此加损焉。"

关于审美的真实性,古代美学主要是针对艺术美的审美而言的。古代美学认为,艺术既显现真实,又不同于生活事实,它如"空中之音"、"相中之色",是不能"以实求是"的。广而言之,不只艺术出于心灵的创造而"不可征实",在古代美学以"意"为美的思想系统中,"烟云泉石,花鸟苔林……寓意则灵",自然美、现实美也烙上了心造的幻影;对自然美形式本身不可当真。在古代美学以"道"为美的思想系统中,自然、现实只有成为"道"的象征之具时才是至真至美的,而它的形式本身,则如"幻笔空肠"(贺贻孙)、"镜花水月",也不可当作真实的美本体。

6. 中国古代的审美方法论

中国古代美学的审美方法论,是与中国古代的美本质论紧密相连的。古代美学以"味"为"美",故审美上自然强调"味"之"回味"、"品味"、"寻味",形成"体味"说。"体味"说特点有二:一是认为五觉感官和心灵器官都是审美感官;二是强调对美的无限意味"反复不已"、"咀嚼回味"。"体味"说是"滋味"为美的美本体论在审美环节上的必然反映。

古代美学以"意"为"美",故审美必须"以我观物"。《世说新语·言语》中有一记载:"简文入华林园,顾谓左右曰:'会心处不必在远。翳然林水,使自有濠濮间想也。觉鸟兽虫鱼,自来亲人。'"辛弃疾《贺新郎》谓:"我见青山多妩媚,料青山见我应如是。"这"鸟兽虫鱼,自来亲人"的美感和"青山"与"我"的亲和关系,正是"以我观物"的结果。在中国古代表现主义的美学系统中,美产生于心灵表现,审美也是心灵表现。具体到艺术美而言,艺术创作是表情达意,读者审美何尝不是"披文入情"(刘勰)、"以意逆志"(孟子)和"借他人之酒怀,浇胸中之块垒"?

古代美学以"道"为美,故审美必须出之以"虚静"。在中国古代美学中,美是与真、善交叉的。老庄的"道"、佛家的"涅槃"、儒家的"道德",既是最高的"真""善",也被视为最本质的"美"。这样,哲学认识论与审美认识论就呈现出一定的相通之处。静观默照,既是哲学认识的起点,也是审美认识的起点。宗白华先生曾指出:"静照是一切艺术及审美生活的起点。"这审美静照的对象,就是"道"。刘勰《文心雕龙·神思》说:"陶钧文思,贵在虚静。"苏轼《送参寥师》:"欲令诗语妙,无厌空且静。静故了群动,空故纳万境。"朱熹《清邃阁论诗》:"今人所以事事做得不好者,缘不识之故。……不虚不静,故不明,不明,故不识。若虚静而明,便识好物事。"即是谓此。

中国古代美学理论,丰富而多彩,植根于特殊的文化土壤之上,具有独特的民族个性,以自己独有的思维方式,对美、美感等美学的核心问题作出了独立自主而又具有相当深度的解释,是世界美学之林中独到一景,颇令人流连徜徉,值得人们好好品味。

(原载《文学评论》2003年第3期,转载于人大复印资料《美学》2003年第7期,《高校文科学术文摘》2003年第5期)

七、中国美学史书写的历史盘点与得失研判

"美学"作为一门独立的学科是从20世纪20年代前后登陆中国的[1]。用"美学"的观点梳理历史上关于"美"的认识,就诞生了美学史的分支学科。在中国,最早的美学史是从对西方历史上"美"的认识的梳理开始的,这就是朱光潜于20世纪60年代完成、80年代初出版的《西方美学史》。有西方美学史,便不能没有中国美学史。1979年,宗白华在《文艺论丛》第六辑上发表《中国美学史

---

[1] 标志是萧公弼1917年发表的长篇论文《美学·概论》及吕澂1923年出版的《美学概论》、范寿康与陈望道1927年出版的《美学概论》。

中重要问题的初步探索》一文,拉开了中国美学史研究的序幕。在他的推动下,北京大学哲学系美学教研室包括叶朗、于民在内的一批年轻学者集体编选的《中国美学史资料选编》上、下卷于 1980 年出版,为中国美学史的研究提供了初步的资料准备。宗白华弟子林同华试图实现老师的理想,致力于中国美学史研究,写了不少论文,1984 年以《中国美学史论集》为题出版(江苏人民出版社版)。但"中国美学史"是一个不好把握的大题目,林同华最终未能系统成书,便转向心理学美学、应用美学等领域的研究。1981 年,为了给集体项目《中国美学史》的编写作提供基本的指导线索,李泽厚出版了《美的历程》[1]。如果将此视为最早的源头,关于"中国美学史"的书写已走过 30 多年的历程,迄今已出版了十多种著作。它们有写神型的,如李泽厚的《美的历程》(文物出版社 1981 年版)与《华夏美学》(中国文联出版公司 1987 年版)。也有写骨型的,如叶朗的《中国美学史大纲》(上海人民出版社 1985 年版)、王向峰的《中国美学论稿》(中国社会科学出版社 1996 年版)、张法的《中国美学史》(上海人民出版社 2000 年版)、王振复的《中国美学的文脉历程》(四川人民出版社 2002,该书 2004 年修改为《中国美学史教程》由复旦大学出版社出版)、朱志荣主编的《中国美学简史》(北京大学出版社 2007 年版)、王文生的《中国美学史》(上海文艺出版社 2008 年版)、于民的《中国美学思想史》(复旦大学出版社 2010 年版)。还有写肉型的,如李泽厚、刘纲纪主编的五卷本《中国美学史》未完成稿(第一卷由中国社会科学出版社出版于 1984 年,署名李泽厚、刘纲纪主编;第二卷由安徽文艺出版社出版于 1999 年,署名李泽厚、刘纲纪著)、敏泽的三卷本《中国美学思想史》(齐鲁书社 1989 年版,约 150 万字)、陈望衡的《中国古典美学史》(湖南人民出版社 1998 年版,约 100 万字)、陈炎主编的《中国审美文化史》(山东画报出版社 2000 年版,约 100 万字)、笔者的三卷本《中国美学通史》(人民出版社 2008 年版,约 156 万字)、叶朗主编的八卷本《中国美学通史》(江苏人民出版社 2014 年版,约 300 万字)。它们有的出自一人之手,有的是众人合作的集体项目。30 多年来,美学观念及美学研究方法发生了很大变化,中国美学史也出现了多种不同的写法。在当前哲学社会科学的发展借鉴西方成果,探究中国路径,构建中国特色,

---

[1] 李泽厚在《中国美学史》第一卷后记中说明:"在 1978 年哲学所成立美学研究室讨论规划时,是由我建议集体编写一部三卷本的《中国美学史》,因为古今中外似乎还没有这种书……室内、所内的同志和领导都欣然赞成,积极支持,把它列入了国家重点项目,并要我担任主编。""为了写作此书,我整理了过去的札记,出了本《美的历程》。"

创造中国学派的时代语境下,回顾中国美学史书写的既有成果,对其中的得失作出客观的评判和清醒的反思,找出进一步发展的出路,具有重要的学术意义。这里不揣冒昧,本着求真务实的态度直抒所思,欢迎批评讨论,期待对话交流。

1. 如何理解"美学"概念,确定研究范围和重点

中国美学史是关于"美学"的历史。如何理解"美学"概念,直接关系到美学史研究对象的范围和重点。可以说,有什么样的美学观,中国美学史就有什么样的写法。正如有什么样的文学观,中国文学史就有什么样的写法一样。1905年前后,黄人完成首部《中国文学史》。这部文学史之所以能够写成,与其狭义的美文学观念分不开。他在"总论"中指出:科学、哲学求"真",教育学、政法学、伦理学、宗教学求"善","文学则属于美之一部分","从文学之狭义观之,不过图画、雕刻、音乐等"。因而,中国文学史就将描述对象的范围聚焦到"经史子集"的"集部"中。试想,如果"文学"还是如古代那样是无所不包的广义概念,中国文学史便无法写成。中国美学史也是如此。它虽是史书,但首先必须在理论上揭示什么是"美学"。一些中国美学史著作对此不加辨析就直接进入美学史的评述中,显然是不严密的。

什么是"美学"? 这集中表现为两方面的争论。

一是"美学"的"学"字怎么理解。"学"的本义是学问、学说、哲学、学科,属于理论形态。"美学"学科进入中国之初,学者们反复强调这一点。如萧公弼说:"美学者,哲学之流别。"[1]"美学者,情感之哲学。"[2]吕澂在分析"美学的性质"时,从三方面强调美学是一种"学的知识"。首先,"学的知识"与一般的知识不同,它"不是关于各个事实的零碎知识",而是关于"普遍于一切同类事实"的知识,所以是具有概括性的知识。其次,"这样概括的知识必被某种原理所统一着",易言之,这种知识的概括性上升为一定的"原理",所以"美学"常被后人称为"美学原理"。再次,"学的知识又是抽象的知识"。"凡知识愈概括、愈有组织、又愈抽象,那便愈成为学的。美学呢,现在就以关于美的概括组织又抽象的知识为主,所以说是种学的知识。"[3]陈望道也认为"美学"即"关于美的学

---

[1] 叶朗总主编:《中国历代美学文库》近代卷下册,高等教育出版社2004年版,第641页。
[2] 叶朗总主编:《中国历代美学文库》近代卷下册,第643页。
[3] 吕澂:《现代美学思潮》,商务印书馆1931年4月初版,第6—7页。

问"[1],这学问即"抽象的哲学研究"。人们关于美的思想、意识也可能以艺术作品、审美文化的形态存在,于是美学演化为艺术作品与审美文化,美学史呈现为美的艺术的历史和审美文化的历史,美学史研究的对象不仅包括理论形态的美学思想,而且包括艺术形态、审美文化中的审美意识。如敏泽声称"中国美学思想史"即"审美意识、观念、审美活动的本质和特点的历史"[2]。他认为"美学绝对不可以把创作中的审美活动排除在外",但又指出:将文化、艺术中的审美意识都囊括进来后,美学史的研究范围就"相当广泛"了,"全面展开几乎是不可能的",因此,他还是"把基本的和主要的范围放在有关美学思想的理论形态的著作中"[3]。朱志荣认为,美学史不应"只是美学理论史",而应当是"理论与实践统一"的"审美意识"史[4]。在美的艺术发展中梳理中国美学思想史的代表作,是李泽厚的《美的历程》。在审美文化发展中梳理中国审美意识史的代表作,是陈炎主编的《中国审美文化史》。而敏泽的《中国美学思想史》与朱志荣主编的《中国美学简史》则试图在早期的审美实践与后期的理论形态两者兼顾中叙写中国美学史。不过,艺术作品与审美文化形态中的审美意识不是自己说出来的,而是研究者自己解读出来的,具有不确定性;同时,分析、描述艺术作品与审美文化形态中的审美意识,不仅会无限扩大美学史的研究范围,冲淡美学史的研究重点,削弱美学史的理论品格,而且会侵占艺术史乃至文化史的学科领地,使得中国美学史与中国艺术史、中国审美文化史的疆域相互纠缠,混淆不分。因此笔者对此并不认同,而主张重申美学是理论形态的学问,美学史是理论形态的审美意识史或美学思想史。在这方面,笔者赞同李泽厚、叶朗、张法的观点。李泽厚《美的历程》本来是为撰写《中国美学史》做准备的,但在组织集体撰写《中国美学史》时,他意识到《美的历程》将美学史聚焦于美的艺术的发展史的不足,而将美学史的范围缩小到中国古代美学理论上来。该书绪论指出:美学史有两种写法。一种是广义的美学史,研究的对象和范围是"审美意识",它广泛存在于"文学艺术和社会风尚"中[5]。另一种是狭义的美学史,研究的对象和范围是"美学思想",它以"理论形态"表现出来[6]。《中国美学史》"采取狭义的研

---

[1] 陈望道:《美学概论》,上海民智书局1927年8月版,第13页。
[2] 敏泽:《中国美学思想史》第一卷《序》,齐鲁书社1989年版,第1页。
[3] 敏泽:《中国美学思想史》第一卷《序》,第2页。
[4] 朱志荣主编:《中国美学简史》,北京大学出版社2007年版,第16页。
[5] 李泽厚、刘纲纪主编:《中国美学史》第一卷,中国社会科学出版社1984年版,第4页。
[6] 李泽厚、刘纲纪主编:《中国美学史》第一卷,第4页。

究方式"[1],属于理论形态的美学史,是"我们民族在理论上对于美与艺术的认识的发展史"[2]。《中国美学史》后来未能完成,李泽厚本人出版了简要梳理中国古代美学理论演变历程的《华夏美学》,以弥补《美的历程》的不足。叶朗也认为,"美学是一门理论学科","美学史应该研究每个时代表现为理论形态的审美意识"[3]。他的《中国美学史大纲》是这么写的,他后期主编的《中国美学通史》也贯彻了这一主张,所谓美学史是"理论形态的审美意识"史,不同于"审美文化史"、"审美风尚史"[4]。张法声称:美学史是"审美理论史",要尽量还原古代美学理论的客观事实[5]。基于美学史是理论性的美学思想史的看法,笔者的《中国美学通史》"所关注的美学资料,是中国历史上关于感觉经验、情感经验,尤其是肯定性的感觉、情感经验及其对应的物态特点、规律的那些理论材料"[6]。

二是关于"美"在"美学"中的地位如何理解。美学是"美之学",美学研究的重点、核心问题是"美",美学是关于"美"的学说或理论思考,这是"美学"诞生之初的本义。如鲍姆加滕认为美是"感性知识的完善",美学就是"感性学"、"情感学"。黑格尔认为美在艺术,所以美学就成了"艺术学"。美学传入中国之初,"美学"是"美之学"的学科概念也随之传进来,成为天经地义、不容置疑的常识。如萧公弼说:"吾人欲究斯学,须先知美之概念及问题。"[7] "不明美之意义、美之玩赏,而审美之观念必蹈谬误者也。"[8] 吕澂说:"为美学之对象者,必为美也。"[9] "为美学之中心问题者,惟美与丑。"[10] 范寿康重申:"美学……乃是研究美的法则的学问。"[11] 陈望道认为"美学"即"关于美的学问"[12],它主要就"美是什么"和"美的事物怎样才美"两个基本问题作抽象的哲学研究。李安宅

---

[1] 李泽厚、刘纲纪主编:《中国美学史》第一卷,第6页。
[2] 李泽厚、刘纲纪主编:《中国美学史》第一卷,第5页。
[3] 叶朗:《中国美学史大纲》,上海人民出版社1985年版,第4页。
[4] 叶朗主编:《中国美学通史》第一卷,江苏人民出版社2014年版,第1页。
[5] 张法:《中国美学史》,上海人民出版社2000年版,第6页。
[6] 祁志祥:《中国美学通史》第一卷,人民出版社2008年版,第11页。
[7] 叶朗总主编:《中国历代美学文库》近代卷下册,第641页。
[8] 叶朗总主编:《中国历代美学文库》近代卷下册,第646页。
[9] 吕澂:《美学概论》绪论,商务印书馆1923年初版,第1页。
[10] 吕澂:《美学概论》,第34页。
[11] 范寿康:《美学概论》,商务印书馆1927年版,第6页。
[12] 陈望道:《美学概论》,上海民智书局1927年版,第13页。

说:"美学在哲学里面,就是研究艺术原理或'美'的学问。"[1]蔡元培在给金公亮《美学原论》所作的序言中说:"通常研究美学的,其对象不外乎'艺术'、'美感'与'美'三种。以艺术为研究对象的,大多着重在'何者为美'的问题;以美感为研究对象的,大多致力于'何以感美'的问题;以美为研究对象的,却就'美是什么'这问题加以探讨。我以为'何者为美'、'何以感美'这种问题虽然重要,但不是根本问题;根本问题还在'美是什么'。……根本问题的解决,我以为尤其重要。"[2]金公亮在《美学原论》自序中也说:"这是一本讲美的书。""人人都爱美,人人都谈到美。但若问你美是什么? 你亦许会瞠目结舌不知所对罢……美究竟是什么呢? 本书便是要想法来解决这个问题的。"[3] 1948年,傅统先出版《美学纲要》,仍然重申:"美学是研究美的本质的学问。"[4]正是由于对"美"的问题的重视,所以20世纪50年代末美学大讨论中争论的焦点在于美本质。当时李泽厚提出美学是"研究美和艺术的学科",直到80年代末第二次美学热重新燃烧的时候,他依然认为这种说法"还有一定的适用性"[5]。出于同样的考虑,日本学者笠原仲二在20世纪60年代到70年代发表的研究古代中国人审美意识的论文1979年结集为《古代中国人的美意识》而非《古代中国人的审美意识》出版[6]。不过,由于"美"既可用作指称对象实体的名词,也可用作指称主体愉快感的形容词,而且名词标志的实体美往往是由形容词描述的感觉愉快的美决定的,易言之,由于美往往是由美感、审美决定的,于是美学研究的中心从"美"向"审美"转移,美学也从"美之学"演变成"审美学"。这种转移主要是从20世纪八九十年代发生的,新世纪以来有愈演愈烈之势。如1987年山东文艺出版社出版王世德的《审美学》,1991年陕西人民教育出版社出版了周长鼎、尤西林的《审美学》,2000年北京大学出版社出版了胡家祥的《审美学》,2007年复旦大学出版社出版了王建疆的《审美学教程》。同年,杜学敏发表《美学:概念与学科》一文,指出"中文'美学'一词是出生于清末的一个外来词,相对妥帖的译

---

[1] 李安宅:《美学》,世界书局1934年版,第2页。
[2] 金公亮:《美学原论》蔡序,正中书局1936年版,第2页。
[3] 金公亮:《美学原论》,自序。
[4] 傅统先:《美学纲要》,中华书局1948年版,第18页。
[5] 李泽厚:《美学四讲》,生活·读书·新知三联书店1989年版;载李泽厚《美学三书》,安徽文艺出版社1999年版,第447页。又,李泽厚《关于当前美学问题的争论——试再论美的客观性和社会性》:"美学基本上应该包括研究客观现实的美、人类的审美感和艺术美的一般规律,其中,艺术更应该是研究的主要对象和目的。"《学术月刊》1957年第10期。
[6] 该书1979年由日本朋友书店出版,中译本1988年由生活·读书·新知三联书店出版。

词应是'审美学'"[1]。2008 年,王建疆发表《是美学还是审美学?》一文指出:"美学表面上看起来研究的是美,而非审美,但实际上却研究的是审美。""就美学的实际存在而言,确切地说它应该是审美感性学,简称审美学,而不是什么美学。"[2]在这种学术语境下诞生的中国美学史论著,大多喜欢标举"审美",而回避谈"美"。叶朗批评"中国美学史主要应该研究历史上关于美的理论"的观点,认为这种观点"太狭窄",指出"美学不限于研究'美'。美学研究的对象是人类审美活动的本质、特点和规律"[3]。敏泽撰写的"美学思想史",是"审美意识、观念、审美活动的本质和特点的历史"[4]。陈望衡从"审美"角度,将"中国古典美学体系"理解为"审美本体论系统"、"审美体验论系统"、"审美品评论系统"[5]。张法也从"审美"入手,将中国古代美学范畴体系划分为"审美对象范畴"、"审美创造范畴"、"审美欣赏范畴";此外还论及"审美主体"、"审美生成"、"审美原则","审美方式"[6]。王振复的《中国美学的文脉历程》通篇从文化、哲学的层面切入"审美"问题,如"巫史文化与审美初始""诸子之学与审美酝酿""经学统一与审美奠基""玄佛儒之思辨与审美建构""佛学中国化与审美深入""理学流行与审美综合""实学精神与审美终结"。朱志荣的美学史聚焦"审美意识"、"审美问题"。不过,人们标举"审美",至于究竟什么是"审美"却人言言殊,是一个比"美"更加扑朔迷离的概念。李泽厚曾一针见血地指出:"审美关系是一个极为模糊含混的概念。什么叫'审美关系'呢?不清楚,这正是美学需要去探讨的问题,用它来定义美学使人更感糊涂。"[7]须知中国古代文化典籍中是只有"美"而无"审美"的,由没有明确义界的"审美"切入中国美学史梳理造成的突出问题,是使美学史变成有学无美的历史,异化为美学史以外的东西。

笔者认为,由于感性认识的圆满完善在审美实践中被指称为"美",由于事物的美是主体快乐的审美感受的物化,"美"包含着"审美","美学"包含着"审美学",同时由于中文话语中"审美"不同于"美","审美"必须以对"美"的确认

---

[1] 杜学敏:《美学:概念与学科》,《人文杂志》2007 年第 6 期。
[2] 王建疆:《是美学还是审美学?》,《社会科学战线》2008 年第 6 期。
[3] 叶朗:《中国美学史大纲》,第 3 页。
[4] 敏泽:《中国美学思想史》第一卷《序》,齐鲁书社 1989 年版。
[5] 陈望衡:《中国古典美学史·绪论》,湖南教育出版社 1998 年版。
[6] 参张法:《中国美学史》导言、余论。
[7] 李泽厚:《美学四讲》,《美学三书》,安徽文艺出版社 1999 年版,第 443 页。

为逻辑前提,因此,"美学"是比"审美学"更加妥帖的学科概念。美学研究的重点仍然应当是"美"。"美"存在于在现实与艺术中,"是被当作事物之属性的快乐"[1],"审美"则是主体对事物中存在的"美"的感受认识。"美学"的确切内涵,是研究现实与艺术中的美及其乐感反应的哲学学科,其中心问题是美的问题。[2] 因此,中国美学史应当聚焦的对象仍然是古代人怎么看"美"的思想,从而使它成为中国历代关于美的思考的理论史。

2. 如何把握"美"及"中国古代美学精神"

美学史的研究对象不仅不能回避"美",而且必须围绕"美",以历代人们对"美"的思考为叙述中心。在评述历代关于"美"的看法时,作者自己必须有一个统一的基本看法,这是取舍、评价前人各种"美"的思想观点的依据。有无关于"美"的统一看法,这个看法稳妥与否,直接决定着美学史书写的高下成败。

不过如前所述,由于中国美学史书写的历史是美学从"美之学"向"审美学"位移的历史,所以在已经出版的中国美学史著作中,对"美"的形上本体明确作出回答的并不多,因为他们认为这个问题不可回答,也不必回答。面对反本质的解构主义美学思潮,笔者认为道不可言,亦不离言[3],美的本质思考不可回避,也不应回避;但是也不能重复传统的永恒不变的实体性的美本质观,恪守"美在实践"、是"人的本质力量的对象化"的主流美本质观。因为如果"美在实践",美的思想史就成了实践史;如果美是"人的本质力量的对象化",美的理论史就会变成人的本质观史[4]。这方面,李泽厚、刘纲纪主编的《中国美学史》提供了前车之鉴。该书绪论指出:《中国美学史》在分析、梳理中国历史上关于美的理论认识时,必须以实践美学观为"基本指导原则"。"社会实践是美的根源,美是具有实践能动性的人类改造了客观世界的产物。"[5]"美的本质与人的本质不可分割,美是通过人类社会实践而达到的真与善、合规律性与合目的性的统一,是作为人类实践历史成果的自由的形式。"[6]"要研究某一历史时代的美学理

---

[1] 桑塔亚那:《美感》,缪灵珠译,中国社会科学出版社1982年版,第33页。
[2] 祁志祥:《"美学"是"审美学"吗?》,《哲学动态》2012年第9期。
[3] 祁志祥:《美学关怀》,复旦大学出版社1998年版,第29页。
[4] 祁志祥:《中国美学通史》第一卷《前言》,第10页。
[5] 李泽厚、刘纲纪主编:《中国美学史》第一卷,第9页。
[6] 李泽厚、刘纲纪主编:《中国美学史》第一卷,第10页。

论","必须看到它归根结底是受着这一历史时代的社会实践所制约的。"[1]这一看似高明的"实践美学观",给美学史对历史上美的理论认识的分析带来了尴尬的窘境。由此导致的结果不外两种。一种是按照美在实践的本质观去梳理中国美学史,将中国美学史写成社会实践史,造成中国美学史的书写大而无当,导致评述对象美学思想时与真、善纠缠不清,使美学史异化为美学以外的东西。同时由于实践的范围很广,对作者而言也是吃力不讨好。这种不足在集体编撰的《中国美学史》第一卷中已暴露无遗。另一种结果是撇开"美在实践"的条条框框,按照历史上人们对美与艺术的朴素、真实看法去梳理美学史,然而这又会造成史的撰写与论的设定之间的背离与矛盾。刘纲纪执笔的《中国美学史》第二卷《魏晋南北朝卷》就暴露了这个缺陷。其实,"美在实践"并不符合人们的审美经验,以这种先入为主、不合实际的美学观去要求《中国美学史》的书写,只能导致《中国美学史》左右为难,最终烂尾。而运用实践美学观书写中国美学史导致不了了之的结果,恰恰反证了"美在实践"观的破产。有鉴于此,对美本质的形上之思必须在解构传统实体性本体论的基础上重新展开。由此得到的美本质观是什么呢? 1998 年笔者在《学术月刊》第 1 期发表论文,提出"美是普遍愉快的对象";2013 年,又在《学习与探索》第 9 期上发表论文,将美的统一语义表述、修正为"有价值的五觉快感对象与心灵愉悦对象"。在抓住"乐感对象"这一美的统一规定性认识上,前后是一致的。2008 年笔者出版的《中国美学通史》正是这一理念的贯彻。该书《前言》指出:"美是普遍愉快的对象,人类美的规律即普遍令人愉快的心理规律及与之对应的物理规律,因而美学即感觉学(或者叫情感学)和形式学。从主体方面说,它研究人类心理结构或人性本质——知、情、意整体中的情感(感觉)规律,肯定性的情感具有审美的正价值,否定性的情感具有审美的负价值。从客体方面说,它研究何种物态使人愉快,何种物态使人不快,也就是与人类正、负情感(感觉)对应的物质形式的特征、规律。""本书所关注的美学资料,是中国历史上关于感觉经验、情感经验,尤其是肯定性的感觉、情感经验及其对应的物态特点、规律的那些理论材料。快感、娱乐、满足感、爱、崇拜等肯定性的情感,包括由官能满足和理智满足所带来的快感,都将作为美感材料而受到我的重视。中国美学史,质言之即中国感觉规律、情感经验认识史,中

---

[1] 李泽厚、刘纲纪主编:《中国美学史》第一卷,第 11 页。

国物质形式娱乐规律的思想史。"[1]基于这样的美本质观叙写的中国美学史作为美的思想史,是更符合美学之父鲍姆加滕本义的,也是更加名副其实的美学史。

在对"美"的统一规定性有了一个基本看法的基础上,必须进一步追问和概括中国古代怎样看"美",或者说,中国古代美学的精神是什么。在中国美学理论两千多年的历史长河中,现代美学的历史只有百年。在这之前,中国古代美学史构成了中国美学史的主体。中国古代美学史究其实是中国古代美学精神的运行史。所以,关于中国古代美学精神的提炼对于美学史的写作成功至关重要。那些对中国古代美学精神缺乏思考和提炼的美学史著作,很难摆脱材料简单堆砌的窘迫。因此,在中国美学史写作之前,就必须对美学史材料中蕴含的基本思想有一个深入、恰当的提炼和抽象,从而为美学史材料的取舍评述提供能动、有益的指导。

在对中国古代美学精神的思考、提炼中,作者对"美"的看法同样很重要。如果不回答美的本质,那么关于中国古代美学精神的看法就会发生很大的随意性和不确定性。如果认为美在实践,那么中国古代美学精神就是中国古代美学如何看待"实践";如果认为美是"人的本质力量的对象化",那么中国古代美学精神就是中国古代美学如何看待"人的本质";如果认为美的本质是"自由"、"超越",那么中国古代美学精神就是中国古代美学如何看待"自由"、"超越"。而笔者认为美是普遍的、有价值的乐感对象,那么,中国古代美学精神就是中国古代美学如何看待普遍的、有价值的乐感对象。

李泽厚认为美的根源在实践,参与他主编的《中国美学史》第一卷的编者们从"社会实践"的角度出发概括出中国古代美学思想的六大"基本特征"。一是"高度强调美与善的统一",二是"强调情与理的统一",三是"强调认知与直觉的统一",四是"强调人与自然的统一",五是"富于古代人道主义精神",六是"以审美境界为人生的最高境界"。在这种概括中,美之为美的独特性消失了。从逻辑上看,这六项特征可以进一步合并,如第五项可以和第一项合并,第六项也可以与第一项、第二项合并。而当美学史始终围绕上述几个什么都有、就是没有美的独特性的"统一"撰写时,势必异化为漫无边际、让人无法把握的东西。

叶朗在撰写《中国美学史大纲》时,认为美学的研究对象"不限于""美",而

---

[1] 祁志祥:《中国美学通史》第一卷《前言》,第11页。

是"人类审美活动";中国古典美学体系的"中心"不是"美",而是"审美意象"。他特别强调:"在中国古典美学体系中,'美'并不是中心的范畴,也不是最高层次的范畴。'美'这个范畴在中国古典美学中的地位远不如在西方美学中那样重要。如果仅仅抓住'美'字来研究中国美学史,或者以'美'这个范畴为中心来研究中国美学史,那么一部中国美学史就将变得十分单调、贫乏,索然无味。"[1]他指出:"意象"的重心是"象"而不是"意","意象"的要义是意中之象,也就是"象外之象"、"景外之景",是有限之境中藏无限之境,而不是"象外之意"。由此出发,他重新阐释老庄的美学价值,把老庄在中国美学史上的地位抬得比儒家还高,由此写成的中国美学史,就成了"意象"范畴群的发生、发展、演变史。叶朗的《中国美学史大纲》作为最早的一部完整的、史论合一的中国美学史专著,其贡献不可抹杀。不过现在看来,问题也不少。首先,"美"作为中国古代美学认可的快适对象,琳琅满目,千姿百态,"意象""情味""气和""格调""神韵",等等,它们都被认为是美的形态。因此,抓住"美"这个中心范畴来叙写中国美学史,美学史未必"十分单调、贫乏",完全可以丰富多彩。其次,古代美学中的"意象"范畴作为"审美意象",其实与"美"的范畴并不矛盾,恰恰是"美"的衍生范畴。易言之,"意象"之所以属中国古代的美学范畴而非丑学范畴,说到底是由于它使人们普遍感到快适、"审"到"美"、以为"美",所以叫"审美意象"。因此,叶朗将"审美意象"与"美"对立起来是不能成立的。再次,"意象"的本义,不是"象外之象""境外之境",而是"象外之意""境外之韵","意象"的"意"作为主体无限的意味,不能被忽略。复次,"意象"并不是道家纯客观的"天道"观念的衍生物,而是儒家人道与天道、主体与客体对立统一的产物,是有限、有形之象藏无限、无形之意的审美范畴。因而,将道家在中国古代美学史上的位置抬得比儒家还高是不合适的。中国古代美学曾如李泽厚所揭示,是以儒家思想为主体,道家只是处于互补的位置。最后,中国古代美学史不能简化为"意象"范畴史,只有从"美"的多元形态入手而不是以"意象"为中心,中国美学史才能有丰富多彩的全面呈现。

在中国美学史系统研究的基础上,叶朗1999年主编、出版了以审美活动为研究对象的《现代美学体系》。不过,大概他发现完全取消美本质的回答不可行,所以在2009年出版的《美学原理》中,一方面继续维护他关于美学的研究对

---

[1] 叶朗:《中国美学史大纲》,第3页。

象不是"美"而是"审美活动"的原有观点,另一方面又在首章中提出并论证"美在意象"。这时,"意象"从他早期认可的中国古典美学体系的中心范畴上升为囊括中西美学理论的美学原理关于"美"的本体范畴。在这种明确的美本质观形成后,他所主编的《中国美学通史》对中国古代美学精神的理解发生了什么新的变化呢？遗憾的是在煌煌八卷、亟须在卷首有纲领性、指南性说明的通史总序中,却不见对"中国美学的基本精神"的概述。有意思的是主编恰恰是希望呈现"中国美学的基本精神"的[1]。后期叶朗一方面强调美学研究的对象不是"美"而是"审美活动"[2],另一方面却在通史写作中将美学研究的对象重新回到"美",提出美学史是"美的核心范畴和命题"的发展史[3]。由于认为"美在意象",中国美学中"美的核心范畴和命题"势必受到很大局限。但在一部约300万字的篇幅中总是聚焦"意象"理论,不仅材料不足,而且也会导致强烈的单一化,所以在"意象"学说之外,便填塞着各卷作者关于"审美活动"思想的评述。虽然从篇幅上看,叶朗主编的《中国美学通史》比之前他独自撰写的《中国美学史大纲》有大量增加,但从史论的统一性、逻辑的自洽性、思考的深刻性、表述的严密性来看,前者较之后者不能不说是一种倒退。

与叶朗《中国美学史大纲》中的观点相似,陈望衡也认为:"中国古典美学虽然也谈到美丑问题,但显然不占重要地位。""在中国古典美学中,处于审美本体地位的是'象'、'境'以及由它们构成的'意象'、'意境'、'境界'等,这才是中华民族的审美对象。如果硬要仿照西方的美学提问:什么是美或美在哪里,那么,美就在'意象'、'意境'、'境界'。"[4]不过,在他看来,"意象"只是中国古代"审美本体论系统"的"基本范畴"[5],在此之外,中国古代美学还有以"味"为"核心范畴"的"审美体验论系统"[6]、以"妙"为"主要范畴"的"审美品评论系统"[7],以及"真善美相统一"的"艺术创作理论系统"[8]。这就使其《中国古典美学史》的呈现较之叶朗的《大纲》有了更大的丰富性。

---

[1] 叶朗主编:《中国美学通史》第一卷《总序》。
[2] 叶朗:《美学原理》,北京大学出版社2009年版,第13页。
[3] 叶朗主编:《中国美学通史·总序》。
[4] 陈望衡:《中国古典美学史·绪论》,湖南教育出版社1998年版,第2页。
[5] 陈望衡:《中国古典美学史·绪论》,第1页。
[6] 陈望衡:《中国古典美学史·绪论》,第4页。
[7] 陈望衡:《中国古典美学史·绪论》,第11页。
[8] 陈望衡:《中国古典美学史·绪论》,第16页。

如果说陈望衡、叶朗认为中国古代美学的中心范畴、审美本体是"意象",王文生、于民则不同意这种看法。王文生认为中国古代美学的核心范畴是"情味"。其《中国美学史》的副题,即"情味论的历史发展"。以味为美,这是中国古代建立在大众审美实践基础上的具有民族特色的美本质观;而以情为味为美,是主张从心所欲不逾矩、礼以养情适情的儒家美学的基本观点,也是中国古代抒情文学的基本特点。而于民则将中国古代美学的核心范畴概括为"气"与"和"。他的《中国美学思想史》是以"气"与"和"贯穿全篇的美学史[1]。王文生、于民的美学史书写恰好可对叶朗、陈望衡的观点起到某种互补、纠偏作用。不过,在将一部范畴多元、思想丰富的美学史写成单一的范畴史这点上,王文生、于民恰恰具有与叶朗同样的缺失。

与陈望衡、王文生对叶朗《大纲》观点或继承或否定不同,张法对中国古代美学精神的理解乃是对李泽厚《华夏美学》观点的化用,如他认为构成中国美学史的主体部分是"士人美学","士人美学"由儒、道、屈、禅、明清思潮(李贽、李渔)五大主干组成。不过在继承、化用李氏观点之外,张法也有自己独特的领会。他认为中国古代美学贯穿始终的根本性范畴有五。一是"气韵生动",这是"中国美学内在生命";二是"阴阳相成";三是"虚实相生",它们是"中国美学的基本法则";四是"和",这是"中国美学最高理想";五是"意境",这是中国美学的"审美生成观"[2]。"意境"所以叫"审美生成观",张法的解释是:"审美对象之为审美对象,在于有意境;创造主体所要创造的审美对象,总是有意境的审美对象;欣赏主体所欣赏的审美对象,也是有意境的审美对象。有意境,则气韵生动、阴阳相成、虚实相生、和,均在其中矣。"[3]中国古代审美范畴的形态分为"审美对象范畴""审美创造范畴""审美欣赏范畴";"审美对象范畴"又分为"结构范畴"、"类型范畴"、"理想范畴"[4],每种范畴都由若干子范畴构成。较之叶朗、王文生、于民乃至陈望衡,张法对中国古代美学范畴的认识精细、丰富了很多。不过由于太过丰富,似乎又有细碎之嫌。

朱志荣在其主编的《中国美学简史》绪论中,从思维方法、范畴特点、理论形

---

[1] 参于民:《中国美学思想史》"写在前面的话"及附录"如何看待中国古代美学思想中的气的宇宙审美观",复旦大学出版社 2010 年版。
[2] 张法:《中国美学史》余论,上海人民出版社 2000 年版,第 357 页。
[3] 张法:《中国美学史》余论,第 357 页。
[4] 张法:《中国美学史》余论,第 341—356 页。

态三方面论及"中国美学的基本特征"。"思维方法"是感悟、比兴、情景交融、物我合一、天人合一;"范畴特点"是与哲学范畴相通、体现生命意识、贯通自然感悟与社会特征、借鉴佛教范畴;"理论形态"是诗性表达、具象特征、生命意识、重机能轻结构[1]。后两项与我们说的"中国美学基本精神"相交叉,但并不完全重合。

与上述诸位学者的认识不同,笔者从美是普遍的愉快对象出发,对中国古代美学精神作了独特的研究和揭示。在中国古代人看来,"美"是一种"味",一种能够带来类似于"甘味"的快适感的事物。不只视听觉的快感对象是"味",五觉快感乃至心灵愉悦的对象也是"味","仁义之悦我心,犹刍豢之悦我口"。这是"味美"观。中国美学以什么为"至味"、"至美"呢? 大抵儒家美学以心灵道德的表现为至味、至美,道家佛教美学以天道、佛道的象征为至味至美。这是"心美"观和"道美"观,体现了美与善、真的交汇。美不只是心灵的意蕴、道德的寄托、真理的化身,而且包括符合特定规律的形式。参差错落、变化统一的形式就是会产生美的文饰效果。这是关于形式美的"文美"观,体现了美区别于善、真的独特性。中国美学处于天人合一的文化系统中,天人感应、物我同构被视为美的快感的发生机制和心理本质,所谓"同声相应,同气相求"。这是物我同构为美观。以"味"为美、以"心"为美、以"道"为美、以"文"为美、同构为美(适性为美)五者复合互补,构成了中国古代美本质思想的系统。在此本根之上,儒家美论、道家美论、佛家美论又呈现出不同的形态和枝节的差异。它们殊途同归,最终在美感特征论、审美方法论上留下了相应的印记[2]。上述美论和美感论共同构成中国古代美学精神,是中国古代美学史考察的焦点和运行的轴心。

3. 如何理解中国美学发展的历史分期

任何学科的思想史都有自己独特的演变规律与时代特征,它成为学科思想史分期的学理依据。中国美学史也不例外。在这里,最要防范的做法是简单地以政治朝代的更替作为学科思想史的分期,放弃对其时代特征及其前后起伏、转换的内在联系的分析概括。这方面,叶朗主编的八卷本《中国美学通史》表现得尤为突出。全书将上古至 1949 年中华人民共和国建国前的中国美学史分为先

---

[1] 朱志荣主编:《中国美学简史》,北京大学出版社 2007 年版,第 8—16 页。
[2] 祁志祥:《中国古代美学思想系统整体观》,《文学评论》2003 年第 3 期;另见《中国美学通史》第一卷《绪论》。

秦、汉代、魏晋南北朝、隋唐五代、宋金元、明代、清代、现代八个阶段立卷分述,至于为什么要这样分期,它们的时代特征及其相互联系是什么,卷首的总序中却缺乏统一的说明,而这种说明对于这样一种篇幅的大书来说是极为必要的。尽管各卷概述中对各时期美学主要风貌有一定说明,但它们之间的对比联系及整体脉络仍然是需要有更为综合的、高屋建瓴的说明的。

中国美学史的历史分期必须以中国美学精神自身发展形成的时代特征为依据。由于对中国美学精神的把握不同,对中国美学精神历史运行所形成的时代特征的认识及历史阶段的划分也就不同。叶朗认为中国古代美学体系的中心范畴是"意象",《中国美学史大纲》据此划分中国美学史的历史阶段,就得出了如下的逻辑把握:先秦两汉为中国古典美学的"发端",魏晋南北朝至明代是中国古典美学的"展开",清代前期为中国古典美学的"总结",近代是西方美学的借鉴期,而李大钊美学是"对于中国近代美学的否定",是"中国现代美学的真正的起点"[1]。其实,中国古代美学的中心范畴未必是"意象",将中国古代美学史的历史分期视为"意象"范畴发展演变的三个阶段未必经得起推敲;将魏晋南北朝至明代这么长的阶段视为中国古典美学的"展开期"也显得过于粗疏,它忽略了这个时期美学思想的诸多不同特点;至于将李大钊美学视为"中国现代美学的真正的起点",更是匪夷所思。王文生关于中国美学史的分期围绕"情味"论展开。他认为孔子是情味论的源头,最早把"味"与文艺的美感联系;魏晋南北朝是情味论的萌芽和形成阶段;唐代是情味论的确立阶段;宋元明清是情味论的不断发展阶段;而20世纪西方文学反映论进入中国后,中国美学(主要表现为中国文学)则是情味论"消减"的阶段。与王文生不同,于民对中国古代美学思想历史阶段的划分则是围绕"气"与"和"两个核心范畴展开的:一、新石器时代是"审美艺术的产生"时期;二、夏商时代是"崇敬狰狞的兽形之美"时期;三、西周是中国古代美学思想的"奠基时期","气"与"和"两个范畴开始建立;四、春秋战国是中国古代美学思想的"展开"时期,"气化"与"谐和"范畴得到发展,美与善、文与质、乐与悲、雅与俗、音与心等范畴应运而生,儒家、道家的美学观正式出现;五、两汉时期是"审美重点从人到艺术的过渡"阶段;六、魏晋六朝是"人格审美的顶峰"与"艺术品鉴的美学升华"阶段;七、隋唐五代是"意境的追求与生成"阶段;八、宋代至明中期是"儒道释相融的审美观的形成"阶段;九、明后

---

[1] 叶朗:《中国美学史大纲》,第10页。

期至清中期是"中国古代审美气化谐和论从巅峰到总结"的阶段[1]。然而,正如中国美学史并不只是"意象"范畴的演变史,中国美学史也不只是"情味"范畴、"气化谐和"范畴的演变史,所以王文生、于民对中国美学史的历史分期同样不能当作中国美学史整体的历史分期。

李泽厚、刘纲纪主编的《中国美学史》将中国古代美学精神划分为儒家美学、道家美学、楚骚美学和禅宗美学四大思潮[2],将中国美学的发展过程划分为"先秦两汉时期的美学"、"魏晋至唐中叶的美学"、"晚唐至明中叶的美学"、"明中叶到戊戌变法前的美学"、"戊戌变法到20世纪80年代"五个阶段[3]。《中国美学史》原计划写五卷,或许就是按照这五个阶段来设计的。其实这种划分也不尽稳妥。如以屈原为代表的楚骚美学实际上可归入儒家美学;与儒家美学、道家美学并列的"禅宗美学"其实是"佛教美学"的一支,以此取代丰富多彩的"佛教美学",乃是以偏概全、投机取巧的做法;而无视玄学美学的特殊追求,不能不说是一大疏漏;至于将魏晋南北朝与隋唐视为一个整体阶段,为刘纲纪执笔的《中国美学史·魏晋南北朝编》所否定。《中国美学史》出版了第一卷后便无以为继,李泽厚后来出版了《华夏美学》阐述对中国美学史的时代特征、历史脉络和标志性美学范畴的整体思考,认为先秦两汉是一个阶段,哲学基础是儒学,主张美在"礼乐"、"人道",审美客体范畴是"气",审美主体范畴是"志",联结审美主客体的中介范畴是"比兴"。六朝隋唐是一个阶段,哲学基础是庄子和屈原。庄子美学主张美在"自然",审美客体范畴是"道",审美主体范畴是"格",联结审美主客体的中介范畴是"神理";屈原美学主张美在"深情",审美客体范畴是"象",审美主体范畴是"情",联结审美主客体的中介范畴是"风骨"。宋元美学是一个阶段,哲学基础是禅学,主张美在"境界",审美客体范畴是"韵",审美主体范畴是"意",联结审美主客体的中介范畴是"妙悟"。明清近代美学是一个阶段,主张美在"生活",审美客体范畴是"趣",审美主体范畴是"欲",联结审美主客体的中介范畴是"性灵"。[4] 在这里,李泽厚将六朝与隋唐视为一个由庄学、屈骚主宰的整体是很不恰当的。六朝的美学是玄学为哲学基础的美学。玄

---

[1] 详见于民《中国美学思想史》各章。
[2] 李泽厚、刘纲纪主编:《中国美学史》第一卷,第20页。
[3] 详参李泽厚、刘纲纪主编:《中国美学史》第一卷,第35—55页。
[4] 李泽厚:《华夏美学》,中国文联出版公司1987年版;李泽厚:《美学三书》,安徽文艺出版社1999年版,第427页。

学主张适性自然。这个自然,开始指庄子无情无欲的自然,它表现为克制自然情欲的"雅量",后来发展为魏晋名士改造了的超越名教、任情而为的自然,它表现为《世说新语》所记载的"任诞"。而隋唐为整顿六朝情欲横流造成的社会问题,恰恰重新举起儒家道德美学的大旗,代表人物有王通、韩愈、白居易,其标志性美学范畴恰恰不是"深情",而是"儒道"。隋唐的这个"儒道"范畴,到宋元发展为"理学"范畴,二者在崇尚儒家道德理性这个大方向上是一致的。所以崇尚儒家道德美学的隋唐宋元是一个整体,它与崇尚自然情欲之美的魏晋南北朝形成鲜明对照。至于将明清与近代视为一个整体更是不合常理。明清美学是在中国文化的独立语境中完成的,它以求真务实的"实学"为哲学基础展开了对隋唐宋元道德美学的反叛,走向了对性灵趣味的追求。而近代美学则是在西方人文观念的促进下出现的不同于传统美学的新美学形态,是古代美学向现代美学转型的过渡时期。

与李泽厚、叶朗不同,基于对中国古代美学范畴、特征、精神的特殊理解,陈望衡、朱志荣对中国美学史都有自己独特的分期。陈望衡认为春秋战国是中国古典美学的"奠基期",汉代至南北朝是中国古典美学的"突破期",唐宋是中国古典美学的"鼎盛期",元明是中国古典美学的"转型期",清代是中国古典美学"总结期"。将"汉代"纳入"突破"期,令人费解;在"突破"之后另立"鼎盛",似有同义反复之嫌,它没有揭示唐宋美学与六朝美学价值取向上的根本不同;在"鼎盛"期中不见隋代美学的论述,实属一大遗漏;仅依据戏剧小说的通俗审美形态就将元明视为中国古典美学的转型期,忽视了元代追求载道之美、明代崇尚唯情之美的重大区别;清代作为中国古典美学的总结期,将深受西学影响的王国维列入,也不够稳妥。朱志荣将先秦两汉视为中国美学的"萌芽兴起期",将魏晋隋唐视为"发展期",将宋元明清视为"转型期",将"现代"视为"新变期"[1]。这种分期大而化之,似乎有点勉强。如前所述,隋唐宋元美学是魏晋南北朝美学取向的反拨与矫正,因而将"魏晋隋唐"视为一个整体恐怕站不住脚;明清与宋元美学取向也有诸多不同,将"宋元明清"视为一个时期也值得究疑。而张法的划分又独具匠心。他将中国美学史分为"远古美学"时期,这是"礼""文""中""和""观""乐"这些基本美学范畴的形成阶段[2];"先秦和秦汉美学"时期,这

---

[1] 参朱志荣主编:《中国美学简史》。
[2] 参张法:《中国美学史》,第9—44页。

标志着"中国文化结构与审美方式的确立";"魏晋南北朝美学"时期,这标志着"中国美学理论形态的产生";"唐代美学"时期,它以"意境"理论为标志,是"中国美学理论形态质的完成"阶段;"宋元美学"时期,它以文人画理论为标志,是中国美学的"顶峰"阶段;"明清美学"时期是中国美学从冲突走向整合的"总结期"[1]。这种划分史论合一,逻辑自洽,较为精细,可供参考。

与上述诸位的美学史分期迥异其趣,笔者紧扣中国古代美论"味美""心美""道美""文美",同构为美的复合互补系统考察中国古代有美无学的历史运动及其时代特征,就得出了对中国古代美学史分期的另一种解读:先秦、两汉是中国美学的奠基期,中国美学的"味美"说、"心美"说、"道美"说、"文美"说、同构为美说这些基本思想不只在先秦,而且到两汉才奠定了坚实基础,各家(如儒、道、佛)美学观的初步建构也直至两汉才大功告成。魏晋南北朝是中国美学的突破期,在玄学"人性以从欲为欢"、"越名教而任自然"的"适性"美学思想的推动下,情欲从理性的约束中挣脱出来,形式从道德的附庸中解放出来,出现了以"情"为美的情感美学和以"文"为美的形式美学两大潮流,广涉人生和艺术领域。其时,佛家美学与道教美学也迎来了第一个高潮,并与玄学美学交互影响,相映生辉。隋唐宋元是中国美学的反拨与发展期,儒家道德美学成为这个时期一以贯之的美学主潮,用以反拨、矫正六朝情感美学和形式美学造成的社会流弊,同时,形式主义诗学和表意为主的诗文美学也余波尚存,并在新形势下获得变相发展。与此同时,佛教与道教再度繁荣,出世的道德美成为这个时期书画美学和园林美学的主要追求。明清是中国美学的综合期,在吸收、总结中国古代美学思想成果的基础上,诞生了许多集大成的美学论著,以"道"为美与以"心"为美、以"情"为美、以"文"为美的思想多元交汇,矫正了前一时期道德美学的板结偏向。近代是中国美学的借鉴期,中国美学借鉴西方美学的观念和方法,探讨美的本质和文艺的审美特征,译介与建构现代美学概论,呈现出中西合璧的特色,标志着有美无学的古代美学向有美有学的现代美学学科的过渡。上述分期是笔者的《中国美学通史》已经阐述了的。

在正在撰写的《中国美学全史》第五卷中国现当代美学史中,笔者揭示:"五四"前后是中国现代美学的第一个阶段。从 1915 年到 1927 年的"五四"前后这段时期,是中国现代美学学科和文艺学科宣告诞生的阶段,也是主观的价值论美

---

[1] 张法:《中国美学史》,第 7 页。

学占主导地位的阶段,同时还是新的价值追求进一步发展并运用美文学样式加以宣扬的阶段。美学作为有美有学的"美及艺术之哲学",经过蔡元培、萧公弼、吕澂、陈望道等人的译介和建设,在中国学界落地生根。从1928年"无产阶级革命文学"论争到1948年解放前是中国现代美学发展的第二个阶段,它是主观论美学与客观论美学交互斗争并最终走向客观论美学的阶段。承接着"五四"时期价值论美学的主观倾向,先有李安宅的《美学》对"美是价值"的学说加以重申,继而朱光潜富于创造的主观经验论美学风靡整个30年代,后来宗白华、傅统先的美学学说不外是对朱光潜的发挥与改造。与此同时,以客观唯物论美学为标志的新美学学说在与主观论美学的斗争中逐渐崛起,而这个唯物论是通向"革命"的历史唯物主义。在马克思主义唯物论美学的总原则下,诞生了蔡仪的《新艺术论》与《新美学》,提出"美即典型",美的艺术即典型形象的塑造,这是客观唯物论美学的系统而独特的创构。中国当代美学的第一个阶段是20世纪五六十年代,这是中国化美学学派的产生阶段。围绕着美本质开展了美学大讨论,讨论中诞生了朱光潜的主客观合一派,蔡仪的客观派,吕荧、高尔太的主观派,李泽厚、洪毅然的社会实践派,以及继先、杨黎夫的价值论派。中国当代美学史的第二个阶段是八九十年代,这是中国式的美学学科体系的建设、创新阶段。学界同仁便以极大的热情投身到实践美学原理体系的建设中。伴随着新方法论热,80年代又诞生了不少新的美学学说,如黄海澄建构的系统论控制论美学原理、汪济生建构的一元论三部类三层次美论体系、王明居建构的模糊美学原理。而美学与心理学的交叉联姻,又催生了一批研究美感心理和文艺心理的重要成果,如彭立勋从辩证唯物论角度对以往美感研究成果的总结,滕守尧应用格式塔美学成果对审美经验的个性化探索,金开诚提出的"三环论"文艺心理学原理。世纪之交以来是中国当代美学的第三阶段,这是美学的解构与重构阶段。一方面,美的本质被取消,不仅不能成为美学研究的起点,而且美的规律、特征、根源等等也不再被研究,美学不再是"美之学",而是"审美之学"。美的本质论被解构了,美学体系的起点是什么?本体是什么?美学如何讲?按什么顺序、逻辑讲?于是美学开始了新的重构,从而诞生了超越美学、新实践美学、意象美学、生命美学、生态美学、乐感美学,等等。

4. 美学史书写中值得处理好的几个技术问题

确定了美学史叙述的主要对象范围,对美的形上本体有一个长期、深入且通达、稳妥的思考认识,对中国古代美学精神有一个全面丰富而相对准确的提炼概括,对中国美学史不同阶段的时代特征和前后联系有一个逻辑自洽、相对合理的分析抽象,这是美学史成功书写的基本保障。在此基础上,还有一些美学史书写的技术问题需要审慎地处理好。

(1)哲学美学与文艺美学的关系。美学学科在起初诞生的时候是指研究感觉、情感规律的哲学分支。后来由于黑格尔认为美只是艺术的专利,美学即关于美的艺术之哲学,所以文艺美学成为美学研究的主导。然而审美实践表明,美不仅存在于艺术中,也大量存在于自然、社会生活中。美学不仅是对艺术美的思考,从而呈现为"文艺美学""艺术哲学",而且是对现实美的思考,表现为"自然美学""人生美学""哲学美学"。实际上,美学是对于存在于自然、人生、艺术中的美的哲学思考,因而,文艺美学乃是哲学美学的逻辑延伸,哲学美学是本,文艺美学是末;哲学美学是体,文艺美学是用。所以我们撰写中国美学史,不仅要关注历史上的文艺美学理论,而且更要关注历史上的哲学美学理论,可惜现有的中国美学史著作在这个问题上大多本末倒置了。究其原因,除了认识有偏之外,哲学美学不易把握自是一重要原因。比如中国古代的哲学美学,依据不同的世界观就有不同的美学观,进而形成儒家美学、道家道教美学、佛家美学、玄学美学,等等,佛家美学中又有大乘、小乘、般若学等六家七宗以及禅宗、天台宗、华严宗、净土宗、三论宗、法相宗等不同宗派的美学观,这就给美学史书写者带来巨大难度。同时,文艺的种类是繁多的,文艺美学也就呈现为文学美学、绘画美学、书法美学、音乐美学、园林美学,文学美学中又分解为散文美学、诗歌美学、词论美学、戏曲美学、小说美学,等等,这些也给美学史书写者带来巨大挑战。在中国美学史书写积累了大量成果的今天,任何写神型、写骨型的同类著作已经远远跟不上学科史的发展要求,而要写肉型著述方面有所作为,就必须从哲学美学出发走向文艺美学,在长期、广泛的知识储备的基础上完成对历代哲学美学与文艺美学思想状况的完整反映。笔者的三卷本《中国美学通史》正是这样着手努力的,它描画了一部融儒、道、墨、法、佛、玄等哲学美学及诗、文、书、画、音乐、园林等文艺美学于一身的多声部、复调式美学史全景图。

(2)超功利审美与审美功利主义的关系。美或审美与功利的关系,是美学研究中最混乱的关系,不要说美学史书写者,即便许多美学理论工作者也云里雾里,一团糨糊。究其原因,康德难辞其咎。康德在《判断力批判》"美的分析"中一方面强调"美"是"无一切利害关系的"[1],另一方面又在"崇高的分析"中说"美是道德的象征"[2],而"道德"恰恰是功利的凝聚。康德美学的这个自身矛盾,被一般读者粗心地忽略了。人们只记住他对美的无功利性的强调,却有意无意地忘记了他对崇高的功利性的肯定。其实,康德对美的无功利性的分析只相对于狭义的"自由美"(即形式美)而存在,他所说的作为"道德象征"的美的功利性恰恰是相对于"附庸美"(即内涵美)而存在的。既然"有两种美,即自由美和附庸美",前者是"为自身而存的"美,后者是"隶属一个特殊目的的概念之下"的"有条件的美"[3],因而,美就既是超功利的——指自由美、形式美,这是美或审美的狭义、自律,也是功利的——指附庸美、内涵美,这是美或审美的广义、他律。事实上,这两种用法遍布于我们日常的审美实践中。比如航天专家说他们在设计航天飞行器的时候也考虑到"审美",产品设计师说他们注意商品外观的"审美",等等。这里的"审美"不言而喻都取其狭义,指创造自由的、超功利的纯形式美。而在另外一些场合,我们赞美某人"心灵美",说某人是"最美司机"、"最美女教师"云云,这里的"美"显然是指广义的功利美、内涵美。内涵美所涉及的功利,不仅与利他的道德"善"相关,也与可以认识自然、改造自然的"真"相连。而功利性的真善内涵之所以会与"美"发生交叉,只存在于产生愉快感的地带。因而,美学史的研究对象,既要聚焦于普遍带来超功利快感的自由美、形式美的理论思考,也要兼顾能够产生功利快感的附庸美、内涵美的思想言论。这样既可以避免视野太过局促狭隘、作茧自缚,也可以防止边界漫无边际、不可收拾。

(3)合理的叙述结构和评述方式。写肉型的美学史面对的评述对象面广量大,它们派别不一、门类不一、时间不一,愈是到后来,端绪愈益纷繁,如果找不到一个合理的叙述结构,不仅会让读者难以有效把握书中的内容,而且会打乱自己的叙述条理和步骤,未能使人昭昭,自己已先昏昏。这种教训,我们在看李泽厚、刘纲纪的第二卷《中国美学史》以及叶朗主编的美学通史各卷时都可以强烈感受到。笔者在《中国美学通史》写作实践中设定的叙述结构是:先横后纵,即在每一历史分期中先按哲学美学、文艺美学的不同类别对选定的评述对象进行归类,然后再按时间顺序逐个评述个案对象。在评述方式上,避免"……的美学思想"之类的千篇一律的命题方式,提炼出具有对象个性印记的标题彰显文眼,并

---

[1] 康德:《判断力批判》上卷,宗白华译,商务印书馆1996年版,第48页。
[2] 康德:《判断力批判》上卷,宗白华译,第201页。其实这里的"美"指"崇高"。
[3] 康德:《判断力批判》上卷,宗白华译,第67页。

在具体评述中按世界观→美学观(美论→美感论)→艺术观(本体观→门类观)的理路剖析其美学思想的生成机制、转换关系和相互联系,努力使评述对象的美学思想呈现为具有独特个性的有机整体。如此这般,不仅使全书的若干评述对象合而成一个纵横交错、各就各位、各司其职、有条不紊、相互支撑、富于张力的美学大厦,分而为精气饱满、层次丰富、各具魅力、异彩纷呈的单篇论文,从而获得好评[1]。

(4)纵向照应与横向顾盼。当一部篇幅巨大的美学史面对众多的评述对象时,纵向贯通与横向联通的要求自然提到著者面前。这个要求解决不好,众多的评述对象势必成为一盘散沙。为解决纵向打通、前后照应、一以贯之的问题,笔者在撰写《中国美学通史》前作了长期准备,从而保证了多条美学思想的历史脉络能够齐头并进、贯穿始终,使全书集中国儒家美学史、中国佛教美学史、中国道家道教美学史、中国玄学美学史、中国文学美学史(包括中国小说美学史、中国戏曲美学史、中国词论美学史)、中国书法美学史、中国绘画美学史、中国音乐美学史、中国园林美学史等若干条线索于一体,每一根线索在每个时代都有交代。为解决横向联通、左右兼顾的要求,在设定了美学史的分期后,注重挖掘、分析每一时期哲学美学、艺术美学不同门类代表之间的思想联系和相互影响,让他们共同指向、凸显每个时期美学的时代特征,并设"概述"揭示这种横向联系。这里笔者不得不表示对叶朗主编的《中国美学通史》的遗憾。该书成于笔者的美学通史出版多年之后,以反映中国美学史的"整体性"和"系统性"相号召,参编人员众多,本来可以在笔者的基础上将纵向贯通与横向联通的工作有所推进,做得更好,但结果恰恰相反。比如某条美学线索原始表末、一以贯之的历史"整体性"在《中国美学通史》中是处于被忽视状态的。以《隋唐五代卷》为例。该卷突然出现了佛教美学的两章。而佛教在东汉就传入中国了,到魏晋南北朝时期形成第一个高潮,在宋元明清时也有发展与存续,但在相应的各卷中都没有关于佛教美学的专章评述。《隋唐五代卷》另以"道教与美学""绘画美学""书法美学""音乐美学""园林美学"为章目切入美学书写,但前后各卷均看不到相关的专门论述,也就是说,"道教与美学""绘画美学""书法美学""音乐美学""园林美学"

---

[1] 2010年,该书作为重要成果入选第六辑《国家社科基金项目成果选介汇编》受到肯定并加以推介;2012年12月,该书获上海市第十届哲学社会科学优秀成果著作奖;2013年3月,该书获教育部颁发的第六届高等学校科学研究优秀成果著作奖。作为颗粒饱满的单篇论文,该书上百个章节在全国各类期刊发表,其中部分被各类文摘刊物转载或转摘。

这些史的线索是前后不贯通的。再如横向联系的"系统性",该书做得如何呢?从大处看,自魏晋南北朝起,各种哲学门派和艺术门类的美学理论日趋齐备且交相辉映,它们本当在通史各卷中得到系统表述,但是却没有这些表述。从小处说,仍以《隋唐五代卷》为例。在考察佛教与美学的联系时只列"禅宗与美学"、"华严宗与美学"两章,而"天台宗与美学"、"唯识宗与美学"、"三论宗与美学"、"净土宗与美学"则付诸阙如;该卷考察"诗歌美学",却对这个时期不可或缺的"散文美学"未从置喙。如此等等,不一而足。在纵向贯通的"整体性"与横向联通的"系统性"上存在如此明显的缺失,"通史"之"通"何以立足?

(5)是立足于单干还是满足于合作? 文章千古事,得失寸心知。人文社会科学研究是个体性很强的独立劳动。优秀的学术成果往往是个人长期积累、思考、研究的结果。美学史的书写也是如此。从已经出版的相关著作来看,除了陈炎主编,四位年龄相近、学养相仿、各有专攻的学者分别负责一卷的四卷本《中国审美文化史》实现了水平均衡的无缝对接、获得了少有的成功外,其余出自众手的合作项目大多乏善可陈,问题多多。究其原因,主编是否有高明清晰的思路和高度负责的精神,参编者是否有认真虔诚的态度和专门、相应的积累至关重要。人的知识结构不同,学术储备不同,思维水准不同,表达方式不一,仓促之间合作产生的集体成果势必流于结构不一、水平参差、矛盾百出、外强中干的面子工程。正如钱理群曾经批评的那样:这些所谓"造大船"的"学术工程","就是由某某教授挂帅——更多情况下是挂名——搞'大兵团作战'",其实"是'大跃进'时代'大搞科研群众运动'的做法",是浪费纳税人钱财的"花钱工程"。因此,只要力所能及,笔者主张尽量坚持独立研究。相对于众人合作反而可能于事无补,独立研究对于保证成果的质量则有得天独厚的优势。特别是历史时期的划分、时代特征的对比、同时期不同研究对象的横向联系,只有一个人去做研究时,方可看得出来。如果各人分管一段一摊,各自为政,是无法完成这种纵向对比和横向比较的。中国美学史尽管面广量大,但在前人作了大量资料编选和研究成果的基础上,通过持续不懈的努力,独立的个体劳动是可以完成的。当然,这对个体研究者的心智来说提出了极大的挑战。然而,无限风光在险峰,让我们共同努力。

(本文载《河北学刊》2017年第1期,《新华文摘》数字平台2017年第23期转载)

八、中国古代诗文美学的历史演进

1. 先秦两汉：中国诗文美学的奠基期

一般的中国美学史都把先秦、两汉分为两个不同的历史时期来看。笔者则主张将先秦两汉合起来视为中国美学的奠基时期。这是基于如下考虑：中国古代美学精神，特别是以"味"为美、以"心"为美、以"道"为美、以"文"为美及同构为美的美论，不只在先秦，而且直至两汉才奠定了坚实基础，各家美学（如儒、道、佛）的初步建构也直至两汉才大功告成。比如先秦人以"味"为"美"，东汉许慎《说文解字》中才明确"美"、"味"互训；先秦人说"物一无文"，东汉许慎《说文解字》则明确界定"错画"为"文"。先秦儒家强调心灵的道德表现美，汉代董仲舒的《春秋繁露》、刘向的《说苑》、许慎的《说文解字》发展为自然物"比德"为美。先秦《尚书》提出"诗言志"说，汉代《毛诗序》加以继承，扬雄《法言》发展为"心声""心画"说。先秦《易传》引孔子语："同声相应，同气相求。""本乎天者亲上，本乎地者亲下，各从其类也。"最早涉及同构为美的问题。汉代董仲舒《春秋繁露》则进一步阐释："气同则会，声比则应"，"物固以类相召也"。先秦儒家有《乐记》《乐论》，汉代司马迁《史记》中有《乐书》。先秦道家提出"大音希声"、"大象无形"、至味无味、"至乐无乐"，汉代的《淮南子》则阐释为"无声而五音鸣焉""无形而有形生焉""无色而五色成焉""无味而五味形焉""能至于无乐者则无不乐"，如此等等。可见，在美学思想的发展方向及其神理上，先秦两汉是一脉相承、密不可分的。与后来六朝美学相比，其整体特征非常明显。这种特色是：一、美学思想集中在现实美领域里展开，文艺美学尚未取得强大的独立形态。二、儒家美学阵容强大，紧密呼应，在肯定情感欢乐的美满足的权利的同时，主张用道德理性加以节制。道家美学以"无情无欲"为自然人性，主张"自然适性"的结果是去除情欲的欢乐之美，是否定肉体感性生命的存在。于是，节欲的美成为这个时期的整体追求，从而区别于后来六朝情欲释放的美学追求。尤其值得指出的是，孔孟的人道精神和老庄的天道精神，经过这个时期的夯实，构成了中国古代美学精神的两元，开创了中国古典美学的两大传统，共同支撑起中国美学思想武库的大厦。

（1）儒家美学

强调道德美，是儒家美学的首要之义。孔子说"礼之用，和为贵，先土之道斯为美",孟子指出道德"充实之谓美","理义之悦我心,犹刍豢之悦我口",奠定了儒家以"道"为美的道德美学传统。荀子继之,重申道德之"不全不粹之不足以为美","君子乐得其道,小人乐得其欲",使儒家的这一道德美学观得到夯实。先秦另外一些儒家著作亦然。如《尚书》告诫人们"玩物丧志","志以道宁","作德,心逸日休"。快乐的根本在道德心灵,而不是感官形式。《礼记》主张以"人道之正"要求"礼乐"之美,揭示"德音之谓乐"、"温柔敦厚《诗》教也"。《易传》要求君子"反身修德",强调君子"美在其中,而畅于四支,发于事业",以此为"美之至"。审美中会情不自禁地"仁者见仁,智者见智",打上道德烙印。《左传》强调"乐以安德",《国语》强调政"和"为美,"上下内外大小远近皆无害焉,故曰美"。屈原赞美香草等自然物,因为它们是美好道德的象征。汉代从秦朝任用暴政迅速灭亡的惨痛中吸取教训,高扬儒家道德仁政之美。《诗大序》要求"发乎情,止乎礼义",肯定"声音之道与政通"。董仲舒揭示自然山水比德为美。司马迁重申"礼"者"洋洋美德乎","乐音者,君子之所以养义也"。刘向重申自然比德为美、"乐者德之风"的道德美学观,要求人们"修文"与"反质"。扬雄高扬"足言足容,德之藻矣",鄙薄"雕虫篆刻"的文辞形式之美。班固重申诗乐的道德审美功能。王逸在评价屈原辞赋时称赞其"玉质"。许慎释"玉"时揭示"石之美,有五德"。郑玄解释"赋比兴"时强调道德美。王充肯定"善"具有"可甘"之美。如此等等,都表现了对先秦儒家所奠定的道德美学传统的重视。

除此而外,这个时期的儒家美学还发表了许多其他很有价值、很有影响的美学见解。如关于心灵表现的美,孔子提出"辞达而已",《尚书》提出"诗言志",《周易》提出"立象尽意",《诗大序》提出"诗者,志之所之也",扬雄提出言为"心声"、书为"心画"说。关于形式美的地位,孔子认为"尽美"未必"尽善",孟子肯定"悦目"、"悦耳"、"悦口"之美,说明了对形式美的自觉。《礼记》崇尚"以文为贵",扬雄正视诗赋之"丽"的特征,王充承认"快观"的"纯美",表明儒家是不排斥纯形式美存在的。关于形式美的规律,《左传》总结为以"和"为美,《周易》总结为"相杂曰文",许慎总结为"错画"为"文"。关于味觉美,孟子、荀子、《礼记》等认为五觉相通,已有所涉及。许慎以"甘"释"美"标志着"味美"说的正式确立。郑玄以"美"形容酒食之味,进一步巩固了"味美"说。关于天人同构互感为美,《周易》称之为"同声相应,同气相求",董仲舒称之为"物固以类相召"。关于修辞中的夸张美及审美方法,孟子提出"以意逆志","不以辞害志",董仲舒提出"《诗》无达诂",王充深入分析了经书中的"语增"现象。另外,孟子基于人的共同生理、心理基础揭示了共同美问题,《周易》论及"仰观俯察"的审美方式和"唯变所适"的变通美、积极进取的"刚健美"、生生不息的生命美,司马迁为"发愤著书"辩护,王充论及"感人"的"真美"以及动物与人不同的审美标准问题,也值得注意。

综观先秦两汉儒家美学,我们发现呈现出如下整体特色。

首先,儒家认为美感是一种快乐的情感("乐感");追求快乐的美感,是人的天性,不应简单、粗暴地加以扼杀;人的感官天生地喜欢令人愉快的色、声、嗅、味、佚,人的心灵天生地喜欢仁义道德;感官的愉悦与心灵的愉悦、各种不同感官的愉悦之间同为快乐的情感,没有本质的不同,这样,快感与美感的界限也就随之消失。不过,儒家又认为,过分沉迷于感官愉快及其对象形式会使人"玩物丧志",乐不知返,因而对此必须加以一定的节制。而对心灵愉悦、道德快感的追求则没有这个限制。恰恰相反,由于"心好仁义"常常受到"心好利"的欲望的干扰,使其丧失对"仁义"的喜好,因而尤须加强道德美感的培养。

其次,从承认人的感官愉快的基本权利出发,儒家肯定人的感官愉快所由产生、对应的对象形式——美色、美声、美味、美嗅等纯形式美的存在权利,指出这种美是不依赖道德善而存在的"纯美",儒家有时又称之为"文";同时,从节制人的感官愉快的思想出发,儒家又不赞成人们一味追求纯形式美,强调人们应在此之外有更高的美学追求。

再次,从对人的心灵愉悦的充分肯定出发,儒家反复强调心灵愉悦所由产生、对应的仁义道德美。人格美以道德充实为转移,艺术美以像德载道为标准,自然美亦以"比德"为依据。儒家的道德究其实是心灵理念。于是,美是道德的象征,又呈现为美是心灵意蕴的表现。

最后,对审美主客观属性辩证关系的认识。尽管由于主体心灵意蕴的投射,审美中会发生"仁者见仁,智者见知"、"心忧恐,则口衔刍豢而不知其味"的情况,但这并不能抹杀"口之同嗜""目之同美""耳之同听""心之同然"的美,这种美是经过大众审美经验普遍检验过的客观存在的共同美。

从上述对美、美感的基本认识出发,儒家十分重视音乐的快乐功能和调和人情、美化人心的道德审美功能,十分重视诗歌的言志美刺功能,奠定了诗乐"美善相乐"、"发乎情,止乎礼义"的道德审美传统。

(2) 道家美学

道家的美学,过去由于其反世俗美的表象,相当长的一个时期未被人给予足够的重视。其实,道家虽然否定世俗的美感和美,并不否定本质的美感和美——"至乐"、"至味"。它之所以否定世俗的美感和美,是因为这种美感不是"至乐",这种美不是"至味"。那么,什么是"至味"呢?就是"无味"之"味"——超越一切色声嗅味的"道"。什么是"至乐"呢?就是体味"道"时不可感受的"无乐"之"乐"。由此出发,道家建构自己独特的美学思想系统。它站在儒家美学的对立面,丰富了中国美学对美和美感的认识,构成了中国古代美学传统的另一极。

先秦道家美学的代表人物是老庄。战国时吕不韦主编的《吕氏春秋》、汉初淮南王刘安率门客编著的《淮南子》思想驳杂,有杂家倾向,但在美学观上道家取向明显,对老庄美学大有丰富。

与儒家美学一样,道家美学亦以"道"为美。如老子说:"孔德之容,惟道是从。"庄子指出:主体游心于原初的道,即可获得"至美至乐"。不过,道家的"道"与儒家之道内涵截然有别。在老子,"道"指派生天地万物而又寓存于天地万物中的虚无本体。在形式美上,认为"大象无形"、"大音希声"、至味"无味"、至言"无言",以此反对世俗的感官愉快及其对应的形式美;在内涵美上,认为"上德不德"、至仁"去仁"、至为"去为",以此反对世俗的仁义功利道德美。这种道德称为"玄德",落实在做人上就是守柔、谦下、愚拙。庄子继承老子的道德美学,将"道"改造为"自然"的"性命之情(实)",提出"彼至正者,不失性命之情",这"正"即完美的意思。天下万物各有其自然的"性命之情",所以对不同的生命体而言,至正至美就是"自适其适",而"适性"的形态也就"不主故常",呈现出多样性,对于此物是美的对于他物也许是丑,不同的生命体就有不同的审美尺度。这种随顺生命自然本性的得道之美的美感反应是"无乐",但却是"至乐"。而世俗人热衷追求的"声色嗅味""富贵寿善",虽然快乐,却不是真乐。《吕氏春秋》继承庄子"安其性命之情"的美学主张,建构起"贵生"的美学系统,探讨"性命之情"、"养生之道",反对违反人的天性"逆生"或"迫生",既承认人有情有欲的实际,又力戒过度的奢侈享受伤性害生,从而深入到人类审美的主客体结构阈值的对应问题。《淮南子》继承并发展了老子以"无"为美的思想,对这个美学命题的奥意作了丰富而明确的发挥。"无形"、"无色"、"无声"、"无味"为什么是最美的"形"、"色"、"声"、"味"呢?因为"无形而有形生焉","无色而五色成焉","无声而五音鸣焉","无味而五味形焉"。所以说:"无形者,物之大祖也。""无声者,正其可听者也;其无味者,正其足味者也。"在美感论上,继承庄子的"至乐无乐"说,重点阐释了"能至于无乐者,则无不乐"的玄机。此外,老子开创了

"玄"、"妙"的美学范畴,庄子及其后学论述了"言""意"相反相成的辩证关系和真美问题,《吕氏春秋》《淮南子》就审美中"遇合无常"的主客体相互关系发表了精辟见解,《淮南子》还对"大美"和世俗之美作过有益的探讨,值得我们注意。

2. 魏晋南北朝：中国诗文美学的突破期

魏晋南北朝是中国美学发展史上取得重大突破的一个重要阶段。一方面,原先的儒家美学和道家美学这时汇合为儒道合一的玄学美学,另一方面,诗文美学伴随着诗文书画的繁荣摆脱了先前的依附状态而走向独立,呈现出一片辉煌。

先秦两汉创立发展的儒家学说和道家学说在魏晋时期被融合儒道的玄学所取代。玄学继承了道家"适性""逍遥"的美学主张,后来又改造了道家"无情无欲"的"人性"观,给"人性"注入了有情有欲的现实内容,于是"适性"一变而为"人性以从欲为欢",变成了"越名教而任自然"。于是,"情"从心灵的理性约束中挣脱出来,形式从道德的附庸中解放出来,以"情"为美的情感美学和以"文"为美的形式美学潮流一下子突涌出来,覆盖了人格美和艺术美,一直延展到南朝。在人格美方面,形成了"情之所钟,正在我辈"、放浪形骸、不拘形迹的"魏晋风度";在艺术美方面,诞生了"缘情"而"绮靡"的山水诗、宫体诗、格律诗及其相应的理论形态。在情感美学和形式美学取得巨大突破的同时,中国美学在诗文美学领域也取得一系列重大成果,诞生了中国美学史上第一篇完整而系统的文学理论专文陆机的《文赋》,第一部体大思精、系统阐述文学理论的专著刘勰的《文心雕龙》,第一部诗歌批评专著钟嵘的《诗品》。

让我们逐一来作一次巡礼。曹丕《典论·论文》是中国美学史上最早的一篇独立的文学理论论文。他以一代开国君主之尊肯定文章是"经国之大业,不朽之盛事",彻底摆脱了孔门儒家道本艺末、文章为雕虫小技的传统价值成见,大大提高了文章的地位。在此基础上,他分析了"文本同而末异"的体裁和"文以气为主"的风格,批评了"各以所长,相轻所短"、"贵远贱近,向声背实"的文学批评态度,竭力倡导一种客观公允的审美态度。其"诗赋欲丽"是对诗赋体裁形式美特征的最早揭示。晋代陆机《文赋》是分析中国古代研究文学创作过程及其审美特点的最早专文。文学创作的发生、构思、灵感、创作方法、文体特征等,较之曹丕,《文赋》都有更为深入、细致、全面的分析。他论述文学创作过程紧扣情感与物象,触及艺术思维的两大特征。他提出"诗缘情而绮靡",奠定了诗歌作为美文学的形式美和内容美特点。挚虞肯定诗赋"以情义为主,以事类为佐",批评"以事形为本,以义正为助",揭示了中国美文学的心灵表现特色。南齐沈约明确以"情"为文之"质",要求"以情纬文",在文学形式方面,发明"宫羽相变,低昂互节","前有浮声,后须切响"的声律美规律。刘勰在南齐末完成体大思精的文学理论巨著《文心雕龙》。全书五十篇,分文之枢纽、文体论、创作论、批评论,全面论述了文学创作的基本原理。作家论方面论及"德"、"气"、"才"、"学",发生论方面论及客观生活的触发和具有丰富感受的主体,艺术构思论紧扣"象"与"情"的互动,创作方法论方面深入剖析了"比兴"、"用事"、"夸饰"、"声律"等,文体论方面本着解释概念、说明要理、列举作品、历史观照的方法花二十一篇分别论述了三十多类文体,风格论方面"数穷八体",通变论方面兼顾"通则不乏,变则其久",批评论方面建构了完整的"知音"说,并用"原始表末"的历史主义方法品评历代文体作品。通观全书,贯穿着"以雕缛成体"的形式美和"辩丽本于情性"的情感美观念。梁代钟嵘结合当时诗歌创作现实亦破亦立,重申"吟咏情性"的诗学纲领,建立了"滋味"说为核心的诗学系统。萧绎、萧统、萧纲兄弟以皇帝、王子之尊,编选历代美文,创作宫体诗,倡导"绮縠纷披,宫徵靡曼,唇吻遒会,情灵摇荡"、具有文采美与情感美的美文。如此等等,不难看出,魏晋南北朝是一个美文自觉的时代,尤其是诗文的辞采声律美与情感风流美澎湃勃发的时代。

3. 隋唐宋金元:中国诗文美学的发展期

从隋唐至宋金元,中国美学进入了新的发展阶段,形成了与魏晋南北朝美学不同的鲜明的时代特色。六朝时期,儒家思想失去了一统天下的统治地位,在玄学逍遥适性思想的推动下,美学日益往自律方面发展,以"文"为美的形式美学、以"情"为美的情感美学取得重大突破。这种美学思想具有人性解放的启蒙价值,但发展到极端,完全抛弃儒家理性规范,又未免落入一偏。它给隋唐宋元统治者和思想家重铸儒家道德理性规范提供了现实依据。

杨坚统一南北朝、建立隋朝后,便着手整顿世风。在朝的主管意识形态的官员李谔连续三次上书隋文帝,要求革除浮靡文风,整顿轻薄的社会风气。在野的儒家学者王通仿《论语》作《中说》,以远绍周、孔自命,批评南朝以"文"灭"道"的诗人,广带弟子,传播儒道。朝上朝下遥相呼应,标志着社会价值取向的根本扭转。隋炀帝中断儒道,骄奢淫逸,结果隋朝毁于一旦。这告诉唐初政治家:统治者的欲望不可放纵,儒家克制欲望的理性和为民着想的仁政不可废。在**恢复**

儒道统治地位方面,唐太宗做了两件大事。一是命孔颖达负责收集以往的五经权威解释,重新加以统一的注疏;二是命魏徵为监修,新编、重编南北朝史,总结政治兴亡得失,证明儒家以民为本的仁政是长治久安之道。唐太宗确立了儒家道德学说在唐朝思想界的主宰地位。整个唐朝思想界,诗人如初唐四杰、陈子昂、杜甫、白居易、元稹、张籍等,文人如萧颖士、李华、独孤及、梁肃、柳冕、权德舆、吕温、韩愈、柳宗元、李翱等,无不以儒家之道为第一位要求做人与作文。他们不仅是文章家,而且是道德君子。

  唐、宋之间,经历了一个几十年的藩镇割据的五代十国阶段。这是一个道德失范、天下大乱的时代。宋太祖统一天下后,吸取唐代藩镇兵权过大的教训,建立了皇权更加集中的独裁专制。与此相应,在思想领域进一步确立了儒家学说的统治地位。儒家的温馨之"道"一变而为沉重的冷冰冰的"理"。周敦颐、二程、邵雍、朱熹、陆九渊是著名的理学家。而柳开、王禹偁、石介、孙复、欧阳修、真德秀等人虽以古文家著称,同时也是一再要求"文以载道"的道学家。

  元代思想界的情况,诚如《元史·列传·儒学》所云:"元兴百年,上自朝廷内外名宦之臣,下及山林布衣之士,以通经能文显著当世者,彬彬焉众矣。"元朝统治者袭用宋代理学之旧为其大一统的政治服务,虽无所发明,却在推广理学方面颇有劳绩。

  从隋唐道学到宋元理学,尽管儒家之道的内涵发生了变化,但在恢复、高扬儒家道德理性方面是一致的,与六朝任情纵欲的时代风尚形成鲜明区别,也与明代中叶以后出现的反叛理学的启蒙思潮有着鲜明不同。这是我们把隋唐宋元视为中国美学发展的一个特定时期的思想依据。这一时期,儒家重新在中国思想界获得统治地位,儒家道德美学再次成为这个时期美学界的主流。其历史发展的坐标是隋代的王通、唐代的古文家和新乐府诗派、宋代的理学家(或称道学家)和古文家。儒家道德美学高举以"道"为美的大旗,对魏晋南北朝的情感美学和形式美学大张挞伐,奠定了这个时期美学的时代特色。然而,形式美学与情感美学并不愿意束手待毙,魏晋南北朝异军突起的这两大美学狂飙在隋唐以其巨大惯性朝前奔突,在唐宋以其自身魅力朝前推进,二者既相互争斗,又相互携手,与道德美学作抗争,在个人的天地中、在词曲的夹缝中求生存、求发展。在文艺美学园地中,这个时期形式美学的代表是初唐和晚唐的诗律派、宋代的西昆诗派和江西诗派、宋元词曲领域的格律派;这个时期情感美学的代表是唐初的史学家、唐宋金元时期一些重个性化的"意""气"和艺术创作审美特点(如"境""意境""兴象""境外之境")探讨的文学家。因此,这个时期中国美学界的状况就不仅仅是对先秦两汉时期儒家道德美学的复古,而且有着自身的新的发展和贡献。

(1) 道德诗学

魏晋南北朝逍遥适性、随缘任运的审美风尚和以"文"为美、以"情"为美的美学主潮由于其末流的片面性,到隋唐宋元时期,遭到了儒家卫道士的猛烈批判和坚决反击。隋朝治书御史李谔、大儒王通开其端,唐代陈子昂、韩柳、元白接其踵,宋代的古文家和理学家殿其军,他们大倡道本艺末,玩物丧志,以此反对形式美学和情感美学,强调儒家道德理性才是做人之美和艺术之美的根本,从而勾勒出一条清晰的道德美学主线。这些弘扬儒家道德之美的大多是朝廷重臣,或者是深得朝廷认可、具有广泛影响的文坛领袖、诗界巨子,因而我们可以说,儒家道德美学是这一时期的美学主潮。

这里有一点值得指出。唐宋儒家道德美学主潮主要是由古文家与理学家共同构成的,但理学家在阐述自己的美学观点时,常常以古文家为批判对象,似乎两者有什么根本区别。其实,二者在以"道"为"美"的本体、为"文"的根基,不赞成有独立于"道"之外的"美"和"文"存在的权利和价值这一点上是一致的。某些古文家强调道德的言论比理学家还强烈和褊狭,因此《宋史·列传》将不少古文家是与理学家一起列于《儒林传》之中。这是我们把古文家与理学家放在一起作为儒家道德美学坐标的缘由。

(2) 形式诗学

隋唐宋金元时期,尽管儒家道德美学覆盖了整个诗文理论领域,并占诗文美学的主流,但仍有一条形式主义倾向的美学线索在诗学领域延续和发展,它们承接着六朝以"文"为美形式美学狂飙的余威,在唐代以诗赋取士政策的支持下[1],坚守并捍卫着诗的自律,与道德美学的正统声音相抗衡,为道德美学不断提供批判对象和存在理由,成为这个时期道德美学的反题。其历史坐标有隋唐之际刘善经、上官仪、元兢、崔融为代表的诗律论,盛唐王昌龄的格律论,中唐皎然的诗法论,晚唐贾岛为代表的苦吟派,宋代杨亿为代表的西昆派和黄庭坚为祖师的江西诗派。此外,五代欧阳炯强调词的艳情美和精工美,宋代李清照探讨词的特殊法则,沈义父、张炎等人强调词的协律含蓄,元代胡祗遹提出吸取创作和

---

[1] 唐代设进士科,以诗赋取士,所试诗体就是格律诗。《唐会要》卷七十五《帖经条例》云:"进士以声律为学。"

表演的"九美"说,周德清探讨戏曲用语和音律的要求,反映了这一时期新兴的词、曲美学中的形式追求。

(3) 适意诗学

隋唐宋金元时期,另有一部分诗文理论既不同于儒家道德美学,亦非形式美学所能概括,它们强调文章以表情达意为主,并探讨着文学表情达意的审美规律,体现了强烈的以"意"为美的主体表现倾向,称之为"情感美学"也不合适("意"虽不同于"理"或"道",但也不等于"情"),我们姑且把这种诗文美学主张称作"适意诗学"。

从历史渊源看,这一时期的适意诗学是对六朝情感美学的继承与超越。六朝情感主义的美学潮流虽然遭到了唐宋儒家道德美学主潮的强烈冲击,但在唐宋金元仍然凭借其惯性继续存在,并且由唯情往唯意方向发展。"文以意为主",就是唐宋出现的一个新的美学命题。从"情"到"意",表现了一种明显而微妙的变化。"意"既包含"情",又融入了"理",它是六朝的"情"在唐宋的"理"作用下的新变。同时,这"意"又与人的天性气质——"气"有关,是一种个性化的"意"。所以,唐宋金元在"文以意为主"的命题不断被重申的同时,一个连带重申的范畴是"气"。道学家也高标"气",但那被说成是弥漫于天地之间、天赋于个人的道德精神。而这里与"文以意为主"并行的"气"则是自然气质、主体精神、个性化的意蕴。

"意"与"理"的相通,使得适意美学既不同于道德美学,又与道德美学具有某种调和的倾向,从而区别于形式美学。而如何表意达情,又存在着若干审美技巧、规律,这就使得表现主义美学与形式美学又具有某种相通之处,从而区别于道德美学。徘徊、折中于道德美学与形式美学之间,这就是适意美学与道德美学、形式美学既相区别又相联系的双重特性。

唐初史家奉太宗之命以儒家的民本、仁政观念修史,然而他们的思想却并不像后来的道德家(如古文家、理学家)那样保守,他们在《文学传》中发表的文学观点不仅将文学表现的本体从狭隘的道德观念扩展为宽泛的"意"、"气"乃至自然的"情",而且在批判六朝以来唯形式美倾向的同时,也表现了对文学形式美的兼顾。中唐的殷璠通过唐诗的编选阐述了"神来""气来""情来"的诗学主张。晚唐司空图要求通过"思与境谐"的"意象"创造表现不尽之意的"全美"境界,以诗著称的杜牧则将"意"的表现从诗扩展到文,提出"文以意为主"的命题。至宋代苏轼,作文章,唯求"快意累累","意之所到,则笔力曲折无不尽"。他认为词能达意,就是无以复加的最大满足。与司空图相似的是,为了追求不尽之意的传递,他又提出化浓于淡、"发纤秾于简古,寄至味于淡泊"的审美方法。由杜牧、司空图、苏轼开拓的这一美学追求在宋代形成较大的反响。如张戒提出"言志乃诗人之本意,咏物乃诗人之余事",以主体的志意为诗歌言辞所瞄准的"鹄的",所谓"中的为工"。同时又主张"词婉意微",以有"余蕴"为贵。严羽以"入神"为诗美的极境,而这极境就存在于"羚羊挂角,无迹可求"的"别材""别趣"中,这"别材""别趣"须通过"妙悟"去把握。至于金代的赵秉文提出"词以达意而已",王若虚认为"词达理顺,皆足名家";元代的元好问以言外之意为"诗家圣处",追求"性情之外不知有文字",都可看作是苏轼思想的发挥。

4. 明清:中国诗文美学的综合期

将清代作为中国学术乃至美学集大成的综合时期,这几乎是共识,在学界没有疑义。把明代也划进来,作为中国古代诗文美学的综合期,则是笔者的一家之言。明代美学的综合特征虽然不如清代美学那么明显,但在中国古典美学的起、承、转、合中,它明显地带有转合特征。所谓"转",即向"合"的过渡和转化。像明代的小说美学、戏曲美学,与清代的小说美学、戏曲美学水乳交融,难解难分,融为一体,是对此前中国小说美学、戏曲美学的总结发展。所谓"合",即综合、总结。这样的著作不只清代有,明代已开始出现,如诗学方面谢榛的《四溟诗话》,曲学方面王骥德的《曲律》等,都体现出综合的倾向,带有总结性意味。

在明清时期,不仅涌现了许多集大成的美学家和带总结性的美学论著,而且以滋味为美,以道德为美,以心性为美,以文饰为美的中国古代美学精神进一步得到过滤和积淀。尤其值得指出的是,与隋唐宋金元时期文艺美学中呈现的儒家道德美学主潮显然不同,明清时期即便是道统观念很深的美学家(如清初三大家黄宗羲、王夫之、顾炎武)也没有以理斥情,而是在情理合一中表现出对情感和个性的崇尚,使情感美这一思想内核放射出炫目的光辉。

值得注意的是,明清美学学派林立,思想多元,端绪纷繁,而且往往你中有我,我中有你,不过,在众声喧哗之中,总是回荡着以"道"为美的道德美学、以"心"为美的表现美学、以"文"为美的形式美学的三个主旋律,从而进一步夯实了中国古代具有民族特色的美学精神。

（1）诗文美学

这个时期诗文领域的开场人物要数宋濂。宋濂曾官江南儒学提举，是明初文坛的一代宗师。他论文求美，反对唯形式追求，认为美丽的文采就在我们的日常生活中，就在我们的道德修养实践中。文章应当成为"道之所寓"，而"道"又"存诸心"。只要善于培养道德之"气"，然后"随物赋形"，自然为文，就能成就一代美文。宋濂的诗文美学主张是对唐宋古文家和道学家道德美、心性美思想的一次综合。明代中叶的王守仁不赞成仅在"文词技能"上用工，主张"志于道"而"游于艺"，并把"艺"重新解释为"义"和"理之所宜者"，认为"理之发见可见者谓之文"，而"理"就在"心"中，"心外无理"。这与宋濂的诗文美学主张相呼应，可视为古代儒家道德美学尤其是宋代理学家美学主张的一种回响。

明代文坛出现了要求"文必秦汉、诗必盛唐"的前、后七子。这虽然有拟古之嫌，但同时我们注意到，这实际上包含着对秦汉散文、盛唐诗歌美学法则的清理和盘点。这种美学法则既有属于形式美学范畴的，如李梦阳总结的"法式""规矩"，王世贞总结的"格调法度"，何景明、王廷相的"意象"论，也有属于情感美学范畴的，如徐祯卿的"因情立格"说、谢榛的"情景"说。它们深入揭示了秦汉文、盛唐诗的美学本质和特征。尤其是谢榛的《四溟诗话》，详细剖析了诗歌寓情于景、即景传情的特点和一系列形式法则，堪称古代诗歌美学的系统建构。

在前后七子之间，有一个散文流派不同意七子的"文必秦汉"主张，认为唐宋散文创作也很有成就，进而要求取法唐宋散文。这就是"唐宋派"。如果说前后七子主要的建树在诗歌美学方面，唐宋派则把着力点放在了唐宋以韩愈、欧阳修为代表的散文创作美学法则的总结上。唐宋派并不否认秦汉散文的成就，但认为秦汉散文"法寓于无法之中"，无法可依，而唐宋散文则有法可循，易于学习。学者可以先由唐宋文入手，最后进入秦汉文境界。唐宋派所标举的唐宋散文家如韩愈、柳宗元、欧阳修等人其实是很重视文章的载道之美的。然而唐宋派则没有重复他们的道德美学主旨，而是将文章所表现的"道"改造为自家的"真精神"和"千古不可磨灭之见"，在创作方法上强调"神明变化"之法。这是在明代中后期崇尚个性的时代风潮影响下对苏轼为代表的唐宋散文美学神韵的总结和发现。

中明以后，王阳明心学走到了它的反面，反抗理学道德磐石的沉重压抑，要求解放自然人欲人情的启蒙思潮奔突弥漫于整个社会，流泽所被，延及清代。于是在这个时期，出现了以"真心""真情""个性""见识"为美的美学新潮。而这一美学新潮,未尝不可视为是对六朝美学否定之否定的继承和扬弃。六朝人崇尚自然情欲之美,但末流所及,荡而忘返。明清人崇尚"一人之性情",又兼顾"天下之性情";既肯定"情"的可贵,又认识到"情极"则"俚"。当然,这是就整体倾向而言。具体说来,又异彩纷呈。李贽拈出"童心"与传统道德相对抗,高标自家"胆识"和不羁之"才",公开宣称"以自然之为美",一时影响甚大。徐渭、焦竑、屠隆、公安派、竟陵派、袁枚、龚自珍,等等,都主张以自家"性灵"、"情性"为主,不受陈规旧律的限制,也不为道德理性所拘。如焦竑主张"脱弃陈骸,自标灵采";屠隆主张"文章止要有妙趣","性灵不可灭";袁宏道主张"独抒性灵,不拘格套",认为"情至之语,自能感人","古何必高,今何必卑";竟陵派尊性灵,尚人情;袁枚指出诗以"性灵"传世;龚自珍明确提出"宥情"、"尊情",主张以人性之"完"的状态为美。特别值得注意的是清初的黄宗羲、王夫之虽以大儒名世,却没有汉儒和宋儒的迂腐,而是将诗文之美与自然之"情"紧密联系起来。如黄宗羲指出:"情之至真,斯论美也。""情至"之文才是"至文"。王夫之在《姜斋诗话》和《古诗评选》《唐诗评选》《明诗评选》中分析了"情"在诗中的各种表现形态,成为谢榛之后中国诗学的又一座高峰。章学诚尽管史学观念很重,但仍然肯定"情"在文章中的重要地位,指出"气畅而情挚,天下之至文",如此等等,标志着情感美学在明清启蒙思潮中所达到的辉煌。

除此而外,在清代诗坛,叶燮要求诗歌创作"幽渺以为理,想象以为事,惝恍以为情";翁方纲熔铸王士禛的"神韵"和沈德潜的"格调"而创"肌理"说,既是对明代七子诗法、诗情思想的继承和改造,也是对中国诗学的又一次总结和丰富。刘大櫆倡导"文气"与"文法",方苞兼顾散文"言有物"与"言有序"之"经纬",姚鼐从"神理气味"与"格律声色"方面论述文章的内容要求和形式规律,将明代七子尤其是唐宋派对散文审美规律的总结进一步加以丰富完善。至刘熙载《艺概》中的《文概》《赋概》《诗概》《词曲概》及《游艺约言》,既强调散文诗歌表现的心性道德之美,又形态总结了散文诗歌的形式美法则,堪称中国古代诗文美学的集大成之作。

(2) 小说美学

在明代以前,中国的小说创作经历了六朝志怪、志人小说,唐代传奇小说、宋代话本小说诸阶段。与后世相比,小说创作的规模、手法、成就均不可同日而语,加之由于鄙薄小说为"小道"的传统观念的影响,此前的小说评点美学尚处于起步阶段。明初诞生了《三国演义》《水浒传》两部具有很高艺术价值的长篇小说,加之明中叶思想界相对比较活跃和解放,于是围绕着《三国演义》《水浒传》的评点,在嘉靖、万历时期出现了小说美学的繁荣局面。明代中期《西游记》《金瓶梅》两部划时代长篇小说的问世,又引发了晚明小说评点的兴盛。在明代后期,《三言》《二拍》的出现,代表着中国古代短篇白话小说的最高成就,而编者冯梦龙亲自操刀对《三言》等小说集的批评,也反映了晚明小说美学的最高水准。明末清初,金圣叹、毛宗岗、张竹坡觉得明人的评论意犹未尽,于是分别评点《水浒传》《三国演义》《金瓶梅》,从而将小说美学的成就推向最高峰。清代中叶伴随着《红楼梦》的诞生出现的脂评,可以说曲终奏雅,成为清代小说评点皇冠上的一颗明珠。由此可见,如果说小说代表了明清文学的最高成就,那么明清小说美学则是对这种艺术成就的理论总结。

概括说来,明清小说评点美学是从蒋大器、张尚德的《三国演义》评论开始的。二位的观点基本一致,一方面肯定《三国演义》有裨"风教"的道德美,另一方面又肯定《三国演义》可以通俗的文辞"羽翼信史",成为传播正史的有效辅助手段。这些评点尚未触及历史小说的深层审美规律。稍后继出的李贽和托名李贽的叶昼的《水浒传》评点则深入到小说在奇幻的虚构中"像情像事"、"逼真传神"的审美特点。于是,小说真幻相即的艺术真实问题饶有兴味地提出来,成为明代小说评点的中心话题。谢肇淛指出《西游记》"虽极幻妄无当,有至理存焉",袁于令评论《西游记》"极幻之事,乃极真之事",李日华评论《广谐史》时说它"虚者实之,实者虚之",冯梦龙评论话本小说《三言》时说它"事真而理不赝,即事赝而理亦真",凌濛初评论《二拍》时说它"事之真与饰,名之实与赝各参半",标志着艺术真实问题已成为明代小说美学的共识。清人接过明人小说评点的接力棒奋力冲刺,创造了最终的辉煌。金圣叹的《水浒传》评点、毛宗岗的《三国演义》评点、张竹坡的《金瓶梅》评点、脂砚斋的《红楼梦》评点,不仅达到了这四大奇书评点的最高峰,而且深入分析了小说创作的一般规律,完成了对中国小说美学的系统建构。如关于创作发生,金圣叹提出"怨毒著书"说,张竹坡提出"泄愤""寓意"说,脂砚斋提出动"情"说。如关于艺术真实,金圣叹说小说是"因文生事","凭空造谎",然而"任凭提起一个,都是旧时熟识";毛宗岗说小说文字"有虚实相生之法",要"出人意外",又"在人意中";脂砚斋强调"事之所无,理之必有"。关于人物塑造,金圣叹提出"格物""动心",过剧中人生活的思想;张竹坡要求作家"千百化身","现各色人等";脂砚斋反对"恶则无往不恶","美则无一不美"的简单化,强调人物形象的丰富性。关于人物个性的重要性,金圣叹指出《水浒传》令人"看不厌","无非为他把一百八个人性格都写出来",而写个性的方法主要有"背面敷粉"、"同中见异";毛宗岗认为《三国演义》最大的成功是塑造了一系列"奇人""奇才";张竹坡揭示《金瓶梅》之妙在"于一个人心中,讨出一个人的情理","能为众角色摹神";脂砚斋认为《红楼梦》"写一人,一种人活像","移之第二人万不可"。关于古代小说的情节处理,则要求敢于设计相同相近的情节(犯),并在同中显异(避)。金圣叹谓之"于本不相犯之处特特故自犯之,而后从而避之";毛宗岗将犯而能避叫做"同树异枝""同枝异叶""同叶异花""同花异果",并分析其缘由:"作文者以善避为能,又以善犯为能。不犯之而求避之,无所见其避也;惟犯之而后避之,乃见其能避也。"张竹坡概括为"特特犯乎,绝不相同"。关于古代小说以情节取胜的美感特征,金圣叹称之为"险绝妙绝""险极快极";毛宗岗认为"文章之妙,妙在猜不着","读书之乐,不大惊则不大喜,不大疑则不大快,不大急则不大慰"。

(3) 词论美学

关于明清词的发展状况,晚清人陈廷焯、王煜有过精要的概括:"词兴于唐、盛于宋、衰于元、亡于明,而再振我国初,大畅厥旨于乾嘉以还也。"(陈廷焯《白雨斋词话》卷三)"词自两宋而后,衰于元,敝于明,至清而复振。"(王煜《清十一家词抄自序》)词的创作自宋代出现婉约派、豪放派、骚雅派争奇斗艳的辉煌后,元明间则跌入低谷,清代则迎来了词的中兴。清代词人、词作之多,大大超过宋代。根据已出诸总集统计,宋代词人1 430余人,词作20 860余首,清代顺治、康熙两朝词人达2 100余人,词作50 000余首。在词人辈出,词作众多的同时,清代词坛出现了云间派、西泠派、广陵派、浙西派、阳羡派、常州派等流派纷呈的繁荣局面。与此相应,清代词学理论也迎来了宋代之后的又一高峰,呈现出与宋代词论乃至此前词论不同的"尊体"取向。

所谓"尊体",即推尊词体的价值、地位。清代词论的"尊体"取向,是相对于五代两宋以来的词论多视词为"诗余""小道"的观念而言的。而这个时期的词所以被视为不登大雅之堂的"小道""诗余",是因为它大多以娱宾遣兴、表达与道德寄托无关的艳情或羁旅之情为主,这恰恰是诗不屑表现的。方智范先生在分析以宋代词论和清代词论为代表的中国词学批评两个高峰阶段的不同特点时指出:"与词的创作历程大致同步,词学理论批评的发展也呈现为'马鞍形':宋代和清代是两个高峰……我们把词学批评的历史划分为两个大的阶段:前一个阶段自唐代至明末,以欧阳炯《花间集序》的'侧艳论'发端,到北宋末年李清照

《词论》提出'别是一家'说,标志着以婉约为宗的传统词学观的正式确立……"词学批评的后一个阶段,是由清初至民国初,随着词的创作的再度繁盛,理论批评也进入一个更为辉煌的时期。"纵览清代各家词论,几乎都贯穿着尊体观念,只是或显或隐而已。"[1]这大抵可作为我们理解古代词论美学走向的参考和依据。

明代词作,不出花前樽下的小词范围,词论则以词为"小道""小乘"。清代词风为之一变,所作词以道德为承当,以沉雄阔大为气象,各家各派均笼罩在"尊体"的词学观念中。云间派词人陈子龙认为词"小道可观",沈亿年说"词虽小道",但可"羽翼大雅",报道了清代变"小道"为"大雅"词学观转变的最早信息。西泠派词人丁澎以"德业之余"重新界定"诗余"涵义,广陵派代表王士祯盛赞东坡稼轩词为"天地间至文"。阳羡派继续为苏、辛变体张目,陈维崧认为"诗词经史,语无异辙",任绳隗指出"不得谓词劣于诗",史惟园要求词"入微出厚",有风骚之"志意"。常州派论词主"风雅寄托",张惠言主张"以内言外",周济要求"意能尊体",刘熙载强调"词莫要于有关系",谭献甚至认为词之"比兴之义、升降之故,视诗较著",陈廷焯高标"沉郁",大力推举辛弃疾,况周颐以"重、拙、大"为"词心"。这些都是从儒家道德意蕴方面给词注入厚重内涵。与此同一路径,查礼、郭麐、王昶、吴锡麒等人既否定"小道"观,也排斥学苏辛而流于"粗豪"的偏向。而浙西派论词"以雅为尚",推尊姜夔张炎,如厉鹗声称词"必企夫雅",朱彝尊主张以"雅"制"秽",汪森进而认为"以词为诗之余,殆非通论",侧重从超俗的道家道德方面使词从艳科之中摆脱出来,从而达到与诗平起平坐的地位。经过清人的努力,词成为与诗并列的一种诗体而为人们广泛接受。

(4)戏曲美学

在经历了元代戏曲——杂剧的辉煌之后,明清戏曲迎来了传奇的繁荣。其代表作是《牡丹亭》《清忠谱》《长生殿》《桃花扇》。与此同时,杂剧在明清也间有创作,著名者如徐渭的《四声猿》。元代戏剧创作积累了大量实践经验,为明代戏曲理论的总结奠定了坚实的基础。而明代戏曲创作的兴盛也对戏曲理论的研究提出了内在要求,推动着明代曲论的发展。明代戏曲批评呈现出相当繁荣的景象,并诞生了王骥德《曲律》这样的持论公允、剖析系统的曲论巨著,体现了

---

[1] 方智范:《中国历代词学论著选·前言》,《中国历代词学论著选》,陈良运主编,百花洲文艺出版社1998年版。

戏曲美学的综合趋向。清代曲论在局部上继续有所深化,并出现了李渔的《闲情偶寄》这样集大成的戏曲论著。而金圣叹的《西厢记》评点,则把中国戏曲美学推向了高峰。明清曲论不仅分析了中国古代戏曲的两种最主要的形态北曲杂剧和南曲传奇的不同特点,而且抓住戏曲创作的一般规律,诸如曲词特点、协律入乐、情节结构这三大要素展开探讨,并就戏曲"能感人"、寓教于乐的审美功能以及演员表演等问题提出要求,从而显示出戏曲美学的特殊个性。

　　明初,太祖之子朱权以王子之尊从事戏曲创作和研究,其《太和正音谱》对戏剧体裁、杂剧题材、角色塑造、曲调演唱等问题作了较为全面的探讨,并对元代杂剧作家作品作了逐一评点,奠定了后世曲学体系的雏形。明代中叶以后至明末,戏曲领域展开了一系列的论争。论争中出现了三大派。一派是本色派,主张戏曲创作符合戏曲本来的审美规律,曲词要入乐协律,明白易晓。如沈璟提出"宁协律而词不工",冯梦龙要求"以调协韵严为主",李开先主张"明白而不难知",何良俊声明"填词须用本色语",徐渭呼吁"贱相色,贵本色",徐复祚崇尚"本色当行",贬低"藻丽堆垛",凌濛初也主张"贵当行不贵藻丽"都可归入这一派。另一派与此针锋相对,可以叫情趣派。不仅唯情,而且重趣。从"情趣"出发,汤显祖"因情成梦,因梦成戏",曲词"为情作使",趣味所至突破音律制约,然而宁可"拗折天下人嗓子"。汤显祖的《牡丹亭》问世后,因为情节虚幻、文词典雅、音律未谐,遭到吴江派的批评,有人讥之为"案头之书",非"场中之剧"。茅元仪、茅暎则竭力维护汤显祖,"事不奇幻不传,辞不奇艳不传"。王思任则不从"音律",而是从"文义"方面赞赏《牡丹亭》。而张琦作为明末唯情论的代表,其《衡曲麈谭》则把情感至上的观点从戏曲扩展到散曲。在这两派的激烈论争中,也有一些人兼取两派的合理意见加以折中,可称之为折中派。他们主张,戏曲既"可演之台上,亦可置之案头"。王世贞主张戏曲既要"近雅"又应能"动人",屠隆主张"雅俗并陈,意调双美",臧懋循主张"雅俗兼收,串合无痕",吕天成肯定"即不当行,其华可撷;即不本色,其质可风",孟称舜认为"达情为最,协律次之",祁彪佳"赏音律而兼收词华",都体现了这种倾向。在折中派中,王骥德从"大雅与当行参间"出发,提出"以调合情"的主张,指出"纯用本色,易觉寂寥;纯用文调,复伤雕镂"这两种值得防止的偏向,在吸收以往各派各家成果的基础上,分四十章,就戏曲的源流、南北曲特点,音律、文辞、宾白、结构、创作方法等问题作了系统的理论分析和总结。清初李渔在此基础上著《闲情偶寄》"词曲部"、"演习部"和"声容部",首重"结构",次论"词采"和"音律",兼论宾白、科诨、格局和导演、表演，其中特别触及戏曲的人物塑造和审美接受特点，成为古代曲学的集大成者。金圣叹将前人的戏曲美学思想运用于《西厢记》评点并有自己的独特发挥。他从儿女"至情"的表现方面肯定《西厢》是"妙文"，驳斥"淫书"的诬蔑；围绕《西厢》之人物塑造、个性特征、情节结构、创作方法作出极为深入细腻的分析；并揭示了"借古之人之事以自传道"的创作发生奥秘和今日之读《西厢》不同于前日所读之《西厢》、"世间妙文原是天下万世人人心里公共之宝，绝不是此一人自己文集"的审美创造特点。其深度和广度真可谓是登上了中国古代戏曲批评的最高峰。

5. 近代：中国诗文美学的借鉴期

从 1840 年鸦片战争爆发之日起到"五四"新文化运动之前，史称"近代"。

以 1915 年 9 月 15 日创刊的《新青年》为起点，1919 年"五四"运动为标志的"五四"新文化运动，标志着中国"现代"历史的开端。

"近代"大部分时间包含在晚清中，严格说来是一个不能与"清代"并列的时间概念。人们之所以习用之，是因为在这个时期中国的国门被迫打开，人们向西方世界学习的重要结果，是产生了以 1898 年的"戊戌维新"为标志的资产阶级改良运动和推翻几千年帝制的"辛亥革命"这场资产阶级革命运动。

"近代"不仅是一个政治概念，也是一个人文概念。在这个时期，西方的各种人文思想蜂拥而至，冲击着传统的学术理念和思维方式，并与之发生化合、转换，促进了现代学术范式的诞生。美学学科也是如此。人们引入西方"美学"的学科概念，借鉴西方美学思想，同时继承中国几千年形成的美学观念，对艺术和现实中的美学现象加以讨论，"美学"走出原来散存于文艺理论和宗教哲学理论的依附形态，走向了独立的学术行程。因此，本编不再分文艺门类美学和宗教学派美学描述中国美学状况，而集中阐述中国美学在这个时期借鉴西方美学、从分散走向独立的时代特征。

康有为是近代资产阶级维新运动的领袖。其美学思想大体由现实人生美学与诗歌书法美学两部分组成。在现实人生美学方面，他揭示了现实人生的一般痛苦本质和在当时君主专制下现实人生更为痛苦丑陋的本质，指出人类活动的历史就是"去苦求乐"、实即求美去丑的历史，人类社会的最终理想是"人人极乐，愿求皆获"，从而为用"君民共主"的"君主立宪"改良现实的"君主专制"社会，最终进入"民主共和"的"大同"社会、"太平之世"的政治主张服务。与他的人生美学理想和现实批判精神一脉相承,他于诗歌崇尚自然人情之美以及雄劲风格之美,于书法崇尚"点画峻厚""骨法洞达""魄力雄强""精神飞动"的北碑。梁启超继承康有为的快乐至上美学,肯定"爱美是人的天性",明确提出审美至上、"趣味"至上:"我确信'美'是人类生活一要素,或者还是各种要素中之最要者。""文学"是"人生最高尚的嗜好"。他借鉴西方学理界说"美"和"美术"(即艺术)的内涵:"美的作用,不外令自己或别人起快感。""美术是情感的产物。""美术的任务,自然是在表情。""文学的本质和作用,最主要的就是'趣味'。"由于"音乐、美术、文学这三件法宝,把'情感秘密'的钥匙都掌握了",他细致入微地分析了诗歌、书法、绘画、音乐之美的不同风格与种类以及书法"线的美""光的美""力的美""表现个性"的美,小说"熏""浸""刺""提"的美,并以新的文艺美学观掀起了"文界革命""诗界革命"和"小说界革命",为其变法实践张目。王国维的政治主张虽然与康、梁不同,但在借鉴西方美学、打造现代美学基础方面却异曲同工。他引用西方的超功利观点界定"美"的属性和价值:"美之性质,一言以蔽之曰:可爱玩而不可利用者是已。"美之价值,正在"无用"而"独立"。人间无用的"嗜好",即是常见的美的表现形态。由此出发,他别出心裁地创造性地研究分析了现实中的各种"嗜好"形态,诸如"烟酒""博弈""宫室车马衣服""驰骋田猎跳舞""书画古物""戏剧"及"文学美术",特别肯定"文学美术"是"最高尚之嗜好"。"文学"区别于"科学""史学"的审美特征是具有"玩物适情"功能,能够用"情感"和"想象"去表现科学的"知识"和史学的"道理"。"文学中有二原质焉:曰景、曰情……前者知识的,后者感情的也。""文学者,不外知识与感情交代之结果而已。""大诗歌之出,必须俟北方人之感情与南方人之想象合而为一。""文章之妙,亦一言以蔽之,曰:有意境而已矣。""文学之事,其内足以摅己,而外足以感人者,'意'与'境'二者而已……苟缺其一,不足以言文学。"他借鉴叔本华的"悲剧"观分析小说《红楼梦》,认为《红楼梦》的最高美学价值是作为"悲剧中之悲剧",塑造了个性鲜明而又具有共性的典型人物形象,描写了"人生之苦痛与其解脱之道",从而使读者可以"得暂时之平和"。与此同时,面对19世纪末20世纪初汹涌而至的小说创作热潮,人们借鉴西方美学思想分析小说的美学特征,如夏曾佑指出"小说之所乐,与饮食、男女鼎足而三",黄人指出小说是"文学之倾于美的方面之一种",徐念慈首倡"感情美学""理想美学""形象美学"概念,狄葆贤因而认为"小说为文学之最上乘";章炳麟通过对西方"学说以启人思,文辞以增人感"文学特征论的反思,指出中国古代文学"以文字为准,不以乏彰为准",都为蔡元培宣告"美学"学科在中国的诞生奠定了丰富的思想基础。蔡元培早年留学现代"美学"的故乡德国,倾心"美学"研究。1915年访学法国期间,他编著《哲学大纲》一书,其中《价值论》一编中的第四节便是《美学观念》,该书1916年由上海商务印书馆出版。1920年,他在湖南连续作了七次讲演,其中,《美学的进化》完整介绍了西方美学学科的诞生、发展历程。同年,他着手编著《美学道论》,写出《美学的倾向》《美学的对象》两章。在北京大学主持工作期间,他首次将"美学"课程引进教学,并亲开"美学"课程。在《美学的进化》中,他揭示"美学"作为一门独立的学科由德国美学家鲍姆加滕创立:"美学的进化……直到18世纪,始成立科学。"揭示"美"的特质是具有"普遍性"和"超越性",标志着现代科学美学与中国古代以"味"为美美学观念的根本分野,并于民国元年从德国单词译出"美育"范畴,以中华民国临时政府教育总长之力倡导"美育",后来一以贯之。蔡元培译介的"美学"和"美育",标志着一门独立的"美学"学科的诞生。与此同时,鲁迅在"五四"前后写下了有关美学的系列论文,强调愉快无用的"美术本质",概括"悲剧"、"喜剧"的美学特质,留美的胡适和留日的陈独秀在"五四"时期发起的从形式到内容的文学改良与革命,彻底奠定了不同于古代的美文学观念,从不同角度呼应着蔡元培,为现代科学美学的诞生推波助澜、铺平道路,也为文学由传统的杂文学向美文学的转型扫除了最后障碍。1923年,吕澂的《美学浅说》《美学概论》先后由商务印书馆出版,1926年,陈望道的《美学概论》由上海民智书局出版。蔡元培因为社会事务缠身没有完成的现代科学美学系统建构在他们手中完成。

(本文载《社会科学》2011年第11期,中国人民大学复印资料《美学》2012年第2期全文转载,《新华文摘》2012年第2期摘要)

九、中国现当代美学史的整体走向与时代分期

新时期以来,中国美学史一类的著作出版了不少,但大多数都是从先秦写到清末民初,完整描述中国现当代美学历史演变的著作并不是很多。在有限的梳理中国现当代美学史的专著中,存在的问题似乎也不少。最主要的问题,是对"美学"学科概念的把握有失允当。有人将"美学"理解为存在于理论和艺术中的审美意识,于是把美学史写成了美学理论与艺术发展混合的历史,研究范围显得较为驳杂。有人将"美学"理解为研究审美活动的人文学科,而审美活动的涵义是游移不定的,因而美学史成为有学无美的历史,选择的评述对象大可推敲。

现代历史上明明出现了那么多的美学概论和艺术哲学、文学概论专著,对美和艺术、文学有明确而丰富的看法,但却在这种美学史的叙述中看不见踪影。三是将"美学"或仅仅理解为"美的哲学",或"艺术哲学",于是美学史或仅仅成为美的哲学的历史,或仅仅成为艺术理论的历史,均不够全面。其次的问题是,这类美学史著作大多是粗线条的,对一流的美学家、美学论著着墨较多,对二、三流的人物和著述关注不周,用力不够,从而使现当代美学史失去了丰满鲜活的血肉。再次,有的现当代美学史直接从"五四"时期写起,忽视了现代美学的学科概念及美与艺术的新思想其实早在近代就萌芽了,对近代这个中国现代美学的奠基状况缺乏研究交代;而已有的现当代美学史几乎都诞生在21世纪之初,对新世纪以来中国美学的发展动向无法加以观照,而新世纪以来的十几年恰恰是美学研究发生质的转变的重要阶段,实践存在论美学、生存在论超越美学、态存在论美学、生命体验论美学、意象美学、乐感美学等标志性新学说都是在新世纪以来完成的。再次,由于现当代美学的评述对象离作者较近,这些研究对象与研究者之间存在着这样那样的学缘关系或情感关系,这就使得作者在取舍、评价时的客观公正性受到挑战和考验。最后,美学史不是材料的简单堆砌和现象的客观罗列,在研究对象的选择、评价中体现着作者的美学见识,尤其是在现当代美学发展中,各种对立的观点此消彼长,各领风骚,研究者如果对美学的基本问题缺乏深入、周全、统一的思考和见识,就很可能被评述对象各执一词的观点牵着鼻子走,使自己的评价出现公说公有理、婆说婆有理的自相矛盾状况,不仅将读者搞糊涂,也将自己搞浑。如此等等,都说明,重写中国现当代美学史,不仅有实实在在的必要,也有很大的提升空间。笔者主持的国家社科基金项目《中国现当代美学史》就是在试图避免上述不足的基础上撰写的一部具有自己独特的见识和材料取舍的美学史新著。

从整体走向来看,中国古代美学向现代美学转型的历史,就是从有美无学的传统美学思想到有美有学的美学学科转换的历史。而有美有学的美学学科概念是从西方引进的。西方的"美学"学科概念是由鲍姆加滕创立的,本义是"美的哲学"。他所说的"美",就是"感性认识的完善"。"完善"最不会引起歧义的翻译是"圆满"或"极致"。"感性认识的圆满、极致"说得通俗、明白些,也就是"愉快"或"快感"。艺术被创造出来,目的只有一个,就是具有使人愉快的"美"。于是,艺术成为"美"的典型形态。黑格尔则从其特殊的世界观出发,将"美"与"艺术"画上了等号,"美的哲学"到他手中变成了"艺术哲学"。鲍姆加滕和黑格尔的"美学"学科概念在西方近代美学界影响很大。中国从近代以来一直到现代，从西方引进的"美学"学科就是这两位美学家思想的融合。正如萧公弼在《美学·概论》中所概括：美学者，"美及艺术之哲学"。因此，考察中国现代美学史，就应当紧密围绕"美及艺术之哲学"在中国现代的确立、演变的历史。到了中国当代五六十年代的美学大讨论和八九十年代的美学热衷，争论和建设其实都是围绕着"美"和"艺术"的哲学本质展开的。世纪之交以后美学和艺术哲学大体告别"美"和"艺术"的哲学本质论，美学成为有学无美的审美现象学，乃是因为"美"和"艺术"本质探讨无解后的变相选择，说到底不过是"美及艺术之哲学"的特殊表现形态。

美学研究的中心问题是"美"。艺术的目的和特征是"美"。"美"是什么呢？鲍姆加滕总结说，美是一种"感性认识的圆满"，是一种愉快的"情感"。但是这种"情感"并不等于所有的"快感"，而是渗透着理性精神的。这种渗透着理性精神的快感是一种正当的、对审美的生命主体有价值的情感。用亚里士多德的话说："美是自身就具有价值并同时给人愉快的东西。"[1]20世纪，提出美是"客观化的快感"的桑塔亚那再次肯定："美是一种积极的、固有的、客观化的价值。"[2]这样，"美"就不仅与快感、形式相连，而且与价值、理性、内涵相关。美实际上是"有价值的乐感对象"[3]。虽然形式美是无功利的快感对象，但内涵美却是有功利的愉悦对象。正如康德在论狭义的"美"（纯形式美、自由美）时强调其快感的超功利，在论"崇高"美（附庸美、内涵美）时肯定其快感的功利性一样。对美的涵义的这个认识启发我们在考察中国现当代"美及艺术之哲学"史时，不能局限于超功利的形式美和艺术自律，而且要密切联系百年政治风云变幻决定的价值观念的起伏变化，它们是主宰不同时代不同的美的观念的幕后之手。

以超功利的形式美和有价值的内涵美双重视角来考察中国现当代美学史，笔者对其在向现代美学学科转型的整体走向下形成的时代分期就形成了如下独特的看法。

1. 近代：中国现代美学的奠基时期

近代是中国古代美学向现代美学转型的过渡时期，也是中国现代美学的奠

---

[1] 转引自蒋孔阳、朱立元主编：《西方美学通史》第一卷，上海文艺出版社1999年版，第408页。
[2] 据《西方美学家论美和美感》，商务印书馆1982年版，第284—285页。
[3] 详参祁志祥：《论美是有价值的乐感对象》，《学习与探索》2017年第2期。

基时期。

这个时期,西方的"美学"学科概念开始出现,"美学"课程在大学开设,"美学"作为研究现实和艺术中的美的哲学的学科定义得到初步界定,人们开始认识到艺术是以美为特征的"美术";文学作为美的艺术的一个重要种类,不再是古代广义的文字著作,不再是"泛文学"、"杂文学"的概念,而是"属于美之一部分"(黄人)的"美术"。属于狭义的"美文学"概念,最典型的莫过于"小说"这种文学体裁。如黄人指出:"小说者,文学之倾于美的方面之一种。"夏曾佑:"小说之所乐,与饮食、男女鼎足而三。"徐念慈从情感性、理想性、形象性三种特征剖析小说之美。狄葆贤认为"小说为文学之最上乘"[1]。"美"一方面被界定为超功利的愉快对象,如在主张美之价值在"无用""独立"、美之本质为"快乐无利害"、文学的审美特征是"情感"与"想象"、词曲的审美特征是情景交融、意象浑融的"意境"的王国维那里;另一方面又被视为有价值的愉快对象,当作实现政治功利的有效手段,如在康有为、梁启超那里。康有为认为"求乐免苦"、求美去丑是人类的天性。当时人们生活在君主专制的"据乱世",经受着"无量诸苦"的煎熬,现实世界充满了丑恶,他希望通过"变法"实现乐多苦少的君主立宪的"升平世",最终实现人人极乐、有愿皆获的"太平世"。显然,康有为的人生美学是为其政治变法服务的价值论美学。他在艺术美学中对"情深肆恣"、"郁积深厚"、激昂奔突的诗美及"意态奇逸"、"点画峻厚"、苍劲雄奇的书法美的推尊,乃是其求乐避苦、人性解放的人生美学追求的直接反映。梁启超亦然,一方面,他探讨美的内涵及规律,指出"美的作用,不外令自己或别人起快感","文学的本质和作用,最主要的就是'趣味'",另一方面,他倡导"三界革命",推崇悲壮美、崇高美,呼唤以美文学的样式为政治改良服务。价值观决定着情感反应。随着国门的打开,西方人文价值理念大举进入中国,给人们的审美观念带来了根本性变化。人们崇尚"民权",否定"皇权",崇尚"平等",反对"纲常",崇尚"自由",批判"专制",强调"团体"的重要,同时兼顾"个体"的地位,崇尚"心力"的作用。由此给美注入的内涵直接为"五四"新文化运动的美学观奠定了思想基础。

2. "五四"前后:有美有学的美学学科的诞生

中国现代美学是美学学科的登场与演变时期,可分为两个阶段。从 1915 年

---

[1] 详参祁志祥:《晚清美文学概念的破茧》,《西北师大学报(社会科学版)》2017 年第 6 期。

到1927年的"五四"前后这段时期,是中国现代美学学科和文艺学科宣告诞生的阶段,也是主观的价值论美学占主导地位的阶段,同时还是新的价值追求进一步发展并运用美文学样式加以弘扬的阶段。

近代虽然初步涉及"美学"学科的翻译及美本质、美文学概念的萌芽,但毕竟没有出现美学概论、艺术哲学、文学原理之类的专著。而"五四"前后中国学者写的这些专著都出现了。"五四"不仅是一场新文学运动,也是一场新文化运动。西方近代创立的"美学"学科在"五四"前后在中国学界登场。当时几乎所有的文科刊物都发表过美学论文、译稿,如《新青年》《新中国》《民铎》《学艺》《学林》等,作者有数十人,发表的美学论文达百余篇[1]。徐大纯在1915年发表的《述美学》一文是有意识地进行美学学科建构的最早论文。徐大纯指出"美学为中土向所未有",有必要对美学这一西方"最新之科学"进行介绍。他列举了西方美学两千多年中从柏拉图到桑塔耶那等一系列代表人物,阐释了美的性质、美的分类、美感与快感的关系[2]。1917年,萧公弼连载发表长篇论文《美学·概论》,揭示美学的学科定义是"美学者,情感之哲学"、"美及艺术之哲学",美的根源、本体问题是"美者何以现于世界","美"的涵义是超利害的精神快感,"美之原理"包括美之主观性、相对性与客观性、公共性,"爱美"是人的天性,其作用是使人具有审美能力,艺术的目的在于实现美感功能,艺术的审美创作方法包括"理想主义"与"写实主义",所有这些,标志着美学学科体系的初步建立。所以笔者认为萧公弼是现代美学学科体系当之无愧的奠基人。而蔡元培只是中国美育的奠基人。在"五四"时期,他在美学学科的译介方面充其量只是扮演了助产士的角色。蔡元培于1920年编写《美学通论》,完成《美学的倾向》《美学的对象》两章。因社会活动繁多,此书未能全部完成。不过,他未能完成的事业后来有人完成了。1923年,吕澂借鉴日本学者阿部次郎的《美学》,编写出版了《美学概论》,1927年,范寿康同样借鉴阿部次郎的《美学》,出版了与吕澂的《美学概论》大同小异的《美学概论》,稍后陈望道又出版了另据特色的《美学概论》。这些著作"大都采取了译述的方法,即择选外国美学家的著作作为述作的间架,而后掺入自己的若干见解"[3]。三部专著都坚持"美学是研究美的哲学"的学科定义,认为美学应当研究"美是什么"和"美的事物怎样才美"。吕著、范著提

---

[1] 胡经之编:《中国现代美学丛编(1919—1949)》前言,北京大学出版社1987年版,第1页。
[2] 徐大纯:《述美学》,《美与人生》,商务印书馆1923年版,第10页。
[3] 邓牛顿:《中国现代美学思想史》,上海文艺出版社1988年版,第33页。

出"美"是一种关乎主体生命、人格、情感的积极价值,陈著认为美是具象的、直观的、可以给人带来超实用功利快感的对象。在此基础上三书对"美的规范"或"原理"从主观的心理学和客观的社会学方面作出了最初的探索。三部《美学概论》的出现,是美学学科诞生的显著标志。与此同时,美育概论的著作也出现了。李石岑等人的《美育之原理》一书,界定了美育的定义,分析了美的种类,提出以艺术教育为主的美育思想,是美育原理的最早建设。美学不仅是"美之哲学",而且是"艺术之哲学"。于是这个时期在诞生了多种《美学概论》的同时,还诞生了多种艺术概论行的著作,如徐庆誉的《美的哲学》(实即艺术哲学)、黄忏华的《美术概论》(即空间艺术概论)、徐蔚南的《艺术哲学 ABC》,潘梓年、马宗霍、田汉等人的多种《文学概论》。黄忏华《美术概论》认为"艺术"是"美的情感"的"发现","美术"是狭义的艺术,即绘画等造型艺术。徐庆誉《美的哲学》甄别了"美学"、"美术"与"美"之异同,指出美是"精神活动的产物",文艺表现美有三种方式,分析了"美术"诸形态的审美特征。徐蔚南在此基础上明确提出"艺术哲学"这个概念。本时期的《文学概论》针对近代文学向美文学方向的转化,都集中论析了文学这门艺术样式的审美特征,如刘永济《文学论》论及文学之美,潘梓年《文学概论》指出文学是间接的艺术,马宗霍《文学概论》、田汉《文学概论》论文学的审美特质,等等,标志着文学是以美为特征的艺术的一个门类这个狭义的文学观念在这个时期已成定论。

"五四"文学革命既是一场文学的审美革新运动,又是一场思想价值的启蒙运动。陈独秀、胡适、周作人、鲁迅等"五四"新文学运动的主将一方面继续推进文学的审美运动,另一方面又继承近代涌现的新的价值取向,通过美文学样式进行"思想革命"和"道德革命",从而使艺术美的形式和内涵都得到了进一步发展。在五四新文学运动中,陈独秀高扬"个人本位主义"的"新道德"对"文学革命"进行声援与补充。胡适作为"五四"新文学运动的旗手,不仅通过白话文运动、"国语的文学"对文学形式加以改良,而且高举"情感"、"思想"、"个性"对文学的内容进行"革命"。周作人则以"人的文学"与"个性的文学"与之呼应,这个时期的鲁迅早期一方面进行"文章"的"无用"的"美术本质"的探讨,另一方面又肯定文学的有用之用,主张"尊个性而张精神","非物质而重个人"。从吕澂、范寿康的《美学概论》关于"美是价值"、是"情感移入"与"人格象征","美学是关于价值的学问"的论析,到"五四"新文化运动主将对文学审美价值的强调,我们可以看到这个时期主观论美学的主导倾向。

3. 1928 年至 1948 年：从主观论美学走向客观论美学

如果说"五四"前后是中国现代美学的第一个阶段，那么从 1928 年"无产阶级革命文学"论争到 1948 年新中国解放前则是中国现代美学发展的第二个阶段，它是主观论美学与客观论美学交互斗争并最终走向客观论美学的阶段。

1928 年爆发的"无产阶级革命文学"论争是一个影响深远的标志性事件，从此，"五四"崇尚的价值理念逐渐被无产阶级革命、阶级人性、唯物主义、集体主义、遵命工具等价值概念所挤压和取代。当然，这个转变不是一朝一夕之间完成的。继承着"五四"时期价值美学的主观论倾向，李安宅著《美学》一书，对"美是价值"的学说加以重申，指出美是相对于人生的"意义"、"价值"。接着，朱光潜以《谈美》和《文艺心理学》著称的主观经验论美学风靡整个 30 年代。《谈美》指出"美是心物婚媾后所产生的婴儿"，《文艺心理学》从美感心理分析文艺之美的本质，揭示"'美'是一个形容词"，指心灵创造的具有情趣的精神"快感"。再后来，黎舒里、宗白华、傅统先的美学学说不外是对朱光潜的发挥与改造。如黎舒里认为美是一种"动人力量"、"表意形式"，是一种超功利的"感受"。宗白华继承与改造朱光潜的"意象"说，阐释了美在"意境"的思想。傅统先的《美学纲要》则是对朱光潜美学思想的重申和发挥。在主观论美学逐渐走向衰落的同时，以客观唯物论美学为标志的新美学学说则在与主观论美学的斗争中逐渐崛起，而这个唯物论是通向"革命"的历史唯物主义。柯仲平的《文艺与革命》最早以专著的形式竖起"革命文艺"的大旗，指出"艺术是时代的生命力的表现"，"革命"与美及艺术具有不可分割的密切联系，创造"革命艺术"须从做革命者入手。后期鲁迅接受马克思主义影响，从共同人性论过渡到阶级人性论，从原先对个性文学的倡导演变为对遵命文学、革命文学、"无产文学"的倡导。胡秋原的《唯物史观艺术论》是对"革命美学"学说的完善，同时是普列汉诺夫"唯物史观艺术论"命题的最早译介。金公亮的《美学原论》声称："这是一本讲美的书。"他指出："美不是主观的而是客观的"，"美的本质"是符合秩序的形式与崇高的精神象征，"美的效果"是"给领略者以愉快的一种东西"。该书是对西方客观论美学的移译，报道了客观主义美学的先声。毛泽东《在延安文艺座谈会上的讲话》则提出了文艺界唯物论美学的新纲领。他批判超阶级的"人性论"，标举"无产阶级文艺"主张；批判"个性"论，强调文艺"为工农兵服务"；提出文艺的"政治标准"与"艺术标准"；要求文艺反映生活、作家深入生活，以此深化了唯物主义艺观。周扬编选的《马克思主义与文艺》是对马克思主义、毛泽东思想唯物论美学思想的推广。该书初步梳理了马克思主义美学的历史线索,重申文艺从群众中来,必须到群众中去,确认了文艺为工农兵大众服务的大方向。在马克思主义唯物论美学的指导下,蔡仪的《新艺术论》与《新美学》应运而生。他提出"美即典型",美的艺术应当是典型形象的塑造,标志着客观唯物论美学的独特而系统的创构。与此同时,在艺术哲学领域,诞生了钱歌川的《文艺概论》、俞寄凡的《艺术概论》、向培良的《艺术通论》和若干部《文学概论》。钱歌川的《文艺概论》论及文艺的基本特征,标志着对门类艺术特征认识的深化。俞寄凡的《艺术概论》认为美由超功利的快感决定,"艺术品必为内具美的价值之形体",建立了客观的造型艺术美论及人体美论。向培良的《艺术通论》提出"艺术是情绪之物质底形式"。梁实秋《文学的美》论及美在文学中的地位,指出美是客观性与主观性的统一,"有美,文学才能算是一种艺术",文学之美的特征是音乐美、图画美,文字的表意性决定了文学在形式美之外有更高的人生追求。这个时期文学概论方面的代表性著作,有王森然的《文学新论》、马仲殊的《文学概论》、郁达夫的《文学概说》、姜亮夫的《文学概论讲述》、胡行之的《文学概论》、曹百川的《文学概论》、孙俍工的《文学概论》、薛祥绥的《文学概论》、赵景深的《文学概论讲话》、许钦文的《文学概论》、谭正璧的《文学概论讲话》,顾仲彝、朱志泰的《文学概论》。它们一方面继承"五四"时期奠定的美文学概念,同时在民族战争与民主斗争的社会风潮下,也兼顾文艺为民族救亡和民族解放的崇高价值目标呐喊、服务。

4. 五十年代末:中国化美学学派的诞生和马克思主义美学主导地位的确立

中国当代美学是中国美学的自我创构、定型与新变时期。分三个阶段。第一个阶段是五六十年代,这是中国化美学学派的诞生和马克思主义美学主导地位确立的阶段。

中华人民共和国成立至1956年5月对朱光潜唯心主义美学的批判,拉开了美学大讨论的前奏。1956年5月至60年代初,是美学大讨论的爆发和具体展开。围绕着美的本质,美学大讨论中产生了美学五派(而不是过去常说的四派)。即朱光潜的美在主客观合一派,蔡仪的美在客观典型派,吕荧、高尔太的美在主观意识派,李泽厚的美在社会实践派,继先、杨黎夫的美在价值派。在主观论美学派别中又有差别,不可不辨。吕荧属于唯物论的主观派美学,高尔太则属于唯心论的主观派美学。表面上,讨论中各种观点都可以表达,实际上朱光潜的主客观合一派是被作为唯心论美学的靶子对待的。吕荧虽然从意识由社会存在决定的唯物论角度为自己的主观论美学观辩护,但在唯物论美学占统治地位的时代仍然逃脱不了悲惨的命运。而高尔太赤裸裸的"美在主观"论则注定了他人生的悲剧结局。所以这场讨论最后由比较能够解释复杂的审美现象的马克思主义社会实践派取胜,并成为后来中国美学界的主宰话语。

同理,为了显示百家争鸣的学术民主,在文学理论领域,钱谷融曾奉命撰文,发表了一代名文《论"文学是人学"》。由于远离阶级论,倡导人性论,该文发表后不久即遭到批判,作者险些被打成右派。

中华人民共和国成立之初,马克思列宁主义成为意识形态领域的唯一指导思想。在"一切向苏联老大哥看齐"的口号下,作为重要意识形态之一的文艺理论基本上唯苏联文艺理论是瞻。直到60年代初与苏联关系破裂前,大学文艺理论教学基本上采用苏联教材。其中,维诺格拉多夫的《新文学教程》(以群译,新文艺出版社1952年出版)、季摩菲耶夫的《文学原理》(查良铮译,平明出版社1953年版)、毕达可夫的《文艺学引论》(北京大学中文系文艺理论教研室译,高等教育出版社1958年出版)在高校风行一时。这些论著以马、恩、列、斯的经典言论为根据,把文学原理放在意识形态的框架之下,开启了文艺为政治服务的先河。在哲学上,只肯定少数具有唯物主义倾向的文艺理论家,对其他文论家一概持批判态度。在文学本质上,只承认文学是一种意识形态、一种思维或认识[1],其特点是形象性。其所使用的材料,除革命导师及其所肯定的部分西方学者外,大都来自俄罗斯或苏联。60年代初与苏联关系破裂后,中国学者自编一套文学原理的使命摆到议事日程上来。以群奉命主编了全国高校统编教材《文学的基本原理》,于1964年出版。该书既坚持了马克思列宁主义、毛泽东思想,强调了文学的意识形态属性及其与社会生活的联系,认为文学的基本属性是反映现实生活的社会意识形态,也兼顾了文学的审美特征,分析了文学的内部规律,指出文学的特殊属性是形象特征、形象思维和典型化。相对于苏式教材,该书尽量从古今中外——尤其是中国古代、近代、现代乃至当代文艺作品中寻找、补充材料,使之带有浓郁的中国作风和民族气派。全书贯彻唯物论的反映论以及阶级论、革命论的美学原则。这是对1928年"无产阶级革命文学"论争中产生的价值取

---

[1] 季摩菲耶夫:《文学原理》,查良铮译,平明出版社1953年版,第13页。

向在无产阶级当家作主的新形势下的继承与发展,也是马克思主义文艺学原理的系统化建设。较之解放前普遍比较单薄、稚嫩的《文学概论》著作,本书在内容的丰富性和系统性、论析的理论性和逻辑性等方面都有突出的进步。由于指导思想、理论体系、基本命题大都取自苏联教材模式,加上"庐山会议"、"反右"后知识分子心有余悸的社会、心理背景,以及"社教运动"山雨欲来风满楼的形势,这部教材不可避免地带有"左"的时代痕迹。这在今天看来是明显的缺陷,但在"极左"的"文革"时代则被视为"左"得还远远不够。它对文学艺术特征和自身规律的兼顾使它在"文革"时期作为"毒草"被点名批判。该书在出版两年后即停止使用。主编以群因此惨遭迫害,"文革"中含冤去世。

5. 八九十年代:实践美学原理的定型与突破

中国当代美学史的第二个阶段是八九十年代,这是中国式的美学学科体系的建设、创新阶段,或者说是实践美学原理的定型与突破阶段。

五六十年代美学大讨论中逐渐占据主导地位的实践论美学当时未成体系,尚嫌单薄,到了改革开放的新时期,学界同仁便以极大的热情投身到实践美学原理体系的建设中。新时期人性的解放和马克思《1844年经济学哲学手稿》的翻译出版,为人们从人学的角度深化对实践美学的理解提供了经典依据。这个时期诞生的几部实践美学原理的高校教材,以王朝闻主编的《美学概论》,杨辛、甘霖合写的《美学原理》,刘叔成、夏之放、楼昔勇等人合写的《美学基本原理》为标志,其基本观点为"美是人的本质力量的感性显现",是"实践中的自由创造"。与此同时,李泽厚出版了《美学四讲》,将他在50年代提出的实践美学观加以系统化[1]。周来祥从实践基础上人与世界审美关系的"和谐"角度提出"美是和谐",对实践美学作了独特阐释。蒋孔阳则在90年代初完成出版了《美学新论》,将实践美学观加以进一步深化和系统化。在整个80年代至90年代初,实践美学原理这个中国式的美学学科体系得以定型并占据学界的主导地位,形成一家独大的学术影响。

不过,在思想解放时代潮流的鼓舞下,伴随着80年代的新方法论热,这个时期又诞生了不少新的美学学说,试图对未尽人意的实践美学及其话语霸权形成挑战,更好地说明审美现象。如黄海澄建构的"系统论、控制论、信息论美学原

---

[1] 详参祁志祥:《李泽厚实践美学思想的历时评析及反思》,《社会科学研究》2017年第5期。

理",汪济生建构的一元论三部类三层次美论体系、王明居建构的"模糊美学"原理。黄海澄认为,美学上要取得进展,"研究方法应当有所改变"[1]。他从六个方面提出"改进美学研究的方法"的问题,对"实践美学"理论的诸多不足提出了尖锐批评。在考察人类审美现象的发生与动物生命自控系统的美感既相联系又相区别的基础上,黄海澄得出结论:"审美现象是某些动物系统和人类社会系统自组织、自控制、自调节以实现稳态发展所必然出现的现象。"[2]动物系统的美是"该动物系统对于自身(群体)的生存与发展具有正价值的生物本质和本质力量的形象显现"。人类所说的"美"是"人类某种本质、本质力量或理想的形象显现"[3]。汪济生的《系统进化论美学观》沿着"美是快感"的思路,将人类美感奥秘的探索置于生物进化的大系统中,将美感研究扩展到动物体的一切快感研究中去,打破美感是视听觉快感的传统教条,将探寻的触角扩展到五觉快感中去,运用生理学、心理学成果对快感的本质——生命主体与客观世界双向运动的协调作了有力揭示,对人类快感结构的三种形态——机体部快感、五官部快感、中枢部快感,以及人类快感的三种心理机制形成的三种层次——无条件反射快感、条件反射快感、智能反射快感作出了富有新意的剖析,建构起一个以唯物一元论为基础的三部类、三层次美感体系。王明居受耗散结构论和模糊数学的启迪,推出《模糊数学》和《模糊艺术论》,向传统美学关于美和美感的确定性观点提出了挑战,使模糊美学成为开放的、流动的、充满活力的美学[4]。

与此同时,美学又与心理学交叉联姻,催生了一批研究美感心理和文艺心理的重要成果,如彭立勋的《美感心理研究》从辩证唯物论角度对以往美感研究成果的总结,指出"美感是对客观美的能动反映",在这个前提下对美感的性质、特点、活动作了系统、细致的分析;滕守尧的《审美心理描述》应用格式塔美学成果对审美经验的内涵、过程、产生原因及机制作了个性化探索,金开诚的《文艺心理学概论》以对于艺术家创作主体"主观反映和加工"环节的重视,突破传统的文艺创作心理活动从"客观现实"到"艺术形象反映"的机械二环论,提出了"客观现实→主观反映和加工→文艺创作中的艺术形象"的"三环论"文艺心理学原理。

---

[1] 黄海澄:《系统论控制论信息论美学原理》,湖南人民出版社1986年版,第1页。
[2] 黄海澄:《系统论控制论信息论美学原理》,第61页。
[3] 黄海澄:《系统论控制论信息论美学原理》,第83页。
[4] 王明居:《模糊美学》,中国文联出版公司1992年版,第40页。

在艺术哲学、文艺理论领域,人们从"极左"理念中解放出来,价值取向重新向"五四"回归,并在新的历史起点上加以超越。人们一方面要求文学摆脱为政治服务的枷锁,还文学自身以超功利的审美自律,另一方面又要求摆脱纯形式实验和一己悲欢的呻吟,承载有益天下的社会使命和人道主义的精神内涵。如果说80年代初的三部文论教材——蔡仪主编的《文学概论》、以群主编的《文学的基本原理》修订本、十四院校合编的《文学理论基础》体现了承前启后的过渡,那么,徐中玉在呼唤创作自由的同时主张文济世用[1],王元化提出继承五四、超越五四,艺术形象"美在生命"[2],刘再复重提"人的文学"口号,并创构了"人物性格的二重组合"原理,钱中文、童庆炳提出文学是以"审美"为特征的"意识形态",这种"审美"特征不仅在形象,而且在情感,不仅是客观反映,而且是主体反应[3]。如此等等,体现了艺术哲学中审美与人道交融、形式与内涵并进的新思路。此外,胡经之在80年代初提出了"文艺美学"的学科概念,开设了"文艺美学"的研究生招生方向,在80年代后期出版了《文艺美学》一书,为"文艺美学"的学科建设作出重要贡献。

6. 21世纪以来:美学的解构与重构

世纪之交以来是中国当代美学的第三阶段,美学总体上进入有学无美的反本质主义解构与后形而上学视阈下的重构阶段。

八九十年代学界建构实践美学原理的努力并不令人满意,于是90年代部分学者掀起了"后实践美学"的大讨论。讨论中批判实践美学的哲学本体论武器,是海德格尔为代表的存在论、胡塞尔为代表的现象学。如果说它们在90年代尚处于一个被小众消化吸收的阶段,那么在新世纪则成为中国美学界追求超越实践美学普遍使用的新的世界观和方法论。学界告别传统美学的本质论、客观论以及主客二分的认识论思路,从主客合一的审美活动来描述不断生成的审美现象,于是美就成了审美,美是在审美活动中当下生成的,因而是不确定的,无本质的。美的本质不仅不能成为美学研究的起点,而且美的规律、特征、根源等也不

---

[1] 祁志祥:《徐中玉先生学术谱系的历史巡礼与共时解读》,《文艺理论研究》2015年第1期。
[2] 祁志祥:《王元化先生的学术成就》,《学术月刊》2004年第1期。
[3] 祁志祥:《新时期钱中文的理论贡献》,《学术月刊》2003年第4期;《文学本体问题的理论反思——以钱中文为个案》,《文艺理论研究》2014年第4期;《"文学审美特征论":童庆炳文艺美学思想述评》,《清华大学学报》2017年第3期。

再被研究。美学不再是"美之学",而是"审美之学"。美的本质论被解构、取消了,美学体系的起点是什么?美学研究还有没有"本体"?美学如何讲?按什么顺序、逻辑讲?于是美学开始了新的重构。美本质取消了,但新的本体作为审美活动的起点被替换进来,如杨春时的"存在"、朱立元的"实践"、曾繁仁的"生态"、陈伯海的"生命",从而诞生了杨春时的存在论超越美学、朱立元的实践存在论美学、曾繁仁的生态存在论美学、陈伯海的生命体验论美学。它们的共同特点是以海德格尔的存在论现象学哲学为理论根据,立足于后形而上学视野重新展开对美学的形上之思,聚焦"审美"是如何,而很少回答"美"是什么,凸显出这个时期美学研究"有学无美"的特征。杨春时是中国当代后实践美学的代表人物。伴随着理论基础从实践论向生存论、存在论的转变,杨春时走过了"实践"为本体的主体性超越美学、"生存"为本体的意义论超越美学、"存在"为本体的主体间性超越美学三个阶段。杨春时的美学理论基础及其形态虽然一直在变,但美与审美同一、美和审美的本质在对现实局限的超越这一"超越美学"思想始终如一。朱立元的"实践存在论美学"也是建立在对以李泽厚为代表的传统美学的本质论、实体论、现成论、方法论的全面解构之上的。他用马克思主义的实践论改造海德格尔的存在论,用海德格尔的存在论解读马克思主义的实践论,以人的实践存在方式之一的审美活动为美和美感产生的基础和前提,通过对人与世界的关系和审美实践中人的地位的高扬,建立了独特的生成性美学学说,不仅是对传统的实践美学的突破,也是对从古希腊以来传统的认识论美学的突破[1]。曾繁仁倡导的"生态美学"学说以马克思实践唯物主义的社会存在论为基础,改造、融合海德格尔的存在论与现象学,倡导人与万物的相对平等的生态人文主义美学观,注重在"人—自然—社会"的共生系统中追求生态关系之美,对自然美学、环境美学、城市美学、文艺美学中的生态审美观作了彼此联系又相对独立的剖析与阐释。"生态存在论美学"追求当代美学学科的全方位突破,具有迥异于实践美学及传统美学的革新意义[2]。陈伯海建立的"生命体验美学"以"后形而上学视野中的'形上之思'"为自觉的方法论指导,以马克思的实践论和海德格尔的存在论为主要依据,融合中国古代"天人合一"的文化资源,取消实体论的本原论,从人的审美活动入手探讨美的生成,提出美学研究的主要对象

---

[1] 祁志祥:《朱立元的"实践存在论美学"述评》,《人文杂志》2017年第12期。
[2] 祁志祥:《曾繁仁生态存在论美学观及其创新意义》,《学习与探索》2017年第12期。

和逻辑起点是"审美活动","审美"是人的超越性的生命体验,美是超越性的生命体验在审美活动中的"对象化"或"意象化",建构了以"生命"为本根、以"体验"为核心、以"超越"为指向的审美学体系[1]。叶朗一方面与他们相似,引入海德格尔的存在论现象学哲学作为自己美学原理重建的理论依据,以"审美活动"为美学研究的主要对象,另一方面又提出"美在意象"的本质论,并以此为逻辑起点,展开了"意象美学"的理论建构,从而区别于"有学无美"的美学研究,变相承认了美本质论在美学原理研究中无法回避的地位。作者吸收存在论、现象学哲学—美学成果,以否定"主客二分"、坚持"天人合一"、消解逻辑思辨的方法从事新的美学原理的建构,尽管留下了不少遗憾,但作为反映时代学术特色的一种美学创新探索,仍具有不能忽视的历史意义[2]。与上述诸位迥异其趣,笔者针对现代美学及否定性后现代理论自身的解构主义、虚无主义等缺陷,标举以"重构"为标志的"建设性后现代"方法,即"在解构的基础上建构",坚持传统与现代并取,反对以今非古;本质与现象并尊,反对"去本质化"、"去体系化";感受与思辨并重,反对"去理性化"、"去思想化";主体与客体兼顾,在物我交融中坚持主客二分。由此出发,笔者重新辨析与守卫了美学先驱美学是美之哲学的学科定义,聚焦美的统一语义,提出"美是有价值的乐感对象",探讨了美的范畴、原因、规律、特征,建立了完整、丰富的美本质论系列,并在此基础上分析了美的形态、疆域、风格,以及美感的本质、特征、元素、方法、结构与机制,构建了一个以美的基本功能"乐感"为标志、篇幅庞大、结构完整、逻辑严密的《乐感美学》原理体系[3],受到学界关注和肯定。

(本文载《社会科学战线》2018年第6期。2016年6月下旬,上海市美学学会、哲学学会、伦理学学会与北京大学出版社、《人文杂志》社联合举办"重构美学的形上之维暨《乐感美学》研讨会",见《社会科学报》2016年7月25日报道,作者孙沛莹。详参寇鹏程《重构美学的形上学——〈乐感美学〉研讨会综述》,《上海文化》2016年第8期;孙沛莹、李纲耀《〈乐感美学〉:美学体系重建的新界碑——"重构美学的形上之维"高端论坛暨〈感美学〉研讨会综述》,《黑龙江社会科学》2017年第1期;朱立元、马大康、李西建、赖大仁笔谈,《人文杂志》2016年第12期;冯毓云、汪济生、高楠、张灵、寇鹏程《建构以"乐感"为特色的中国美学

---

[1] 祁志祥:《陈伯海"生命体验论美学"的独特创构》,《社会科学》2017年第5期。
[2] 祁志祥:《叶朗"意象美学"学说的系统述评及得失检讨》,《清华学报》2018年第4期。
[3] 参祁志祥:《乐感美学》,北京大学出版社2016年版。

学科体系》笔谈,《学习与探索》2017 年第 2 期;陆扬、杨守森、庄志民笔谈,《上海文化》2018 年第 2 期;另参《中华读书报》2016 年 5 月 25 日曾繁仁评论《反思、对话、共建》,《中国图书评论》2017 年第 2 期;冯毓云评论《〈乐感美学〉的多重建设性向度》,《文汇报》2017 年 1 月 13 日支运波评论《论美是有价值的乐感对象》,《中国美学研究》第九辑汪济生评论《心无旁骛,矢志求真》)

第三辑
DI SAN JI

佛学研究

在研究中国古代文论与美学的过程中,经常碰到许多佛家话语。临时从字典上找解释,总觉得理解不那么入骨。于是在研究文学、美学之余,又分出一部分时间,直接进入佛学园地,研究佛教文化及其与中国古代文论、美学之间的关系,并另有创获。我发表的最早的一篇佛学论文是《佛教文化与民族文论》(《百科知识》1990年第11期)。以此为基础,在《中国美学的文化精神》(上海文艺出版社1996年版)一书中拓展成第五章《佛教文化与中国美学》。再调整视角,完成《佛教美学》(上海人民出版社1996年版)的初步建构。1997年进上海大学文学院,因为教学的关系,写了一本《佛学与中国文化》(学林出版社2000年版)。它是笔者对佛教哲学及其与中国传统文化关系的系统梳理,也是选修课教材,后来被评为2002年上海大学优秀教材。新世纪之初,上海玉佛寺组织佛教研究系列丛书,我承担的一本《似花非花:佛教美学观》(宗教文化出版社2003年版),印刷过多版。后因撰写中国美学通史的需要,研读历代佛教经典,挖掘其美学思想,出版国内外唯一的一部《中国佛教美学史》(北京大学出版社2010年版),并在此基础上完成《佛教美学新编》(上海人民出版社2017年版)。

一、佛教美学：在反美学中建构美学

青源惟信禅师有一段语录，一再为人引述：

> 老僧三十年前来参禅时，见山是山，见水是水；及至后来亲见知识，有个入处，见山不是山，见水不是水；而今得个休歇处，依然见山是山，见水是水。[1]

这段话分三个层次。第一层，当初参禅，俗见未破时，"执色者泥色"[2]，所以"见山是山，见水是水"，看不到"山水"的真空本性。第二层，及至参禅有日，俗见已除，悟出诸法皆空的真谛，则"见山不是山，见水不是水"，然而这时又落入"说空者滞空"的偏执，而"滞空"也是一种有，还不是"毕竟空"。第三层，经过不断否定，达到了"毕竟空"的真知。这时，无空无色，亦空亦色，非真非俗，亦真亦俗，由此观照山水，"山"非山而山，"水"非水而水。这是一种真正的大彻大悟。

我以为，以此作为佛教美学的入门钥匙，借以说明佛教美学的特点，是再合适不过的。

我们所面对的对象世界、现实世界形形色色光彩照人的美，佛家从"因缘生法""诸法无我"的基本世界观出发，认为它们都是虚幻不实的，"一切有为法，如梦、幻、泡、影，如露，亦如电"（《金刚般若经》），美这种现象也不例外。"色即是空"，必然逻辑地推导出"美即是空"。这便构成了佛教对现实美的基本态度。它可称之为"非美"。

破美之有而说美之空，固然比执美为有的俗见高明一筹，但如果仅停留在这个水平上，就有"带空"的迷执和愚妄，所以以"双非"、"中观"为思维方法的佛家进而主张"非'非美'"。对"非美"的否定实际上是对美的肯定，于是世俗人认为美的，佛家也认为美，这从佛教雕塑、绘画中佛像的"三十二大人相""八十种随

---

[1]《大正藏》卷五十一，第614页。
[2] 李贽：《心经提纲》，《焚书》卷三。

形好",佛经对佛国净土美好物像的描写以及佛教文学中对菩萨、比丘、魔女之美的刻画中可以见出。试看《华严经·入法界品》对比丘的描绘:

> (善现比丘)形貌端严,颜容姝妙,其发右旋,如绀青色;顶有肉髻,身紫金色;其目长广,如青莲花;唇口月色,如频婆果;颈项圆直,修短得所;胸有德字,胜妙诗严;七处平满,其臂纤长,手指缦网,金轮庄严。

无相而有相,于是产生了大量金碧辉煌的佛教建筑、雕刻、绘画,如敦煌、云冈、龙门三大石窟和壁画。无言而有言,于是产生了大量文学性很强、艺术价值很高的佛典文学,如《维摩诘讲经文》《大目乾连冥间救母变文》。这样,佛教就从美的否定走向了美的建构,为人类创造了为他们所否定、为俗众所认同的千姿百态的对象世界的美,构成了美学史上独特的景观。如前所述,建构世俗美并非佛家的目的,佛教建构世俗美的目的在于"借微言以津(度)道,托形象以传真"[1],使众生"睹形象而曲躬"、"闻法音而称善"[2]。如《大般涅槃经》卷九《菩萨品》说:"诸佛如来……为令(众生)住正法(正道)故,随所应见而为示现种种形象。"佛家示观的种种形象、语言之美,不过是为引导众生"安住正法"的方便权宜之计。

佛教否定现实界的美和经验性(感觉性)的美,但并不一律否定美的存在。在佛典中,由佛教正面肯定的美大体有两类形态。一类是"涅槃",另一类是"佛土"。现实界的美属于依一定条件而生的"有为法",因缘散则美空;感觉性的美(快乐感)是人类"无明"产生的"瞋痴",是一切烦恼与痛苦的渊薮,都不是真正的美。真正的美是不依任何条件而存在,超越对象世界的一切可视可听可感性,也超越主体感觉愉快之美的"涅槃"境界。"涅槃"是一种存在于修行主体内的"无为法",另一种以"寂灭"为特点的至乐心理境界。其间,"贪欲永尽,瞋恚永尽,愚痴永尽,一切烦恼永尽","寂灭为乐"(《杂阿含经》),"毕竟清静,究竟清凉"(《本事经》),具有"常"、"乐"、"我"(本体)、"净"四种美好的德性,一说具有"常""恒""安""清凉""不老""不死""无垢""快乐"八种美好的德性。这是一种超越了世俗美的大美,另一种摆脱了世俗乐的大乐,可叫做"无美之美","无乐之乐"。

---

[1] 慧皎语。《高僧传》卷九《义解论》。
[2] 道高语。《弘明集》卷十一《重答李交州书》。

"佛土"又称"佛国净土",是大乘所说的众佛居住的地方。相对于众生所住的"秽土",诸佛的居所则是美妙无比的"净土"。关于"净土"之美,宋延寿《万善同归集》所引《安国抄》有"二十四种乐"之说,所引《群疑论》有"三十种益"之说。所谓"二十四种乐"者,"一、栏楯遮防乐,二、宝网罗空乐,三、树阴通衢乐,四、七宝浴池乐,五、八水澄漪乐,六、下见金沙乐,七、阶际光明乐,八、楼台陵空乐,九、四莲华香乐,十、黄金为地乐,十一、八音常奏乐,十二、昼夜雨华乐,十三、清晨策励乐,十四、严持妙华乐,十五、供养他方乐,十六、经行本国乐,十七、众鸟和鸣乐,十八、六时闻法乐,十九、存念三宝乐,二十、无三恶道乐,二十一、有佛变化乐,二十二、树摇罗网乐,二十三、千国同声乐,二十四、声闻发心乐。"[1]常见的由净土宗经典所宣扬的西方极乐世界之美是众所周知的:在这个世界里,国土以黄金铺地,一切器具都是由无量杂宝、百千种香合成,到处莲花飘香、鸟鸣雅音。众生享受着"衣服饮食,花香璎珞,缯盖幢幡,微妙音声。听居舍宅,宫殿楼阁,称其形色高下大小,或一宝二宝,乃至无量众宝,随意所欲,应念即至"(《无量寿经》)。

涅槃之美与净土之美,是佛教直接肯定的美,它是对世俗之美的否定。

佛教本无意建构什么美学,它很少正面阐述美学问题,然而,佛教经典在阐发其世界观、宇宙观、人生观、本体观、认识论和方法论时,又不自觉地透示出丰富的美学意蕴,孕育、胚生出许多光彩照人的美学思想。

佛教世界观讲"色即是空,色复异空"揭示了美的真幻相即、有无相生的特点;讲"梵人合一"、"物我同根"、"万法是一心,一心是万法",揭示了"万物齐旨","美丑一如"的审美真谛;讲"有无齐观,彼己无二","内外相与以成其照功",触及"内外同构","物我玄会"的审美观照方式;讲"心融万有""一切唯识""万法尽在自心中",催生了"文,心学也""文不本于心性,有文之耻甚于无文""诗文书画俱以精神为主"的表现主义美学观念;讲"识有境无""境假识真",孕育了虚实互包的艺术意境论;讲"神我不灭""神精形粗",哺乳了中国美学"遗形取神"的审美传统;讲善恶相报,奠定了中国戏剧的大团圆结局。

佛教的宇宙观栩栩如生地杜撰了三界与佛国、三千大千世界和世界的成、

---

[1]《中国佛教思想资料选编》第二卷第一册,中华书局1987年版,第29页。

住、坏、空情景,显示了天才的艺术创造力和想象力。如形容宇宙空间的无限性,佛教先虚构了欲界、色界、无色界三层由低到高的境界,欲界由低到高分地狱、鬼、畜生、阿修罗、人、天"六道","天"道又分四天王天、切利天、夜摩天、兜率天、乐变化天、他化自在天"六天";色界在欲界六天之上,又分四禅十七天;无色界在此之上又分四无色天。从欲界的最底一道地狱上至色界四禅天的初禅天的梵天为一个世界,各有一个太阳和月亮周遍流光照耀,如此的一千个世界称"小千世界",一千个小千世界称"中千世界",一千个中千世界为"大千世界"。这样,一千个世界为小千世界,一百万个世界为中千世界,十亿个世界为大千世界。因一大千世界包含小千、中千、大千三种千,故称"三千大千世界"。三千大千世界(十亿个世界)是一佛土。佛教认为,宇宙并不是由几个三千大千世界,而是由无数个三千大千世界构成的。宇宙体积的巨大和空间的无边无际由此可见一斑。又,佛教形容宇宙时间的无限性,以"劫"为大的时间单位,它是不能以日、月、年计算的极长时间单位。从人的寿命无量岁中每一百年减一岁,如此减至十岁,称为减劫。再从十岁起,每一百年增一岁,如此增至八万岁,称为增劫。如此一减一增为一小劫。合二十个小劫为一中劫。成劫、住劫、坏劫、空劫分别是一中劫。合此四中劫为一大劫。大约一小劫为 1 600 万年,一中劫为 3.2 亿年,一大劫为 12.8 亿年。每一三千大千世界都要经历成、住、坏、空四劫。无量无边的三千大千世界经历的变化时间也就无边无际。这种对空间和时间之无限性的想象能力,可能是一般的作家艺术家所不及的。

佛教的人生观从"诸法无我","诸行无常"出发,揭示了"一切皆苦"的人生真谛,它传递给文学的,是"生年不满百,常怀千岁忧"的郁郁感伤,是嗟老伤别、仕途失意的浓浓忧愁,是悲天悯人、爱人及物的菩萨胸怀。晋郗超《奉法要》指出:"何谓谓慈?愍伤众生,等一物我,推己恕彼,愿令普安,爱及昆虫,情同无异。何谓为悲?博爱兼拯,雨泪恻心……"

佛教本体论认为"言语道断",故尚"无言"之美,又认为"道不离言",故创造出"言教"之美,反映到美学创作上,就是"诗家圣处不在文字,亦不离文字";认为"法身无相","般若无相",故尚"无相"之美,又认为"业动因就,非形相无以感",故创造出大量的像教艺术之美;认为"佛向性中作,莫向身外求","自身即佛",不须依傍,影响到美学上,就是"问侬佳句法如何,无法无盂也没衣",主张美在独创。

佛教认识论崇尚般若空智和静观默照,所谓"不得般若,不见真谛","圣心虚静,照无不知",催生了美学构思论上的"虚静"学说,即"虚心纳物""绝虑运思",并催生了一系列以静寂、虚豁为特质的艺术创作;主张不假思索,直观现前,"现观"见道,直契"现量",实际上触及审美的直观特征,具体说即审美的"现在"(现时、现前)性、"现成"(一触即成,不费思量)性、"现实"(显现真实)性;主张"顿悟"不废"渐修",启发了人们对"诗道之悟"——灵感心理特征的认识;主张"离心意识参"、不主故常地"参",涉及审美解读的无意识性和自由创造性。

佛教方法论以"无分别智",这"无二之性"为"不二法门",主张用"无分别智"的"不二之悟",即"了无分别"的方式对待对象世界,孕育了中国美学整体不分、意象浑融的审美批评方式;崇尚双遣双非、无可无不可的"中观"之道,在"不即不离"的"诗家中道"上打下了浓重的烙印;从"外法不住""般若无住"出发说明"无住为本",而灵活万变,不窘一律的"诗家活法"恰好与"无住无本"的"禅机"相类;崇尚"圆相"之美、"圆满"之美、"圆融"之美、"圆通"之美、"圆转"之美、"圆活"之美、"圆成"之美、"圆浑"之美、"圆熟"之美、"圆照"之美,形成了中外美学史上以"圆"为美的最丰富的奇观。此外,佛教戒、定、慧"三学"和"六度"、"八正道"等行为规定也构成了佛教徒行为方式的整体美学特征:这就是神定气朗、坚忍不拔、踏实精进、戒恶行善。佛教徒的行为方式一般人以为是消极的,其实这是很大的误解。佛教"六度"中有"精进"一条,"八正道"中有"正勤"(亦译"正精进")一条,都是要求僧众勤勉苦修、积极向上的显证。以常人难以想象的意志力、忍耐力克除邪恶习习、进取无上妙道、谱写超俗人生,就是佛教徒追求的审美人生。

佛教在其发展、传播的过程中演化出许多宗派。佛教各宗各派在反世俗美学这一起点上是相通的,但它们所建构的美学、所形成的美学个性和美学影响则各异其趣。

要说佛教宗派有美学个性,可从印度佛教和中国佛教两大块来看。印度佛教可分三块。第一块是释迦牟尼创立的原始佛教,第二块是部派佛教,第三块是大乘佛教。

原始佛教学说的组成部分主要有"十二因缘""五蕴六地""三法印""涅槃寂灭""轮回报应""四圣谛"等。它们中有一些相互交叉的地方。归类而论,这些学说揭示了佛教的世界观、人生观、方法论。"十二因缘"、"五蕴六地"和"三法印"中"诸法无我""诸行无常"主要揭示了佛教的世界观。"诸法无我"中的"法"指人生现象。"诸行无常"中的"行"指人生历程。这两个"法印"是说,人生的一切现象均系因缘和合而成,没有真正的实体;人的一生始终处在流转变化之中,没有永恒不变的实体。"十二因缘"就是具体说明,人生的流转变化是由哪些因缘生发而成的,借以说明"诸行无常"。"五蕴六地"是说,人的生命现象是"色、受、想、行、识"五蕴或"地、水、风、火、空、见、识"七大的暂时聚合,借以说明"诸法无我"。要之,原始佛教从缘起论出发力图论证主体世界的虚妄不实("人无我"),但并未否认物质世界(五蕴六地)的存在真实性。这就使得它在取消审美主体及其审美感受的同时,为审美对象的存在留下了可乘之机。由"诸行无常""诸法无我",人不过是五蕴六地的暂时聚合,永远处在生死流转之中,决定了人生的本质是"痛苦"。"三法印"之一"一切皆苦"和"四圣谛"之首"苦谛"阐述的就是这种佛教人生观,尤其是"苦谛",对人生诸苦作了淋漓尽致的发挥。它是对人生的悲剧品格的揭示。由人生的痛苦,生出消灭痛苦有解脱之道,这就是"涅槃寂灭"(亦称"灭谛")和"八正道"("道谛")。这种善有善报的报应思想和灵魂不灭的观念也奠定了后来悲剧创作的叙事模式和想象基础。

原始佛教之后,印度佛教发生过二次分裂,分化出十八部(一说二十部),史称"部派佛教"时期。尽管门户众多,但分别最明显的还是上座部和大众部。围绕宇宙的实有与假有、人有我(神有我)与人无我、佛祖是人还是神等问题,部派佛教展开的激烈的争论。上座部各派偏重于认为心法和色法是实有的,大众部各派则偏重于认为人无我和法无我;为了说明人有我,上座部中的犊子部和经量部分别提出了"不可说的补特伽罗""胜义补特伽罗",实开后来大乘唯识宗阿赖耶识理论先驱。在佛祖是人还是神的问题上,上座部一系认为佛祖是历史人物,大众部则把佛祖虚构为具有"三十二相""八十种好"的神。从美学品格来看,部派佛教由于宗派众多,每一宗派势力、影响有限,因而每一宗派的思想都未能广为传布,并在历史延续中逐步定型,形成很有势力、很有影响的一派。因而,部派佛教的美学个性相对也显得薄弱些,缺少独立的美学性格。然而,大众部在神化佛祖的过程中提出的"三十二相""八十种好",是对佛祖形象之美的最生动、具体的揭示。上座部的"人(识)有我"理论,为后世的"神不灭"论埋下了颇富生命力的种子,并经过大乘有宗瑜伽行派的发挥焕发出耀眼的美学魅力。

部派佛教之后,印度出现大乘佛教时期。大乘佛教诞生后,将原始佛教与部派佛教贬称为"小乘"佛教。与小乘佛教相比,大乘佛教显示出诸多不同的美学共性:一、在世界观上,小乘认为"人空法有",审美主体是空的,审美客体则是有可能存在的,大乘则认为"一切皆空",审美主体和审美客体都不存在。二、在对佛祖的看法上,小乘虽然有些部派(大众部)对释迦牟尼作了神化,而另一些部派则保留了历史性看法,但大乘则把他全盘神化了,提出佛有二身、三身以至十身的说法。小乘一般认为佛只有一个,即释迦牟尼,大乘则认为佛有无数个,并一个个栩栩如生虚构出来,展示了更加丰富、奇诡的想象力。三、在追求目标上,小乘以阿罗汉为修行最高果位,只求自觉自利,大乘则以佛或佛的候补者菩萨为修行的最高果位,追求"自利利他"、"自未度而先度他""普度众生",体现了"爱人如己"的博爱胸怀和舍己为人的崇高精神。四、在行为方式上,小乘一般只主张修戒、定、慧三学和八正道,大乘则兼修六度,即布施、持戒、忍辱、精进、禅定、般若。五、在思维方法上,小乘比较偏执、绝对,大乘则比较圆通、折中。六、在对涅槃境界的理解上,小乘认为是绝对的虚无寂灭,大乘认为涅槃是似空实有,具有"四德""八德"的美妙实体,等等。

大乘佛教又有空宗、有宗两派之分。空宗即中观派,有宗即瑜伽行派。它们除了具有大乘佛教美学的一些共性之外,还具有自身的美学个性。中观派为了说明世界万物的空,应用了不断否定、重重否定的思维方式。不断否定,始终不落一边,不走极端,不陷绝对,"中道"的方法由此得名。中观派将这种方法的辩证性、自由性发挥到极致。中观方法的辩证性后来经由中国的三论宗、天台宗、禅宗渗透到艺术辩证法中来。而中观方法自由无碍、左右逢源的一面,又与审美的自由性相通。瑜伽,意为相应,指通过现观思悟佛教真理的修行方法。瑜伽行派认为世界万物都是心识所变,所谓"万法唯识","境无识有"。主体认识对象,实际上不外乎在心识物化对象中返观自身,这与对象化的审美相通。为论证"唯识无境",瑜伽行派提出"三自性"说和"三无性"说。一切事物皆依心识缘起,这是事物"依他起性",因此事物具有"生无性";对"依他起"的现象界周遍思度,妄加分别,现象显为实有,这是事物的"遍计所执性",此有属妄有,又具有"相无性";以无上佛教智慧,排除客观实有观念,体认一切唯有识性,即是契合"真如",达到"圆成实性"。事物境无识有,似无实有,即"胜义无性"。这里,瑜伽行派反对用"周遍计度"的方法对事物妄加分别,主张通过瑜伽直觉直接确证现前事物中的识性真如,与美学上整体感悟、即景会心的审美方法也很相似。

中国佛教宗派的美学品格，可按时间的演变来把握。

佛教传入中国初期，首先表现为佛经的传译。这种传译以安世高翻译的小乘有部学说和支谶、支谦翻译的大乘空宗学说般若学为代表。魏晋时期，中土玄学大兴。玄学崇本抑末，贵无抑有，主张世界一切事物过去、现在和未来都有实体的小乘有部学说因不合中国人的旨趣很快湮没无闻，而"触言以宾无"，主张"内外寂然，相与俱无"的般若学说则因为投合中国文化的旨趣广受欢迎。东晋十六国时，道安、罗什、僧肇加以译介和倡导，使般若学成为魏晋南北朝时候的主要佛教思潮。般若学的要义有三：一、主体方面崇尚"无知"而又"无不知"，不待"宰割"、"分别"的"般若"之智。二、客观方面指出事物"不真"而"空"，所谓"船若之所照，即在于无相"。三、思维方法上既主张"无知""无相"，又反对对"无知""无相"的偏执，主张"虽无而非无""虽有而非有"，"有不即真，无不夷迹"，典型体现了印度中观派的方法论。般若学的美学品格也就相应地表现在这三方面。一是它所崇尚的"不加分别"的"般若圆智"促进了中国美学整体把握批评方法的形成。二是般若学讲"空不离有""静不离动""色即是空，色复异空"，与美学上讲的"有无相生"，"动静相辅""意境浑融"有相通之处。三是般若学所弘扬的中观方法进一步强化、丰富了由儒家的"中庸之道"和道家的相反相成共同开创奠定的辩证思维方式，它直接凝聚在中国美学的"艺术辩证法"中。

东晋十六国时期出现的另一佛学思潮是以慧远为代表的"因果报应"论。这种"因果报应"论是以承认"人有我"、"神不灭"和"涅槃有"为前提的。南北朝时期的竺道生承此余绪，建构了"涅槃学"。"因果报应"论认为"神精形粗""形尽神不灭"，奠定了"贵神贱形"，强调"神似""传神"的美学倾向。"涅槃学"认为，"法身"到处都在，"佛性"人人都有，"佛为悟理之体"，成佛的根本在"悟理"；又"法性照圆"，"理不可分"，"寂鉴微妙，不容阶级"，只有以"不二之悟"（顿悟），才能符"不分之理"。这种"顿悟成佛"学说孕育了美学上整体感悟的批评方式和以"妙悟"为特点的艺术灵感论。

隋唐之际兴起了一系列佛教宗派。考其美学个性，可分三块。一块是"三论宗""天台宗"所崇尚的"中观"思维方式对艺术辩证法的影响。"三论宗"以印度中观派经典《中论》《百论》《十二门论》名宗，强调"二谛"、"八不"中道。天台宗据此提出"一心三观""三谛圆融"，中观的思维方法进一步广泛盛行。第二块是玄奘及其弟子窥基创立的法相唯识宗。它继承印度瑜伽行派学说，主张

"三界唯心""万法唯识""境依内识而假立",用"现观"的方法直契物象之真识实际,哺育了"文以意为主"、"文以识为贵"的表现主义美学,对"意境"论的生成和"自然圆成""即景会心"的审美方法、创作方法及趣味的形成起到推波助澜的作用。第三块是禅宗。从六祖惠能创立顿门禅宗到宋元明清,禅宗经历了一个从不立文字的"内证禅"到大立文字的"文字禅"的转变。"文字禅"的大量阐说,留给美学丰富的思维财富,因而禅宗的美学意蕴较之其他宗派来说显得更加丰富,如"禅定"说与"虚静"构思论,"明心见性"说与"文即心学"论,"呵佛骂祖"说与艺术独创论,"圆活生动"说与"不主故常","因宜适变"的创作方法论,"参禅妙悟"说与审美创造论,"直截根源"说与"取法其上"论,"渐修顿悟"说与艺术灵感论,"言道"说与"言意"论,"触事而真"说与"天人凑泊"论,"镜花水月"说与艺术意境论和艺术真实论,以及"以禅论诗",等等。

(本文载《复旦学报》1998年第3期,中国人民大学复印资料《美学》1998年第7期、中国人民大学复印资料《宗教学》1998年第8期全文转载)

二、佛教美学观新探

1. 否定世俗之美

滚滚红尘,哪里是生命的至爱?茫茫人海,何处为心灵的皈依?美,作为精神的大快乐,人自出生的那一天起,便开始了漫漫追求。

世俗人认为灯红酒绿、纸醉金迷、声色犬马、功名利禄及其带来的感官享乐是最高的美,佛家则认为灯红酒绿、纸醉金迷、声色犬马、功名利禄都是稍纵即逝的泡影,感官享乐则是引导人们追求这些虚幻泡影、陷入无尽苦恼的祸根,从而提出了独特的美本质观。

缘起论是佛家基本的世界观。佛家认为,世界上的一切事物都是各种因缘条件的暂时聚合,没有永恒不变的真实本体。作为审美对象的现实美即是如此。《杂阿含经》卷十谓:"观色如聚沫,受如水上泡,想如春时焰,诸行如芭蕉,诸识法如幻……"作为审美主体的人自身也是如此。佛教认为人由色、受、想、行、识"五蕴"构成,"色"又由地、水、火、风"四大"构成,四大皆空,五蕴无常,人没有永恒自体。然而,人活着,由于贪求享乐的无明情感的作用,却展开了对虚幻的外在物色之美的无尽索取,产生了种种痛苦。因此,追求感性欢乐的美是人类痛苦的根源,身外物色的美是导致人类痛苦的外在诱因。佛家从内、外两端加以否定。

关于对物色美的否定,《六度集经》第三十九则故事《弥兰经》中指出:"世人习邪乐欲,自始至终,无厌五乐者。何谓五乐?眼色、耳声、鼻香、口味、身细滑。夫斯五欲,至其命终,岂有厌者乎?"《杂阿含经》卷三谓:"愚痴凡夫……不如实知,故乐色、叹色、著色、住色。乐色、叹色、著色、住色,故爱乐取……如是纯大苦聚生。"德清说:"我今现住世界,名为娑婆,乃极苦之处,谓生苦、老苦、病苦、死苦,乃至求不得苦,冤家会聚种种诸苦,说不能尽。虽是王侯将相、富贵受用,种种乐事,都是苦因。""即今贪著世间、种种受用,及美色淫声、滋味口体,一切皆是苦本。"[1] 玄觉将人们平时穿的美服、吃的美食视为"痈疮"、苦药:"身著衣服,如裹痈疮;口飡滋味,如病服药。"[2]

佛教对物色美的否定,突出显示在对女色美的否定上。人身本空,但女色之美,常常会挑逗起人们的痴迷追求,从而背离空寂大道的修行。所以佛祖早就告诫弟子,不要接近女色。《法华经文句》载:"阿难问佛:'如来灭后,见女人云何?'佛言:'勿与相见;设见,勿共语;设共语,当专心念佛。'"《大般涅槃经》于是说:"一切女人皆是众恶所住处。"《大智度论》发挥说:"大火烧人,是尤可近;清风无形,是尤可捉;蚖蛇含毒,犹亦可触;女人之心,不可得实。"佛教传入中国后,这一思想随之进入中土。据《后汉书》卷六十记载:"天神遗以好女,浮屠(后译为佛陀)曰:'此但革囊盛血!'遂不盼之。"玄觉则将美女丑化成"盛粪"的"革囊":"于诸女色……凡夫颠倒,为欲所醉,荒迷乱,不知其过,如捉花茎,不悟毒蛇。智人观之(女色),毒蛇之口、熊豹之手,猛火热铁,不(足)以为喻,铜柱铁床,焦背烂肠,血肉糜烂,痛彻心髓。作如是观,唯苦无乐。革囊盛粪,脓血之聚,外假香途,内唯臭秽,不净流溢,虫蛆住处,鲍肆厕孔,亦所不及。智者观之,但见发毛爪齿,薄皮厚皮,肉血汗泪,涕唾脓脂,筋脉脑膜,黄痰白痰,肝胆骨髓,肺脾肾胃,心膏膀胱,大肠小肠,生藏熟藏、屎尿臭处。如是等物,一一非人。"他甚至提出了"宁近毒蛇,不亲女色"的极端命题[3]。袾宏《答净土四十八问》谓:"无女人之为净也。女人之为不乐,无女人之为极乐也。"将女色之美否定到了极端。

身外的声色犬马说到底是痛苦的诱因,关键取决于主体怎么对待。主体如果顺着自己的感性欲望,痴迷它,贪求它,为得不到它而发怒,就会陷入苦恼。所

---

[1] 《答德王问》,《憨山老人梦游全集》卷十。
[2] 《中国佛教思想资料选编》第二卷第四册,中华书局1983年版,第124页。
[3] 《中国佛教思想资料选编》第二卷第四册,第123—124页。

以,佛家将人对快乐欲望感受的追求称为"无明",将主体的"贪""瞋""痴"称为"三毒"。如果去除掉这些情感,心如止水,就能对外在物象的美无动于衷,从而产生摆脱世俗痛苦的大快乐。《杂阿含经》卷三谓:"不乐于色,不赞叹色,不取于色,不著于色……则于色不乐,心得解脱。"德清《憨山绪言》指出:"物无可欲。人欲之,故可欲。""古之善生者,不事物,故无欲,虽万状陈前,犹西子售色于麋鹿也。"真可《长松茹退》有一段正面涉及美、丑本质的话:"天下以美妇人譬好花,以好花譬美妇人。殊不知以人譬花,以花譬人,而能譬譬者,非花非人也。故曰:境缘无好丑,好丑起于心。"又其《法语》指出:"以未悟本心,故物能障我;如悟本心,我能转物也。""夫饮食男女,声色货利,未始为障道,而所以障道者,特自身自心耳。""饮食男女,众人皆欲,欲而能反者,终至于无欲。"对美色的"六欲"的破除,关键在于主体的"九想"。"六欲",据《大智度论》卷二十一,指"一、色欲。见青黄赤白及男女等色,而生贪着也。二、形貌欲。见端容美貌而生贪着也。三、威仪姿态欲。见步行进止、含笑娇态等而生爱染者。四、语言音声欲。于巧言美语、适意之音声、清雅之歌咏等,而生爱着者。五、细滑欲。于男女皮肤之细软滑泽等而耽染者。六、人相欲。见男女可爱之人相而贪着者。"如何破除对这六种美色的欲望贪爱?根本途径在于透过现象看本质、透过眼前看未来式的"九想"。"九想"又称"九相",即将人的尸体想象成六种丑陋形象的"不净观"。据《大智度论》卷二十一,指:一、"胀想"——死尸之膨胀也;二、"坏想"——死尸之破坏也;三、"血涂想"——破坏已而血涂地也;四、"脓烂想"——脓烂腐败也;五、"青想"——风吹日曝而死尸之色变也;六、"噉想"——鸟兽来噉死尸也;七、"散想"——鸟兽噉后而筋骨头手分裂破散也;八、"骨想"——血肉既尽,只有白骨狼藉也;九、"烧想"——白骨又火烧,归于灰土也。

因此,不为外在虚幻美色所牵引的虚静之心,也就是佛典所说的"涅槃""佛性""菩提心""净心""如来藏识",是摆脱世间种种苦痛、达到极乐境界的根本和本体。

2. 特殊的美本体观

于是,佛教在否定世俗之美的同时,提出了其独特的美本体观。这就是《大般涅槃经》反复阐述的:"以大乐故名大涅槃。""涅槃名为大乐。""彼涅槃者,名为甘露,第一最乐。""譬如甜酥,八味具足,大般涅槃亦复如是,八味具足。云何为八？一者常,二者恒,三者安,四者清凉,五者不老,六者不死,七者无垢,八者快乐,是为八味具足。具是八味,是故名为大般涅槃。"东晋时期,会通玄、佛的道安在《阴持入经序》中指出:"大圣……以大寂为至乐,五音不聋其耳矣;以无为为滋味,五味不能爽其口矣。"其《比丘大戒序》说:"淡乎无味,乃直道味也。"

佛典在论述"涅槃"的"大乐""最乐"美学属性时,特别指出它与世俗之美给人的审美感受的区别:世俗之美可给人的带来明显的快乐感受("受乐"),这不是真正、永恒的快乐;真正、永恒的快乐,也是最高的快乐,是"无苦无乐"的"寂灭乐":"无苦无乐乃名大乐。涅槃之性,无苦无乐,是故涅槃名为大乐。"关于"涅槃""无乐"而"大乐"的矛盾现象,《大般涅槃经》卷二十三《光明遍照高贵德王菩萨品第十之三》解释说:"乐有二种,一者凡夫,二者诸佛。凡夫之乐无常、败坏,是故无乐。诸佛常乐,无有变异,故名大乐。"卷二十五《光明遍照高贵德王菩萨品第十之五》进一步分析说:"涅槃虽乐,非是受乐,乃是上妙寂灭之乐。"在此意义上,《大般涅槃经》屡言:"寂灭为乐。"凡夫之美有"受乐"、"觉知乐"而实际"无乐";涅槃之美无"受乐"、"觉知乐"而实为"大乐"、"极乐"。

"涅槃"就是佛教所言的无上妙道,又称"法身"。宣扬佛道的经教文字称"佛法"。佛教弟子听高僧讲解佛法、自己参究佛经而皈依佛道所产生的大快乐,佛典称"法喜"、"法乐"。《般舟三昧经》说:"闻是经已,无不欢乐。""见佛所说,皆大欢喜。"《道行般若经》说:"当为说法,皆令欢喜学佛道。"佛道的特点是空,故"法喜"又表现为"乐空"。《道行般若经》说:"若求深般若波罗蜜,乐于空,乐无所有,乐尽,乐无常,念是为不离般若波罗蜜。"《维摩诘经·菩萨品第四》详细论述了不同于"欲乐"的"法乐"的内涵和表现形态:"法乐之乐,我等甚乐,非复乐欲乐也。""当何以自娱乐？答言:'汝等便发无上真正道意,有乐法之乐可以自娱。汝等得之不复乐欲乐也。'即问何谓'法乐'。维摩诘言:'乐于喜不离佛,乐于谛闻法,乐常供养众,乐不倚三界,乐于三界无嫉,乐知欲无常,乐观种为毒蛇,乐随护道意,乐安诸人物,乐以礼敬人,乐施诸所有,乐奉真人戒,乐忍调不忍,乐精进力智行德本,乐禅善行,乐智慧渊,乐广宣佛,乐抑制魔,乐化尘劳,乐佛国净,乐以相好合会教化,乐严道场,乐三脱门,乐泥洹道……是为菩萨乐法之乐而以自娱。'""欲乐"与"法乐"的划分,恰好对应于"受乐"与"寂灭乐"的分别。

佛典中又有"禅悦"一语。如《华严经》云:"若饭食时,当愿众生,禅悦为食,法喜充满。"《维摩诘经·方便品》:"虽复饮食,而以禅悦为味。"《净影疏》:"禅定释神,名之为悦。"可知"禅悦"指通过修行,"入于禅定,快乐心神"的境界。与"法喜""寂灭乐"相通,这也是对于佛道美的一种美感状态。

通过长期刻苦的修习领悟了佛道,就可往生西方极乐世界。这是个美丽无比的地方,所谓"无量寿佛国快乐无极"。由于"无量寿佛光明威神巍巍殊妙",遍照一切,以至"众生遇斯光者,三垢消灭,身意柔软,欢喜踊跃,善心生焉。若在三途勤苦之处,见此光明,皆得休息,无复苦恼,寿终之后,皆蒙解脱。"[1]

综上所述,不难看出,佛教所追求的美,是不同于形式美的道德美、不同于感性美的心灵美、不同于虚幻美的真实美、不同于当下美的永恒美。佛教本体美的美感反应不是世俗的"受乐""欲乐",而是"不苦不乐"的平淡、宁静的感受。前者似乐而实苦,后者才是"大乐""最乐""极乐",如"醍醐"灌顶,具有无上妙味。

3. 对世俗美的变相肯定

佛教从"色即是空"的世界观出发,否定世俗的形式美、感性美、现象美、当下美,肯定出世的"涅槃"美、"法喜"美、"禅悦"美、"净土"美,与此同时,又从"色复异空"的中观世界观及方法论角度,变相地肯定世俗的形式美、感性美、现象美、当下美,运用它们为形容"涅槃"美、"净土"美,从而吸引众生皈依佛教服务。这些为佛教变相肯定的世俗美形态是:

(1) 莲花为美

在世间生活中,植物的花朵以其色彩、造型、芳香悦目怡鼻,令人称道,但在佛家看来,短暂的花期使花的美丽稍纵即逝,愈加显示了花的无常空幻的本体,因而佛教对自然界花卉的美并不认可。《圆觉经》谓:"犹如空花,从空而有;幻花虽灭,空性不坏。""亦如空花,灭于空时,不可言说,虚空时更起空花。何以故?空本无花,非起灭故。"然而对于莲花,佛教的态度则不然。佛教认为"诸华之中,莲华最胜",并把它奉为佛花。为什么呢?因为莲花出淤泥而不染的物理属性,这与佛教倡导的在世间求涅槃、在俗中悟真颇为相类。佛教因而以莲喻佛,象征佛、菩萨在生死烦恼中出生,而不为生死烦恼所干扰,莲花因而被视为圣洁之花。《密严经》卷下:"如莲出淤泥,见之生爱敬。如是佛菩萨,出于生死泥,成佛体清净,诸天所欣仰。"《大宝积经论》卷三:"卑湿淤泥,乃生莲花。菩萨亦

---

[1]《无量寿经》,《大正藏》卷十二,第275页。

尔，于生死泥邪定众生中，乃生佛法。"《维摩诘经佛道品》称赞维摩诘："火中生莲花，是可谓希有；在欲而行禅，希有亦如是。"《诸经要集》卷一："十方诸佛同出于淤泥之浊，三身正觉俱坐于莲台之上。"在佛教所赞美的各色莲花中，白莲花以其洁白无瑕，更能象征清净法身而受到特别钟爱。唐善无畏《大日经疏》卷十五："若是佛，谓当作八叶芬陀利白莲花也。"芬陀利，梵文音译，指白莲花。东晋慧远在庐山东林寺结社，叫"白莲社"；西方净土，则被他描述为如白莲一般。天台宗经典《妙法莲华经》之"莲华"，即指白莲，比喻大乘说法如白莲花一样清净美妙无比。

由于莲花的圣洁美好意义，佛教杜撰了佛陀与莲花的种种联系。相传释迦牟尼降生时，即有莲花伴随。释迦牟尼"转法轮"时，坐于莲花座，莲花座便成为佛陀的专座。佛陀所坐莲花，是千叶宝莲，花瓣大，层次多，色彩艳丽。佛教有宝伞、双鱼、宝瓶、莲花、白螺、如意、宝幢、金轮八种吉祥宝物，据说释迦牟尼把莲花放在最崇高的位置。释迦牟尼成道后，起坐向北绕树而行，一步一莲花，共有十八朵，象征佛的"十八不共法"。佛祖释迦牟尼因而被称为"莲花王子"。

在净土宗经典中，阿弥陀佛所居之西方净土也被形容为到处莲花绽放。《无量寿经》说："众宝莲华，周满世界。一一宝华，百千亿叶。其华光明，无量种色。青色青光，白色白光，玄黄朱紫，光色赫然。炜烨焕烂，明曜日月。一一华中，出三十六百千亿光。一一光中，出三十六百千亿佛，身色紫金，相好殊特。"《阿弥陀经》描绘说：西方净土世界七宝池中，"莲花大如车轮，青色青光，黄色黄光，赤色赤光，白色白光，微妙香洁。"于是莲花成为西方净土之象征物，净土宗因称"莲宗"，西方净土因称"莲邦"，一同修行净土的僧伽因称"莲社"。华严经所宣扬的理想世界"莲华藏世界"也是莲花遍布的世界。

因此，莲花与佛教结下不解之缘。佛珠称"莲子"，袈裟称"莲花服"，和尚行法手印称为"莲蕖华合掌"，僧舍称"莲房"，佛眼称"莲眼"，佛座称"莲座"，佛国称"莲界"，观世音菩萨的形象多以莲花为伴。如左手持莲花、右手作与愿印的卧莲观音；坐在莲叶上、双手持莲花的持莲观音。佛教还将胎生视为污秽之事，取而代之以"莲胎"。莲胎即极乐世界七宝池中化生成佛的莲花。在佛家看来，觉悟成佛之人远离污秽的胎生，而为圣洁的莲花所生。通常所见寺院释迦牟尼佛像的底座大多由365朵莲花构成。寺院的灯具也常做成莲花状。在佛教的遗址、建筑、造像中，到处可见莲花。

(2) 以"圆"为美

在佛教变相肯定的现实美中,圆相之美是突出的表现之一。"圆"本指现实中常见的圆满无缺的形状。天台宗经典《辅行》谓:"圆者全也,……即圆全无缺也。"又《四教仪》谓:"圆以不偏为义。"既然"圆全无缺"、"不偏"无憾,所以佛教在推行"像教"时往往以"圆相"描绘佛陀。如佛典描绘佛陀的"三十二"种美好之相中,与"圆"有关的有"足跟满足""踵圆满无凹处""足背高起而圆满""股肉纤圆""肩圆满相,两肩圆满而丰腴""两足下、两掌、两肩并顶中,此七处皆丰满无缺陷"。中国佛教经典《大乘义章》《法界次第》描写的佛陀"八十种随行好"中,以"圆"或"圆满"形容佛祖之美的达十多处,如"首相妙好,周圆平等""面轮修广,净如满月""面门圆满""额广圆满""手足指圆""手足圆满""膝轮圆满""膝骨坚而圆好""脐深圆好""脐深右旋,圆妙光泽""隐处妙好,圆满清净""身有圆光"。此外,佛教多取相于圆形之物,如"圆轮""圆月""圆镜""圆珠""弹丸"等。圆相或借用为法身的象征,如"法轮""圆塔";或用作佛、菩萨像顶后的装饰,如"圆光";或用作修行的器物,如佛珠;或借作美好的比喻,如称般若智为"圆镜智",喻无住的活法为"弹丸",称佛之说法为"圆音";或取作供奉佛、菩萨的道场,如"圆坛",乃至常见寺庙里释迦佛"说法印"也是右手向上屈指成圆环形。在佛家看来,佛教真理恰恰也是圆满、周遍、无缺的,因此,"圆"成为佛教真理最好的象征之具。在这个意义上,"圆"即"完美"。由于它"圆满无缺",所以称"理圆""性圆""果圆""圆寂";由于它圆转流动、圆活生动、圆融无碍、圆通无执,所以称"智圆""照圆""法圆""行圆",等等。在佛教著作中,"净""正""圆"是使用频率极高的几个词,如"净心""净土""清净""八正道",等等。如果说"净""正"偏指道德用语,即"善","圆"则偏指审美用语,即"美"。由于"圆"具有"美好"涵义,所以不少菩萨以"圆"取名,如"圆光观音""圆通大士";不少佛教高僧以"圆"为名,如唐代的圆测、圆晖,宋代的智圆,明代的圆悟等;佛教宗派纷纷称自己的教义为"圆教",如华严宗、天台宗。华严宗在判教中将自己说成当时各宗各派中最好的宗派,自称"圆宗""圆明具德宗""一乘圆教"。它特别提倡"圆行""圆证""圆解""圆信"的方法,特别推崇由此获得的"圆融无碍"的世界观,这种世界观集中表现为"六相圆融"和"三种圆融"。华严宗创始人之一法藏在《华严经旨归·示经圆第十》中概括出"处圆""时圆""佛圆""众圆""仪圆""教圆""义圆""意圆""益圆"等十大圆通,阐明圆满佛理无时无处不在。天台宗在判教中亦自视甚高,自称"圆教""圆顿宗",倡导"圆教四门",即有门、空门、亦有亦空门、非有非空门,主张"三谛圆融",即一心同时看到事物的空、假、中三谛。禅宗六祖惠能主张渐修顿悟的禅法,后人称为"圆顿"。惠能南禅宗尤尚圆活无住的认识方法,"法圆""理圆"的思想得到前所未有的发挥。惠能之后,南禅宗分化出南岳怀让和青原行思两系,南岳怀让又分化沩仰、临济二宗,青原行思分解出曹洞、云门、法眼三宗。其中,沩仰宗列出97种圆相,对圆的形相作了最全面、最丰富的总结与发展。中国佛教史上,天台宗人智𫗱、灌顶、知礼,禅宗大师延寿、袾宏以及唯识经典对"圆"都表现过莫大的钟情,"圆"在他们的著述中频繁出现,基本都可以作形容词"美"去理解。

（3）以"十"为美

中国古代有追求"十全十美"的思想传统,这与佛教大有关系。华严宗经典阐说教义,喜欢分为十类。如智俨《华严孔目章》中论及"十"的名目有"十行""十因""十智""十世界""十种事""十号""十种净土""十门""十力""十住""十缠""十欲""十波罗蜜""十藏""十愿""十恶业""十善业""十谛""十自在""十怖畏"等。十类之下再分为十类,以此类推。有时十类分得很勉强,明显有凑数之嫌。在具体论述中,常有一口气连续说十个词的现象。如《华严孔目章》卷四云:"随机论别,别别别别别别别别别别。所以说十者,欲显无量故。""若见于佛,顿见顿见顿见顿见顿见顿见顿见顿见顿见顿见,称名亦尔。""一乘法义,成佛共一切众生,同时同时同时同时同时同时同时同时同时同时;成佛后后后后后后后后后后,皆新新断惑,亦不住学地。"为什么这样呢？法藏《华严五教章》揭示:"依《华严经》,立十数为则,以显无尽义。""如数十钱法,所以说十者,欲应圆数,显无尽故。""十"是可显"无尽"空义的"圆数"。澄观《大华严经略策》第十六解释"说十之由":"真理圆融,非相不显,欲彰圆妙,故寄十以明之。十是一周数之圆故,多则难尽,少不显圆。又,尽理而言,十方备足。""欲令触目圆融,一一皆入法界,故多说十。"于是,"十"成了令人"触目圆融"的数字。

（4）光明为美

在佛教中,佛、菩萨始终与"光明"相伴,统称"佛光"。《探玄记》曰:"光明亦二义:一是照暗义,二是现法义。"佛、菩萨之光明,分"智光"与"身光"。"智光"又叫"心光","身光"又叫"色光"。通常听见佛、菩萨身体鎏金,使其金光闪耀;顶上有一轮圆光,此即"身光"。"心光"即佛教所指的认证佛教真理的特殊智慧——主要指般若智所具有的无幽不照的光明功能。《大乘起信论》:"自体有大智慧光明。"佛教向往光明、追求光明、赞美光明,可以说达到了"光明崇拜"的程度。如西方佛土叫"光明土";观音所住处,叫"光明山";大日如来所住处,叫"光明心殿";金刚杵作为"大日智慧"之标识,叫"光明峰杵";念佛口诀,叫"光明真言";发愿往生净土,叫"光明无量愿";佛寺有叫"光明寺"的;佛教高僧有称"光明大师"的;佛有叫"光明王佛"的;观世音,又叫"光世音";毗卢遮那佛,意译即"光明普照",故又叫"大日如来"。佛经有以"光"或"光明"为名的,如《光明童子因缘经》《金光明经》《金光明玄义》《金光明经文句》《成具光明定意经》《光明疏》《放光般若经》,等等。尤值一提的是净土宗,它对"光明"的崇拜几乎可以说达到了无以复加的地步。该宗所说的"西方极乐世界"的教主阿弥陀佛名号有十三个,其中十二个与"光明"有关:即"无量光佛、无边光佛、无碍光佛、无对光佛、炎王光佛、清净光佛、欢喜光佛、智慧光佛、不断光佛、难思光佛、无称光佛、超日月光佛。"由阿弥陀佛所照耀的西方佛土之光明亦为"光中极尊",大大超过了现实中所见之光的明亮程度。佛教在佛菩萨的"心光明""身光明"之外,又提出"外光明"一说。所谓"外光明",即外界存在的种种光明之相,如日、月、灯、火、金、镜、珠等。由于外光明可驱除黑暗,象征佛光可驱除心灵的黑暗,因而佛教对这些光明之相表现出极大的崇拜。而"无明",则被佛教说成人的一切痛苦的总根源。

(5)七宝为美

在佛典描绘的极乐世界、佛国净土中,一切美好的事物都是由众宝构成的,佛典谓之"七宝和合"。这些宝物以其光明通透、稀有贵重,被世间之人普遍视为珍宝。佛教用这些珠宝构造了一个美妙无比的佛国净界,吸引众生皈依佛门,修行往生极乐净土。

佛教所说的"七宝",不同的佛经所译有所差异。《阿弥陀经》所说的"七宝"是金、银、琉璃、玻璃、砗磲、赤珠、玛瑙;《般若经》所说的"七宝"是金、银、琉璃、珊瑚、琥珀、砗磲、玛瑙。佛教认为,法界有佛、法、僧三宝,佛国有金、银、琉璃、琥珀、珊瑚、砗磲、玛瑙等七宝,得三宝而国泰,得七宝而民安。佛教所津津乐道的"七宝",不仅顺应了世俗的审美趣味,而且以其特定的物理属性蓄纳了净土的光明、涅槃的恒常、般若的智慧、佛道的内涵,使之成为建构佛国的材料。于是我们看到,佛国国土是由七宝构成的,佛土中的水池也是由七宝构成的,佛土中长的树、开的花也是由七宝构成的(所以有"七宝树"、"七宝花"),佛国的楼阁、宫殿、讲堂、精舍,乃至佛塔、幡盖都是七宝构成的,甚至往生佛国之人所持钵器也是七宝做成的。

（6）以"香"为美

"香"是一种怡人的气味。在佛教看来，它是外界"六尘"之一，对应于主体"六根"之一的"鼻"，使人嗅起来会产生快适，从而产生贪著迷执之情，因而佛教斥之为之"香尘"，主张破除对它的迷恋。客体方面破除"香尘"，相应地在主体方面就要破除"香欲"。同时，由于香是大众普遍认可的美，佛教又舍经从权，通过双非，走向了对它的变相肯定。这就叫"香为佛使""香为信心之使"。意指香气能通达人之信心，为佛所使。《行事钞·讣请篇》曰："《增一》云：有设供者，手执香炉，而白时至。佛言：香为佛使，故须之也。"《僧史略》卷中曰："经中长者请佛，宿夜登楼，手秉香炉，以达信心；明日食时，佛即来至。故知香为信心之使也。"

佛教的日常践履处处与"香"结缘。如佛寺称为"香刹"、"香界"。佛殿称为"香殿"、"香室"。僧众所穿黄色袈裟，是香染之衣，名"香衣"。所沐浴盥洗之净水，是混合诸种香而成的"香水"、"香汤"。供佛礼佛用的是"香烛"、"香炷"、"香火""香烟"。香烟为云形者，称"香云"。供奉香火、香烟的则是"香炉""香案"。一些佛、菩萨、佛寺则以香命名，如"香积如来""香王菩萨""狮子香菩萨""香手菩萨""金刚香菩萨""香山寺"等。佛教为了吸引众生进入佛国，将佛国叫做"香国"，形容佛国世界香气缭绕，而且其香气的怡人程度为天下第一。据《维摩诘经·香积佛品》描述："有国名众香，佛号香积。其国香气，比于十方诸佛世界人天之香，最为第一。"这里，佛国叫"众香国"，佛叫"香积佛"、"香积如来"，天子叫"香严"，住的是"香阁"，行的是"香地"，吃的是"香饭"，连盛饭用的碗也是"香钵"："时毗耶离婆罗门居士等，闻是香气，身意快然，叹未曾有。"

（7）法音为美

"法音"，本义是说法之音声，也指佛教音乐。音乐作为六尘之一的音声，佛教对喧闹撩人的、使人意乱情迷的世俗音乐持否定态度，所以佛教戒律中有一条规定"不视听歌舞"；但佛教又主张借用音乐做佛事，对众生施行"音教"。《大方广佛华严经》卷四十一："以音声作佛事，为成熟众生故。"《法华经·方便品》云："若使人作乐，击鼓吹角贝，箫笛琴箜篌，琵琶铙铜钹，如是众妙音，尽持以供养，皆已成佛道。"用于佛事的梵乐区别于尘世音乐的根本特点是清净。《长阿含经》卷五《阇尼沙经》剖析梵音有"五种清净"。梵乐虽然清净和雅,却微妙动听。《法华经序品》曰:"梵音微妙,令人乐闻。"正因为它具有这种"令人乐闻"的美,所以佛国净土中到处回荡着这种动人的音乐。魏译《无量寿经》描述道:"无量寿佛,为诸声闻、菩萨、天人颁宣法时,都悉集会七宝讲堂,广宣道教,演畅妙法,莫不欢喜,心解得道。……当斯之时,熙怡快乐,不可胜言。""又其乐声,无非法音。清畅哀亮,微妙和雅,十方世界音声之中,最为第一。"

(8) 像教为美

"像教"之"像",指目之可见的形象,佛典常以"相"称之。外物之相产生于虚幻的视觉表象活动,其实是因缘所生、空幻不实的。因而,佛教主张"于相破相"后达到"无相"。《金刚般若波罗蜜经》云:"凡所有相,皆是虚妄。若见诸相非相,即见如来。"《坛经·疑问品》:"无相者,于相而离相。"法身无相,但为众生说法,又必须假象传真。慧皎《义解论》:"圣人……托形象以传真。"《大般涅槃经》卷九《菩萨品》:"诸佛如来……为令(众生)安住正法故,随所应见而为示种种形象。"这种权作变通、应众生之机缘而化现说法之佛身,称"应身"。"应身"又称"应化身""变化身""化身"。《佛地经论》卷七:"变化身者,为欲利益安乐众生,示现种种变化事故。"于是,佛教就从"法身"无相,走到了"应身""化身"有相。通过形象丰富的"应身""化身"对众生施行教化,佛家称之为"像教"、"像化"。《成唯识论述记》:"像教宣而遐被。"而用作教化的形象之美,既在于它是佛道的象征。道高《重答李交州书》:"闻法音而称善,刍狗非谓空陈;睹形像而曲躬,灵仪岂为虚设?"《弘明集》卷一《正巫论》:"诸奉佛者,仰慕遗迹,思存仿佛,故铭列图像,致其虔肃,割捐珍玩,以增崇灵庙。故上士游之,则忘其蹄筌,取诸远味,下士游之,则美其华藻,玩其炳蔚。先悦其耳目,渐率以义方。"佛教造像作为津道传真之具,不可避免地打着佛教烙印,同时又兼顾当地俗众的形美趣味,从而显得比例合度,金碧辉煌。这从丰富多彩的佛教绘画、雕塑中可以看出。

(9) 言教之美

佛教所说的"道",不仅超越形音嗅味,而且超越名言概念,佛家谓之"无名""无言"。龙树《大智度论》卷一百:"一切法实性,……出名字语言道。"支遁《大小品对比要抄序》:"至理冥壑,归乎无名。无名无始,道之体也。"僧肇《涅槃无名论》:"夫涅槃之为道也,寂寥虚旷,不可以形名得,……故口以之而默。岂曰无辩?辩所不能言也。"这就叫做"言语道断",一说话,道就灭。竺道生说:"言以诠理,入理则言息……忘筌取鱼,始可与言道矣。"[1]

从道不可言出发,佛家"布不言之教,陈无辙之轨",主张"以心传心"。在支谦所译《维摩诘经·弟子品》中,维摩诘教导须菩提:"至于智者,不以明著(按:罗什译本为'不著文字'),故无所惧,悉舍文字,于字为解脱。"禅宗继承、发展了佛教的这一"无言"宗旨,以"不立文字,直指人心,见性成佛"为禅宗的宗义,教导众生"迷人口说,智者心行"。后期禅宗秉承慧能"以心传心"的授受方式,主张"教外别传",把对文字的否定推向极致。如明代禅宗高僧慧经《无明慧经禅师语录》说:"最是省力,不须念经,不须念佛,不须坐禅,不须行脚,不须学文字,不须求讲解,不须评公案,不须受归戒,不须苦行,不须安闲。……所谓打破大散关,直入解脱门。到恁么时节,方是得力处。故云得力处便是省力处也。"佛教认为,涅槃佛道是最真实的美本体,"无言"作为涅槃佛道的一种存在方式,便具有了美的色彩,所以佛祖"拈花微笑"在后世传为美谈。在支谦《维摩诘经》译本《不二入品》中,文殊师利将"无有文字语言"视为领悟佛道的"不二法门"。

涅槃佛道虽不可言,"然非言无以畅一诣之感","实非名不悟",所以佛家为众生弘扬佛道又离不开言说。因此,龙树《大智度论》一方面指责"语言文字皆是有为虚诳法",另一方面又指出:"若失语言,则义不可得。"而佛家所以不废言说,为的是"借微言以津道"。《楞严经》卷二:"如人以手指月示人,彼人因指当应看月。若复观指以为月体,此人岂唯亡失月轮,亦亡其指。"于是在印度佛教中,就留下了释迦牟尼"以文设教"的佛经和各种派别宣传佛道的佛典文字。

中国佛教学者在译介佛教经典的基础上,对"道不离言"作了进一步发挥。僧肇《般若无知论》指出:"无名之法,故非言所能言也。言虽不能言,然非言无以传。是以圣人终日言而未尝言也。"僧祐《胡汉译经音义同异记》云:"夫神理无声,因言辞以写意;言辞无迹,缘文字以图音。故字为言蹄,言为理筌,音义合符,不可偏失。是以文字应用,弥纶宇宙,虽迹系翰墨,而理契乎神。"禅宗一方面讲"不立文字,悟心成佛",另一方面又主张"不离文字","因文求道"。明代禅师真可在《礼石门圆明禅师文》中指出:"文字,波也;禅,水也。如必欲离文字而求禅,渴不饮波,心欲拨波而觅水,即至昏昧宁至此乎?"又其《法语》指出:"今天下学佛者必欲排去文字,一超直入如来地,志则高矣,吾恐画饼不能充饥也。……若然者,即语言文字如春之花,或者必欲弃花觅春,非愚即狂也。有志

---

[1]《高僧传》卷七《竺道生传》。

于入流亡所者,当深思我释迦文以文设教所以然之意。"玄极在《续传灯录序》中,对从默证禅到文字禅的演变机制及"言"与"道"的不即不离关系作了精辟揭示:"盖无上妙道,虽不可以语言传,而可以语言见。语言者,指心之准的也。故学者每以语言为证悟浅深之候。""是故佛祖虽曰传无可传,至于授受之际,针芥相投,必有机缘语句与夫印证偈颂。苟取之以垂后世,皆足为启悟之资,其可废而不传乎?"于是,从宋明时期,禅宗从"不立文字"、心心相印的"内证禅"、"默照禅"逐渐演变成"以文设教"、连篇累牍的"文字禅"。

佛教经典作为"无上妙道"的"启悟之资"、象征之具,本身具有一种特殊的内蕴美。此外,佛教为了让经教文字更好地吸引僧众,还随顺世俗对文字声韵、辞采、故事的喜好,将经教文字铺衍成句式整齐、音韵动听的偈颂和形象鲜明、故事生动的譬喻、变文。这些偈颂和譬喻、故事几乎在所有的佛经中都可见到。至如《百喻经》《杂譬喻经》《众经杂撰譬喻》《天尊说阿育王譬喻经》,则通篇都由隐喻佛理的故事构成。源于唐代各寺院的俗讲,唐、五代流行的"变文",则是佛教用来布教的讲唱文学作品样式。"变"有"变更"之义,即变更佛经本文而成通俗之文,故称"变文"。它们多出自《本生经》《佛本行集经》《譬喻经》《贤愚经》《维摩诘经》《法华经》《阿弥陀经》《盂兰盆经》《父母恩重经》等佛经,如《佛本行集经变》《地狱变文》《降魔变文》《维摩诘经变文》等即是。其表现形式是韵散结合、讲唱结合。关于这类言教文字的世俗之美,正如印度僧人僧伽斯那《百喻经》末尾一偈所言:"如阿伽陀药,树叶而裹之。取药涂毒竟,树叶还弃之。戏笑如叶裹,实义在其中。智者取正义,戏笑便应弃。"动听的音韵、吸引人的故事可产生令人"戏笑"的美,但那不是目的。领悟到其中包裹的佛道"实义"这一真正的美本体后,就不能再停留在"戏笑"的世俗之美中,而应把它抛弃,以便沉潜于佛道本体美的审美之中。

(本文载《学术月刊》2011年第4期,《高等学校文科学报文摘》2011年第4期转载)

三、中国佛教美学的历史巡礼

1. 关于"美""美学""佛教美学"的义界

在阅读"禅宗美学""中国美学"一类的著作时,我们发现人们对于"美学"概念的使用是各种各样、言人人殊的。因此,当我们开始追寻中国佛教美学的历史踪迹时,首先必须回答:什么是"美学"?"佛教美学"在语义上究竟指什么?

"美学"本来不应回避研究"美"。不过,由于"美"之本质众说纷纭、莫衷一是,现代美学出现了非本质主义的解构思潮,"美学"一变而为研究人的"审美活动"或人对现实的"审美关系"的哲学学科。然而,问题也随之而来。一是,如何界定"审美活动"和"审美关系"?区别"审美活动"与"非审美活动""审美关系"与"非审美关系"的前提难道不仍然是如何界定"美"?二是,非本质主义的解构思潮本身具有不可克服的自相矛盾情况。美学解构主义者在否定别人关于美的定义的同时,未尝没有自己的建构。关于这种自相矛盾的现象,对西方当代美学研究有素的学者阎嘉有一段很好的分析:"所谓'解构',已成了后现代的典型特征。解构主义者所针对的目标是所谓'元叙事'或'元话语',它们多半是传统的文学理论与批评当作出发点或理论诉求的'理论预设'……然而,我们时常可以发现,'解构'成了一些理论家和批评家的策略,即借'解构'之名来张扬自己的观点和立场。""例如,当我们认真阅读那些解构'大师'们(从尼采到福柯、利奥塔)的著作时,实际上可以发现一个确凿的事实:他们在对既有理论和观点进行解构时,同时也在建构自己的观点和理论。"他提醒人们:"我们不能被他们表面上的姿态所迷惑。"[1]鉴于上述考虑,笔者仍然主张将美学视为以研究美本质和美感特征为主的哲学学科。

"美"是什么?历来大概有两种意见。一种将"美"视为主体的愉快感。如古希腊苏格拉底指出:"美就是快感。"[2]鲍姆加滕指出:美就是"感性知识的完善"[3]。这时,"美"就是"美感"。另一种意见坚持唯物论的思路,将引起快感的事物或事物的性质叫做美,如意大利托马斯·阿奎那指出:美是"一眼见到就使人愉快的东西"[4]。法国笛卡儿在"使人愉快"之前加上"最多数人"的限定,成为后来康德论美之感受的"普遍有效性"之先声:"凡是能使最多数人感到愉快的东西就可以说是最美的。"[5]德国沃尔夫指出:"产生快感的(事物——引者)叫做美,产生不快感的(事物——引者)叫做丑。""美在于一件事物的完善,

---

[1] 阎嘉:《21世纪西方文学理论和批评的走向与问题》,《文艺理论研究》,2007年第1期。
[2] 北京大学哲学系美学教研室编:《西方美学家论美和美感》,商务印书馆1982年版,第33页。
[3] 北京大学哲学系美学教研室编:《西方美学家论美和美感》,第142页。在《西方美学史》中,朱光潜先生又将"感性知识的完善"译为"感性认识的完善",见朱光潜:《西方美学史》上卷,人民文学出版社1982年版,第297页。
[4] 北京大学哲学系美学教研室编:《西方美学家论美和美感》,第66页。
[5] 北京大学哲学系美学教研室编:《西方美学家论美和美感》,第79页。

只要那件事物易于凭它的完善来引起我们的快感。""美可以下定义为：一种适宜于产生快感的性质，或是一种显而易见的完善。"[1]无论美是"快感"还是"引起快感的事物"，"快感"都是美的决定因素。美学研究美，就是既要研究如何使人获得快感的规律，也要研究如何使人免受不快感的规律。所以"美学之父"鲍姆加滕在创立"美学"时，将"美学"定义为"研究感性知识的科学"[2]，或研究情感愉快与否的"感觉学"[3]。笔者基本赞成上述对"美"和"美学"的界定，不过又有所补充。在西方美学史上关于"美是快感"及"引起快感的事物"的界定中，有一个明确的限定，即这种快感只能是视听觉快感。正如苏格拉底所坚持的那样："美就是由视觉和听觉产生的快感。"[4]然而事实是，既然视听觉快感是美，为什么视听觉以外的感觉快感就不能叫美呢？苏格拉底当时就遭到这样的提问，他并没有令人信服地解答得了这个问题[5]。在审美实践中，人们并不把美仅仅局限在视听觉快感中，而将所有快感及其对象都叫做美。所以，笔者对美的理解是：美是普遍快感及其对象。美学作为感觉学，应当研究一切使人愉快与否的情感、感觉规律。本书所研究的佛教美学，也就自然聚焦佛教关于愉快情感及其对象的分类、本质、特征、规律及其价值评判的思想理论。

五官对应的恰当合适的形式可以普遍有效地引人愉快，这便构成形式美学；在另外一些场合，"美是一种善，其所以引起快感正因为它是善"[6]，"美是道德观念的象征"[7]，这就形成道德美学；而真理的形象总是令人快乐，虚假的事物常常令人厌恶，所以哲学本体常常与美本质相交叉，这就构成了本体论美学。事物可以单凭纯粹的形式原因使人愉快，这是自由美、纯粹美；也可以由于善或真的原因使人感到愉快，这是附庸美、依存美。美与善、真就是这样既相区别又相联系。考量任何一种形态的美，都必须三者兼顾，方不至于落入一偏。考量佛教美学自然也不应例外。用这三种标准来考量佛教美学，我们得到一个总体结论：佛教对纯粹的官能快感对应的形式美、形象美持否定态度，而竭力追求清净无染

---

[1] 北京大学哲学系美学教研室编：《西方美学家论美和美感》，第88页。
[2] 北京大学哲学系美学教研室编：《西方美学家论美和美感》，第142页。
[3] 朱光潜：《西方美学史》上卷，第296页。
[4] 北京大学哲学系美学教研室编：《西方美学家论美和美感》，第30页。
[5] 他的回答是："因为我们如果说味和香不仅愉快，而且美，人人都会拿我们做笑柄。至于色欲，人人虽然承认它发生很大的快感，但是都以为它是丑的，所以满足它的人们都瞒着人去做，不肯公开。"可见答非所问。北京大学哲学系美学教研室编：《西方美学家论美和美感》，第31页。
[6] 亚里士多德：《政治学》，北京大学哲学系美学教研室编《西方美学家论美和美感》，第41页。
[7] 朱光潜对康德崇高美观点的概括。朱光潜：《西方美学史》下卷，第375页。

的道德美、真实无妄的本体美。所以佛教美学总体上说不是形式美学,而是道德美学、本体美学。

2. 佛教美学的基本思想

那么,佛教美学具体说来有哪些基本思想呢?

理解佛教美学,首先必须明白佛教对两种快乐感觉或情感的特殊分类。"乐",梵文音译为素佉。《佛地论》卷五对它的解释是:"适悦身心为乐。"佛教对"乐"的分类有多种,我以为从佛教对它的基本态度来看可分为两类。一类是身乐、"世乐"[1],佛教对此持否定态度。另一类是心乐、"出世乐",佛教对此竭力肯定。身乐、世俗乐就是我们世俗人孜孜以求的快乐,佛典谓之"觉知乐""受乐""欲乐",它满足人的情欲享受,可以通过人们的感官明显感受认知到。心乐、出世乐与世俗人追求的快乐取向截然相反,也不可觉知,佛教谓之"寂灭乐""涅槃乐""法乐"。"觉知乐"不仅稍纵即逝、不可长久,而且会引起种种贪爱和对带来虚假快乐的外物的无尽索取,导致人生真谛的丧失,是人生痛苦的根源,因而事实上"无乐";"寂灭乐"虽然不可感觉,表面上"无乐",但也消灭了似乐实苦的"受乐""欲乐",所以是"大乐""上妙乐"。《大般涅槃经》卷二十三《光明遍照高贵德王菩萨品第十之三》指出:"乐有二种,一者凡夫,二者诸佛。凡夫之乐无常、败坏,是故无乐。诸佛常乐,无有变异,故名大乐。"卷二十五《光明遍照高贵德王菩萨品第十之五》进一步分析说:"涅槃虽乐,非是受乐,乃是上妙寂灭之乐。"[2]在此意义上,佛典常言:"寂灭为乐。"[3]

佛教对两种快乐情感的区分和态度奠定了其否定世俗美、肯定出世美的基本美学倾向。

首先是对世俗美的批判和否定。《六度集经》第三十九则故事《弥兰经》中指出:"世人习邪乐欲,自始至终,无厌五乐者。何谓五乐?眼色、耳声、鼻香、口

---

[1] 智𫖮:《修习止观坐禅法要》卷上《呵欲第二》。《中国佛教思想资料选编》第二卷第一册,中华书局1983年版,第89页。

[2] 《大正新修大藏经》卷12,第513页中。以下简称《大正藏》,世桦印刷企业有限公司1990年初版。下同。

[3] 《大般涅槃经》,《大正藏》卷12,第375页上。这种思想,看似费解,其实与《庄子·至乐》所表述的美感思想相通:"吾观乎俗之所乐,举群趣(趋)者,謹謹(音坑,謹謹,争着跑去的样子)然如将不得已,而皆曰'乐'者,吾未之乐也,亦未之不乐也(引者按:其实庄子以为不乐,不过态度比较委婉罢了)。果有乐无有哉?吾以'无为'诚乐也,又俗之所大苦也。故曰:至乐无乐。"

味、身细滑。夫斯五欲,至其命终,岂有厌者乎?"[1]天台宗创始人智𫖮据此提出了"五欲无乐"的命题:"世间色声香味触,常能诳惑一切凡夫,令生爱著。"[2]"五欲无乐,如狗啮枯骨。"[3]在批判"五欲"之外,智𫖮提出用"不净观"破五欲之美:"见他男女生死,死已膨胀烂坏,虫龙流出,见白骨狼籍,其心悲喜,厌患所爱。""见内身不净,外身膨胀狼籍,自身白骨从头至足,节节相拄,见是事已,定心安隐,惊悟无常,厌患五欲。""见于内身及外身,一切飞禽走兽,衣服饮食,屋舍山林,皆悉不净。"[4]引起五欲快乐的对象,统称为物色的"色"。《杂阿含经》卷三谓:"愚痴凡夫⋯⋯不如实知,故乐色、叹色、著色、住色。乐色、叹色、著色、住色,故爱乐取⋯⋯如是纯大苦聚生。"[5]为什么人们从五觉快乐出发对引发快感的美色、美声、美香、美味、细滑之物的追求是产生"大苦"的根源呢?因为它们都是因缘的暂时聚合,虚幻不实、不能永恒存在。"一切有为法,如梦幻泡影,如露亦如电。"[6]不仅"色即是空"[7],一切可以给五觉带来快感的现实美是空幻的假象,即便感受现实美的审美主体的人也是五蕴暂聚、四大皆空的。这样看来,现实世界就不是快乐的伊甸园,而是苦海茫茫的娑婆世界:"三界皆苦,何可乐者?"[8]"我今现住世界,名为娑婆,乃极苦之处,谓生苦、老苦、病苦、死苦,乃至求不得苦、冤家会聚种种诸苦,说不能尽。"[9]那些带来欲望享乐的种种乐事,都成为导致痛苦的根源:"虽是王侯将相、富贵受用,种种乐事,都是苦因。""即今贪著世间、种种受用,及美色淫声、滋味口体,一切皆是苦本。"[10]"身著衣服,如裹痛疮;口飡滋味,如病服药。"[11]"一切烦恼,以乐欲为本,从乐欲生。诸佛世尊,断乐欲故,名为涅槃。"[12]比如美女带来的肉体快乐,在佛教看

---

[1] 《大正藏》卷3。《六度集经》,三国康僧会译。
[2] 智𫖮:《修习止观坐禅法要》,卷上《呵欲第二》。《中国佛教思想资料选编》第二卷第一册,第88页,中华书局1983年版。按:该经收入《大正藏》卷46。
[3] 智𫖮:《修习止观坐禅法要》,卷上《呵欲第二》。《中国佛教思想资料选编》第二卷第一册,第88页。
[4] 《中国佛教思想资料选编》第二卷第一册,第102页。
[5] 《大正藏》卷2,第18页中。
[6] 《金刚般若波罗蜜多经》,姚秦·鸠摩罗什译,《大正藏》卷8。
[7] 《般若波罗蜜多经》,唐玄奘译,《大正藏》卷8。
[8] 《释迦氏谱·明法王下降迹·现生诞灵迹第三》,唐道宣撰,《大正藏》第50册。
[9] 德清:《答德王问》,德清:《憨山老人梦游全集》卷10,蓝吉富主编《禅宗全书》第51册,北京图书馆出版社2004年版。
[10] 德清:《答德王问》,德清:《憨山老人梦游全集》卷10。蓝吉富主编:《禅宗全书》第51册。
[11] 玄觉:《禅宗永嘉集》,《中国佛教思想资料选编》第二卷第四册,第124页。
[12] 《金光明最胜王经》卷 ,唐义净译,《大正藏》卷16,第407页。

来恰恰是不以为然的:"女人之为不乐,无女人之为极乐也。"[1]不仅他身不净,现实世界污秽不已,而且自身不净,审美主体的人自身也污秽不堪,丑陋无比:"我此身中有发、毛、爪、齿、粗细薄肤、皮、肉、筋、骨、心、肾、肝、肺、大肠、小肠、脾、胃、抟粪、脑、及脑根、泪、汗、涕、唾、脓、血、肪、髓、涎、胆、大便、小便,犹如器盛若干种子,有目之士,悉见分明。"[2]

其次是对出世美的肯定和强调。世俗世界丑陋不堪,痛苦不已,如何远离丑陋、摆脱痛苦呢?那就是走向出世,进入涅槃。具体途径主要有二。一是"灭智"。"智"是世俗的感性认识和理性认识,也就是普通人的情感思想。破除了它们,使心如止水,也就破除了对虚幻的世俗之美的贪爱与执取,根绝了人生痛苦的来源。《杂阿含经》卷三谓:"不乐于色,不赞叹色,不取于色,不著于色……则于色不乐,心得解脱。"[3]德清指出:"物无可欲。人欲之,故可欲。""古之善生者,不事物,故无欲,虽万状陈前,犹西子售色于麋鹿也。"[4]真可《法语》指出:"'夫饮食男女,声色货利,未始为障道,而所以障道者,特自身自心耳。"[5]《长松茹退》总结说:"境缘无好丑,好丑起于心。"[6]摆脱痛苦的根本关键是不为内情所牵、不为外物所动的"涅槃佛性""如来净心""菩提心""般若智"。它是"无智之智""无心之心"。如此,佛教美学就体现出强烈的心性美学倾向。二是"隳身"。佛教认为,人们所以有大苦,是因为活着时肉体生命的存在。所以佛教有"生苦"、"五取蕴苦"之说。如果"隳身"而"无生",则活着时肉体生命的种种烦恼亦随之而去。而且,佛教的三世果报观念使其相信人的生命并不随肉死亡而消失,相反,通过修行,肉体死亡后可在来世转生为更好的生命体。于是,死亡成为获得新生、进入佛国净土的极乐世界的阶梯。在此意义上,佛教美学成为肯定死亡之美的死亡美学。

总体看来,佛教并不主张人一生下来就去死,因为倘若未曾修行,即便"隳身"也不能获得新生,达到极乐。只有活着时好好修行,才能在来世得到福报。因此,佛教更多地主张活着时通过修养"菩提心"、"般若智"去进入"涅槃净国"。"涅槃净国"美妙无比。关于"涅槃"之美,佛典以"涅槃"无苦、"涅槃"安乐、"涅

---

[1] 袾宏:《答净土四十八问》,袾宏《阿弥陀经疏钞演义》,上海佛学书局1992年版,第680页。
[2] 《中阿含经》第二十四卷《因品》第九《念处经》,《大正藏》卷1。
[3] 《大正藏》卷2,第18页中。
[4] 德清:《憨山绪言》,德清:《憨山老人梦游全集》卷45,蓝吉富主编:《禅宗全书》第51册。
[5] 真可:《长松茹退》,真可:《紫柏尊者全集》卷九,《禅宗全书》第50册。
[6] 《紫柏尊者全集》卷9,《禅宗全书》第50册。

槃"具有如同"甘露""甜酥""醍醐""鹿乳"一样的美"味"渲染之。"涅槃"的本义是"寂灭"。心灵的各种欲念如同风吹火熄一样寂灭了,痛苦也就寂灭了,所以"涅槃"无苦。《杂阿含经》卷十八称:"贪欲永尽、瞋恚永尽、一切烦恼永尽,是名涅槃。"[1]无苦就是快乐。所以"涅槃"又译为"安乐"。关于"涅槃"安乐,《大般涅槃经》反复阐述:"以大乐故名大涅槃。""涅槃名为大乐。"[2]"彼涅槃者,名为甘露,第一最乐。"[3]"涅槃"的这种快乐就像美味,《大般涅槃经》形容说:"譬如甜酥,八味具足,大般涅槃亦复如是,八味具足。云何为八?一者常,二者恒,三者安,四者清凉,五者不老,六者不死,七者无垢,八者快乐。是为八味具足。具是八味,是故名为大般涅槃。"[4]"涅槃"即佛家之道。"涅槃味"又称"道味"。道安《比丘大戒序》说:"淡乎无味,乃直道味也。"[5]这是说"涅槃味"是"无味之味","涅槃乐"是"无乐之乐"。其《阴持入经序》又指出:"大圣……以大寂为至乐,五音不聋其耳矣;以无为为滋味,五味不能爽其口矣。"[6]德清《与贺函伯户书》云:"山中得奉手书,知道味日深,世情日远。"[7]"涅槃"是佛家所说的法身、本体,故"涅槃味"又叫"法味"。《五灯会元》卷二十《天童昙华禅师》云:"首依水南遂法师,染指法味。"[8]德清《示顺则易禅人》批评说:"方今学者广学多闻,但增我见,少能餐采法味,滋养法身慧命者,岂非颠倒之甚也?"[9]进入了"涅槃"境界,也就进入了极乐净土,这就叫"心净即佛土"。关于净土、佛国之美,佛教诸经典各有生动的描绘,而以净土经典的描绘最为著名。其间诸物由七宝构成,教主是阿弥陀佛,不仅具有无量寿,而且光明无比,遍照一切,以至"众生遇斯光者,三垢消灭,身意柔软,欢喜踊跃,善心生焉。若在三途勤苦之处,见此光明,皆得休息,无复苦恼,寿终之后,皆蒙解脱"[10]。

再次,在把握了佛教在反对世俗美的同时建构独特的出世美的美学主旨之外,我们还要注意佛教对世俗美的变相肯定。佛教既从缘起的角度说明"色

---

[1] 《大正藏》卷2。
[2] 卷二十三《光明遍照高贵德王菩萨品第十之三》,《大正藏》卷12,第503页上、中。
[3] 卷八《如来性品第四之五》,《大正藏》卷12,第415页。
[4] 《大正藏》卷12,第385页上。般涅槃:义为入灭,常略称为涅槃。
[5] 《中国佛教思想资料选编》第一卷,第51页。
[6] 《中国佛教思想资料选编》第一卷,第35页。
[7] 真可:《憨山老人梦游全集》卷18,《禅宗全书》第51册。
[8] 普济:《五灯会元》,中华书局1984年版,第1354页。
[9] 真可:《憨山老人梦游全集》卷8,《禅宗全书》第51册。
[10] 《无量寿经》,《大正藏》卷12,第275页。

即是空",又从缘起的角度说明"色复异空",反对执着于空见、无视假有存在的"边空"观。而承认现象有的当下存在,主张随顺世俗之见教化众生,引导众生在有中观空,在妄中求真,在美的形式中领悟佛道,就成为佛教及其美学的另一取向。正是这一取向,使佛教美学对其否定的世俗美和形式美有加以变相的肯定,因而呈现出丰富多彩的世俗美学趣味和形式美学建树。《百喻经》末尾有一偈言说:"如阿伽陀药,树叶而裹之。取药涂毒尽,树叶还弃之。戏笑如叶裹,实义在其中。智者取正义,戏笑便应弃。"[1]令人"戏笑"、世人喜爱的文字、譬喻、故事及绘画、雕塑、音乐等形式美好比包裹良药的"树叶",虽然不是良药,但佛法大义之"阿伽陀药"经过它的包裹却能更有助于世人的食用。这就叫"借微言以津道,托形象以传真"[2];"闻法音而称善,岂狗非谓空陈;睹形象而曲躬,灵仪岂为虚设?"[3]因此出现了令人开怀的佛教文学故事,诞生了流光溢彩的佛教绘画雕塑,乃至清凉动听的佛教音乐也随之产生。于是,言与意、形与神、动与静、假与真、幻与实、事与理、境与识、一切与一的关系问题成为佛教美学讨论甚多的重要话题。此外,在佛教变相肯定的现象世界的美中,以"莲"为美、以"味"为美、以"圆"为美、以"十"为美、以"明"为美,乃至以"七宝"为美,也是十分突出的现象。这些都值得我们在梳理佛教美学史料时重点加以关注。

3. 中国佛教美学的历史演变和时代特征

当我们以上述对佛教美学的基本认识来观照中国佛教美学史时,我们就对其历史演变的时代特征有了如下的把握:

东汉可视为中国佛教美学"莲花初开"的时期。安世高翻译的小乘佛经介绍了原始佛教的基本教义。它由"缘起"而"非身",取消审美主体;又由"十二入"破"色我",取消审美客体,并要求人们对现实和自我作"不净观",对现实世界的苦难和入道之后的喜乐之美作了浓重的渲染,奠定了原始佛教的美学基石。支谶翻译的《般若经》将主体的般若智作为审美的逻辑起点加以剖析,要求主体心智"无念""无住""无知",最后达到"无所不知",体认"毕竟空"的世界本体,

---

[1]《百喻经》,又名《痴华鬘》,五世纪印度僧人僧伽斯那著,弟子求那毗地南齐时译。《大正藏》卷4。阿伽陀:药名,又译为无病、不死药。

[2] 慧皎:《高僧传》卷九《义解论》,汤用彤校注、汤一玄整理,中华书局1992年版。

[3] 道高:《重答李交州书》,梁代僧祐编《弘明集》卷十一,《大正藏》卷52。

纠正世俗之人"苦谓有乐"[1]、颠倒"好丑"虚假认识,最终达到对佛身之美、佛法之美的体认:"法喜""信乐""乐无所乐",确立了独特的美本体与美感观,奠定了中国佛教大乘空宗美学的基石。在译经之外,也出现了个别中国人的佛教著述,硕果仅存的就是牟子的《理惑论》。《理惑论》以问答的形式,提出了佛教刚刚进入中国后沉潜于儒教与道教中的中国人对它的种种疑惑,牟子通过比较与论辩清除了这些疑惑,捍卫了外来佛教的地位,阐释了佛教的基本教义及佛教美学的基本观点,同时也暴露了以道家观念理解佛教义理的某些不成熟性。

魏晋南北朝可视为中国佛教美学"繁花似锦"的时期。首先是佛教翻译空前繁荣。较之汉代,这个时期佛经翻译更加丰富,大多数佛经都翻译进来,甚至一种佛经有了几种译本,这些译经从不同的角度体现出风采各异的美学倾向。在大乘空宗译经方面,《大品般若经》着力揭示了主、客体空寂的本体美;《维摩诘经》着力塑造了俗中求真、亦僧亦俗的大乘菩萨维摩诘形象,他既以"法乐之乐"为"我等甚乐",又不离充满世俗之美的现世生活,追求在俗中求真、丑中求美,"以意净得佛国净";《中观经》以不断否定的"中观"方法或"无我"之般若智将"涅槃"本身也否定掉,并将这种彻底空无的否定本身视为"涅槃",所以其追求的"涅槃"之乐实即"无涅槃"之乐。在大乘有宗译经方面,《净土经》极力宣扬西方净土、"无量寿佛国快乐无极",现实世界丑恶无比,并以简易的修行方法为众生进入极乐世界大开"方便法门";《涅槃经》宣扬"涅槃"不仅是真实的存在,而且"为甘露第一最乐",是"八味具足"的至美本体,"一切众生皆有佛性",只要培养起"菩提心",就一定能获得"涅槃"本体;《佛性论》宣扬的佛性美不仅存在于主体的觉悟心识中,而且存在于万物之中,是万物的美本体,而这两者又是互为因果的;《大乘起信论》强调"乐念真如法"的"信心"的修养,认为众生的"一心"中具有"净心"与"染心"、"觉性"与"迷性"、"如来藏"与"生灭心"两类心性,"真如心"是"真实""清净"的、"快乐"的,而"生灭心"是"虚妄"的、"痴慢"的、"垢染"的、"痛苦"的,因而主张"修行信心"[2],去除"妄心","令众生离一切苦,得究竟乐"[3];唯识经典以真谛译本为代表,认为外境由内识变现而成,境空识有,作为种识的阿黎耶识分"染"与"净"、"有漏"与"无漏"两种,变现

---

[1] 《大正藏》卷8,第438页中。
[2] 《大正藏》卷32,第575页中。
[3] 《大正藏》卷32,第575页中。

虚妄外境、有着种种"不净习气"的"有漏"的"阿黎耶识"是丑恶的，需要加以破除的，破除了妄境及染识的"无漏"的"阿黎耶识"才是真如识，所以又叫"阿摩罗识"，意译作"无垢识"，它是圆满真实的美本体。此外，另有些大乘佛经，融合了空宗和有宗的思想，很难归入哪一类，它们也参与了佛教美学的建构。《法华经》对自然界莲花之美与人世间普度众生的菩萨之美的强调值得注意，其中描绘的听到众生求救呼告即往救助的观世音菩萨尤其深入人心。《华严经》崇拜大日如来佛、莲花藏世界，强调如来佛性众生本具，所谓佛性，即不为愚痴妄想覆盖，认知一切皆空，空有相即、一多圆融方面极尽思辨之能事。《楞伽经》虽然历来被奉为"禅门三经"，然而其内容则与唯识经类似。"阿黎耶识"有净有染，有美有丑，"如来藏"则清净一片，没有污染。"阿黎耶识"本性清净，相当于"如来藏自性清净"。当它变生七识，并由七识及其变生的物相覆盖、污染时，它就不清净了，也就不是"如来藏"了，当"阿黎耶识"不与"无明七识共俱"时，就是"如来藏"，就是"空"，又叫"如来藏阿黎耶识"。因此，佛教修行的实质，即去除覆盖在"自性清净"的"如来藏阿黎耶识"上面的"无明妄识"，使"如来藏心"的"清净自性"顿显光明。这一思想，后来为禅宗所继承。这一时期，小乘佛经的代表著作《阿含经》翻译进来，篇幅巨大。而其美学要义，在阐明"于色不乐"的反世俗美观点，建构"涅槃安乐"的美学真谛，揭示"涅槃"美感的"不欢喜、不深乐"特征。

其次，从两晋南北朝开始，中国佛教摆脱了此前几乎停留于佛经翻译的局限，出现了中国僧侣自己的大量著述。这些著述是对印度佛经义理的独特领会与阐扬，同时也不可避免地带有中国固有思想的烙印，在这种交融中，佛教美学的意旨得到进一步发挥。如般若学派本无宗代表道安以道家之旨诠释佛教美本质观，"以大寂为至乐，无为为滋味"，"淡乎无味，乃真道味"，要求用道家"齐万物"的方式去观照世间美丑，"玄览莫美乎同异"。即色宗代表支遁以玄释佛，将有中悟空、丑中求美称作"即色游玄"，并对审美的"游"与美本体的"玄"作出了独特的发挥。般若学大师、"秦人解空第一者"僧肇既强调佛教的"越俗之美""悟心之欢"，又肯定"美丑齐旨"、真俗不二，主张"齐是非""一好丑"，从而在出世的"象外之谈"与世俗的"名教之美"之间找到了某种平衡。东晋佛教领袖慧远出入于般若空宗与净土有宗，主张从空、有"二道"的不即不离中"开甘露门"、求本体美，所以他既肯定"无尽"而空的本体美，又肯定"不灭相而寂"的净土美以及往生净土的神灵的存在和宣扬佛道的文字形象的美学意义。东晋末期的竺道生融合般若性空与涅槃佛性有思想,强调人人本有佛性、众生悉有佛性,而这佛性即清净无染而又非有非空的般若智、菩提心,这般若智、菩提心去除虚妄欲念和痛苦,即可达到涅槃美,所谓"无苦之极,即名妙乐"。这种寂灭是"无灭之灭","无灭之灭则是常乐","意"与"言"、"理"与"象"就这样不即不离。

再次,佛教的世界观、人生观及其美学观在这个时期也深深影响了中国文人,于是出现了不少文人的佛教著述,如孙绰、谢灵运、宗炳、颜延之、周颙、沈约、萧衍、萧统、刘勰、颜之推。这些文人本来是很精于文学绘画艺术之美的。他们也染指佛教,写下佛学论文,恰恰体现了佛教与美学的联系。

隋唐时期,中国化佛教宗派纷纷创立,文人佛教著述进一步丰富,佛教美学争奇斗艳、琳琅满目。天台宗是糅合《法华经》《般若中观经》和《大般涅槃经》创立的佛教宗派,代表人物有智𫖮、灌顶、湛然。天台宗美学将审美的核心放在"止观"的心灵和认识方法上,批判"五欲无乐",世俗享乐不是真美,主张通过"修行止观",达到禅定乐、智慧乐、寂灭乐、涅槃乐,同时提出"一心三观"、自由无碍的中观之美,并对以"圆"为美作出了丰富建构。三论宗以印度大乘空宗经典《中论》《百论》《十二门论》为主要经典,对浸透着三论宗旨的般若经、涅槃经、法华经、华严经也有所择取,其代表人物是吉藏。三论宗美学集中论述的是"中道"之美。"中道"既是"二而不二,不二而二"的认识方法和般若佛性,也是这种认识方法和般若佛性所体认的涅槃本体。华严宗以《华严经》为主要经典,故名。代表人物是杜顺、智俨、法藏、澄观。华严宗最独特的美学建树,是从色空相即、理事无碍、一多无二的世界观出发,提出了现象界的"十"是包含"无尽"本体、最为圆满的"圆数",从而确立了"十十无尽"的论证方法和十全十美的审美理想。玄奘、窥基共同创立的法相唯识宗在美学上主要建立了以"识"为本体的美论何以"受"、"现量"为特色的美感论。慧能创立的禅宗进一步彰显了佛教美学的心学特色,揭示了心性本净,审美其实是对自心之美的返观确证,只要通过"无念""无相""无住"的修行拨去妄念浮云,就会获得"涅槃真乐",同时,禅宗又一次继承了般若学的中观之道,主张不离世间而求涅槃,"随所住处恒安乐","随其心净则佛土净"。玄觉对"女色"之恶的阐释和"宁近毒蛇,不近女色"口号的提出,则从一个侧面显示了佛教对世间之美的否定态度。除此而外,张说、王维、柳宗元、刘禹锡、白居易、皎然、司空图等文人也写下了为数可观的佛学论文或浸透佛理的美学论著,为这个时期的佛教美学增添了特殊的美学景观。

宋元时期,佛教大体没有创新,只在守成,禅宗及其美学一家独大,一枝独秀。延寿契嵩、宗杲、明本等人都是代表。在守成时期,中国历史上第一部汉文大藏经《开宝藏》在北宋开宝四年(971)奉敕刻印,因称《北宋官版大藏经》。南宋时期,北方的金朝民间刻印大藏经,即《金版大藏经》。进入宋代后,禅宗由原来的"教外别传""心心相印",变而为"大立文字"、口口相传的"文字禅",涌现了不计其数的"灯""录"。于是,"道"与"言"的关系成为这个时期禅宗美学的中心议题。"道"不在"言",亦不离"言",所以参悟佛经,既要即言,又要废言,也就是"须参活句,莫参死句"。这个思想,也是宋元时期诗文美学的中心思想之一。伴随禅宗的勃兴,佛教思想迅速走向文人士大夫,许多著名文人都出入禅林,结交禅友,信奉禅道,王安石、苏轼、黄庭坚、赵孟頫是其中的主要代表。而严羽《沧浪诗话》以禅喻诗,吴可等人《学诗诗》以禅道论诗道,为这一时期的佛教美学添加了羽翼。

　　明清时期佛教美学伴随佛教走向衰落,犹如晨钟暮鼓余音缭绕。佛教在明代还有可圈可点之处,到清代就彻底没落了。明代佛教有"国初第一宗师"梵琦、"明代佛教四大家"袾宏、真可、德清、智旭,还有禅宗临济宗、曹洞宗的回光返照。明代佛教禅、净合流,美学上不仅坚持"美味悉从中出"的禅宗思想,而且宣扬"念佛参禅,往生极乐"的净土美学观,德清的"所求净土,即唯心极乐",智旭的"极乐弥陀,心作心是",则可将禅净合一的美学观概括无遗。宋元禅宗美学中的"言"、"道"关系仍然是明清时期佛教美学讨论的中心话题,不过又衍生出不落"语""默"、"禅""教"合一、"宗""教"合一、"参""看"圆融等子命题。德清提出"美色淫声,皆是苦本",进一步重申了佛教美学与世俗美学的迥然不同。真可提出"境缘无好丑,好丑起于心",进一步巩固了佛教美学的唯心倾向。此外,这时的文人代表如李贽、袁宏道、王夫之、龚自珍对禅宗心性美学、净土美学、唯识美学的评点诠释与发挥也值得注意。

　　而近现代历史上太虚法师借鉴西方美学观念对佛教的美学观和佛教美术所作的剖析,则标志着佛教美学向现代美学分支的自觉。1928年,太虚法师在法国巴黎佛教美术会作《佛法与美》的讲演。演讲分六个部分:"一、美与佛的教训;二、佛陀法界之人生美;三、佛陀法界之自然美;四、从佛法中流布到人间的文学美;五、从佛法中流布到人间的艺术美;六、结论。"在《美与佛的教训》中,太虚法师从佛教所揭示的"不净观"推导出对世俗认可的现实美和艺术美的否定态度。既然佛教认为现实的人生和自然不完美,因而主张通过改良人性以创造人生美、通过改造自然创造自然美。于是,太虚法师所倡导的"佛教革命"

就与"美的创造"联系起来。《佛陀法界之人生美》分析了佛教所创造理想世界的人生美的形态,接着分析了"从佛法中流布到人间的文学美",又进而分析到"从佛法中流布人间的艺术美",分为建筑的、雕塑的、音乐的、图画的艺术美。综上所述,太虚法师作出的"结论"是:"然佛法之文艺美,乃出于佛智相应之最清净法界等流者,应从佛教之文艺流,而探索其源,勿逐流而忘源,方合于佛法表现诸美之宗旨。"1929 年 11 月,太虚法师在长沙华中美术专校作了题为《美术与佛学》的演讲。1934 年 9 月,太虚法师在武昌美术学校作了题为《佛教美术与佛教》的演讲。在这两篇演讲中,他进一步阐述了对佛教美术的看法,肯定了佛教美术的意义,尤其肯定了佛教美术在美术界之位置。

(本文载《文艺理论研究》2011 年第 1 期)

四、以"圆"为美:佛教对现实美的变相肯定

在佛教虽然从因缘聚散方面揭示出事物虚妄不实的本质,但同时又肯定,事物从现象上看又是不空而有的。这样,佛教就从对现实美的否定走向了再否定,即对现实美的变相肯定。以"圆"为美,是佛教对现实美的变相肯定的突出表现之一。

1. 相圆为美

"圆"来源于现实中所见的圆相。关于圆相的特点天台宗经典《辅行》谓:"圆者全也……即圆全无缺也。"又《四教仪》谓:"圆以不偏为义。"圆相圆满无缺,是一切形状中最美的形状。佛教的这种观点,表现了对世俗审美趣味的随顺认同。古希腊哲学家曾揭示:"一切立体图形中最美的是球形,一切平面图形中最美的是圆形。"[1]古代印度社会存在着以圆形为美的审美趣味。如公元前 3 世纪印度孔雀王朝时代的雕刻《持佛药叉女》、公元 1 世纪初制作的雕像《树神药叉女》、公元 1 世纪贵霜王朝时代犍陀罗地区出土的象牙雕刻《公主与侍女》、公元 2 世纪后半叶制作的雕像《逗弄鹦鹉的药叉女》,都追求身形的圆满。她们都有丰满的脸颊、丰腴的手臂、圆满的臂部,甚至连乳房也夸张地雕刻成过分标准的圆球形,整个造型都给人一种圆的感觉[2]。其间产生的佛教不离世间而求

---

[1] 《古希腊罗马哲学》,生活·读书·新知三联书店 1957 年版,第 36 页。
[2] 陈醉:《裸体艺术论》,中国文联出版公司 1987 年,第 179—170 页,图 128、129、130、131。

涅槃,因而对世俗以圆形为美的审美趣味采取随顺的态度。传为古印度马鸣所作的《大庄严论经》写一淫女以其美色前往众人集会听法场所妖惑听众,说她"两颊悉丰满,丹唇齿齐密"。佛教说佛陀具有"三十二相",它实际上是世俗所说的"三十二大人相"的省称。龙树《大智度论》云:"随此间阎浮提中天竺国人所好,则为现三十二相。"这三十二种美好之相中,形圆是整体特点。据《三藏法数》卷四十八,"三十二相"中与"圆"有关的描写有"足跟满足""踵圆满无凹处""足背高起而圆满""股肉纤圆""肩圆满相,两肩圆满而丰腴""两足下、两掌、两肩并顶中,此七处皆丰满无缺陷"等。佛教传入中国后,相圆为美的思想也随之流传进来。中国佛教经典《大乘义章》《法界次第》等描写佛像的"八十种随形好"中,以"圆"或"圆满"形容佛陀之美的就达十多处,如"首相妙好,周圆平等""面轮修广,净如满月""面门圆满""额广圆满""手足指圆""手足圆满""膝轮圆满""膝骨坚而圆好""脐深圆好""脐深右旋,圆妙光泽""隐处妙好,圆满清净""身有圆光",等等。总之,佛陀的面、额、手、足、膝、脐、身,一切都是圆形的。不只佛陀造像,菩萨、罗汉造像亦以圆为形象特征。《华严经》描写尼姑善现:"颈项圆直""七处丰满""其身圆满,相好庄严"。禅宗对圆相更加钟情。《景德传灯录》卷五《慧中国师》载:"师见僧来,以手作圆相,相中书'日'字,僧无对。"《碧岩录》卷六十九载有"南泉一圆相"之公案:"南泉、归宗、麻谷,同去拜忠国师。至中路,南泉于地上画一圆相云:'道得即去,皈师于圆相中坐。'麻谷便作女人拜。泉云:'恁么则不去也。'"禅门沩仰宗列出九十七种圆相[1]。此外,佛教多取相于圆形之物,如"圆轮""圆月""圆镜""圆珠""弹丸"等。或借为法身的象征,如"法轮""圆塔";或用作佛、菩萨像顶后的装饰,如"圆光";或用作修行的器物,如佛珠;或借为美好的比喻,如称般若智为"圆镜智",喻无住的活法为"弹丸",称佛之说法为"圆音";或取作供奉佛菩萨的道场,如"圆坛",乃至常见寺庙里释迦佛说法印也是右手向上屈指成圆环形。

2. 理圆为美

圆这种形状的最大特点是圆满、周遍、无缺。在佛家看来,佛教真理恰恰也是圆满、周遍、无缺的。正如《华严经旨归》所说:"一微细尘毛等处皆有佛身,圆满普遍。"唐代黄檗希运《传心法要》:"深自悟入,直下便是,圆满具足,更无甚

---

[1] 智昭:《人天眼目》卷四,《大正藏》卷48。

欠。"于是,"圆"便成为佛教真理最好的象征和形容。在这个意义上,"圆"即"完美"。佛教要求"理圆"[1]。佛教之理,从对象方面说即"涅槃"、"寂灭"。佛典称"寂灭"为"圆寂"。据《唯识述论》记载,"圆寂","西域梵音云'波利昵缚'。'波利'者,圆也;'昵缚',言'寂';即是圆满体寂灭义。旧云'涅槃',音讹也。"印度佛教已用"圆"修饰"寂灭","圆寂"是比"涅槃"更早、更准确的译名。中国佛经翻译家对此心领神会,纷纷以"圆寂"译"涅槃"。《宝积经》卷五十六:"我求圆寂而除欲染。"《宗轮论述记》:"无上法王,转入圆寂。"《贤首心经略疏》:"'涅槃',此云'圆寂',谓德无不备称'圆',障无不尽名'寂'。""圆寂",即完美地寂灭、圆满地寂灭之谓。涅槃永恒独立,圆满具足,故佛典又称"圆常"。延寿《唯心诀》:"不入圆常,终成轮转,只为昧于性德,罔辩真宗,舍觉循尘,弃本就末。""故知圆常之理不亏,信解之机难具。"佛教真理在主体中的体现叫"佛性"。佛教认为这是一种美好的本性,所以叫"妙性常圆"[2]、"性自周圆"[3]。佛教徒修成佛性,证入涅槃,成就佛果,叫"圆成果地"[4]、"因正果圆"[5]。又《五教章》称:"果海圆极。"《大日经》云:"愿一切无障,安乐诸群生,乐欲成如来所称赞圆果。"《法华玄义》曰:"大乘是圆因,涅槃是圆果。"

原始佛教认为,涅槃本体"不可谓有,不可谓无,不可谓亦有亦无,不可谓非有非无"[6]。这种对涅槃空有相生关系的认识,在部派佛教某些派别的阐释中曾遭到曲解。说一切有部经典《阿毗达摩俱舍论》卷六谓涅槃是"无别有物""更无所有",将涅槃与世间、空与有截然对立起来。大乘中观派破除小乘说一切有部执着于空有之分的"边见",力主"涅槃与世间,无有少分别""涅槃之实际,及与世间际,如是二际者,无毫厘差别"[7]这种空不离色、真不离俗、涅槃与世间圆融无碍共生共存的思想,中国佛教对此作了空前的发挥。支遁《妙观章》将色空关系表述为"色即为空,色复异空"。僧肇著《涅槃无名论》阐述涅槃"存不为有""亡不为无""无形不形,虽形不形""寂而常动,动而常寂"。又著《不真空论》,指出事物不是不存在而空,而是存在但虚假不真故空。《坛经》指出:心净

---

[1] 延寿:《万善同归集》,《中国佛教思想资料选编》第三卷第一册,第15页。
[2] 延寿:《万善同归集》,《中国佛教思想资料选编》第三卷第一册,第46页。
[3] 延寿:《万善同归集》,《中国佛教思想资料选编》第三卷第一册,第53页。
[4] 延寿:《万善同归集》,《中国佛教思想资料选编》第三卷第一册,第13页。
[5] 延寿:《万善同归集》,《中国佛教思想资料选编》第三卷第一册,第55页。
[6] 《本事经》,《大正藏》卷17。
[7] 《中论·观涅槃品》,《大正藏》卷30。

即净土,佛国不在彼岸,就在眼前,自性迷即众生,自性悟即佛。后来的禅宗语录把这发挥为"翠竹黄花尽是法身""担水劈柴都是道"。华严宗强调"事理圆融",认为事如波,理如水,水波一体,事理无二,真如即万法,万法即真如。天台宗强调"三谛圆融",亦即事物同时非有、非空、非非有非空之义。这便是佛教"理圆"的另一层涵义:理圆融于事,空圆融于色,真圆融于俗,涅槃圆融于世间。只有这样的空才叫"圆空",否定世俗有的空是执着于空见的"偏空"。《无尽灯论》云:"呵偏空而入圆空。"只有这样的寂才叫"圆寂",否定动的寂只能叫"偏寂"。只有这样的理才叫"理圆",否则只能叫"理而不周",是不完全、有缺憾的理。

3. 智圆为美

相对于对象性的"涅槃",佛教提出了主体性的智慧,佛教谓之"菩提""般若",又音义合译作"菩提心""般若智"。佛教认为,只有这种外空诸相、内空诸念、超越一切感性认识和理性认识的特殊智慧才能体认、把握物相中的涅槃空寂之理,因而又叫"如来智"。体认对象中的"圆寂"、"圆空"之理,只有这种主体心智才是圆满无缺的,完美的,因而又叫"圆心""圆智""圆根""圆觉慧"。《寄归传》卷四云:"圆具圆心,遵修律藏。"《万善同归集》:"有因空立,成圆理而万行沸腾。""若约上上圆根、大机淳熟,无诸遮障,顿了顿修。""圆根顿受之人,则遮照而无滞。"《圆觉经》:"以圆觉慧圆合一切。"因"镜"是圆的,"月"是圆的,所以又将般若智喻为"圆镜""圆满月轮"。《大乘本生心地观经·报恩品》讲"四智圆满",其中之一叫"大圆镜智"。《文殊师利问菩提经》说:"如来智慧如月十五日。"《大乘本生心地观经·发菩提心品第十一》《杂阿含经》卷十一、《增壹阿含经》卷八均有如下比喻:菩提心如"圆满月轮,于胸臆上明朗。"

佛教所说的般若圆智,以"闭智塞聪""无知无虑"为特点,然而,"般若无知,无所不知""智弥昧,照逾明"[1]。正由于它"无知",所以能洞悉物相之本体;正由于它"昏昧",所以具有"无幽不察""独觉冥冥"[2]的独到之"明",佛家谓之"圆明"。《万善同归集》卷上:"观诸相好,谛了圆明,方阶净域。"卷中:"因从三观薰发,果具五眼圆明,方能游戏神通,出入百千三昧,净土佛国,履践无阂道场。"佛典屡言圆智如圆月一样"明朗"、像太阳一样"大放光明",均指圆智的"圆

---

[1] 僧肇:《般若无知论》,《中国佛教思想资料选编》第一卷。
[2] 僧肇:《般若无知论》,《中国佛教思想资料选编》第一卷。

明"之美。佛教将这种无知而无所不知的透彻认识方式叫"圆观""圆览""圆照"。《圆觉经》云:"一切如来本起因地,皆依圆照清净觉相,永断无明,方成佛道。"又云:"生死涅槃,同于起灭,妙觉圆照,离于华翳。"

般若智之圆美,还表现在体认涅槃之理的"圆通"上。"通"即通脱无碍。般若空智于相破相,于空破空,打通真与俗、如来与方法、涅槃与世间的壁垒,在处理事与理、事与事、理与理等矛盾时左右逢源,这种自由通脱、毫无挂碍之美,即般若圆智的"圆通"之美。《三藏法数》卷四十六:"性体周遍曰'圆',妙用无碍曰'通',乃一切众生本有之心源,诸佛菩萨所证之圣境也"《楞严正脉疏》:"六根互用,周遍圆融,成兹妙果。其修入方法最为方便者,即从耳根修入,耳根闻性,人人本自圆通。如十方鼓声,一时并闻,是圆也;隔墙听音,远近能悉,是通也。声有动静,循环代谢,而闻性湛然常住,了无生灭,若不寻声流转,而能反闻自性,渐自动静双除,根尘(指主客体)迥脱,寂灭现前,六根互相为用,遂得圆通。"又《楞严经》:"阿难及诸大众蒙佛开示,慧觉圆通,得无疑惑。"

4. 法圆为美

"法",指思维方法、认识方法。佛教尤其强调"法圆",所谓"万法圆通",并把"法圆"视为"圆智"在认识"圆理"时呈现的一大特点。所谓"圆通"之法,即"圆活"之法,也就是禅宗所说的"活法"。"活法"是变化无常、灵活万变的自由活脱之法。佛教为了认识世相的"毕竟空",提倡双遣双非的中观方法。此法也,"是遮(否定)非表(肯定)",即不断否定、不在任何一种见解上停留的方法。如"非有""非'非有'""非'非非有'"……如此这般,不断否定下去。这种毫不停留、不断否定的认识方法,体现了认识方法上的"活",与僵死固执的认识方法迥然相对。

为了破除僵死固执的思维方法,佛家标举"无执"、"无住"之法。

首先,"般若"是"无住"的。《坛经·定慧品》上说:"我此法门……无住为本。"所以叫"不住般若"[1]。

其次,"外法"是"无住"的。"外法"包括物质现象——"诸法"和物质现象中的"涅槃""法身"。"诸法"是"无住"的。龙树《大智度论》卷四十七:"诸法……无常,无有住时。"僧肇《维摩经注·弟子品》:"诸法如电,新新不停,一起

---

[1] 姚兴:《通不住法住般若》,《中国佛教思想资料选编》第一卷,第135页。

一灭,不相待也。弹指顷有六十念过,诸法乃无一念顷注,况欲久停?""法身"也是"无住"的。法身、佛性虽然是等一的,但表现形态却千差万别,没有固定不变的色相,这就叫"法(法身)无定相,随应而辨"[1],"佛无定所,应物而现,在净而净,在秽而秽"[2],"法身无定"[3],"法身者……无生而无不生,无形而无不形……变化殊方,应无端之求。"[4]

佛家认为,"外法不住"是由"般若无住"决定的,"心不住法(色相),道即通流"[5]。由认识方法的"无住""无执"所产生的物相的变化无常和法身的变化殊方之认识,突出体现了佛教方法论的灵活万变特色。

禅宗以"无住为本",大大发展了佛家"活法"。禅师弘道说法,切忌用字字执实的"死句",即日用逻辑语言传达佛法,而主张用似是而非、声东击西、镜花水月般的"活句"启迪人们自悟佛法。如弟子问"如何是佛法大意",禅师不答"涅槃""佛性",而往往以"干屎橛""麻三斤"答之。禅僧悟道,也反对用"参死句"的方法拘泥执实地对待禅师语录,而主张用"参活句"的方法"由疑生悟",灵活地、创造性地从各种答非所问的"公案""机锋""话头"的隐喻、刺激、触发中"圆悟"言外之旨、无上妙道。这些充分体现了禅宗表达方式的"活"和参悟方法的"活"。《坛经》云:"内外不住","去来自由,无滞无碍,应用随作"。可知禅宗之"活法",即外空诸相之执、内空俗智之执、不断否定、不落边见、"无滞无碍"、变化无方的"自由"之法。这是方法论运用上的炉火纯青境界,也是一种圆美境界。

佛教、禅宗法圆为美的思想影响甚大。最典型者莫过于对"诗家活法"的推崇。"诗家活法"是南宋深受禅学影响的吕本中在《夏均父诗集》中提出的:"学诗当识活法。所谓'活法'者,规矩备具,而能出于规矩之外;变化莫测,而亦不背于规矩也。是道也,盖有定法而无定法,无定法而有定法。"嗣后,俞成将"活法"概念引进整个文学创作领域:"文章一技,要自有'活法'。若胶古人陈迹,而不能点化其句语,此乃谓之'死法'。'死法'专祖蹈袭,则不能生于吾言之外,'活法'夺胎换骨,则不能毙于吾言之内。毙吾言者故为'死法',生吾言者故为

---

[1] 僧肇:《维摩经注·佛国品》,《中国佛教思想资料选编》第一卷。
[2] 僧肇:《维摩经注·菩萨行品》,《中国佛教思想资料选编》第一卷。
[3] 僧肇:《维摩经注·佛国品》,《中国佛教思想资料选编》第一卷。
[4] 僧肇:《维摩经注·方便品》,《中国佛教思想资料选编》第一卷。
[5] 《坛经·定慧品》,《中国佛教思想资料选编》第一卷第四册。

'活法'。"[1]这种"文章活法",后来被历代中国文艺美学家丰富为"随物应机""当机煞活""随物赋形""姿态横生""不主故常""圆活生动""无法而有法,有法而无法"的"至变"之法、"无定之法"。而宋人早已指出:"诗家活法类禅机。"[2]"参禅学诗无两法,死蛇解弄活泼泼。"[3]"诗家活法"的产生实际上与"禅家活法"的启发和孕育有很大关系,某种意义上可以说,"诗家活法"是"禅家活法"的产物。

综上所述,可见"圆"在佛教著作中是一个审美用语,用来指称一切美好的事物。由于它"圆满无缺",所以称"理圆""性圆""果圆""圆寂";由于它圆转流动、圆活生动、圆融无碍、圆通无执,所以称"智圆""照圆""法圆""行圆"。在佛教著作中,"净""正""圆"是使用频率极高的几个词。如"净心""净土""清净""八正道",等等。如果说"净""正"偏指道德用语,即"善","圆"则偏指审美用语,即"美"。正由于"圆"具有"美丽""美好"涵义,所以佛教宗派纷纷称自己的教义为"圆教",佛教不少菩萨以"圆"取名,如"圆光观音""圆通大士";不少佛教高僧以"圆"取名,如唐代的圆测、圆晖、宋代的智圆,明代的圆悟,民国时期的圆瑛,日本的天台三祖圆仁、五祖圆珍。

5. 圆美小史

从历史发展看,释迦牟尼创立原始佛教时已提出"寂灭为乐"的"圆寂"思想。进入大乘佛教时期,中观派在阐释涅槃空义时力主不仅要"空有",而且要"空空",以不落两边又不离两边的"中道"丰富了佛教"圆活""圆融""圆通"的思维方法和世界观。后继的瑜伽行派则明确提出"圆成实性"这一概念,认为世间万物均由心识所变现,物质现象是虚假不实的,心识才是真实的本体存在,修行者如果体认到万物"境无识有",就算圆满成就(达到)了事物的本质真实("圆成实"),就算具备了圆满达到物色真实的佛性("圆成实性")。印度佛教自两汉之间传入中国,开始流行的是小乘禅数学,但不久就因小乘教的思维方法和世界观过于绝对化,不合中国本土儒家的中庸之道和道家的谈玄风气而渐趋冷落。自汉末三国起,中土佛教兴盛的是大乘般若学和涅槃学。相对于小乘,大乘称自

---

[1] 宋俞成:《文章活法》,俞成《萤雪丛说》卷一,清顺治刻本。
[2] 史弥宁:《诗禅》,史弥宁:《友林乙藁》,北京图书馆出版社2003年版。
[3] 葛大民:《奇杨诚斋》,曹庭栋辑《宋百家诗存》,清乾隆六年刻本。

己的修行方法叫"圆因""圆乘"。般若学秉承中观派教义,用无执的方法说空,故称自己对空的理解为"圆空",以与小乘执着于有与空、世间与涅槃分别的"偏空"之见区别开来。进入隋唐之际,中国化佛教宗派创立。法相、华严、天台、禅诸宗均继承、发展了印度佛教的圆美思想。唐玄奘创法相宗。法相宗继承印度瑜伽行派教义,特尚"圆成实性""圆成"一语亦随之流行起来。华严宗在判教中将自己说成当时各宗各派中最好的宗派,自称"圆宗""圆明具德宗""一乘圆教"。它特别提倡"圆行""圆证""圆解""圆信"的方法,特别推崇由此获得的"圆融无碍"的世界观,这种世界观集中表现为"六相圆融"和"三种圆融"。"六相圆融"即事物的总相与别相、同相与异相、成相与坏相既有差别又融合无间,"三种圆融"即事理圆融、事事圆融、理理圆融,物相之间、本体之间、物相与本体之间都没有截然分别。华严宗创始人之一法藏在《华严经旨归·示经圆第十》中概括出处圆、时圆、佛圆、众圆、仪圆、教圆、义圆、意圆、益圆等十大圆通,阐明圆满佛理无时无处不在。天台宗在判教中亦自视甚高,自称"圆教","圆顿宗",倡导"圆教四门",即有门、空门、亦有亦空门、非有非空门,主张"三谛圆融",即一心同时看到事物的空、假、中三谛。惠能主张渐修顿悟的禅法以与神秀的渐悟相区别,后人称"顿悟"为"圆顿"。惠能所创的顿门南禅宗尤尚为般若学所弘扬的中观派圆活无住的认识方法,反复阐明真俗双遣、色空一体、迷悟圆融的世界观,"法圆""理圆"的思想得到前所未有的发挥。惠能之后,南禅宗分化出南岳怀让和青原行思两系,南岳怀让又分化沩仰、临济二宗,青原行思分解出曹洞、云门、法眼三宗。其中,沩仰宗列出近百种圆相,对圆的形相作了最全面、最丰富的总结与发展。唐宋之际法眼宗名僧延寿深得以圆为美之心传,其著述中"圆"的使用频率极高,几乎都可当作形容词"美"去解。这种情形,一直保留到明代袾宏、清代王夫之等人的佛教著述中。

(本文载《文史哲》2003 年第 1 期)

五、佛教"光明为美"思想的独特建构

   人天长夜,宇宙黯暗,谁启以光明?
   三界火宅,众苦煎迫,谁济以安宁?
   大悲大智大雄力,南无佛陀耶!
   昭朗万有,衽席群生,功德莫能名。

这是佛教《三宝歌》开始的一段歌词。它典型地表明了佛教以黑暗为丑、以光明为美的美学观。佛教从缘起论出发认为"色即是空"[1]，"一切有为法，如梦幻泡影，如露亦如电"[2]。"光明"作为现实物体使人愉悦的视觉形象，也是稍纵即逝、空幻不实的假相；众生由此引发的对它的贪爱迷恋情欲乃是产生痛苦的根源，自在佛教否定之列。然而佛教同时又从缘起论出发补充说："色复异空。"[3]在因缘散尽之前，缘起而生的物象及其光明之美恰恰是存在的。这就叫"物从因缘故不有，缘起故不无"[4]。这样，佛教就从中观的世界观和方法论走向了对物色光明之美的变相肯定。佛教光明为美的思想，具体体现在对"无明"的否定中，体现在对"外光明"的钟爱，对佛、菩萨"身光明"的赞美和"心光明"的崇尚中。在佛教看来，芸芸众生都在昏暗的情欲世界里挣扎徘徊，只有佛教修行所达到的心性之光、智慧之光才能把这似乐实苦、似美实丑的秽暗世界照亮。

1. 否定"无明"，赞美"光明"

"无明"是释迦牟尼在论述"缘起"学说的重要组成部分——"十二因缘"时提出来的。这"十二因缘"是：无明、行（意志行为）、识（精神统一体）、名色（精神和肉体）、六根（六种感官，即眼、耳、鼻、舌、身、意）、触、受、爱、取、有、生、老死。在这十二因素中，前者分别为后者的原因，后者分别为前者的结果，它们的关系是，"无明"产生"行"，"行"产生"识"，"识"产生"名色"，"名色"产生"六处"，"六处"产生对外物的"触"（接触），"触"产生主体的"受"（感受），"受"产生对快乐感受及其对象的"爱"（欲求、爱恋、贪爱），"爱"产生对外物的"取"（索取、追求），"取"产生生存环境和条件的"有"（占有、假有），"有"产生"生"（生命、生存），"生"产生"老死"。"十二因缘"旨在说明，人生不外是"十二因缘"相互缘起生灭的流转过程，没有永恒不变的自体；人的一切生、老、病、死之苦都是由"无明"造成的，"无明"是一切痛苦的总根源。

那么，"无明"究竟是什么呢？据任继愈主编《宗教词典》、吴汝钧所著《佛教

---

[1] 《般若波罗蜜多心经》，《大正新修大藏经》第八卷，第484页，台湾世桦印刷企业有限公司1990年初版。
[2] 《金刚般若波罗蜜经》，《大正新修大藏经》第八卷，第752页。
[3] 支遁：《妙观章》，《中国佛教思想资料选编》第一卷，第64页。
[4] 僧肇：《不真全论》，《中国佛教思想资料选编》第一卷，第145页。

大词典》,"无明"是梵文 Avidyā 的意译。vidyā 即光明、方向之意,A 是否定意,Avidyā 即没有光明、方向。关于其具体的涵义,任继愈《宗教词典》认为"泛指无智、愚昧,特指不懂佛教道理的世俗认识",亦即"认识事物,分别是非的活动"。吴汝钧《佛教大词典》解释为"没有理性光明的状态;没有方向而是一团混沌的状态"。说明白些,"无明"即混沌、昏暗、糊涂、不光明、不明彻的"世俗智""虚妄心"。《俱舍论》说它"不了(明了)知谛(四谛)、宝(三宝)、业、果",因而又叫"痴"(Moha):"痴谓无明。"亦与"愚"、"惑"相通,叫"愚痴"、"愚惑"。《大乘起信论》云:"以一切法本来唯心。实无于念,而有妄心,不觉起念,见诸境界,故说无明。""当知世界一切境界,皆依众生无明妄心而得住持。""无明"的本质是世俗认识,但在"十二因缘"中,又不等于人的世俗认识,它是独立于人及其认识之外、决定人的生命存在和人生现象的实体,"是世界与生命的最原始状态","现实的人生、世界,都为无明所决定,所驱使";然而,"'无明'从何处来?它是何时有的?怎样有的?佛教并没有解释,所谓'无始无明'。倘若这些问题有答案的话,'无明'已不是'无明'了。"[1]这种不知来自何时何地的独立实体"无明"产生了人生,使人与生俱来地具有了不良习性,它执假为真,妄生种种迷妄、执着、烦恼、痛苦,不仅是假的、恶的,也是丑的。佛教以"无明"——无光明形容、指称、批判之,从反面表明:光明是快乐的、幸福的、美的视觉形相。

佛教赞美光明,向往光明,追求光明,几乎可以说达到了光明崇拜的程度。如"诸佛国土""圆满光明"[2];西方佛土叫"光明土";观音所住处,叫"光明山";大日如来所住处,叫"光明心殿";金刚杵作为"大日智慧"之标志,叫"光明峰杵";念佛口诀,叫"光明真言";发愿往生净土,叫"光明无量愿";佛寺有叫"光明寺"的;佛教高僧有称"光明大师"的;佛有叫"光明王佛"的;观世音,又叫"光世音";毗卢遮那佛,意译即"光明普照",故又名"大日如来"。佛典有以"光"或"光明"为名的,如《光明童子因缘经》《金光明经》《金光明玄义》《金光明经文句》《成具光明定意经》《放光般若经》,等等。《华严经》所描述的华藏世界,有世界分别叫"普放妙华光""净妙光明""众华焰庄严""恒出现帝青宝光明""光明照耀""寂静离尘光""众妙光明灯""清净光遍照""清净光普照""妙宝焰",有佛分别号称"香光喜力海""普光自在幢""自在光""清净月光明相""不可摧伏

---

[1] 均见吴汝钧:《佛教大词典》"无明"条,商务印书馆国际有限公司1994年版,第442页。
[2] 《大方广佛华严经》卷一,《大正新修大藏经》第十卷,第2页。

力普照幢"、"无碍智光明遍照十方"、"普照法界虚空光"、"福德相光明"[1]。如此等等。

佛教为什么以"光明"为美呢?《探玄记》卷三道破其中奥秘:"光明亦二义:一是照暗义,二是现法义。"光明一能照亮黑暗,二能显现佛法真理。佛教所肯定、赞美的光明,或分为两种形态,即"色光"与"智慧光"("心光")。如《大智度论》卷四十七:"光明有二种,一者色光,二者智慧光。"或在"色光"中进一步细分为"外光明"和"身光明",与"法光明"(即"心光"、"智慧光")并列为三种形态。如《大藏法数》卷十二云:"一谓日月星光,及火珠灯炬等光,皆能破除昏暗,是名'外光明'。二谓法光明,谓随其所闻之法观察修习,皆依法则,因此明心见性,破除愚痴之暗,显发本觉妙明,是名'法光明'。三谓身光明,谓诸佛菩萨二乘及诸天等,皆有光,亦能破暗,名'身光明'。"

2."外光明"之美

所谓"外光明",即外界存在的种种光明或显现光明之物,如日、月、灯、火、金、镜、珠等。由于"外光明"可驱除黑暗,象征佛光可驱除心灵的黑暗,因而佛教对这些外光明之物表现出极大的崇拜。

(1)"日"之美

太阳是"外光明"中最为光亮耀眼的物相,因而,佛教的光明崇拜,首先体现为对"日""日光"的顶礼膜拜。

佛教内部有一种佛叫毗卢遮那,印度密教视之为主尊,中国的华严宗视之为报身佛,是莲花藏世界的教主,天台宗视之为法身佛。何为"毗卢遮那"?《演密抄》卷二曰:"'毗'云'遍','卢遮那'云'光明照'。为顺此方,云'光明遍照'。"又《大日经疏》一曰:"梵音'毗卢遮那'者,是'日'之别名。"所以,汉译佛典又把"毗卢遮那"译作"大日如来"。"大日如来"佛不仅像太阳那样光明普照,而且比太阳光照有昼夜内外之别更高一等,能穿透黑夜和内部。《大日经疏》一曰:"梵音'毗卢遮那'是日之别名,即除暗遍明之义也。然世间日则别方分,若照其外,不能及内,明在一边,不至一边。又唯在昼光不烛夜。如来智慧日光则不如是,遍一切处,作大光明照矣,无有内外方所昼夜之别。……世间之日不可为喻,但取是少分相似,故加以'大'名,曰'摩诃(大)毗卢遮那'也。"

---

[1] 《大方广佛华严经》卷十,《大正新修大藏经》第十卷,第49—51页,每段段末。

佛以"日"取名,菩萨也有以"日"取名的。如"日光菩萨",掌中或所坐赤莲上持太阳,据说是药师如来二胁士之一。又如观世音菩萨之变化身,叫"日天子",据说位于"日宫"中,太阳为其所居之宫殿。《立世阿毗昙论·日月行品》对"日宫"的描述是:"从阎浮提地高四万由旬,此处日月行,半须弥山等游干陀山,是日月宫殿团圆如鼓……是日宫者,厚五十一由旬,广五十一由旬,周回一百五十三由旬。是日宫殿,颇梨(玻璃)所成,赤金所复,火大分多,下际火分复为最多,其下际光亦为最胜,是其上际金城围绕……人非人等,龙树草木及诸杂花莫不备……是宫殿,说名修野,是日天子于其中住。"又有以"日"名僧、名宗者,如日本佛教日莲宗创始人叫"日莲",其所创宗派称"日莲宗"。

因"毗卢遮那"名"大日",故演说"毗卢遮那"佛的经典《大毗卢遮那成佛神变加持经》又称《大日经》(唐善无畏译)、《大日经义轨》(善无畏译)。由此又产生了《大日经疏》(善无畏著)、《大日经不思议疏》(善无畏)。

佛教还以"日"命名宝珠。如有一种宝珠叫"日精摩尼",据说盲者之眼触此珠,则可复见光明。

(2)"月"之美

佛教赞美月,原因可能不止一个,如月形圆满、月印万川("月"象征佛道本体,"万川"象征万象等),但月光之明自是一重要因素。《祖堂集》卷四《丹霞和尚》有《如意颂》云:"真如如意宝,如意宝真如。森罗及万象,一法更无余。海澄孤月照,天地洞然虚。寂寂空形影,明明一道如。""真如"就是那月亮的一道光明。《祖堂集》卷五《三平和尚》有颂云:"菩提慧日朝朝照,般若凉风夜夜吹。此处不生聚杂树,满山明月是禅枝。"皎然《水月》诗云:"夜夜池上观,禅身坐月边。虚无色可取,皎洁意难传。若向空心了,长如影可传。"又《溪上月》:"秋水月娟娟,初生色界天。蟾光散浦溆,素影动沧涟,何事无心见,亏盈向夜禅。"这里的"皎洁""禅光",均指明亮的月光。又《大般涅槃经》卷二十《梵行品》说月光之可爱:"大王,譬如月光能令一切行路之人心生欢喜,月爱三昧亦复如是,能令修习涅槃道者心生欢喜,是故复名'月爱三昧'。大王,譬如月光从初一日至十五日形色光明渐渐增长,月爱三昧亦复如是,令初发心诸善根本渐渐增长,乃至具足大般涅槃,是故复名'月爱三昧'。大王,譬如月光从十六日至三十日形色光明渐渐损减,月爱三昧亦复如是,光所照处所有烦恼能令渐灭,是故复名'月爱三昧'。"

月光之美,不仅在明亮,而且在清凉。身处炎热地带的印度佛教修行者尤重月光的清凉之美。《大般涅槃经》卷二十《梵行品》说:"大王,譬如盛热之时,一切众生常思月光。月光既照,郁热即除。月爱三昧亦复如是,能令众生除贪恼热。大王,譬如满月,众星中王,为甘露味,一切众生之所爱乐。月爱三昧亦复如是。诸善中王为甘露味,一切众生所爱乐,是故复名为'月爱三昧'。"

由于月亮具有光明、清凉之美,故释迦牟尼叫"月光王"、"月光太子",维摩诘之女叫"月上女",药师如来的另一胁士叫"月光菩萨",又有"月明菩萨"同时叫"月明童子""月明童男""月光童子",大势至菩萨叫"月天子","月天子"所住宫殿叫"月宫"。据《立世阿毗昙论》卷五《日月行品》的描述,"月宫"的景象是:"从剡浮提地高四万由旬,是处日月行半须弥山,等由干陀山,是日月宫殿。团圆如鼓,是月宫者,厚五十由旬,广五十由旬,周回一百五十由旬,是月宫殿。瑠璃所成,白银所覆,水大分多,下际水分,复为最多,其下际光,亦为最胜……是月天子其中住。"《起世经》卷十对"月宫"的描述是:"月天子宫,纵广正等,四十九由旬,四面周围,七重垣墙……七宝所成……月天宫殿,纯以天银天青琉璃而相间错……彼月天子最胜宫殿,为五种风摄持而行。何等为五? 一持、二住、三愿、四摄、五行,以此五风所摄持故,月天宫殿依空而行……于此月天大宫殿中,有一大辇,青琉璃成,其辇舆高十六由旬,广八由旬,月天子诸天女,在此辇中,以天种种五欲功德,和合受乐,观娱悦豫,随意而行。"

佛教不少经典也以"月"为名。如《月喻经》《月藏经》《月灯三昧经》,及《月上女经》《月光童子经》《月光菩萨经》。另有一种宝珠,其光如月,佛教谓之"月光摩尼"、"月精摩尼"。佛寺殿堂外之露坛可受月光照耀,佛教谓之"月坛"。

(3)"灯"之美

佛教规定佛像前供奉灯火,取其"明"也,故灯又叫"灯明",用以作为佛之智光的标志。《菩萨藏经》云:"百千灯明忏悔罪。"《无量寿经》下:"为世灯明最胜福田。"净最《无量寿经疏》:"自具智慧,能生物解,名世灯明。"《不空罥索经》卷十九:"如是真言,三遍加持灯明,献供养之,持法者,观蠲诸暗障。"《祖堂集》卷二《第三十三祖惠能和尚》:"一灯照百千灯,冥者皆明,明明无尽。"慧能《坛经》说:"一灯能除千年暗,一智能灭万年愚。""定慧犹如……灯光,有灯即光,无灯即暗。灯是光之体,光是灯之用。名虽为二,体本同一。"这种能驱除"千年暗"、"万年愚"的灯必须是"长明灯"。"长明灯",又叫"无尽灯"、"续明灯",佛像前所供昼夜常明之灯也。《维摩经·菩萨品》云:"无尽灯者,譬如一灯然(燃)百千灯,冥者皆明,明终不尽。"《五百问》口:"问:续灯光明,昼可灭不。答:不得,若灭犯堕。"据唐代刘𫗧《隋唐嘉话》载,"江宁县寺,有晋长明灯,岁久,火色变青,而不热。隋文帝平陈,已讶其古。至今犹存。"禅宗发展到宋代,出现了皇皇巨制的禅宗语录。这些语录常常以"灯录"为名,如道原的《景德传灯录》、李遵勖的《天圣广灯录》、惟白的《建中靖国续灯录》、悟明的《联灯会要》、正受的《嘉泰普灯录》、普济的《五灯会元》等。明代禅师对宋代灯录有所不满,相继有所新作。如玄极编《续传灯录》,文琇编《增集续传灯录》,元贤编《继灯录》。宋明禅师为什么喜用"灯"作为自己弘扬佛法著作的名称呢?丁福保《佛学大辞典》释"传灯":"法能破暗,故以'灯'譬之。传法于他,故曰'传灯'。"《大智度论》云:"所以嘱累者,为不令法灭故。汝当教化弟子,弟子复教余人。辗转相教,譬如一灯复燃余灯,其明转多。"《大般若经》云:"故佛所言,如灯传照。"可见这当中凝聚着以光明为美的佛教美学意蕴。

(4)"火"之美

佛典对于"火",大体有两种态度。一是否定,取其火烧难忍义,将地狱比作"火途",将充满烦恼与痛苦的世界比作"火宅"。如《法华经·譬喻品》:"三界无安,犹如火宅,众苦充满,甚可怖畏。常有生、老、病、死忧患,如是等火,炽然不息。"这里,"火"就成为"甚可怖畏"的形象。一是肯定,取火焰之明义,喻进入禅定三昧时会发出明亮的火光。这就叫"火光定""火界定""火生三昧""火焰三昧""火光三昧"。《西域记》三《记阿难之入灭》云:"即入虚空,入火光定。身出烟焰,而入寂灭。"《底哩三昧耶经》卷上曰:"不动亦自身遍出火焰光,即是本尊,自住火生三昧。""不动","涅槃"的异译。"三昧",梵文"定"的音译。佛教认为"涅槃"本身会"遍出火焰光"。"定"能生"慧","慧"有照物之光明,故名"火生三昧"。修行禅定,证入涅槃,即可焚尽一切烦恼,故佛典有"火王"之喻。《无量寿经》卷下:"犹如火王,烧灭一切烦恼薪故。"火烧烦恼而生涅槃,叫"火里莲花"。《碧岩录》卷四十一:"直下如麒麟头角,似火里莲华。"在这种意义上,"火"成为光明的象征、美的象征。《祖堂集》卷十四《百丈和尚》有一段话头意味深长:"师(百丈怀海)见沩山。因夜深来参次,师云:你为我拨开火。沩山云:无火。师云:我适来见有。自起来拨开,见一火星,夹起来云:这个不是火是什摩?沩山便悟。"

(5)"金"之美

佛教之钟情"金",大抵有两种原因。一取其性质坚利,叫"金刚"。《梵网经》:"金中精牢,名曰金刚。"《大法藏数》卷四十一:"梵语跋折罗,华言金刚。此宝出于金中,色如紫英,百炼不销,至坚至利,可以切玉。"《南本涅槃经》卷二十二:"如金刚宝置之日中,色则不变。金刚三昧亦复如是。"在这个意义上,佛身叫"金刚身"。《大般涅槃经》卷三《金刚身品》:"如来身者,是常住身,不可坏身,金刚之身。"般若智叫"金刚智",佛寺叫"金刚刹",菩萨心叫"金刚心",菩萨于最后位断除最微细烦恼之禅定叫"金刚定"。另一原因是取其色泽光明。如《观无量寿经》云:"观世音菩萨像,坐左华座,亦放金光。""如意宝珠,漏出金色微妙光明。""瑠璃色中出金色光。"据《后汉书·西域传》,"世传明帝梦见金人,长大,顶有光明,以问群臣,或曰:西方有神,名曰佛,其形长丈六尺而黄金色。"由于钟爱"金光""金色",故佛经多以"金"取名,如《金光明经》(北凉昙无谶译)、《金光王童子经》(宋法贤译)、《金光明最胜王经》(唐义净译)、《金色王经》(北魏瞿昙般若流支译)、《金色童子因缘经》(宋惟净译)、《金色迦那钵底陀罗尼经》(唐金刚智译)。此外又有"金光明忏法"、"金光佛刹"、"金色迦叶","金色头陀"(摩诃迦叶别称)、"金色尊者"(摩诃迦叶别称)、"金色世界"(文殊菩萨净土之名)诸名称。与上述二种原因相关联,佛寺叫"金刹""金田""金地",佛身叫"金身""金人",如来之口叫"金口",世尊之言叫"金言",佛经用金泥所写,叫"金字金"。

(6)"珠"之美

佛教徒之于珠,可谓爱不释手。念珠、诵珠、数珠,是佛教敛心入定的修行方式之一。珠,梵文音译叫"摩尼",以其光净、不为垢秽所染被喻为佛性、清净心。《慧苑音义》上:"摩尼,正云末尼。末谓末罗,此云垢也。尼谓离也。谓此宝光净,不为垢秽所染也。"《大般涅槃经》卷九:"摩尼珠,投之浊水,水即为清。"佛珠通常由水晶、玛瑙、珍珠、珊瑚等闪光透明之物制成,后来为行方便,亦可用木槵子、莲子等树木果实替代,其基本数目为108个,亦有十倍或半数于此的,表示通过修行,驱除108种烦恼。《祖堂集》卷四丹霞和尚《弄珠吟》:"般若灵珠妙难测,法性海中亲认得。隐现常游五蕴中,内外光明大神力。此珠非大亦非小,昼夜光明皆悉照。觅时无物又无踪,起坐相随常了了。罔象无心却得珠,能见能闻是虚伪。"卷十四石巩和尚《弄珠吟》曰:"落落明珠耀百千,森罗万象镜中悬。光透三千越大千,四生六类一灵源。凡圣闻珠谁不羡?瞥起心求浑不见。对面看珠不识珠,寻珠逐物当时变。千般万般况珠喻,珠离百非超四句。只这珠生是不生,非为无生珠始住。如意珠,大圆镜,亦有人中唤作性。分身百亿我珠分,无始本净如今净。日用真珠是佛陀,何劳逐物浪波波?隐现则今九二相,对面看珠识得么?"

(7)"镜"之美

佛家对于"镜"也特别钟情。《资持记》卷下记载:"坐禅之处,多悬明镜,以助心行。"究其原因,亦有二义。一取其所照空幻,显不实之理。相传华严宗大师为了向武则天阐说重重无尽缘起而诸法无我的旨趣,曾把十块镜放在八隅上下,中央置佛像,然后把灯点亮,霎时各镜互照,映现无数佛像。诸法缘起而无自性也如此。在法界缘起中,每一法(物质现象)都映现其他法,重重无尽。可见,"镜"是呈现诸法皆空之具。《大智度论》卷六:"诸法因缘生无自性,如镜中像。"二取镜体明净,能照彻万物。"镜"这种器具所以能显现诸法皆空之理,本于其有照物之明。这种具有照物之明的"镜"是主体的特殊认识能力,佛家谓之"镜智"、"大圆镜智"。《成唯识论》卷十在论及什么是"四智相应心品"时首先谈到"大圆镜智相应心品","谓此心品离诸分别,所缘、行相微细难知,不忘不愚一切境相,性相清净,离诸杂染,纯净圆德现种依持。能现能生身、土、智影,无间无断,穷未来际,如大圆镜现众色像"[1]。《心地观经》卷二:"转异熟识得此智慧,如大圆镜现诸色像,如是如来镜智之中,能现众生诸善恶业,以是因缘,名为大圆镜智。"《菩提心论》:"东方阿閦佛成大圆镜智,亦名金刚智也。"《楞伽师资记》:"大涅槃镜,明于日月,内外圆净,无边无际。"

3."身光明"之美

"外光明"属于有形可见的"色光"之一,"色光"的另一种形态是佛、菩萨的"身光明"。

如果说众生由"无明"所主宰、覆盖,大彻大悟的佛、菩萨则与"光明"相伴,不仅自己明心见性,而且能以自身的光明为其他众生驱除"无明",照亮黑暗,指引前进的方向和觉悟的路径。《思益经》一曰:"如来身者,即是无量光明之藏。"《大方广佛华严经》卷十三《光明觉品》说:"尔时世尊,从两足轮下,放百亿光明,照此三千大千世界。"[2]"尔时光明过十亿世界,遍照东方百亿世界,千亿世界,百千亿世界……无数无量,无边无等,不可数不可称,不可思不可量,不可说,尽

---

[1] 林国良《成唯识论直解》对这段话的直译是:"即此心品远离一切思辨分别,其认取对象、活动作用细微难知,一切事物永远显现在此中而清晰无误,其本性和表现状况完全清净,远离一切混杂污染,成为一切纯粹清净圆满功德的现行事物及其种子的依托和支持。它能显现能生起佛身、佛土和后三种智的影像,毫无间断地存在于无穷的未来时光中,如大圆镜显现各种物体的影像。"(复旦大学出版社2000年版,第717页)

[2] 《大正新修大藏经》第十卷,第62页。

法界、虚空界。所有世界,南西北方,四维上下,亦复如是。"[1]通常所见佛、菩萨身体鎏金,金光闪耀;其顶后常伴有一轮圆光,叫"火光佛顶""火聚佛顶",此即"身光"。《观无量寿经》描述说:"彼佛圆光如百亿三千大千世界,于圆光中有百万亿那由他恒河沙化佛。"在各种佛、菩萨的"身光"中,"西方极乐世界"的教主阿弥陀佛堪称"光中极尊",是最光亮耀眼的一位,其他诸佛无可媲美。阿弥陀佛有十三个名号,其中十二个与"光明"有关。它们是:"无量光佛""无边光佛""无碍光佛""无对光佛""焰王光佛""清净光佛""欢喜光佛""智慧光佛""不断光佛""难思光佛""无称光佛""超日月光佛"。阿弥陀佛所放射的"身光"是如此强烈,乃至大大超过了现实中所见日月之光的明亮程度,其所照耀的西方佛土也成为最光明的世界。《无量寿经》描述道:"阿弥陀佛威神光明,最尊第一,十方诸佛,所不能及。遍照东方恒沙佛刹,南西北方,四维上下,亦复如是。若化顶上圆光,或一二三四由旬(长度单位,约30里),或百千万亿由旬。诸佛光明,或照一二佛刹,或照百亿佛刹,惟阿弥陀佛,光明普照无量无边无数佛刹。诸佛光明所照远近,本其前世求道所愿功德大小不同,至作佛时,各自得之,自在所作,不为预计。阿弥陀佛,光明善好,胜于日月之明千亿万倍。光中极尊,佛中之王。是故无量寿佛,亦号无量光佛、无边光佛、无碍光佛、无等光佛,亦号智慧光、常照光、清净光、欢喜光、解脱光、安隐光、超日月光、不思议光。如是光明,普照十方一切世界。甚有众生,遇斯光者,垢灭善生,身意柔软,若在三途极苦之处,见此光明,皆得休息,命终皆得解脱。若有众生闻其光明,威神功德日夜称说,至心不断,随意所愿,得生其国。"[2]《无量寿经·宝莲佛光》描写说:"又众宝莲华(花)圆满世界,——宝华百千亿叶,其华光明,无量种色。青色青光,白色白光,玄黄朱紫,光色亦然。复有无量妙宝百千摩尼映饰珍奇,明曜日月。彼莲花量,或半由旬,或一二三四乃至百千由旬。——华中出三十六百亿光。——光中出三十六百千亿佛。身色紫金,相好殊特。——诸佛,又放百千光明。"[3]

　　佛教美学是讲生的痛苦、死的快乐的美学。面对死亡,如何超度而达到"涅槃"安乐之美?藏传佛教学者索甲仁波切告诫信众:要让光明像"金色液体"一

---

[1]《大正新修大藏经》第十卷,第65页。
[2]《无量寿经·光明遍照》,黄念祖:《大乘无量寿经白话解》,上海佛学书局1994年版,第352—371页。
[3]《无量寿经·宝莲佛光》,黄念祖:《大乘无量寿经白话解》,第415页。

样"流遍"全身:"现在想象,并确实了解你怕呼喊求助的佛,以他的爱心、慈悲、智慧和力量回应了。强烈的光芒从他身上流向你。观想光就是甘露,完全充满你的心,并转化一切的痛苦为喜悦。""莲花生大士显现的一种方式是采取禅定坐姿,披着袈裟和法衣,流露出迷人的温馨和安详的感觉,脸上挂着慈爱的微笑。在这种化身中,他被称为'大乐'。他的手放松地摆在腿上,捧着一个由头盖骨所做成的杯子。杯中盛满大乐的甘露,旋转发光,是一切治疗作用的根源。他安详地坐在莲花上,四周环绕着闪烁的光球。""想象他是无限的温暖和慈爱,是喜乐、安适、安详和治疗的太阳。""现在观想有几千道光芒从他身体或他的心流出。观想杯中大乐的甘露喜悦地溢出来,抚慰的金色液体光不停地流遍你全身。它流入你的心,注满你的心,把你的痛苦转化成快乐。"[1]

4."心光明""法光明"之美

佛、菩萨的"身光明",来自其"心光明""智慧光"。"心光明""智慧光"即认证佛教真理(佛法)的特殊智慧——般若智所具有无幽不照的光明功能,所以又叫"法光明"。吴汝钧《佛教大词典》"光明"条释曰:"象征佛、菩萨的智慧,能破除迷妄,彰表真理。"《往生论注》卷下:"佛光明,是智慧相也。"如果说情欲是"无明",智慧则是"光明"。如同众生生来具有"无明"情欲一样,众生也生来具有"光明"的"般若智""妙明心"。《大乘起信论》云:"自体有大智慧光明。"《坛经·忏悔品》说:"诸法在自性中,如天常清,日月常明。为浮云覆盖,上明下暗,忽与风吹散,上下俱明。世人性常浮游,如彼天云。……智如日,慧如月,智慧常明。于外著境,被自念浮云盖覆自性,不得明朗。若遇善知识,闻真正法,自除迷妄,内外明彻,于自性中万法皆现。"《古尊宿语录》卷四《镇州临济慧照禅师语录》:"法者,心光明是;道者,处处无碍净光是。"卷十五《云门医真禅师广录上》:"人人自有光明在。"《楞严说通》卷二:"夫此妙明心性,本无身心之相,皆由最初不觉,忽起无明。将此第一义空……悟得此妙明心,即是自己本来具足圆满。不生不灭。"这"般若智""光明心",即"佛性"。《十地经》云:"众生身中,有金刚佛性,犹如日轮,体明圆满,广大无边,只为五阴,重云复障,众生不见,若逢智风,飘荡五阴,重云灭尽,佛性圆照,焕然明净。""心光""智光"是对治"无明"情欲、使人觉悟成佛的法宝,也是佛教追求的诸种"光明"中最根本的形态。佛、菩萨就

---

[1] 索甲仁波切:《西藏生死书》,郑振煌译,内蒙古文化出版社1998年版,第348页。

是通过修行达到觉悟、明心见性,最终让心灵大放光明之人。佛教大师为僧徒举行的灌顶仪式,亦即灌输智慧、光芒照耀,使人茅塞顿开、彻底觉悟、心灵放光的仪式。索甲仁波切对佛教加持佛法的"灌顶"过程的描述是:

> 现在观想从上师身上射出几千道灿烂的光芒,流向你,贯穿你的全身,净化你,治疗你,加持你,灌顶你,在你身上播下觉悟的种子。
>
> 为着让修行尽可能丰富并增加启示作用,你可以把它想象成三个阶段来展开:
>
> 首先,一束闪耀的水晶白色光(音"嗡"),从上师的额头射出,进入你额头的气轮,注满你全身。这道白光代表一切诸佛的身加持,它洗净你的身恶行所累积的一切恶业,它净化你身心系统的气脉,它给你诸佛的身加持,它强化你做观想的练习,它开放你准备证悟遍一切处的本觉的慈悲能量。
>
> 其次,一束红宝石光从上师的喉嘴射出(音"啊"),进入你喉嘴的气轮,注满你全身。这道红光代表一切诸佛的语加持:它洗净你和恶语所累积的一切恶业,它净化你身心系统的内部空气,它给你诸佛的语加持,它授权给你持咒,它开放你准备证悟本觉的光芒。
>
> 第三,一束闪烁的青金石蓝色光(音"迴"),从上师的心射出,进入你心的气轮,注满全身。这道蓝色光代表一切诸佛的意加持:它洗净你的恶思想所累积的一切恶业,它净化你身心系统的能量或原创的本质,它给你诸佛的意加持,它授权给你可以做高级相应法,它开放你准备证悟本觉的本初清净。
>
> 明白并感觉你现在已经透过加持,受到莲花生大士和一切诸佛金刚不坏的身、语、意灌顶。[1]

综上所述,不难看出:佛教随顺世俗的审美趣味,批判昏暗之丑,赞美外光明之美,并吸取这种外光明之美为营造佛、菩萨的身光明服务,借用这种外光明来比喻、形容领悟佛法的心光明、法光明之美,进而将光明之美的根本、根源置于心光明之上,从而完成了对"光明为美"思想取向的建构。

(本文载《社会科学研究》2013年第5期,《中国社会科学文摘》2014年第2期转载)

---

[1] 索甲仁波切:《西藏生死书》,郑振煌译,第169页。

六、论华严宗以"十"为美的思想倾向

中国古代文化中有一种追求"十全十美"的传统。这种审美理想和传统的形成原因固然很多,而隋唐间华严宗以"十"为美的理论和实践无疑是其中一大助力。华严宗的基本思想是色空相即、事理圆融、一多无碍。初祖杜顺主张"一切入一",为以"十"为美奠定了思想基础。二祖智俨主张"一""十"圆融,为以"十"为美作了重要铺垫和过渡。三祖法藏认为"十"可显"无尽"空义,所以是"圆数",标志着以"十"为美的理论自觉。四祖澄观指出"欲令触目圆融,故多说十",明确揭示以"十"为美的真谛。华严宗人"立十数为则",以十十无尽重叠的方法行文说理,既显得烦琐而牵强,也顽固地实践、体现了其以"十"为圆妙之数的美学趣味。以"十"为美,成为佛教对世俗美变相肯定的另一形态。

在各种数字中,"十"是个完整无缺的数,所以民间有"十全十美"一说。《周礼·医师》:"岁终,则稽其医事,以制其事,十全为上,十失一次之,十失二次之,十失三次之,十失四为下。"清陈朗《雪月梅传》说:"贤侄出门也得放心,岂不是十全十美。"华严宗从色空相即、事理无碍、一十圆融的思路出发,揭示"十"是"圆数",开辟"十十无尽"的论述方法。可以说,以"十"为美,主要是华严宗依据大乘中观派世界观和方法论对佛教美学的独特贡献。

1. 一多无二

佛教的基本世界观是"诸法皆空",对万物作"无分别观"。依照这种世界观,"十"作为外在物相的分别统计之数,也应当在否定之列,而无美可言。然而,以龙树为代表的印度大乘中观派为了宣扬"毕竟空"义,防止人们对"空"产生迷执,又强调"空"不离"有","空"在"有"中。汉末魏晋南北朝时期,中观经和宣扬中观教义的般若经大量翻译进来,并产生了中国佛教派别——魏晋般若学和阐释中观教义的肇论。般若学和肇论反复揭示的一个基本观点是,色即是空,非色灭空,色之性空。于是,贞一不变的空寂本性与形形色色的万相假有就须臾不离、相互合一了,空有相即,一多圆融。各别的数字由于寓含贞一本体因而具有了某种美。

华严宗以中观派和般若学的世界观和方法论为立宗的依据。初祖、陈隋之间的杜顺将佛教的色空相即改造为"理""事"圆融,再由"理"一"事"殊,推导出"一""多"无二,从而为以"十"为美思想的诞生奠定了学理基础。

所谓"一",实即"理""空"。万事虽殊,理则无分,总归一空。为了说明此理,杜顺以由透明的宝珠缀成的珠网为喻。这个珠网,叫"帝释天珠网",简称"帝网",又音义合译为"因陀罗网"。他在《华严五教止观》中指出:"然此帝网,皆以宝成。以宝明彻,递相影现,涉入重重,于一珠中同时顿现,随一即尔,竟无去来也。今且向西南角取一颗珠验之,即此一珠能顿现一切珠影。此一珠既尔(如此),余一一亦然。既一一珠一时顿现一切珠,既尔,余一一亦然。如是重重无有边际。即此重重无边际珠影,皆在一珠中炳然显现,余皆不妨。此若余一珠中坐著时,即坐著十方重重一切珠也。何以故?一珠中有一切珠,故一切珠中有一珠时,亦即坐著一切珠也。"[1]不仅"帝网"中一珠可现一切珠,而且由于"多"生于"一",无"一"便无"多",故此众珠之网亦可谓由一珠独成。为了说明"一切",杜顺冠以"十方"以囊括、形容其"多":"十方一切珠者,总是西南方一颗珠也。何以故?西南边一珠即十方一切珠故。若不信西南边一珠即是十方一切珠者,但以墨点点西南边一珠者,一珠著(墨)时,即十方中皆有墨点。既十方一切珠上皆有墨点,故知十方一切珠即是一珠也。言十方一切珠不是西南边一珠者,岂可是人一时遍点十方一切珠耶?纵令遍点十方一切珠者,即是一珠也。此一为始,既尔余为初亦然。重重无际,点点皆同,杳杳难原,一成咸毕。"[2]诸法境界,犹如映现在一珠中之众珠,重重映象,重重无尽,如幻如空,"杳杳难原","竟无去来"。

杜顺论"一""多"关系,重在说明理一分殊,"一切入一",万殊归一。虽然"十"字不是褒扬的重点,但"十"作为"多"之中特殊的一个数字,"多"所体现的"一"之真宰,毕竟为以后智俨、法藏、澄观认识和阐述"十"所体现的"重重无尽"空义的美奠定了逻辑基础。

2. "一""十"圆融

华严宗二祖、唐初智俨继承杜顺一多圆融的思想并加以发展,提出了"一""十"圆融。他在《华严一乘十玄门》中指出,"一"与"多"的圆融关系有两方面的表现。一是"一中多,多中一"。二是"一即多,多即一"[3]。"十"是"多"中之一。"一"与"多"的这种关系,智俨又表述为"一中十,十中一"和"一即十,十即一"。"十"由"一"组成,故名"十中有一",亦可名"一中有十":"一中即有十,

---

[1] 《中国佛教思想资料选编》第二卷第二册,中华书局1983年版,第12页。
[2] 《中国佛教思想资料选编》第二卷第二册,第12—13页。
[3] 《中国佛教思想资料选编》第二卷第二册,第21页。

所以一成故。若无十,一即不成。"[1]"若一住自性,十即不成;十若不成,一亦不成也。"[2]而所以要分出"十中一"、"一中十"者,"十中一,即是尽;一中十,具说即无尽也"[3]。当说"一中十,十中一"时,是着眼于"一"与"十"的差异而言的。从无分别的角度看,"一即十,十即一":"前明'一中十'者,离一而无有十,而十非是一。若此明'一即十'者,离一无有十,而十即是一。"[4]要之,"十"与"一",既无差别,又有差别。就差别而言,"一"欲显其"尽","十"欲显其"无尽"。《华严一乘十玄门》从十个方面阐说华严经义,号"十玄";每一方面又分教义、理事、解行、因果、人法、分齐境位、法智师弟、主伴依正、逆顺体用、随生根欲性十个方面[5]。关于这样十十划分的目的,智俨说:"今但举十门者,欲成其无尽。若论三种世间圆融,可但一事具此十门,亦具无尽无量法界虚空法门,成其无尽、复无尽。"[6]

智俨在阐释经义时,尽量往"十"上靠。这在《华严孔目章》中体现得最明显。其中论及"十"的名目有"十行"[7]、"十因"[8]、"十智"[9]、"十世界"[10]、"十种事"[11]、"十号"[12]、"十种净土"[13]、"十门"[14]、"十力"[15]、"十住"[16]、"十缠"[17]、"十欲"[18]、"十波罗蜜"[19]、"十藏"[20]、"十愿"[21]、"十恶业"[22]、

---

[1] 《中国佛教思想资料选编》第二卷第二册,第20页。
[2] 《中国佛教思想资料选编》第二卷第二册,第20页。
[3] 《中国佛教思想资料选编》第二卷第二册,第20页。
[4] 《中国佛教思想资料选编》第二卷第二册,第21页。
[5] 《中国佛教思想资料选编》第二卷第二册,第22页。
[6] 《中国佛教思想资料选编》第二卷第二册,第24页。
[7] 《大正新修大藏经》卷45,台湾世桦印刷企业有限公司1990年初版,第538页下。以下简称《大正藏》。
[8] 《大正藏》卷45,第538页下。
[9] 《大正藏》卷45,第539页上。
[10] 《大正藏》卷45,第539页上。
[11] 《大正藏》卷45,第539页中。
[12] 《大正藏》卷45,第540页下。
[13] 《大正藏》卷45,第541页上。
[14] 《大正藏》卷45,第543页上。
[15] 《大正藏》卷45,第548页下。
[16] 《大正藏》卷45,第550页上。
[17] 《大正藏》卷45,第552页上。
[18] 《大正藏》卷45,第552页上。
[19] 《大正藏》卷45,第553页下。
[20] 《大正藏》卷45,第554页上。
[21] 《大正藏》卷45,第563页上。
[22] 《大正藏》卷45,第564页中。

"十善业"[1]、"十谛"[2]、"十自在"[3]、"十怖畏"[4]等。更有甚者,《华严孔目章》卷四在讲到"随机论别"时,一口气说了十个"别"字;在讲到"引机会同"时,一口气说了十个"同"字;在讲到通观"一乘别教"(华严教)时,一口气说了十个"通"字;在讲到众生同时见佛时,一口气说了十个"顿见"和"同时",如"随机论别,别别别别别别别别别别。所以说十者,欲显无量故"[5]。"又一乘同法,对智以彰同。若引机以会同,则同同同同同同同同同同,即穷无尽也。"[6]智俨虽然没有明确指出"十"是美妙的"圆数",但他"十"中有"一"、"十"即是"一"、十可"显无量"、"穷无尽"的思想及十十重叠的论证方法,为法藏明确提出"十"是"圆数"作了厚实的铺垫和必要的准备。

3."立十数为则",以为"圆数"

华严宗三祖法藏其实是华严宗的实际创始人。他创立华严宗后,便将杜顺、智俨奉为初祖。事实上,他对杜顺、智俨的思想采纳颇多。如杜顺以一珠便含一切珠为喻说明"一""多"圆融。法藏也说:"因陀罗网,皆以宝成。由宝明彻,影递相现,于一珠中,现余影尽。""今且向西南取一颗珠验之。即此一珠,能顿现一切珠之影。此一珠既尔,余一一亦然。既一一珠皆一时顿现一切珠影,即此西南边珠复现珠中一切珠影。此珠既尔,余一一亦然。如是重重无有边际。即此重重无边际之影,皆在此一珠中炳然递现。"[7]世界就是像由无数颗宝珠可以相互映现的珠网,可显"重重无尽"之影像。这个比喻,完全是"克隆"杜顺的。智俨述说"无尽"义时常常一口气连说十个同样的词,法藏亦然。《华严一乘教义分齐章》云:"……初门同体,即摄同异二门中无尽无尽无尽无尽无尽无尽无尽无尽无尽无尽,穷其圆极法界,无不摄尽耳。"[8]"……如上一切法门,及与一切众生,皆悉同时同时同时同时同时同时同时同时同时同时作佛,后皆新新断惑……"[9]

---

[1] 《大正藏》卷45,第565页中。
[2] 《大正藏》卷45,第568页上。
[3] 《大正藏》卷45,第569页上。
[4] 《大正藏》卷45,第569页上。
[5] 《大正藏》卷45,第586页中。
[6] 《大正藏》卷45,第586页中。
[7] 法藏:《华严游心法界记》,《大正藏》卷45,第647页。
[8] 《中国佛教思想资料选编》第二卷第二册,第191页。
[9] 《中国佛教思想资料选编》第二卷第二册,第193页。

然而,作为华严宗的创始人,法藏毕竟有自己的独到之处,比如在以"十"为美方面,较杜顺、智俨所不同者,是法藏有了更清醒的理论自觉。华严宗以《华严经》为经典。《华严经》卷十三早已揭示过十十无尽之义:"一门之中既有十,然此十复相选,相即相入,重重无尽也。"[1]法藏继之从理论上明确揭示:"依《华严经》,立十数为则,以显无尽义。"[2]为什么"立十数为则"呢?因为"十十无尽",可显"无尽"空之义。为说明这个道理,他改变杜顺的珠珠相映之法,发明镜镜重映之法。据宋赞宁《高僧传》卷五《法藏传》载:"藏……又为学(《华严》而)不了(其义)者,设巧便,取镜十面,八方安排,上下各一,相去丈余,面面相对,中安一佛像,燃一炬以照之,互影交光。学者因晓刹海涉入无尽之义。"[3]十面镜互映一像,可映现"无尽"之像。

由于自觉地把"十十无尽"作为一种思维"法则",所以他在观照、分析问题时,总是习惯先分十类,然后每一类中再分十类加以分析论述,以显"重重无尽"之义。如《华严经旨归》分处、时、佛、众、仪、教、义、意、益、圆十部分剖析《华严经》旨归。每一部分又各分为"十处""十时""十佛""十众""十仪""十教""十义""十意""十益""十圆"分而论之。《华严经义海百门》亦按此法"总举十门,别开百义"。这"十门"是:"缘生会寂门第一,实际敛迹门第二,种智普耀门第三,熔融任运门第四,体用显露门第五,差别显现门第六,修学严成门第七,对治获益门第八,体用开合门第九,决择成就门第十。"这"十门"又各分"十义"。《华严经探玄记》释《华严经》,"略开十门":"一明教起所由,二约藏部明所摄,三显立教差别,四简教所被机,五辨能诠教体,六明所诠宗趣,七具释经题目,八明部类传译,九辨文义分齐,十随文解释。"论述"十门"时,又尽量分为"十义"。如第一门"教起所由"分为"先总辨,后别显",论述到"别显"(分别相之显现)时,"略提十义以明无尽":"何者为十?谓由法尔故,愿力故,机感故,为本故,显德故,显位故,开发故,见闻故,成行故,得果故。"论述第二门"藏部明所摄"时,"略显十义以明收摄":"一明三藏,二显所摄,三辨二藏,四释相违,五开种类,六定所摄,七一部收,八三部摄,九或九部,十具十二。"余皆类推。"如一事华,带自十义,具此十门,即为一百门。余教义等,亦各准之,故成千门。"[4]总之,能凑满

---

[1] 《大正藏》卷10,第63页;
[2] 法藏:《华严五教章》卷4,《大正藏》卷45,第505页。
[3] 《大正藏》卷50,第732页。
[4] 法藏:《华严经探玄记》卷1,《大正藏》卷35。

"十"的,尽量凑满"十";最高的境界是十中分十,十再生十,即便不能十中分十,也要尽量以十大类把握对象;实在连这一点也不便做到,则在论述子目(具体问题)时分十类加以缕述,这就是法藏许多著述中体现的方法论特征。这种颇显刻板、机械、牵强的思维方法所体现的审美价值取向,即以"十"为美。

不过,尽管钟情"十"、偏爱"十",但法藏从未以"美"名之,而只是称之为"圆"。"如数十钱法,所以说十者,欲应圆数,显无尽故。"[1]因为"十"是"圆数",所以多说"十"。"圆"是什么意思呢? 如上所述,"圆"在佛教中指圆满无缺憾的美。尚"圆"是佛教的一个传统。自称"圆明具德宗"[2]的华严宗也是如此。在此意义上,法藏称华严宗为"圆宗"[3],称《华严经》为"圆满教"[4],称华严教义为"圆满教理"[5],称人心中的清净佛性为"自性清净圆明体"[6]。法藏因为"十"与"一"可以圆融圆通,因而认为"十"是"圆数",也就是完美的数字,还在《华严经旨归》中借"莲花叶"来说明"十无碍"之美,从而使"十十无尽"的思维方法贯彻得更为自觉和彻底。

4."欲令触目圆融,故多说'十'"

法藏之后,四祖澄观吸收祖辈钟情"十"、尽量靠近"十"、凑足"十"的做法,这在其《大华严经略策》中显得尤为突出。如将大乘佛教常说的"六度"铺衍成"十波罗蜜":"问:诸经之中,多说六度,今言有十,其故何耶? 答:欲登妙位,非行不阶,行虽千门,不出十度。为治六弊,说六度门;欲显圆融,复治十障,故说十度。然一一度各各相收,从其增微以为十种。一施、二戒、三忍辱、四精进、五禅定,六般若,七方便,八愿,九力,十智。"将"六通"说成"十通":"问:十通六通,有何差别? 仰申同异,以释疑情。答:十通六通,大同小异,欲彰圆极,开六为十。言六通者,一、神境通,二、天眼通,三、天耳通,四、他心通,五、宿命通,六、漏尽通。""问:何名十通? 请列其名,及其体用。答:通谓无壅,精义入神,大用自在,亦寄十显圆。言十通者,一、他心智通,二、天眼智通,三、知过

---

[1] 法藏:《华严五教章》卷4,《大正藏》卷45,第503页。
[2] 法藏:《华严经探玄记》,《中国佛教思想资料选编》第二卷第二册,第266页。
[3] 法藏:《修华严奥旨妄尽还源观》,《中国佛教思想资料选编》第二卷第二册,第97页。
[4] 法藏:《华严经旨归》,《中国佛教思想资料选编》第二卷第二册,第79页,又第87页称"圆教"。
[5] 法藏:《修华严奥旨妄尽还源观》,《中国佛教思想资料选编》第二卷第二册,第98页。
[6] 法藏:《华严经旨归》,《中国佛教思想资料选编》第二卷第二册,第87页。

去劫宿住智通,四、尽未来际智通,五、无碍清净天耳智通,六、住无体性无动作往一切佛刹智通,七、分别一切言词智通,八、无数色身智通,九、一切法智通,十、入一切灭尽三昧智通。皆以无障碍大智而为其体。有此十用,故立十名。"其他如论如来有"十身""十德",论佛教有"十行""十忍""十教",论"圣贤位次"有"十信""十住""十行""十回向""十地"等名目。澄观对"十"的极度偏爱,使其著述达到非常烦琐的地步。

澄观为何如此偏爱"十"呢?他在《大华严经略策》第十六"说十之由"设问答云:"问:诸经之中,法相随义,三身、四智、五眼、六通,随数减增,不可一准,如何此教多说十耶?答:真理圆融,非相不显,欲彰圆妙,故寄十以明之。十是一周数之圆故,多则难尽,少不显圆。又,尽理而言,十方备足,故五眼开为十眼,三身具说十身,欲令触目圆融,一一皆入法界,故多说十。斯可知也。"原来,"十"是"一周数之圆"数,"多则难尽,少不显圆",说"十"的动机、目的是为了"令触目圆融",让人从中体悟到色空圆融的真理,使人感到圆满无憾。

华严宗以"十"为美的思想和"十十无尽"的论证方法,也给其他佛教宗派带来影响。如明代袁宏道《西方合论》就是按"十十无尽"的方法展开论述的。鲁迅在谈到中国古代的"十景病"时指出:"我们中国的许多人……大抵患有一种'十景病'……凡看一部县志,这一县往往有十景……'十'字形的病菌,似乎已经侵入血管,流布全身……点心有十样景,音乐有十番,阎罗有十殿,药有十全大补,……连人的逆迹或罪状,宣布起来也大抵是十条……"[1]中国古代追求"十全十美"的民族审美趣味,既是华严宗"十十无尽"、以"十"为美观点孕育、生长的土壤,也有华严宗以"十"为"圆数"、立"十"为法则美学思想的建构、丰富、巩固之功。

(本文载《社会科学战线》2008 年第 6 期)

---

[1] 鲁迅:《再论雷峰塔的倒掉》,《鲁迅全集》第一卷,人民文学出版社 1957 年版,第 191 页。

第四辑
DI SI JI

人学研究

文学界有一个经典命题:"文学是人学。"20世纪80年代的美学教科书有一个经典定义:"美是人的本质力量的对象化。"无论准确把握"文学"本质,还是准确把握"美"的定义,都离不开对"人"的本质的真切认识。可以说,有什么样的人学观,就有什么样的文学观;有什么样的人性观,就有什么样的美的本质观。因此,在研究文学、美学的同时,人性、人学问题始终是我关注的对象。从1988年发表《马克思、恩格斯"人的本质"定义献疑》,到后来发表《国学中的"人性论"及其现实意义》(《社会科学战线》2012年第8期)、《论人的双重本性及其现实启示》(《上海大学学报(社会科学版)》2013年第3期),发表《认识你自己——祁志祥教授谈国学中的人性思想及其启示》(《解放日报》思想者专版,2012年7月21日)等,都表现了我对人性、人的本质问题的持续追问。从人性论向人生观、人治观、人格观、社会观延伸拓展,笔者于2012年出版《人学原理》(商务印书馆),完成了人学范畴体系的横向建构。这种理论建构是建立在《中国人学史》(上海大学出版社2002年版)、《中国现当代人学史》(学林出版社2006年版)、《中国现当代人学史——思想演变的时代特征及其历史轨迹》(台湾独立作家2016年版)的资料梳理之上的。在不断思考更新的基础上,笔者提出"中国人文思想史上的六次启蒙"之新说,并以此为指导重写中国思想史。

一、马克思恩格斯"人的本质"定义献疑

马克思、恩格斯是把"人的本质"当作"人与其他动物的根本区别"来理解的。这个问题在他们之前已有许多人探讨过。亚里士多德认为人是"政治的动物",康德认为人不仅具有"动物性"而且具有"理性",黑格尔认为人所以不同于动物在于人有"自我意识",费尔巴哈认为人与动物的主要区别是人的大脑具有"理性"这一"认识之光"。这些思想对马克思、恩格斯是有影响的。一般认为,马克思关于"人的本质"的思想有一个演变过程。在他提出人的本质是"自觉自由的生活活动"、是"一切社会关系的总和"之前,他曾认为人的本质是"自由",是"理性"。这种认识,有着明显的黑格尔和费尔巴哈的痕迹。后期的恩格斯在《自然辩证法》中曾说过:"历史(引者按:指人类历史)和自然史的不同,仅仅在于前者是自我意识的机体的发展过程。"这是把人类机体的特质视为"自我意识"。"自我意识"这一术语正是黑格尔的,虽然恩格斯赋予这个术语的内涵和黑格尔不尽一样。并且,我们还要看到,马克思、恩格斯后来提出人的本质在于人的生活活动是自觉自由的,是"劳动",是"社会关系的总和"或"社会属性",正是针对费尔巴哈及黑格尔的观点而来的。

马克思、恩格斯为什么认为人的本质不是"意识""理性",而是"劳动""社会关系的总和"呢?因为在他们看来,依据唯物史观,"意识""理性"乃至费尔巴哈所说的"情感"云云都是第二性的东西,"劳动""生活""社会关系"才是第一性的东西。人之所以有"意识",这是由人的特殊的"生活活动"——"自觉自由的生活活动",即"劳动"决定的。具有"意识"机能的人的脑髓正是人类长期劳动创造的结果,"意识一开始就是社会的产物",是"被意识到了"的人类"实际生活过程"。可见,人的本质不是"意识",而是产生、决定这种"意识"的"劳动"和"社会关系"。

表面上看,这种认识较前人是深化。但深入其中细细思考,便深感有关这种认识的论述是矛盾的,难以成立的。这种认识说到底,还是把"意识"、"理性"当作"人的本质",不过作者不自觉罢了。

"劳动"是什么?根据马克思、恩格斯的观点,它是"人"而非其他"动物"的

"生活活动",即人们变革现实、谋取生活资料的"生产"活动。这种活动与动物的生活活动得以区分开来的根本特质,在于它是"有意识的",即"自觉自由的"。[1]如果这种理解不算错,那么矛盾就产生了:到底是"劳动"创造了"意识"这一人脑的机能,还是"意识"这一人脑机能产生了"劳动"?如果说"劳动"创造了"意识",岂不等于说是"人的有意识的生活活动"创造了人的"意识"?这能成立吗?人如果没有"意识",哪有人的特有的生活方式——"有意识的"因而"自觉自由的"生产活动,即"劳动"呢?当马克思在《1844年经济学哲学手稿》中说"一个物种的全部特性就在于物种的生活活动的方式,而人的物种的特性就在于他的活动是自由的,有意识的"时,他是否疏忽了这样一个问题,即为什么说"人的物种的生活活动"是"自由的有意识的活动"?他把"有意识的"活动视为"人的"活动,把"无意识的"活动视为动物的活动,岂不是把"有意识"当作人与动物的根本区别,亦即"人的本质"?回答"人的本质"是什么的问题,其实也就是要回答"人是什么"的问题。当说"人是人的特殊的生活活动","是属人才有的劳动"时,宾词中的"人"恰恰是主词中尚待定义的一个概念,因而主词"人"究竟是什么仍未得到说明。

把"人的本质"界定为"社会关系的总和"或人的社会属性,也存在同样的矛盾。"社会"是什么?马克思指出:社会是"人"的组合体,"关系"也是为"人"而存在的,"动物不对什么东西发生'关系'"。"社会关系的含义是指许多个人的合作",请注意它是指"人"的合作,不同于动物的"畜群"。当说"人"是"社会关系的总和","人的本质"是人的"社会属性"时,岂不等于说"人"是"人的关系的总和","人的本质"是人所具有的"人的属性"?如此,要回答的概念还存在回答的宾词中,因而被定义者仍然没有得到界定。"社会关系"不外是"劳动"关系,它是离不开"有意识"的生物体"人"的,因而,说"人的本质"是人特有的"社会关系"的总和,实际上岂不是把决定"社会关系"存在的"人"所特有的"意识"看作"人的本质"?

恩格斯讲的"劳动创造人"也面临着同样的问题。说"劳动创造人"时,是认为在"人"产生之前,"劳动"就存在了。而"劳动"又是"人"才具有的生活活动,它是以"人"的存在为前提的,是先有"人"然后才有"劳动"的。所以依据马克

---

[1]《1844年经济学哲学手稿》,朱光潜节译,上海文艺出版社《美学》第2期第5页;《马克思恩格斯选集》第三卷,第513、517页。

思、恩格斯对"劳动"的论述,我们就可以推得如下的结论:不是"劳动创造了人",而是"人产生了劳动"。在《劳动在从猿到人转变过程中的作用》中,恩格斯把手脚分工即手的诞生、语言、有意识机能的脑髓即"人脑"看作是人从动物界区别开来的三大标志,并论述,手、语言、脑髓不是同时产生的,而是"劳动"先创造了"手",然后创造了"语言",然后"手"和"语言"又与"劳动"一起构成推进力,推动、促成了"脑髓"的诞生。"劳动"既然是"从制造工具开始的",是"人"的有"意志"的实践活动,它就必待有"意识"的"脑髓"的产生才能存在,因而,在人脑诞生以前,创造"手"、"语言"的就不可能是"劳动",而应该叫作"猿"这种动物的无意识的谋生活动。因比,不是"劳动"("人的有意识的自觉自由的生活活动")创造了"手"、"语言"和"人脑",而是"猿"的"生活活动"(一般动物的无意识的、既不自觉也不自由的谋生活动)创造了"手"、"语言"和"人脑",从而创造了"人"。对这个问题,我没作过历史的研究,但至少从逻辑上说应当是如此。

我认为,以下几点必须辨明:

① 如果"劳动"、"社会关系"的概念保持现有的内涵不变,我们就必须承认:"劳动"、"社会关系"是人的"意识"在人谋取生活资料活动中的表现。

② 当马克思说,人的本质特点在于人的生活活动方式与动物不同时,他已假定了"人"的存在,假定了"人的意识"的存在。

③ 事实上,当马克思说"人的物种的特性就在于他的活动是有意识的"、恩格斯以有无意识作为区分是不是"人"的脑髓的标准时,他们已承认了"人的本质"是"有意识"。

④ 这里的问题在于把"人的生活活动的本质"的答案当成了"人的本质"的答案。其实应该是:"人的本质"(即人自身不同于动物的根本点)是"意识",而"人的生活活动的本质"才是"自觉自由的生活活动"。

⑤ 因此,在人类发生史上,人使自己从动物界脱离开来的第一个特质是"意识",第一个"历史行动"才是"生产"。

⑥ 显然,通常所讲的人与动物的本质不同是"意识",这"意识"是指一种心理功能,即人脑机能,而非指"意识形态"。作为"意识形态",它需有内容,必须受到"社会存在"的决定;作为心理功能,它无须有内容,无须受"社会存在"("劳动"、"社会关系")的决定。

⑦ 当然,这并非说,"意识"作为人脑机能是天生的,它仍然是由"物质活

动"决定的,是"物质活动"的结果。不过这种"物质活动"不是"劳动",不是"社会存在",而是"猿"的生活活动、动物的生活活动、无意识的生活活动。人脑是从猿脑转变而来,意识是从无意识转变而来。

⑧ "意识"作为"意识形态",它的产生既有赖于物质,也有赖于主体具有"意识"的功能。就它的反映对象来说,不仅可以是"劳动"、"社会关系",也可以是自然、宇宙;就"意识"机能的产生来说,它是"猿"的物质生活的结果。可知,即使把人的"意识"当作"意识形态"来看,我们只能说:"意识"的本质是物质,而不能说"意识"的本质是"劳动"和"社会关系"。"物质决定意识",这是正确的;但"社会存在决定意识",这却是不能成立的。

(本文载《探索与争鸣》1988 年第 2 期,《新华文摘》1988 年第 10 期转摘)

二、论人的双重本性及其现实启示

1. 问题的提出

人性问题既是一个基本的理论问题,也是一个重大的实践问题。作为基本理论问题,英国哲学家休谟早在 18 世纪所著的《人性论》一书中就已指出:"一切科学对于人性总是或多或少地有些联系,任何科学不论似乎与人性离得多远,它们总是会通过这样或那样的途径回到人性。即使是数学、自然科学和自然宗教,也都是在某种程度上依靠于人的科学;因为这些科学是在人类的认识范围之内,并且是根据他的能力和官能而被判断的。"[1]"数学、自然科学和自然宗教既是如此依靠于有关人的知识,那么在那些和人性有更密切关系的其他科学中,又会有什么样的情况呢? 逻辑的唯一目的在于说明人类推理能力的原理和作用,以及人类观念的性质;道德学和批评学研究人类的鉴别力和情绪;政治学研究结合在社会里并且相互依存的人类。"[2]"因此,在试图说明人性的原理的时候,我们实际上就是在提出一个建立在几乎是全新的基础上的完整的科学体系,而这个基础也正是一切科学唯一稳固的基础。"[3]

20 世纪,德国哲学家卡西尔在《人论》一书中开宗明义:"认识自我乃是哲学探究的最高目标——这看来是众所公认的。在各种不同哲学流派之间的一切争

---

[1] 休谟:《人性论》,关文运译,商务印书馆 1983 年版,第 6 页。
[2] 休谟:《人性论》,关文运译,第 7 页。
[3] 休谟:《人性论》,关文运译,第 8 页。

论中,这个目标始终未被改变和动摇过。它已被证明是阿基米德起点,是一切思潮的牢固而不可动摇的中心。"作为重大的实践问题,企业家、政治家、社会思想家如果在管理企业和社会、建构社会模型时偏离人性实际,就不可能获得成功。中国古代思想家早已深刻指出:"凡治天下,必因人情。"[1]"明于情性而后可论为政。不然,虽劳无功。"[2]最近,北京大学张维迎教授发表文章指出:"无论是商界企业家还是制度企业家……都必须对人性有透彻的理解,不理解人性就不可能成为成功真正的企业家。""制度企业家对人性的理解必须比商界企业家更透彻、更基本。商界企业家只需要理解人们喜欢什么,制度企业家则必须理解人的本质是什么。所以毫不奇怪,古今中外伟大的思想家都从人性开始论述他们的思想。同一时代不同的制度企业家之所以提出不同的行为规范,很大程度是由于他们各自对人性的不同理解。"[3]他将人类"轴心文明"时代各国"制度企业家"为人类设计的共同行为准则可总结为"以人为本""推己及人""互敬互爱""诚实守信""奖善惩恶"五点[4]。所谓"制度企业家",指"创造社会规范的人物",如孔子、老子、释迦牟尼、耶稣、亚里士多德,等等。这是否合适,确如他所说,是"值得讨论的"[5],但他关于成功的商界企业家和制度企业家"都必须对人性有透彻的理解",社会思想家提出的人类行为规范必须符合人性这个主张却相当中肯,抓住了问题的要害。小至一个企业,大至国家、天下,要对人实施有效的管理,使企业兴旺,国家昌盛,必须认清人性实际。遗憾的是,张氏总结的五点人类共同价值规范由此出发的人性实际究竟如何,文中却没有正面的探讨,而只是说:"由于人的复杂性","人性很难用一个单一的维度定义"[6]。

人性是什么,既是一个简单的问题,也是一个复杂的问题。早在古希腊,就有人问哲学家泰勒斯:"你认为人活在这个世界上,什么事情是最困难的?"泰勒斯的回答是:"认识你自己。"古希腊的斯芬克斯之谜,谜底就是"人"。古希腊人将"认识你自己"几个字刻在德尔斐神殿上,把这个问题留给了后人。但后人并

---

[1]《韩非子·八经》。
[2]《吕氏春秋·正贯》。
[3]《制度企业家与儒家社会规范》,《北京大学学报(哲学社会科学版)》2013年第1期。
[4]《制度企业家与儒家社会规范》,《北京大学学报(哲学社会科学版)》2013年第1期。
[5]《制度企业家与儒家社会规范》,《北京大学学报(哲学社会科学版)》2013年第1期,第17页注释。该词系张维迎依据芝加哥法学教授Cass Sunstein最早提出的norm entrepreneur翻译而来。
[6]《制度企业家与儒家社会规范》,《北京大学学报》2013年第1期。

不比古希腊人高明多少。文艺复兴后期法国作家蒙田仍然感叹:"世界上最重要的事情就是认识自我。"稍后法国思想家卢梭在《论人类不平等的起源和基础》中指出:"我觉得人类的各种知识中最有用而又最不完备的,就是关于'人'的知识。"18世纪德国大诗人歌德感慨:"人是一个糊涂的生物,他不知从何而来,到何处去;他对这个世界,而且首先是对于他自身,知道得很少。"[1]直到20世纪,这个问题仍然牵动、困扰着不少思想家。卢卡契在《社会存在本体论》中无奈地承认:"要使人们正确地意识到他们最根本的存在特性是很困难的。"海德格尔百思不得其解:"我们的问题是:什么是形而上学?可以变换成这样一个问题:什么是人?"[2]存在主义哲学家梅洛—庞蒂干脆说:"没有人性就是人性。"雅斯贝尔斯甚至告诫人们:"'人是什么'这一问题永远也不会有确切的答案。"[3]傅雷也曾感叹:"人真是矛盾百出,复杂万分,神秘到极点的动物。"[4]朱光潜认为:"世间事物最复杂因而最难懂的莫过于人。"[5]

人是什么,的确很难说得很清楚,但由此否定人的本质和人性的存在,却是不符合实际,也是相当有害的。事实上,人同此身,身同此心,心同此理。人作为动物界一个特殊的物种,自然有其普遍的物种属性。这种属性对于每一个个体来说都是一样的,这便构成了共同人性。绝对圆满的人性阐释也许很难,但基本可行的人性答案大体可寻。它可以为我们各门学科的理论研究和现实人生的社会管理提供基本的依据。那么,这基本可行的人性答案是什么呢?

2. 人的二重属性及其相互关系

黑格尔在《小逻辑》中曾经指出:"每一方只有在它与另一方的联系中才能获得它自己的规定。此一方只有反映另一方,才能反映自己。"[6]毛泽东在《矛盾论》中指出:"对于物质的每一种运动方式,必须注意它和其他运动形式的共同点,但是,尤其重要的,成为我们认识事物的基础的东西,则是必须注意它的特殊点,就是说,注意它和其他运动形式的质的区别。"[7]认识一事物的本质,应

---

[1] 转引自杨振寰等:《弗洛伊德:一个神秘的人物》,辽宁大学出版社1986年版,第38页。
[2] 转引自严春友:《人:西方思想家的阐释》,中国社会科学出版社2005年版,第174页。
[3] 熊伟主编:《存在主义哲学资料选辑》上卷,商务印书馆1997年版,第724页。
[4] 《傅雷家书》,生活·读书·新知三联书店1984年版,第194页。
[5] 《谈美书简》,上海文艺出版社1980年版,第23页。
[6] 黑格尔:《小逻辑》,贺麟译,商务印书馆1980年版,第254页。
[7] 《毛泽东选集》第一卷,人民出版社1991年版,第308页。

当把该事物放到与相关事物的联系中。联系就是既对立又统一。人作为动物界的一个物种,认识"人性"或"人的本质",就应当把"人"放到与其他动物的联系中,既看到人与动物的共同点,又看到人与动物的不同点。人与其他动物的共同点构成人的动物属性,这是人作为动物的基本属性、大类属性;人与其他动物的不同点构成人的特殊属性、物种特性。人的基本属性与特殊属性、动物属性与非动物属性的组合,构成了完整的人性存在,决定了人的双重本性。

值得给予足够注意的是,古今中外许多思想家对人性的拷问最终殊途同归,在肯定人具有双重本性方面达成了相当的共识。《尚书·大禹谟》说:"人心唯危,道心唯微。"凡是人,都具有危险的"人心"与微妙的"道心"二重心。周代的世硕,认为人同时具有善性与恶性。汉代的扬雄提出:"人之性也,善恶混。"印度的佛教认为,人既具有"无明""妄想",又具有"佛性""真心",前者可使人入魔,后者可使人成佛。西方的基督教认为,人一方面带有不洁的原罪,另一方面又有进入天国的神性,"人一半是魔鬼,一半是仙子"。自古希腊将人视为理性的动物以来,人具有动物性与意识性成为西方古典哲学的基本观点。康德强调:"人指既具有动物性又具有理性的东西。"[1]亚当·斯密在《国富论》中讲人性利己,在《道德情操论》中讲人性利他。狄德罗把"人"定义为"力量与软弱、光明与盲目、渺小与伟大的复合物"[2]。费尔巴哈指出:"在……人之中,我们发现恶和善、生和死、快乐和痛苦、爱情和敌对、忧愁和欢乐。"[3]托尔斯泰认为所有的人都是"黑白相间"的"花斑马"[4]。厨川白村在《苦闷的象征》中强调:"人类是在自己这本身中,就已经有着两个矛盾的要求的。……我们有兽性和恶魔性,但一起也有着神性;有利己主义的欲求,但一起也有着爱他主义的欲求。"[5]如此等等。

历史上,二重人性论曾遭到"性三品"论和阶级人性论的挑战与否定。"性三品"论是汉代董仲舒提出来的。他认为有善有恶的二重人性只是相对于中等之民而言的人性,上等的圣人有善无恶,下等的"斗筲"之民有恶无善,对上等的圣人下等的"斗筲"而言,二重人性不适用。这种人性论在汉代很为盛行,在唐

---

[1] 康德:《判断力批判》,译文据朱光潜《西方美学史》下卷,人民文学出版社1982年版,第360页。
[2] 转引自刘再复《性格组合论》扉页,安徽文艺出版社1999年版。
[3] 《费尔巴哈哲学史著作选》第一卷,涂纪亮译,商务印书馆1978年版,第154页。
[4] 《列夫·托尔斯泰论创作》,戴启篁译,漓江出版社1982年版,第82页。
[5] 《鲁迅全集》第十三卷,人民文学出版社1973年版,第29—30页。

代则有韩愈加以捍卫,但后来遭到许多有识之士的抵制。朱熹强调:"虽上智不能无人心,虽下愚不能无道心。"李贽说得更明白:"虽圣人不能无势利之心;虽盗跖不能无仁义之心。"相关的性二重思想也渗透到中国僧人的佛教著述中。慧能告诫僧众:"下下人有上上智,上上人有没意智。"宋代禅师延寿指出:"若以性善性恶,凡圣不移。诸佛不断性恶,能现地狱之身;阐提不断性善,常具佛果之体。"于是,在整个中国古代,占主导地位的是"君子之与小人,其性一也"(荀子)、"百姓之性与圣人之性弗差也"(李翱)之类的平等人性论。二重人性是对每个人说来都适用的共同人性论。"五四"时期,传统的二重人性论在进化论的改造下注入了新的内涵。1918 年底,周作人在《新青年》杂志上发表《人的文学》一文强调:"我们所说的人……乃是说,'从动物进化的人类'。其中有两个要点,(一)'从动物'进化的,(二)从动物'进化'的。这两个要点,换一句话说,便是人的灵肉二重的生活。""兽性与神性,合起来便只是人性。"但不久,这种共同人性论就被庸俗的阶级人性论所打破。阶级人性论认为属于无产阶级的人绝对的好,属于有产阶级的人绝对的坏,属于小资产阶级的知识分子有善有恶,是可以团结、改造的对象,相当于古代的"中民"。于是阶级人性论就成为古代性三品论的变种。伴随着"文革"的结束和思想的解放,新时期以来,理论界突破不合事实的阶级人性论,将二重人性论作为对每个人都适用有效的共同人性论提出来,并赋予了时代烙印。李泽厚强调:"人性既不是绝对的感性(动物性),也不是绝对的理性(神性),而是感性与理性、自然性与社会性的统一。所以我一直反对两种倾向,一方面反对纵欲主义,把人性归结为动物性,把描写性行为当作人性的发现或解放,另方面反对禁欲主义,把人性归结为神性,像文化大革命'样板戏'中的女英雄不是'贞洁'的寡妇便是似乎永远不会产生爱的铁姑娘。"[1]刘再复重申并发挥说:"人除了具有人性(狭义,指人之为人的特性)的一面还带有兽性的一面。""人首先有自然欲求,然后才有文化欲求,这两种欲求有高低之分,但是又密不可分,要求一个人非此即彼是荒谬的。"[2]"辩证法否认在世界上存在任何纯粹的单方面的因果关系、善恶关系、美丑关系,连头脑最简单的人也都带有二分性,也都可以看到二重关系的相互作用。"[3]"任何一

---

[1] 李泽厚:《艺术杂谈》,《文艺理论研究》1986 年第 3 期。
[2] 《两极心理对位效应和文学的人性深度——关于"人物性格二重组合原理"心理依据的探讨》,《文艺理论研究》,1985 年第 2 期。
[3] 刘再复:《性格组合论》,安徽文艺出版社 1999 年版,第 67 页。

个人,不管性格多么复杂,都是相反两极所构成的。这种正反的两极,从生物的进化角度看,有保留动物原始需求的动物性一极,有超越动物性特征的社会性一极,从而构成所谓'灵与肉'的矛盾;从个人与人类社会总体的关系来看,有适应社会前进要求的肯定性的一极,又有不适应社会前进要求的否定性的一极;从人的伦理角度来看,有善的一极,也有恶的一极;从人的社会实践角度来看,有真的一极,也有假的一极;从人的审美角度来看,有美的一极,也有丑的一极。"[1]于是,二重人性作为对共同人性实际状况的基本把握,成为新时期取得的具有积极意义的重要共识。

人具有动物性的欲望与非动物的理性二重属性,这是我们对客观存在的人的物种属性的基本把握。那么,人的二重属性之间的关系是怎样的呢?首先,二者的关系是相互依存的。人的特殊属性是人区别于其他动物、成其为人的根据,因而是人的根本属性,也是最重要的人性内涵所在。同时,人的动物属性是人的特殊属性赖以存在的基础,因而是人的基本属性,如果人的动物属性都满足不了,人的特殊属性也就失去了立足的根基。人要成为非动物的人,首先必须成为动物存在。这就是马克思所揭示的一条唯物主义真理:"人们首先必须吃、喝、住、穿,然后才能从事政治、科学、艺术、宗教,等等。"[2]

其次,人的二重属性是对立统一的。一方面,二者之间的关系是矛盾的、方向是对立的。人的动物欲望要求无限地满足自己,于是会不顾一切地造成对其他人欲望及其权利的伤害,最终殃及自身,使自己的生命存在都无法保障;理性认识到个体与他人之间相反相成的关系,于是确立道德法则和法律原则,以此要求他人践行,也克制自我的欲望。另一方面,二者的关系又是相融的,最终方向是一致的。理性确立的道德法则和法律原则既是对个人欲望的限制,也是对个人欲望的保护,可以使个人欲望在一定范围内得到更好的满足。比如婚姻。人们往往只看到有关婚姻的道德法律限制性欲的一面,殊不知"婚姻只是一种发泄性欲的合法出路"[3]。再如关于财富的法律,它既有惩罚私欲胡作非为的一面,也有保证个人谋取正当收入的一面。因此可以说,理智是实现本能的手段和

---

[1] 刘再复:《性格组合论》,第61页。
[2] 恩格斯:《在马克思墓前的讲话》,《马克思恩格斯选集》第三卷,人民出版社1972年版,第574页。
[3] 罗素:《婚姻革命》,靳建国译,东方出版社1988年版,第37页。

工具。正如尼采、叔本华指出的那样："理智和心灵皆是工具和玩具。"[1]"理智对意志而言处于工具的地位。"[2]清代的戴震在《孟子字义疏证》中也说："理者,存于欲者也。""欲,其物;理,其则也。"[3]由此可见,二重人性是对人性的主体把握,相对于人性而言,二者不可缺一。听任欲望支配、抛弃理性控制,人就成了"两脚动物"、"衣冠禽兽";片面拔高理性,扼杀一切欲望,人就成了十全十美、高不可攀的"神灵"。周作人曾经指出:"大家都做着人,却几乎都不知道自己是人。或者自以为是'万物之灵'的人,却忘记了自己仍是一个生物",或"有不顾灵魂的快乐派,只愿'死便埋我'","其实两者都是趋于极端,不能说是人的正当生活"[4]。法国小说家莫洛亚认为:如果说人的一大错误是拒绝承认人的动物本性,那么人的另一个更大的错误便是拒绝承认人的天使本性[5]。在当下中国,这仍不失为有益的忠告。

3. 人的动物属性的形态、特点及其现实启示

那么,人的动物属性具体表现为那些形态? 有什么特点? 准确认识这一问题对我们有什么现实启示? 就是说,我们应当对它采取什么态度? 这需要我们作进一步的探讨。

将动物性视为人性之一,似乎亵渎了人性的神圣,有人是不答应的。但达尔文的进化论雄辩揭示了人是从动物进化而来的事实。"人是从动物发展而来的,这点就已经决定了人永远不能脱离动物所有的特征。"[6]1967 年,英国学者莫利斯出版了一部动物学和人类学著作《裸猿》。作者以动物学家的眼光,对人类基本行为的起源、模式和功能加以考察,揭示出人性中的动物性一面。该书序言指出:"现存的猴类和猿类共有 193 种,其中的 192 种身上遍布体毛。唯一例外的物种是一种全身裸露的猿类,他自诩为人类。"研究表明,人的祖先是类人猿。人从类人猿进化而来。按动物学的专业说法,人属于脊索动物门、脊椎动物亚门、哺乳动物纲、灵长类猿猴亚目、类人猿超科动物。说得通俗些,人是灵长类哺乳动物中的一员。尽管在同类动物中,人是最高级的动物,然而无论怎样也摆

---

[1] 尼采语,转引自赵修义等:《现代西方哲学概要》,华东师范大学出版社 1987 年版,第 63 页。
[2] 叔本华:《作为意志和表象的世界》,转引自赵修义等:《现代西方哲学概要》,第 53 页。
[3] 戴震:《孟子字义疏证》。
[4] 周作人:《人的文学》,《新青年》1918 年 12 月。
[5] 莫洛亚:《从普鲁斯特到萨特》,袁树仁译,漓江出版社 1987 年版,第 105 页。
[6] 恩格斯:《反杜林论》,人民出版社 1970 年版,第 98 页。

脱不了动物的本性。因此,动物性是人的基本属性。

人的动物属性主要由维持生命存在的食欲、利欲与维持生命延续的色欲、性欲构成。告子说:"食、色,性也。"[1]《礼记·礼运》说:"饮食男女,人之大欲存焉。"亚里士多德指出:"动物的生活行为可以分为两出——其一为生殖,另一为饮食。一切动物生平的全部兴趣就集中在这两出活动。"[2]由食欲与色欲派生出自私自利、好逸恶劳、好生恶死、欲壑难填等一系列动物本能的表现形态。

人对生活财富的追求与对异性的占有带有强烈的排他倾向和自私自利特征。"每一个活的存在物的基本冲动的目的就是自我保存。"[3]因此,人"皆挟自为心"[4]。李贽指出:"夫私者,人之心也。人必有私,而后其心乃见。"[5]叔本华甚至夸张地揭示人的自私本性:"自然的人如果被迫在他自己的毁灭和整个世界的毁灭之间选择的话,他会选择仅仅为了使他自己——这海洋中的一颗水珠——多活一会儿而使整个宇宙绝灭。"[6]

动物生命追求维持自己生存的财富,同时希望不劳而获,因为人按其动物本性是贪图享受、厌恶辛劳的。商鞅指出:"劳而求佚……此民之情也。"[7]荀子说:"人之情……形体好佚而安重闲静莫愉焉。"[8]"劳而欲息……是无待而然者也。"[9]《吕氏春秋·适音》指出:"人之情……欲逸而恶劳。"孟子说:"四肢之于安佚也,性也。"[10]说的都是人性好逸恶劳。

人作为鲜活的生命体,一旦降生到人世,就会顽强地追求肉体生命的存活,与死亡作拼命的抗争。荀子说:"人之所欲生甚矣,人之所恶死甚矣。"[11]《吕氏春秋·适音》指出:"人之情,欲寿而恶夭,欲安而恶危。"车尔尼雪夫斯基在《生活与美学》中指出:凡是被人认为美的东西,本质上都属于生机勃勃的事物;而奄奄一息、预示着死亡的事物,都被人们认为是丑的事物。俗语"好死不如赖

---

[1]《孟子·告子》。
[2] 亚里士多德:《动物志》,吴寿彭译,商务印书馆1979年版,第340页。
[3] 语出斯多葛派,据包尔生:《伦理学体系》,何怀宏、廖申白译,中国社会科学出版社1988年版,第50页。
[4]《韩非子·外储说左上》。
[5]《藏书·德业儒臣后论》。
[6] 转引自包尔生:《伦理学体系》,何怀宏、廖申白译,中国社会科学出版社1988年版,第210页。
[7]《商君书·算地》。
[8]《荀子·王霸》。
[9]《荀子·荣辱》。
[10]《孟子·尽心下》。
[11]《荀子·正名》。

活","宁在世上挨,不在土里埋"。这些都说明:好生恶死,乃人的动物本能。

人无论食欲色欲、自私自利,还是好逸恶劳、好生恶死,按其天性,都显示出欲壑难填式的贪婪。比如人对于财富的追求,哪怕超出了自己的消费需要,仍然"终朝只恨聚无多"。人对于异性的追求,使"人有一定程度的多妻倾向"[1]。罗素曾经指出:"除了那些受教权停止命令和强烈的道德自责心约束的人以外,其他人都不可能在一生中对于通奸从不产生强烈的冲动。"[2]"那些放荡不羁的文化人,无论男女,就他们的本能而言,一般都是主张多配偶的。"[3]再如人对"生"的贪求使人苟且偷生,对安逸享受的贪求使人伺机偷懒。因此,董仲舒用"贪"来概括人的动物天性,佛教也将"贪"视为众生与生俱来的无明"三毒"之一。

"人情之自然,喜怒哀乐无节也。"[4]人的动物属性本无所谓善恶,但动物本能无限满足自己的贪婪,使它具备了危害他人利益、冲决社会道德和法律堤防的潜在恶性特点。所以,《尚书》说"人心惟危",不加限制的人欲是危险的。诚如荀子分析的那样:"今人之性,生而有好利焉,顺是,故争夺生而辞让亡焉;生而有疾恶焉,顺是,故残贼生而忠信亡焉;生而有耳目之欲,有好声色焉,顺是,故淫乱生而礼义文理亡焉。"[5]在西方,16世纪的马基亚维利目最早从人的自私本性出发提出"人天生是恶的"论断。霍布斯揭示利己的人性注定了"人对人是豺狼",人与人之间始终处于相互争斗的"战争状态"。笛福说:"只要有可能,人人都会成为暴君,这是大自然赋予人的本性。"叔本华重申:求生存的意志使人贪婪、残酷而奸诈,决定了人是"性恶的动物"。

认识到人的动物属性的上述具体形态和特点,对我们在现实中如何加以应对有何启示意义呢?

首先,对人的动物属性应当加以承认、尊重,并给予基本的满足与合理的肯定。人的食欲色欲、自私自利、好逸恶劳、好生恶死等自然欲望虽然属于动物本能,具有作恶的潜在可能性,但必须承认它属于客观人性。这里应理直气壮地为动物性属于基本人性正名,尤其要破除一种成见,即认为人性是人不同于其他动

---

[1] 威尔逊:《论人的天性》,林和生等译,贵州人民出版社1987年版,第117页。
[2] 罗素:《婚姻革命》,靳建国译,东方出版社1988年版,第150页。
[3] 罗素:《婚姻革命》,靳建国译,第93—94页。
[4] 《性学篇》,《康有为政论集》,中华书局1981年版,第12页。
[5] 《荀子·性恶》。

物的特性,人身上具有的动物性不属于人性。这样做可能导致的直接后果,是把人的基本的动物欲求当做非人性的欲求加以漠视或粗暴对待。"天使人有欲,人不得弗求……不可变,不可易。"[1]人的动物欲求作为生命存在的必要条件,如果得不到基本满足,生命就无法存在。"人性最根本的东西是基本本能,基本本能存在于任何人身上,其目的是满足某些基本需要。"[2]人类一切活动的本质都是为了满足作为动物生命存在的基本本能,道德、法律说到底是为了保证人人都能最大限度地去满足这些基本本能的需要。如果治理天下"不论人之性,不返人之情",就会引发天下大乱[3]。因此,必须在承认动物欲求是人的基本属性的基础上,给予合理的肯定与基本的满足。比如人饥而欲食,因而苦行僧的生活是要不得的;人生而好色,因而禁欲主义、"无性"文化是不可取的;人性自私,因而"狠斗'私'字一闪念",要求"与私有观念作彻底决裂"是徒劳的,给"个人利益"正名、法律保护私人财产是深得人心的,建立全社会的二次分配机制、保证财富共享的社会公平是势在必行的;人性好利,因而富民政策、民生目标是鼓舞人心的;人性好逸恶劳,因而实行有外在约束的劳动责任制是切实可行的,通过技术革新减轻人的劳动负担是大势所趋;人性好生恶死,因而关怀生命、保护生命、不作无谓的牺牲是值得提倡的。然而在历史上,我们在认识和对待人的这些动物天性方面做得并不是都很好的。比如人性自私自利,可克鲁泡特金却认为,动物的天性恰恰不是自私自利,而是喜爱互助,所以在无政府主义社会,人们会自觉实行财富共享。人性好逸恶劳,但傅立叶却认为,人的天性是喜爱劳动,劳动可以给人带来快乐:"每个人生下来就有一种偏好某种劳动的习性;绝对懒惰是胡说,这种情形从来未曾有过,也不可能有;人类精神本来就有活动的要求,并且有促使肉体活动的要求;因此就没有必要像现今社会制度那样强迫人们活动。"在废除了异化劳动的社会主义社会,"劳动就能恢复它的本来面目,成为一种享受"[4],人们就能自觉自愿、积极主动地从事创造社会财富的劳动。人性好生恶死,可有一种激进的"革命"不是叫人活,而是鼓励人死的。人性好利恶害,可是,中国古代曾有一种迂腐的道德,叫人"正义不计其利,明道不计其

---

[1]《吕氏春秋·大乐》。
[2] 弗洛伊德语,《弗洛伊德论创造力与无意识》,孙恺祥译,中国展望出版社1986年版,第213页。
[3]《吕氏春秋·适威》。
[4] 均见恩格斯:《大陆上社会改革运动的进展》,《马克思恩格斯全集》第一卷,人民出版社1956年版,第378页。

功"[1],当代历史上曾有一种极"左"理论,谈"富"色变谈"利"色变,在人民"革命"成功后可以变成有产阶级时,仍强调要保持"无产阶级"本色,过"穷社会主义"的苦行僧生活。由于对人性的判断失误,其结果,克鲁泡特金描绘的"无政府主义"变成了乌托邦,傅立叶杜撰的社会主义变成了"空想社会主义",激进的"革命"学说遭到人道主义反思,迂腐、极"左"的道德理论被邓小平同志的"富民"学说所取代。

其次,对人的动物属性也应加以限制和约束。欲如水,不遏则滔天;贪如火,不遏则燎原。人的动物属性并不等于恶,但不加约束的动物属性必然导致恶。人的利己本性固然有其合理性,但膨胀的、极度的自私自利本能则会导致贪污受贿、坑蒙拐骗、贪婪狡猾、口是心非、反复无常、颠倒黑白、混淆是非、厚颜无耻、冷酷无情、忘恩负义、嫉妒倾轧、凶残厮杀等种种恶行。人的性欲本能也应得到合理满足,但肆无忌惮的强奸、轮奸则是任何国家的法律所要惩罚的犯罪行为。追求安逸可以理解,但消极怠工却不可取。保全生命无可非议,但变节苟活则令人不齿。人的动物欲求人人都有,即使"君子""圣人"也不例外,所以"那些伟大的心灵既可以作出最伟大的德行,也同样可以作出最重大的罪恶"[2],"君子""圣人"也有永远约束自己动物本性的道德修养任务。由于权贵阶层同时拥有满足自己无限、贪婪的动物欲求的权力,因而他们犯罪的几率就特别高,造成的危害也更加大。约束权贵阶层放纵自己动物欲求的最好办法,是"把权力关进制度的笼子里"。

再次,对人的动物属性还应合理加以引导、利用,调动它在合法的轨道内发挥最大的正能量。对人欲的限制和约束绝不意味着"去欲""寡欲",而是要求在合理合法的范围内,将人的欲望充分发挥到最大值。人的动物欲望既可能导致罪恶,也可能导致美德。仅仅着眼于前者而简单地主张"去欲""寡欲",是一种浅薄的愚蠢之见。"凡语治而待去欲者,无以道欲而困于有欲者也;凡语治而待寡欲者,无以节欲而困于多欲者也。"[3]不妨设想一下,如果一个人真的什么欲望都没有了,那么即使他很有才能,统治者很欣赏他,他也不会为之所用。"夫无欲者,其视为天子也,与为舆隶同;其视有天下也,与无立锥之地同;其视为彭

---

[1]《汉书·董仲舒传》。原文为"正其谊不谋其利,明其道不计其功"。谊,通义。
[2] 笛卡尔语,转引自罗国杰、宋希仁:《西方伦理思想史》下册,中国人民大学出版社1988年版,第122页。
[3]《荀子·正名》。

祖也,与为殇子同。天子至贵也,天下至富也,彭祖至寿也,诚无欲,则是三者不足以劝。"[1]人的感性欲望是人类一切有价值的创造活动的基础。刘再复指出:"人的感性欲望是一种强大的生命原动力。死人没有欲望。感性欲望的强烈,是健康的表现,是具有生命活力的表现。人的才能、人的创造力、人的伟大本质,都首先导源于他本身的感性欲望。最优秀的人物,最杰出的人物,都是一些至情至理的人,都是一些充满着欲望的人。……具有强大生命力的健康的人,不仅充满着食欲、性欲,而且充满着运动欲、求知欲、创造欲。"[2]人的感性欲望本身并无罪过,关键在于把它限定在合适的范围内发挥作用。古往今来,正是人的私欲,推动着社会财富的创造,正是好逸恶劳、求乐避苦的天性,推动着科学技术的更新,正是欲望的永不满足,推动着人类物质文明的日新月异。人的欲望如果导入合理的渠道,就可产生排山倒海的积极力量,创造惊天动地的丰功伟业。"人之欲多者,其可得用亦多;人之欲少者,其得用亦少;无欲者,不可得用也。""善为上者,能令人得欲无穷,故人之得用亦无穷也。"[3]

4. 人的特殊属性的形态、特点及其现实启示

人类作为动物界一个特殊物种,还有区别于其他动物的特殊属性。

人区别于其他动物的特殊属性有多种形态,如意识特性、道德特性、社会属性、劳动特性、文化特性,等等。究竟哪一种是根本特性、本质特性呢?我们对此应当如何应对呢?

这些问题相当复杂。毋庸讳言,人们对这些问题的现有认识是相当混乱的。

作为人的物种属性,人的特性应当是人与生俱来的自然本性。只有作为自然本性的人的特性才称得上是人的本质特性。那么,作为自然本性的人的特性是什么呢?这就是大脑的"意识"机能,俗称"理性",又叫"智慧"、"灵性"。人类属于灵长类哺乳动物。灵长类哺乳动物具有中枢神经系统,在动物界拥有更高的智力水平。在各种动物中,人的大脑相对容量最大,智能程度最高。葛洪指出:"有生最灵,莫过于人"[4],人"智慧必高远"[5]。莱布尼茨曾指出:"在禽兽

---

[1]《吕氏春秋·为欲》。
[2] 刘再复:《性格组合论》,第 443 页。
[3]《吕氏春秋·为欲》。
[4]《抱朴子·内篇·论仙》。
[5]《抱朴子·内篇·塞难》。

中所看到的那种理性的影子,只是在一种显得和过去相似的情况下期待出现相似的事,而并不知道是否有同样的理性在起作用。"[1]而人的意识却"看到了真理之间的那些联系","在这方面人显然是大大超过禽兽的"。[2]康有为在《大同书》中总结说:人"智多思深"、"脑筋尤灵"。由于人的大脑天生具有某种不同于其他动物的高度智慧,所以中外思想家一致把"智慧"、"意识"、"理性"、"灵性"视为人的最根本的特性。在西方,人是"理性的动物",是古希腊以来哲学家们一贯思想。亚里士多德指出:"人的特殊功能是根据理性原则而具有理性地生活。"[3]斯宾诺莎强调:"人是一个理性存在物,理性是人的本性。"[4]达尔文研究揭示:人是具有"自我意识"的动物,"任何低于人的动物,是没有自我意识的。"[5]费尔巴哈提出:"只有人性的东西才是有理性的东西,人乃是理性的尺度。"在中国传统文化中,从理智的角度说明人的特性是一大传统。自《尚书》提出"惟人万物之灵"的命题后,人是有"灵性"的生物、是天下"最灵"的生物,成为中国人的基本思想。如朱熹说:"人是天地中最灵之物。"[6]"灵",本义是神灵,在后世的发展中又产生出精神、智慧的引申义。如孔子说:"人心之灵莫不有知。"[7]心灵的智慧是一种理性思维活动。如孟子说:"心之官则思。"[8]因此,"哀莫大于心死"[9],"尚智"成为中国古代人性论的一大特征。扬雄《法言》记载:"或问:'人何尚?'曰:'尚智。'"[10]《列子》借子产之口强调:"人之所以贵于禽兽者,智虑。"[11]唐末无能子指出:"裸虫中繁其智虑者,其名曰人。"[12]人类心智的这种理性认识能力与生俱来,人人禀有,与人的本能欲望一样属于自然天性。

人的意识、智慧天性,是人的其他特性赖以存在的基础,人的其他特性,基本上可以说都是人的意识、智慧天性的产物。

---

[1] 莱布尼茨:《人类理知新论》,陈修斋译,商务印书馆1982年版,第568页。
[2] 莱布尼茨:《人类理知新论》,陈修斋译,第569页。
[3] 周辅成编:《西方伦理学名著选辑》上卷,商务印书馆1964年版,第280页。
[4] 斯宾诺莎:《伦理学》,贺麟译,商务印书馆1981年版,第171页。
[5] 达尔文:《人类的由来》,潘光旦、胡寿文译,商务印书馆1983年版,第189页。
[6] 《朱子语类》卷一百一十。
[7] 《大学》引孔子语。
[8] 《孟子·告子上》。
[9] 《庄子·田子方》引孔子语。
[10] 《扬子法言》卷六《问明》。
[11] 《列子》卷七《杨朱篇》。
[12] 《无能子·圣过》。王明《无能子校注》,中华书局1981年版。

比如为善的、仁爱的道德意识是人区别于其他动物的特殊属性。亚里士多德指出:"人类由于志趣善良而有所成就,成为优良的动物,如果不讲礼法、违背正义,他就堕落为最恶劣的动物。"[1]孟子说:"无恻隐之心,非人也;无羞恶之心,非人也;无辞让之心,非人也;无是非之心,非人也。"[2]董仲舒也说:一般动物"莫能为仁义,唯人独能为仁义"[3]。王夫之指出:"人以其本质之善,异于禽兽……"[4]"人道则为人之独。"[5]这种善良的道德意识曾经被孟子、王阳明等人描述为天赋良知,被卢梭等西方学者描述为人"生来就有"的"圣洁的本能":"我们的求善避恶并不是学来的,而是大自然使我们具有这样一个意志"[6]。其实,为善的、仁爱的道德意识并非人的天性,而是人的智慧、意识辨别是非、认识善恶后的产物。正如亚里士多德指出的那样:"人类所不同于其他动物的特性,就在于他对善恶和是否合乎正义以及其他类似观念的辨认。"[7]荀子也说过几乎同样的话:"人之所以为人者,非特以其二足而无毛也,以其有辨也……人道莫不有辨,辨莫大于分,分莫大于礼。"[8]所以中国古代哲人说:"智者,德之帅也。"[9]"智虑之所将(持也)者,礼义。"[10]

比如利他的、互助的、协作的社会特性。这曾经被休谟、亚当·斯密、克鲁泡特金等西方学者描述为人的天性,甚至是一切动物的天性。如克鲁泡特金在《互助论》一书中通过考察"动物之间的互助"及"现代人之间的互助"说明"互助"与"竞争"一样同属生物包括人类的天性,生物进化的历史就是生物竞争不断让位于生物互助的历史,"在动物界的进化和人类历史中的社会性及互助之重要,应该被认为是一个脱离了一切假设的假定而实证地确立起来的科学的真理。"[11]然而,这个所谓的"真理"已被此后无数的事实粉碎。尽管现代实验表明人类在婴儿时期就能表现出某种帮助他人的倾向,尽管动物界也不缺乏凭借推己及他本能想象和轻度意识走向相互协助的社会性动物,但人类互助利他

---

[1] 亚里士多德:《政治学》,吴寿彭译,商务印书馆1965年版,第9页。
[2] 《孟子·公孙丑上》。
[3] 《春秋繁露·人副天数》。
[4] 王夫之:《读四书大全说》卷一。
[5] 王夫之:《思问录·内篇》。
[6] 卢梭:《爱弥儿》下卷,李平沤译,商务印书馆1978年版,第416页。
[7] 亚里士多德:《政治学》,吴寿彭译,第8页。
[8] 《荀子·非相》。
[9] 刘劭:《人物志·八观》。
[10] 《列子·杨朱》。
[11] 周辅成编:《西方伦理学名著选辑》下卷,商务印书馆1996年版,第574页。

的社会属性显然是成年后高度发达的意识仔细考量、权衡利己与利他相反相成以后的产物,是人的大脑深刻认识到"一人之身而百工之所为备"(孟子)、"既以为人己愈有"(老子)、"己在群中,群亡则己随之而亡"[1]、"我为人人,人人为我"的结果。由于人的大脑的意识特别发达,特别善于处理个体与群体的复杂社会关系,从而使人的社会性成为人类的特殊属性与包括群体性、社会性动物在内的其他动物区别开来。因此荀子说:"人能群",其他动物"不能群也"[2]。"人的本质并不是单个人所固有的抽象物,在其现实性上,它是一切社会关系的总和。"[3]"人是最名副其实的社会动物,不仅是一种合群的动物,而且是只有在社会中才能独立的动物。"[4]

比如人的劳动特性。"劳动"是什么?是有意识的谋生活动。动物只会被动地等待自然恩赐,其谋生活动是本能活动,不是劳动。而人类则能够在大脑的意识指导之下认识自然、驾驭自然,有意识地能动地创造生活财富。墨子早已指出:人与禽兽是不同的。禽兽"因其羽毛以为衣裘,因其蹄蚤以为绔屦,因其水草以为饮食……衣食之财固已具者矣。今人与此异者也,赖其力者生,不赖其力者不生。"[5]恩格斯进一步指出:"人类社会区别于猿群的特征又是什么呢?是劳动。"[6]能否能动地依靠人力驾驭外物、从事劳动、创造生活资料,是人与动物的区别之一。那么,人类的谋生活动为什么是劳动呢?因为人类的大脑具有发达的意识机能。正是有了这样一个前提和基础,才有可能产生有意识的谋生活动——劳动。这里尤其值得指出的是:马克思、恩格斯早先受西方"人是理性的动物"观念影响,认为人的根本特性是意识,后来唯物史观形成后,认为意识是由劳动决定的,劳动是比意识更为根本的人的特性。这种观点是有逻辑漏洞的。通常所说的"意识"有两种,一种是生物机能,另一种是"意识形态"。作为"意识形态"的"意识"可以说是由劳动决定的,作为大脑机能的"意识"是与生俱来的,不是由后天的劳动生活决定的。那么,人的大脑的意识机能是哪里来的?恩格斯认为是由"劳动"创造的。"首先是劳动,然后是语言和劳动一起,成了两

---

[1] 蔡元培:《华工学校讲义》,《蔡元培美学文选》,北京大学出版社1983年版,第23页。
[2] 《荀子·王制》。
[3] 马克思:《关于费尔巴哈的提纲》,《马克思恩格斯选集》第一卷,人民出版社1972年版,第18页。
[4] 马克思:《〈政治经济学批判〉导言》,《马克思恩格斯选集》第二卷,第87页。
[5] 《墨子·非乐上》。
[6] 恩格斯:《劳动在从猿到人转变过程中的作用》,《马克思恩格斯选集》第三卷,第513页。

个最主要的推动力,在它们的影响下,猿的脑髓逐渐地变成人的脑髓。"[1]然而,既然"劳动"在马克思《1844年经济学哲学手稿》中被界定为"有意识的、自觉自由的谋生活动",那么"劳动产生脑髓的意识机能"就等于说"有意识的谋生活动产生脑髓的意识机能",这显然是因果倒置、不能成立的。脑髓的意识机能只能由类人猿的无意识的谋生活动产生。只有在具有意识机能的大脑诞生后,才能有有意识的谋生活动——劳动。人脑的意识特性是决定人的劳动方式、比劳动更为根本的人的特性。

比如人的文化特性。人能够创造文化,动物则无所谓文化。文化属性是人区别于其他动物的又一特性。卡西尔甚至认为,文化是比理性更重要的人的特性;说人是"理性的动物"不如说是"文化的动物"更准确。"文化"是什么?历史上曾经出现过上百种不同的定义。尽管"文化"涵义众说纷纭,但有一点是共通的,那就是,文化是人类所创造的一切物质文明和精神文明。这样一来,就发生了同义循环:人是什么?是能创造文化的动物;文化是什么?是人创造的一切。如此这般,人的特性究竟是什么还是没有得到确切的说明。其实,人类为什么能创造文化?还不是由于人是理性的动物、具有发达的意识机能吗?人之所以是文化的动物,首先因为是理性的动物。其次,理性、意识是比文化更为根本的人的特性。

比如人的高贵特性。所谓高贵特性,是指人在宇宙世界中主宰万物、君临万物的高贵地位和中心地位。普罗塔哥拉提出:"人是万物的尺度。"索福克勒斯感叹:"世界的奇物珍宝可真不算少,像人这样微妙的确很难找。"莎士比亚赞叹:"人类是一件多么了不起的杰作!""宇宙的精华!万物的灵长!"《礼记》说:"人者,天地之心也","五行之秀气也"。《孝经》强调:"天地之性人为贵。"孔安国肯定:"天地所生,惟人为贵。"[2]人为什么具有驾驭万物、凌驾于万物之上的高贵特性呢?说到底,是因为人有高度发达的智慧。王充指出:"裸虫三百,人为之长。天地之性人为贵,贵其识知也。"[3]《列子》说:"人所以贵于禽兽者,智虑。"[4]康有为指出:"人者,智多而思深,虑远而计久。"[5]"人惟有智,

---

[1] 恩格斯:《劳动在从猿到人转变过程中的作用》,《马克思恩格斯选集》第三卷,第512页。
[2] 《尚书·周书·泰誓》。
[3] 王充:《论衡·别通》。
[4] 《列子·杨朱》。
[5] 《大同书》。

能造作饮食、宫室、衣服,饰之以礼乐、政事、文章,条之以伦常,精之以义理,皆智来也。"[1]"其智愈推而愈广,则其爱恶愈大而愈有节,于是政教礼义文章生焉,皆知智推也。"[2]凭借这种高度的智慧,人类能够洞悉和把握自然规律和社会规律,创造出动物界所没有的高度的物质文明和特殊的道德文明,成为宇宙万物中的高贵生物。

综上所述,可见,人的为善的道德特性、互助的社会特性、有意识谋生的劳动特性以及文化特性、高贵特性都是建立在意识本根之上、由意识派生出来的后天属性,不是先天赋有的物种天性,意识是人的各种特性中最为根本的人的特性。"理性能力确实是一切人类活动的固有特性。""人是理性的动物这个定义并没有失去它的力量。"[3]

承认意识属性是人的根本特性,人的道德属性、社会属性、劳动属性、文化属性、高贵属性是由此派生的人的特性,对我们认识和处理现实人生问题有什么启示意义?

首先,意识活动是人所以为人的根本特性所在,也是人比其他动物高贵的本质属性所在。因此,人的所作所为不能不假思索,完全受制于本能的支配,而是应当经过大脑的思考,听命理性的召唤。意识活动是一种形而上的精神活动。人在满足形而下的物质欲求之上,还必须有更高的精神追求;人不仅要脚踩大地,还必须仰望星空。如果仅仅把人生的理想放在吃吃睡睡的肉体享受上,这种理想在爱因斯坦看来,只是"猪栏的理想",这种人按莎士比亚的说法,"不过是头畜生"。事实上,一个人如果没有充实、丰富的精神活动,不仅不是真正意义上的"人",而且不可能有真正的人生幸福。

其次,意识的功能是具有认识规律、照物如镜之明。"智出于明。明之于人,犹昼之待白日,夜之待烛火。其明益盛者,所见及远。"[4]人类凭借意识活动,可以认识自然和社会规律,辨别是非别善恶,克制本能好恶,按照个体和物种的生存要求理性地去生活。比如人性好逸恶劳,但理性活动则指令人们积极主动地去劳动谋生;人性自私利己,但理性活动则驱使人们相互帮助、走向为善。正是意识对人的个体利益与整体利益、当下利益与长远利益相反相成、对立统一

---

[1]《仁智篇》,《康有为全集》,上海古籍出版社1990年版。
[2]《爱恶篇》,《康有为政论集》,中华书局1981年版。
[3] 均见卡西尔:《人论》,甘阳译,上海译文出版社1985年版,第34页。
[4] 刘劭:《人物志·八观》。

关系的理性思考,产生了相互制约的道德准则和维护可持续发展的生态文明观念,阻止人类完全听命于个体当下欲望的冲动沦为恶劣的动物。不过就个体的人而言,他的意识既可能正确地辨别是非别善恶,也可能错误地判断是非善恶。这种错误的观念一旦形成,就会成为听命本能欲望为所欲为的助推器,变本加厉地为非作歹。可见,人的为善必须经过意识这一中介,意识活动有助于使人为善,但不必然地导致为善,这就要求社会建立强制的法律机制给予相应的制约。

人的意识活动的自然追求是自由。我有头脑,自作主宰,无须他人代为作主;我有思想,自有主张,无须他人越俎代庖。"我有心思,自崇所信,绝不认他人之越俎,亦不应主我而奴他人。盖自认为独立自主之人格以上,一切操行、一切权利、一切信仰,唯有听命各自固有之智能,绝无盲从隶属他人之理。"〔1〕于是,"独立之精神,自由之思想",成为现代文明社会每个人的天赋权利。语言是思想的直接现实。承认自由思想的权利,必然承认自由言论的权利。英明的政治之道,不仅应重视民利、保障民生,而且应当尊重民心,倾听民意,集中民智,保障民主。思想的自由拒绝轻信盲从,但对自己思考的结果常常过分自信,希望甚至强求别人服从自己的观点,拒绝甚至扼杀别人的不同意见。"理性精神和人的力量,虽然使人类走出了黑暗的中世纪,但是一旦把它加以神化、又自以为掌握了终极真理的时候,他就会以真理的名义,将反对自己或者与自己有分歧的人,当作异端,不是去加以改造,就是把他消灭掉。"〔2〕可见,思想的自由是很可能转化成思想的专制与霸权的,这种教训应当引起我们警惕和防范。

[本文载《上海大学学报(社会科学版)》2013年第3期。收入祁志祥《人学原理》第二编《人性观》,商务印书馆2012年版]

三、论人的情感及其应对态度

18世纪法国启蒙主义思想家狄德罗曾经指出:"人们无穷无尽地痛斥情感;人们把人的一切痛苦都归罪于情感,而忘记了情感也是他的一切快乐的源泉。因此,情感就其本身性质说,是一种既不能说得太好也不能说得太坏的因素。但使我们感到不平的是人们总是从坏的方面来看情感。""可是只有情感,而且只有大的情感,才能使灵魂达到伟大的成就。如果没有情感,则无论道德文章就都

---

〔1〕 陈独秀:《敬告青年》,《青年杂志》第1卷第1号,1915年9月。
〔2〕 王元化语,转引自陆晓光主编:《清园王元化先生》,华东师范大学出版社2009年版,第174页。

不足观了……道德也就式微了。"[1] 在西方思想史上,人们从人应当具有的"理性"、"神性"出发"无穷无尽地痛斥情感",狄德罗则从情感所产生的积极效果方面为情感正名。当下中国,经过对新中国建国后前三十年严重压制情感历史的否定,迎来了宽容情感、解放情感的新时期,人们以巨大的热情从事着各种创造活动,不过同时,也出现了放纵情感、情感泛滥的社会问题。因此,探讨人们司空见惯的情感的本质、种类、形态、取向及其应对态度,有着重要的理论与现实意义。

1. 情感的本质与种类

清人颜元《习斋记余》说:"人为万物之灵,而独无情乎?"对人的属性的另一种表述是:人是情感的动物。

其实,不只人具备情感。只要有感受系统的动物,都可以具有情感。当动物的本能欲求得到满足的时候,就会产生快乐;反之就会产生痛苦。达尔文的研究告诉我们:人类与其他高等动物在少数几个本能上是相同的,如都具有感觉、直觉、知觉、情绪、情欲,有些比较复杂的高级灵长类动物也懂得感激、嫉妒、争胜、猜疑、欺骗、复仇、好奇、揶揄,等等[2]。有学者指出:"情感和印象,各种感觉和本能,如爱、记忆、注意力、好奇、模仿……这些人类引以为豪的能力,在发育较好的低级动物或者它们的胚胎中都能找到。"[3] 龙学峰《动物也有情感》一文在收集了大量实例后指出:"高等动物也许确实具有一般人认为人才具有的善良、忠诚、好奇、同情、仇恨、满意、兴奋、忧愁等情感。"[4] 不过,正如某些动物具有理智,但其质量不可与人同日而语一样,动物具有情感,但其内涵和表现形态的丰富性远不可与人相提并论。

人的情感虽然普遍存在于人类生活之中,但要洞悉其奥秘颇为不易。莱辛说过:"替人类情感定普遍规律从来就是最虚幻难凭的。情感和激情的网是既精微而又繁复的,连最谨严的思辨也很难从其中很清楚地理出一条线索来,把它从错综复杂的牵连中一直理到底"。[5] 极富思辨的黑格尔也颇感为难:"情感

---

[1] 均见《狄德罗哲学选集》,江天骥等译,商务印书馆2007年版,第1页。
[2] 达尔文:《人类的由来》,潘光旦、胡寿文译,第118页。
[3] 转引自瓦西列夫:《爱情面面观》,王永嘉等译,新世纪出版社1987年版,第19页。
[4] 龙学峰:《动物也有情感》,《读者参考》第40辑,学林出版社2001年8月出版。
[5] 莱辛:《拉奥孔》,朱光潜译,人民文学出版社1997年版,第28页。

就它本身来说,纯粹是主观感动的一种空洞的形式。诚然,这种形式有时本身可以是很复杂的,例如希望、哀伤、欢乐和欣慰;有时这些复杂的情感可以涉及种种不同的内容,例如正义感、道德的情感、崇高的宗教情感,等等;但是,这种内容尽管出现于不同形式的情感,它的基本的确定的性质却不因此就显现出来,仍然仅仅是我的一种主观感动,在这主观感动里面,具体的内容消逝了……"[1]鲍桑葵在《美学》英译本注中说:"情感不是可以下定义的。"[2]金蒂雷在《艺术哲学》一书中也认为,感情是"某种无人能够准确地说明的东西"[3]。

尽管准确揭示情感奥秘并非易事,但对它有一个大体把握还是不难做到的。

情感的本质是什么?是生命主体对客观事物是否满足自己的需要而产生的主观态度和生理—心理反应。

首先,人的情感是与生俱来的一种生理—心理反应功能。《荀子·正名》说:"'性'者,天之就也;'情'者,性之质也。"天赋的资禀叫"性"。"性"的内容资质就是"情"。"人情"就是天赋"人性"。"性、情一也。"[4]人的情感反应有多种形态,中国古代一般分为"七情"。《礼记·礼运》说:"何谓人情?喜、怒、哀、乐、爱、恶、欲,七者弗学而能。"王安石补充说:"喜、怒、哀、乐、好、恶、欲未发于外而存于心,性也;喜、怒、哀、乐、好、恶、欲发于外而见于行,情也。性者情之本,情者性之用。"[5]从各种情感形态的关系来看,"喜"、"乐"、"爱"("好")、"欲"属于积极的肯定性情感,"怒"、"哀"、"恶"属于消极的否定性情感。在各种情感元素中,"爱"、"恶"是根本的情感元素。"'欲'者,'爱'之征也;'喜'者,'爱'之至也;'乐'者,又极其至也;'哀'者,'爱'之极至而不得……'怒'者,'恶'之征也;'惧'者,'恶'之极至而不得。"[6]"其'爱'、'恶'存者名为'性',其'爱'、'恶'发者名为'情'。"[7]

其次,从情感与外物的关系来看,情感是主体对外物的"反应"而非"反映",是主体对外物的"态度"而非"认识",是主体对外物自然的"评价"而非自觉的"意识"。波果斯洛夫斯基等主编的《普通心理学》指出:"……在情绪和情感中

---

[1] 黑格尔:《美学》第一卷,朱光潜译,商务印书馆1981年版,第41页。
[2] 转引自黑格尔:《美学》第一卷,朱光潜译,第41页。
[3] 转引自李斯托威尔:《近代美学史评述》,蒋孔阳译,上海译文出版社1980年版,第10页。
[4] 王安石:《王文公文集》卷二十七《性情》。
[5] 王安石:《王文公文集》卷二十七《性情》。
[6] 康有为:《爱恶篇》,《康有为政论集》上册,中华书局1981年版。
[7] 康有为:《爱恶篇》,《康有为政论集》上册。

则表现出人对所认识的内容的态度。"[1]高尔太指出:情感是"对于客观世界的一种本能评价"[2]。因此,在情感中看不到客观世界的物象、本质、规律,正如黑格尔指出的那样,情感是没有具体现实内容的"主观感动的""空洞的形式"。不过,它又包含着对外物的感觉、感受,间接地反映着客观世界的现象、本质和规律。透过具体的情感内容,可以看到情感所折射的客观世界的面影。《毛诗序》指出:"治世之音安以乐,其政和;乱世之音怨以怒,其政乖;亡国之音哀以思,其民困。"诗歌音乐所抒发的"安以乐"、"怨以怒"、"哀以思"的情感,就间接地反映着时代政治状况的好坏。

再次,从情感的活动特点及其与理性的矛盾来看,情感是心灵应物起舞的活动状态,往往不能自我控制,容易产生邪劣,理性则是心灵的清明宁静状态,要求对情感加以节制。关于人情容易被外物牵引的特点,《礼记·乐记》说:"人生而静,天之性也。感于物而动,性之欲也。物至知知,然后好恶形焉。"王充《论衡》引刘向语:"性,生而然者,在于身而不发;情,接于物然者,出形于外。"韩愈《原性》指出:"性也者,与生俱生也;情也者,接于物而生也。"李翱《复性书》说:"情者,性之动也","情者,性之邪也"。程颢、程颐说:"自性之有动者谓之情。"[3]"形既生矣,外物触其形而动于中矣。其中动而七情出焉。"[4]朱熹分析说:"本体是性,动是情。"[5]"性安然不动,情则因物而感。"[6]"性如水,情如水之流。"[7]"感于物者心也,其动者情也。"[8]"性之所感于物而动,则谓之情。"[9]人性本静,触景生情,对物生感,自然而然。人感物而生的情感活动起来后会产生一种离心力,偏离理性的轨道,扰乱安静的心灵本体。"人之所以惑其性者,情也。""情者妄也、邪也。""情既昏,性斯匿也矣。"[10]"情既炽而益荡,其性凿矣。"[11]所以理性要求对情感的自然活动加以节制。"欲有情,情有节。

---

[1] 波果斯洛夫斯基等主编:《普通心理学》,魏庆安等译,人民教育出版社1979年版,第299页。
[2] 高尔太:《艺术概念的基本层次》,《美术》1982年第2期。
[3] 《二程遗书》卷二五《二程集》,中华书局1981年版。
[4] 《程氏文集》卷八《颜子所好何学论》。
[5] 《朱文公文集》卷三二《答张钦夫》。
[6] 《朱子语类》卷九八。
[7] 《朱子语类》卷五九。
[8] 朱熹:《晦庵集》卷三二。
[9] 朱熹:《晦庵集》卷六四。
[10] 李翱:《复性书》。
[11] 《程氏文集》卷八《颜子所好何学论》。

圣人修节以止欲,故不过行其情也。"[1]"情根乎性而宰乎心,心为之宰,则其动也无不中节矣……惟心不宰而情自动,是以流于人欲,而每不得其正也。"[2]

最后,从情感与欲望、意识的关系来看,情感是介于意识与本能之间的中间区域,可以分为三类,即欲望化情感、理性化情感、兼含理性与欲望的情感。

关于情感三层次的分类,苏民、刘再复曾有过类似的分析。苏民说:"情感可以分为几个层次:既包含 passion(情欲),即与占有欲之冲动相联系的对于目的物之热望,例如恩格斯所说的曾经做过历史前进的杠杆的'人们的恶劣的情欲';也包含 pathos(情致),即合乎理性的伦理情感,如黑格尔《美学》中所说的安蒂贡的兄妹情谊;还包含 sentiment(情操)即含有较高的精神追求的'上品的'(refined)情感,如对于真理和正义的热情、对于真善美的最高境界的热切追求;当然,也包含 love(爱情),在西方,真正的爱情也是一种'上品的'情感,是与对于真善美的最高境界的热切追求融为一体的。"[3]刘再复在《性格组合论》一书中特设"情欲论"一章,对"情欲"的结构、功能等作了系统探讨:"在心灵世界的无意识层,它拥有最广大的活动空间;在前意识层,它的活动空间就缩小;到了意识层,活动空间变得最小。"[4]人的心灵分无意识层、前意识层、意识层,情欲与之形成复合交叉状态,构成情欲自身的结构形态:无意识之欲、前意识之情、社会性情感。"情欲的最低层次就是我们通常所说的'欲',即感性欲望。这是人的生物生理本性的表现,它包括食欲性欲。""情欲的中间层次则主要不是欲,而是情了。这一层次是个性在生活实践中积累起来的情绪记忆。所谓情绪记忆,也叫做情感记忆。这种记忆所识记的是人体验过的各种情绪,它可以被意识到,但平时没有被激发时,只作为一种信息贮存在大脑里,其中有些则沉淀到无意识层。""情欲的最高层次就是社会性情感。它是个体在特定的社会关系中由于理知的作用而产生的。可以说是在'情'中渗入了'理'。这是由于人们共同的社会生活中或在追求某种社会目标的过程中诱发出来的带理性的情感经验,如……爱情……同情、友谊、爱国热情等。"[5]

在我看来,靠着本能阈的情感是与意识无关、完全出自本能欲求的一种情

---

[1]《吕氏春秋·情欲》。
[2] 朱熹:《晦庵集》卷三二。
[3] 苏民:《芳林新叶——评〈青年论坛〉》,《读书》1985年第11期。
[4] 刘再复:《性格组合论》,第421—422页。
[5] 刘再复:《性格组合论》,第123—124页。

感。《礼记》所说的"七情"中作为人情之一的"欲",《吕氏春秋》所说的由"欲"产生的"情"[1],以及"欲寿而恶夭"、"欲安而恶危"、"欲逸而恶劳"的"人之情",《荀子》所说的追求"欲"的"情"[2],以及"目欲綦色、耳欲綦声、口欲綦味、鼻欲綦臭、心欲綦佚"的"人之情"[3],董仲舒《对策三》中所说的"人欲谓之情"的"情",都属于这类情感。在这个意义上,"情"叫做"情欲"。现代心理学称之为"情绪"。波果斯洛夫斯基等主编的《普通心理学》说:"情绪是有机体在吃、住、穿、性生活方面的需要,睡眠的需要能否得到满足的情况下产生的。"[4]巴甫洛夫指出:情绪激动乃是在皮质的控制力减弱的条件下无条件反射占优势产生的暴乱。生理反应是情绪存在的必要条件,情感可能仅仅被欲望所点燃。约翰·华特生《康德哲学讲解》指出:"……感觉是感情的一种形式,但不是感情的唯一形式……"[5]黑格尔分析音乐情感:"音乐它所要做的只是用好像不掺杂思想的那种情感的音调,去表现游离恍惚的内在心灵的动态,所以不很需要或完全不需要意识到什么心灵性的内容。因此,音乐的才能往往在头脑空洞、心情还未很发动的幼年就已显现,甚至在心灵和生活都还没有什么经验的时候,就已达到很显著的高度;我们常看到在作曲和演奏方面都达到高度熟练的音乐家在心灵和性格方面却非常凡庸贫乏。"[6]弗洛伊德分析常见的"焦虑"情感:"焦虑"一词"常用来指知觉危险时所引起的主观的状态,这种状态称为情感。""情感在动的意义上,究竟是怎么一回事呢?……第一,它含有某种运动的神经支配或发泄;第二,它包含某些感觉,这些感觉共计两种——即已经完成的动作的知觉,和直接引起的快感或痛感,这种快感或痛感给予情感以主要的情调。"[7]约翰·华特生所说的情感中的"感觉",弗洛伊德所说的出于本能的"焦虑"感,黑格尔所说的没有什么"心灵性内容"的音乐情感,就属于这类情感。通常所说的动物情感,就属于本能性情感。

靠着意识阈的情感是与本能无关、完全被理性所浸透的情感。朱熹说:"仁义礼智,性也;恻隐、羞恶、辞让、是非,情也……性者,心之理也;情者,心之用也;

---

[1] 《吕氏春秋·情欲》:"欲有情,情有节。"
[2] 《荀子·正名》:"欲者,情之应也。以所欲为可得而求之,情之所必不可免也。"
[3] 《荀子·王霸》。
[4] 波果斯洛夫斯基等主编:《普通心理学》,魏庆安等译,人民教育出版社1979年版,第302页。
[5] 约翰·华特生:《康德哲学讲解》,韦卓民译,商务印书馆1963年版,第351页。
[6] 黑格尔:《美学》第一卷,朱光潜译,商务印书馆1981年版,第35页。
[7] 弗洛伊德:《精神分析引论》第二十五讲,高觉敷译,商务印书馆1984年版。

心者,性情之主也。"[1]由"仁义礼智"派生出来的"恻隐、羞恶、辞让、是非"之"情",就属这类情感。别林斯基讲的"激情"也是如此:"在真正的诗的作品中,思想不是教条式地表现出来的抽象概念,而是……激情。激情是什么？激情就是热烈地浸沉于、热衷于某种思想。"[2]"激情"就是"活生生的思想"。通常讲的"民族情感"、"爱国情感"、"宗教情感"、"高尚情操"、"崇高情怀"等,都属于这个层次。高尔太分析这类情感的理性本质:"情感作为对于客观世界的一种本能的评价,虽然表面上看起来是无意识的,实际上它是一种潜在的意识,一种未必认识到的高级神经活动。在其中包含着巨大的历史沉积和个人生活的丰富经验,实际上它是更深刻、更沉潜、因而不自觉的思想。"[3]

介于这两个层次之间的情感,则是交织着意识与本能的情感。在这类情感中,情与欲之间、情与理之间的界限是模糊的,它们之间的互相交汇与对立融合,构成了人的活生生的情感世界,充满了善恶、美丑、正邪、利弊、崇高与卑下、圣洁与卑鄙的争斗。孙绍振在《作家的心理素质》一文中分析指出:"从心理学来看,情感也不单纯是本能的、非理性的。情感包括情绪和感情。情绪是一种无条件反射,常和本能联系着……而感情却是更高级的和条件反射联系着的……在感情本身的活动过程中……它时时受到第二信号系统的动力定型调节,也就是受人的思想、信念、习惯、生活方式等的抑制。"[4]人们平时的好多情感都是既含有理性又含有非理性的。通常讲的"美感"和由"爱己"发展起来的"爱人"的道德情感,都属于此类情感。

2. 情感的基本形态与取向

在情感中,快乐与痛苦是两种最基本的形态。弗洛伊德指出:"快感或痛感给予情感以主要的情调。"[5]

快感的本质是什么呢？是动物的机体部[6]、感官部和中枢部获得满足后产

---

[1] 朱熹:《晦庵集》卷六七。
[2] 转引自赫拉普钦科:《作家的创作个性和文学的发展》,满涛等译,上海人民出版社1977年版,第28页。
[3] 高尔太:《艺术概念的基本层次》,《美术》1982年第2期。
[4] 孙绍振:《作家的心理素质》,《当代文艺探索》1985年创刊号。
[5] 弗洛伊德:《精神分析引论》第二十五讲,高觉敷译,商务印书馆1984年版。
[6] 灵长类动物的机体部,包括皮肤系统、骨骼系统、肌肉系统、消化系统、呼吸系统、循环系统、排泄系统、内分泌系统、神经系统和生殖系统。

生的感觉反应。而痛感的本质则是动物的机体部、感官部和中枢部得不到满足甚至受到伤害后产生的感觉反应。人的基本动物本能是食、色。快乐和痛苦依附于此。包尔生指出:"快乐看来是两种动物功能即营养和繁殖的根本伴随物。"[1]本能"冲动"是"首先"的,"情感是第二位的"[2]。当人的"食欲"和"性欲"获得满足时,就会产生快乐之情。其中,"性欲"满足的快乐远远胜过"食欲"满足的快乐。"在一切快乐中,对我们作用最强、给予我们灵魂鼓舞最大的,毫无问题是女色的快乐。自然把最大的陶醉放在女色的享受上。"[3]正是色欲满足带来的强烈快乐推动着人类生命的繁衍。同理,正是食欲满足带来的快乐推动着社会物质财富的创造。

于是,由人的动物本性决定的趋乐避苦,就成为人在情感问题上的天然取向。管子说:"凡人之情,得所欲则乐,逢所恶则忧,此贵贱之所同也。"[4]商鞅指出:"苦则索乐……此民之情也。"[5]荀子指出:"若夫目好色,耳好声,口好味,心好利,骨体肤理好愉佚,此人之情性也。"[6]爱尔维修指出:趋乐避苦这种"肉体的感受性"乃是"人的唯一动力","快乐和痛苦永远是人的行动的唯一原则"[7]。在综合中外思想的基础上,康有为对人的"去苦求乐"天性在人类社会生活中的地位和作用作了特别集中、深刻的剖析和强调。他在《大同书》中指出:"人之性,适宜者受之,不适宜者拒之。""不宜者,苦也;宜人之宜者,乐也。""普天之下,有生之徒,皆以求乐免苦而已。"既然"去苦求乐"是人的天性,好的政治制度是符合人性的制度,因而"去苦求乐"也应成为衡量一切政教善恶的标准。"依人性之道,苦乐而已;为人谋者,去苦求乐而已。""立法创教,令人有乐而无苦,善之善者也;能令人乐多而无苦少,善而未尽善者也;令人苦多乐少,不善者也。"在他看来,人类历史的发展就是一部"日益思为求乐免苦"的"进化"史,人类社会的理想就是经过"君民共主"的"君主立宪"改良,达到"民主共和"的"大同世界","人人极乐,愿求皆获"。据此,梁启超提出以快乐为第一追求的

---

[1][2] 包尔生:《伦理学体系》,何怀宏、廖申白译,中国社会科学出版社1988年版,第226页,第221页。

[3] 爱尔维修语,转引自罗国杰、宋希仁:《西方伦理思想史》下册,中国人民大学出版社1988年版,第335页。

[4] 《管子·禁藏》。

[5] 《商君书·算地》。

[6] 《荀子·性恶》。

[7] 转引自罗国杰、宋希仁:《西方伦理思想史》下册,中国人民大学出版社1988年版,第335页。

"趣味主义"人生观。"假如有人问我:你信仰什么主义?我便答道:我信仰的是'趣味主义'。有人问我:你的人生观拿什么做根柢?我便答道:拿'趣味'做根柢。""总而言之,'趣味'是活动的源泉。'趣味'干竭,活动便跟着停止。好像机器房里没有燃料,发不出蒸气来,任凭你多大的机器,总要停摆。……人类若到把'趣味'丧失掉的时候,老实说,便是生活得不耐烦。那人虽然勉强留在世间,也不过行尸走肉。倘若整个社会如此,那社会便是痨病的社会,早已被医生宣告死刑……'趣味'是生活的原动力。'趣味'丧掉,生活便成了无意义。"[1]

快乐及引起快乐的对象,尤其是超功利的快乐及其对象,人们通常称之为"美",反之为"丑"。于是,人类求乐避苦的天性,又表现为爱美恶丑。梁启超认为人生中"快乐"、"趣味"最重要,而"美"不过是"快乐"、"趣味"的异名,所以他又说:"'美'是人类生活一要素,或者还是各种要素中之最要者。倘若在生活全内容中把'美'的成分抽出,恐怕便活得不自在,甚至活不成。"[2]当代学者王小波曾倡导人们把"爱趣"作为人生的重要指标之一加以追求。"爱趣"者,爱美也,爱乐也。人生不能只有理性、只有功利,而没有趣味、没有快乐。审美地、快乐地、有趣地活着,某种意义上说确实比什么都重要。

3. 快乐的两种分类及其关系把握

求乐避苦是人的天性。到底追求什么样的快乐呢?这就需要明白快乐的两种分类及其相互关系。快乐是情感的一种基本形态,也是情感的自然追求。结合快乐的情感与本能、意识的关系,又可把快乐区分为"官能快乐"与"精神快乐"两类,这两类快乐并不一样,二者的关系并不总是统一的,在人性中的地位也是有轻重不同的。官能快乐包括机体快感和感官快感,精神快乐即中枢觉愉悦。这两种快乐分别对应着人的本质的二重属性——动物属性与超动物属性、物质属性与精神属性、形而下属性与形而上属性、感性与理性。人的动物属性及其产生的官能快感是人的生命存在的物质基础,固然不能否定;而人的超动物属性及其产生的精神快乐又是人区别于动物、成为"人"这一特殊物种的独到之处,因而更应受到重视。这两种快乐可以并行不悖,也可能发生相互背离的矛盾。当矛盾发生时,官能快乐应无条件地服从精神快乐。

---

[1] 梁启超:《趣味教育与教育趣味》,《饮冰室文集》卷三十八。
[2] 梁启超:《美术与生活》,《饮冰室文集》卷二十九。

关于这种思想,古今中外有若干论述。

在西方,从"人是理性的动物"出发将快乐划分为低级的官能快乐和高级的精神快乐是一大传统。德谟克利特指出:"如果幸福在于肉体的快感,那么应当说,牛找到草料吃的时候是幸福的。"[1]"最优秀的人宁愿取一件东西而不要其他一切,就是:宁取永恒的光荣而不要变灭的事物。可是多数人却在那里像畜生一样狼吞虎咽。"[2]从柏拉图、亚里士多德到古罗马的奥勒留,都持这种观点。德国伦理学家包尔生分析说,快乐有属于低级官能的和高级精神的两种。"当快乐是通过刺激我们本性中低级的感官的东西和压制我们较高的精神能力而获得的时候,我们就把这种快乐看作卑下的。"因此,"快乐仅仅在它作为有德性的行为的结果时才有价值。"不能简单笼统地把"快乐"当成"具有绝对价值的东西"[3]。"人生最有价值的就是最好地发展人的最高能力和使较高的功能支配较低的功能。而那种受植物性或动物性功能支配、受感官欲望和盲目热情支配的生命就只能被看作是一种较低级的和不正常的形式。人的完善的生命是一种心智在其中自由和充分地生长。各种精神力量在思维、想象和行动方面都达到最高完善的生命。"[4]当然我们也必须反对另外一种以精神快乐取代官能快乐的偏向。"知觉的快乐也属于生命,而且我们也不从完善的生命中排除吃喝以及类似的快乐,只是它们决不能僭越为主。"[5]

在印度,佛教将情感快乐分为两类。一类是世俗的"身乐""欲乐""受乐""觉知乐",也就是官能快乐;一类是出世的"心乐""法乐""禅悦""涅槃乐""寂灭乐",也就是一种特殊的精神快乐。《大般涅槃经》卷二十三《光明遍照高贵德王菩萨品第十之三》指出:"乐有二种,一者凡夫,二者诸佛。凡夫之乐无常、败坏,是故无乐。诸佛常乐,无有变异,故名大乐。""觉知乐"不仅稍纵即逝、不可长久,而且会引起种种贪爱和对带来虚假快乐的外物的无尽索取,是人生痛苦的根源,因而中国僧人发挥说:"五欲无乐,如狗啮枯骨。"[6]"虽是王侯将相、富贵受

---

[1] 北大哲学系外国哲学史教研室编译:《古希腊罗马哲学》,生活·读书·新知三联书店1957年版,第18页。
[2] 北大哲学系外国哲学史教研室编译:《古希腊罗马哲学》,第21页。
[3] 包尔生:《伦理学体系》,何怀宏、廖申白译,第230页。
[4] 包尔生:《伦理学体系》,何怀宏、廖申白译,第237页。
[5] 包尔生:《伦理学体系》,何怀宏、廖申白译,第238页。
[6] 智顗:《修习止观坐禅法要》卷上《呵欲第二》。

用,种种乐事,都是苦因。""美色淫声、滋味口体,一切皆是苦本。"[1]"一切烦恼,以乐欲为本,从乐欲生。"[2]"寂灭乐"虽然不可感觉,表面上"无乐",但也消灭了似乐实苦的"受乐""欲乐",所以是"大乐""极乐""上妙乐""第一最乐"。《大般涅槃经》卷二十五《光明遍照高贵德王菩萨品第十之五》指出:"涅槃虽乐,非是受乐,乃是上妙寂灭之乐。"[3]《大般涅槃经》反复阐述:"以大乐故名大涅槃。""涅槃名为大乐。"[4]"彼涅槃者,名为甘露,第一最乐。"[5]"譬如甜酥,八味具足,大般涅槃亦复如是,八味具足。"[6]

在中国古代,先秦庄子最早涉及俗内、俗外两种快乐,认为超越世俗之人物质快乐和道德快乐的精神快乐是最高的"至乐"。《庄子·至乐》篇集中讨论天下有无"至乐"的问题。庄子认为天下人趋之若鹜的"厚味、美服、好色、音声"之类的官能快乐乃至"富贵寿善""仁义礼智"之类的精神快乐不但不是真正的快乐,反而是痛苦的渊薮;而"俗之所大苦"的感官和心灵的"无为"之乐"无乐"之乐才是"至乐"。所以说:"至乐无乐,至誉无誉。"《庄子·田子方》还假借老聃之口说:"游心于物之初",即无思无虑、无欲无情的"无为"之境,则"得至美而游乎至乐"。宋代兼容儒与道、佛的欧阳修将人间的快乐分为儒家追求的"富贵者之乐"与佛家、道家追求的"山林者之乐"。前者是"无不得其欲"的欲望之乐,后者是"不一动其心"的心灵之乐。二者人生旨趣不同,相互矛盾,不可同时兼得。"夫穷天下之物、无不得其欲者,富贵者之乐也。至于荫长松、藉丰草、听山溜之潺湲、饮石泉之滴沥,此山林者之乐也。……其不能两得,亦其理与势之然欤!"[7]"夫举天下之至美与其乐,有不得而兼焉者多矣。故穷山水登临之美者,必之乎宽闲之野、寂寞之乡而后得焉;览人物之盛丽、夸都邑之雄富者,必据乎四达之冲、舟车之会而后足焉。盖彼放心于物外,而此娱意于繁华,二者各有适焉。然其为乐,不得而兼也。"[8]欧阳修更偏爱、追慕的是"无累于心"、超脱物欲的"山林之乐""静中之乐"。"无累于心然后山林泉石可以乐。"[9]"不寓

---

[1] 德清:《答德王问》,《憨山老人梦游全集》卷十。
[2] 《金光明最胜王经》卷一,唐义净译。
[3] 《大正新修大藏经》(简称《大正藏》)卷十二,第513页中。
[4] 《光明遍照高贵德王菩萨品第十之三》卷二十三,《大正藏》卷十二,第503页上一中。
[5] 《如来性品第四之五》卷八,《大正藏》卷十二,第415页下。
[6] 《大正藏》卷十二,第385页上。
[7] 欧阳修:《浮槎山水记》,《欧阳文忠公文集》卷四十。
[8] 欧阳修:《有美堂记》,《欧阳文忠公文集》卷四十。
[9] 欧阳修:《答李大临学士书》,《欧阳文忠公文集》卷六十九。

心于物者,真所谓至人也;寓于有益者,君子也;寓于伐性汩情而为害者,愚惑之人也。学书不能不劳,独不害情性耳。要得静中之乐,惟此耳。"[1]"于静坐中自是一乐事。"[2]

由此可见,人作为动物,有权利追求动物的官能快乐,但如果仅此而已,放弃精神快乐的更高追求,或者在与精神快乐发生冲突时完全听从官能快感的召唤,那他活得如同动物一样。人应当兼顾官能快感和精神快乐,并以精神快乐为更高追求,以此统帅官能快乐,从而使自己活成真正意义上的"人"。

4. 应对情感的总体态度

人不仅具有快乐的情感,也具有痛苦的情感。压抑情感是很难受的事。那么,人们可以不加限制地追求快乐、发泄痛苦吗?

历史上,对于人的自然情感,大抵有三种态度。

一种认为,情感的活动使人背离宁静的本性,会产生种种不良后果,是卑劣丑恶的,应当"去情""忘情"。这种观点以道家、佛家和基督教为代表。道家认为人性本来是无情无欲的,有情有欲是对人性本真的背离,符合人性的生活方式应该是形若槁木,心如死灰,"喜怒哀乐不入胸次"[3]。受此影响,玄学家何晏提出"圣人无喜怒哀乐"。《世说新语·伤逝》中,王戎转述说:"圣人忘情。"指圣人不为情感所动,无论遇到什么事都能镇定自若。这便是魏晋士人追求的一种"雅量",一种魏晋风度。《世说新语·雅量》有不少记载。东晋大将军谢安正与客人下围棋,侄儿谢玄派使者送来淝水之战大胜的捷报,谢安"看书静,默然无言",继续下棋。等一盘围棋结束,客人问起情况,谢安只是淡然应答:"小儿辈大破贼。"神色举止,"不异于常"。吴丞相顾雍与下属聚会,得知儿子死了,"以爪掐掌,血流沾褥"而"神气不变","颜色自若"。王子猷、王子敬同坐一室,忽遇失火,王子猷连忙逃跑,慌乱中连鞋子都没来得及穿上,王子敬则镇定地叫来侍从搀扶着走出去,"神色恬然","不异平常"。夏侯玄倚柱写字,"时大雨,霹雳破所倚柱,衣服焦然","宾客左右皆跌宕不得住",而他"神色无变,书亦如故"。裴邈"肆言极骂"王夷甫,王夷甫终究"不为动色"。嵇康"临刑东市,神气不变,索琴弹之,奏《广陵散》"。这些名士们觉得让自然情感流露出来是没有城府的表

---

[1] 欧阳修:《学书静中至乐说》,《欧阳文忠公文集》卷一百二十九。
[2] 欧阳修:《作字要熟》,《欧阳文忠公文集》卷一百三十。
[3] 《庄子·田子方》。

现,喜怒不形于色,才能显示出一种大将风度、崇高风范。佛教认为,情感是一切痛苦的根源。有情感喜好,就会有对事物的迷执;有迷执,就会产生种种虚妄痛苦。因此,情感是恶业,是陋习。破除迷执的根本在"忘情","忘情"的根本是"悟性",心性不动,就可"情不待忘而忘"。元代禅师明本说:"何为'业习'?或遇顺则恣情而喜,遇逆则信情为怒,遇爱则徇情而著,遇憎则极情而离,遇是则尽情而称,遇非则任情而毁,乃至善恶取舍,种种分别,通名'业习'。如是业习,不系根性,皆情妄所迁,本色道流,悉当屏尽。"[1]"'情'何物也?执而不化之见妄也。未有情而不执者,未有执而非情者。情之所以执,盖出于迷妄也。所迷者何?乃迷自性,转而为情也。……要而言之,化执无越于忘情,忘情莫先于悟性。性其悟矣,则情不待忘而忘。情忘,则是非之执若春霜当赫日,安有不化之理哉?"[2]汉儒认为"性善情恶",要求"太上忘情",宋儒主张"存天理,灭人欲",与道家、佛家殊途同归。西方基督教文化也是基于情感的"原罪",从而"无穷无尽地痛斥情感"、扼杀情感。

另一种态度正好与此相反,认为情感是人与生俱来的心理功能,满足情感欲求是人的天赋权利,如果抽取情感的血肉,人就成了理性的木乃伊,只有充满情感血肉的人才是真实的人,因此,主张"尊情"、"任情"。《世说新语·伤逝》记载:"王戎丧儿万子,山简往省之,王悲不自胜。简曰:'孩抱中物,何至于此?'王曰:'圣人忘情,最下不及情。情之所钟,正在我辈。'"王戎懂得"圣人忘情"的道理,但他认为人如果连情感都没有是最等而下之的,所以他骄傲地宣称:"情之所钟,正在我辈。"冯梦龙说:有情才有生命,人若无情,便如行尸走肉,"虽曰生人,吾直谓之死矣"[3]。明末张琦说:"人,情种也;人而无情,不至人矣,曷望其至人乎?"[4]作为情感物种的人如果无情,就不能称为"人",更不可能成为"至人"。清初魏际瑞说:"情者,天地之胶漆。天地无情则万物皆散,万物无情则其类皆散。天地之情钟于人,人之情钟于万物。"[5]人是天地万物中最有情感的生物。龚自珍《长短言自序》称:"情之为物也,亦尝有意乎锄之矣;锄之不能,而反宥之;宥之不已,而反尊之。龚子之为《长短言》何为者耶?其殆尊情者耶?"

---

[1]《中国佛教思想资料选编》第三卷第一册,中华书局1987年版,第530页。
[2]《中国佛教思想资料选编》第三卷第一册,第523页。
[3]《情史·情通》。
[4]《衡曲麈谭·情痴寱言》。
[5]《魏伯子文集·有情集序》。

正是在"钟情"、"尊情"观念的引导下,魏晋和明末清初出现了任情而为的时代风潮。《世说新语》记载随缘率性、任情而为的魏晋风度:"王长史登茅山,大恸,哭曰:'琅邪王伯舆,终当为情死。'""卫洗马以永嘉六年丧,谢鲲哭之,感动路人。""庾文康亡,何扬州临葬云:埋玉树著土中,使人情何能已已。"王珣与谢安关系不好,但谢安死后却前往哭丧。谢安手下的人因平时没见过他,不让他进去,王珣不与之纠缠,"直前哭,甚恸"。"顾彦先平生好琴。及丧,家人常以琴置灵床上。张季鹰往哭之,不胜其恸。"这个张季鹰,曾在洛阳做官,因秋风起而想念起家乡吴中的菰菜羹、鲈鱼脍,突然醒悟到:"人生贵得适意尔,何能羁宦数千里以要名爵?"于是弃官还乡。他"纵任不拘",人称"江东步兵"〔1〕。有人对他说:"卿乃可纵适一时,独不为身后名邪?"他回答:"使我有身后名,不如即时一杯酒。"又如王子猷,一天夜里下大雪,他醒来后先"开室命酌酒",喝得兴起,忽然想起好友戴逵,"时戴在剡,即便夜乘小船就之,经宿方至,造门不前而返。人问其故,王曰:'吾本乘兴而行,兴尽而返,何必见戴!'"在西方,文艺复兴时期是一个用人情的解放反抗中世纪基督教文化扼杀情感的时期。这个时期对人情的解放态度,可用意大利桂冠诗人彼特拉克的一段话来概括。在一部假托他自己和奥古斯丁对话的拉丁文著作《秘密》中,他把中世纪的基督教文化称为"神学",把自己研究的古希腊、罗马充满世俗人情色彩的文化及其追求的人文主义称为"人学",宣称:"我不想变成上帝,或者居住在永恒之中,或者把天国抱在怀抱里。属于人的那种光荣对于我来说就够了。这正是我所祈求的一切,我自己是凡人,我只要求凡人的幸福。"〔2〕

第三种态度主张对情感采取宽容和有节制满足的态度,这种态度叫"宥情"而"节情"。先秦儒家是这种主张的代表。《荀子·乐论》说:"乐也,人情之所必不免也。""故人不能无乐,乐则不能无形,形而不为道,则不能无乱。先王恶其乱也,故制《雅》《颂》之声以道之,使其声足以乐而不流,使其文足以辨而不諰,使其曲直、繁省、廉肉、节奏足以感动人之善心,使夫邪污之气无由得接焉。"《礼记·乐记》说:"夫物之感人无穷,而人之好恶无节,则是物至而人化物也。人化物也者,灭天理而穷人欲者也。于是有悖逆诈伪之心,有淫泆作乱之事。"〔3〕因

---

〔1〕 张翰,字季鹰,吴人,故曰"江东"。"步兵",即阮籍。"江东步兵",即"吴中阮籍"、"阮步兵第二"。
〔2〕 北京大学西语系资料组:《从文艺复兴到十九世纪资产阶级文学家艺术家有关人道主义人性论言论选辑》,商务印书馆1973年版,第11页。
〔3〕 《礼记·乐记》。

此,儒家设立的"礼",不是与"情"对立的,而是为疏导"情"服务的。"礼者何也？缘人情而为之节文者也。"[1]"礼缘情耳。"[2]"缘情立礼。"[3]"自然发乎情性,则自然止于礼义,非情性之外复有礼义可止也。"[4]在汉代和宋代儒家理性发展到极端的时期,曾出现过以理灭情的蠢事。冯梦龙根据这些教训总结说："世儒但知理为情之范,孰知情为理之维乎？""自来忠孝节烈之事,从道理上做者必勉强,从至情上出者必真切。夫妇其最近者也。无情之夫,必不能为义夫；无情之妇,必不能为节妇。"[5]其实,西方古希腊罗马时期和古典主义、启蒙主义以来至现代主义之前,基本都主张对情感采取宽容和有节制满足的态度。

那么,我们究竟应当采取什么态度？

显而易见,一味"尊情"、"任情"会带来许多社会问题,不尽合理；简单"去情"、"无情"也不切实际,"有意摧残情感,是绝顶的蠢事"[6]。古人说："凡治天下,必因人情。"[7]"人之欲多者,其可得用亦多；人之欲少者,其可得用亦少；无欲则不可得用也。"[8]从社会管理和个人修养的角度看,对情感采取宽容顺应的态度,有节制地疏导情感、合理地发泄情感,"从心所欲不逾矩",最大限度地利用情感投身到有价值的创造活动中去,是最为明智的态度。这个规范情感泄导的"矩"可以宽松一点,指法律准则,也可以严格一点,指道德准则。从个人修养方面说,人的情感活动首先不能违背法律规范,在此基础上,更高一点的要求是不能违反社会道德准则。此外自然可以根据不同个性自由多彩一些,可以内敛,可以外露,不拘一格,自然为上。懂得并能够用理性法则控制情感,是情感成熟的标志。情感成熟意味着在个人需要无论是否得到满足的情况下,都能够防止情绪失控,转化被压抑的情感,把激烈的情绪化解到无害状态,与集体同呼吸共命运,这样就会在与社会的和谐共处中,实现个人的奋斗目标和最高价值,获得最大的情感快乐。

[本文载《云南大学学报(社会科学版)》2014年第1期。收入祁志祥《人学原理》第一编《人性观》,商务印书馆2012年版]

---

[1] 袁准：《袁子正书》。
[2] 魏邈：《答述初问》。
[3] 徐广：《答刘镇之问》。
[4] 李贽：《焚书·读律肤说》。
[5] 《衡曲麈谭·情痴寤言》。
[6] 《狄德罗哲学选集》,江天骥等译,商务印书馆2007年版,第2页。
[7] 《韩非子·八经》。
[8] 《吕氏春秋·为欲》。

四、善恶观：可欲为善、公意为善

善恶是人类价值的基本形态。扬善去恶是人格修养的基本准则。然而，究竟什么是善，什么是恶，我们认识得并不很清楚。一种常见的观点是把善恶视为一种固定不变的客观品质或属性，善即理性、利他之举，恶即欲望、自私之举。其实这是经不起事实考量的。另一种历史上流行的观点是用苦乐定善恶，认为善是给我们带来快乐的行为，恶是给我们造成痛苦的行为。其实这也经不起推敲。苦乐与其说是善恶的决定者，毋宁说是美丑的决定者。事实上，善恶是由包含私欲的社会公意决定的，满足者为善，背离者为恶。人类有超越历史和国家民族的社会公意，这就构成了善恶的普适性；不同的历史时期、不同的国度民族有不同的社会公意，这就决定了善恶的相对性。

1. 善恶不是事物的客观品质

一种很容易产生的误解认为，"善恶"是人类生活中的客观品质。哪些品质是"善"、哪些品质是"恶"呢？主要有两种观点。

一种认为，人的理性是善，本能欲望是恶。中国古代有"性善"、"性恶"论。二者所说的人性之"性"其实内涵不同。孟子所说的"性善"指人与生俱来的理性，荀子所说的"性恶"指人与生俱来的欲望。秉承先秦儒家的人性观，汉儒宣扬"性善情恶"，"性"即天赋理性，"情"泛指情欲。在孟子、汉儒那里，"善"的理性不是泛泛而谈的纯粹理性，而是"仁义礼智"的道德理性，这诚然与"善"保持着极大的一致性。到了三国时期魏国的刘劭那里，"善"就变成了纯粹的理性认知能力。刘劭《人物志·八观》认为，"智"是"德之帅"。"夫智出于明，明之于人，犹昼之待白日，夜之待烛火。其明益盛者，所见及远。""故以明将仁，则无不怀，以明将义，则无不胜。""圣之为称，明智之极明也。"人的理性智慧具有认识、辨别仁义之善的独照之明，是善的道德意识的统帅和根本。王弼认为，理性的"神明"能够控制情欲，使之趋善。这些都属于理性为善的主张。道家主张"无情"，佛家明确指出"情恶"，这些都可归入情欲为恶的阵营。在西方，类似的观点也不少见。柏拉图认为，人的欲望和感情是低级的、罪恶的。人的理性能够认识善的理念、控制情欲，是高级的、和善的。基督教道德把情欲与罪恶等同起来，控制情欲的理性具有善性成为不争之理。经过文艺复兴运动的洗礼，这种思想虽然受到巨大冲击，但并未绝迹。17世纪上叶荷兰法学家格劳秀斯强调人的理性能力能够鉴别利害关系,作出正义的举动,为自然立法。符合理性的行为就是道义的行为,反之就是罪恶的行为。17 世纪后期德国伦理学家莱布尼茨指出:什么是善的德性呢? 就是用理智控制情欲的习性,即按理性行事的习性。这种观点是否正确呢? 事实上经不起仔细推敲。

理性固然可以正确地辨别善恶,并能够控制自然情欲趋善离恶,从而具有一种善性,但理性也可能自以为是地误判善恶,当将这种错误理念付诸实施的时候,会造成可怕的灾难。西方中世纪,基督教神学理性曾经剥夺了人之为人的最起码的生物权利。宋明理学盛行时期,曾产生了许多触目惊心的"以理杀人"的事实。美国学者郑麒来根据《明史》和《古今图书集成》,统计出明代有 619 名女子割肉为丈夫或长辈疗伤,割肉的部位有大腿、上背、肝脏、手指、耳朵、乳房、肋骨、腰、膝、腹等,堪称人类理性异化的极端案例。所以清代启蒙思想家戴震在《与某书》中批判说:"酷吏以法杀人,后儒以理杀人。"同理,人的生存欲望及其活动如果符合法律道德,也绝不是恶,而是人类生存和延续的必要基础。

另一种观点认为,利人即善,自私即恶。汉代刘向《说苑·杂言》指出:"出于利人即善矣,出于害人即不善也。"16 世纪后期英国的培根说:"利人的品德我认为就是善。在性格中具有这种天然倾向的人就是'仁者'。这是人类的一切精神和道德品格中最伟大的一种。"[1]弗洛姆指出:"人本主义伦理学中,'善'和对人有好处是同义语,'恶'和对人有坏处是同义语。"[2]宋儒宣扬"大公无私",中华人民共和国成立后一段时期宣扬"毫不利己、专门利人",都是利人即善、利己即恶思想的体现。这种观点是否正确呢? 事实上也不可一概而论。父母对孩子的管教无疑是出于为孩子前途着想的利他动机,但对于处于青春期和成年期的子女来说恰恰受不了,也无助于他们的独立和成长,肯定不是一种善举,因此必须加以调整。爱上一个人,极尽殷勤之能事,但如果对方拒绝接受,继续示爱就绝不能算是善行,甚至会导致恶果。善良仁慈本来无可厚非,但对恶不抵抗、姑恶养奸、纵恶成患,恰恰会贻害无穷。乐善好施堪称义举,但毫无顾忌的施舍恰恰会助长人们不劳而获的奸恶。德国伦理学家包尔生指出:"确有许多形式的'善行'产生出恶,还有许多'善'意无边的人却并没有使一个人因此得

---

[1] 《培根论人生》,何新译,上海人民出版社 1983 年版,第 5 页。
[2] 弗洛姆:《为自己的人:对道德心理的探讨》,转引自宾克莱:《理想的冲突——西方社会中变化着的价值观念》,马元德等译,商务印书馆 1983 年版,第 141 页。

利,倒使每个置于他影响下的人都腐化掉了。不明智的仁慈不但无益,而且有害。""所以,决不能仅仅从这些欲望倾向于利他就推断它们是善的,更不能把它们说成是唯一的善。""而且,即使牺牲个人利益在事实上推进了他人利益的时候,是否就能够承认这种牺牲始终是有功的和值得赞扬的,甚至是一个义务呢?我想不能这样。我是否应当忽视我自己最重要的和根本的利益而去给别人一些微小的快乐呢?我是否应当牺牲我的财产、健康以至生命去满足一个病人的一个无关大雅的念头,以减轻他的负担呢?……我应把推进我的家庭的利益看作自私的吗?我应当拒绝我的兄弟、我的孩子那种对他们有十分重要的意义,却在某种程度上妨碍了别人的愿望吗?公正的人们会毫不犹豫地回答:相反,对我来说,我的家人和亲属比陌生人更为亲近,忽视他们的利益以满足他人的愿望不是一个义务,而是对义务的违反。因此,我们可以说:牺牲个人愿望和利益本身并不是善的,而只是在他人的根本利益要求这种牺牲的情况下才是善的。"[1]利他的善是建立在对他人有利或者说别人的利己基础上的。既然别人可以利己,为什么自己不可以利己呢?我们有什么理由一味肯定别人的利己,而反对自己的利己,要求我们自己一味无私奉献、承担对别人的义务呢?正如利他不能简单等同于善,利己也不能简单等同于恶。改革开放三十多年来,中国经济走过了一条从"包"到"卖"的历程,其深层机制就是改变以往不和个人利益挂钩的公有制经济长期亏损的严重局面,通过分配、产权与个人利益紧密挂钩,扭亏为盈,发展社会生产力,增加财富积累。在法律和政策范围内,人的利己活动非但不是恶,而是创造了大量就业机会和社会财富的善。

由此可见,那种把善、恶视为固定不变的理性或欲望、利他或利己的客观品质的观点是简单的、片面的、形而上学的,在实践上是行不通的。

2. 善恶不应由苦乐情感决定

历史上还有一种观点,认为善不在于生命的客观内容,而在于生命所产生的快乐情感。这种观点称为快乐主义伦理学。它以苦乐定善恶,认为人类乃至一切生物都普遍地追求快乐。快乐或免除痛苦是唯一被绝对欲望的东西,主体的快乐情感不管是怎样产生的,都是绝对的善,反之为恶。苦乐又具体分为肉体的快乐和理智的快乐。古希腊苏格拉底的门徒亚里斯提卜将肉体的快乐视为人生

---

[1] 包尔生:《伦理学体系》,何怀宏、廖申白译,第333—334页。

的目的,鼓吹纵欲主义;柏拉图高扬理智的快乐,强调禁欲主义。伊壁鸠鲁对二者有所折中,他所崇尚的快乐是肉体的无痛苦和灵魂的无纷扰,只有这种快乐才是"善"。这种快乐是由人"既自然而又必要的"欲望满足(如饿了吃饭、渴了喝水)带来的。针对柏拉图的禁欲主义和理智快乐,他指出:"如果抽掉了嗜好的快乐,抽掉了爱情的快乐以及听觉与视觉的快乐,我就不知道我怎么能够想象善。"[1]肉体感性的快乐是一切快乐和善的基础。"一切善的根源都是口腹的快乐,哪怕是智慧与文化也必须推源于此。"[2]但他又指出:肉体的快乐是暂时的、肤浅的、不稳定的,精神的快乐才是长久的、深刻的、稳定的。快乐的善必须与理智相结合。"我们说快乐是最高的善时,我们并非指放纵不羁的人的快乐以及一般感官的享乐而言……乃是指肉体能摆脱苦痛,心灵能摆脱烦忧而言。并不是丰盛的酒食、男女的淫乱和珍贵的物品能造成优越的生活,只有清醒的理性才可以做到。理性研究我们所做和不做的事情之种种原因,并可排除那种搅扰我们心灵的成见。"[3]伊壁鸠鲁的快乐主义伦理学对以后的伦理学发展有重大影响。古罗马时代的卢克莱修,16世纪的托马斯·莫尔,17世纪的霍布斯、洛克,18世纪的休谟、爱尔维修、霍尔巴赫,19世纪的边沁、穆勒等人,无不有所继承。如爱尔维修说:善应当与人的本性相统一。人的本性是趋乐避苦,凡是使人得到快乐的就是善的,反之就是恶的。边沁宣称:快乐本身就是善,而且是唯一的善;痛苦本身就是恶,而且是唯一的恶。其它的一切之所以善仅仅是就它有助于产生快乐而言。边沁所肯定的快乐偏重于肉体快乐,因而被人斥之为"猪"的伦理观。穆勒继承了边沁善即快乐的思想,但又指出:这种快乐是"比动物的嗜欲更高尚的心能"的快乐。中国近代思想史上,康有为、严复受西方快乐主义伦理观的影响,也以苦乐作为决定善恶的标准。康有为在《大同书》中说:"去苦求乐"乃"人道之至","立法创教,令人有乐而无苦,善之善者也;能令人乐多苦少,善而未尽善者也;令人苦多而乐少,不善者也"。严复《天演论》导言之十八说:"乐者为善,苦者为恶,苦乐者所视以定善恶者也。然则人道所为,皆背苦而趋乐,必有所乐,始名为善。"

人们天生喜欢快乐,讨厌痛苦。将快乐视为善,将痛苦视为恶,有相当的合

---

[1] 周辅成编:《西方伦理学名著选辑》上卷,商务印书馆1996年版,第95页。
[2] 转引自罗素:《西方哲学史》上卷,何兆武、李约瑟译,商务印书馆1981年版,第309页。
[3] 转引自李仲融:《希腊哲学史》,开明书店1940年版,第223页;参《古希腊罗马哲学》,生活·读书·新知三联书店1937年版,第368—369页。

理性。但仔细推敲,却发现并不稳妥。快乐为什么会产生?在一般情况下,快乐是生命体满足了功利目的之后的产物。与其说快乐为善,不如说可欲为善、功利为善。所以,"快乐并不是自身即为善,而是善被达到的一个信号"[1]。一方面,满足了生命体需求的功利可以产生快乐,另一方面,事物超功利的形式也可以带来快乐。在这种情况下,将带来快感的物质形式叫做"善"很牵强,叫做"美"则更合适。苏格拉底指出:"美就是快感。"[2]托马斯·阿奎那指出:美是"一眼见到就使人愉快的东西"[3]。德国沃尔夫指出:"产生快感的叫做美,产生不快感的叫做丑。""美可以下定义为:一种适宜于产生快感的性质,或是一种显而易见的完善。"[4]鲍姆加滕指出:美就是"感性知识的完善"[5]。无论美是"快感"还是"引起快感的事物","快感"都是美的决定因素。苦乐毋宁说是美丑的决定者和对应物。以苦乐定善恶,容易与美丑混淆起来。在现实生活中,并非所有的快乐及都是善,比如吸毒、淫乱,等等。快乐只有在符合法律和社会道德的情况下才是善的。而杀身成仁所带来的肉体的痛苦毫无疑问是善而不是恶。

因此,善、恶的评定标准应当从苦、乐以外去寻找。这个标准到底是什么呢?

3. 善即包含私欲的公意、肯定自利的公利

如果说"真"是对外在客观规律的符合,那么"善"则是对主体生命目的的满足。主体的生命目的,通常叫"意志"、"意欲"。满足了生命"意欲",维持了生命存在,自然就被有意识的生命体判认是善,所以,"可欲之谓善"[6]。生命的最高意欲和终极目的是生存。所以,西方哲人认为:"合目的"即善。这里的"目的"即生命主体的生存目的。满足生命存在意欲的对象是利益,所以说,"善者执利所在"[7]。从善恶的起源来看,"一个生命体的生存就是它的价值标准:凡是增进它的生存的就是善,威胁它的生存的就是恶。"[8]由此出发,满足个体生

---

[1] 包尔生:《伦理学体系》,何怀宏、廖申白译,第229页。
[2] 北京大学哲学系美学教研室编:《西方美学家论美和美感》,第33页。
[3] 北京大学哲学系美学教研室编:《西方美学家论美和美感》,第66页。
[4] 北京大学哲学系美学教研室编:《西方美学家论美和美感》,第88页。
[5] 北京大学哲学系美学教研室编:《西方美学家论美和美感》,第142页。在《西方美学史》中,朱光潜先生又将"感性知识的完善"译为"感性认识的完善",见朱光潜《西方美学史》上卷,人民文学出版社1982年版,第297页。
[6] 《孟子·尽心下》。
[7] 《管子·禁藏》。原文为"势利所在","势"通"执"。
[8] 兰德:《客观主义的伦理学》,《自私的美德:利己主义的新概念》,新美国世界文学文库1964年版,第17页。

存目的(私欲)的私利既可能是一种善——当它不妨碍其他生命个体的生存目的实现的时候;也可能是一种恶——当它危害其他生命个体的生存目的实现的时候。为了保证人类社会每一个个体生命目的或生存意欲的实现,让每一个个体认可的善都得到确认并达成共识,个人的生存必须以不危害其它人利益为前提,克制私欲私利,走向公意和公利。于是,善就从私欲走向公意,从自利走向公利。苏格拉底认为:对于任何人有益的东西对个人来说就是善。他将善的知识称为"一种关于人的利益的学问",而"一切可以达到幸福而没有痛苦的行为都是好的行为,就是善和有益"。这种观点成为西方伦理学史上的一种重要思想。"我们称一个人为善的,是当他对自己的生命的塑造符合人的完善的理想、同时推进他周围人的幸福的时候;我们称一个人为恶的,是当他既无心愿也无能力为自己或他人做任何事情、相反却扰乱和损害他周围的人的时候。"[1]这种包含并肯定着每个个体私欲的"公意"、包含并肯定着每个个体私利的"公益"便是善的本质。爱尔维修从肯定个人利益的合理性出发,最后提出:道德善应以公共利益为标准。卢梭提出"公意"为善的思想:"公意永远是公正的,而且永远以公共利益为依归。"[2]善即社会公意,说得通俗些即善是社会普遍认可、约定俗成的行为规范。在现实中,社会公意既可以国家法律的形态出现,也可以道德习俗的形态出现。黑格尔指出:"公意、普遍意志即是意志的概念,法律就是基于这种普遍意志的概念而产生的特殊规定。"[3]英国新黑格尔主义者鲍桑葵进一步分析说:国家应当是"公意的行使"者,神圣的国家通过少数立法者制定的法律应当体现着社会公意及其所代表的共同利益,在这样的法律制度下,个人服从国家其实就是服从自己[4]。而在专制国家中情况就不是这样了,因为专制国家的法律主要源于最高统治者的私意,为维护其专制统治服务。与显性的明文规定的国家法律相比,社会自然形成的道德习俗往往潜存于人们的社会生活中,无法精确统计,较少明确公布,因而大多是隐形的。不过国家为了便于对国民进行道德教化,往往在法律管辖不到的地方代表社会公意或国家利益树立道德规范,推行价值理念,宣扬意识形态,倡导社会风尚。当代德国社会学家曼海姆指出:任何一个国家的伦理体系在任何时候都只是占优势的统治集团认为对社会有益的

---

[1] 包尔生:《伦理学体系》,何怀宏、廖申白译,第212页。
[2] 卢梭:《社会契约论》,何兆武译,商务印书馆1963年版,第36页。
[3] 黑格尔:《小逻辑》,贺麟译,商务印书馆1980年版,第333页。
[4] 赵修义等:《现代西方哲学纲要》,华东师范大学出版社1987年版,第139页。

行为在意识形态上的表现。当代美国社会学家萨姆纳认为,道德不过是比服装样式更为固定的更有强制性的社会风习而已[1]。这时,道德习俗就变得有迹可循起来。

  由此可见,道德善不是事物的客观品质,而是客观事物中凝聚的人类公意。善、恶体现了人与客观事物的一种特殊的关系。17世纪荷兰的斯宾诺莎指出:"善与恶既不是事物又不是活动,所以善与恶就不存在于自然之中。"[2]"善与恶只是关系,因此毋庸置疑它们必然属于思想存在物",而不属于"实在存在物",它们"只是我们自己的创造物"[3]。

  人类具有超越历史和国家、民族的社会公意,这就构成了善恶的普适性和共同标准。一般说来,平等、公正、民主、自由、自尊、自爱等等在任何时候、任何国度都是广受民众欢迎的善,而杀人放火、抢劫强奸在任何时候、任何国度都是广遭民众唾弃的恶,这是没有疑义的。因此,人类才有了普适价值,各国人民之间才可以打交道。同时,不同的历史时期、不同的国度、民族又有不同的社会公意,同一种行为、活动引起的善恶判断也就不同,这就决定了善恶的相对性。比如人类的利己活动、性行为,如果得到当时当地社会公意(道德、法律)的认可,就是善的,反之就是恶。简单地把利己活动、性行为说成善或恶,都是站不住脚的。这是善恶的相对性。不同的国度、不同的民族有不同的社会公意,因而,同一种人类的行为在不同的国度、不同的民族有不同的善恶评价。比如女子抛头露面在大多数世俗国家司空见惯,在某些国度则被视为伤风败俗,大逆不道。在公共场合穿上罩袍,是伊斯兰教对女子的服饰规定;最近法国正考虑通过一项法律,对在公共场合穿伊斯兰罩袍的女子罚款700欧元。时任法国总统萨科齐称:伊斯兰全身罩袍是"束缚贬低女性、让其屈从的形象的象征",在"法国领土上不受欢迎"[4]。同一国度、民族在不同的历史时期有不同的社会公意,因而,同一种人类行为在不同的历史时期善恶评价也不尽相同。比如"文革"时期课以重罪的"投机倒把"分子,在改革开放时期则被视为"搞活流通"的能人。这里,最值得防范的是用一种固定的、绝对的、一成不变的观点看待某一行为或事件的

---

  [1] 宾克莱:《理想的冲突——西方社会中变化着的价值观念》,马元德等译,商务印书馆1983年版,第9页。
  [2] 斯宾诺莎:《神、人及其幸福简论》,洪汉鼎、孙祖培译,商务印书馆1987年版,第178页。
  [3] 斯宾诺莎:《神、人及其幸福简论》,洪汉鼎、孙祖培译,第177页。
  [4] 《穿全身罩袍女性在法将被罚款》,《参考消息》2010年1月10日。

善恶。

善是一种社会公意,而这种公意往往由国家的法律来体现。因此,安身立命,必须具有法制意识,不做违法乱纪的事,这是做人的底线。善作为社会公意,还体现为法律之外的道德习俗,因此做人还必须顾及大众的、流行的道德评价。道德习俗给人类行为规定的活动范围比法律要严格,不违法的行为未必符合道德善,所以,在守住法律底线之外,还要恪守社会道德。当然,这也许活得太沉重。孔子曾说:"大德不逾闲(规矩),小德出入,可也。"这倒不失为我们对待社会道德规范的一种通达态度。常言说:"三十年河东,三十年河西。"法律、道德会因时因地而变化,善恶又一次呈现出可以相互转化的相对性。因此,人生万一走错路,无须绝望。时过境迁,就可以开辟人生的新天地。

[本文载《上海大学学报(社会科学版)》2011年第5期。收入祁志祥《人学原理》第二编《人生观》,商务印书馆2012年版]

五、中国人文思想史上的六次启蒙

谈起"启蒙",一个约定俗成的观点是,"五四"是中国思想史上的第一次启蒙运动,邓小平开创的改革开放、思想解放的新时期是"新启蒙",或者说是中国思想史上的第二次启蒙运动。这似乎意味着,中国古代是不存在启蒙的。这其实是一种似是而非的成见,究其实,乃是以西方或现代价值观念为"启蒙"内涵考量的结果。《风俗通·皇霸》云:"每辄挫衄,亦足以祛弊启蒙矣。""启蒙",《辞海》解释为"开发蒙昧",亦即清除荒谬、发现真理。人类思想史上的每一次精神启蒙、每一次真理发现都是在对蒙昧思想的批判与否定中实现的。于是,蒙昧与反蒙昧的启蒙,就构成了思想史否定之否定的逻辑行程。如果我们在开启蒙昧、清除荒谬的本义上使用"启蒙"一词,那么,我们就会对中国思想史上的启蒙历程有一个全新的认识;就会发现哪里有蒙昧思想,哪里就有反蒙昧的启蒙。就会发现"启蒙"并不是"五四"运动和邓小平倡导的思想解放运动的专利,在此前的中国古代人文思想领域,曾经发生过四波启蒙思潮。第一波启蒙出现在周代,其特征是对"人"自身地位、属性及其意义的自觉,以对抗和取代夏商的神本主义蒙昧观念。第二波启蒙出现在六朝,其标志是自然适性、钟情任欲,以纠正与清剿汉代"阳善阴恶""性善情恶""圣人无情"的蒙昧思想。第三波启蒙出现在明清,其标志是在理欲相兼、义利合一、公私互渗、凡圣平等等人生最基本的问题上还原常识,破除的蒙昧对象是隋唐宋元儒家道学 理学构成的似是而非的唯理性主义。第四波启蒙是近代,特点是借鉴西方人文主义价值理念,综合中国古代启蒙思想资源,抨击中国古代维护皇权专制的整个荒谬无理的纲常理念体系。而"五四"运动不过是第五次启蒙。它继承近代的启蒙方向,全盘借鉴"个性"、"自由"、"民主"、"人道"等西方价值观念,彻底否定中国古代的人文资源,矫枉过正地走向激进主义。邓小平倡导的思想解放运动则是第六次启蒙。其批判的蒙昧对象是中国现代新民主主义革命中由来已久、"文革"中登峰造极的极"左"观念。如此看来,中国人文思想史乃是由六波反蒙昧的启蒙思潮汇成的思想长河。李泽厚在《美的历程》中曾将魏晋视为中国思想史上"人的觉醒"时期。笔者的考量结果恰恰与之相左。早在周代,尤其是春秋战国时代,就出现了名副其实的"人的觉醒"。中国思想史上"人的觉醒"时期不是魏晋,而应是周代。

1. 周代:"天""神"的退场,"人"的觉醒和"民"的凸显,第一波启蒙思潮的掀起

夏代的状况无文字记载。从后代典籍折射的面影中可以遥想,那是一个图腾、神话盛行的时代,它具有初民原始思维——神学蒙昧主义的基本特征。这是任何一个民族走向文明必须经历的阶段。

殷商思想界神学蒙昧主义特点,在殷商文化典籍中可见到明显的表征。在殷商卜辞中,没有一个关于"人"的道德智慧的术语,有的是"上帝"和占卜"上帝"后获得的"吉""不吉""祸""咎""不利"等结果的大量用语。《礼记·表记》说明殷商文化的特点:"殷人尊神,率民以事神,先鬼而后礼。"殷代国王做任何事情都先请示鬼神。于是,从事请示鬼神、沟通人神旨意的专职人员"巫"、"史"应运而生。"巫"通过占卜的方式代鬼神发言,这些占卜的记录就是殷商甲骨卜辞;"史"记载国王根据鬼神旨意发表的讲话,搜罗在《尚书》中的殷商文诰即是如此。人们崇拜天帝神鬼,匍匐在"上帝""鬼神"面前,一切听命于"天"和"神"。在高高在上的"天"、"神"面前,"人"显得十分渺小,微不足道。

"殷人尊神"的特征也遗留在《周易》中。《易》卦及卦、爻辞相传为殷末周文王所作。这是一部卜筮之书。虽然它以超验的方式揭示了某些自然和人生的真理,但无可否认,《周易》的卦爻辞还是披上了神灵设教的外衣,笼罩着神学色彩。

然而,就整体状况来看,周代特别是东周的春秋战国时代,思想文化界的情况却出现了与殷商很大的不同。这就是"人"的觉醒和"民"的凸显。《礼记·表

记》揭示周代文化的特点:"周人尊礼尚施,事鬼敬神而远之,近人而忠焉。"周人虽然仍然尊天敬神,但更贴近人事,更重视礼教道德。

周代"人"的觉醒,具体说来表现在如下几个方面:

首先是对人在宇宙万物中的地位的认识。过去将"天"奉若神明,这时人们发现:"天命靡常。"(《诗·大雅·文王》)"天难忱(通谌,相信)斯。"(《诗·大雅·大明》)"皇天无亲,唯德是辅。"(《尚书·周书·蔡仲之命》)"天意"往往以"人"的道德为转移。于是"人"的地位大大提高。周初的文献说:"惟人万物之灵。"(《尚书·周书·泰誓》)春秋初期的《老子》说:"域中有四大:道大、天大、地大、人亦大。"《管子》对抗"神本",提出"人本"概念:"夫霸王之所始也,以人为本。本理则国固,本乱则国危。"《左传》则说:"夫民,神之主也,是以圣王先成民而后致力于神。"(桓公六年)"国将兴,听于民;将亡,听于神。神,聪明正直而壹者也,依人而行。"(庄公三十二年)战国末期的《孝经》响亮地提出:"天地之性人为贵。"于是,"人"的地位取代了"天"的位置,被视为宇宙万物中的"神灵";天地间所有物性中,人性最为高贵。过去人们的一切行动听命于"天",现在则应当听命于"人"。

其次是对人性、人的本质的认识。

关于人的特性,今天常见的观点论及人的意识性、社会性、劳动性。而这些在春秋战国时期的诸子著作中都有所触及。

关于人的意识特性。孔子说:"哀莫大于心死。"(《庄子·田子方》引孔子语)"人心之灵莫不有知。"(《中庸》引孔子语)孟子说:"心之官则思。"(《孟子·告子上》)人与其他动物最根本的区别是人有"心"的活动。"心"这种器官最大的功能就是"思"、"有知"。先秦儒家将人的道德意识视为人的特性,正是建立在人具有意识性这一基础上的。由此孟子说:"无恻隐之心,非人也;无羞恶之心,非人也;无辞让之心,非人也;无是非之心,非人也。"(《孟子·公孙丑上》)"人之有道也,饱食暖衣、逸居而无教,则近于禽兽。"(《孟子·滕文公上》)荀子说:"水火有气而无生,草木有生而无知,禽兽有知而无义;人有气、有生、有知、有义,故最为天下贵也。"(《荀子·王制》)

马克思1845年《关于费尔巴哈的提纲》指出:人"在其现实性上是一切社会关系的总和"。这是关于人的社会性的著名论断。这里的"社会性"即"群体性"的意思。而孟子早有类似精辟的论断:"百工之事,固不可耕且为也。""一人之身,而百工之所为备。"(《孟子·滕文公上》)在社会分工日益细化、专门化的社会中,一个人的生活必须由社会上"百工"创造的生活资料才能维持。人成了"社会性"的集结点。不仅如此,人的社会性、群体性还体现为人在谋取生活资料的活动中发挥群体的力量共同对付自然。荀子说:人"力不若牛,走不若马,而牛马为用,何也?曰:人能群,彼不能群也。"(《荀子·王制》)《吕氏春秋·恃君》指出:"凡人之性,爪牙不足以自守卫,肌肤不足以捍寒暑,筋骨不足以从利避害,勇敢不足以却猛禁悍,然且犹栽万物、制禽兽、服狡虫,寒暑燥湿弗能害,不唯先有起备而以群居邪?群之可聚也,相与利之也。利之出于群也。"

马克思在《1844年经济学哲学手稿》中指出,物种的谋生活动方式决定着该物种的全部特性,人这个物种的特性就在于人的谋生活动方式是自觉的、自由的。这自觉、自由的谋生活动就是"劳动"。恩格斯《劳动在猿向人转变过程中的作用》进一步发挥说:把"人"从动物界分离开来的第一个历史行动是"劳动","劳动创造了人"。于是,人能够"劳动",成为"人"区别于被动地接受自然的一般动物的根本属性。对此,墨子的相关论述是:"今人固与禽兽……蜚鸟……异者也。今之禽兽……蜚鸟……因其羽毛以为衣裘,因其蹄蚤以为绔屦,因其水草以为饮食……衣食之财故已具者矣。今人与此异者也,赖其力者生,不赖其力者不生。"(《墨子·非乐上》)再清楚不过地说明了:动物只是被动地接受自然、等待自然的恩赐,而人则懂得能动、积极地通过自己的努力改造自然、创造生活资料。

人的基本属性即生物属性、自然欲求。对此,先秦诸子认识非常丰富。管子指出:"凡人之情,见利莫能勿就,见害莫拿勿避。""凡人之情,得所欲则乐,逢所恶则忧,此贵贱之所同也。"(《管子·禁藏》)"百姓无宝,以利为首。"(《管子·侈靡》)商鞅指出:"民生则求利,死则虑名。""饥而求食,劳而求佚,苦则索乐,辱则求荣,此民之情也。"(《商君书·算地》)荀子指出:"若夫目好色,耳好声,口好味,心好利,骨体肤理好愉佚,此人之情性也。"(《荀子·性恶》)韩非指出:人"皆挟自为心"(《韩非子·外储说左上》)。"人情皆喜贵而恶贱。""喜利畏罪,人莫不然。"(《韩非子·难二》)即便是偏重人的道德特性修养的孔孟,也正视道:"富与贵,是人之所欲也……贫与贱,是人之所恶也……"(《论语·里仁》)"口之于味也,目之于色也,耳之于声也,鼻之于嗅也,四肢之于安佚也,性也。"(《孟子·尽心下》)

先秦诸子在论述人的生物欲求和超生物欲求时,有一个明显的特点,即是作为对所有人而言的共同人性、普遍人性来谈的。孔子说:"性相近也,习相远也。"(《论语·阳货》)人的天性是相近的,凡、圣的差别是由后天的修习形成的。荀子说:"尧、舜之与桀、纣,其性一也;君子之与小人,其性一也。"(《荀子·性恶》)《吕氏春秋·情欲》云:"天生人而使有贪有欲……欲之若一,虽神农黄帝,其与桀纣同。"这种共同人性论,是符合人性实际的,其最大价值在于体现了人生来平等的精神。

人自私自利的生物欲求会产生争斗、祸乱,因而具有恶性(荀子、韩非子),不能放纵;但它与生俱来,强行去除就会产生新的社会动乱,因而又不可去除。于是,对人欲的态度就只能是因势利导,有节制地满足。孔子早已提出这样的思想:"富与贵,是人之所欲也,不以其道得之,不处也;贫与贱,是人之所恶也,不以其道去(原为得)之,不去也。"(《论语·里仁》)荀子加以发展:"欲虽不可尽,可以近尽也;欲虽不可去,求可节也。"(《荀子·正名》)"礼"的实质是"养欲",而不是扼杀人欲:"礼者,养也","养人之欲,给人以求","礼义文理所以养情也。"(《荀子·礼论》)韩非则在此基础上提出了"凡治天下,必因人情"的口号(《韩非子·八经》),并总结出"圣人之所以为治道者三,一曰利,二曰威,三曰名","利者所以得民也,威者所以行令也"(《韩非子·诡使》),"名之所彰,士死之"(《韩非子·外储说左上》)。《吕氏春秋》指出:"天使人有欲,人不得弗求;天使人有恶,人不得弗避。欲与恶,所受于天也,……不可变,不可易。"(《大乐》)先秦思想家还深刻指出:"乱国之使其民,不论人之性,不反(返)人之情"(《吕氏春秋·适威》)"凡语治而待去欲者,无以道欲而困于有欲者也;凡语治而待寡欲者,无以节欲而困于多欲者也。"(《荀子·正名》)欲虽生乱、可恶,然而同时应当看到,"人之欲多者,其可得用亦多;人之欲少者,其可得用亦少;无欲则不可得用也。"(《吕氏春秋·为欲》)"善为上者,能令人得欲无穷,故人之可得用亦无穷矣。"(《吕氏春秋·为欲》)

在先秦诸子提出的满足人欲的理性规范中,"民利"是一条重要原则。孔子说:"因民之所利而利之。"(《论语·尧曰》)孟子指出:"得乎丘民而为天下。"(《孟子·尽心下》)"得天下有道:得其民,斯得天下矣;得其民有道:得其心,斯得天下矣;得其心有道:所欲与之聚之,所恶勿施。"(《孟子·离娄上》)管子总结为政之道:"政之所兴,在顺民心;政之所废,在逆民心。民恶忧劳,我佚乐之;民恶贫贱,我富贵之;民恶危坠,我存安之;民恶灭绝,我生育之。"(《管子·牧民》)"欲知者知之,欲利者利之,欲勇者勇之,欲贵者贵之"(《管子·枢言》),则"远者自亲"(《管子·牧民》),天下归服。

于是产生了"民本"思想。所谓"民本",不仅是与"天本"、"神本"相对,而且与"君本"相对。作为与"天本"相对的概念,《尚书·虞夏书》已经发端:"天聪明自我民聪明,天明畏自我民明威(同畏)。"周人认识得更清楚:"天佑下民","惟天惠民","民之所欲,天必从之","天视自我民视,天听自我民听"(均见《尚书·周书·泰誓》)。由于在周人心目中"人"、"民"具有比"天"更高的地位,所以"天子"应当以"民"为天下之本,"天子"下属的诸侯国君主也应当以"民"为国家之本。早在《虞夏书》中大禹就说过:"民可近,不可下;民惟邦本,本固邦宁。"相传为西周初年周公所作的《无逸》反复告诫成王:要"怀保小民"、"咸和万民"、"保惠于庶民"。到了战国时期,孟子对"民本"思想作了更重要的阐释。他响亮地提出"民为贵,社稷次之,君为轻"(《孟子·尽心下》),将人民的"民"提高到国家和君主的之上;并指出:君主"乐民之乐者,民亦乐其乐;忧民之忧者,民亦忧其忧。乐以天下,忧以天下,然而不王者,未之有也"。"保民而王,莫之能御也。"(《孟子·梁惠王上》)甚至大胆提出:"君有大过则谏,反复之而不听,则易位。"(《孟子·尽心下》)"君之视臣如手足,则臣之视君如腹心;……君之视臣如土芥,则臣之视君如寇仇。"(《孟子·离娄下》)现代西方宪法赋予人民在面对专制统治者残暴压迫的时候,有推翻统治者的"革命权"。孟子最早触及这一问题。商汤王和周武王,原是夏桀、殷纣的两位臣子,由于桀、纣残暴无道,民不聊生,汤、武会集诸侯百姓以武力推翻了桀、纣。至战国时,齐宣王问左右群臣:"汤放桀,武王伐纣……臣弑其君,可乎?"孟子则对曰:"贼仁者谓之'贼',贼义者谓之'残'。残贼之人,谓之'一夫'。闻诛'一夫'矣,未闻'弑君'矣。"(《孟子·梁惠王上》)《易》革卦中的《彖》辞公开宣称:"汤武革命,顺乎天而应乎人。"《国语·鲁语》记载鲁国太史里革的话:"臣杀起君,君之过也。"这些言论中包含的平等、民主意识穿越历史的时空,曾得到现代西方宪政、民权专家罗隆基的高度称赞。

与尊重"民欲"、"民利"的"民本"的思想形成呼应的是,先秦思想家还根据人心的思维属性,强调人民思想、言论的自由权利。上古时期,人民是有议论自由的。尧舜时在大路上立"诽谤木",供人们书写意见。古代又在朝廷外立肺石,供平民控诉官吏、长老。这种风俗一直延续到周代。《周礼·秋官·大司寇》记载:"设肺石达穷民。凡远近惸独老幼之欲有复于上而其长弗达者,立于肺石,三日,士听其辞,以告于上,而罪其长。"周代为了解政治得失,还设立了采诗制度以观民风。那个时候,人民聚集在一起臧否时政是正常的。人民的意见虽然对统治者调整政治方针很有好处,但听起来并不舒服。于是出现了郑国大夫然明"毁乡校"以堵民口的提议。"郑人游于乡校,以论执政。然明谓子产曰:'毁乡校,何如?'"执政者子产的回答是:"'何为?夫人朝夕退而游焉,以议执政之善否。其所善者,吾则行之;其所恶者,吾则改之。是吾师也,若之何毁之?我闻忠善以损怨,不闻作威以防怨,岂不遽止?然犹防川,大决所犯,伤人必多,吾不克救也。不如小决使道,不如吾闻而药之也。'"[1]无独有偶,《国语·周语》中载执政官邵公向惩罚人们自由议论的周厉王进谏:"防民之口,甚于防川。川壅而溃,伤人必多。民亦如之。是故为川者决之使导,为民者宣之使言。"《左传·昭公二十年》记载晏子对齐王解释"和"的大义:"和"不是"同",即不是什么都赞同,恰恰是允许提出不同意见:"君所谓可而有否焉,臣献其否以成其可;君所谓否而有可焉,臣献其可以去其否。"子产、邵公、晏子的意见,似不能仅仅归功于个人的过人之明,若知在周代是有言论自由的传统、氛围的,我们就很能理解他们的意见何以能诞生了。而最高统治者容忍、鼓励不同意见,在春秋战国时亦不少见。据《孟子》记载,孟子曾在齐宣王面前说了好多刺耳的话,齐宣王最多"顾左右而言他",最后总是容忍了,孟子总是安然无恙。《战国策·齐策》记载齐威王采纳邹忌的建议,不仅虚心听取不同意见,而且奖励群臣提出不同意见,下令:"群臣吏民能面刺寡人之过者,受上赏;上书谏寡人者,受中赏;能谤讥于市朝,闻寡人之耳者,受下赏。"于是国家政通人和,兴旺强盛,燕、赵、韩、魏等国"皆朝于齐"。

西方古典哲学认为,人之所以为人,就在于人具有"自我意识"。先秦启蒙思潮的最大贡献,就在于驱散了原来巫史文化笼罩在"人"自己身上的神学迷雾,用"人"替代了"天"、"神"在宇宙万物中的崇高地位,确立了"民"在天下、国家中的本位资格,对共同人性、平等人性以及人的生物属性和非生物属性及其作用做了客观、深刻的剖析,并提出了因人性而治人的开明的"人道"主张。我们有理由说:周代是中国历史上"'人'的觉醒"时代,也是中国人文思想史上第一个启蒙时代。李泽厚在《美的历程》中将魏晋视为中国思想史上"'人'的觉醒"时代,实在是令人难以信服的。

2. 六朝:钟情任欲,适性逍遥,第二波启蒙思潮的奔突

秦始皇统一六国以后,吸取周天子施行分封而大权旁落、丢失天下的教训,

---

[1]《左传·襄公二十 年》。

一举废除几千年的封建制,设立郡县制,各郡县长官不得世袭,根据对皇帝负责的好坏由直接皇帝任免更换。自此,以皇帝集权为特征的君主独裁专制在中国大地上推行开来。秦始皇开创皇权专制本想带来秦朝的长治久安,可由于他片面地任用法治,对人民的刑罚过于残暴苛刻,而自己则溺于过度的欲望享受,耗尽天下财力,剥夺了老百姓最起码的生存权利,不久,陈胜、吴广揭竿而起,天下响应,不可一世、本想长命的秦朝眨眼之间訇然倒塌,刘邦乘机而起,建立汉朝。

"秦王扫六合,虎视何雄哉!"面对强大的秦朝一朝覆亡的教训,汉初统治者和思想家陷入了反思。实行郡县制的秦朝前后只存在了十五年,而实行分封制的周朝则存在了近千年。是郡县制的过错吗?不是。郡县制确实有利于皇帝集权,所以汉朝把秦始皇发明的这一政治体制继承了下来[1]。秦朝覆亡的根本原因,是不懂得像周朝统治者那样在"革命"成功后对人民实行爱民、惠民的"仁政"、"德治"、"王道",并以此来节制一己享受的情欲。所以,汉初的政治设计师如贾谊、陆贾给汉高祖提出的建议是,抛弃霸道,兼取儒、道,以"仁政"争取人民的拥戴,以"无为"克制自己的情欲。汉武帝以"罢黜百家,独尊儒术"著称,其实黄老的"清虚无为"之学作为对最高统治者的要求,一直不绝于武帝以后汉代的子书、史书中,作为对儒家"民本"、"王道"主张的补充。即使在汉武帝时期儒学大师董仲舒的《春秋繁露》中也可看到这两者的融合。这些都是非常宝贵的思想财富。

不过,在这些有价值的思想之外,汉代出现了新的蒙昧思想。一是"天人感应"、互为因果。它集中体现在《淮南子》《春秋繁露》《白虎通》《论衡》等书中。这是汉代流行的阴阳五行、谶纬迷信的神学蒙昧思想的表现。其实"天"是"天","人"是"人",天国、自然的东西何尝与人结构对应,相互感应!二是"阳善阴恶"、"性善情恶"。"仁"由自然界的"阳气"决定,故是"天心",是天生之"性",是"善";"贪"之类的"情"、"欲"由自然界的"阴气"决定,故本性是"恶"。君人、做人之道,就应该去恶扬善,存仁去贪,存理去欲。所谓"正其谊(义)不谋其利,明其道不计其功"(董仲舒)、"圣人无喜怒哀乐"、"太上忘情"就是由此得出的典型观点。其实"阳"何必是"善"?"阴"何必是"恶"?"欲"何可去?"情"何可忘?当统治者口是心非、以此求民时,这种口号必然导致对广大人民基本生活欲求和权利的剥夺。可见,这是出于维护君主专制统治的功利需要产

---

[1] 当然为了笼络人心,汉朝也做了些改造,即对皇亲功臣实行分封,但这是辅助性的。

生的蒙昧思想。三是"性三品"论。先秦诸子反复强调"凡"、"圣"人性的平等，但到这时，这种常识被打破了。董仲舒把人性分为"圣人之性"、"中民之性"、"斗筲之性"，认为"圣人之性"有"仁"无"贪"，"中民之性"有"贪"有"仁"，"斗筲之性"有"贪"无"仁"。后来扬雄、王充及道教经典《太平经》都重复了同样的看法。"性"的本义是"生之资质"。把人的天性分为上、中、下三种不同的等级，这是荒谬的，不合人性实际的。"性三品"论的目的，在宣扬"圣人"统治"斗筲"，改造"中民"。推其动机，仍然可视为缘于政治功利的蒙昧主义思想。

魏晋时期，在两汉儒、道学说长期融合的基础上，诞生了道内儒外的玄学。玄学重思辨，贵神明，以理性精神阐释本末、体用、动静、一多、形神、言意的关系，以一种深邃、科学的思维深度区别于汉代的神学蒙昧主义，扫除了先前谶纬迷信、天人感应的种种呓语。

玄学追求的人生价值的核心范畴，是"适性"。只有"适性"，才能"逍遥"。"适性"的人生理想本由庄子所提出。人性的"性"在庄子看来是自然无意志，所以庄子的"适性"并未走向纵欲主义，恰恰相反，倒是走向了禁欲主义，所以《庄子》中描绘的"至人"、"神人"、"圣人"是"形如槁木、心如死灰"、"喜怒哀乐不入胸次"的形象。汉代思想家强调人心的清虚自守，与此是一脉相承的。但汉人根据对"圣人之性"的曲解提出"圣人无情"说，则陷入荒谬。据此，汉末魏初的玄学家何晏说："圣人无喜怒哀乐。"魏国另一位玄学大师王弼认为，说"圣人无喜怒哀乐"不合事实，"喜怒哀乐"是人人都有的自然情感，"圣人"不是没有这些情感，而是善于用"神明"即理性控制这种情感罢了。何劭《王弼传》转述他的话："圣人茂于人者神明也，同于人者五情也。神明茂，故能体冲和以通无；五情同，故不能无哀乐以应物。然则圣人之情，应物而无累于物者也。今以其无累，便谓不复应物，失之多矣。"王弼的这一矫正很有启蒙价值，它揭开了汉人笼罩在"圣人"头上"无情"的光环，使其露出了与"凡人"相同的"有情"面目，具有解构汉代不平等的"性三品"论的意义。不过同时，他也揭示了"圣人"与"凡人"的不同，即"凡人"受制于"五情"，"圣人"理性发达，能够控制"五情"，使之"通无"。魏晋时期，这种"适性"而"无情"的人生取向成为士族修养的一种"雅量"。《世说新语·雅量篇》集中记录了魏晋人许多处变不惊、神态自若、遇大喜不乐、遭大悲不哀的事迹，体现了"太上忘情"的人格理想和意志的刚毅、静穆的伟大。于是，"雅量"成为"魏晋风度"的一杆风向标。口不臧否人物，面无喜怒之色，泰山崩于前而方寸不乱，成为魏晋士人追求的一种崇高人生境界。

无情无欲是符合庄学本义的玄学的一种"适性"。事实上,人性并不是无情无欲的,情欲恰恰是人与生俱来的天性。不仅王弼看到了这一点,而且嵇康、向秀还明确指出这个事实:"人性以从欲为欢。"(嵇康《难张辽叔自然好学论》)"且夫嗜欲,好荣恶辱,好逸恶劳,皆生于自然。"(向秀《难养生论》)于是,名副其实的"适性"就走向了任情纵欲。这是魏晋玄学"适性"概念的另一种内涵,是玄学根据人性的真实状况对庄子"适性"概念的新的改造,也是另一种"魏晋风度"。竹林七贤之一王戎死了婴儿,山涛之子山简前去看望,见王戎悲痛不已,就宽慰他:"孩抱中物,何至于此!"王戎辩解说:"圣人忘情;最下不及情;情之所钟,正在我辈。"山简觉得有道理,也跟着一块痛哭。王戎的这个观点非常值得注意。他明白"圣人忘情"的道理,但又认为:"最下不及情。"无情的人是最等而下之、卑不足道的。"我辈"之人,正是"情之所钟"。王戎的"情之所钟,正在我辈",再加上阮籍的一句"礼岂为我辈设也",揭示了一种全新的人生坐标,它标志着自然情欲和个性的解放。于是有了王子猷的"乘兴而行,兴尽而返",有了张翰的因秋风起、想吃家乡菜而辞官返乡,有了陶渊明的"不愿为五斗米折腰",有了陆机的"诗缘情而绮靡",有了刘伶的"纵酒放达"、"裸形在屋中",有了阮籍的"常从妇饮"、"醉便眠其妇侧",甚至有了阮咸的与群猪共饮,有了《世说新语》记载的大量"任诞"怪事,有了《列子·杨朱篇》虚构的及时行乐、醉生梦死的公孙穆、公孙朝兄弟。这是对汉代"性善情恶"、"圣人无情"蒙昧思想的彻底瓦解,这也是对人的本真个性的全面张扬。宋齐梁陈时,这种钟情任欲的价值观仍在流淌,梁简文帝萧纲、梁武帝萧绎以帝王之尊倡导有情感的诗文,陈后主以帝王之尊制作艳词,大臣仿效,文士响应,浮华之风,荡而不返。尽管有矫枉过正之嫌,但对汉代蒙昧思想的启蒙之功,则不容否定。

　　因此,可以说,六朝是中国人文思想史上的第二波启蒙,其启蒙的对象就是汉代由阴阳谶纬和政治功利形成的蒙昧主义思想。

　　3. 明清:理欲之辩、义利之辩、公私之辩、凡圣之辩,第三波启蒙思潮的汹涌

　　常言说:真理越过半步就是谬误。六朝钟情尊欲的"适性"思潮本来对清除汉代的蒙昧主义具有积极的启蒙价值和人性解放的进步意义,但它"越名教而任自然",完全抛弃理性法则,乃至走到任情纵欲的地步,这确是维持社会稳定的大忌。我们看《列子·杨朱篇》中的一段话:"人之生也奚为哉?奚乐哉?为美厚尔,为声色尔。""凡生之难遇,而死之易及。以难遇之生,俟易及之死,可孰

念哉？而欲尊礼义以夸人，矫情性以招名，吾以此为弗若死矣。为欲尽一生之欢，穷当年之乐，唯患腹溢而不得恣口之饮，力惫而不得肆情于色，不遑忧名声之丑、性命之危也。"过分纵欲不仅违反"礼义"，有损名誉，而且会带来生命之危，可是为了及时行乐，这些都可以不顾。这是典型的"醉生梦死"、"荒淫无耻"。它授人以柄，给隋唐宋元统治者和思想家重铸道德理性规范提供了口实。

其实，早在南朝，一些统治者就作出了恢复儒道的努力，但收效甚微。北朝自北魏起就大力弘扬以儒学为代表的汉文化，后继者如东魏西魏、北齐北周都步武北魏，雅尚儒道，但因为不属华夏正统，局限于半壁江山，所以亦未成气候。来自北周的杨坚统一南北、建立隋朝后，便着手整顿世风。在朝的负责意识形态的官员李谔连续三次上书隋文帝，要求从革除浮靡的文风入手，整顿轻薄的社会风气。在野的儒家学者王通仿《论语》作《中说》，以远绍周、孔自命，批评南朝以"文"淹"道"的诗人，广带弟子，传播儒道。朝上朝下遥相呼应，标志着社会价值取向的根本扭转。

隋炀帝中断儒道、毁于一旦的事实，又给唐代统治者上了一课。在恢复儒道在思想界的统治地位方面，唐太宗做了两件大事。一是命孔颖达负责收集以往的五经权威解释重新加以统一的全面的注疏；二是命魏徵为监修，新编、重编南北朝史，总结政治兴亡得失，印证儒家以民为本的仁政是长治久安的君人之道。唐太宗确立了儒家道德学说在唐朝的主宰地位。整个唐朝思想界，诗人如唐初四杰、陈子昂、杜甫、白居易、元稹、张籍等，文人如萧颖士、李华、独孤及、梁肃、柳冕、权德舆、吕温、韩愈、柳宗元、李翱等无不以儒家之道为第一位求人求文。他们不仅是文章家，更是道德君子。

唐、宋之间，有一个几十年的藩镇割据的五代十国阶段。这是一个道德失范、天下大乱的时代。宋太祖统一天下后，吸取唐代藩镇兵权过大的教训，建立了皇权更加集中的专制体制。与此相应，在思想领域进一步确立了儒家学说的统治地位。于是，儒学从先前的包含着许多人民性、民主性的学说变为君主专制效劳、扼杀人民的个体生命权利的学说。儒家的温和之"道"也一变而为面目可憎的"理"。周敦颐、二程、邵雍、朱熹、陆九渊是著名的理学家。而柳开、王禹偁、石介、孙复、欧阳修、真德秀等人虽然是文章家，其实也是一再要求"文以载道"的道学家。

元代思想界的情况，诚如《元史·列传·儒学》所云："元兴百年，上自朝廷内外名宦之臣，下及山林布衣之士，以通经能文显著当世者，彬彬焉众矣。"元朝统治者袭用宋代理学之旧为其大一统的政治服务,虽无所发明,却在推广理学方面颇有劳绩。

从隋唐道学到宋元理学,尽管儒家之道的内涵发生了变化,但在高扬儒家道德理性方面是一致的。《明史·列传·儒林》说明代儒学状况:"经学非汉唐之精专,性理袭宋元之糟粕。"在汉唐"经学"与宋元"性理"有什么质的区别呢?没有。而这都属于儒家道德学说。[1]

隋唐宋元恢复儒家道统的努力在挽救道德失范、矫正情欲横流方面自有其合理性,但也存在着矫枉过正的荒谬。在李谔、王通、白居易、程颐对六朝以来诗人的严格批评中,哪怕吟咏欣赏自然风物的怡悦之情,也受到严厉指责,大有以"道"代"情"之势。李翱《复性书》重提"性善情恶"论,要求"忘嗜欲而归性命之道"。《朱子语类》卷十二干脆提出以"理"灭"欲":"圣人千言万语,只是教人存天理,灭人欲。"尽管他的"天理"包含"食色"之类的基本人欲,但后儒尽拿着这个口号去扼杀人欲,做出了许多荒唐无理的事情。与"理""欲"对立相应,宋儒还将"义"与"利"、"公"与"私"对立起来,提倡"舍利取义"、"大公无私"。韩愈重提"性三品"论,"凡"、"圣"天性的不同乃至"男"、"女"人性的高低又重新被夸大。于是,"理""欲"对立、"义"与"利"、"公""私"对立、"凡""圣"对立,成为此间又一大荒谬悖理的蒙昧主义思潮。

矛盾是事物发展的内在动力。物极必反。哪里有压迫,哪里就有反抗。明清时期,针对隋唐宋元以来愈演愈烈的道学—理学蒙昧主义,中国人文思想界又走出了一波启蒙思潮。争论的焦点集中在"理""欲"之辩、"义""利"之辩、"公""私"之辩、"凡""圣"之辩上。这些启蒙思想家提出的基本主张是:理不离欲、崇义养利、合私成公,凡圣平等,从而为解放自然情欲、谋求个人利益、争取平等权利张目。

其实,类似的启蒙思想早在宋代就开始产生了。李觏、王安石、张载、陈亮、叶适都发表过很好的意见。如李觏批评说:"人非利不生,曷为不可言?""欲者人之情,曷为不可言?""孟子曰'何必曰利',激也。焉有仁义而不利者乎?"(《原文》)王安石批评说:"世有论者曰'性善情恶',是徒识'性'、'情'之名而不识'性'、'情'之实也。""'性'者'情'之本,'情'者'性'之用。故吾曰:'性'、

---

[1] 因此,笔者对"宋明理学"的说法是表示质疑的。它把理学没落的明代包含其中,却把隋唐,特别是唐代盛行的名异而实同的道学排除在外,容易引起人们对认识中国思想史时代特征的混乱。隋唐宋元是一个整体,与其提"宋明理学",不如拈出"唐宋道学"更为合适。妄言于此,贻笑大方,聊备一说。

'情'一也。""诚今论者之说,'无情'者'善',则是若木石者尚矣。""为其废'情',则'性'虽善,何以自明哉?"(《性情》)张载以理学家著称,但他的思想却不迂腐。他指出:"情则是实事。"(《横渠易说·乾》)"情未必为恶。"(《张子语录》中)"饮食男女皆性也,是乌可灭?"(《正蒙·乾称》)"为政者在足乎民。"(《正蒙·有司》)陈亮指出:"夫'道'非出于形气之外表,而常行于事物之间者也。"(《经书发题·书经》)"夫'道'岂有他物哉? 喜怒哀乐爱恶得其正而已。"(《勉强行道大有功》)"夫喜怒哀乐爱恶,人主之所以鼓动天下而用之之具也。""弃其喜怒以动天下之几,而欲事功之自成,是闭目而欲行也。"(《戊申再上孝宗皇帝书》)叶适批评说:"'仁人正谊不谋利,明道不计功。'此语初看极好,细看全疏阔。……后世儒者行仲舒之论,既无功利,则'道义'者乃无用之虚语尔。"(《习学记言序目》卷二十三)"以'天理'、'人欲'为'圣'、'狂'之分者,其择义未精也。"(《进卷·春秋》)他肯定:"有己则有私,有私则有欲。"(《进卷·春秋》)主张:"崇义以养利,隆礼以致力。"(《进卷·民事》)遗憾的是,这些意见在宋代被边缘化了,难以与强大的理学相抗衡。

到明代,情况发生了很大变化。《明史·列传·儒林》说明明代思想界的转向:"原夫明初诸儒,皆朱子门人之支流余裔,师承有自,矩矱秩然……学术之分,则自陈献章、王守仁始。宗献章者曰'江门之学',孤行独诣,其传不远。宗守仁者曰'姚江之学',别立宗旨,显与朱子背驰。门徒遍天下,流传逾百年,其教大行,其弊滋甚,嘉(靖)、隆(庆)而后,笃信程朱、不迁异说者,无复几人矣。"活跃于明代中叶成化、弘治年间"江门之学"又称"白沙学派",其代表人物是岭南的陈宪章。他以自家心性挑战朱子理学,高唱:"丈夫立万仞,肯受寻尺拘?"[1]"天地我立,万化我出,而宇宙在我矣。"[2]开阳明心学先声。正德、嘉靖年间,王阳明"姚江之学"风行天下,与朱熹背道而驰,并在终明之世取得了思想界的主导地位。王氏大弟子王畿主张"纵横操纵,无不由我","自作主宰"(《留都会记》),"不随人悲笑"(《南游会记》),甚至说"六经亦糟粕"(《自讼问答》)。开徐渭、李贽、袁宏道等个性解放之先声。王学左派——泰州学派的代表王艮对传统的"杀身成仁"信条提出挑战,指出这只是等而下之的"贤人之仁",最高的"圣人之仁"是"保身"以"成仁":"尊道不尊身,不谓之尊道,须道尊身尊,才是

---

[1] 《陈宪章集》卷四。
[2] 《陈宪章集》卷一。

至善。"表现了对肉体生命的尊重。其"百姓日用是道"更言简意赅地把高高在上的"道"拉回现实中。另一位泰州学派代表罗汝芳则提出崇尚自然的"赤子"说:"赤子初生,孩而弄之,则欣笑不休;乳而育之,则欢爱无尽。盖人之出世,本由造物之生机,故人之为生,自有天然之趣。"[1]直接开启了李贽的"童心"说。

在王学的影响下,整个明代出现了人性觉醒的新气象。其中,李贽以其思想的批判性、尖锐性、丰富性尤其引人注目。李贽所做的一切,就是绝假存真,还原常识。他指出:"人必有私,而后其心乃见。""虽圣人不能无势利之心。"然而这很正常。追求私欲,乃"自然之理"。"穿衣吃饭,即是人伦物理。""尧舜与途人一,圣人与凡人一。""圣人不曾高,众人不曾低。""圣人所能者,夫妇之不肖可以与能,勿下视世间之夫妇也。""勿高视一切圣人也。"因此,千万不要"以孔子之是非为是非"。"天生一人,自有一人之用",每个人都应当用自己的"心眼"去观察、去思考、去"自立"。李贽不仅用"圣人有私"论为普通大众谋取私利、实现人欲辩护,而且以"凡能成圣"为据,捍卫每一个凡夫俗子的独立思考的权利。人性平等成了他追求人的生存权和思想权的逻辑起点。

在李贽的前后四周,还闪耀着许多启蒙者的星星。如罗顺钦:"夫人之有欲,固同出于天,盖有必然不容已,且有当然不可易者。""于其所不容已者而皆合乎当然之则,夫安往而非善乎?"(《困知记》)如王廷相:"道化既立,我固知民之多夫'道心'也,'人心'亦与生而恒存。观夫饮食男女,人所同欲;贫贱夭病,人所愿乎哉?""天下顺治在富民。"(《慎言》)如袁宏道:"宋儒有腐学而无腐人,今代有腐人而无腐学;宋时讲理学者多腐,而文章事功不腐,今代讲文章事功者腐,而理学独不腐;宋时君子腐,小人不腐,今代君子小人多腐。"(《答梅客生》)"大丈夫当独往独来,自舒其逸耳,岂可逐世啼笑,听人穿鼻络首!"[2]如钟惺:"从来'节'字皆生于一'情'字。"(《古诗归》卷六)"英雄本色,却字字不离儿女情事。"(《古诗归》卷十四)如邹元标:"赤子之心,真心也。""厌赤子之心真率,把礼文遮饰,儒者以为希世要务。不知议论日繁,去真心日远。无怪乎真心不多见也。"[3]等等。

明代汹涌的启蒙思潮,给人性和社会风气带来了巨大解放。据史料记载:"嘉靖中年以前,犹循礼法,见尊长多执年幼礼;近来荡然,或与先辈抗衡,甚至

---

[1] 黄宗羲:《明儒学案》卷二十三。
[2] 转引自袁中道:《中郎先生行状》,《珂雪斋集》卷十八。
[3] 黄宗羲:《明儒学案》卷二十三。

有遇尊长乘骑不下者。""嘉靖十年前,富厚之家多谨礼法,居室不敢淫,饮食不敢过;后遂肆然无忌,服饰器用,宫室车马,僭拟不可言。"[1]正德、嘉靖以前,"妇女以深居不露面、治酒浆、工织纴为常";后来就渐渐"拟饰倡妓,交接绀媪,出入施施,无异男子"[2]。"城中妇女多相率步行,往闹处看灯;否则大家小户杂座门前,吃瓜子糖豆,看往来士女,午夜方散。乡村夫妇多在白日进城,瞧瞧画画,东穿西走,曰'钻灯棚',曰'走灯桥',天晴无日无之。"[3]在人性获得正当满足的同时,晚明出现了以欲灭理的淫荡现象,如狎妓女、蓄男宠、养"瘦马",争习房中术,公开兜售淫书、淫画、淫药、淫具,迎合、刺激人的感官欲望的黄色小说《肉蒲团》《绣榻野史》《痴婆子传》《浪史》等也应运而生。于是,清初统治者重新用朱子理学整顿社会教化。以理杀人的惨痛现实,又为清代启蒙思想家的提供了批判的靶子。黄宗羲、王夫之、顾炎武、唐甄、颜元、李塨、戴震、龚自珍、魏源,等等,一连串闪光的名字,挟带着人性平等、人情怀私、情欲合理、合私成公、利济苍生、个性解放、非刺暴君等光彩夺目的思想,上接明代,形成了澎湃的启蒙声浪,蔚为壮观。这是中国人文思想史上的第三波启蒙思潮,思想丰富而深刻,达到了正统国学人文精神的最高峰。鸦片战争以后的近代国学,人文思想的犀利或新义间或过之,但那是融入西方价值理念所致,已非国学正统之旧。

4. 近代:中西携手,共击纲常,第四波启蒙思潮的交汇

清宣宗道光二十年,也就是1840年,中英鸦片战争爆发,清政府被迫签订了《南京条约》等一系列不平等条约,中国一步步沦为半殖民地半封建的社会。中国人民在反对专制主义的民主斗争之外,又多了一道反对帝国主义民族斗争的历史使命。从此,在中国大地上,开展了一场又一场波澜壮阔的反帝反专制的民族革命和民主革命。

一个值得注意的现象是,清廷内一些有识之士在反对西方列强侵略的同时,并不反对他们的科学技术和价值观念。在中外战争中清廷自恃强大而不堪一击的血的教训,使他们认识了西方帝国科技的强大。而支撑其科技强大的真正根源,是其先进的价值理念和政治体制。于是,在"师夷之长以制夷"的口号下,康

---

[1] 顾起元:《客座赘语》卷五。
[2] 顾起元:《客座赘语》卷一。
[3] 张岱:《陶庵梦忆》卷六。

有为、梁启超、谭嗣同、严复等改良派思想家和孙中山、章炳麟、蔡元培等革命派思想家借鉴西方资产阶级的自由、平等、民主、博爱、人权等人文精神,同时继承明清以来的启蒙思想,中西携手,抨击中国古代维护君主专制的荒谬悖理的纲常理念,力图取代被理学僵化了的儒家道德学说,为立宪改良和民主革命服务,汇成了中国古代人文思想史上的第四波启蒙思潮。

这一时期的启蒙思想集中表现在这几个方面:

一是以"平等"反"纲常"。古代的纲常伦理赋予君主、父亲、男子以统治臣民、子女、女子的特权,康有为借助西方的"平等"思想,呼吁人权平等:"人,皆天所生也。同为天之子,同此圆首方足之形,同在一种族之中,至平等也。""若夫名分之限禁,体制之迫压,托于义理以为桎梏,比之囚于图圄尚有甚焉。君臣也,夫妇也,乱世人道所号为大经也,此非天子所立、人之所为也。""男女平等,各自独立,此天予人之权也。"(《大同书》)谭嗣同认为"仁"的涵义应当是"平等",而"数千年来,三纲五常之惨祸烈毒,由是酷焉矣","君臣一伦,尤为黑暗否塞,无复人理。"(《仁学》)孙中山指出:人的天性并不完全平等,古代专制带来了更多的人权不平等。平等的人权并不由天赋,须经革命斗争才能争得。"三民主义"的要义就是"打不平"、"争平等":不仅用"民权主义"向特权阶级"打不平""争平等",用"民生主义"向富人"打不平""争平等",而且用"民族主义"向外国"打不平"、"争平等"〔1〕。

二是以"自由"反"专制"。严复第一次把西方的"自由"概念引入中国。他指出:"今日之治,莫贵乎崇尚'自由','自由'则物各得其致,而天择之用存其最宜,太平之盛,可不期而至。"(《老子评点》)"夫'自由'者,各尽其天赋之能事,而自承之功过也。虽然,其设等差以隶相尊者,其'自由'必不全。故言'自由',则不可不明'平等'。'平等'而后有自主之权。"(《主客平议》)梁启超指出:"中国数千年之腐败,其祸及于今日,推其大原,皆必自奴隶性来。不除此性,中国万不能立于世界万国之间。而'自由'云者,正使人自知其本性,而不受钳制于他人。今日非施此药,万不能愈此病。"(《致康有为书》)后来孙中山发动民主革命,正是为了追求"自由":"自由、平等,是欧洲近一百多年来最大的两个革命思想。""余致力国民革命凡四十年,其目的在求中国之自由平等。"南社成员如柳亚子、高旭、宁调元、周实等人都一再歌颂"自由",为推翻清朝专制的资产阶级

---

〔1〕 出处及内容详参祁志祥:《中国人学史》,上海大学出版社2002年版,第525—527页。

民主革命呐喊:"自由钟铸声初发,独夫台上风萧萧。"[1]"十年前是一重囚,也逐欧风唱自由。"[2]"千万亿年重九日,自由花发好提壶。"[3]

三是以"个体"求"群体"。1903年,严复翻译出版了穆勒的《论自由》。因担心中国人将"自由"误解为"无礼""不法""无礼""放肆""淫佚",他特将书名改译为《群己权界论》。他对"自由"的经典定义是:"人得自由,而必以他人之自由为界。"(《群己权界论·译凡例》)由于对"自由"的群、己权界有明确规定,因而既强调"个人自由"的"利己"权利,又强调"团体自由"的"利群"义务:"使无限制约束,便入强权世界而相冲突。"(同上)"大利所存,必其两益。损人利己,非也;损己利人,亦非。"(《天演论·恕败》按语)"积私以为公,世之所以盛也。"(《原富·部丁篇》按语)据此,梁启超一方面说:"天下之道德法律,未有不自利己而立";另一方面又说:"道德之立所以利群也。"(《十种德性相反相成义》)真正的道德善是符合每一个个体利益、即群体利益的,而"人"恰恰是这样一种"善群之动物"(《论公德》)。强调"个体为真"、"依自不依他"的章炳麟以"无害于人为善","有害于人为恶"(《四惑论》),与此是一个意思。也因此,在推翻清廷专制统治的资产阶级革命使命面前,孙中山更强调在"团体自由"中实现"个人自由",蔡元培强调"舍己为群","义务为重"。不过,当孙中山要求"大家"为了"革命成功",先"牺牲个人的自由、个人的平等,把各人的自由、平等都贡献到革命党内来"(《对黄埔军官学校告别辞》)时,实为后来的现代史上以民主革命压抑个人自由这样一个悖论开了危险的先例。

四是以"民权"反"皇权"。康有为首先引进西方的"人权"概念。在中国古代两千多的皇权专制社会中,中国人有的是"皇权",而没有"民权"。所以,康有为提倡的"人权",是"男女平等,各自独立"的"民权"。他呼吁对清府"执民权而强之,用民权而变之"[4]。孙中山"三民主义"的要义之一,即"民权":"推溯'民权'的来源,自人类初生几百万年以前推到近代'民权'萌芽时代,从没有见过天赋有平等的道理。"(《民权主义》)"近世各国所谓'民权'制度,往往为资产阶级所专有,适成为压迫平民之工具。若国民党之'民权主义',则为一般平民所共有,非少数者所得而私也。"(《中国国民党第一次全国代表大会宣言》)柳亚

---

[1] 高旭:《海上大风潮起作歌》。
[2] 宁调元:《感怀四首》。
[3] 周实:《〈民立报〉出版日少屏索祝》。
[4] 《湘报类纂·杂录》己上。

子因仰慕卢骚,号"亚卢",更名"人权",呼唤"献身应作苏菲亚,夺取民权与自由"[1]。高旭疾呼:"要使民权大发达,独立呼声器。"(《感怀四首》)吴趼人从中国古代寻找"民权"依据:"'民权'之义,早见于三代,而大昌明于孟子。"其矛头直指古代神圣不可侵犯的"皇权"。

五是以理想反现实。当时的现实是君主专制社会。康有为主张用"君民共主"的"君主立宪"改良之,并最终进入"民主共和"的大同社会、"太平之世"。其时,人们"去苦求乐"的本性普遍得到满足,"人人极乐,愿求皆获"。郑观应指出:"欲张国世势,莫要于得民心;欲得民心,莫要于通下情;欲通下情,莫要于设议院。"(《盛世危言·议院》)梁启超在小说《新中国未来记》中描绘未来国家:"前皇英明,能审时势,排众议,让权与民。"他把"拥护全国国民应享之权利,求得全国平和完全之宪法"作为奋斗目标。而孙中山则主张用革命手段推翻清政府和几千年的专制体制,实现打击"资产阶级专政","由全国的人民作主"的"公天下"。他以克鲁泡特金"互助"的人性论为基础,设计了"天下为公"的"大同世界",设想人人具有利他的"公共心","政权公之天下","人人的权力都是很平等的",彼此相亲相爱,并"推广其博爱主义,使全世界合为一大国家"[2]。陈天华的《狮子吼》虚构了"民权村",村中有议事厅、警察局、邮政局、医院、图书馆、体育会等,男女平等,有许多人到国外留学,等等。尽管这些理想有不切实际的空想成分,但都具有反专制、反强权的积极意义,体现了对古今中外民主思想的融合。正是对美好理想的憧憬,鼓舞着那时的能人志士走上了抛头颅、洒热血的变法、革命道路,推动着历史跃过近代,步入现代,迎来了"五四"时期的第五次启蒙。

5. 五四运动:高扬西方价值、批判专制思想,第五波启蒙思潮的激荡

1919年爆发的反帝反封建的"五四"运动,揭开了中国现代历史的序幕。"五四"既是一场反帝爱国运动,也是一场反君主专制[3]的新文化运动。作为

---

[1] 柳亚子:《读山阴何孟厂得韩平卿女士为义女诗,和其原韵》。
[2] 详参祁志祥:《中国人学史》,上海大学出版社2002年版,第528—529页。
[3] 习惯指称的"五四反封建运动"的"封建",指君主独裁专制。其实,在中国古代,"封建"的本义是封邦建国、政治分权,它恰恰是不利于君主独裁专制的。所以秦始皇乘周天子封建之机取而代之后废"封建",行"郡县"。汉承秦制,以后历朝历代均以"郡县"制(行省制)为主。详见冯天瑜:《"封建"考论》,武汉大学出版社2006年版。所以李慎之不赞成用"封建主义"指称中国古代的政治体制,而提出"皇权主义"或"皇权专制"替代之。在秦朝以前尚无"皇帝"一说,却有君主专制及其思想,而"皇帝"也是后世天下的"君主"。故笔者觉得称整个中国古代政体为"君主专制"更合适。

新文化运动,"五四"运动的起点可上溯至 1915 年《新青年》创刊,其下限大约以 1922 年陈独秀主编的《新青年》休刊为标志。作为一场反对中国古代几千年君主专制及其观念、以"新道德"代替"旧道德"的新文化运动,五四思想家从近代资产阶级改良派、革命派手中接过启蒙的接力棒再作冲刺,在全国范围内上演了又一波波澜壮阔、如火如荼的思想启蒙高潮。其中,陈独秀、李大钊、蔡元培、胡适、周作人、鲁迅和青年毛泽东都是杰出的代表。毛泽东曾经指出:五四运动"不过是中国反帝反封建的资产阶级民主革命的一种表现形式"[1]。"五四运动所进行的文化革命则是彻底地反对封建文化的运动,自有中国历史以来,还没有过这样伟大而彻底的文化革命。当时以反对旧道德提倡新道德、反对旧文学提倡新文学为文化革命的两大旗帜,立下了伟大的功劳。"[2]五四启蒙思潮的进步意义,在于继承近代资产阶级启蒙思潮的先声,进一步借鉴、吸收和扩充西方资产阶级的价值体系,批判中国古代君主专制下道德伦理的不合理。

  于是,革除旧道德及包含旧道德的旧文学的"革命"成为五四运动在"破"的方面高举的一面大旗。1916 年 10 月,远在美国留学的胡适在《寄陈独秀》一信中首次提出"文学革命"的概念:"今日欲言文学革命,须从八事入手。"陈独秀在 1917 年 2 月《新青年》第二卷第六号发表《文学革命论》与之呼应,提出"文学革命"的"三大主义"和"道德革命"的号召。在他看来,中国"政治界虽经三次革命,而黑暗未尝稍减","单独政治革命"对于"吾之社会不生若何变化,不收若何效果",而"盘踞吾人精神界根深蒂固之伦理道德文学艺术诸端,莫不黑幕层张、垢污深积",所以他要从"道德革命""文学革命"这一"精神界革命"入手。1919 年 3 月,周作人写下《思想革命》,为新文学运动的内容革命提出了新的要求。五四"道德革命"、"思想革命"所要革除的旧道德、旧思想是什么呢? 就是专制制度下三纲五常为代表的"奴隶道德"。陈独秀指出:儒家"三纲"宣扬的"忠"、"孝"、"节"观念"带君主专制臭味"(《旧思想与国体问题》),说到底是一种"奴隶道德":"忠孝节义,奴隶之道德也;轻赋薄敛,奴隶之幸福也;称颂功德,奴隶之文章也;拜爵赐第,奴隶之光荣也;丰碑高墓,奴隶之纪念物也。"(1915 年《敬告青年》)五四提倡"道德革命",就是要革"奴隶道德"的命。

  有所破必有所立。破除了专制社会的"奴隶道德",用什么来替代它呢?

---

[1] 毛泽东:《五四运动》,《毛泽东选集》第 2 卷,人民出版社 1991 年版,第 558 页。
[2] 毛泽东:《新民主主义论》,《毛泽东选集》第 2 卷,第 700 页。

陈独秀号召代之以"主人道德"。这个"主人道德"就是个人"独立""自主""自由""平等""民主""博爱"的"个人本位主义"。在1915年9月发表的《敬告青年》中，陈独秀指出："盖自认为独立自主之人格以上，一切操行、一切权利、一切信仰，唯有听命各自固有之智能，绝无盲从隶属他人之理。""'解放'云者，脱离乎奴隶之羁绊，以完其自主自由之人格之谓也。""等一人也，各有自主之权，绝于奴隶他人之权利，亦绝无以奴自处之义务。"在1915年12月发表的《东西民族根本思想之差异》一文中，他表明对这种"个人主义"道德的向往："西洋民族，自古迄今，彻头彻尾，个人主义之民族也……举凡一切伦理、道德、政治、法律、社会之所向往，国家之所祈求，拥有个人之自由权利与幸福而已。思想言论之自由，谋个性之发展也。法律面前，个人平等也。个人之自由权利，载诸宪章，国法不得而剥夺之，所谓人权是也。人权者，成人以往，自非奴隶，悉享此权，无有差别。此纯粹个人主义之大精神也。国家利益、社会利益，名与个人主义相冲突，实以巩固个人利益为本因也。"陈秀指出，中国古代"以家族为本位"的宗法社会所形成的以"孝"、"忠"为内核的奴隶道德，是直接与这种"自主自由"的"个人权利"相对立的。究其对立之处，"盖有四焉：一曰损坏个人独立自尊之人格；一曰窒碍个人意思之自由；一曰剥夺个人法律上平等之权利（如尊长卑幼同罪异罚之类）；一曰养成依赖性，戕贼个人之生产力"（《东西民族根本思想之差异》）。在《一九一六年》中他说："君为臣纲，则民于君为附属品，而无独立自主之人格矣；父为子纲，则子为父为附属品，而无独立自主之人格矣，夫为妻纲，则妻于夫为附属品，而无独立自主之人格矣。率天下之男女，为臣、为子、为妻，而不见有一独立自主之人者，三纲之说为之也。缘此生金科玉律之道德名词，曰忠，曰孝，曰节，皆非推己及人之主人道德，而为以己属人之奴隶道德。""个人主义"道德尊重每个人的权利，所以又与"以人民为主体"的"民主主义"相通（《宪教与孔教》）："极端自利主义者，不达群己相维之理，往往只是有己不知有人，极其至将破坏社会之组织"，进而殃及自利（《道德之概念及其学说派别》）。因此，兼顾每个人权利的"个人主义"又与"博爱"相通。它是符合人性的，因而是"人道"的。而古代的"奴隶道德"恰恰是压制、扼杀人性的，非"人道"的。于是，追求"解放人性"的"人道主义"成为批判和取代旧道德的另一面大旗。鲁迅说："最初，文学革命者的要求是人性的解放。"[1]蔡元培指出："夫人类共同之鹄的，为今日

---

[1]《且介亭杂文·〈草鞋脚〉小引》，《鲁迅全集》第6卷，人民文学出版社1981年版，第20页。

所堪公认者,不外乎人道主义。"[1]这种写着"独立""自主""自由""平等""民主""博爱""人道主义""人性解放"字眼的"个人本位主义"是五四思想家的共识。如1918年12月,周作人在《新青年》上发表一代名文《人的文学》,提倡文学中的"人道主义",指出"人道主义"即是一种"个人主义的人间本位主义"。他后来补充说:"我想现在讲文艺,第一重要的是'个人的解放',其余的主义可以随便。"[2]1918年,胡适在《新青年》"易卜生专号"发表名文《易卜生主义》指出:"社会最大的罪恶莫过于摧折个人的个性,不使他自由发展。""社会国家没有自由独立的人格,如同酒里少了酒曲,面包里少了酵,人身上少了筋:那种社会国家绝没有改良进步的希望。"李大钊在《我与世界》一文说:"我们现在所要求的,是个解放自由的我,和一个人人相爱的世界。"毛泽东在1917—1918年写的《伦理学原理批语》中强调:"个人有无上之价值,有百般之价值。使无个人,则无宇宙,故谓个人之价值大于宇宙之价值可也。""或谓人在历史中负有继往开来之责者,吾不信也。吾惟发展吾之一身,使吾内而思维、外而行事皆达正鹄,吾死之后置吾身于历史之中,使后人见之皆知吾确然有以自完。"鲁迅早在1907年的《文化偏至论》中就提出"重个人""尊个性"的主张。在早期杂文《坟》中,鲁迅指出:"惟发挥个性,为至高之道德。""张大个人之人格,又人生之第一义也。"在《新青年》随感录里,鲁迅提倡有几分天才、几分狂气的"个人的自大"。郭沫若宣称:"我们反抗不以个性为根底的既成道德。"[3]如此等等。正如茅盾总结概括的那样:"人的发现,即发展个性,即个人主义,成为'五四'时期新文学运动的主要目标。"[4]郁达夫也说:"五四运动的最大的成功,第一个要算'个人'的发见。"[5]"五四运动,在文学上促生的新意义,是自我的发现……自我发现之后,文学的范围就扩大,文学的内容和思想,自然也就丰富起来了。"[6]

五四启蒙运动在批判旧有道德体系、借鉴西方价值文明方面做的"破坏"和"建设"工作不可谓不彻底,在建构符合人性的人道主义伦理道德方面居功至

---

[1] 《哲学大纲·美学观念》1915年1月,《蔡元培全集》第2卷,中华书局1984年版,第379页。
[2] 周作人:《文艺的讨论》,《周作人文类编》卷一,湖南文艺出版社1998年版,第65—66页。
[3] 《我们的文学新运动》,1923年5月《创造周报》第3号。
[4] 《关于"创作"》,1931年9月《北斗》创刊号。
[5] 《现代散文导论》下,《中国新文学大系·导论集》。
[6] 郁达夫:《五四文学运动之历史的意义》,《郁达夫文集》第6卷,花城出版社1982年版,第171页,原载1933年7月1日《文学》创刊号。

伟。然而，由于思维方式过于绝对化，五四思想家往往把西方价值文明与中国古代道德文明截然对立起来，无视古今中外的人文精神有一定的相通性和继承性，结果盲目迷信西方各种各样的"主义"，鲁莽地将孔门儒家为代表的中国古代人文思想"一锅端"，所谓"打倒孔家店"，从而不可避免地带有"激进主义"（王元化语）的历史局限。如陈独秀说："我们反对孔教，并不反对孔子个人，也不是说他在古代的社会无价值。不过因为他不能支配现代人心，适合现代潮流，还有一班人硬要拿他出来压迫现代人心，抵抗现代潮流，成为我们社会进化的最大障碍。"（《孔教研究》）"孔教的教义，乃是教人忠君、孝父、从夫。无论政治伦理，都不外这种重阶级尊卑三纲主义。"它同共和政体是"万万不能调和的"（《旧思想与国体问题》）李大钊认为：道德随不同社会的经济基础变化而变化，孔子的学说作为当时社会道德的代表，在当时社会确有其价值，但当时代发展到20世纪初，孔子代表的道德就是不合时宜的"残骸枯骨"了，"孔子生于专制之社会，专制之时代，自不能不就当时之政治制度而立说，故其说确足以代表专制社会之道德，亦确足为专制君王所利国用资以为护符也。历代君主，莫不尊之祀之，奉为先师，崇为至圣。而孔子云者，遂非复个人之名称，而为保护君王政治之偶像矣。""孔子之道，施于今日之社会不适于生存，任诸自然之淘汰，其势力迟早必归于消灭。"[1]事实是，即便从社会的经济基础来看，不同的历史时期既有变化，也有不变的东西在。而道德就既有历史的差异性又有历史的共性。无论是孔教还是中国古代其他的人文学说，都有许多符合人性的、民主的精华。

五四启蒙运动的成就和弱点，在整个中国现代史的进程中不断延展。

五四启蒙高扬的"个性""自由""民主""平等"等价值范畴，在中国现代思想界，被胡适为代表的自由主义知识分子薪火相传。胡适在《介绍我自己的思想》一文中有一段名言："现在有人对你们说：'牺牲你们个人的自由，去求国家的自由！'我对你们说：'争你们个人的自由，便是为国家争自由！争你们自己的人格，便是为国家争人格！自由平等的国家不是一群奴才建造得起来的！'"他是这么说的，也是这么做的。这使他被公认为现代中国自由主义的领袖。五四以后，1924年12月创刊，至1928年12月终刊的由留学欧美的大学教授主编综合性周刊《现代评论》；1928年3月创刊，至1933年6月终刊，由留学欧美的知识分子主办《新月》月刊；1937年至1946年西南联大教授通过《当代评论》《今

---

〔1〕 均见《自然的伦理观与孔子》，原载《甲寅》（日刊）1917年2月4日。

日评论》《战国策》发表自由言论;1946年9月创刊至1948年10月储安平主编《观察》周刊,把胡适所开辟的不依附于任何政治,敢于发表独立思想评论的自由主义传统,亦即五四启蒙传统一直延续下来。正是在这样的社会思想氛围下,中国共产党向蒋介石国民党独裁政府开展了要"自由"、争"民主"的革命斗争。

而五四启蒙思潮的"激进主义"弱点则在中国共产党内逐渐衍化为极左观念,从而与当初的启蒙渐行渐远。"五四"启蒙运动催生了中国共产党。受苏联十月革命胜利的鼓舞,从1922年开始,便有共产党人将当时正在进行的民主革命当成世界范围内社会主义革命的一部分。1927年蒋介石发动军事政变,共产党人担当起新民主主义革命的领导重任,一方面强调其领导的新民主主义革命属于资产阶级民主革命的范畴,另一方面又把"个人主义""自由主义""人道主义"等当作资产阶级思想加以批判,要求个人无条件地服从民主革命事业的需要。1942年,毛泽东《在延安文艺座谈会上的讲话》中说的一段话颇能说明这一变化:"对于无产阶级文艺家","要破坏那些封建的、资产阶级的、小资产阶级的、自由主义的、个人主义的、虚无主义的、为艺术而艺术的、贵族式的、颓废的、悲观的以及其他种种非人民大众非无产阶级的创作情绪"。资产阶级的"个性""自由""民主""博爱"等既不可取,孔子为代表的古代"封建"思想更当唾弃,于是便展开了事实证明是远离人性实际的极左的"共产主义"价值观念的虚构。民主革命必须放弃个人民主的诉求,启蒙斗争最终最终告别了启蒙本义。于是在延安苏区发生了为自由言论付出生命的王实味事件以及草木皆兵、混淆敌我的"抢救"运动、"整风"运动。在国统区,国民党政府打着"攘外必先安内"的旗号以"救亡"压制"启蒙",不断走向独裁。五四启蒙思潮积累的宝贵的思想财富至此凋零殆尽。

6. 新时期:"人性"的回归和"人权"的正名,第六波启蒙思潮的勃发

五四以后在反抗日本帝国主义侵略和反抗国民党独裁统治的民主革命中逐渐失落的"个性""自由""民主""博爱"等启蒙思想以及中国古代充满人性光辉的儒家思想及人文资源在新中国成立后的十七年和十年"文化大革命"期间的毁灭达到极致。与人道主义背道而驰的似是而非、实际上是蒙昧主义的极左思潮将整个国家逼到了死角。随着1976年"四人帮"的粉碎和"文化大革命"的结束,1978年12月中国共产党召开十一届三中全会,邓小平以巨大、非凡的勇气

倡导了针对荒谬的极左思潮的"思想解放"运动,从而开创了新的历史时期。中国思想史上第六波启蒙思潮绵延至今,经历了自上而下与自下而上的不平凡的历程。

纵观小平同志开辟的新时期的启蒙思潮特点,我们可以作出如下概括:

首先是"人性"的回归。20世纪70年代末80年代初,全国范围内曾开展了"人性"、"人道主义"和"社会主义异化"问题的大讨论,影响深远。极左的观点认为"社会主义"不包含"人道主义","人道主义"是"资产阶级"的货色。启蒙的观点认为"人道主义"不是"资产阶级"的专利,"社会主义"应当比资本主义更加"人道"。"人道"者,人所由之道、合人性之道也。极左的观点认为,在现实社会中,只有阶级人性,没有共同人性,"共同人性"论是抽象的、不存在的。启蒙的观点则认为,"人性"就是"人"所以为"人"的物种普遍性。阶级性只是人性的一部分,不是全部。共同人性是存在的。"人"作为动物界的一个物种,既有与其他动物一致的属性,即自然性、个体性、感性,又有区别于其他动物的特殊属性,即精神性、社会性、理性(李泽厚、刘再复)。人的自然属性主要包括"食"、"色"欲求。"饥而欲食"决定了必须把"富民"当作一项基本国策,而再不能谈"富"色变、谈"资"色变,于是"守法经营"、"勤劳致富"成为新的时代追求。两性相悦决定了在"性"的管理、研究和立法上要有所松绑,再不能谈"性"色变,于是王小波提倡"有性"的人生,刘达临、李银河、潘绥铭以研究性科学和性立法、从事性启蒙闻名。"声名若日月,天下人之所共欲也",于是"欲贵者贵之",恢复曾被废除的高考制度,鼓励曾被批判的成名成家。人的精神属性决定了人天生具有思想自由的追求。极左观念要求"统一思想",视自由思想为洪水猛兽。现在,邓小平则说:"独立思考,敢想、敢说、敢做,固然也难免犯错误,但那是错在明处,容易纠正。思想一僵化,不从实际出发的本本主义也就严重起来了……一个党,一个国家,一个民族,如果一切从本本出发,思想僵化,迷信盛行,那它就不能前进,它的生机就停止了,就要亡党亡国。"[1]"一个革命政党,就怕听不到人民的声音,最可怕的是鸦雀无声。现在党内外小道消息很多,真真假假,这是对长期缺乏政治民主的一种惩罚。""一听到群众有一点议论,尤其是尖锐一点的议论,就要追查所谓'政治背景'、所谓'政治谣言',就要立案,进行打击压制,这

---

[1] 《邓小平文选》第2卷,人民出版社1983年版,第141—143页。

种恶劣作风必须坚决制止。"[1]并由此衍生出对"独立之精神、自由之思想"（王元化）和"自由主义传统"（李慎之）的强调与弘扬。极左观念将"民主"分为"资产阶级的民主"与"无产阶级的民主"，并以"无产阶级民主"的名义压制个人的民主声音，给它戴上"资产阶级"的帽子。现在邓小平则说："我们要创造民主的条件，要重申'三不主义'：不抓辫子、不扣帽子、不打棍子。"[2]"我们在强调开展积极的思想斗争的时候，仍然要注意防止'左'的错误。过去那种简单片面、粗暴过火的所谓批判，以及残酷斗争、无情打击的处理方法，决不能重复……绝不能以偏概全、草木皆兵，不能以势压人，强词夺理。"[3]李慎之则强调："民主就是民主"，"根本就没有什么资产阶级民主和无产阶级民主的不同，也没有什么旧民主与新民主的不同"[4]。极左观念以"集体主义"代替"个人主义"，强调"狠斗'私'字一闪念"。现在人们则公开提倡"客观上为他人，主观上为自己"的"合理的利己主义"（潘晓），以马克思《共产党宣言》中"每一个人的自由发展是一切人的自由发展的条件"为据公开为"个人主义"张目[5]。正是建立在共同人性论的基础上，邓小平废除了阶级人性论所造成的种种社会不平等，"地、富、反、坏、右"和"资本家"摘帽后享有了公民权利，工农大众不再世袭"自来红"的特权，"无产阶级先锋队"的共产党人领导干部也必须接受权力的监督和反腐的制约，政治体制的民主化改革也不断深化和推进。

其次是"人权"的正名。按理，中华人民共和国成立后，人们翻身解放，拥有了比国民党政府统治下更多的人权。可是，在极左观念笼罩下，"人权"却被当成资产阶级的概念，相当长时期内不仅在理论上不允许提"人权"问题，而且在宪法中也不使用"人权"概念。1954年、1975年、1978年、1982年，先后通过了四部《中华人民共和国宪法》，都没有将"人权"写进去。直到改革开放初期，一些重要报刊还以"人权是资产阶级的口号""人权口号是虚伪的"等为题发表过一大批文章，强调"无产阶级历来对人权口号持批判的态度"。随着思想解放的深入，"人权"概念开始在一些主要的政治文件中出现。1989年，江泽民提出，要"说明社会主义中国最尊重人权"。1991年11月1日，国务院新闻办公室发表

---

[1] 《邓小平文选》第2卷，人民出版社1993年版，第145页。
[2] 《邓小平文选》第2卷，第144页。
[3] 《邓小平文选》第3卷，第47页。
[4] 《回归五四，学习民主》，《书屋》2001年第5期。
[5] 详参祁志祥：《中国现当代人学史》，学林出版社2006年版，第257—258页。

《中国的人权状况》。1997年9月,中国共产党十五大召开,首次将"人权"概念写入大会主题报告:"共产党执政就是领导和支持人民掌握管理国家的权力,实行民主选举、民主决策、民主管理和民主监督,保证人民依法享有广泛的权利和自由,尊重和保障人权。"2002年11月,党的十六大再次将"尊重和保障人权"写进主题报告。与此同时,中华人民共和国政府分别于1997年10月27日和1998年10月5日签署加入联合国大会1966年12月16日通过的《经济、社会及文化权利国际公约》《公民权利和政治权利国际公约》。在此基础上,2004年3月14日,第十届全国人民代表大会第二次会议通过了第四部《宪法》修正案,首次将"人权"概念写入修改后的《宪法》:"国家尊重和保障人权"。虽然就这简单的一句话,可却凝聚着思想解放的巨大变化,它为新时期"人性"的回归提供了法律保障,也为"人性""人道""人学""人文""人权"的理论研究和学术探讨提供了法律依据。

再次是回归五四、超越五四。所谓回归五四,是指对五四弘扬的"个性""自由""民主""平等""民权""人性解放""人道主义"等启蒙理念的继承,这些理念,不只属于资产阶级所有,也属于全人类的普世价值,比资本主义更先进的社会主义理当包容。所谓超越五四,指超越五四的激进主义局限,对各种动听的价值理想保持一份警惕,对被五四抛弃的古代人文精神保持一份宽容。其实,我们在中国古代人文思想的历史演进中一路走来,新时期的思想解放与古代人文思想的内在关联是不难体会的。比如在邓小平的富民政策和言论自由主张中,我们看到了对古代一以贯之的"治国之道必先富民"(管子)的思想,读到了"为川者决之使导,为民者宣之使言"(《国语》卷一《周语》邵公语)、"政教风俗苟非尽善,即许庶人之议"(顾炎武在《日知录》卷一九《直言》)的政治智慧。在胡锦涛总书记"情为民所系,权为民所用,利为民所谋"、"关注民生、了解民意、集中民智、珍惜民力"的执政理念与"和谐社会"的蓝图中,我们看到了古代儒家"民本""仁政"理念的升华。其实,人类的精神文明是人类思考如何处理人与人、人与社会乃至人与自然矛盾关系获得的公约数及其积淀而成的思想结晶。不同的民族、不同的历史时期,人们有不同的社会公意,因而人类的精神文明呈现出一定的民族性、历史性差异。同时我们又要注意到,人类的生理基础和心理结构大体相同,人类面对的生存、发展问题大体相同,这种大体相同的生命主体面对共同生存发展问题获得的关于人类行为法则的思维结果也就大体相近,于是人类文明又存在着超越民族和历史差异的普适性。因此,当下社会主义价值体系的建构,绝不意味着必须横空出世另起炉灶,而是应当结合中国现实,吸取西方资本主义社会和中国古代社会已经发展得很成熟、并且有普适意义和生命活力的价值范畴、思想义理加以融化综合。

西哲说:"读史使人明智。"(培根)"历史上常常有惊人的相似之处。"(马克思)中哲云:"不迁,故虽往而常静;不住,故虽静而常往。虽静而常往,故往而弗迁;虽往而常静,故静而弗留矣。"(僧肇《物不迁论》)观今宜鉴古,无古不成今。原古以朔今,中国人文思想史上的种种规律性的重合昭然若揭,这就是:蒙昧至极,必生启蒙;真理逾过半步,即成谬误;人文的真理相通,谬误也相通;在重复的谬误处可找寻教训,在重复的启蒙处可总结真理——它是我们今天进行价值伦理重构、推动中华民族伟大腾飞的宝贵资源。

[本文载《浙江工商大学学报》2008年第4、5期,并作为优秀论文入选《现代人文:中国思想·中国学术》(上海市社会科学第六届学术年会文集2008年度),上海人民出版社2008年版。其中前四部分以《先秦至清末:中国人文思想史上的四次启蒙》为题载《学术月刊》2007年第8期]

第五辑
DI WU JI

国学研究

"国学"是一个国家传统的文化学术的总称。这种用法源自日本,20世纪初传入中国。与"五四"以来的"新学"相对,"国学"指"旧学";与"五四"以来的"西学"相对,"国学"指"中学"。21世纪以来,"国学"在中国受到追捧。在中国讲"国学",不言而喻,指中国古代的文化、学术、思想。"国学"所以在新时期的中国大热,说到底是希望从传统文化资源中汲取人文智慧。于是,超越知识技艺的形而下层面,从形而上的人文精神维度切入国学研究乃至教学,成为笔者21世纪以来的另一学术图谱。2008年,笔者主编出版《国学人文读本》上、下册(上海文化出版社),从历时的顺序梳理国学经典中的人文片段,并于2009年在上海财经大学成立国学研究所。2010年至上海政法学院工作后,撰写《国学人文导论》(商务印书馆2013年版),从范畴入手揭示由内圣外王之道构成的国学人文价值系统,在全校开设"国学人文"通识课程。2017年起在智慧树网拍摄教学视频,向全国大学生开设《国学与人生》课程,出版演讲录《国学与人生》(商务印书馆2017年版)。笔者的国学人文研究,是中国古代人学史研究的延伸,与笔者的人学研究存在某种交叉,推动笔者从人文的维度刷新中国思想史的研究。

一、周代：中国思想史上的第一个启蒙时期

1. 周人对人自身作用、地位、本性的全面觉醒

殷商时期虽然出现了道德观念，但道德观念与天命观念尚处于某种分离状态。殷纣王自恃天命，抛弃道德约束，为所欲为，直到被臣民推翻，仍然说："我生不有命在天乎！"[1]

周人从殷王虽有天命，无德而亡的教训中认识到，天命无常，唯德是辅。于是以德配天，将天命、神意落实到道德、民意上，有道德操守的、顺应民意的就符合神意，就能得到天命的保佑。"夫民，神之主也。"[2]"神，聪明正直而壹者也，依人而行。"[3]人是神的主宰者。于是，"神"的作用和地位不那么重要了（祛魅），它的公正性和权威性甚至令人怀疑。"天命靡常。"[4]"天难忱斯。"[5]与此相反，"人"的作用倒是最大的，地位也才是最重要的。《周书》说："惟人万物之灵。"[6]人才是万物中的至上神。《礼记》说：人是"天地之心（核心）"、"五行之秀气"也。《孝经》提出："天地之性人为贵。"《老子》说："域中有四大：道大、天大、地大、人亦大。"只有"人"才有资格与天地并列，成为万物中崇高伟大的生物。《孟子》《荀子》《尉缭子》《孙膑兵法》等不约而同地提出："天时不如地利，地利不如人和。"在天时、地利、人和中，"人和"是最重要的。在此基础上，《管子》提出"人本"概念，取代过去的"神本"思想："夫霸王之所始也，以人为本。"所以周代思想界、政治界的一个基本特点，是敬德保民。正如《礼记·表记》所揭示："周人尊礼尚施，事鬼敬神而远之，近人而忠焉。"这是周人对人自身作用、地位的全面觉醒。

周人为什么对人在国家社会生活中的作用、地位有如此清醒的自觉呢？这

---

[1]《史记·殷本纪》。
[2]《左传·桓公六年》。
[3]《左传·庄公三十二年》。
[4]《诗·大雅·文王》。
[5]《诗·大雅·大明》。忱，通谌，相信。
[6]《尚书 周书·泰誓》。

源于他们对人的本性的自我认识。中国历史上关于人性的四种论点都诞生在周代,如孟子的性善论、荀子的性恶论、世硕的有善有恶论、告子的无善无恶论。其中最有价值的观点是有善有恶的二重人性论。这种人性论首先承认人具有饮食男女、自私自利、趋利避害、好逸恶劳等生物属性。如告子说:"食色,性也。"[1]韩非指出:人"皆挟自为心"[2]。管子说:"凡人之情,见利莫能勿就,见害莫能勿避。"[3]荀子指出:"若夫目好色,耳好声,口好味,心好利,骨体肤理好愉佚,此人之情性也。"[4]同时认为人还具有不同于其他动物的特殊属性,诸如意识、道德意识、社会属性、劳动特性,等等。其中,最根本的特性是意识、思维、智慧。这主要是儒家的看法。如孔子说:"夫人受才乎大本,复灵以生。"[5]"哀莫大于心死。"[6]孟子说:"心之官则思。"[7]人与其他动物最根本的区别是人有"心灵"的活动。"心灵"的最大功能就是"思"、"有智"。

在心灵有智慧、会思考的基础上,产生了对人类行为的社会规范的认识,也就是道德意识,这是人区别于动物的另一种特性。儒家认为人的道德意识主要体现为"仁义礼智",所以孟子说:无仁义礼智之心,"非人也"[8]。"人之有道也,饱食暖衣、逸居而无教,则近于禽兽。"[9]荀子指出:"水火有气而无生,草木有生而无知,禽兽有知而无义;人有气、有生、有知、有义,故最为天下贵也。"[10]人比水火、草木、禽兽高贵的地方,就在于不仅有元气、有生命、有知觉,而且有道德意识。

在心灵有智慧、会思考的基础上,人类认识到人是群体性、社会性的动物,人只有联合起来,才能对付自然,于是产生了对人的社会性的认识。社会性是人区别于禽兽的另一种特性。对此,孟子早有类似的论断:对于一个人而言,"百工之事,固不可耕且为也","一人之身,而百工之所为备"[11]。在分工日益专门化的社会中,一个人的生命存在必须由社会上"百工"创造的生活资料才能维持。

---

[1] 《孟子·告子上》。
[2] 《韩非子·外储说左上》。
[3] 《管子·禁藏》。
[4] 《荀子·性恶》。
[5] 《庄子·寓言》引孔子语。
[6] 《庄子·田子方》引孔子语。
[7] 《孟子·告子上》。
[8] 《孟子·公孙丑上》。
[9] 《孟子·滕文公上》。
[10] 《荀子·王制》。
[11] 《孟子·滕文公上》。

人成了"社会性"的集结点,是"社会关系的总和"(马克思语)。

人的社会性还体现为人在谋取生活资料的活动中发挥群体的力量共同对付自然。荀子说:人"力不若牛,走不若马,而牛马为用,何也? 曰:人能群,彼不能群也。"[1]《吕氏春秋·恃君》指出:"凡人之性,爪牙不足以自守卫,肌肤不足以捍寒暑,筋骨不足以从利避害,勇敢不足以却猛禁悍,然且犹栽万物、制禽兽、服狡虫,寒暑燥湿弗能害,不唯先有其备而以群居邪? 群之可聚也,相与利之也。利之出于群也。"人所以能够驾驭得了个体能力比自己强得多的其他动物,是因为早已准备好了,懂得合作起来结成强大的群体,因而互利共赢。

在心灵有智慧、会思考的基础上,人类还产生了自觉的、有意识、有计划的谋生活动——"劳动"。人能够"劳动",成为"人"区别于被动地接受自然恩赐的其他动物的另一种特性。对此,墨子也有过相关论述:"今人固与禽兽……蜚(飞)鸟……异者也。今之禽兽……蜚鸟……因其羽毛以为衣裘,因其蹄蚤以为绔屦,因其水草以为饮食……衣食之财故已具者矣。今人与此异者也,赖其力者生,不赖其力者不生。"[2]再清楚不过地说明了:动物只是被动地接受自然、等待自然的恩赐就能维持自己的生存,而人则懂得能动、积极地通过自己的努力改造自然、创造生活资料,否则就无法满足自己的物质生活需要。

人的动物属性具有无限满足自己的欲望、逾越道德法律规范的恶性,人的非动物的意识特性尤其是道德意识具有善性,所以,人作为动物属性与非动物特性的统一、欲望与智能的统一,又体现为善性与恶性的双重统一。孔子的再传弟子世硕提出:"人性有善有恶,举人之善性养而致之则善长;性恶养而致之则恶长。"[3]

周人在论述人的动物属性和非动物属性时,还有一个明显的特征,即是作为对所有人而言的共同人性、普遍人性来谈的。孔子说:"性相近也,习相远也。"[4]人的天性是相近的,凡、圣的差别是由后天的修习形成的。孟子指出:正如人们有共同的感官需求一样,人们也有共同的心理需求。这就叫口有"同嗜",心有"同然"。荀子说:"尧、舜之与桀、纣,其性一也;君子之与小人,其性一

---

[1] 《荀子·王制》。
[2] 《墨子·非乐上》。
[3] 转引自王充:《论衡·本性》。
[4] 《论语·阳货》。

也。"[1]《吕氏春秋·情欲》云:"天生人而使有贪有欲……欲之若一,虽神农黄帝,其与桀纣同。"这种共同人性论,是符合人性实际的人性论,其最大价值在于体现了人生来平等的精神。

周人不仅对人的动物本性与特殊属性有符合客观实际的科学认识,而且对如何因应人的双重本性来管理社会、治理天下有英明的措施。人的动物欲求会产生争斗、祸乱,具有恶性,因而不可放纵,必须设定道德法律加以控制;但它与生俱来,强行去除就会产生新的社会动乱,所以也不可因其具有作恶的可能性而简单去除。处理人欲的合理态度是因势利导,有节制地给予满足。孔子提出:"富与贵,是人之所欲也,不以其道得之,不处也。"[2]荀子加以发展:"欲虽不可尽,可以近尽也;欲虽不可去,求可节也。"[3]"礼"的实质是"养欲",而不是扼杀人欲:"礼者,养也","养人之欲,给人以求","礼义文理所以养情也"[4]。荀子还深刻指出:"凡语治而待去欲者,无以道欲而困于有欲者也;凡语治而待寡欲者,无以节欲而困于多欲者也。"[5]在现实中,政治家往往会因为欲望会生乱、作恶而简单、粗暴地采取"去欲""寡欲"措施,这实际上是非常愚蠢的做法。《吕氏春秋》告诫政治家如何"为欲":"人之欲多者,其可得用亦多;人之欲少者,其可得用亦少;无欲则不可得用也。""善为上者,能令人得欲无穷,故人之可得用亦无穷矣。"[6]英明的处理方法是将人民大众的欲望引导到合理的范围内,从而产生排山倒海的推动社会文明和历史进步的积极力量。根据人的思维特性,周人还主张要允许和鼓励人们思考和讲话,所谓"防民之口,甚于防川";"为川者决之使导,为民者宣之使言。"[7]同时,在了解民意、鼓励民言方面给予了制度保障。典型的例子就是设立了采诗官制度,派采诗官到民间采集歌谣,通过诗中的民意了解政治得失,调整政策方针。周代是分权的封建制发展得最为充分的时代,这为民间思想、言论的自由提供了成长的政治空隙。春秋战国时期,适应各诸侯国兼并壮大的要求,诸子百家的学说应运而生。

李泽厚在《美的历程》中曾提出,中国思想史上"人的觉醒"时代最早出现在

---

[1]《荀子·性恶》。
[2]《论语·里仁》。
[3]《荀子·正名》。
[4]《荀子·礼论》。
[5]《荀子·正名》。
[6]《吕氏春秋·为欲》。
[7]《国语·周语》。

魏晋。这种说法影响很大。从以上简要的分析来看,这种说法是很不准确的。人之所以为人,就在于人具有"自我意识"。早在周代,中国思想史上就出现了名副其实的"人的觉醒"。而周代"人的觉醒",又是建立在对上古至夏商神本主义蒙昧思想的祛弊之上的。周代思想界的最大贡献,就在于驱散了原来巫史文化笼罩在"人"身上的神学迷雾,用"人"取代了"天""神"在宇宙万物中的地位,确立了"民"在天下、国家政治生活中的主体资格和圣神作用,对共同人性、平等人性以及人的生物属性和非生物属性作了客观、科学的剖析,并提出了根据人性治理天下的政治主张。我们有充足的理由认为:周代是中国思想史上"'人'的觉醒"时代,也是中国思想史上第一个启蒙时代。王国维在《殷周制度论》中曾经指出:"中国政治与文化之变革,莫剧于殷周之际。"[1]如果说殷商是崇拜鬼神的时代,"周则是从鬼道走向人道的伟大开端"[2]。在"人"的自我本性的觉醒和"民"的主宰地位的凸显这一点上,西周与东周的春秋战国时代是一个整体,不容分割。

因此,笔者不认同美籍华裔学者张光直的如下断语:"商周之际,只有一个文明系统的继续发展,找不到任何重要的中断与不整合的现象。"[3]也不赞同国内著名思想史家葛兆光的如下判断:"西周的思想世界与殷商的思想世界,实际上同多而异少。"[4]这实际上是只见树木不见森林、局限于表象的类似忽视本质的不同导致的似是而非的结论。一般的中国思想史论著习惯将殷商与西周视为一个整体,与东周的春秋战国时代分而论之(如侯外庐主编的《中国思想史》、张岂之主编的《中国思想史》、葛兆光的《中国思想史》等),其实有待认识的进一步深化。

2. 周代以"天"代"帝"的转向与由"人"定"天"的特征

任何革新都是建立在历史继承基础上的。正如夏商神本思想占主导地位,但不是没有道德观念一样,周代思想界虽然发生了"人本"思想取代"神本"的整体性变化,但"神"的概念仍然存在。这是周代思想界对前代思想的继承。不过

---

[1] 王国维:《观堂集林》,中华书局1959年版,第453页。
[2] 彭林、黄朴民主编:《中国思想史参考资料集·先秦至魏晋南北朝卷》,第三章编者按语,清华大学出版社2005年版,第26页。
[3] 转引自韦政通:《中国思想史》上册,吉林出版集团有限责任公司2009年版,第23页。
[4] 葛兆光:《中国思想史》第一卷,复旦大学出版社2001年版,第34页。

在这种继承中又悄然发生着质的变化,这就是用"天"或"昊天"作为至上神,来取代过去"帝"或"上帝"的位置,并将"天意"与"民意"密切联系在一起,用"民意""人事""道德"来决定"天意"。

(1) 周代的神灵祭祀与至上神"天"的出现

我们先来看周代的神灵观念的表现。

《周易》作为一部占筮之书,以承认神灵的存在为前提,笼罩着神学色彩。《周礼》中有关于神灵祭祀及其方式的种种记载。《大司乐》中,祭祀乐舞按照对象分为天神、地示、四望、山川、先妣、先祖六类。《酒正》中,祭祀按照规模大小和祭祀对象分为"大祭三贰、中祭再贰、小祭一贰",大祭祭天地,中祭祭宗庙,小祭为五祀。《肆师》中,祭祀按照所用祭品分为三类,用玉帛牲牷的是大祀,用牲币的是次祀,仅用牲的是小祀。郑众解释说:大祀指祭祀天地,次祀指祭祀日月星辰,小祀指祭祀司命以下的小神。郑玄补充解释说:大祀还包括宗庙,次祀还包括社稷和五岳,小祀还包括祭祀司中、风师、雨师和山川百物。据此,有学者将周代的神灵祭祀归纳为"有秩序的三个等级":第一等大祭祀,对象是天地或宗庙,即祭祀宇宙与神灵。第二等中祭祀,对象是日月星辰或社稷五岳,即祭祀天上地下的诸神之大者。第三等小祭祀,对象是风雨雷电或山川百物,即祭祀天上地下的诸神之小者。[1]《礼记·曲礼》记载:"天子祭天地、祭四方、祭五祀。"《左传》中记载鬼神的地方达64处。[2]

周代祭祀的神灵,有人死之后的神灵,即人鬼,如《九歌·国殇》中祭祀的是为国捐躯的阵亡将士之魂。周人祭祀的主要人鬼,是祖先神。如《周颂》中的《丰年》《有瞽》《潜》是笼统祭祀自己祖先的诗,《周颂·思文》是祭祀始祖后稷的诗,《清庙》《维天之命》《维清》《雝》《我将》是祭祀文王的诗,《执竞》是祭祀武王的诗,《烈文》为成王祭祀祖先时诫勉助祭诸侯的诗,《昊天有成命》是祭祀成王的诗。"周人继承殷人崇拜祖先神的观念,认为祭祀祖先是子孙的神圣义务。"[3]作为周朝始祖的后稷就是这样一位笼罩着神话色彩的祖先神。后稷为黄帝的玄孙,帝喾的嫡长子,姬姓,母为姜原(一作嫄),传说系母亲践大人之迹

---

[1] 葛兆光:《中国思想史》第一卷,第26页。
[2] 同一话题含有多个"鬼、神"字只算一处。以出现次数计算:"鬼神"25次,"鬼"字8次,"厉鬼"1次,"神"字76次,"明神"8次,"神人"2次,"大神"2次,"河神"1次,"汾神"1次,"山川神"1次,"星辰神"1次。
[3] 张岂之主编:《中国思想史》,西北大学出版社1989年版,第9页。

受孕而生,因无父,母亲"贱而弃之",故名"弃"。《史记·周本纪》关于这段神异事迹的记载是:"周后稷,名弃。其母有邰氏女,曰姜原。姜原为帝喾元妃。姜原出野,见巨人迹,心忻然说,欲践之,践之而身动如孕者。居期而生子,以为不祥,弃之隘巷,马牛过者皆辟不践;徙置之林中,适会山林多人,迁之;而弃渠中冰上,飞鸟以其翼覆荐之。姜原以为神,遂收养长之。初欲弃之,因名曰弃。"《史记·三代世表》引褚先生之语:"后稷母为姜嫄,出见大人迹而履践之,知于身,则生后稷。姜嫄以为无父,贱而弃之道中,牛羊避不践也。"弃从小有大志,喜好种植麻、豆之类的庄稼,种出来的麻、豆长得都很茂盛。成年后成为农耕方面的专家。尧时提拔为农师,负责教导民众种植百谷,收成大增,天下得利,舜帝因此将邰部分封给他。《史记·周本纪》载:"弃为儿时,屹如巨人之志。其游戏,好种树麻、菽,麻、菽美。及为成人,遂好耕农,相地之宜,宜谷者稼穑焉,民皆法则之。帝尧闻之,举弃为农师,天下得其利,有功。帝舜曰:'弃,黎民始饥,尔后稷播时百谷。'封弃于邰,号曰后稷,别姓姬氏。"《诗经·大雅·生民》以诗歌的形式,详细描述、歌颂了后稷从受孕到出生,从出生后被遗弃而受到神鸟保护、再到成年后在种植大豆、谷物、麻麦、瓜果等庄稼方面极有专长而大获丰收,并懂得如何收割、脱粒、加工,把它们放在祭祀用的豆器里祭祀祖先、上帝,最后被封于有邰的神奇历程。后稷出生于稷山(今山西省稷山县),被称为稷王。另外,"稷"还有谷物的意思,被视为百谷之王,后稷又被称为"稷神"或"农神"。后稷的后代公刘、古公亶父率领族人继续施行兴农措施,使部族逐渐强大,为周朝的建立奠定了基业。而文王乃是古公亶父之孙。

  周代祭祀的神灵,也包括自然神。如《诗经·周颂》中的《时迈》《般》是祭祀山川的诗,《天作》是祭祀岐山的诗,《载芟》《良耜》是周王祭祀土神、谷神的诗,《大雅·云汉》是周宣王求神祈雨的诗。《楚辞》中的《九歌》祭祀的神灵主要包括天神地祇,天神如"东皇太一"(天神之贵者)、"云中君"(云神)、"大司命"(主寿命的神)、"少司命"(主子嗣的神)、"东君"(太阳神);地祇包括"湘君"与"湘夫人"(湘水之神)、"河伯"(河神)、"山鬼"(山神)。

  周人神灵概念的另一组成部分,就是至上神,叫"天"。这个至上神在殷商叫做"帝"或"上帝"。到了周代,虽然这个称呼还保留着,但更多的是叫做"天"。"卜辞没有天,天的观念是到西周才出现的。"[1]"周人的至上神不是祖先神而

---

[1] 韦政通:《中国思想史》上册,第27页。

是天,或称帝、上帝。"[1]周代"'天'袭取了殷商的'帝'的位置"[2]《诗》《书》《左传》《国语》中所谓"天",除指"物质之天"外,皆指"主宰之天"。《论语》中孔子所说的"天","亦皆指主宰之天也"[3]。一方面,与殷商一样,"天"即是"帝"或"上帝",是神灵中的至上神,这就叫"天、帝合一"。"由于帝和天所代表的意义相同,于是造成帝、天相结合或混合的现象。"[4]《诗经·鲁颂·閟宫》云:"赫赫姜嫄,其德不回,上帝是依,无灾无害。"《礼记·王制》:"天子将出,类乎上帝。"《礼记·礼运》:"事鬼神上帝,皆从其朔。"《孟子·离娄下》:"虽有恶人,斋戒沐浴,则可以祀上帝。"这里的"帝"或"上帝",不是指祖宗神,而是指至上神——天神,周人往往称之为"昊天上帝"。另一方面,对于至上神,周人多称"天"而较少称"帝"。这种变化意味着至上神内涵的变化。殷商的"帝"与生育万物的"蒂"相通,是一个与祖先神合一的概念,史称"帝、祖合一"。而周代的"天"则剥离了祖先神的涵义,更多地取自自然神中天神之贵者的涵义,作为高高在上、拥有最高权威的神灵。这就叫"天、祖分离"。周人的"天"与"先祖的世界之间有着明确的界线"[5]。

之所以发生这样的变化,大抵有这么几个原因。首先,"自然神是各氏族部落的共同信仰,祖先神则是各氏族部落的不同信仰。祖先只是本氏族部落的保护神,不能主宰其他氏族部落的命运。"[6]周武王虽然以不敬祖先为由讨伐殷纣王,但"无论如何都不能设想殷人祖先命令周人灭亡殷国"[7],所以借用殷人祖先神的名义是不可能的,而仅用周人祖先神的名义也显然是无济于事的,所以重新推出一个不同于各族祖先神的共同至上神"天"要求各氏族共同信奉,就势在必行。这是"天、祖分离"的"现实根源"[8]。其次,天神与祖先神的功能不同。祖先神具有母亲般的慈爱,只降福给子孙后代,所以抬出祖先神无法惩罚殷朝暴君。而天神则是"主宰人类祸福的全能神"[9],既能赐福也能降祸。周人反复强调,周代殷而立,就是"天降丧于殷"、周王"受命于天"的结果,所谓"配我

---

[1] 张岂之主编:《中国思想史》,第9页。
[2] 李泽厚:《中国古代思想史论》,人民出版社1985年版,第86页。
[3] 均见冯友兰:《中国哲学史》,商务印书馆2006年版,第24页。
[4] 韦政通:《中国思想史》上册,第27页。
[5] 韦政通:《中国思想史》上册,第28页。
[6] 张岂之主编:《中国思想史》,第10页。
[7] 张岂之主编:《中国思想史》,第10页。
[8] 张岂之主编:《中国思想史》,第10页。
[9] 张岂之主编:《中国思想史》,第9页。

有周,膺受天命"[1]。再次,在周人看来,他们的先帝是天神的儿子,"被派到下界作为最高统治者,死后灵魂回到天上去,仍然是天的下属"[2],天神与祖先神的地位不是同级的,而是有高下分别的。祖先神不是至上神,"天"才是至上神。"不管是什么原因,周人确有以天取代帝的趋向。据统计,《诗经》《尚书》中,以天为至上神的记载,共约336次,以帝为至上神的记载,共约85次,正说明逐渐取代的趋势。"[3]

(2)"天命"笼罩下的阴阳五行方术学说

周代的神学观念,还体现在"天命"笼罩下的阴阳五行术数学说方面。

春秋战国时期,思想界诞生了阴阳五行术数学说,用来解释自然、人事、政治现象。它们看似"从神学的桎梏中解放出来"的"唯物主义"学说[4],然而事实上又不同于真正的科学学说,而是带有明显的神学痕迹。而这种神学痕迹,似乎都与"天命"思想有关。

周代的"天",是自然神与至上神的统一。而阴阳、五行、术数学说,都与自然神的"天"存在着若即若离的联系。

先看阴阳学说。"阴阳"是"天道"的表现形态。《易·说卦传》指出:"立天之道,曰阴与阳。"周卿士单说:"天六地五,数之常也。"[5]什么叫"天六"呢?秦医和说:"天有六气。""六气曰阴阳风雨晦明也。"[6]在天之"六气"中,阴阳二气是最根本的两种元素。二者的对立调和,构成万物的常态。《易·系辞传》说:"一阴一阳之谓道。"老子说:"道生一,一生二,二生三,三生万物。万物负阴而抱阳,冲和以为气。"[7]"天道"的规律是"阳至而阴,阴至而阳。日困而还,月盈而匡。"[8]阴阳失调,在自然有灾害,在人则生病,在国则生乱。"阳伏而不能出,阴迫而不能蒸,于是有地震。"[9]"阴淫寒疾,阳淫热疾。"[10]"夫天地之气,

---

[1] 《毛公鼎》。
[2] 张岂之主编:《中国思想史》,第9页。
[3] 韦政通:《中国思想史》上册,第27页。
[4] 张岂之主编:《中国思想史》,第21页。
[5] 《国语·周语》。
[6] 《左传·昭公元年》。
[7] 《老子》第42章。
[8] 《国语·越语》载范蠡语。
[9] 《国语·周语》。
[10] 《国语·周语》。

不失其序;若过其序,民之乱也。"[1]

其次看五行学说。周人说"天六地五"。所谓"地五",一般理解为地有水、火、木、金、土五行[2]。最早见诸记载的文献是《周书·洪范》:"五行:一曰水,二曰火,三曰木,四曰金,五曰土。水曰润下,火曰炎上,木曰曲直,金曰从革,土爰稼穑。润下作咸,炎上作苦,曲直作酸,从革作辛,稼穑作甘。"春秋之际,晋国史官史墨则将"五行"神化为人格神:水神叫玄冥,火神叫祝融,木神叫句芒,金神叫蓐收,土神叫后土[3]。从水、火、木、金、土衍生开去,是"五味""五色""五声""五嗅""五官""五脏""五方""五位"(岁、月、日、星、辰)"五兵"(戈、殳、戟、酋矛、夷矛)[4]"五麾""五鼓"[5]等。在这个时期成书的《尚书》中,还看到"五典""五辰""五礼""五玉""五刑""五教""五章""五常""五服""五事""五品""五纪""五福""五言""五过"等说法。它们见《舜典》《大禹谟》《皋陶谟》《益稷》《吕刑》《武成》。尽管前四篇不属于《周书》,但《尚书》作为周代的文字记录,"五"的频繁出现,依然可视为周代思维方式特点的反映,同时也说明这一思维方式的形成年代古老久远。《史记·历书》称"黄帝考定星历,建立五行",就透露了其中消息。战国时期,子思和孟子将"五行"与儒家的"五常"结合起来。要之,在周代,特别是"到了春秋之后,'五'这个数字就成了一个普遍接受的神秘数字"[6]。五五类比的依据是不同事物之间具有的相似性或对应性。比如说五方中的东方,东风总是春天里多一些,因此四季中的"春"就与五方中的"东"属一类。春天里草木生长丰盛,因而五行中的"木"就与"东"、"春"相连。草木春天初生时色泽较青,所以五色中的"青"又与"春""东""木"相配。[7] 于是,"五行"成为周人对于宇宙万物基本结构的独特解释。"五行"之间存在相生相克的关系,如土克水、木克土、金克木、火克金、水克火。能生则吉,被克则凶。鲁哀公九年,宋国攻打郑国,晋国是否要伐宋救郑?晋国赵鞅占卜后得到"水适(流向)火"的卜兆。卜官们认为,这是"水胜火"(又叫"沉阳")的表现,可以发兵攻打火氏炎帝之后姜姓的齐国,不能攻打子姓的宋国。所谓"水胜火,伐姜则

---

[1] 《国语·周语》。
[2] 张岂之主编:《中国思想史》,第20页。
[3] 《左传·昭公二十九年》。
[4] 《周礼·夏官·司兵》郑司农注。
[5] 《谷梁传·庄公二十五年》:"天子救日,置五麾,陈五兵五鼓。"
[6] 葛兆光:《中国思想史》第一卷,第62页。
[7] 葛兆光:《中国思想史》第一卷,第63页。

可","不利子商","敌宋不吉"[1]。于是"五行"又成为周人推理比附事物间因果关系的思维模式。

　　再次看"阴阳五行"学说的结合。按照古来天尊地卑的基本观念,"地五"是由"天六"决定的。"天有六气,降生五味,发为五色,征为五声。"[2]"则天之明,因地之性,生其六气,用其五行。气为五味,发为五色,章为五声。"[3]所以,"阴阳"与"五行"往往联系在一起,称"阴阳五行"学说。战国时代,阴阳家邹衍将"阴阳"与"五行"结合起来。"阴阳家之流,盖出于羲和之官,敬顺昊天,历象日月星辰,敬授民时,此其所长也。"[4]因此,天论与五行学说成为邹衍学说的主要内容。"邹衍之所言……尽言天事,故曰'谈天'。"[5]齐人誉之为"谈天衍"[6]。在阴阳五行学说的基础上,他提出"五德终始"的人类历史循环论。"五德"即五行之德。在邹衍看来,人类社会自古以来都是按照五德转移的次序循环前行的。五德转移是自然界五行相克原理的类比应用。人类社会的历史更迭也受自然界五行相克规律的支配。《文选·魏都赋》李善注引《七略》曰:"邹子有终始五德,从所不胜,木德继之,金德次之,火德次之,水德次之。"《吕氏春秋·应同》举例说明:"凡帝王之将兴也,天必先见祥乎下民。黄帝之时,天先见大螾大蝼。黄帝曰:'土气胜!'土气胜,故其色尚黄,其事则土。及禹之时,天先见草木秋冬不杀。禹曰:'木气胜!'木气胜,故其色尚青,其事则木。及汤之时,天先见金刃生于水。汤曰,'金气胜!'金气胜,故其色尚白,其事则金。及文王之时,天先见火,赤鸟衔丹书集于周社。文王曰;'火气胜!'火气胜,故其色尚赤,其事则火。代火者必将水,天且先见水气胜。水气胜,故其色尚黑,其事则水。"邹衍的这种学说后来被秦始皇采用。《史记·封禅书》说:"邹子之徒论著终始五德之运,及秦帝而齐人奏之,故始皇采用之。"秦始皇统一六国后,根据邹衍"水德代周而行"的论断,以秦文公出猎获黑龙作为水德兴起的符瑞,进行了一系列符合水德要求的改革,以证明其政权的合法性。于是,由阴阳而五行,五五重叠,异质同构,天人感应,互为因果,到战国时期成为逐渐定型的颇具中国特色的思维模式。《吕氏春秋》综合老庄的"道生万物"的宇宙发生论,给"阴阳五

------

〔1〕《左传·哀公九年》。
〔2〕《左传·昭公元年》。
〔3〕《左传·昭公二十五年》。
〔4〕班固《汉书·艺文志》。
〔5〕《史记》集解引刘向《别录》。
〔6〕《史记·孟子荀卿列传》。

行"学说安插了一个最初的来源,将自然、社会、人间、天国的异质事物编织成一个同源、同构、互感的庞大而整饬的系统:

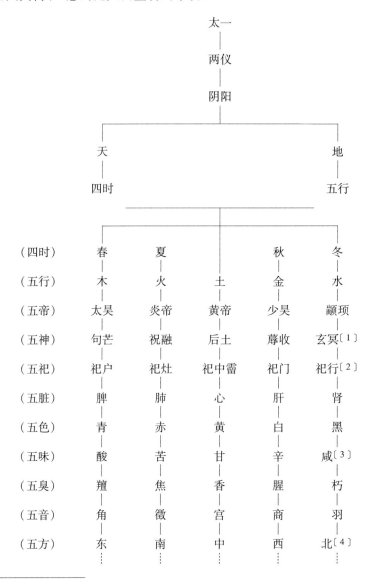

〔1〕 "五神"又称为"五正",木正句芒、火正祝融、金正蓐收、水正玄冥、土正后土,见《左传·隐公六年》。
〔2〕 "五祀"又被解释为禘、郊、祖、宗、报,见《国语·周语》:"凡禘、郊、祖、宗、报,此五者国之典祀也。"
〔3〕 "五味"又被解释为五种调料,即醯、酒、蜜、姜、盐,见《周礼·天官·疾医》郑注。
〔4〕 据葛兆光:《道教与中国文化》,上海人民出版社1987年版。

于是,"宇宙是一个彼此相连又和谐的整体",在天地人鬼之间有着"共同的存在方式",因而相互之间"也可能发生神秘的但又是必然的联系和感应"[1]。

最后来看方术。"方"即方技,"术"即术数。"所谓术数之学,就是用阴阳五行的理论和生克制化的数理来推断人事的吉凶,其门类包括占候、卜筮、星命、风水等。"[2]《汉书·艺文志》说:"数术者,皆明堂羲和史卜之职也。史官之废久矣,其书既不能具,虽有其书而无其人。《易》曰:'苟非其人,道不虚行。'春秋时有梓慎,郑有裨灶,晋有卜偃,宋有子韦。六国时楚有甘公,魏有石申夫……庶得粗觕……故因旧书以序数术为六种。"如此看来,术数者是史卜之职在周代中断后的替代者,其履行的是"羲和史卜之职"。据《汉书·艺文志》,术数的六种内容是"天文、历谱、五行、蓍龟、杂占、形法"。"天文者,序二十八宿,步五星日月,以纪吉凶之象。""历谱者,序四时之位,正分至之节,会日月五星之辰,以考寒暑杀生之实。""五行者,五常之形气也。……其法亦起五德终始,推其极则无不至。""蓍龟者,圣人之所用也。……君子将有为也,将有行也,问焉而以言,其受命也如向,无有远近幽深,遂知来物。""杂占者,纪百事之象,候善恶之征。""形法者,大举九州之势,以立城郭室舍。形人及六畜骨法之度数、器物之形容,以求其声气贵贱吉凶。"这六种术数中,蓍龟、杂占见于《左传》记载者甚多,天文、历谱、五行、形法之术亦见于《左传》记载。[3]《四库提要》说:术数"实皆《易》之支脉,傅以杂说耳",其内容"百伪一真"。"方技"是研究生命长久存在的学问。《汉书·艺文志》云:"方技者,皆生生之具,王官之一守也。太古有岐伯、俞拊,中世有扁鹊、秦和,盖论病以及国,原诊以知政……今其技术晻昧,故论其书,以序方技为四种。"方技的四种内容即"医经、经方、房中、神仙"。"方技"作为祛病延年、健康长寿、求长生不死的方法,既有医药学、养生学的科学成分,也存在着巫术迷信的荒诞不经色彩。方术既与"天""地"有关,如天文历算、占星望气、式法选择、龟卜筮占、地理形法、本草博物,也与"人"有关,如占梦、招魂、服食、导引、房中。无论术数还是方术,都笼罩着神学色彩,不可当作科学对待。

阴阳、五行、方术之学的流行,说明万物有灵的神学思维在周代仍然有着广泛的社会基础,只是不像之前那样占主宰地位而已。

---

[1] 葛兆光:《中国思想史》第一卷,第136页。
[2] 彭林、黄朴民主编:《中国思想史参考资料集·先秦至魏晋南北朝卷》,第38页。
[3] 例子及分析可参冯友兰:《中国哲学史》,第22—23页。

(3) 从对"天"的迷信走向怀疑

"天"是周人的至上神。《尚书·周书》《诗经》《国语》《左传》《论语》等周代典籍中,言"天"之处甚多,多指"主宰之天",或"有人格的上帝"[1]。它能赐福,也能降灾。《战国策·魏策》说:"休祲降于天。"所以,周人对"天"保持着很高的敬畏。西周金文中这样的例子很多。如西周前期康王时代的《大盂鼎》铭文云:"畏天畏(通威)。"西周晚期的《毛公鼎》铭文云:"暨天疾畏。"直到战国时期,人们仍然相信:"天将兴之,谁能废之。"[2]于是,"天命"信仰成为周代神灵思想的主体部分。周人反复强调,周朝取代殷商是顺应天命、符合天命的。《大盂鼎》云:"丕显文王,受天有大命。"《周书·召诰》云:"皇天上帝,改厥元子,兹(已,止也)大国殷之命。惟王受命,无疆惟休,亦无疆惟恤。"《周书·康诰》记载周公的话:"天乃大命文王,殪戎殷,诞受命,越厥邦厥民。"《周书·多士》记载成王对殷商旧臣的告诫:"尔殷遗多士,弗吊旻天,大降丧于殷。我有周佑命,将天明威,致王罚,敕殷命终于帝。肆尔多士!非我小国敢弋殷命。惟天不畀允罔固乱,弼我,我其敢求位?"《周书·多方》云:"惟我周王灵承于旅,克堪用德,惟典神天。天惟式教我用休,简畀殷命,尹尔多方。……尔曷不夹介乂我周王享天之命?……尔曷不惠王熙天之命?"《周易·革卦·象传》说:"汤武革命,顺乎天而应乎人。"《诗经·大雅·文王》说:"文王在上,于昭于天。周虽旧邦,其命维新。……文王陟降,在帝左右。"因而,周代统治者对"皇天上帝"崇奉有加,将原先的祭天活动系统化为祭天大礼。周代的祭天礼于孟春、秋分、冬至之日在国都南郊的圆丘——天坛举行,祭品有碧玉、太牢,祭祀方式是禋祀,即先燔柴升烟,再加牲体或玉帛于柴上焚烧,是祭礼中的最高礼仪,祭祀的主神是昊天上帝。

不过,周人意识到,吉凶祸福并不都是由"天"决定的。常见的情况是,祸乱并非来自天,而是人造成的。"下民之孽,匪(非)降自天。噂沓背憎,职竞由人。"[3]"妖由人兴也。人无衅,妖不自作。人弃常,则妖兴,故有妖。"[4]"国无政,不用善,则自取谪(谴)于日月之灾。"[5]同样,福分有时也不由天赐,而是由

---

[1] 冯友兰:《中国哲学史》,商务印书馆2007年版,第24页。
[2] 《国语·晋语》。
[3] 《诗经·小雅·十月之交》。
[4] 《左传·庄公十四年》。
[5] 《左传·昭公七年》。

人的德行造成的。春秋时期,晋国政治家叔向出使周室,向朝廷的大夫分送礼物,卿士单靖公也收到一份。单靖公宴请叔向,俭朴而恭敬,待他很有礼。叔向说周室有这样的卿士辅佐,是周室再次兴盛的征兆,而单靖公的子孙也能有昌盛兴旺的福分[1]。周灵王的太子晋规谏父王:"天所崇之子孙或在畎亩,由欲乱民也。畎亩之人或在社稷,由欲靖民也。"[2]天神保佑的君王后代有的失国失位,落魄为乡野平民,这是由于"乱民";乡野平民有的成为社稷之主,这是由于能"靖民"、安民。周惠王十五年,内史过就君主为人的善恶与神灵所降的祸福之间的因果联系发表过一段精彩的言论:"国之将兴,其君齐明、衷正、精洁、惠和,其德足以昭其馨香,其惠足以同其民人。神飨而民听,民神无怨,故明神降之,观其政德而均布福焉。国之将亡,其君贪冒、辟邪、淫佚、荒怠、粗秽、暴虐;其政腥臊,馨香不登;其刑矫诬,百姓携贰。明神不蠲而民有远志,民神怨痛,无所依怀,故神亦往焉,观其苛慝而降之祸。是以或见神以兴,亦或以亡。"[3]因此,周人得出结论:"吉凶由人。"[4]"祸福无门,惟人所召。"[5]

不仅如此,周人还发现,天意无常,上天并不总是像人们原先想象的那样清明、公平、仁慈。"天命靡常。"[6]"天命不彻。"[7]"昊天不平。"[8]"昊天不佣(均),降此鞠讻。昊天不惠,降此大戾。"[9]"旻天疾威(暴虐),敷于下土。"[10]"浩浩昊天,不骏其德。降丧饥馑,斩伐四国。旻天疾威,弗虑弗图。舍彼有罪,既伏其辜。若此无罪,沦胥以铺。"[11]"荡荡上帝,下民之辟。疾威上帝,其命多辟。天生烝民,其命匪谌。靡不有初,鲜克有终。"[12]因而,不要迷信上天。"天难忱斯。"[13]"天难谌。""天不可信。"[14]荀子响亮地提出:"大天而思之,孰与物

---

[1]《国语·周语》。
[2]《国语·周语》。
[3]《国语·周语》。
[4]《左传·僖公二十六年》。
[5]《左传·襄公二十三年》。
[6]《诗·大雅·文王》。
[7]《诗经·小雅·十月之交》。
[8]《诗经·小雅·节南山》。
[9]《诗·小雅·节南山》。
[10]《诗·小雅·小旻》。
[11]《诗·小雅·雨无正》。
[12]《诗·大雅·荡》。前一辟字,君王;后一辟字,邪僻。
[13]《诗·大雅·大明》,忱,通谌,相信。
[14]均见《尚书·周书·君奭》。

畜而制之？从天而颂之，孰与制天命而用之？"[1]正是在这种时代背景下，才出现了对天提出一系列怀疑的《天问》。屈原在《天问》中向天一口气提出了173个问题，这在周代以前是不可想象的。

因此，周代神权地位较殷商大大下降。尽管"天"是诸神之中的至上神，但在国家生活中不再具有最高的主宰、决定作用。周初天子吸取商王自恃天命为所欲为终至灭亡的教训，降低了神权的作用和地位。如果说在殷商时代，神权同王权是分立的，甚至高于王权，那么，到了周代，神权便被纳入王权系统之中，完全隶属于王权。有周一代，祭司集团虽然存在，但其地位较之殷商要低得多。他们不仅在周天子之下，也在三公之下，属于卿士以下的政务官，以太史为首长，司历法、祭祀、占卜、文化教育，等等。

(4) 民意决定天意，走向重人轻天

与此同时，周人还发现，真正公平的"天"，其意志与民意是统一的，尊天就必须保民，应乎人就顺乎。"所谓道，忠于民而信于神也。"[2]"夫王人者，将导利而布之上（天）下（人）者也，使神人百物，无不得其极。"[3]由此体现出由"人"定"天"的倾向。"民之所欲，天必从之。"[4]"天视自我民视，天听自我民听。"[5]"神，聪明正直而一者也，依人而行。"[6]"皇天无亲，唯德是辅。"[7]"神所冯依，将在德矣。"[8]保民敬德不仅与尊天不矛盾，而且是尊天的根本措施。"鬼神非人实亲，惟德是依。""非德，民不和，神不享矣。"[9]"国将兴，听于民；将亡，听于神。"[10]"夫民，神之主也，是以圣王先成民而后致力于神。"[11]"天因人，圣人因天。"[12]圣人所依据的"天"是"因人"之天。于是，"周人……在一定程度上使天成了民的化身。"[13]"他们承认天意主宰人事，却又让

---

[1]《荀子·天论》。
[2]《左传》卷二。
[3]《国语·周语》。
[4]《尚书·周书·泰誓上》。
[5]《尚书·周书·泰誓中》。
[6]《左传·庄公三十二年》。
[7]《尚书·周书·蔡仲之命》。
[8]《左传·僖公五年》。
[9] 均见《左传·僖公五年》。
[10]《左传·庄公三十二年》。
[11]《左传·桓公六年》。
[12]《国语·越语》。
[13] 彭林、黄朴民主编：《中国思想史参考资料集·先秦至魏晋南北朝卷》，第三章编者按语，第26页。

人事制约着天意。"[1]表面上尊重的是天意,实际上尊重的是民意。在这种天人之意的互相交流之中,奠定了中国思想界"天人感应"的思维模式,以及通过由"天"定"人"最终由"人"定"天"的方法论特点。

在这种表面上尊重天意实际上尊重民意的表述中,彰显出周代思想界"重人轻神"、"重人轻天"的时代特征。周成王转述周公的遗训说:"至治馨香,感于神明;黍稷非馨,明德惟馨。"[2]最能感动神明的不是黍稷的馨香,而是明德的馨香。春秋时宋国的子鱼也认为:对神的"祭祀以为人也。民,神之主也"[3]。齐桓公曾经请教管仲:"王者何贵?"管仲回答:"贵天。"这个"天"就是人民百姓。"所谓天者,非谓苍苍莽莽之天也。君人者,以百姓为天。百姓与之则安,辅之则强,非之则危,背之则亡。……民怨其上,不遂亡者,未之有也。"[4]齐景公当政时,齐国出现彗星,景公打算派人祭神消灾。晏子进言:"无益也,只取诬焉。天道不謟(疑),不贰其命,若之何禳之?且天之有彗也,以除秽也。君无秽德,又何禳焉?若德之秽,禳之何损?……君无违德,方国将至,何患于彗?……若德回乱,民将流亡,祝史之为,无能补也。"[5]齐景公觉得很有道理,于是不再派人祭神。楚昭王当政时,昭王曾经生了一场大病。占卜的结果是黄河之神在作怪,应当祭祀黄河之神。"王弗祭。大夫请祭诸郊,王曰:'三代命(规定)祀,祭不越望。江、汉、睢、漳,楚之望也。祸福之至,不是过也。不谷虽不德,河非所获罪也。'遂弗祭。"后来,楚国发生了"有云如众赤鸟,夹日以飞三日"的异常天象。"楚子使问诸周大史。周大史曰:'其当王身乎!若禜之,可移于令尹、司马。'王曰:'除腹心之疾,而置诸股肱,何益?不谷不有大过,天其夭诸?有罪受罚,又焉移之?'遂弗禜。"楚昭王这种重人轻神的做法,深得孔子好评。孔子感叹说:"楚昭王知大道矣!其不失国也,宜哉!"[6]孔子本人曾说过:"未知生,焉知死?""未能事人,焉能事鬼?"[7]所以孔子"不语怪力乱神"[8],

---

[1] 张岂之主编:《中国思想史》,第10页。
[2] 《尚书·周书·君陈》。
[3] 《左传·僖公十九年》。
[4] 《说苑·建本》。
[5] 《左传·昭公二十六年》。
[6] 均见《左传·哀公六年》。
[7] 《论语·先进》。
[8] 《论语·述而》。

"敬鬼神而远之"[1]。郑国的子产也说:"天道远,人道迩,非所及也。"[2]到了战国时代,"天时"不如"人和"成为共识。如孟子说:"天时不如地利,地利不如人和。三里之城,七里之郭,环而攻之而不胜。夫环而攻之,必有得天时者矣;然而不胜者,是天时不如地利也。城非不高也,池非不深也,兵革非不坚利也,米粟非不多也,委而去之,是地利不如人和也。故曰:域民不以封疆之界,固国不以山溪之险,威天下不以兵革之利。得道者多助,失道者寡助;寡助之至,亲戚畔之;多助之至,天下顺之。以天下之所顺,攻亲戚之所畔,故君子有不战,战必胜矣。"[3]荀子说:"上不失天时,下不失地利,中不失人和,而百事不废。"[4]"上失天时,下失地利,中失人和,天下敖然若烧若焦。"[5]尉缭子指出:"天时不如地利,地利不如人和。圣人所贵,人事而已。"[6]孙膑指出:"天地之间,莫贵于人。""天时、地利、人和,三者不得,虽胜有央(殃)。"[7]于是,周人就从殷商的"天本"、"神本"转化为"人本"、"民本","其主要表现在于将天命道德化"[8]。

3. 周代道德地位的提升和道德观念的丰富

周代天命的道德化或道德像至高无上的"天"神一样加以尊奉,彰显着周代"维新"思想的时代特征。王国维《殷周制度论》指出:"殷周间的大变革……自其里言之,则……旧文化废而新文化兴。"彭林认为,"从神之道向人之道的伟大转变",就发生在"殷周之际"[9]。

周代道德地位的提升,带来了道德观念的发展与丰富。《诗经·大雅·卷阿》说:"有冯有翼,有孝有德,以引以翼。岂弟君子,四方为则。"周代最基本的道德观念,是"孝"与"德"。我们可以抓住这两个核心概念,来把握周代道德文明的基本状况。

---

[1] 《论语·雍也》。
[2] 《左传·定公元年》。
[3] 《孟子·公孙丑下》。
[4] 《荀子·王霸》。
[5] 《荀子·富国》。
[6] 《尉缭子·战威》。
[7] 《孙膑兵法·月战》。
[8] 彭林、黄朴民主编:《中国思想史参考资料集·先秦至魏晋南北朝卷》,第三章编者按语,第26页。
[9] 彭林、黄朴民主编:《中国思想史参考资料集·先秦至魏晋南北朝卷》,第三章编者按语,第48页。

(1)"孝"的概念的发展

"孝"指对父母、祖辈的感恩、尊敬。《说文解字》云:"孝,善事父母者。"《尔雅》云:"善于父母为孝。""孝"是人类最原始、最朴素的血缘亲情,也是人类最基本的道德规范。史籍中关于"孝"行的记载,最早追溯到舜。《郭店楚墓竹简·唐虞之道》云:"古者虞舜笃事瞽瞍,乃弋其孝;忠事帝尧,乃弋其臣。爱亲尊贤,虞舜其人也。""古者尧之与舜也,闻舜孝,知其能养天下之老也;闻舜弟,知其能嗣天下之长也……其为瞽瞍子也,甚孝;及其为尧臣也,甚忠。"[1]据《史记·五帝本纪》:"舜母死,瞽瞍更娶妻而生象,象傲。瞽瞍爱后妻子,常欲杀舜,舜避逃;及有小过,则受罪。舜事父及后母与弟,日以笃谨,匪有解。"于是舜"年二十以孝闻",最后被人举荐给尧,尧将帝位禅让给他。在这种记述中,舜成了孝子的典范。夏商时期,"孝"的道德情感和规范渗透、凝聚在连绵不断的祖宗神崇拜祭祀中。殷商时期,"祭祖形式已经制度化,商人通过祭祀追思父祖之恩,先公、先王都有宗庙,受到子孙定期或不定期的享祀"[2],"孝"与"享"结合在一起。殷商卜辞、金文中最早出现了"孝"字。先秦不少著作中还记有商王武丁之子"孝己"的传说。孝己的情况与舜类似,虽遭后母嫉恨,仍能以孝心加以侍奉,尤为人们称颂。不过,殷商卜辞、金文中出现的"孝"字很少。卜辞中仅有一处,用于地名。金文中也仅有一处,用于人名。"孝"作为独立的道德概念加以使用和强调,似乎缺少有力的证据。

周代的情况就不同了。首先,周代继承殷商"孝""享"合一的做法,又对殷商的祭祖制度进行了重大改革,也就是将祭祖活动建立在宗法制基础之上,在宗法祭祖仪式中表现孝道。孝于先祖,意味着"小宗"孝于"大宗",诸侯孝于宗室。因此,"用享孝于大宗"、"用享孝于宗室"、"用享孝于宗老"、"用享孝于皇神祖考"之类的铭文屡见于这个时期宗庙的青铜礼器上。《诗经》也说:"率见昭考,以孝以享。"[3]"吉蠲为饎,是用孝享。"[4]对去世父母、先祖的祭享,又称"追孝",如"用追孝于刺仲"、"用追孝于皇考己伯"[5]、"汝克绍乃显祖,汝肇刑文、

---

[1] 荆门博物馆:《郭店楚墓竹简》,文物出版社1998年版。
[2] 彭林、黄朴民主编:《中国思想史参考资料集·先秦至魏晋南北朝卷》,第三章编者按语,第44页。
[3] 《诗经·周颂·载见》。
[4] 《诗经·小雅·天保》。
[5] 均据《殷周金文集成释文》,香港中文大学中国文化研究所2001年版;罗振玉编:《三代古金义存》,中华书局1983年版。

武,用会绍乃辟,追孝于前文人"[1]。周代所说的至上神"天",包括周代的祖宗神。"昔者周公郊祀后稷以配天。"[2]所以,尊天就必须孝祖。孝祖既"燕及皇天",又"克昌厥后"[3]。周成王是孝敬先祖的表率。"成王之孚,下土之式。永言孝思,孝思维则。"[4]"於乎皇考,永世克孝。念兹皇祖,陟降庭止。维予小子,夙夜敬止。於乎皇王,继序思不忘。"[5]《诗经》中对周人祖先后稷、公刘、古公亶父、文王的吟诵追思,乃是祭享之孝的充分表现。于是,"孝子"的概念出现了。"假哉皇考!绥予孝子。宣哲维人,文武维后。燕及皇天,克昌厥后。"[6]"威仪孔时,君子有孝子。孝子不匮,永锡尔类。"[7]"孝"的道德观念在对周代祖先的祭享中得到充分培育和发展。"有孝有德,以引以翼。"[8]因而,侯外庐指出,"'德'和'孝'是西周统治阶级的道德纲领"[9]。

其次,周代将"孝"从前代流行的祭祖活动中抽象出来,作为对在世父母给予尊重、服从的道德规范提出来。关于尊敬父母,《诗经·小雅·小弁》要求"必恭敬止"。《小雅·蓼莪》以抱根蒿为喻,开导人们对辛劳一生的父母要懂得感恩,如果终养父母而不得,是极大的悲痛。"蓼蓼者莪,匪莪伊蒿。哀哀父母,生我劬劳。蓼蓼者莪,匪莪伊蔚。哀哀父母,生我劳瘁。瓶之罄矣,维罍之耻。鲜民之生,不如死之久矣。无父何怙?无母何恃?出则衔恤,入则靡至。父兮生我,母兮鞠我。拊我畜我,长我育我,顾我复我,出入腹我。欲报之德,昊天罔极!"《周书·酒诰》说:"肇牵车牛,远服贾,用孝养厥父母。"说的是为了奉养父母而到远方经商。如果"不孝不友,子弗祗服厥父事",则被视为"元恶大憝"[10]。对父母的孝敬,不仅体现为物质上的供养、精神上的呵护,而且包括婚姻上尊重父母之命。"娶妻如之何?必告父母"[11]。如果找了"可怀"的伴侣,未经父母认可,就不可私自结合。所谓"岂敢爱之,畏我父母","父母之言,亦可

---

[1] 《尚书·文侯之命》。
[2] 《孝经·圣治章》。
[3] 《诗经·周颂·雝》。
[4] 《诗经·大雅·下武》。
[5] 《诗经·周颂·闵予小子》。
[6] 《诗经·周颂·雝》。
[7] 《诗经·大雅·既醉》。
[8] 《诗经·大雅·卷阿》。
[9] 侯外庐主编:《中国思想史纲》上册,中国青年出版社1980年版,第27页。
[10] 《尚书·周书·康诰》。
[11] 《诗经·齐风·南山》。

畏也"[1]。对父母的孝敬,还体现为生儿育女、传宗接代上,所谓"不孝有三,无后为大"[2]。

春秋战国时期,孔子及其弟子对"孝"这个道德概念进行了重要发展和丰富。

先来看孔子。首先,强调"仁"要从"亲亲"之"孝"做起。《中庸》记载孔子云:"仁者,人也,亲亲为大。""仁"是孔子提出的人的行为的最高道德准则。作为一种爱,首先要从对父母、前辈的敬爱做起,这种敬爱体现为对父母的绝对的"无违"[3]。其次,强调"孝"道的根本不是对父母物质上的供养,而是精神上的敬爱。《论语·为政》记载:"子游问孝。子曰:'今之孝者,是谓能养。至于犬马,皆能有养;不敬,何以别乎?'"[4]。朱熹《论语集注》云:"养,谓饮食供奉也。犬马待人而食,亦若养然。言人畜犬马,皆能有以养之。若能养其亲而敬不至,则与养犬马者何异?"再次,将"孝"对父母的敬爱贯穿到父母的生前死后。"生,事之以礼;死,葬之以礼,祭之以礼。"[5]无论父母生前或死后,都应按照礼的规定来行孝。复次,把尊敬父母的"孝"与尊敬兄长的"悌"、尊敬君主的"忠"结合起来。"孝"的本质是对长辈的敬。所以对父母"孝",必然要求对兄长"悌"。《论语》中多次"孝悌"连用,所谓"弟子入则孝,出则弟";"孝悌也者,其为仁之本与"?并指出:"其为人也孝悌,而好犯上者,鲜矣。不好犯上而好作乱者,未之有也。"[6]这样,居家孝与事君忠就有机统一到了一起。最后,对父母的过错提出"几谏"原则。《论语·里仁》说:"事父母几谏。"所谓"几谏",指父母若有错,子女可以用委婉的语气进行劝谏,以免陷父母于不义。

孔子之后,思孟学派继承孔子的孝道观,开创了儒家的孝治派。先看曾子。他将"孝"发展成为一种具有普遍意义的根本道德准则。他将仁、义、忠、信、礼等都与"孝"联系在一起:"民之本教曰孝。夫仁者,仁此者也;义者,义此者也;忠者,忠此者也;信者,信此者也;礼者,礼此者也。"[7]认为只有通过"孝"才能体现"仁"、彰显"义"、走向"忠"、养成"信"、体会"礼"。"孝"是一切高尚品行

---

[1] 《诗经·郑风·将仲子》。
[2] 《孟子·离娄上》。朱熹:《孟子集注》,引赵氏曰:"不孝者三事:谓阿意曲从,陷亲不义,一也;家贫亲老,不为禄仕,二也;不娶无子,绝先祖祀,三也。三者之中,无后为大。"
[3] 《论语·为政》。
[4] 《论语·为政》。
[5] 《论语·为政》。
[6] 《论语·学而》。
[7] 《大戴礼记·曾子大孝》。

的发端和依据,也是放诸四海而皆准的真理:"夫孝,置之而塞于天地,衡之而衡于四海。推而放诸东海而准,推而放诸西海而准,推而放诸南海而准,推而放诸北海而准。"[1]其次,将家庭中的"孝"与政治上的"忠"联系在一起:"事君不忠,非孝也,莅官不敬,非孝也!"[2]在这里,"忠"被纳入"孝"的范畴,"孝"所面对的对象在国家政治生活中变成了君主。曾子的弟子子思将孝治观扩展为《孝经》[3],这为汉代以"孝"治天下奠定了理论基础。孟子继承孔子的"亲亲"思想,从"尊亲""事亲"方面阐释"孝"。"孝子之至,莫大于尊亲。"[4]"事孰为大?事亲为大。"[5]由此出发,孟子把"孝悌"作为五伦的基本原则提出来。五伦即"父子有亲、君臣有义、夫妇有别、长幼有序、朋友有信"[6]。五伦中父子、君臣两伦最重要:"仁之实,事亲是也;父之实,从兄是也"[7]。因此,"孝悌"成为五伦的中心。"人人亲其亲,长其长",就会"天下平"[8]。所以"孝悌"也是一种政治原则。历史上看,"入则孝,出则悌"是"先王之道"[9]。"尧舜之道,孝悌而已矣。"[10]因而,孟子向梁惠王反复"申之以孝悌之义"[11],进一步巩固了曾子、子思的孝治观。

(2)"德"的概念的丰富

"德"的意识,其实周代以前就有了,但处于萌芽阶段,无论它在国家社会生活中的地位还是道德概念的丰富程度,都不可与周代相提并论。

周王是通过推翻商末失德之王建立新朝的,占据道德上无可比拟的优势,所以,"敬德"、"修德"在周朝国家社会生活中具有至高无上的地位。周初的政治家、思想家早就从自己的政治实践中意识到,"皇天无亲,惟德是辅。"[12]"天命"是以"德"为转移的。商纣王不德,所以"天命"改了:"皇天上帝,改其元子"[13]。

---

[1] 《大戴礼记·曾子大孝》。
[2] 《大戴礼记·曾子大孝》。
[3] 关于《孝经》作者说法不一,以子思为合理。据汪受宽:《孝经译注》前言,上海古籍出版社1998年版。
[4] 《孟子·万章上》。
[5] 《孟子·离娄上》。
[6] 《孟子·滕文公上》。
[7] 《孟子·离娄上》。
[8] 《孟子·离娄上》。
[9] 《孟子·滕文公下》。
[10] 《孟子·告子下》。
[11] 《孟子·梁惠王上》。
[12] 《尚书·周书·蔡仲之命》。
[13] 《尚书·周书·召诰》。

而我周王有德，所以皇天上帝就将治理天下的天子、帝王大任降命于周。"惟我周王，克堪用德，惟典神天。天惟式教我用休，简畀殷命，尹尔多方。"[1]"文王克明德……天乃大命文王。""若德裕乃身，不废在王命。"[2]与商王多以甲、乙等十干中的日子命名不同，"历代周王名号中都有道德意义的字"，如"文""武""昭""穆""恭""懿""孝"[3]，体现了周代统治者对德治的高度重视和期许。周代的天子不仅自身注重"敬德保民"，而且在实施宗法分封时也注意以道德为重要依据。"武王克商，成王定之。选建明德，以藩屏周。"[4]"天子建德，因生以赐姓，胙之土而命之氏。"[5]周代统治者还将道德建设与制度设计结合起来，以典章制度保证道德规范。"周人制度之大异于商者，一曰立子立嫡之制，由是而生宗法及丧服之制，并由是而有封建子弟之制，君天下、臣诸侯之制。二曰庙数之制。三曰同姓不婚之制。此数者皆周之所以纲纪天下，其旨则在纳上下于道德，而合天子诸侯卿大夫士庶民以成一道德之团体。故知周之制度典礼，实皆为道德而设。……周之制度典礼乃道德之器械，而尊尊、亲亲、贤贤、男女有别四者之结体也。"[6]由于殷鉴不远，所以整个周代，对于无德之君，都赋予了臣民推翻他的革命权。春秋时期，晋国的国君问师旷："卫人出其君，不亦甚乎？"卫国的百姓将其国君给放逐了，是不是太过分了？师旷回答："或者其君实甚。"也许是他们的国君太过分了。师旷按道德将君主分为"良君"与"困民之主"，指出"若困民之主，百姓绝望，社稷无主，将弗用之，弗去何为"？[7]鲁国的季氏赶走他的国君鲁昭公，而百姓顺服他，诸侯亲附他，即使国君死在外边，也没有人指责、惩罚他，赵简子问史墨，这是为什么？史墨回答说：

> 鲁君世从（纵）其失，季氏世修其勤，民忘君矣。虽死于外，其谁矜之？社稷无常奉，君臣无常位，自古以然。故《诗》曰："高岸为谷，深谷为陵。"三后之姓，于今为庶，王所知也。……是以为君，慎器与名，不可以假人。[8]

---

[1]《尚书·周书·多方》。
[2]《尚书·周书·康诰》。
[3] 沈善洪、王凤贤：《中国伦理学说史》上卷，浙江人民出版社1985年版，第54页。
[4]《左传·定公四年》。
[5]《左传·隐公八年》。
[6] 王国维《殷周制度论》。
[7]《左传·襄公十四年》。
[8]《左传·昭公三十二年》。

鲁国太史里革为臣杀君辩护:"臣杀其君,君之过也。"[1]管子声称:"君不君则臣不臣。"[2]孟子强调:"君有大过则谏,反复之而不听,则易位。"[3]"君之视臣如土芥,则臣视君如寇仇。"[4]"贼仁者谓之贼,贼义者谓之残;残贼之人,谓之一夫。闻诛一夫纣矣,未闻弑君也。"[5]在失德、无德就应该被推翻的革命思想的笼罩下,周人将"敬德"、"修德"作为与统治地位生死攸关的关键任务提出来,引起了全社会的重视。春秋中期,鲁大夫叔孙豹提出"三不朽"说,将"立德"的位置提到"立功""立言"之上。"太上有立德,其次有立功,其次有立言。虽久不废,此之谓不朽。[6] 若夫保姓受氏,以守宗祊,世不绝祀,无国无之,禄之大者,不可谓不朽。"于是,周代的道德建设渗透到社会大众的个体品德修养中。优良品德称为"令德""懿德""嘉德""明德""吉德",丑恶品行称为"凶德""凉德""败德""昏德""悖德"。统治者推行德治,大众弘扬道德,成为周代的突出特征。

在"德"这个母范畴之下,诞生了一系列的子范畴。

比如"礼"。"礼,经国家,定社稷,序民人,利后嗣者也。"[7]所以,孔子说"不学礼无以立"[8],主张治国"道之以德,齐之以礼"[9],做人"非礼勿视,非礼勿听,非礼勿言,非礼勿动"[10];孟子把"礼"作为人必须坚守的四种德行之一;荀子著《礼论》,强调"礼者,人道之极也。"[11]周代的"礼",继承了夏礼和殷礼祭神的仪式,但向人间礼仪规范转化,且更加完备繁复。如人在成人时有冠礼,成家时有婚礼,死时有丧礼,死后有祭礼,君臣之间有朝聘之礼,基层社会有乡射之礼。这在《仪礼》《礼记》中有详细记载与分析。即便祭祀祖先神,不同季节的祭祀也有不同的称谓。如《礼记·王制》说:"天子诸侯宗庙之祭,春曰礿,夏曰禘,秋曰尝,冬曰烝。"郑玄注:"此盖夏、殷之祭名,周则改之,春曰祠,夏曰礿。"《周

---

[1]《国语·鲁语》。
[2]《管子·形势》。
[3]《孟子·万章下》。
[4]《孟子·离娄下》。
[5]《孟子·梁惠王下》。
[6]《左传·襄公二十四年》。
[7]《左传·隐公十一年》。
[8]《论语·季氏》。
[9]《论语·为政》。
[10]《论语·颜渊》。
[11]《荀子·礼论》。

礼·大宗伯》则将"礼"分为祭祀之事的"吉礼"、丧葬之事的"凶礼"、军旅之事的"军礼"、宾客之事的"宾礼"、冠婚之事的"嘉礼"。与此同时,"礼"还包含一系列具体的道德要求。《左传》记载说:"礼之可以为国也久矣,与天地并。君令臣共,父慈子孝,兄爱弟敬,夫和妻柔,姑慈妇听,礼也。君令而不违,臣共而不贰,父慈而教,子孝而箴;兄爱而友,弟敬而顺;夫和而义,妻柔而正;姑慈而从,妇听而婉:礼之善物也。"[1]社会角色不同,"礼"所规定的道德规范也就不同。令、共、慈、孝、爱、敬、和、柔、慈、听,就是君、臣、父、子、兄、弟、夫、妻、姑、妇分别应当遵守的行为规范。在十种社会角色中,君臣、父子、兄弟六种角色的礼教道德规范最重要,《左传·隐公三年》称之为"君义、臣行、父慈、子孝、兄爱、弟敬:且夫贱妨贵,少陵长,远间亲,新间旧,小加大,淫破义,所谓六逆也。君义、臣行、父慈、子孝、兄爱、弟敬,所谓六顺也。去顺效逆,所以速祸也。"

在"礼"的基础上,春秋时期管仲学派发展出"礼义廉耻"的道德概念,作为"守国"的四维,是治理天下的四种基本道德规范。孔子将"仁"视为"礼"的原初根据,认为"人而不仁,如礼何?"[2]在此基础上建立了由一系列道德范畴组成的仁学体系。战国时期的孟子发展出"仁义礼智"这"四德",作为人区别于禽兽的基本规范。此外,春秋时期的单襄公在评论孙周的道德品质时,提出"文"这个道德总概念及其统辖的一系列道德子概念:"其行也文……夫敬,文之恭也;忠,文之实也;信,文之孚也;仁,文之爱也;义,文之制也;智,文之舆也;勇,文之帅也;教,文之施也;孝,文之本也;惠,文之慈也;让,文之材也……此十一者,夫子皆有焉。"[3]孙周不仅有"文",而且有"德":"且夫立无跛,正也;视无还,端也;听无耸,成也;言无远,慎也。夫正,德之道也;端,德之信也;成,德之终也;慎,德之守也。守终纯固,道正事信,明令德矣。慎成端正,德之相也。"[4]因而单襄公预测:孙周"被文相德,非国何取",将来一定会成为晋国国君。事实的发展果然印证了他的预言,孙周后来成了晋悼公[5]。道家则以与儒家不同的逆向思维,建构了另外一套道德学说。

要之,我们看周代的典籍,虽然摆脱不了天人感应、人神感应、天命神佑等神

---

[1]《左传·隐公三年》。
[2]《论语·八佾》。
[3]《国语·周语下》。
[4]《国语·周语下》。
[5]《国语·周语下》。

学观念的印记,但重人本、重道德已成为突出的、占主导地位的时代主题。"就整体来说,商周之际的思想变革的确是将关注的目光由天国神灵转向了人间民众,周人的'德'就是这个转变的明证。"[1]正如冯友兰在《中国哲学史》中所指出:孔子以前及同时代的哲学思想特征是"人之发现"[2]。

(本文载《湖北社会科学》2017 年第 12 期)

二、《周易》:从"神道设教"走向"人文"之道

《周易》属于"三易"之一。《易经》源于伏羲始作八卦,后来的发展经历了夏朝的《连山易》、商朝的《归藏易》、周朝的《周易》三个阶段、三种形态。如今,《连山易》和《归藏易》已失传,只剩下《周易》,习惯称《易经》。《周易》的"周"指周人。"易"有变易(事物变化)、简易(执简驭繁)、不易(永恒不变)三义。《周易》即周人所作的以万变不离其宗的卦爻辞执简驭繁地追究万物变化规律、奥秘的卜筮之书。《周易》内容包括《经》和《传》两部分。《经》主要是 64 卦和 384 爻,卦、爻各有说明其义的卦辞、爻辞,作为占卦之用。一般认为周文王被拘禁在羑里时将伏羲发明的八卦两两重叠,组合成 64 卦,并作卦辞、爻辞。《传》是对《经》的解释,旧说《易传》为孔子所作,据近人研究,大抵为战国末期儒家作品。[3] 其内容包含解释卦辞、爻辞的七种文辞。其中,《彖》传附于每卦卦辞之后,是对一卦大意的裁定。《象》传穿插在各卦的卦辞、爻辞之后,阐释各卦的卦象及各爻的爻象所象征的意义。释卦象者称为《大象传》,释爻象者称为《小象传》。《文言》仅出现在《乾》《坤》两卦的《彖》辞、《象》辞之后,在《彖》《象》的基础上对《乾》《坤》的卦意作出进一步阐发与拓展,也称《乾文言》《坤文言》。《系辞》《说卦》《序卦》《杂卦》则单独附于 64 卦的卦爻辞之后。由于《彖》传、《象》传随上、下经分为上、下篇,《系辞》传也分上、下篇,加上《文言》《说卦》《序卦》《杂卦》,《易传》称《十翼》。作为一部卜筮之书,周初诞生的《周易》的卦爻辞(亦即经的部分)更多地显示出万物有灵的思想和神道设教的特点。而春秋战国时期诞生的《易传》则用解经的方式对占卜之辞和鬼神观念作出了新的解释,

---

[1] 晁福林:《先秦时期"德"观念的起源及其发展》,《中国社会科学》2005 年第 4 期。

[2] 冯友兰:《中国哲学史》,商务印书馆 2007 年版,第 25 页。

[3] 参徐志锐:《周易大传新注》序,齐鲁书社 1986 年版,第 1 页。按:本文所用《周易》版本,为王弼等注、孔颖达等正义《周易正义》,《十三经注疏》上卷,上海古籍出版社 1997 年版。另参徐志锐《周易大传新注》。

冲淡了卦爻辞的神学色彩，聚焦于讨论人事道德问题，印证了周代思想界重人轻神、"近人而忠"的时代特征，使得《周易》不再仅仅是占卜之书，而同时是修身济世的指南。

1. 对"神""天"概念的现实化改造

《周易》是一部借卜筮之法探讨、揭示万物之理、示人吉凶休咎的著作。《系辞》一再强调：卦象是"圣人""仰以观于天之文，俯以察于地之理"，"远取诸物"、"近取诸身"，拟物形容、象物所宜创造产生的，它"言天下之至赜"，"通神明之德"，"类万物之情"。其涉及的万物包括天、地、人、神。《系辞上》说："《易》与天地准，故能弥纶天地之道。仰以观于天文，俯以察于地理，是故知幽明之故；原始反终，故知死生之说；精气为物，游魂为变，是故知鬼神之情状。与天地相似，故不违；知周乎万物，而道济天下，故不过。""鬼神"的概念，与"天地"的概念、"人"的概念一样，明显地存在于《周易》的思想中。《乾·文言》说："夫大人者，与天地合其德，与日月合其明，与四时合其序，与鬼神合其吉凶，先天而天弗违，后天而奉天时。天且弗违，而况于人乎？况于鬼神乎？"《丰·彖》云："日中则昃，月盈则食，天地盈虚，与时消息，而况于人乎，况于鬼神乎？"

周人指称至上神，习惯用"天"。《周易》中所说的某些"天"，也有至上神的涵义。如《革·彖》云："汤武革命，顺乎天而应乎人。"《兑·彖》云："兑，说也。刚中而柔外，说以利贞，是以顺乎天而应乎人。"《系辞上》云："祐者，助也。天之所助者，顺也；人之所助者，信也。履信思乎顺，又以尚贤也。是以'自天祐之，吉无不利'也。""是故君子所居而安者，《易》之序也；所乐而玩者，爻之辞也。是故君子居则观其象而玩其辞，动则观其变而玩其占，是以自天祐之，吉无不利。"这里的"天"解释为至上神才较为准确，也才好讲通。

不过，在《周易》中，"神"的涵义已经发生了明显的变化。在不少场合，"神"已不只是神灵之意，而指阴阳变化莫测之道。《观·彖》云："观天之神道，而四时不忒。圣人以神道设教，而天下服矣。"这里的"神"虽然不能否认有"神灵""神明"的意思，但也有"神变"、"神易"的意思。宋人蔡渊《周易经传训解》："神者，即《大传》神易之神也，在天则阴阳不测。"《系辞上》云："阴阳不测之谓神。""子曰：知变化之道者，其知神之所为乎！"与此相似的是，《周易》中的"天"，更多的情况不是指至上神，而是下降为与地、坤相对、并立的天、乾。如《系辞上》："天尊地卑，乾坤定矣。卑高以陈，贵贱位矣。"《乾·文言》："本乎天者亲上，本乎地者亲下。各从其类也。"《颐·彖》:"天地养万物。"在天、地、人、神中,《周易》更注重形而下的天、地、人"三才"(或"三材")。六十四卦的卦象虽然由六根爻构成,但其所指,即天、人、地。"六爻之动,三极之道也。""《易》之为书也,广大悉备。有天道焉,有人道焉,有地道焉。"[1]由于天、人、地均是矛盾双方的对立统一体,由阴、阳两爻构成,所以反映人世间天、人、地状况的卦象由六爻组成。这就叫"兼三才而两之,故六;六者非它也,三材之道也"[2]。"是以立天之道,曰阴与阳;立地之道,曰柔与刚;立人之道,曰仁与义。兼三才而两之,故易六画而成卦。"[3]

值得注意的是,当《周易》将"天"用为至上神涵义时,天意与民意是和谐统一的,所谓"顺乎天而应乎人"。由于天意并不存在,所以天意实际上由民意决定,天人合一实际上体现着对人心向背的侧重。通过将民意塑造成天意,周人再要求政治家效法作为民意化身的天意,《系辞上》谓之"天生神物,圣人则之"。当《周易》将"天"用为天、地之天,大讲天地之道时,我们发现,这天地之道最后都指向、落实于人道。一方面,天地之道往往就是人道。如《乾·象》云:"天行健,君子以自强不息。"《乾·文言》云:"大哉乾乎,刚健中正,纯粹精也。"《坤·彖》云:"坤厚载物,德合无疆。"《坤·象》云:"地势坤,君子以厚德载物。"《大畜·彖》云:"大畜,刚健笃实,辉光日新。其德刚上而尚贤。"《谦·彖》云:"天道下济而光明,地道卑而上行。天道亏盈而益谦,地道变盈而流谦。"另一方面,天地之道是为人道提供依据的,所谓"天地变化,圣人效之"[4]。如《颐·彖》云:"天地养万物,圣人养贤以及万民。"《咸·彖》云:"天地感而万物化生,圣人感人心而天下和平。"《观·象》云:"风行地上,观。先王以省(察)方(地域)观民设教。"《序卦》云:"有天地,然后有万物;有万物,然后有男女;有男女,然后有夫妇,有夫妇,然后有父子;有父子,然后有君臣;有君臣,然后有上下;有上下,然后礼义有所错。"男女、夫妇、父子、君臣之间的尊卑之道其实都是由天地注定了的。天地之道还有易知、易从的特点,它为圣贤的效法提供了可行性。《系辞上》说:"乾以易知,坤以简能。易则易知,简则易从。易知则有亲,易从则有功。有亲则可久,有功则可大。可久则贤人之德,可大则贤人之业。""子曰:《易》,

---

[1]《周易·系辞上》。
[2]《周易·系辞上》。
[3]《周易·说卦》。
[4]《周易·系辞上》。

其至矣乎！夫《易》，圣人所以崇德而广业也。"

于是，《易传》通过对"神""天"涵义的现实化改造，反映了春秋战国时期人们"事鬼敬神而远之，近人而忠"[1]的时代特征。

2."人文"的提出和"文明"的阐释

出于对人事的重视，《周易》提出了"人文"的概念，并对"文明"作了独特的阐释。

"人文"一词，最早见于《周易·贲》中的《彖》传，它是与"天文""地理"相对的概念。"文明以止，人文也。观乎天文，以察时变。观乎人文，以化成天下。"贲卦作为别卦，卦象由离卦与艮卦这两个经卦构成。离卦的涵义是"文明"，也就是文采辉煌的意思；艮卦的涵义是静止，王弼、孔颖达将"止"解释为"裁止"。"文明以止"本指贲卦的双重卦义。《易传》认为贲卦"文明以止"的双重涵义就是"人文"的注脚或写照。那么，如何理解"文明以止"亦即"人文"的涵义呢？王弼的注解是："止物不以威武，而以文明，人之文也。"孔颖达的注解是："用此文明之道裁止于人，是人之文、德之教。"可见，"人文"的涵义就是"文明以止"；"文明以止"就是用文明之道治人安物，实现天下稳定。这个"人之文"与"德之教"即道德教化是相通的。

"人文"的"文"，按《易传》的解释，有文理、文采、文明的意思。《系辞下》解释："物相杂，故曰'文'。"因而，天上的日月云彩叫"天文"，地上的百谷草木叫"地文"（又称"地理"），人间的道德文明叫"人文"。"文"就从自然界的文采，走向了人类的文明。

"文明"的涵义也是这样。一方面，"文"指文理、文采，"明"指明亮辉煌。《乾·文言》说："'见龙在田'，天下文明。"这里，"文明"即文采。全句的意思是说，作为乾卦九二爻辞"见龙在田"的涵义，指阳气已升出地面，草木萌芽，百花盛开，大地绘成文采。如上所述，构成贲卦的离卦的涵义是"文明"。离卦何以有"文明"之义的呢？《离·彖》云："离，丽也。日月丽乎天，百谷草木丽乎土。重明……"《离·象》云："明两作，离。"六十四别卦中的离卦，由两个经卦的离构成。"离"即附丽的"丽"（附著、依附）。两个经卦的"离"一指"日月丽乎天"，二指"百谷草木丽乎土"，故称"重明"、"明两作"。这都是指自然界文采焕发、光明

---

[1]《礼记·表记》。

灿烂的现象。

另一方面,人类的文明作为控制原始欲望冲动的仪礼规范,那是指"中正"的道德教化。《离·彖》在以"日月丽乎天,百谷草木丽乎土"解释过"离"的附丽之义后,又要求"重明以丽乎正","柔丽乎中正",指出这样"化成天下","故亨"。《离·象》在用"明两作"解释"离"后,又指出"大人以继明照于四方",意即以明而又明之德照耀四方,君临天下。又《同人·彖》云:"文明以健,中正而应,君子正也。"《大有·彖》云:"其德刚健而文明,应乎天而时行,是以元亨。"《临·彖》尤其强调文明道德的中正之道:"大君之宜,行中之谓也。"又《革·彖》云:"文明以说,大亨以正。"[1]孔颖达径直将"文明"解释为"道德":"能思文明之德以说(悦)于人,所以革命而为民所信也。""民既说文明之德而从之,所以大通而利正也。"《明夷·彖》则以周文王为典范举例说明:圣人要像周文王那样,做到"内文明而外柔顺",这样方可以"蒙大难"而免遭害,保其身而成大业。《系辞上》声称:《周易》六十四卦,以讲道德为主:"是故《履》,德之基也;《谦》,德之柄也;《复》,德之本也;《恒》,德之固也;《损》,德之修也;《益》,德之裕也;《困》,德之辨也;《井》,德之地也;《巽》,德之制也。""《履》以和行,《谦》以制礼,《复》以自知,《恒》以一德,《损》以远害,《益》以兴利,《困》以寡怨,《井》以辨义,《巽》以行权。"于是《周易》就从一部讲神道、天道的书,变成了一部讲人道的书。

3. "君子"概念的正面肯定与丰富要求

"人文"的核心是道德。道德的践行者是君子。由对"人文"、"人道"的重视,《周易》对"君子"之名作了正面的肯定,提出了丰富的要求。

在《诗经》中,"君子"泛指贵族男子,在道德上可好可坏。但在《周易》中,"君子"则是一个与"小人"相对的概念。"小人不耻不仁,不畏不义,不见利不劝,不威不惩。"[2]"君子"恰恰与此相反,是道德善的化身,仅次于"圣人"的道德楷模,"圣人"的前身或候补者。《乾·文言》云:"君子以成德为行。""君子进德修业,欲及时也,故无咎。"《大畜·象》云:"君子以多识前言往行,以蓄其德。"《坎·象》云:"君子以常德行,习教事。"《升·象》云:"君子以顺德,积小以高大。"《小畜·象》:"君子以懿(积小至大)文德。"《晋·象》云:"君子以自昭明

---

[1] 文明:指道德。说:悦也。大:元。正:即上文"贞"。孔疏:"能思文明之德以说(悦)于人,所以革命而为民所信也。""民既说文明之德而从之,所以大通而利正也。"

[2] 《周易·系辞上》。

德。"《蹇·象》云:"君子以反身修德。"《蛊·象》云:"君子以振民育德。"《坤·文言》有一段带有小结性的话:"君子……美在其中,而畅于四支(肢),发于事业,美之至也。"前一"美"字通"善",指美德。心中充满美德,将其体现在行为和事业中,就是最美的人格。

"君子"的修养首先要树立一种积极进取的人生态度、不断自我超越的人格追求:"天行健,君子以自强不息。"[1]"刚健笃实,辉光日新。"[2]

其次,"君子"的前行进取要懂得以退为进的策略。"无平不陂,无往不复。"[3]"君子尚消息盈虚。"[4]什么叫"亢龙有悔"?"'亢'之为言也,知进而不知退,知存而不知亡,知得而不知丧。""知进退存亡,而不失其正者,其唯圣人乎!"[5]"刚健而不陷,其义不穷困矣。"[6]君子奋斗前进时应当根据可能出现的危险有所等待,不至陷入险境之中。

因此,"君子"在积极进取的同时,要学会居安思危,充分考虑和预防各种不可预测的困难与危险:"君子终日乾乾,夕惕若厉。"[7]君子行事不息,至于夕而忧惧若危。"君子以恐惧修省。"[8]君子任何时候都不能高枕无忧、放松懈怠。"君子以思患而豫(通预)防之。"[9]"君子安而不忘危,存而不忘亡,治而不忘乱。"只有这样,才能"身安而国家可保也"[10]。一旦陷入困境,"君子"要处险不惊,保持镇定从容,不丢君子本色:"险以说(悦),困而不失其所。"[11]特别要努力控制自己的情感:"君子以征忿窒欲。"[12]

"君子"的修养要从自己的思想、言行入手,要思不出位,慎言谨行:"君子以思不出其位。"[13]"君子以言有物而行有恒。"[14]"乱之所生也,则言语以为阶。君不密则失臣,臣不密则失身,几事不密则害成。是以君子慎密而不出也。""言

---

[1] 《周易·乾·象》。
[2] 《周易·大畜·象》。
[3] 《周易·泰》。
[4] 《周易·剥·象》。
[5] 《周易·乾·文言》。
[6] 《周易·需·象》。
[7] 《周易·乾》。
[8] 《周易·震·象》。
[9] 《周易·既济·象》。
[10] 《周易·系辞上》。
[11] 《周易·困·象》。
[12] 《周易·损·象》。
[13] 《周易·艮·象》。
[14] 《周易·家人·象》。

行,君子之枢机。枢机之发,荣辱之主也。言行,君子之所以动天地也,可不慎乎!"[1]

"君子"的道德修养贵在平时把自我打造好、准备好,切忌急功近利、怨天尤人:"君子藏器于身,待时而动,何不利之有?"[2]孔子的"天下有道则见,无道则隐"、孟子的"穷则独善其身,达则兼善天下"、韩愈的"诸生业患不能精,无患有司之不明;行患不能成,无患有司之不公"与此是一个意思。

"君子"的人格修养说到底是扬善去恶,能够及时发现和改正自己的过错:"君子以遏恶扬善,顺天休(美)命。"[3]"无咎者,善补过也。"[4]"君子以见善则迁,有过则改。"[5]"善不积不足以成名,恶不积不足以灭身。小人以小善为无益而弗为也,以小恶为无伤而弗去也,故恶积而不可掩,罪大而不可解。"[6]行善扬善有吉报,所谓"积善之家必有余庆";怙恶不悛有凶报:"积不善之家必有余殃"[7]。历史上,君父因恶贯满盈而被臣子诛弑的例子很多:"臣弑其君,子弑其父,非一朝一夕之故,其所由来者渐矣。"[8]这是对"恶积"之后"罪大而不可解"的生动证明。

在道德善的修养实践中,元、亨、利、贞四德至为重要。什么是元、亨、利、贞四德呢?《乾·文言》说:"'元'者,善之长也;'亨'者,嘉之会也;'利'者,义之和也;'贞'者,事之干也。君子体仁足以长人,嘉会足以合礼,利物足以合义,贞固足以干事。君子行此四德者,故曰:乾,元、亨、利、贞。"同时,诚信也很重要:"闲(防)邪存其诚。""君子进德修业,忠信所以进德也。修辞立其诚,所以居业也。"[9]此外还要善于学问:"君子学以聚之,问以辩之,宽以居之,仁以行之。"[10]

君子的修养,还有内外不同的要求。"君子敬以直内,义以方外,敬义立而德不孤。"[11]"内阳而外阴,内健而外顺,内君子而外小人,君子道长,小人道消

---

[1]《周易·系辞上》。
[2]《周易·系辞上》。
[3]《周易·大有·象》。
[4]《周易·系辞上》。
[5]《周易·益·象》。
[6]《周易·系辞上》。
[7]《周易·坤·文言》。
[8]《周易·坤·文言》。
[9]《周易·乾·文言》。
[10]《周易·乾·文言》。
[11]《周易·坤·文言》。

也。"[1] "内阴而外阳,内柔而外刚,内小人而外君子,小人道长,君子道消也。"[2]

"君子"在修身的同时要承担"正家"的使命:"女正位乎内,男正位乎外。男女正,天地之大义也。家人有严君焉,父母之谓也。父父,子子,兄兄,弟弟,夫夫,妇妇,而家道正。正家而天下定矣。"[3]

在经邦济世、与社会各阶层的人交往时,"君子"要注意不亢不卑,平等待人,保持友善与尊严:君子"居上位而不骄,在下位而不忧。"[4]"君子上交不谄,下交不渎。"[5]

君子以仁德忠信为本,所以"君子以明慎用刑"[6],"君子以议狱缓死"[7]。

"君子"在功成名就后,要功成弗居,做谦谦君子,切忌居功炫耀,矜夸自傲:"地势坤,君子以厚德载物。"[8]"君子以施禄及下,居德则忌。"[9]"善世而不伐,德博而化。"[10]"乾始能以美利利天下,不言所利,大矣哉!"[11]"谦谦君子,卑以自牧。"[12]"人道恶盈而好谦。谦,尊而光,卑而不可逾,君子之终也。"[13]君子"劳而不伐,有功而不德,厚之至也,语以其功下人者也。德言盛,礼言恭。谦也者,致恭以存其位者也。"[14]

4."顺天应人","与时偕行"

"易"的重要涵义之一,是变易、变化、变革。《易》之卦象的构成法则,是阴阳六爻的不断变动。所以,《系辞》说:"刚柔相推,变在其中矣。""爻者,言乎变者也。""《易》之……为道也屡迁。变动不居,周流六虚,上下无常,刚柔相易。

---

[1]《周易·泰·彖》。
[2]《周易·否·彖》。
[3]《周易·家人·彖》。
[4]《周易·乾·文言》。
[5]《周易·系辞下》。
[6]《周易·旅·象》。
[7]《周易·中孚·象》。
[8]《周易·坤·象》。
[9]《周易·夬·象》。
[10]《周易·乾·文言》。
[11]《周易·乾·文言》。
[12]《周易·谦·象》。
[13]《周易·谦·彖》。
[14]《周易·系辞上》。

不可为典要,唯变所适。"变易不仅是天地之道,而且是人道。人格修养中的迁善改过,改朝换代中的革故鼎新,社会分配中的损有余补不足,都是变易。《周易》指出,变革是阴阳矛盾冲突的必然结果,人们应当"与时消息",顺应变化、把握变化,积极能动地主宰变革、创造变革。在实施变革时,《周易》强调要"革而当"[1]。只有当乎理,这种变革才能"其悔乃亡"[2],才能"元亨利贞"。

关于"革而当",《周易》尤其论述到两条原则。

一是"与时偕行"。《乾卦·文言》解释说:"'终日乾乾',与时偕行。"君子像太阳一样不懈运行,重要的特点是"与时偕行"。什么叫"与时偕行"呢?"变通者,趣(趋)时者也。"[3]就是说,一切变革应以当时的具体环境、条件、形势为转移。"时止则止,时行则行,动静不失其时,其道光明。艮其止,止其所也。"[4]"与时偕行"往往表现为"与时消息",即损、益、盈、虚的此消彼长。如《损·彖》云:"损益盈虚,与时偕行。"《益·彖》云:"损上益下,民说无疆……凡益之道,与时偕行。"《丰·彖》云:"日中则昃,月盈则食,天地盈虚,与时消息,而况于人乎?"

"革而当"的另一原则是"顺天应人"。《周易》中有一个"革"卦,是专门讲解变革的。《革·彖》以"汤武革命"为例说明:"天地革而四时成,汤武革命,顺乎天而应乎人。革之时大矣哉!"孔颖达正义说:"殷汤、周武聪明睿智,上顺天命,下应人心,放桀鸣条,诛纣牧野,革其王命,改其恶俗,故曰'汤武革命,顺乎天而应乎人'。计王者相承,改正易服,皆有变革,而独举汤武者,盖舜禹禅让,犹或因循;汤武干戈,极其损益,故取相变甚者,以明人革也。"于是,顺天命,应人心,成为人间革命至高无上的法理。不过,虽然这种"当乎理"的变革具有"元亨利贞"四种功德,然而在变革之初,人们尚不免狐疑,只有在大功告成之后,人们才能心悦诚服。所以"革"卦的卦辞说:"巳日乃孚,元亨利贞,悔亡。"巳日,指已革之日。孚,信也。亡,通无。变革之举,须到完成之日,民众才会信服,才会显示出元亨利贞的好处,才会消除民众的悔吝犹豫之心。所以,《革·彖》将这种现象称之为"革而信之"。正如孔颖达在给"革"卦正义时阐释的那样:"夫民情可与习常,难与适变;可与乐成,难与虑始。故革命之初,人未信服,所以即日

---

[1] 《周易·革·彖》。
[2] 《周易·革·彖》。
[3] 《周易·系辞下》。
[4] 《周易·艮·彖》。

不孚,'已日乃孚'也。"这就是变革的艰难性。然而,当变不变,反遭其殃;当变而变,"变则通,通则久"[1]。因而,人们总是礼赞那些在革命之初高瞻远瞩,顶住众人怀疑、犹豫的压力,勇敢地领导起革命大业并取得成功的领袖。商汤王、周武王就是这样的领导人民反抗夏、商暴政,"革其王命"的英明领袖。据《尚书·仲虺之诰》记载,商汤在革命成功后,因自己作为夏朝的臣民以武力革命的方式推翻夏桀而有"惭德"。左相仲虺安慰他说:夏桀天怨人怒,讨伐、推翻夏桀是人心所向,不必惭愧。然而臣弑其君,直到春秋战国时期一直是有争议的。在位的统治者也不想赋予臣弑其君的合法性,因为这对他们来说有风险,是不利的。《易传》明确声称"汤武革命顺乎天而应乎人",给臣弑其君的革命公开正名。《坤·文言》也曾肯定:"臣弑其君,子弑其父,非一朝一夕之故,其所由来者渐矣。"无论是君主还是父亲,如果失去了道德,背离了君子之道,作恶太多太甚,那么,臣子就有理由或权利起来反抗、革命。可见,《周易》尤其是春秋战国时期逐渐诞生的《易传》在周代的"革命"学说整体中作出过重要的思想贡献。

（本文载《理论月刊》2018年第5期）

三、《尚书》"民主"学说新探

研究周代思想的特征,《周书》是最直接的依据。不过这里遇到两个棘手的问题:一、《周书》是《尚书》的一部分,流传至今的《古文尚书》据说是晋人辑佚的伪书,那么,《周书》中的古文篇章还可不可以、有无必要去研究?二、《尚书》一般认为经过孔子编订,成书于周代,它保留的《虞夏书》《商书》是否应作为折射周人思想的佐证加以兼顾?

对于第一个问题,笔者的看法是,《周书》及《虞夏书》《尚书》中不见于伏生今文尚书部分,被现代学者定论为伪古文尚书的篇章属于晋人对先秦诸子所引《尚书》的辑佚,在敬天、贵人、明德、慎罚等思想上与被征信的今文尚书篇章是水乳交融的一个整体,在唐、宋以后的流传中又形成了一个不可分割的整体,对中国思想史影响深远。因此,本文将十三经注疏本《尚书·周书》中的所谓"伪书"部分作为认识周代思想史特征的辅助参考依据加以研究。

《尚书》在周代就有了孔子的编订本。经过秦始皇焚书坑儒和秦末战火,《尚书》散失。汉代崇尚儒术,《尚书》被钦定为五经之一,于是重见天日。汉代

---

[1]《周易·系辞下》。

出现了两个《尚书》版本。一是汉惠帝时秦博士伏生所传、用汉隶所写的今文本,只有二十九篇(又有人将《周书》中的《顾命》与《康王之诰》合为一篇,称二十八篇)。二是汉武帝末年孔安国从先人孔子故居墙壁中得到的用古文字书写的古文本,共四十五篇,其中二十九篇与伏生本基本相同。然而不幸的是,在西晋永嘉年间爆发的战乱中,《尚书》的两种版本又一次散失。东晋初年,豫章内史梅赜献出一部《孔传古文尚书》,将伏生二十九篇分成三十三篇,又增加二十五篇,称"晚书",合计五十八篇。不久立为官学。从东晋到隋唐,人们坚信这就是孔壁本古文《尚书》,《传》也实出于孔安国之手。唐初孔颖达以此为底本主持《尚书正义》,作为官方定本公开颁行。后来,宋人又把它编入《十三经注疏》。不过,与此同时,对孔传本《尚书》真伪的怀疑也逐渐产生。首先是宋人吴棫怀疑"晚书"二十五篇是伪作,朱熹也表示赞同。明代梅鷟著《尚书考异》,指出不仅"晚书",而且"孔传"都属伪作。清人阎若璩在此基础上著《尚书古文疏证》,列举一百二十八条证据说明《孔传古文尚书》是伪作。后代学者一致认定,《孔传古文尚书》五十八篇中三十三篇是伏生今文《尚书》所传,此外二十五篇《晚书》,即伏生今文《尚书》二十八篇之外的所有古文《尚书》篇目都是"伪作"[1]。"晚书"二十五篇分别是《虞夏书》中的《大禹谟》《五子之歌》《胤正》,《商书》中的《仲虺》《汤诰》《伊训》《太甲》(上、中、下三篇)、《咸有一德》《说命》(上、中、下三篇),《周书》中的《泰誓》(上、中、下三篇)、《武成》《旅獒》《微子之命》《蔡仲之命》《周官》《君陈》《毕命》《君牙》和《冏命》等。它们虽为"伪书",但并非作伪者凭想当然任意创造,而是对先秦《尚书》佚文的收辑。据阎若璩《尚书古文疏证》、惠栋《古文尚书考》、程廷祚《晚书订疑》考证,被视为"伪书"的《尚书》"晚书"中约有一百二十条见于先秦经史诸子所引《尚书》。因此,有研究者指出:"晚书"二十五篇"主要是《尚书》的辑佚,它补充、丰富了《尚书》的内容,具有较高的史料价值"[2]。如《大禹谟》《汤诰》《泰誓》均被视为"伪书",但在《论语·尧曰》曾被明明白白地征引。如舜曾以"四海困穷,天禄永终"告诫禹,见于《大禹谟》;汤曾自我反省"朕躬有罪,无以万方;万方有罪,罪在朕躬",见于《汤诰》;周武王曾说:"虽有周亲(9),不如仁人。""百姓有过,在予一人。"见于《泰誓中》。《孟子·梁惠王下》引述说:"《书》曰:'天降下民,作之君,作之师。惟

---

[1] 江灏、钱宗武译注:《今古文尚书全译》前言,贵州人民出版社1990年版,第6页。
[2] 江灏、钱宗武译注:《今古文尚书全译》前言,第7页。

曰其助上帝,宠之四方。"这段话与现存《尚书·周书·泰誓》基本一致[1]。这说明,被清人视为"伪书"的《尚书》"晚书",其实在《论语》《孟子》成书前就已存在。这是我们将现存《周书》乃至《尚书》中所有今文、古文篇章作为研究对象的重要依据。

关于第二个问题,笔者以为,虽然《虞夏书》《商书》是尧、舜、夏、商时期君臣的典、诰、誓、命,但因为经过周人的取舍与编订,所以也体现着周人的思想取向,在"敬天""贵人""明德""保民"方面,《虞夏书》《商书》与《周书》是一脉相承、浑然一体的。完全撇开《虞夏书》《商书》,仅仅根据《周书》来研究说明周人的思想,并不合适。所以,本文不是仅仅依据《周书》,而是依据周代编订的整个《尚书》来研究周人的思想特征。

《尚书》反映的思想,体现为敬天、贵人、明德、保民、慎罚、革命诸要点。然而在更高的层面上,这些思想要点可归纳为一点,即"民主"学说。"民主"一词在《商书·咸有一德》中出现过一次,在《周书·多方》中出现过三次,总计四次。其中,两次是正面说,两次是反面说。正面说的"民主"是商汤王,反面说的"民主"指殷纣王。其字面意思都指"民之主",即臣民的君主、主宰者。《尚书》虽然敬天,但所敬之天是由人决定的。人身上具有"人心"与"道心"二重性。芸芸众生主要由人心所统辖,唯利是图,无主乃乱,需要有"聪明"的君主来管理,为他们作出英明的决策。而君主必须是由"道心"主宰、大智大慧的"聪明"人来担任,既有为民做主的特殊权利,又有"无偏无党"的中正责任、"岂弟君子"的修养要求,这个要求集中体现在明德内省、克己保民方面。只有这样才有资格充当"民主"。如果反道败德,虐民害民,与人民离心离德,就会成为"独夫",不配当"民主";就会触怒天意,失去天命,受到天谴;臣民也就有理由起来"革命",将他推翻。可见,敬天贵人是"民主"学说的思想基础,对人心二重性的认识尤其是对民众劣根性和君主高明性的认识是"民主"产生的现实依据,为民作出正确决定是"民主"的权利与责任,敬德内省、保民慎罚是"民主"的德治要求,也是充当"民主"的资格与条件,而反道败德则是"民主"被臣民推翻的"革命"的理由所在。于是,作为一部由夏商周君主的典诰誓命构成的王道之书,独具特色的"民主"学说就成为《尚书》王道思想的典型学说。

---

[1] 原文为:"天佑下民,作之君,作之师,惟其克相上帝,宠绥四方。"江灏、钱宗武译注:《今古文尚书全译》,第204页。

1. 以"人"代"神":肯定人民的至上地位

敬天,是《尚书》的一个基本思想。《商书·汤誓》记载商汤在讨伐夏桀的誓词中说:"非台小子,敢行称乱!有夏多罪,天命殛之。"《商书·说命中》说:"明王奉若天道。"周人用"天"取代"帝",称上帝多叫"天","天"成为至上神,不敢不敬。《周书·泰誓》说:"惟天惠民,惟辟奉天。""商罪贯盈,天命诛之。""奉予一人,恭行天罚。"《周书·多士》记载周公以周成王的名义告诫殷朝遗民:"尔殷遗多士,弗吊旻天,大降丧于殷。我有周佑命,将天明威,致王罚,敕殷命终于帝。"

不过,值得注意的是,《尚书》所敬奉的人格神"天",其意志是由人民的意志来决定的。《虞夏书·皋陶谟》记载舜时掌管刑法的大臣皋陶的话说:"天聪明,自我民聪明;天明畏(威),自我民明威。"他替天行伐,主要依据人民的意志。《周书·泰誓中》记载周武王的话:"天视自我民视,天听自我民听。"他讨伐殷商,也是顺应民意替天行道。总之,"民之所欲,天必从之。"[1]"降灾下民",就是"弗敬上天"[2],就要受到"天"的惩罚。《虞夏书·大禹谟》指出:"民弃不保,天降之咎。"《商书·伊训》告诫:"惟上帝不常,作善降之百祥,作不善降之百殃。"君主爱护臣民,就是最大的贤德。上天保佑的就是这样的人。伊尹还说:"惟吉凶不僭在人,惟天降灾祥在德。"[3]吉凶由人决定,这个道理分毫不差;天帝降灾还是降福,完全取决于人的德行。在此基础上,周成王指出:"皇天无亲,惟德是辅。"[4]因此,夏禹与皋陶在讨论如何治理国家的问题时就认识到:国家安康的根本不在知天敬神,而"在知人,在安民"。"知人则哲,能官人。安民则惠,黎民怀之。"[5]夏禹还留下一道遗训:"民可近,不可下;民惟邦本,本固邦宁。"周人在此基础上总结说:"天矜于民。""天佑下民。"[6]"惟天阴骘下民。"[7]"人无于水监,当于民监。"[8]周武王还提出一个响亮的命题:"惟人万

---

[1]《周书·泰誓上》。
[2]《周书·泰誓中》。
[3]《商书·咸有一德》。
[4]《周书·蔡仲之命》。
[5]《虞夏书·皋陶谟》。
[6] 均见《周书·泰誓上》。
[7]《周书·洪范》。
[8]《周书·酒诰》。

物之灵。"[1]"灵",今人往往解释为"灵明"、"智慧",以为"万物之灵"就是万物之中有智慧的生物。其实这是一种莫大的误解。灵,古文写作"靈"。孔安国的权威解释是:"靈,神也。"这句话的意思是:"天地所生,惟人为贵。"考《说文解字》对"灵"的解释,指"巫以玉事神",亦与神灵有关。"惟人万物之灵"的本义,指人是万物中最高贵的神灵,不可轻视、亵渎,应当好好加以恭敬。它是后来《孝经》中所说"天地之性人为贵"最早的根据。

2. 二重人性的认识及"民主"的权利与要求

《尚书》不仅对"人"在宇宙万物和国家生活中的崇高地位有反复的强调,而且对"人"的本质属性也有深刻的认识。这就是人同时具有"人心"与"道心"的二重人性论。《虞夏书·大禹谟》记载舜帝的话:"人心惟危,道心惟微;惟精惟一,允执厥中。"关于这两句话,现有的解释都不太准确。宋代朱熹曾据此说明:"人自有人心、道心。"[2]"虽上智不能无人心,虽下愚不能无道心。"[3] 联系朱熹的解释,可见"人心"是指"人欲",它比较危险,有作恶的潜能;"道心"是指理义之心,它微妙灵明,有为善的倾向。凡人都具有危险的"人心"与微妙的"道心"二重性。二者与生俱来,不可偏废,只能精心谨慎地追求折中统一。据说"周人世硕以为人性有善有恶"[4]。世硕是孔门七十弟子之一。世硕之外,孔子弟子宓子贱、漆雕开及孔子再传弟子公孙尼子都持这种看法。据《孟子·告子上》所引,当时有人认为"性可以为善,可以为不善",大概就是指世硕、宓子贱、漆雕开、公孙尼子等人。这种性兼善恶的二重人性论,源头就是《尚书》的"人心""道心"同具、统一论。

《尚书》中所说的"人心"主要的追求是什么呢? 是维持生命存在的物质欲望、利益诉求。所谓"生民有欲"[5]、"惟惠是怀"[6]。《尚书》对这种欲望的态度是什么呢? 是承认、尊重它,基本满足它。所谓"惟天惠民,惟辟(君主)奉天"[7];

---

[1]《周书·泰誓上》。
[2]《朱子语类》卷六二。
[3] 朱熹:《中庸章句序》。
[4] 王充:《论衡·本性》。
[5]《商书·仲虺之诰》。
[6]《周书·蔡仲之命》。
[7]《周书·泰誓中》。

"惠不惠"[1]。不过同时,周人也清醒地认识到,"民心无常"[2],"小人难保"[3],广大的普通民众由私利欲望所左右,目光短浅,不明大义,如果没有充满道心的英明君主管理他们,给他们做主,就会"为恶不同,同归于乱"[4]。

于是就诞生了中国古代特殊的"民主"概念。"民主"即臣民的主宰者、为民做主的君主。商汤王左相仲虺论证说:"惟天生民有欲,无主乃乱。惟天生聪明时乂。有夏昏德,民坠涂炭。天乃锡王勇智,表正万邦。"[5]君主的诞生缘于为民作主、防止民众为争夺利益产生动乱的需要。殷高宗的贤相傅说指出:"惟天聪明,惟圣时宪,惟臣钦若,惟民从乂。"[6]圣王要效法上天的英明,臣民要顺应、服从圣王的英明管理。周人一再强调:"亶聪明,作元(大)后(君主),元后作民父母。""天佑下民,作之君,作之师,惟其克相上帝,宠绥四方。"[7]只有英明的圣人才能充当伟大的君主,充当人民的父母和导师。这是昊天上帝为保护基层人民利益、实现天下安康的有意安排。芸芸众生只有接受圣王的英明领导,才能"为善不同,同归于治"[8]。周公说:讨伐夏桀的商汤就是这种由大家推举出来的英明的"民主"。"天惟时求民主,乃大降显休命于成汤,刑殄有夏。""乃惟成汤克以尔多方简,代夏做民主。"[9]

于是,正如《诗经》所说"岂弟君子,民之父母"一样,充当"民主"的人既有一份为民作主的权利,又有一份道德君子的要求。周武王灭纣后,带殷臣箕子归,向他讨教治国大法。箕子依据古代流传下来的《洛书》详细阐释了九种大法,第五条大法便是对充当民之父母的"民主"、"圣王"的道德规范:"无偏无陂,遵王之义;无有作好(私好),遵王之道;无有作恶,遵王之路。无偏无党,王道荡荡;无党无偏,王道平平;无反无侧,王道正直……以近天子之光。曰天子作民父母,以为天下王。"[10]只有"无偏无陂"、"无反无侧"、平直中正的道德君子,才有资

---

[1] 《周书·康诰》。
[2] 《周书·蔡仲之命》。
[3] 《周书·康诰》。
[4] 《周书·蔡仲之命》。
[5] 《商书·仲虺之诰》。时:是。乂:音义,治。聪明:英明,与昏庸相对。锡:通赐。表正:以身作则地治理。
[6] 《商书·说命中》。
[7] 均见《周书·泰誓上》。
[8] 《周书·蔡仲之命》。
[9] 均见《周书·多方》。
[10] 《周书·洪范》。

格"作民父母","为天下王"。

3."敬德""保民":"民主"的道德修养使命

《尚书》中所说的"民主"作为臣民的主宰者,均指君王。既然君王的产生是由于为臣民服务的需要,所以他就不能只顾自己的享受,滥用权力为所欲为,而必须以保民、养民的道德修养为自己的终身使命。于是"敬德""保民"成为《尚书》反复强调的另一主题。

根据《虞夏书》的记载,尧、舜、禹都是品德高尚的圣王。《尧典》说尧:"允恭克让,光被四表,格于上下。克明俊德,以亲九族……平章百姓……协和万邦。"《大禹谟》记载伯益对帝的赞美:"帝德广运,乃圣乃神,乃武乃文。"记载皋陶对舜的赞美:"帝德罔愆,临下以简,御众以宽……好生之德,洽于民心。"记载伯益对禹的赞美:"惟德动天,无远弗届。"

根据《商书》的记载,商汤、盘庚也是这样的道德修养的楷模。《仲虺之诰》记载仲虺对汤王功德的赞美:"惟王不迩声色,不殖货利……用人惟己,改过不吝。克宽克仁,彰信兆民。""佑贤辅德,显忠遂良……德日新,万邦惟怀……懋昭大德,建中于民,以义制事,以礼制心,垂裕后昆。"商汤即位后,作《汤诰》,强调德治:"凡我造邦,无从匪彝,无即慆淫,各守尔典,以承天休。尔有善,朕弗敢蔽;罪当朕躬,弗敢自赦,惟简在上帝之心。其尔万方有罪,在予一人;予一人有罪,无以尔万方。"《盘庚》中多处讲到"德":"予亦不敢动用非德","式敷民德,永肩一心。""邦之臧(善),惟汝众;邦之不臧,惟予一人有佚(失)罚。"商朝的重臣们也以德治为重。如伊尹告诫商汤嫡长孙、商朝第四位君主太甲:"德惟治,否德乱。""民罔常怀,怀于有仁。"[1]"天难谌,命靡常。常厥德,保厥位……非天私我有商,惟天佑于一德;非商求于下民,惟民归于一德。德惟一,动罔不吉;德二三,动罔不凶。……今嗣王新服厥命,惟新厥德。终始惟一,时乃日新。……德无常师,主善为师。善无常主,协于克一。"[2]

《虞夏书》《商书》记载的这些德治思想,在周代的政治家中得到了很好的继承和发展。"百姓有过,在予一人。"[3]是周武王严于道德反省自律的名言。周公从古公亶父、王季说到文王,说明注重修德是周朝先王的传统:"厥亦惟我周

---

[1]《商书·太甲》。
[2]《商书·咸有一德》。
[3]《周书·泰誓中》。

太王、王季,克自抑畏。文王……徽柔懿恭,怀保小民,惠鲜鳏寡。自朝至于日中昃,不遑暇食,用咸和万民。文王不敢盘于游田,以(使用)庶邦惟正(税)之供。"[1]据此它对即位的成王提出"敬德"的告诫:"继自今嗣王,则其无淫于观、于逸、于游、于田,以万民惟正之供。"[2]他还多次提出"明德"的要求[3]。召公明确向成王提出"慎德""敬德"的劝谏:"明王慎德,四夷咸宾。"[4]"王敬作所,不可不敬德。"[5]周成王也不负周公、召公的嘱托,敬修己德。他告诫官员:"凡我有官君子,钦乃攸司,慎乃出令,令出惟行,弗惟反;以公灭私,民其允怀。……位不期骄,禄不期侈。恭俭惟德,无载尔伪。作德,心逸日休;作伪,心劳日拙。居宠思危……推贤让能,庶官乃和。"[6]周公死后,成王发布策书,命令君陈继任周公职务,要求君臣继续执行周公制定的治理殷朝遗民的常法,实行德政:"君陈,惟尔令德孝恭。惟孝友于兄弟,克施有政。……昔周公师保万民,民怀其德。往慎乃司,兹率厥常,懋昭周公之训,惟民其乂。我闻曰:'至治馨香,感于神明。黍稷非馨,明德惟馨尔。'尚式时周公之猷训,惟日孜孜,无敢逸豫。"[7]成王之后,康王继位。他继承"文王、武王敷大德于天下,用克受殷命"的传统,以"惟德惟义"为"大训","彰善瘅恶",反对"以荡陵德",奢靡享乐。即位后第十二年,册命四朝元老毕公继承君陈的事业,继续治理殷朝遗民。他对毕公说:"商俗靡靡,利口惟贤,余风未殄,公其念哉!……以荡陵德,实悖天道。敝化奢丽,万世同流。兹殷庶士,席宠惟旧,怙侈灭义,服美于人。骄淫矜侉,将由恶终。虽收放心,闲(束)之维艰。资富能训,惟以永年。惟德惟义,时乃大训。""邦之安危,惟兹殷士。不刚不柔,厥德允修。"[8]再后来,周朝的第五位君主穆王任命伯冏为太仆正。他在册命书中说:"惟予弗克于德,嗣先人宅(居)丕后(大君)。怵惕惟厉,中夜以兴,思免厥愆。昔在文、武,聪明齐圣,小大之臣,咸怀忠良。其侍御仆从,罔匪正人,以旦夕承弼厥辟(君),出入起居,罔有不钦(慎重),发号施令,罔有不臧。""今予命汝作大正,正于群仆侍御之臣,懋乃后

---

[1]《周书·无逸》。
[2]《周书·无逸》。
[3]《周书·梓材》《康诰》。
[4]《周书·旅獒》。
[5]《周书·召诰》。
[6]《周书·周官》。
[7]《周书·君陈》。
[8]《周书·毕命》。

德,交(共)修不逮。慎简(择)乃僚,无以巧言令色,便辟侧媚,其惟吉士。仆臣正,厥后克正;仆臣谀,厥后自圣。后德惟臣,不德惟臣。"[1]他希望伯冏选出正直的仆臣,勉励君王修养德行,帮助君王弥补不足。

　　统治者的个人道德修养,是与"保民"的要求并行的。因为"匹夫匹妇不获自尽,民主罔与成厥功"[2],如果得不到臣民百姓的尽心尽力,君王就做不成任何功业。"民弃不保"是"反道败德"的直接表现[3]。一方面,"众非元后何戴"[4]?民众需要伟大的君王管理和拥戴;另一方面,"后非众罔与守邦"[5],君王也需要广大的民众守护国家。所以,"君"与"民"的关系是相辅相成的。"后非民罔使,民非后罔事"[6]。"民非后,罔克胥匡(互助)以生;后非民,罔以辟(君临)四方。"[7]臣民既需要君王英明的决策来事奉,从而实现相互协助,最终维护自己的生存;君王也需要臣民来使唤,为他效劳,从而君临天下。对于充当"民主"的统治者而言,最值得注意的是"无自广以狭人"[8],不要自大而轻民。要时刻牢记"四海困穷,天禄永终"[9]的道理,全心全意地实行"养民""安民""惠民"的德政:"德惟善政,政在养民。"[10]"安民则惠,黎民怀之。"[11]只有"允迪(履行)厥德",才能"谟明弼谐"[12],天下永康。《虞夏书》《商书》中的"保民"思想,到处渗透、融化在《周书》各篇中。

　　"明德保民"不仅意味着君王克制自己的享受,保证民众生活需求的满足,而且表现在对犯罪百姓的"慎罚"方面。《周书·康诰》记载周公语:"惟乃丕显考文王,克明德慎罚。"《多方》记载成王语:"罔不明德慎罚。"所谓"慎罚",就是处罚犯罪从仁德动机出发,不"乱罚无罪",不乱"杀无辜"[13],刑罚适中,疑罪从轻。这个思想,早在《虞夏书·大禹谟》中就有记载。皋陶是舜帝时掌管狱讼的

---

[1] 《周书·冏命》。
[2] 《商书·咸有一德》。
[3] 《虞夏书·大禹谟》。
[4] 《虞夏书·大禹谟》。
[5] 《虞夏书·大禹谟》。
[6] 《商书·咸有一德》。
[7] 《商书·太甲》。
[8] 《商书·咸有一德》。
[9] 《虞夏书·大禹谟》。
[10] 《虞夏书·大禹谟》。
[11] 《虞夏书·皋陶谟》。
[12] 《虞夏书·皋陶谟》。
[13] 二语均见《周书·无逸》。

大臣。他所称道的舜帝就是明德慎罚的表率:"帝德罔愆,临下以简,御众以宽;罚弗及嗣,赏延于世。宥过无大,刑故无小;罪疑惟轻,功疑惟重;与其杀不辜,宁失不经;好生之德,洽于民心,兹用不犯于有司。"其总结的"罪疑惟轻,功疑惟重"、"与其杀不辜,宁失不经"思想,遂成为中国古代法治思想的精髓。《周书·吕刑》将这一思想以法律条文的方式固定下来,提出"五刑之疑有赦,五罚之疑有赦"的司法原则。具体说就是"墨辟疑赦""劓辟疑赦""剕辟疑赦""宫辟疑赦""大辟疑赦"。对于五刑有怀疑的案例,可以在详加核实的基础上从轻处理,用罚款取代。判处墨刑感到可疑的,罚金一百锾;判处劓刑感到可疑的,罚金二百锾;判处剕刑感到可疑的,罚金五百锾;判处宫刑感到可疑的,罚金六百锾;判处死刑感到可疑的,罚金一千锾。《尚书》中的这个思想,后来被汉初的贾谊等儒家思想家大加弘扬。

4. 诛"独夫"的"革命"思想

综上所述,作为"民主"的君王产生于为民作主、安民养民的需要,他必须"明德""慎罚",以"保民"为旨归。只有这样才无愧于"君"的称号。如果反道败德,虐民害民,就会失去"君"的合法性,成为众叛亲离、孤家寡人的"独夫"、人民的仇敌。据此,周武王在讨伐殷纣王的誓词中说:"抚我则后,虐我则仇。独夫受,洪惟作威,乃汝世雠。树德务滋,除恶务本,肆予小子,诞以尔众士,殄歼乃雠。"这里在中国思想史上最早提出了诛"独夫"的革命思想。而这种诛"独夫"的革命是有历史依据的。《虞夏书·大禹谟》记载了舜帝命大禹征讨"反道败德"、"民弃不保"的有苗国的革命先例:

> 帝曰:"咨,禹!惟时有苗不率,汝徂征。"禹乃会群后,誓于师曰:"济济有众,咸听朕命。蠢兹有苗,昏迷不恭,侮慢自贤,反道败德,君子在野,小人在位,民弃不保,天降之咎。肆予以尔众士奉辞伐罪。尔尚一乃心力,其克有勋。"

商汤征伐夏桀,也是一场诛"独夫"的革命。《周书》中有一篇《多士》,提到"殷革夏命",就是指这场革命。《商书·汤誓》记载的征伐誓词是:

> 有夏多罪,天命殛之。……夏氏有罪,予畏上帝,不敢不正。今汝其曰:"夏罪其如台,夏王率遏众力,率割夏邑。"有众率怠弗协,曰:"时日曷丧?予及汝皆亡。"夏德若兹,今朕必往。尔尚辅予一人,致天之罚。

夏桀残酷剥削、压榨老百姓，也就触犯了天意，犯了天也不饶恕的大罪，所以"天命殛之"，商汤伐夏是替天行道，"致天之罚"。商汤即位后，曾因自己是通过武力推翻夏桀登上帝位"有惭德"。仲虺则安慰他，夏桀荒淫暴虐，民不聊生，您代桀而立，符合天命和人心所向，不必感到惭愧[1]。

正是在肯定禹伐有苗、汤伐夏桀正义性、合法性的基础上，周武王理直气壮地讨伐殷纣王。讨伐殷纣王的主要依据是他残害人民，伤天害理，已失去了作"民主"、君王的资格。

> 今商王受，弗敬上天，降灾下民，沉湎冒色，敢行暴虐，罪人以族，官人以世，惟宫室、台榭、陂池、侈服以残害于尔万姓。焚炙忠良，刳剔孕妇。皇天震怒，命我文考，肃将天威……受有臣亿万，惟亿万心；予有臣三千，惟一心。商罪贯盈，天命诛之。予不顺天，厥罪惟钧……[2]

> 今商王受力行无度，播弃犁老，昵比罪人，淫酗肆虐。臣下化之，朋家作仇，胁权相灭。无辜吁天，秽德彰闻。惟天惠民，惟辟奉天。有夏桀弗克若天，流毒下国。天乃佑命成汤，降黜夏命。惟受罪浮于桀。剥丧元良，贼虐谏辅。谓"己有天命"，谓"敬不足行"，谓"祭无益"，谓"暴无伤"。……受有亿兆夷人，离心离德；予有乱臣十人，同心同德。虽有周亲，不如仁人。……我武惟扬，侵之于疆，取彼凶残；我伐用张，于汤有光。[3]

> 天惟五年须（等待）暇（宽暇）之子孙，诞（延长）做民主，罔可念听。天惟求尔多方大动以威，开厥顾天。惟尔多方罔堪顾之。惟我周王灵承于旅，克堪用德，惟典神天。天惟式教我用休，简畀殷命，尹尔多方。[4]

上帝曾用五年时间等待、宽暇商的子孙——纣王悔改，让他继续做万民之主，但是，他不从天意，毫无悔改，继续作恶。上帝曾寻求你们各诸侯国大降声威，启发纣王顺应天意，但你们没人顾念他。只有我们周王能够顺从民众，以德善待神天，上天因此让我们接过殷商的天子之命，治理你们诸侯国。

于是，以夏桀、殷纣失德残民而被臣民的革命所推翻为戒，就成为周代政治家提醒统治者注意的"夏鉴""殷鉴"。周公代成王发布诰命说："非天庸释有夏，

---

[1]《商书·仲虺之诰》。
[2]《周书·泰誓上》。
[3]《周书·泰誓中》。
[4]《周书·多方》。

非天庸释有殷。……乃惟有夏图厥政,不集于享,天降时丧,有邦间之。乃惟尔商后王逸厥逸,图厥政,不蠲烝,天惟降时丧。"[1]召公告诫成王说:"我不可不监于有夏,亦不可不监于有殷。我不敢知曰有夏服天命惟有历年,我不敢知曰不其延。惟不敬厥德,乃早坠厥命。我不敢知曰有殷受天命惟有历年,我不敢知曰不其延。惟不敬厥德,乃早坠厥命。今王嗣受厥命,我亦惟兹二国命(为鉴),嗣若功。"[2]

值得说明的是,《尚书》中的"民主"思想,在稍后的《左传》《国语》中也得到了相应的佐证,可以比照参看。《左传》《国语》的"民主"同样是"民之主"的意思。充当"民之主"的,不仅可以是国君,也可以是大臣。如《左传·襄公三十一年》中指晋国执政卿赵孟,《左传·宣公二年》中指晋国卿大夫赵宣子,《左传·昭公五年》中指郑国执政大臣罕虎。这是对《尚书》"民主"学说的补充。《左传》《国语》使用的"民主"也是一个有着崇高道德要求的积极概念。如《左传·宣公二年》说:"不忘恭敬,民之主也。"《左传·宣公十五年》说:"谋不失利,以卫社稷,民之主也。"《左传·昭公五年》说:"能用善人,民之主也。"《国语·晋语四》说:"事君不贰是谓臣,好恶不易是谓君。君君臣臣,是谓明训。明训能终,民之主也。"如果不符合道德要求,就没有资格充当"民主"。如《左传·襄公三十一年》说:"赵孟将死矣,其语偷,不似民主。"《左传·文公十七年》说:"齐君之语偷,臧文仲有言曰:民主偷,必死。"《国语·晋语一》说:"民之主也,纵惑不疚,肆侈不违,流志而行,无所不疚,是以及亡而不获追鉴。"《国语·晋语四》说:"今君之德宇,何不宽裕也?恶其所好,其能久矣?君实不能明训,而弃民主。"不过较之《尚书》,《左传》《国语》的"民主"思想不如《尚书》这样丰富、系统。

公元前6世纪,当古希腊哲学家告诫人们"认识你自己",提出人是"智慧的生物"时,在比这更早五百年的公元前11世纪,周武王提出了人是"万物之灵"的响亮命题。人是不是万物中的神灵,是不是可以与天神相通,这并不重要;重要的是将人视为与天意相通,可得到上天庇佑的万物之神,极大提高了人在世界万物中的地位,使得人在政治生活中显得神圣不可侵犯。

从唐尧、虞舜、夏禹、商汤到周代的武王、成王乃至康王、穆王,从舜帝时的皋陶、商初的伊尹、仲虺到周朝的周公、召公、君陈、毕公,上古到周朝的天子与大臣

---

[1] 《周书·多方》。
[2] 《周书·召诰》。

们日益形成了一种共识：人不可侮，民不可虐；失民者失天佑、失天下，得民者得天命、得天下。正因为人是"万物之灵"，所以"民之所欲，天必从之"，"敬天"就必须"保民"；正因为人是"万物之灵"，所以君王必须以"民为邦本"，以惠民、养民为个人道德修养的最高准则；也正因为人是"万物之灵"，当夏桀、商纣"弗敬上天"、"不敬厥德"、"降灾下民"时，臣民就可以"天命"和"道德"的名义，用"革命"的手段推翻他们。

作为"万物"的一员，人在具有"道心""神性"之外，还具有"人心"、"欲望"。它反复无常，"唯惠是怀"，颇为"危险"，"无主乃乱"。但生而不可去，是生命存在的基础，因而得到"天"的保护："民之所欲，天必从之。"以此，"天"又生出"聪明"的圣王明君来治理人欲，管理臣民，确保大众的基本生存欲求都能有所满足，不致产生争斗动乱。

于是产生"民主"概念。《尚书》中多次出现"民主"一词。它不同于今天所说的"民之自主"，而是"民之君主"、"为民作主"之意。不过，《尚书》中的做民之主，并无现代人批判的凌驾于民众之上、任意欺民虐民之意，乃是为民父母、保民安民之意，具有积极的政治意义。它是中国古代政治文明——"仁政"学说的思想内核，不容轻易否定，值得好好甄别弘扬。

［本文载《贵州师范大学学报（社会科学版）》2019年第1期］

四、国学中的"民本"论及其现代意义

"民本"的完整说法是"民惟邦本"。根据《尚书》记载，夏朝的开国君主大禹曾留下训诫："民可近，不可下；民惟邦本，本固邦宁。"[1]人民只可亲近，不可轻视；只有人民才是国家的根基，根基牢固了，国家才会安宁。

《尚书》是由春秋之际的孔子编订的。西晋永嘉年间，今、古文《尚书》均在战乱中散失。今天看到的《尚书》是东晋梅赜所献的《孔传古文尚书》，也有人认为它系后人伪造。"民惟邦本"究竟是出于夏禹之口还是出于后人假托不得而知，不过有一点是可以确定的：它是先秦儒家反复阐述的基本思想，汉以后不断被重申。如汉初贾谊《新书·大政》总结道："夫民者，万世之本也，不可欺。""故夫民者，大族也，民不可不畏也。""与民为敌者，民必胜之。"西汉刘安《淮南子·泰族训》发挥："国之有民也，犹城之有基，木之有根。根深则本固，基美则上

---

[1]《尚书·虞夏书·五子之歌》。

宁。"东汉王符《潜夫论·本政》强调:"夫民者,国之基也。"南朝范晔《后汉书·张奋传》揭示:"国以民为本。"唐初张九龄《千秋金鉴录·劝民》说:"民者国之本也,惟本固而后邦宁,邦宁而后国治。"宋代程颐发挥说:"民可明也,不可愚也;民可教也,不可威也;民可顺也,不可强也;民可使也,不可欺也。"[1]清代唐甄论证"民本":"封疆,民固之;府库,民充之;朝廷,民尊之;官职,民养之。"[2]在历史发展中,"民本"思想形成了如下几个要点:

1. 民为天之本:"欲求事天,必先恤民"

"民"所隶属的种概念是"人",而不是"神""天"。所以,"民本"是建立在"以人为本"思想基础上的,其对立面是"以神为本""以天为本"。夏商时期盛行万物有灵论,人们普遍匍匐在神灵、上天面前,显得非常渺小。到了周代,情况不同了。周人发现,不是"天""神"最高贵,而是"人""民"最高贵;如果天子只是尊"天"敬"神",放纵自己的所作所为,亵渎、践踏人民的利益,就无法获得"天""神"的庇佑。"天""神"的意志都是由人心、民意决定的:"民之所欲,天必从之。"人心、民意是获得上天保佑的根本。"天生烝民,有物有则。民之秉彝,好是懿德。"[3]"黍稷非馨,明德惟馨。"[4]齐桓公问管仲:"王者何贵?"管仲回答:"贵天。"桓公仰而视天。管仲指出:"所谓天者,非谓苍苍莽莽之天也。君人者,以百姓为天。百姓与之则安,辅之则强,非之则危,背之则亡。……民怨其上,不遂亡者,未之有也。"[5]《孟子·万章上》记载了一则关于天子权力交接的对话:"万章曰:'尧以天下与舜,有诸?'孟子曰:'否。天子不能以天下与人。''然则舜有天下也,孰与之?'"孟子的回答是:"天与之,人与之。"为什么呢？孟子解释说:"使之主祭而百神享之,是天受(授)之;使之主事而事治,百姓安之,是民受(授)之也。"这里,"天"与"民"是二位一体的;天意就是民意。

汉初,贾谊总结秦朝灭亡的教训,系统提出"民本"思想,其中重要一项是"民"为"天"之本:"灾与福也,非粹在天也,又在士民也。""行之者在身,命之者在人,此福灾之本也。道者福之本,祥者福之荣也。无道者必失福之本,不祥者

---

[1] 《二程集·遗书·伊川先生语十一》。
[2] 《潜书·明鉴》。
[3] 《诗·大雅·烝民》。烝民:众民。秉彝:天性。
[4] 《周书·君陈》。
[5] 《说苑·建本》。

必失福之荣。""行之善也,粹以为福已矣;行之恶也,粹以为灾已矣。故受天之福者,天不功焉;被天之灾,则亦无怨天矣,行自为取之也。知善而弗行,谓之不明;知恶而弗改,必受天殃。天有常福,必与有德;天有常灾,必与夺民时。故夫民者,至贱而不可简也,至愚而不可欺也。故自古至于今,与民为雠者,有迟有速,而民必胜之。"[1]董仲舒通过对"王"字的训释,指出君王的使命就是顺天应人。"古之造文者,三画而连其中,谓之'王'。三画者,天、地与人也,而连其中者,通其道也。取天、地与人之中以为贯而参通之,非'王'者孰能当是?是故'王'者唯天之施,施其时而成之,法其命而循之诸人,法其数而以起事,治其道而以出法,治其志而归之于仁。"[2]东汉王常说:"民所怨者,天所去也;民所思者,天所与也。"只要"下合民心",就能"上合天意"。[3] 王符说:"天以民为心,民安乐则天心顺,民愁苦则天心逆。"[4]北宋编纂的《册府元龟》总结说:"国以人为本,害其本则非国;神以人为主,虐其主则非神。"[5]朱熹概括:"人君为政在得人。"[6]明太祖重申:"人者,国之本;德者,身之本。德厚则人怀,人安则国固。"[7]因此,明太祖将神妙莫测的"事天"落实在切实可行的"恤民"上:"天以子民之任付于君,为君者欲求事天,必先恤民。恤民者,事天之实也。"[8]可见,"民本"在处理"天人"关系、"神人"关系上是以敬人事、恤民利、得人心为本。

2. 君以民为本:"民本君末""民贵君轻"

一国之中,看起来君王权力最大,地位最高,其实他的命运和地位是由人民决定的。关于"君"与"民"的相反相成关系,古有舟、水之喻。《荀子》记载:"传曰:'君者,舟也;庶人者,水也。水则载舟,水则覆舟。'此之谓也。故君人者,欲安,则莫若勤政爱民矣。"[9]在荀子以前的古书中,就有"君舟民水"、"载舟覆舟"的比喻。《孔子家语》重申:"君者舟也,庶人者水也。水所以载舟,亦所以覆

---

[1] 《新书·大政》。
[2] 《春秋繁露·王道通三》。
[3] 范晔:《后汉书·王常传》。
[4] 王符:《潜夫论·本政》。
[5] 《册府元龟》卷五四六《诤谏部·直谏》。
[6] 朱熹:《四书章句集注》。
[7] 《明太祖实录》卷四九,洪武三年二月辛酉。
[8] 张廷玉等:《明史·本纪第三·太祖三》。
[9] 《荀子·王制》。

舟。"[1]后来,这个思想被唐代的魏徵所强调:"闻古语曰:君,舟也;人,水也。水能载舟,亦能覆舟。"[2]"怨不在大,可畏唯人;载舟覆舟,所宜深慎。"[3]唐太宗深以为然,他告诫太子诸王:"舟所以比人君,水所以比黎庶,水能载舟,亦能覆舟。尔方为人主,可不畏惧?"[4]他还饱含自己的切身体会发挥说:"为君之道必须先存百姓,若损百姓以奉其身,犹割股以啖腹,腹饱而身毙。"[5]"天子者,有道则人推而为主,无道则人弃而不用,诚可畏也。"[6]

因此,不是君主的地位最高贵,而是人民的地位最高贵。这就叫"民贵君轻"。春秋战国时期,这已成为人们的普遍共识。孔子说:"民以君为心,君以民为体。心庄则体舒,心肃则容敬。心好之,身必安之;君好之,民必欲之。心以体全,亦以体伤。君以民存,亦以民亡。"[7]所以《左传》说:"民者,君之本也。"[8]《春秋谷梁传》说:"民为君之本。"[9]孟子明确宣称:"民为贵,君为轻。"[10]孟子的推理过程是:"得乎天子为诸侯,得乎诸侯为大夫,得乎丘民而为天子。"得到天子的赏识,只能封个诸侯;得到诸侯赏识,只能封个大夫;得到广大人民的拥戴,才可以成为天子。墨子指出:"君,臣萌(通氓)通约也。"[11]君主既然是天下臣民共同推选出来的,臣民也可以罢免君主。所以荀子说:"天之生民,非为君也,天之立君以为民也。"[12]战国时期齐宣王谓田过曰:"吾闻儒者丧亲三年,丧君三年,君与父孰重?"田过回答:"殆不如父重。"王忿然怒曰:"然则何为去亲而事君?"田过对曰:"非君之土地,无以处吾亲;非君之禄,无以养吾亲;非君之爵位,无以尊显吾亲。受之君,致之亲。凡事君,所以为亲也。"宣王邑邑而无以应。[13]吕不韦指出:"人主有能以民为务,则天下归之矣。"[14]"凡君之所以立,

---

[1]《孔子家语·五仪解》。
[2]《贞观政要·政体》。
[3]《贞观政要·君道》。
[4]《贞观政要·教戒太子诸王》。
[5]《贞观政要·君道》。《资治通鉴》卷一百九十二《唐纪》八:"君依于国,国依于民,克民以奉君,犹割肉以充腹,腹饱而身毙,君富而国亡。"
[6]《贞观政要·政体》。
[7]《礼记·缁衣》。
[8]《左传·僖公二十六年》。
[9]《春秋谷梁传·桓公十四年》。
[10]《孟子·尽心下》。
[11]《墨子·经上》。
[12]《荀子·大略》。
[13]邑:通悒,郁闷。刘向:《说苑·修文》。按:此段辑自《韩诗外传》卷七。
[14]《吕氏春秋·爱类》。

出乎众也。立已定而舍其众,是得其末而失其本。得其末而失其本,不闻安居。故以众勇无畏乎孟贲矣,以众力无畏乎乌获矣,以众视无畏乎离娄矣,以众知无畏乎尧舜矣。夫以众者,此君人之大宝也。""夫取于众,此三皇、五帝之所以大立功名也。"[1]战国时期赵国的赵威后明确声称"民为本,君为末";齐国高士颜斶公然宣称"士贵耳,王者不贵"[2]。

到了汉代,贾谊举例说明:"尧舜禹汤之治天下也,所谓明君也,士民乐之,皆即位百年然后崩,士民犹以为大数也。桀纣,所谓暴乱之君也,士民苦之,皆即位数十年而灭,士民犹以为太久也。故夫诸侯者,士民皆爱之,则其国必兴矣;士民皆苦之,则国必亡矣。"[3]董仲舒重申:"天之生民,非为王也,而天立王以为民。故德足以安乐民者,天予之;其恶足以贼害民者,天夺之。"[4]《文子·上仁》要求君主:"以天下之目视,以天下之耳听,以天下之心虑,以天下之力争。"《白虎通·爵》曾将"天子"视为天下最高的爵位。"'天子'者,爵称也。爵所以称'天子'者何?王者父天母地,为天之子也。"清初顾炎武则从"民本"思想出发坚决否定了这个说法:"为民而立之君,故班爵之意,天子与公、侯、伯、子、男一也,而非绝世之贵。代耕而赋之禄,故班禄之意,君、卿、大夫、士与庶人,在官一也,而非无事之食。"[5]王夫之强调:"高以下为基,鸿以纤为积,君以民为依。"[6]康有为说:"一画贯三才谓之'王',天下归往谓之'王'……夫'王'不'王',专视民之聚散向背名之,非谓其黄屋左纛、威权无上也。"[7]谭嗣同从君主由人民推举产生的历史角度说明"君末民本":"生民之初,本无所谓君臣,则皆民也。民不能相治,亦不暇治,于是共举一民为君。夫曰'共举之',则非君择民,而民择君也。……夫曰'共举之',则因先有民而后有君,君末也,民本也。"[8]从"君末民本"的角度出发,唐甄要求统治者爱民如身:"民之于君,他物不足以喻之,请以身喻民。身有疾,则心岂得安?身无疾,则心岂得不安?有戕其身而心在者乎?是故君之爱民,当如心之爱身也。"[9]可以说,深刻认识到

---

[1]《吕氏春秋·用众》。
[2] 均见《战国策·齐策》。
[3]《新书·大政》。大数:太速。
[4]《春秋繁露·尧舜不擅移汤武不专杀》。
[5]《日知录·周室班爵禄》。
[6] 王夫之:《诗广传》卷三。
[7] 刘梦溪主编:《中国现代学术经典:康有为卷》,河北教育出版社1996年版,第519页。
[8]《谭嗣同全集·仁学》。
[9]《潜书·明鉴》。

"民为君本",是君主专制之下启发、调动最高统治者克己利民道德自觉的最为有效的途径,具有积极的现实意义。

3. 国以民为本:"重社稷必爱百姓"

夏禹传启,是"天下为家"的开端。自此以后,中国进入了帝王世袭制的家天下社会,"普天之下,莫非王土,率土之滨,莫非王臣"[1]。土地是国家的,臣民是国家的,国家的地位高居于人民之上。西周厉王时期的荣夷公是为国家理财、与民争利、横征暴敛的有名大臣。他主张封山占水,实行国家专利政策,垄断山林川泽的一切收益,禁止老百姓采樵、渔猎,致使民不聊生,怨声载道。《礼记·檀弓下》记载了这么个故事:

> 孔子过泰山侧,有妇人哭于墓者而哀。夫子式而听之,使子路问之,曰:"子之哭也,壹似重有忧者。"而曰:"然。昔者,吾舅死于虎,吾夫又死焉,今吾子又死焉。"夫子曰:"何为不去也?"曰:"无苛政。"夫子曰:"小子识之,苛政猛于虎也。"

孔子路过泰山时,遇到一个妇人在坟前哭得十分伤心。孔子让子路去问是怎么回事。妇人说:"我的公公被老虎吃了,我的丈夫也被老虎吃了,现在我的儿子也被老虎吃了。"孔子问:"那你为什么不离开这里呢?"妇人回答说:"这里没有苛政。"孔子吩咐弟子们记住:"你们记着:暴政比老虎吃人还厉害。"与民争利的暴政可能带来国家一时的强大,但不能带来长治久安,最后的结果大多是官逼民反,爆发政治危机。比如重用荣夷公为国家理财的周厉王最终就因为国民暴动狼狈出逃,丢了江山社稷。经历了多少次政治教训,到了民本思想成为天下共识的春秋战国时期,国家利益高于人民利益的传统观念遭到挑战。孟子响亮地提出:"民为贵,社稷次之。"[2] 表现在利益分配上,就是国家以民为本,不与民争利,而是与民分利。《礼记·大学》提出:"财聚则民散,财散则民聚。"国家的财富积累得太多了,人民手中就没钱了,就会离心离德;如果将钱财散发到民间,人民就可以同心合力为国效劳。孔子说:"百姓足,君孰与不足?百姓不足,君孰与足?"[3] 春秋时期楚灵王的大臣伍举说:"夫君国者,将民之处;民实瘠矣,君

---

[1]《诗经·小雅·北山》。
[2]《孟子·尽心下》。
[3]《论语·颜渊》。

安得肥?"[1]百姓富足了,就是君主、国家最大的富足;百姓贫穷,君主、国家怎会强大? 春秋时期陈国大臣逢滑对陈君说:"国之兴也,视民如伤,是其福也;其亡也,以民为土芥,是其祸也。"[2]

春秋战国时期这种"民贵国轻"思想,在后世得到进一步发扬光大。贾谊告诫说:"故夫诸侯者,士民皆爱之,则其国必兴矣;士民皆苦之,则国必亡矣。故夫士民者,国家之所树,而诸侯之本也,不可轻也。呜呼! 轻本不祥,实为身殃,戒之哉,戒之哉!"[3]唐太宗李世民说:"国以民为本,人以食为命。若禾黍不登,则兆庶非国家所有。既属丰稔若斯,朕为亿兆人父母,唯欲躬务俭约,必不辄为奢侈。朕常欲赐天下之人,皆使富贵,今省徭赋,不夺其时,使比屋之人恣其耕稼,此则富矣。敦行礼让,使乡闾之间,少敬长,妻敬夫,此则贵矣。但令天下皆然,朕不听管弦,不从畋猎,乐在其中矣!"[4]宋代朱熹在给《孟子》"民为贵,社稷次之"作注时进一步发挥说:"国以民为本,社稷亦为民而立。"[5]南宋吕祖谦说:"国以民为本,无民安得有国乎? 重社稷必爱百姓也。"[6]元中书右丞陈天祥指出:"国家之与百姓,上下如同一身。民乃国之血气,国乃民之肤体。血气充实则肤体康强,血气损伤则肤体羸弱,未有耗其血气能使肤体丰荣者。是故民富则国富,民贫则国贫,民安则国安,民困则国困,其理然也。"[7]"民"作为"国"之本,不仅国家的财富都由人民创造,而且国家必须满足老百姓的生活需要,才能永葆安宁稳定。明代包拯说:"民者,国之本也。财用所出,安危所系,当务安之为急。"[8]清人顾炎武主张"利不在官而在民"[9]。他批判说:"自三代以下,人主之于民,赋敛而已尔,役使之而已尔,凡所以为厚生正德之事,一切置之不理。"[10]而民利与官府之利其实是联系在一起的,"民生愈贫,国计亦愈窘","民得其利,则财源通,而有益于官;官专其利,则财源塞,而必损于民"[11]。最值得

---

[1]《国语·楚语》。
[2]《左传·哀公元年》。
[3]《新书·大政》。
[4] 吴兢:《贞观政要·务农》。
[5] 朱熹:《四书章句集注·孟子·尽心下》。
[6] 吕祖谦:《东莱别集》卷一《宗法》。
[7]《元史·陈天祥传》。
[8]《包拯集·请罢天下科律》。
[9] 顾炎武:《日知录》卷十二《言利之臣》。
[10]《亭林文集》卷五《郡县论六》。
[11] 顾炎武:《日知录》卷十二《言利之臣》。

注意的是唐甄指出：我们追求的富裕,应是"富在编户,而不在府库"。"府库"就是国库,"编户"是户口本上的老百姓。"若编户空虚,虽府库之财积如山丘,实为贫国,不可以为国矣。"[1]如果一个国家国库里富得流油,国防很强大,但是老百姓手中没钱,日子很难过,这样的国家是不是"富国"呢？不是,还是个"贫国",长此以往,国将不国。正是这种"民为国本"的思想推动古代政治家实行轻赋薄敛的仁政。应当指出的是,这种民本思想与现代民权理念不无相通之处。富有西方现代民权意识的梁启超在《新民说》中曾经揭示："国者,积民而成,舍民之外则无有国。以一国之民,治一国之事,定一国之法,谋一国之利,捍一国之患,其民不可得而侮,其国不可得而亡,是之谓'国民'。"

4. 吏以民为本："凡吏于土者,盖民之役"

君主的地位是由广大人民的拥戴决定的,必须爱民惠民才能长治久安;官吏是由君主任命的,必须服从君主爱民惠民的大业,帮助君主打理天下。贾谊《新书·大政》指出："夫民者,唯君者有之;为人臣者,助君理之。故夫为人臣者,以富乐民为功,以贫苦民为罪。故君以知贤为明,吏以爱民为忠。"明代海瑞《政序》指出："爵位者,所托以为民之器也。"清代陈宏谋指出："朝廷设官,原以为民,官必爱民,乃为尽职,固府州县官以'知'为名,又名之曰'地方官',谓地方之事,府州县当无所不知也。"[2]因此,设置官吏虽然是为了管理人民,但辨别人才、任用官吏还必须听取人民的意见。战国时,齐宣王问孟子：我怎样辨别、使用人才？孟子回答："左右皆曰贤,未可也;诸大夫皆曰贤,未可也;国人皆曰贤,然后察之;见贤焉,然后用之。左右皆曰不可,勿听;诸大夫皆曰不可,勿听;国人皆曰不可,然后察之;见不可焉,然后去之。左右皆曰可杀,勿听;诸大夫皆曰可杀,勿听;国人皆曰可杀,然后察之;见可杀焉,然后杀之。故曰,国人杀之也。如此,然后可以为民父母。"[3]而且要看到,官吏本质上是由人民供养的,人民供养官吏,目的是要官吏公平地为自己办事。在这个意义上,官吏扮演的是人民公仆的角色,不能反过来凌驾于人民之上奴役人民、鱼肉人民："凡吏于土者,若知其职乎？盖民之役,非以役民而已也。凡民之食于土者,出其什一佣乎吏,使司平于我也。今我受其值怠其事者,天下皆然。岂惟怠之,又从而盗之。向使佣一

---

[1] 唐甄：《潜书·存言》。
[2] 《清经世文编》卷二十一《吏政》;陈宏谋：《申饬官箴檄》。
[3] 《孟子·梁惠王下》。

夫于家,受若值,怠若事,又盗若货器,则必甚怒而黜罚之矣。"[1]做官的只有好好报答养育他的人民、勤勤恳恳为百姓服务,才可以问心无愧:"夫为吏者,人役也。役于人而食其力,可无报耶？今吾将致其慈爱礼节,而去其欺伪凌暴,以惠斯人,而后有其禄,庶可平吾心而不愧于色。"[2]

关于"民"为"国"之本、为"君"之本、为"官"之本,贾谊在《新书·大政》中概括为"民无不为本",堪称精辟。"闻之于政也,民无不为本也:国以为本,君以为本,吏以为本。故国以民为安危,君以民为威侮,吏以民为贵贱,此之谓民无不为本也。"此外他还以"民无不为命"、"民无不为功"、"民无不为力"加以补充:"闻之于政也,民无不为命也:国以为命,君以为命,吏以为命;故国以民为存亡,君以民为盲明,吏以民为贤不肖,此之谓民无不为命也。闻之于政也,民无不为功也:故国以为功,君以为功,吏以为功;国以民为兴坏,君以民为强弱,吏以民为能不能,此之谓民无不为功也。闻之于政也,民无不为力也:故国以为力,君以为力,吏以为力。"[3]

5. 古代"民本"思想的现代意义

中国古代以儒家为代表的"民本"思想是一项宝贵的政治财富,它与西方现代政治文明并无不可逾越的鸿沟。梁启超曾经指出:典型的民主政治包含"政为民政,政以为民,政由民出",这在中国古代已包含萌芽:"国为人民公共之国(如"民为邦本"、"天下者天下人之天下"——原注),为人民共同利益故乃有政治(如"天立君以为民,天非生民以为君"、"庶民、富民、教民"——原注),此二义者,我先民见之甚明,信之甚笃。"[4]然而,儒家极富人民性、具有积极意义的"民本"思想在"五四"新文化运动"打倒孔家店"的激进主义狂飙中却被一锅端。新中国成立后直到"文化大革命"时期,"民本"被当作"封建文化"受到了更加猛烈的批判。改革开放翻开了历史的新的一页,传统的"民为邦本"思想焕发出新的生机,"执政为民"成为中央政府的新的政治理念。邓小平同志号召:"全党要

---

[1] 柳宗元:《柳河东集·送薛存义序》。
[2] 《柳河东集·送宁国范明府诗序》。
[3] 《新书·大政》。
[4] 《饮冰室合集·专集》卷五十,第4页。在梁启超看来,如果说古代"民本"思想有何欠缺,是尚未落实到人民参政的操作层面:"惟一切政治当由人民实施,则我先民非惟未尝研究其方法,抑似并未承认此理论。夫徒言民为邦本,政在养民,而政之所从出,其权利乃在人民之外。此种无参政之权民本主义,为效几何？"

始终把人民拥护不拥护、人民赞成不赞成、人民高兴不高兴、人民答应不答应作为党的一切工作的出发点和归宿点。"他提出"三个有利于",将改善人民生活水平与增强综合国力联系起来,作为发展生产力的最终落脚点,改变了过去三十年只注重国家利益、不顾及人民生活水平和个人利益的基本国策。胡锦涛总书记曾经对各级管理者提出要求:"情为民所系,权为民所用,利为民所谋。""要时刻关注民生、了解民意、集中民智、珍惜民力。"政府曾多次组织"问政于民、问计于民、问需于民"的民意调查。党的"十六大"报告指出:"要深入了解民情,充分反映民意,广泛集中民智,切实珍惜民力。""十七大"报告重申:"必须坚持以人为本,尊重人民主体地位,发挥人民首创精神,保障人民各项权益,促进人的全面发展。"从这些理念、口号、政策的调整变化中,我们可以清晰地看到古代民为国本、民为君本、民为官本的痕迹。

[本文载《安徽师范大学学报(人文社会科学版)》2012年第2期,收入祁志祥《国学人文导论》,商务印书馆2013年版。另见《文汇报》每周演讲专版,2010年7月17日]

五、国学中的"民主"论及其现代意义

1. 古代"民主"的内涵及其产生依据

"民主"一词,中国古代早已有之,不过有自己独特的内涵。今天我们常说的从西方移译过来的"民主"是一个主谓结构的名词,指公民自己作主,人民按自己的自由意志决定自己的事情。而中国古代所说的"民主"则是一个偏正结构的名词,是"民之主"的简称或异称,指"民之主宰"。如《国语·晋语四》:"事君不贰是谓臣,好恶不易是谓君。君君臣臣,是谓明训。明训能终,民之主也。……今君之德宇,何不宽裕也?恶其所好,其能久矣?君实不能明训,而弃民主。"[1]这是勃鞮对晋文公说的一段话。他称君主为"民主"或"民之主"。勃鞮原是晋献公的小臣。曾多次为晋献公和晋惠公效劳,追杀过公子重耳。后来重耳当上国君、成为晋文公后,他主动求见,愿意效忠。晋文公举而不见,让他反省旧恶。他辩说忠于一主是为臣之道。现在你憎恶愿意效忠你的人,君位不能长久,也抛弃了担当民主之道。作为民之主宰,"民主"既可指君主,也可指大

---

[1] 薛安勤、王连生:《国语译注》,吉林文史出版社1991年版,第437页。

臣。如《左传·宣公十五年》:"君能制命为义,臣能承命为信,信载义而行之为利。谋不失利,以卫社稷,民之主也。"这里的"民之主"就是如此兼有二义。

作为民之主宰,"民主"可指"民之君主",即天子、帝王、国君。《尚书·周书·多方》说:"乃惟成汤,克以尔多方简,代夏做民主。"[1]这是说成汤由于各诸侯国的选择,代替夏桀作了万民之主。又说:"天惟五年须暇之子孙,诞做民主。"[2]这是说虽然商王骄纵淫逸,但上天仍然等待其子孙悔改,再宽暇五年的时间,让他继续做民之君主。《左传·文公十七年》:"齐君之语偷,臧文仲有言曰:民主偷,必死。"这里的"民主"指齐懿公。《国语·晋语一》:"民之主也,纵惑不疚,肆侈不违,流志而行,无所不疚,是以及亡而不获追鉴。"这是郭偃对晋献公的一番进谏,"民之主"指晋献公。所以宋濂说:"君者民主。"[3]

作为民之主宰,"民主"也可指握有很大权力、为民做主的大臣官员。《左传·襄公二十二年》:"国卿,君之贰也,民之主也。"郑国游贩夺人之妻,被人杀死,游氏商议立族长,当时执政的子展认为"卿"乃"民之主",不能让游贩之子继承,而立其弟游吉。这里的"民之主"指权力仅次于国君的"卿",即朝廷重臣。《左传·襄公三十一年》:"赵孟将死矣。其语偷,不似民主。且年未盈五十,而谆谆焉如八九十者,弗能久矣。"赵孟,史书多称为赵简子,春秋时曾任晋国执政卿二十二年。《左传·宣公二年》:"宣子骤谏,公患之,使鉏麑贼之。晨往,寝门辟矣,盛服将朝。尚早,坐而假寐。麑退,叹而言曰:不忘恭敬,民之主也。贼民之主,不忠;弃君之命,不信。有一于此,不如死也。触槐而死。"赵宣子,春秋中前期晋国卿大夫,与晋灵公之矛盾势同水火,彼此寻机欲杀对方。晋灵公派鉏麑去行刺,鉏麑看到赵盾勤勉为国操劳,不忍下手,但君命又不能不执行,两难之下,只能选择自杀。这里"民之主"指赵宣子。《左传·昭公五年》:"郑罕虎如齐,娶于子尾氏。晏子骤见之。陈桓子问其故,对曰:能用善人,民之主也。"这里的"民之主"指郑国执政大臣罕虎。

"民主"作为"民之主宰",有代民作主、为民做主的特权。为什么呢?在古人看来,"民"者"瞑"也[4],"萌"也[5],"氓"也[6],人民大众尚未觉醒,比较愚

---

[1] 克:能够。多方:各国。简:选择。
[2] 诞:延续、延长。
[3] 《宋文宪公全集》卷三十七。
[4] 《春秋繁露·深察名号》:"民之号,取之'瞑'也。"
[5] 《说文解字》:"民,众萌也。"段玉裁注:"萌犹懵懵无知貌也。"
[6] 《广雅·释言》:"民,氓也。"

昧,是糊涂的群氓,需要英明的人充当君主来领导他们,为他们做主,代他们作出明智的决策。《尚书》一再强调:老百姓"惟惠是怀"[1],只追求实际利益,"无主乃乱"[2],如果没有给他们做主的君主,就会相互争夺,变成一群乌合之众,所以上天委派"聪明"的人来作他们的君主治理他们:"惟天生民有欲,无主乃乱,惟天生聪明时乂。"[3]"亶聪明,作元后。"[4]《孟子·梁惠王上》指出:"无恒产而有恒心者,惟士为能。若民,则无恒产,因无恒心。苟无恒心,放辟邪侈,无不为已。"董仲舒《春秋繁露·深察名号》揭示:"民之号,取之'瞑'也。使性而已善,则何故以'瞑'为号……今万民之性……譬如'瞑'者待觉,教之而后善。""瞑"者待谁而后觉?谁"教之而后善"呢?就是"聪明"的"民之君主"。正是在这点上,古代的"民主"思想赋予了君主专制、为民做主的合理性。这是与现代"民主"概念最大的不同,也是受现代"民主"论者指责最多的地方。然而我们应当看到:现代"民主"是以"民粹主义"为前提的。也就是把普通的人民大众设想得太高明,因此,"人民自主"的"民主"才是合理可行、值得肯定的。其实,由于自身所处的地位及其天性弱点的限制,人民大众的自主选择往往并不是正确的、最有利的,而这恰恰是现代"民主"的软肋。有时,听从高明的领导者为我们决策,比我们的自由选择和自主决定对我们自己更加有利。

　　为了很好地承担起为民做主的使命,古代对"民之君主"的素质提出了很高的要求。在上古禅让制时代,"民主"是人民共同推选出来的杰出人才,比如唐尧、虞舜、夏禹。相传尧父帝喾卒后,由尧之异母兄挚继位,挚在位九年,为政不善,不得不将帝位禅让于尧。尧的品质和才智非凡绝伦,《史记》说他"其仁如天,其智如神,就之如日,望之如云",在位七十年,深受人民的拥戴。尧的儿子丹朱并不出色,而舜则很有贤名。舜曾经受到父亲的虐待和弟弟的迫害,但奉行孝悌,逆来顺受,赢得了广泛的好口碑,获得了各路诸侯的推荐。如果将天下"授舜,则天下得其利而丹朱病;授丹朱,则天下病而丹朱得其利",尧说"终不以天下之病而利一人"[5],最后将天子之位传授给舜。舜在位三十三年时,也不传子商均而传贤,将帝位禅让给治水有功的夏禹。夏禹死前,本来将帝位传给协

---

[1]《尚书·周书·蔡仲之命》。
[2]《尚书·商书·仲虺之诰》。
[3]《尚书·商书·仲虺之诰》。主:君主。聪明:《尚书·大禹谟》:"无稽之言勿听,弗询之谋勿庸。"时:是。乂:治。
[4]《尚书·周书·泰誓上》。
[5]《史记·五帝本纪》。

助他治水有功的伯益。因为"禹子启贤,天下属意焉",夏禹死后不久,"诸侯皆去益而朝启",伯益只好将帝位"让帝禹之子启",自己则"避居于箕山之阳"[1]。由此可见,尽管夏禹传启,开"天下为家"的先河,但这是因为夏禹的儿子启更有能力、更加杰出。启担任"民主",不是他的一厢情愿,而是人民的共同选择。在王位世袭制实行之后,"民主"不再是由人民推选的,不排斥为"家天下"服务的动机,但要获得人民的拥护和上天的保佑,仍然必须具备良好的品德和杰出的才能。《尚书·周书·多方》说:"天惟时求民主,乃大降显休命于成汤。"这是说上天在夏桀残暴无道之时寻求万民之主,下达美好的天命给成汤充当"民主"。贾谊《新书·连语》分析商纣王"身斗而死,左右弗肯助"、百姓在他死后还踩踏他的尸体的原因:"夫势为民主,直与民为仇,殃忿若此。"商纣王身为"民主",但所作所为与民为敌,背离了"民主"的起码要求,所以没有好下场。在中国古代君主专制的社会中,虽然君位是世袭的,君主的资秉是天定的,但朝廷还是自觉选择饱学的道德先生充当太傅,从小培养和提高太子的道德素养与领袖能力,以适应未来担任"万民之主"的要求。

2. "民主"充当"民之父母"的积极意义

无论是禅让制时代,还是世袭制时期,帝王、君主作为替民做主的"民主",既是一份专制特权,也是一份重大使命。作为一种使命,"民主"必须以"民之父母"为努力目标和最高标准。"民之父母"是中国古代君主专制体制下对"民主"的角色要求。"民之父母"不仅拥有为子民做主的权利,而且承担着"爱民如子"[2]的责任。所以古代皇帝登位,以"民之父母"自命,战战兢兢,深感责任重大。东汉光武帝刘秀即位时在祝文中说:"皇天上帝,后土神祇,眷愿降命,属秀黎元,为民父母。"[3]为什么充当"民之父母"会战战兢兢、如履薄冰呢?因为"民之父母"对自身承载着高度的道德要求,对子民负担着巨大的养育责任。

首先,作为"民之父母",君主本身必须成为克己爱民的道德君子。《尚书》说:"亶聪明,作元后,元后作民父母。"[4]只有道德清明的圣人才可以成为伟大

---

[1]《史记·夏本纪》。
[2] 荀悦:《申鉴·杂言上》。又为朱熹《大学章句》注"民之父母"语。
[3]《后汉书》卷一《光武帝纪》。
[4]《尚书·周书·泰誓上》。

的君主、人民的父母。又说:"天子作民父母,以为天下王。"[1]班固对此的解释是:"谓君为'父母',明仁爱德让,王道之本也。"[2]《诗经·小雅》云:"乐只君子,民之父母。"《大学》解释说:"民之所好好之,民之所恶恶之",只有这种给人民带来快乐的"君子",才能叫"民之父母"。《诗经·大雅·泂酌》云:"恺悌君子,民之父母。"这句诗反复被人引述阐释。最早是孔子,《礼记·孔子闲居》记载:

> 孔子闲居,子夏侍。子夏曰:"敢问《诗》云'恺悌君子,民之父母',何如斯可谓民之父母矣?"孔子曰:"夫民之父母乎,必达于礼乐之原,以致五至,而行三无,以横于天下,四方有败,必先知之。此之谓民之父母矣。"[3]

《大戴礼记·卫将军文子》记载孔子关于"民之父母"的要求:

> 业功不伐,贵位不善,不侮可侮,不佚可佚,不敖无告,是颛顼之行也。
> 孔子言之曰:"其不伐则犹可能也,其不弊百姓者则仁也。《诗》云:'恺悌君子,民之父母。'"夫子以其仁为大也。

孔子引用"恺悌君子,民之父母"的诗句称赞五帝之一的颛顼。在孔子看来,"业功不伐"还有做到的可能,而"不弊百姓"则难能可贵,符合"仁"的标准。颛顼之所以成为"民之父母",是因为有"大仁"。《大戴礼记·小辨》记载孔子说:"政善则民说,民说则归之如流水,亲之如父母。"汉代刘向《说苑·政理》记载,孔子提出"使民富且寿"是"民之父母"的执政目标:

> 鲁哀公问政于孔子,对曰:"政有使民富且寿。"哀公曰:"何谓也?"孔子曰:"薄赋敛则民富,无事则远罪,远罪则民寿。"公曰:"若是则寡人贫矣。"孔子曰:"《诗》云:'恺悌君子,民之父母',未见其子富而父母贫者也。"

孔子从"未见其子富而父母贫者也"的角度来打消鲁哀公的疑虑,鼓励他采取"使民富且寿"的措施。

孔子之后,曾子说:"《诗》云:'恺悌君子,民之父母。'非至德,其孰能顺民如

---

[1]《尚书·周书·洪范》。
[2] 班固:《汉书·刑法志》。
[3] 据《礼记·孔子闲居》孔子语,"五至"即"志之所至,诗亦至焉;诗之所至,礼亦至焉;礼之所至,乐亦至焉;乐之所至,哀亦至焉"。"三无"即"无声之乐,无体之礼,无服之丧"。

此?其大者乎!"〔1〕《吕氏春秋·不屈》记载惠子之言:"《诗》曰:'恺悌君子,民之父母'。恺者,大也;悌者,长也。君子之德,长且大者,则为民父母。"

此外,其他一些经典也反复引述《诗经》中的这两句诗,通过对"恺悌"的不同解释,说明作为"民之父母"的人道德要求是极高的。《礼记·表记》:"君子之所谓'仁'者,其难乎!《诗》云:'凯弟君子,民之父母。''凯',以强教之;'弟',以说安之。乐而毋荒,有礼而亲,威庄而安,孝慈而敬。使民有父之尊,有母之亲,如此而后可以为民父母矣。非至德其孰能如此乎?"《白虎通·君道》:"《诗》曰:'恺悌君子,民之父母。'言圣王之德也。……夫射而不中者,不求之鹄,而反修之于己。君国子民者,反求之己,而君道备矣。"《韩诗外传》卷六引"恺悌君子,民之父母",提出"君子为民父母何如"的问题,随后对为民父母的"君子"提出了更高的道德要求:"'君子'者,貌恭而行肆,身俭而施博,故不肖者不能逮也……笃爱而不夺,厚施而不伐;见人有善,欣然乐之;见人不善,惕然掩之,有其过而兼包之;授衣以最,授食以多;法下易由,事寡易为;是以中立而为人父母也。筑城而居之,别田而养之,立学以教之,使人知亲尊……为民父母之谓也。"

其次,"民之父母"的责任体现在君主要像对待自己的孩子一样去爱民、养民、教民,这种责任是重大的。姜太公对周武王说:"善为国者,遇民如父母之爱子,兄之爱弟,闻其饥寒为之哀,见其劳苦为之悲。"〔2〕荀子说:"上之于下,如保赤子。""上莫不致爱其下,而致之以礼。"〔3〕"《诗》云:'恺悌君子,民之父母。'彼君子者,固有为民父母之说焉。父能生之,不能养之;母能食之,不能教诲之。君者,已能食之矣,又能教诲之者也。"〔4〕约成书于战国时期、托名姜太公吕望的《太公六韬》说:"善为国者,驭民如父母之爱子,如兄之爱弟。见其饥寒则为之忧,见其劳苦则为之悲,赏罚如加于身,敛赋如取己物。此爱民之道也。"〔5〕西汉伏生指出:"圣人者,民之父母也。母能生之、能食之,父能教之、能诲之也。圣王曲备之者,为之城郭以居之,为之公室以处之,为之庠序以教诲之,列地制亩以饮食之。"〔6〕刘向说:"圣人之于天下百姓也,其犹赤子乎!饥者则食之,寒者

---

〔1〕《孝经·广至德》。
〔2〕 刘向:《说苑·政理》。
〔3〕《荀子·王霸》。
〔4〕《荀子·礼论》。
〔5〕《太公六韬·文韬·国务》。
〔6〕 伏生:《尚书·大传·周传》。

则衣之,将之养之,育之长之,唯恐其不至于大也。"[1]《白虎通·春秋》记载邹穆公的话:"夫君者,民之父母也。取仓之粟,移之与民,此非吾粟乎?……粟之在仓,与其在民,于吾何择?"

再次,"民之父母"的最高境界是"重民轻身"、舍己为民。东汉荀悦《申鉴·杂言上》载:"或曰:'爱民如子,仁之至乎?'曰:'未也。'曰:'爱民如身,仁之至乎?'曰:'未也。汤祷桑林,邾迁于绎,景祠于旱,可谓爱民矣。'曰:'何重民而轻身也?'曰:'人主承天命以养民者也。民存则社稷存,民亡则社稷亡。故重民者,所以重社稷而承天命也。'"在荀悦看来,只有像"汤祷桑林"、"邾迁于绎"、"景祠于旱"那样"重民轻身"、舍己为民,才称得上真正的"仁君"、真正的"民之父母"。"汤祷桑林"的故事,《吕氏春秋》《荀子》《淮南子》《尸子》等均有记载。说的是殷汤即位不久,发生了一场干旱,持续七年。旱灾使河干井枯,草木枯死,禾苗不生,庄稼无收,白骨遍野。殷汤王在郊外设立祭坛,天天派人举行祭礼,祈求天帝除旱下雨。七年过去了,大旱依旧。殷汤王就命史官占卜。史官占卜后说:"应以人为祭品。"殷汤王说:"我是为民请雨,如果必须以人为祭祀的话,就请用我的身躯来祭天吧。"于是殷汤沐浴、斋戒、剪发、断爪,赶着素车白马,身着大麻布衣,在桑林设了祭坛,向上天祷告自责:"天不下雨,是我的政事无节制、没有法度吗?是老百姓有疾苦,我对百姓失职吗?是官吏贪污收贿之风盛行吗?是大修宫殿劳民伤财了吗?是女人干扰政事了吗?是小人横行,我听信谗言了吗?"殷汤王的行为感动了上帝,大雨骤然倾盆而至,覆盖数千里。"邾迁于绎"讲的是邾文公为了民利不避凶险迁都的故事。"景祠于旱"的故事见诸《晏子春秋·内篇谏上》,说的是齐国大旱,齐景公打算祭祀求雨,被晏子一一否定。晏子提出的方法是请齐王"野居暴露",与民同苦,表达对上天的诚意。据说这一招果然感动了上天,大雨倾盆而至。

如此看来,不管人民死活、只顾自己享乐的君主是配不上"民之父母"称号的。孟子说:"为民父母,使民盻盻然,将终岁勤动,不得以养其父母,又称贷而益之,使老稚转乎沟壑,恶在其为民父母也?"[2]草菅人命、滥杀无辜的暴君不仅不是"民之父母",只能叫做"民之怨贼",应当被其他符合"民之父母"标准的君子取代。如荀子说:"天下归之之谓王,天下去之之谓亡。故桀纣无天下,汤

---

[1] 刘向:《说苑·贵德》。
[2] 《孟子·滕文公上》。盻(xì):怒视。勤动:劳苦。

武不弑君,由此效之也。汤武者,民之父母也;桀纣者,民之怨贼也。"[1]真正称得上"民之父母"的"民主"是颛顼、尧、舜、禹、汤、周文王、周武王这样的爱民如子、舍己为民的"仁君"、"圣王"。

一国有一国之"父母",一方有一方之"父母"。府州县官员作为一方百姓之"主",也应当成为当地人民的"父母官"。清陈宏谋《申饬官箴檄》说:"百姓称官曰'父母',自称曰'子民',为民间苦乐,府州县当无所不关切如一家矣。"[2]这种官员,也就是历史上我们常常赞美的"清官"。

"民主"成为"圣王"、"仁君"、"清官",爱民子民、惠民教民,最后就能获得人民的归附拥戴。《礼记·缁衣》说:"故君民者,子以爱之,则民亲之。""长民者,章志,贞教,尊仁,以子爱百姓,民致行己,以说其上矣。"《白虎通·君道》说:"《诗》曰:'恺悌君子,民之父母。'言圣王之德也。《易》曰:'鸣鹤在阴,其子和之。'言士民之报也。"

不难看出,古代"民主"思想是考量君利与民利相反相成关系后作出的政治选择。它虽然肯定君主专制、代民做主的特权,也赋予了君主爱民如子的道德要求和养民教民的重大责任,客观上发挥了照顾民生、教化民心、承认民权的作用,与现代"民主"的追求并无不可逾越的鸿沟。在这个意义上,我们可以理解阿克顿(1834—1902)的断语:现代"民主制并非必然仇视君主制或贵族制"[3]。局限于中国古代"民主"肯定君主代民做主的特权,对它加以一概否定是肤浅偏激的。当然,"子民""爱民""养民""教民"的"民主"模式只是一种理想,在"民主"赋予君主最高权力的专制体制下是无法约束君主这么去做的,所以在实践中往往大相径庭。这是令人遗憾的,也是现代"民主"应当抨击的要害。

3. 现代"民主"的意义与局限

近代以来,随着国门的打开、资产阶级改良运动和"五四"新文化运动的兴起,西方人文主义理念传入中国,逐渐为中国的改良派、革命家以及人民大众所接受,"民主"就是其中重要的概念之一。"五四"新文化运动高举两面大旗,一

---

[1] 《荀子·正论》。
[2] 《清经世文编》卷二十一《吏政》。
[3] 阿克顿:《自由与权力》"民主"章,侯建译,商务印书馆2001年版。

面就是"德先生",即democracy。中文以"民主"译之,但已不同于古代汉语中的偏正结构,而是主谓结构,其涵义为人民自主,主权在民,用以指人民有权决定自己命运及其所属团体的意志和所属国家的意志。

"民主"既是一种价值范畴,又是一种政治概念。作为政治概念,"民主"指在一定范围内按照多数人的意愿共同管理团体或国家事务的行政制度。

关于现代民主的产生机制,美国公共事务评论员尼布尔有一段精辟的论断:"人的公正能力使民主成为可能;然而人的不公正倾向使民主成为必需。"[1]李慎之说:"民主的价值归根到底是个人的价值,所以民主主义者必须以自由主义和个人主义为出发点。"[2]

关于民主的实质,阿克顿说:"民主的实质"是"像尊重自己的权利一样尊重他人的权利"[3]。1789年法国大革命通过的《人权宣言》第三条规定:"主权属于国民。任何团体、任何个人都不得行使主权所未明白授予的权力。"[4]1789年9月21日,法国资产阶级大革命领导人罗伯斯庇尔在国民议会上关于反对国王否决权的发言中说:"任何政府都是由人民,而且是为人民建立的;一切统治者,自然包括国王在内,都不过是人民的代理人和人民的使者;一切的官职,自然也包括王位在内,都是公民义务,绝非个人权利,更不是什么私产。"1991年7月14日,法国大革命两周年之际,罗伯斯庇尔说:"国王是不可侵犯的!但是,难道人民不也是不可侵犯的吗?国王的不可侵犯性是虚构的,而人民的不可侵犯性却是自然的神圣权利所规定的。"[5]"主权在民"还是"主权在君"是现代西方民主与古代中国民主的根本区别。

"主权在民"的"民"指全体国民。全体国民的意志不可能是一致的。在意见不一致的情况下,本着人人平等的精神,最终决策只能听多数人的意见。这便是民主的多数原则、公意原则。尽管少数人的意愿没有得到尊重,但两者权衡利弊取其轻,这是遗憾的但也是更好的选择。试想,如果反过来,以少数人的意愿否定多数人的意愿,那么结果将更不合理。所以丘吉尔有一句名言:"民主并不是一个好的制度,但是今天还没有比它更好的制度。"

---

[1] 尼布尔:《光明之子与黑暗之子》,1944年版,第11页。
[2] 李慎之:《革命压倒民主——〈历史的先声〉序》,《历史的先声》,香港博思出版集团2002年版。
[3] 阿克顿:《自由与权力》"民主"章,侯建译。
[4] 吴绪、杨人楩选译:《十八世纪末法国资产阶级革命》,商务印书馆1989年版,第48页。
[5] 均转引自邢贲思:《欧洲哲学史上的人道主义》,上海人民出版社1979年版,第44页。

"民主"尊重多数人的共同意愿,也保护少数人的不同观点及其权益。由于自私自利、愚昧盲目的劣根性的作用,多数人的意愿并不总是正确的,由多数人作出的决定也可能给荒谬悖理、行凶作恶的行为披上合理的外衣,比如苏格拉底就是古希腊人根据民主程序表决处死的,古罗马竞技场上以多数观众拇指向上或向下来决定人的生死等。这时,多数人构成了一个利益共同体,尽管他们的决策是无理的,甚至有罪的,但却无法改变。对此,我们只有保持道义上的批判。以多数人的意志批判少数人的观点,不允许少数人保留不同意见,甚至扼杀少数人的生命存在,还会导致一种集体主义的专制暴政。王元化先生指出:"民主制度在希腊罗马时代并不代表进步力量,只代表一种多数的暴政。"[1]"一些倡导自由平等的人,往往会从他们以幻想绝对的集体主义为终极目标的主张中,导致出专制主义。……古希腊斯巴达的集体主义,卢梭契约中的集体主义,以及乌托邦社会主义的集体主义,等等……都是自以为播下了龙种,而长出来的却是怪兽。"[2]因此,英国剑桥大学历史系教授阿克顿警示:"民主制容易蜕化为专制主义。"美国学者拉蒙特指出:"真正的民主欢迎差异和分歧,并且珍视少数人对现存制度和盛行的思想方式所作的批评,认为这是社会中的创造性力量。……想入非非者可能转而成为开拓者;天才通常是作为见解独到的异端少数派而开始他的事业;许多做领导人的政治家是在监狱或囚犯集中营度过了他们较早时期的大部分生活。"[3]因此,民主绝不扼杀少数人的观点及其发表观点的权利,更不会从肉体上消灭持有不同观点的少数人乃至个别人。

"民主"的决策方式大体分"直接民主"与"间接民主"。"直接民主"是全民直接表达自己意愿管理所属团体和国家事务的一种方式,所以通常称为"全民民主"。"直接民主"要求每一个公民直接参与团体或国家的所有决策,方法是全民公决。不过,大至国家、小至团体,面对的事件很多,要作出的决策很多,事事征求全体成员的意见,不仅不可行,而且没必要。因此,大多数民主国家通常采取的决策方式是"间接民主"。

值得警惕的是,"直接民主"追求一种"不受制约的民主"(阿克顿),一种"绝对民主"(王元化),最后往往流于"假民主"(顾准)、"乌托邦式"的"高调民主"(王元化)。在实践操作中,"全民作主"最终常常转化为"我为全民当家作

---

[1] 王元化:《关于近年的反思答问》。
[2] 王元化:《对于五四的再认识答客问》。
[3] 拉蒙特:《人道主义哲学》,贾高建等译,华夏出版社1990年版,第250页。

主"式的专制主义。如苏联倡导的苏维埃民主最终蜕变成斯大林的个人独裁就是典型的一例。顾准反思这个教训时指出:"直接民主的口号是人民当家作主……'人民当家作主'其实是一句空话。""我们实际上不可能做到人民当家作主,那一定是无政府。"[1]"直接民主,不久就会被假民主所代替。"[2]王元化先生指出:"我们把全民当家作主之类的口号当作民主的精髓,实际上这只是一种高调民主,一种乌托邦式的幻想。"[3]

"间接民主"是公民选举一定数量的代表,由他们代表全民来管理团体与国家事务的决策方式。国家的"间接民主"又表现为"代议制民主",以议会、人民代表大会作为集中民意的机关。"间接民主"在反映民意渠道上的代议制,使得现代民主制也存在着蜕变为专制体制的风险。如果议会议员、人大代表不能充分、真正反映民意,而变成最高行政领导意志的传声筒,现代民主国家就会变成实际上的君主专制国家,民主国家体制中为选民服务的"总统"就会蜕变为实际上的独裁君主。"议员变猪仔"、"总统变皇帝"的教训,是历史上早已有之的。直至17、18世纪,英国议员依然是买卖品,与可以买卖的"猪仔"无异。至于"总统变皇帝",法国拿破仑第三即是如此。民国元年至1927年,中华民国号称"民主共和"的"宪政",其实有名无实。[4] 至于伊拉克前"总统"萨达姆实际上是专制体制下暴君的典型。

"间接民主"的通常标志是"选举"。在民主体制下,人民既有选举的权利,又有被选举的权利。行使"民主"的过程说到底就是人民通过选举选择政治领袖贯彻自己意志的过程。美国学者约瑟夫·熊彼特在1942年出版的《资本主义、社会主义和民主》一书中指出:"民主的方法是为了作出政治决定而做的制度上的安排。在这种制度下,想获得决策权的人要在人民的选举中通过竞争而产生。"民主国家定期举行由全体公民参与的自由、公正选举。最高执政者从人民的选举中产生,并由其组阁,最终由民意调查决定其继续掌权还是辞职罢黜,从而保证最高执政者成为按照民意行事的人民的代理人。如果选举被操纵,成为结果已经设定的表演程式,失去了真正的自由与公正,最高执政者就不可能成为人民的代理人,民意就无法贯彻到底,"民主"就会名存实亡。这时,民主体制

---

[1] 《顾准文集》,贵州人民出版社1994年版,第364页。
[2] 《顾准文集》,第370页。
[3] 王元化:《关于近年的反思答问》。
[4] 参见罗隆基:《期成宪政的我见》,《今日评论》第2卷第22期,1939年11月。

下的"总统"就会异化为专制体制下的"君主"。因此,评价民主体制,不能仅仅着眼于它表面上贴的标签。

不仅如此,现代"民主"在实际推行过程中,由于"民"的内涵是人为解释、不断变化的,当它的外延从全体国民——也就是国家中每一个"公民"缩小到"人民"——国家中的部分阶级成员时,就使得"民主"背离其"公民自主"、"全民作主"的本义。在"民主"作为欧洲资产阶级革命反对封建专制的口号提出时,"民"指国家中每一个享有天赋人权的"公民"。然而,在20世纪国际共产主义运动中,全民"民主"被当作资产阶级的"专有物"和资本主义的"护身符"加以批判和否定,"民主"从"公民自主"缩小为无产阶级人民大众的"人民自主",对于国家中被排除在"人民"之外的那部分公民而言,只讲"专政",不讲"民主"。1949年6月30日,毛泽东在《论人民民主专政》中宣称:"中国人民在几十年中积累起来的一切经验,都叫我们实行人民民主专政,或曰人民民主独裁,总之是一样,就是剥夺反动派的发言权,只让人民有发言权。""人民是什么?在中国,在现阶段,是工人阶级、农民阶级、城市小资产阶级和民族资产阶级。"[1]在中华人民共和国成立后最初几年"各革命阶级联合专政"时期,"人民"仍然指"工人阶级、农民阶级、城市小资产阶级和民族资产阶级"[2]。1956年基本完成对农业、手工业和资本主义工商业的社会主义改造、生产资料私有制转变为社会主义公有制、新民主主义社会跨入社会主义社会后,"人民民主专政"一变而为"无产阶级专政","人民"的外延缩小了,只局限在工农大众、无产阶级范围内。昔日的"革命阶级"民族资产阶级、城市小资产阶级,包括部分知识分子一下子失去了享有"民主"的权利,而沦为被剥夺和压制的"专政"对象。发展到后来的"文化大革命"中,对不属于"人民"的公民的迫害更是登峰造极。

邓小平开创的改革开放的新时期以来,"民主"之"民"的外延逐渐扩大,"民主"逐步回归到它的本义上来。1979年3月30日,邓小平提出的必须坚持的"四项基本原则"中,"人民民主专政"取代了"无产阶级专政"。1982年12月,中华人民共和国宪法以法律的形式确认了"坚持人民民主专政"。"人民"不仅包括工人、农民等体力劳动者,而且包括靠脑力劳动谋生的知识分子。享有"民主专政"权利的"人民"远远超出了解放以后实际上已经不存在的"无产阶级"范

---

[1]《毛泽东选集》第四卷,人民出版社1991年版,第1475页。
[2]《毛泽东选集》第二卷,人民出版社1991年版,第677页。

围。2004年3月14日修正通过的中华人民共和国第四部宪法明确规定"公民的基本权利和义务"："凡具有中华人民共和国国籍的人都是中华人民共和国公民。""任何公民享有宪法和法律规定的权利。"至此，"民主"之"民"重新扩展到国家的全体公民。"民主"既然是对全体公民而言的，所以就不应当再分什么新旧东西、姓资姓无。正如李慎之强调的那样："根本就没有什么资产阶级民主和无产阶级民主的不同，也没有什么旧民主与新民主的不同，民主就是（全民）民主。"[1]

回顾、比较中国古代的"民主"和现代以来从西方引进的"民主"的内涵及其走过的历程，我们可以作出如下基本把握：

古代的"民主"着眼于人民大众的弱点，主张由高明的执政者尤其是最高君主为民作主、代民作主，肯定君主拥有无上权力的君主专制的合理合法性，剥夺了人民自主抉择的权利，这是与现代"民主"的根本分野，也是最富于争议、最值得讨论的地方；但它要求充当"民主"的执政者像人民的"父母"一样，不仅要从道德情感上"子民""爱民"，而且要从责任上"养民""教民"，保证了君主专制下人民的最大权益，这却是与现代"民主"所呼唤的人民权益存有交叉面的，值得肯定和弘扬；它正视人民大众自身的劣根性，指出人民大众无法做出正确的决定，虽有绝对化之嫌，却也耐人寻思。

现代"民主"基于对人民大众平等人权的确认和理性智慧的高估，肯定"公民自主"的权利及其合理合法性，并确立了民主决策的多数原则，但必须注意到：多数人的决定并不是万能的和绝对正确的，也可能形成"多数的暴政"；根据多数人意愿的"民主"决策方式分"直接民主"与"间接民主"，事事全民公决的"直接民主"难于实施，易于落空；而由议员、人大代表代为反映民意的"间接民主"也会发生"议员变猪仔"、"总统变皇帝"的猫腻；在国际共产主义运动的历史中，曾发生过将"民主"的"民"从国家"公民"缩小到部分阶级的"人民"，从而剥夺国家中另一部分"非人民"的"公民"的"民主"权利的沉痛教训。今天谈论"民主"，既然是对全体公民而言的"公民自主"，就不应当再分什么姓资姓无、新旧东西。

（本文载《上海大学学报（社会科学版）》2012年第6期）

---

[1] 李慎之：《回归五四，学习民主》，《书屋》2001年第5期。

六、中国古代"民生""民心"思想及其当代意义

"凡治天下,必因人情。"(韩非)"明于性情而后可论为政。"(董仲舒)根据人性治理天下,是中国古代政治学的一个基本思想。人性具有物质属性与精神属性二重性,所以,保障民生,顺应民心,就成为根据人性治理天下的两项基本政治要求。

1. 国学中的"民生"思想

"民生"一词最早出现于《左传·宣公十二年》:"民生在勤,勤则不匮。""民生"即人民的生计。尊重民生即满足人民的物质需求,解决人民的生计问题。

作为立国的基础,尊重民生是中国古代政治的一项基本国策。在中国古代,尊重民生叫"贵民生"或"厚民生"。从正面说,"圣人所甚贵者,民之生也。"[1]"法天之大者,莫过于厚民生。"[2]从反面看,"民无生业,极困则虑生,不渐善教,思利而志功,乘间隙则萌奸宄,逼冻馁则为盗贼……设或遇大饥馑,有大劳役,奸雄一呼,所在必应。以今无事之时,尚恐力不能制,况劳扰多事之际乎?"[3]

"贵民生"或"厚民生",在中国古代有不同形态的表述。比如说"惠民"。《荀子·王制》打了个比喻,说明"惠民"的重要性:"马骇舆,则君子不安舆;庶人骇政,则君子不安位。马骇舆,则莫若静之;庶人骇政,则莫若惠之。"《元史·世祖本纪》记载忽必烈语:"应天者惟以至诚,拯民者莫如实惠。"又比如说"利民"。《战国策·赵策二》:"夫治国有常,而利民为本。"《韩非子·心度》:"圣人之治民,度于本,不从其欲,期于利民而已。"又叫做"养民"。《尚书·大禹谟》:"德惟善政,政在养民。"《墨子·七患》:"五谷者,民之所仰也,君之所以为养也。故民无仰,则君无养;民无食,则不可事。"海瑞《四书讲义》:"养民于先,教民于后,有养而后教行矣焉。"或者叫"安民"。贾谊《新书·过秦论》:"牧民之道,务在安之而已。"张说《请置屯田表》:"求安人者,莫过于足食;求国富者,莫过于疾耕。"或者叫"宁民"。《淮南子·泰族训》:"为治之本,务在宁民;宁民之本,在于足用。"或者明确地叫"富民"。孔子到卫国,给卫国出的主

---

[1] 王夫之:《读通鉴论》卷十九。
[2] 《黄宗羲全集·子刘子行状》。
[3] 程颐:《为家君应诏上英宗皇帝书》,《二程文集》卷五。

意是"庶之"、"富之"。[1]《管子·治国》:"凡治国之道,必先富民。民富则易治也,民贫则难治也……故治国常富,而乱国常贫。是以善为国者,必先富民,而后治之。"汉代王符《潜夫论》:"夫为国者,以富民为本。""富民乃可教。"明人王廷相《慎言》:"天下顺治在民富。"

为什么要"惠民""利民""养民""安民""宁民""富民"呢?因为"民"是国家赖以构成的根基,根基不牢靠,国家就无法生存。"国以民为本,民以谷为命。"[2]"国以人为本,人以衣食为本。"[3]"夫民者,国之根也,诚宜重其食,爱其命。民安则君安,民乐则君乐。"[4]"民"有衣食住行之类的物质欲求,这些基本欲求得不到满足,人民就不可能安宁,国家的基础也就不可能稳定。《尚书》指出:"民心无常,惟惠是怀。"[5]墨子指出:"民有三患:饥者不得食,寒者不得衣,劳者不得息。"[6]西周大夫芮良夫指出:"夫王人者,将导利而布之上下者也,使神人百物无不得其极,而犹日怵惕惧怨之来也。"[7]孟子指出:"民之为道也,有恒产者有恒心,无恒产者无恒心。"[8]清人解释说:"孟子以制民恒产为王道之本。然则民产不制,纵有善治,皆无本之政也。"[9]所以古人强调:"生民之本,足食为先。""惟民生之本在食,足食之本在农,此自然之理也。"[10]"众为邦本,土为邦基,财用为生民之命。"[11]"腹饥不得食,肤寒不得衣,虽慈父不能保其子,君安能以有其民哉!"[12]"民非足也而可治之者,自古及今未之尝闻。"[13]

那么,如何尊重"民生""利民""富民""宁民"呢?

首先要确立爱民、保民的仁政理念,这是实行尊重民生措施的前提。只有真正认识到"保民而王,莫之能御",才能在"制民之产"时"仰足以事父母,俯足以

---

[1]《论语·子路》:"子适卫,冉有仆。子曰:'庶矣哉。'冉有曰:'既庶矣,又何加焉?'曰:'富之。'"
[2] 范晔:《后汉书·张奋传》。
[3]《贞观政要·务农》。
[4] 陈寿:《三国志·陆凯传》。
[5]《尚书·周书·蔡仲之命》。
[6]《墨子·非乐上》。
[7]《国语·周语上》。
[8]《孟子·滕文公上》。
[9] 王源:《平书订·分民》。
[10] 朱熹:《四书章句集注》。
[11] 唐甄:《潜书·卿牧》。
[12] 晁错:《论贵粟疏》。
[13] 贾谊:《新书·无畜》。

畜妻子,乐岁终身饱,凶年免于死亡",并以"七十者衣帛食肉,黎民不饥不寒"为仁政之"本"。[1]

其次是重视农业,发展经济。《国语·周语上》指出:"民乏财用,不亡何待?"《汉书·景帝纪》揭示:"农,天下之本也。黄金珠玉,饥不可食,寒不可衣,以为币用,不识其终始。"《汉书·食货志》说:"财者,治国安民之本也。"《魏书·高祖纪》说:"务农重谷,王政所先;劝率田畴,君人常事。"唐代杜佑《通典·食货·田制》强调:"谷者,人之司命也;地者,谷之所生也;人者,君之所治也。"李觏《富国策》强调:"民之大命,谷米也。""生民之道,食为大。"

再次是扶本抑末、开源节流。贾谊指出:"一夫不耕,或为之饥;一妇不织,或为之寒。生之有时,而用之无节,则物力必屈。古之为天下者至悉也,故其蓄积足恃。今背本而以末食者甚众,是天下之大残也。"[2]

复次是轻赋薄敛,减轻负担。《孟子·尽心上》:"易其田畴,薄其税敛,民可使富也。"刘向《说苑·政理》:"薄赋敛则民富。"黄宗羲《子刘子行状》指出:"厚民生则赋敛皆宜缓宜轻。"

此外还要处理好"君利"与"民利"的关系,不与民争利,通过"民利"实现"君利",切忌以"君利"牺牲"民利"。孔子说:"百姓足,君孰与不足?百姓不足,君孰与足?"[3]《国语·楚语上》:"民实瘠矣,君安得肥?"《国语·周语下》:"民若匮,王用将有所乏。"《晏子春秋·谏下》:"君屈民财者不得其利,穷民力者不得其乐。"朱熹说:"民富,则君不至于独贫;民贫,则君不能独富。"[4]"宁过于予民,不可过于取民。"[5]明太祖说:"保国之道,藏富于民。民富则亲,民贫则离。民之贫富,国家休戚系焉。"[6]明代吕坤《忧危疏》:"君欲富则天下必贫,天下贫则君岂独富?"海瑞《四书讲义》:"利天下,言民也。利国之道于利民得之。"清代唐甄《潜书》强调:"夫富在编户,不在府库。若编户空虚,虽府库之财积如山丘,实为贫国,不可以为国矣。"

尊重民利、保障民生,使人民有饭吃、有衣穿、有房住,有坚强充分的生活保证,不仅是中国古代"仁政"的一个首要组成部分,也是一切政权得以巩固的基

---

[1]《孟子·梁惠王上》。
[2] 贾谊:《新书·无畜》。
[3]《论语·颜渊》。
[4]《四书集注·论语》。
[5]《朱子语类》卷十六。
[6]《明太祖实录》洪武十八年十一月甲子。

本国策。关于后面这一点,可以说是一种常识。然而,这样一种政治常识,却在中华人民共和国建立后的前三十年被抛弃了。回顾这段历程,邓小平指出:"'四人帮'叫嚷要搞'穷社会主义'、'穷共产主义',胡说共产主义主要是精神方面的。""搞社会主义三十多年,截至一九七八年,工人的月平均工资只有四五十元,农村的大多数地区仍处于贫困状态。"[1]财富并不等于罪恶。如果财富是通过劳动得来的,那么不仅不应该否定,相反应该大加赞赏。实现全民富裕,正是社会主义追求的目标。改革开放伊始,邓小平就强调:"贫穷不是社会主义。"[2]"社会主义必须大力发展生产力,逐步消灭贫穷,不断提高人民的生活水平。"[3]在此基础上,邓小平重新界定"社会主义":"什么叫社会主义,什么叫马克思主义?我们过去对这个问题的认识不是完全清醒的。马克思主义最注重发展生产力。……社会主义阶段的最根本的任务就是发展生产力,社会主义的优越性归根到底要体现在它的生产力比资本主义发展得更快一些、更高一些,并且在发展生产力的基础上不断改善人民的物质文化生活。"[4]"……姓'资'姓'社'的问题,判断的标准,应该主要看是否有利于发展社会主义社会的生产力,是否有利于增强社会主义国家的综合国力,是否有利于提高人民的生活水平。"[5]"社会主义经济政策对不对,归根到底要看生产力是否发展,人民收入是否增加。这是压倒一切的标准。空讲社会主义不行,人民不相信。"[6]从对社会主义的这种基本认识出发,邓小平提出了富民方针,确定了富民目标:"从1981年开始到20世纪末,花二十年的时间,翻两番,达到小康水平,就是国民生产总值人均八百到一千美元。在这个基础上,再花五十年的时间,再翻两番,达到人均四千美元。……如果那时十五亿人口,人均达到四千美元,年国民生产总值就达到六万亿美元,属于世界前列。"[7]为了达到富民强国的目标,邓小平一方面反对平均主义大锅饭,鼓励人们勤劳致富,允许一部分人先富起来;另一方面又反对两极分化,主张最终实现共同富裕。"社会主义与资本主义不同的特

---

[1]《邓小平文选》第三卷,人民出版社1993年版,第10页。
[2]《邓小平文选》第三卷,第64页。
[3]《邓小平文选》第三卷,第10页。
[4]《邓小平文选》第三卷,第63页。
[5]《邓小平文选》第三卷,第372页。
[6]《邓小平文选》第三卷,第314页。
[7]《邓小平文选》第三卷,第224—225页。

点就是共同富裕，不搞两极分化。创造的财富，第一归国家，第二归人民。"[1]"社会主义原则，第一是发展生产，第二是共同致富。我们允许一部分人先好起来，一部分地区先好起来，目的是更快地实现共同富裕。"[2]经过邓小平对"社会主义"与"富裕"关系的正本清源、拨乱反正，尊重民生、全民富裕作为一项基本国策，目前已经成为全国上下普遍认可的常识，再没有人谈"富"色变。不过年轻人应当记住：在新中国社会主义革命的历史上，在国际共产主义运动中，曾发生过为了某种"主义"无视"民生"、不允许"富民"、诛杀"富人"的悲剧。今天我们能在"社会主义"旗帜下谈富致富，是来之不易的，值得我们倍加珍惜。

2. 国学中的"民心"论

中国古代是君主专制社会，民意能否得到重视的最终决定权掌握在君主手中，人民心声的表达自由并无法律的保障。不过，在明君执政的时候，君主从维护自己统治的根本利益和长远利益出发，恰恰希望了解民意，顺应民心。为什么呢？因为"政之所兴，在顺民心；政之所废，在逆民心。"[3]所以，顺应民心，体察民情，倾听民意，让臣民真实、自由地表达心中的意见，从中了解政治得失，从而补偏救弊，成为中国古代"仁政"的一个重要组成部分。主张"仁政"的儒家代表孟子指出："得天下有道，得其民，斯得天下矣。得其民有道，得其心，斯得民矣。"[4]庄子说赵文王："中和民意，以安四乡。"[5]《东周列国志》第八十七回有言："帝王之道，在顺民情。"政治的关键是赢得民心，得民心者得天下。如果说有什么"天心"、"神意"，那就是"民心"、"民意"。因而周武王总结出一条政治规律："天视自我民视，天听自我民听。"[6]"民之所欲，天必从之。"[7]东汉史家班固纵览历代兴亡，总结的规律与周武王不谋而合：君主只要"动缘民情"，就"则天象地"；[8]"顺天心，悦民意"是一体的[9]；"推诚行善，民心说而天意得矣。"[10]汉

---

[1] 《邓小平文选》第三卷，第 123 页。
[2] 《邓小平文选》第三卷，第 172 页。
[3] 《管子·牧民》。
[4] 《孟子·离娄上》。
[5] 《庄子·说剑》。
[6] 《尚书·周书·泰誓中》。
[7] 《尚书·周书·泰誓上》。
[8] 班固：《汉书·刑法志》。
[9] 班固：《汉书·杜周传》。
[10] 班固：《汉书·息夫躬传》。

末王符揭示:"天以民为心:民安乐则天心顺,民愁苦则天心逆。"[1]南朝史家范晔记载:"民所怨者,天所去也;民所思者,天所与也。"[2]只有"下合民心",才能"上合天意"。[3]反过来说,失民心者失天下:"民心不一……胡可常也?"[4]

由于民心、民意是决定国家安定、政权稳固的关键,所以倾听民意、了解民情、集中民智成为上古圣王奉行的政治传统。相传"帝尧之求谏","不简鄙讷,无弃刍荛","虚心受纳"[5]。尧时在朝廷外立"谏鼓",供人击鼓鸣冤;舜时在大路口立"谤木",供人们书写意见[6]。殷汤告诫说:"人视水见形,视民知治否。"[7]君主从人民的意见中了解政治得失,就像人们从水面中打量自己的形象一样自然、重要。商朝老臣箕子在周灭商后向周武王传授治国大法,其中一条是政治决策要充分听取民意:"汝则有大疑,谋及乃心,谋及卿士,谋及庶人。"[8]周公引用古语告诫卫国的统治者:"人无于水监,当于民监。"[9]应以人民的反应作为了解自己过失的镜子。周代在朝堂外设红色的"肺石",让平民百姓站在"肺石"上诉说冤屈[10];又设采诗官制度,派采诗官到各诸侯国采集民歌,通过民歌反映的真实民情了解政治得失。西周末期邵公主张:"为川者决之使导,为民者宣之使言。"治理人民的人要像治理河水的人善于疏导一样,鼓励人民畅所欲言。所以他提出:"天子听政,使公卿至于列士献诗,百工谏,庶人传语,近臣尽规,亲戚补察,而后王斟酌焉",只有这样才能"事行而不悖"。简单采取堵塞的方法,恰恰于事无补、适得其反:"夫民虑之于心而宣之于口","胡可壅也"?"若壅其口,其与能几何?"[11]。春秋初期孔子指出:"君子和而不同,小人同而不和。"[12]什么是"和"?晏子解释:"和"不是意见统一苟同,而是不同意见

---

[1] 王符:《潜夫论·本政》。
[2] 范晔:《后汉书·王常传》。
[3] 范晔:《后汉书·王常传》。
[4] 《左传·昭公七年》。
[5] 吴兢:《贞观政要·论封建》李百药奏论。
[6] 《淮南子·主术训》:"尧置敢谏之鼓,舜立诽谤之木。"《后汉书·杨震传》:"尧舜之时,谏鼓谤木,立之于朝。""谤木",又称"诽谤木",大约是提批评意见的木板。
[7] 《尚书·周书·酒诰》:"古人有言曰:'人无于水监,当于民监。'"《史记·殷本纪》引《汤征》:"汤曰:人视水见形,视民知治否。"
[8] 《尚书·周书·洪范》。
[9] 《尚书·酒诰》。
[10] 《周礼·秋官·大司寇》。
[11] 均见《国语·周语上》。
[12] 《论语·学而》。

的彼此共存。他举臣民对君主的"和"为例,说明"和"不是"同",不是大臣事事附和赞同君主,而是"君所谓可而有否焉,臣献其否以成其可;君所谓否而有可焉,臣献其可以去其否"[1]——君主认为对的,实际上有错误之处,作为君子的大臣应当指出错误的地方,帮助君主作出正确的决策;君主认为错的,实际上有正确的一面,作为君子的大臣应当指出其合理之处,帮助君主避免错误的决策。《管子》还指出,对于人民的意见,偏听则愚,兼听则圣,应综合择取:"夫民,别而听之则愚,合而听之则圣。虽有汤武之德,复合于市人之言。"[2]英明的君主总是希望通过集中民智赢得民心。春秋战国时代,周天子逐渐被架空,分封的诸侯国利用自己拥有的自主权不断相互兼并、发展壮大。适应诸侯国君称霸天下的要求,以谋士为主体的各种政治智囊团如雨后春笋应运而生,诸子蜂起,百家争鸣,论辩霸王之道,书写了中国历史上思想最自由、最灿烂的一页。

然而,夏、商、周虽然实行的是封建分权制,但上至朝廷、下至诸侯国,又是通行的君主专制,天子、国君拥有至高无上的统治权。如果君主认识不到民心的向背决定政治的兴衰,刚愎自用,生性暴虐,不仅会导致言路闭塞,而且会给自由言说者带来杀身之祸。夏桀杀关龙逄;商纣王诛比干;周厉王派特务暗中监视非议朝政者,一旦发现格杀勿论[3];这些是上古时期人们没有思想自由的典型例证。秦始皇取消分封制、实行郡县制之后,皇权的专制特性进一步加强,先秦体察民情、倾听民意、尊重民心的仁政传统遭到彻底破坏。秦始皇不仅在政治上实行皇权独裁,"天下之事无大小皆决于上",而且在思想上"别黑白而定一尊","以古非今者族","有敢偶语《诗》《书》者弃市"。最著名的例子是在咸阳坑杀持不同意见的儒生460余人。秦二世继之,偏信赵高,听不进其他人半点不同意见,"群臣谏者以为诽谤"[4]。汉代至清,以郡县制为主,以封建制为辅,秦始皇开创的皇权专制进一步巩固,禁言拒谏的君主和以言招祸的臣民代不乏人。然而,禁言拒谏的结果恰恰适得其反。"桀、纣失天下也,失其民也;失其民者,失其心也"[5]。商纣王灭亡的教训可从多方面分析,其中重要的一条,是"知足以距谏,言足以饰非;矜人臣以能,高天下以声,以为皆出己之下"[6],不仅拒不接受

---

[1] 《左传·昭公二〇年》。
[2] 《管子·君臣上》。
[3] 《国语·周语上》卷一《周语上》。
[4] 均见《史记·秦始皇本纪》。
[5] 《孟子·离娄上》。
[6] 《史记·殷本纪》。

臣民的意见,甚至用酷刑诛杀提批评意见的臣民。周厉王禁言,最后引发国人暴动,被推翻流放。秦始皇实行思想统一、言论一律,导致"忠臣不敢谏,智士不敢谋",天下之士"拑口而不言","上不闻过而日骄,下慑服谩欺以取容"[1]。秦二世禁言,导致身处险境而无由得知。史载丞相赵高派人诛杀秦二世时,二世命卫兵前往应战。但左右卫兵都"惶扰不斗"作鸟兽散,只有一位宦官"侍不敢去"紧随其后。得知宦官了解内情,二世问他:"公何不早告我?"宦者的回答非常耐人寻味:"臣不敢言,故得全。使臣早言,皆已诛,安得至今?"[2]秦朝之后,堪与秦始皇相比者当属隋炀帝。隋炀帝像秦始皇一样是统一帝国的皇帝,也像秦始皇一样是暴虐无道、穷奢极欲、自以为是、禁言拒谏的皇帝。其结果是病入膏肓而不自知,葬送了隋朝江山。正如唐太宗李世民总结的那样:"隋炀帝暴虐,臣下钳口,卒令不闻其过,遂至灭亡。"[3]古往今来的这些反面的教训恰恰告诫统治者:"言路者,国之命也!"[4]

为了确保言路的畅通、民心的反映、民意的表达,孔子的弟子子夏通过给《诗经》首篇《关雎》作《序》提出一条原则:"言之者无罪,闻之者足以戒。"[5]《左传·襄公三十一年》记载了"子产不毁乡校"的故事,是对"言者无罪,闻者足戒"的生动注脚:"郑人游于乡校,以论执政。然明谓子产曰:'毁乡校,何如?'子产曰:'何为?夫人朝夕退而游焉,以议执政之善否。其所善者,吾则行之;其所恶者,吾则改之。是吾师也,若之何毁之?我闻忠善以损怨,不闻作威以防怨,岂不遽止?然犹防川,大决所犯,伤人必多,吾不克救也。不如小决使道,不如吾闻而药之也。'"汉文帝则堪称古代皇帝中实践"言者无罪,闻者足戒"的表率。他告诫左右大臣:"古之治天下,朝有进善之旌、诽谤之木,所以通治道而来谏者。今法有诽谤妖言之罪,是使众臣不敢尽情,而上无由闻过失也,将何以来远方之贤良?其除之!"[6]

汉朝在实行皇权专制的同时,将秦朝形同虚设的谏议制度落到实处,武帝元狩五年设谏议大夫数人,东汉改设谏议大夫数人,专门负责向君主献言进谏。魏晋南北朝至隋朝,谏议大夫有不同称谓,属不同部门,一般位在从四品。隋炀帝

---

[1] 贾谊:《新书·过秦论》。
[2] 《史记·秦始皇本纪》。
[3] 吴兢:《贞观政要·君臣鉴戒》。
[4] 王夫之:《读通鉴论》。
[5] 《毛诗正义》卷一,《十三经注疏》上册,上海古籍出版社1997年版,第271页。
[6] 《史记·孝文本纪》。

拒绝听取不同意见,上台后第三年即废除谏议大夫一职。唐太宗目睹隋炀帝暴虐,"臣下钳口,卒令不闻其过,遂至灭亡"[1]的教训,恢复并完善了谏议制度。他全心全意地求谏、虚怀若谷地容谏、知行合一地纳谏、出人意表地奖谏,令人为之动容。在鼓励臣民放言无忌、听取人民不同心声方面,唐太宗堪称典范。魏徵原来是辅佐太子与李世民作对的仇人,成为他手下的谏议大夫后,每每抗颜直谏,其间"凡二百余奏,无不剀切"。太宗不但不介意,反而倍加器重他:"魏徵往者实我所仇,但其尽心所事,有足嘉者……徵每犯颜切谏,不许我为非,我所以重之也。""朕方自比于金,以卿为良工。""夫以铜为镜,可以正衣冠;以古为镜,可以知兴替;以人为镜,可以明得失。朕常保此三镜,以防己过。今魏徵殂逝,遂亡一镜矣!"[2]王珪原来也是辅佐太子的仇人。太宗诛杀太子即位后,任命王珪为谏议大夫。王珪与魏徵一样,凡遇太宗失误,必上书切谏。太宗待之甚厚:"卿若常居谏官,朕必永无过失。""卿所论皆中朕之失,自古人君莫不欲社稷永安,然而不得者,只为不闻己过,或闻而不能改故也。今朕有所失,卿能直言,朕复闻过能改,何虑社稷之不安乎?"[3]虞世南容貌懦弱而志性抗烈,每与太宗论及为政得失,必存规讽;甚至在高祖晏驾、太宗执丧期间上朝进谏,太宗不仅接待,而且甚为嘉许。太宗感叹说:"朕因暇日,每与虞世南商榷古今。朕有一言之善,世南未尝不悦;有一言之失,未尝不怅恨。其恳诚若此,朕用嘉焉。""虞世南于我,犹一体也。拾遗补阙,无日暂忘,实当代名臣,人伦准的。"[4]由于唐太宗虚怀若谷,所以周围集聚了一大批敢于进谏的诤臣。这些诤臣所提批评的激烈程度如何呢?试举一例。贞观四年,太宗下诏修造隋炀帝在洛阳留下的乾元殿以备巡狩。给事中张玄素上书谏阻:值此之时,"承凋残之后,役疮痍之人,费亿万之功",修造乾元殿的危害"恐甚于炀帝远矣",与夏桀、商纣大兴土木一样,结果会"同归於乱"。唐太宗向来不齿于夏桀、商纣和隋炀帝。现在张玄素将唐太宗修建乾元殿作行宫的举动比作隋炀帝还不够,还比作夏桀、商纣,不可谓不尖锐。但唐太宗不以为意,反思自责:"我不思量,遂至於此。"便下令停止修造洛阳行宫,甚至表示:"后必事理须行,露坐亦复何苦?"如果以后必须到洛阳巡视办事,哪怕坐在露天也没什么! 不仅如此,他还认为:"以卑干尊,古来不

---

[1] 吴兢:《贞观政要·君臣鉴戒》。
[2] 吴兢:《贞观政要·任贤》。
[3] 吴兢:《贞观政要·任贤》。
[4] 吴兢:《贞观政要·任贤》。

易,非其忠直,安能如此?且众人之唯唯,不如一士之谔谔。"命赐绢二百匹给张玄素。[1] 太宗不仅要求左右大臣"尽情极谏",而且要求进谏的官员自己也能听取不同批评意见:"自古帝王,多任情喜怒。喜则滥赏无功,怒则滥杀无罪。是以天下丧乱,莫不由此。朕今夙夜未尝不以此为心,恒欲公等尽情极谏。公等亦须受人谏语。岂得以人言不同己意,便即护短不纳?若不能受谏,安能谏人?"[2] 唐太宗倡导的言论自由创造了良好的思想氛围,促进了贞观盛世的形成。唐代建立的中央言谏机构有门下省与中书省,主要的谏官有谏议大夫、给事中、拾遗、补阙。左、右谏议大夫各四人,分属门下省与中书省;左补阙、左拾遗属门下省,右补阙、右拾遗属中书省。唐代谏官有权驳回皇帝不合理的诏书,即古书所说的"封驳"。宋代《册府元龟》收入古代至五代的379道谏书,其中唐代谏书占有很大比重。宋初沿唐制,后置谏院,以左、右谏议大夫为之长;又改左、右拾遗为左右正言。南宋儒家大师朱熹通过对《论语·学而》曾子"吾日三省吾身"一语的注释,提出"有则改之,无则加勉"[3],成为后人对待不同意见奉行的准则。辽代的门下省和中书省分别设左谏院和右谏院,沿置谏议大夫等职。金代有谏院,设左右谏议大夫、司谏等官职。元朝一代,谏院搁置不设。随着皇帝集权的加强,明清逐步取消了专职谏官,谏官组织日益监察化,谏议的职能由监察御史兼任。明初洪武期间置谏议大夫及左右司谏,不久废除;明初又设左右正言,不久即罢。惠宗设拾遗,成祖即位后罢。明初承前代制度,统设给事中,洪武六年分吏、户、礼、兵、刑、工六科,各设都给事中、给事中及左右给事中,不仅辅助皇帝处理奏章,监察六部事务,而且负责向皇帝规谏、拾遗、补阙,由此形成了一个十分独特的言官群体。明代从明初朱元璋开始,便从制度上赋予了言官规谏皇帝、纠察百官的重大职权。明代皇帝几乎无一不受到言官的规谏。如嘉靖皇帝沉溺斋醮青词,不理政事,御史杨爵痛心疾首,上书极谏,被下诏狱,备受酷刑,数次昏死,仍泰然处之。其他言官冒死声援,虽然付出了血的代价,但终使嘉靖顾忌退让。在明代二百多年的历史中,多次出现言官集体跪谏、不畏死难或前仆后继、持续极谏的惊心动魄场面。明代历史上,刘基、于谦、王守仁、王世贞、唐顺之、海瑞等,都曾担任过言官,他们代民立言,以死相谏,留下了铮铮英名。清初,

---

[1] 吴兢:《贞观政要·论纳谏》。
[2] 吴兢:《贞观政要·论纳谏》。
[3] 朱熹:《论语集注·学而》。

洋溢着民主启蒙精神的顾炎武提出："政教风俗苟非尽善，即许庶人之议。"〔1〕公然为人民议论政教、批评现实、倾吐心声寻找依据。努尔哈赤作为满清的奠基者，在女真族原有的军事民主制基础上创建了旗主贝勒议事制度，不断重申求言纳谏的重要性。皇太极统治后期，设立都察院，规定都察院官员为朝廷谏诤之官，可以谏诤君主，监督诸王贝勒大臣。入关后，清承明制，不设谏议大夫，设立都察院和六科，六科各设掌印给事中和给事中，负责谏诤封驳。雍正元年取消相对独立的谏议机构，六科给事中并入都察院，与各道监察御史合称"科道"，御史兼负监察和谏诤双重职责。为了避免谏议机构的萎缩带来言路堵塞，清帝推行奏折制度拓宽言路。奏折最初是告密文书，是清帝指定的少数人才有的特权。雍正帝开始放宽可以上折人的范围，乾隆帝进一步将奏折制度推广到全国。随着使用范围的扩大，官员也可以附录自己对某些政事的意见，君主可以借此了解吏治民生，密折遂发展成为有效的广开言路之法。

由此可见，即便是在中国古代君主专制之下，也客观存在着尊重民心、打通言路、开放言禁、了解民意的传统。这是古代"仁政"而不是"暴政"的一部分，是中国古代富有积极意义和现代活力的一项政治遗产。

中国自鸦片战争后，以康有为为代表的一批有识之士为了救亡图存，探求强国之道，终于认识到清朝衰败的症结之一在于政治体制上实行君民阻隔的君主专制，使下层的民意不能充分上达，解决的途径在于设议院、开国会，实行君民共主的君主立宪，以群治代替专制。经过数十年的奔走奋斗、呼吁请命，清廷最终不得不接受设议院、开国会的主张，实行预备立宪。谘议局、资政院的设置，标志着中国古代君主集权之下的谏议制度向近代全民共和的议会民主制度转变的开始。孙中山领导的辛亥革命，彻底推翻了几千年的君主专制，也打破了康有为等维新派追求"君民共主"、"君主立宪"的改良梦想，最终建立了全民共主的人民共和国。继之而起的"五四"新文化运动，亦以通下情、达民意、顺民心为启蒙目标。不幸的是，蒋介石篡夺了北伐革命的成果，在"意志集中"等口号下排斥异己，走向独裁。中国共产党率领全国人民推翻了蒋介石独裁政府，建立了中华人民共和国，并设立了人民代表大会和政治协商会议这两个反映、集中民意的机构。其实，只有解放思想，让人民畅所欲言，从而体察民意，集思广益，了解政治得失，制定和调整符合民心向背的方针政策，才能实现国家的真正安康。解放思

---

〔1〕《日知录》卷一九《直言》。

想的倡导者邓小平指出:"一个革命政党,就怕听不到人民的声音,最可怕的是鸦雀无声。"[1]"一个党,一个国家,一个民族,如果一切从本本出发,思想僵化,迷信盛行,那它就不能前进,它的生机就停止了,就要亡党亡国。"[2]改革开放以来,中央政府在体察民情、集中民智、顺应民心方面做了重大转变。不断完善的两会制度,日益从政府意志的表决器转变为表达民意、集中民智、参政议政的重要平台。2004年3月14日全国人大十届二次会议通过的中华人民共和国宪法修正案第2章第35条规定:"中华人民共和国公民有言论、出版、集会、结社、游行、示威的自由。"第36条规定:"中华人民共和国公民有宗教信仰自由。"2004年9月19日中国共产党第十六届中央委员会第四次全体会议通过的《中共中央关于加强党的执政能力建设的决定》提出:要"完善重大决策的规则和程序,通过多种渠道和形式广泛集中民智,使决策真正建立在科学、民主的基础之上"。从这些表述中,我们既可以看到对中国古代"民心"思想精华的继承,也可以看到对西方政治文明的吸收以及对中国古代"民心"论局限的超越。

言路者,国之命也;得民心者得天下,失民心者失天下;言者无罪,闻者足戒;有则改之,无则加勉。国学中"民心"论的这些要义,永远不会过时,在当下的政治生活中将焕发出新的生命活力。

(本文载《浙江工商大学学报》2011年第4期)

---

[1][2]《邓小平文选》第二卷,人民出版社1994年版,第145页,第143页。

第六辑
DI LIU JI

法学研究

2010年10月,我来到上海政法学院工作。文学专业没有研究生点,几经辗转,便在法理学专业法社会学方向招研究生。由于人学研究中有政治学这一块(《人学原理》第三编《人治观》,商务印书馆2012版),国学研究中有外王之道这一块(《国学人文导论》第二章至第十一章),所以与法理学也有相通之处。后来调动这方面的积累并加以拓展,完成财政部"城市公共安全与社会稳定科研基地"项目子项目《社会理想与社会稳定》,由社会科学文献出版社2013年出版。总算对法学研究生有所交代。

一、"以人为本"的历史诠释与当代解读

"以人为本"是新时期党中央提出的重要执政理念。它是实现中华民族伟大复兴"中国梦"的精神依据。"以人为本"执政理念的提出,不仅包含着对世界先进的政治文明的吸纳,而且凝聚着对中国古代政治智慧的继承。

"以人为本"出自春秋时期的政治家管仲留下的《管子》一书。《管子·霸言》篇指出:"霸王所始,以人为本。本安则国固,本乱则国危。"要称王称霸于天下,必须以赢得人心为根基;根基安宁了,国家才会稳固;根基如果出了乱子,国家就会发生危险。管子曾担任齐相,他辅佐齐桓公成为"春秋第一霸主",自己也获得了"春秋第一相"的美誉。"霸王所始,以人为本"是他成功执政经验的总结。在长期的历代发展中,中国古代的"人本"思想得到了进一步的充实和丰富。分析、总结其涵义,大抵有如下六端:

1. "人本"不是"国本":"国以人为本"

"以人为本"要求在处理国家与人民的关系时不是以国家为根本,而是以人民为根本。夏禹传启,开启了"天下为家"的历史。自此以后,中国进入了帝王世袭制的家天下时代,"普天之下,莫非王土,率土之滨,莫非王臣"[1]。土地是国王的,人民也是国王的,国王代表的国家地位高踞于人民之上。周厉王时期的荣夷公就是为国家理财、与民争利的有名大臣。他主张封山占水,实行国家专利政策,垄断山林川泽的一切收益,禁止老百姓采樵、渔猎,致使民不聊生。《礼记·檀弓下》记载了这么个故事:孔子路过泰山的一侧,遇到一个妇人在坟墓前哭得十分伤心。孔子让子路去问那个妇人到底怎么回事。妇人说:"我的公公被老虎吃了,我的丈夫也被老虎吃了,现在我的儿子也被老虎吃了。"孔子问:"那为什么不离开这里呢?"妇人回答说:"这里没有苛政。"孔子吩咐弟子们记住:"苛政猛于虎也。"然而,与民争利的苛政往往不仅不能带来国家的强大,反而会官逼民反,造成政治危机。比如重用荣夷公的周厉王最终就因为搞得民不

---

[1]《诗经·小雅·北山》。

聊生，引起人民暴动，自己狼狈出逃。经历了多少次政治教训，到了春秋战国时期，传统的国家利益高于人民利益的观念遭到了挑战。人本思想成为一种社会的共识。孟子响亮地提出："民为贵，社稷次之。"[1]表现在利益分配上，就是国家以民为本，不与民争利，而是与民分利。《礼记·大学》提出："财聚则民散，财散则民聚。"国家的财富积累得太多了，老百姓手中就没钱了，他就离心离德了；如果分钱财施舍给天下，老百姓就可以同心合力。孔子说："百姓足，君孰与不足？百姓不足，君孰与足？"[2]春秋时期楚灵王的大臣伍举说："夫君国者，将民之处；民实瘠矣，君安得肥？"[3]春秋时期陈国大臣逢滑对陈君说："国之兴也，视民如伤；其亡也，以民为土芥，是其祸也。"[4]孟子主张国家"取于民"要有所节制。春秋战国时期的这种人本思想，在后世得到了进一步发扬光大。如汉初贾谊在《新书·大政》中指出："民无不为本也，国以为本。"《淮南子·泰族训》说："国主之有民也，犹城之有基，木之有根。根深则本固，基美则上宁。"东汉王符《潜夫论·本政》说："夫民者，国之基也。"南朝范晔《后汉书》说："国以民为本。"[5]唐太宗李世民说："国以民为本，人以食为命。若禾黍不登，则兆庶非国家所有。既属丰稔若斯，朕为亿兆人父母，唯欲躬务俭约，必不辄为奢侈。朕常欲赐天下之人，皆使富贵，今省徭赋，不夺其时，使比屋之人恣其耕稼，此则富矣。敦行礼让，使乡闾之间，少敬长，妻敬夫，此则贵矣。但令天下皆然，朕不听管弦，不从畋猎，乐在其中矣！"[6]张九龄说："民者国之本也，惟本固而后邦宁，邦宁而后国治。"[7]宋代朱熹在给《孟子》"民为贵，社稷次之"作注时进一步发挥说："国以民为本，社稷亦为民而立。"[8]南宋吕祖谦也说："国以民为本，无民安得有国乎？重社稷必爱百姓也。"[9]国家是与老百姓密不可分的整体："国家之与百姓，上下如同一身。民乃国之血气，国乃民之肤体。血气充实则肤体康强，血气损伤则肤体羸弱。"[10]宋代包拯说："民者，国之本也，财用所出，安危所系，当

---

[1]《孟子·尽心下》。
[2]《论语·颜渊》。
[3]《国语·楚语》。
[4]《左传·哀公元年》。
[5] 范晔：《后汉书·张奋传》。
[6] 吴兢：《贞观政要·务农》，叶大光等：《贞观政要全译》，贵州人民出版社1991年版，第431页。
[7] 张九龄：《千秋金鉴录》卷二《劝民》。
[8] 朱熹：《四书章句集注·孟子·尽心下》，中华书局1983年版，第367页。
[9] 吕祖谦：《东莱别集》卷一《宗法》，影印文渊阁《四库全书》集部，第1150册，台湾商务印书馆1986年版，第166页。
[10]《元史·陈天祥传》卷一百七十四《列传》第六十一。

务安之为急。"[1]清康熙帝说:"凡事必期便民,若不便于民,而惟言行法,虽历禁何益?"[2]顾炎武主张"利不在官而在民"[3]。他批判说:"自三代以下,人主之于民,赋敛而已尔,役使之而已尔,凡所以为厚生正德之事,一切置之不理。"[4]于是造成"民生愈贫,国计亦愈窘"。民利与官府之利其实是联系在一起的:"民得其利,则财源通,而有益于官;官专其利,则财源塞,而必损于民。"[5]唐甄强调人民对国家的重要性:"国无民,岂有四政？封疆,民固之;府库,民充之;朝廷,民尊之;官职,民养之。奈何见政不见民也!"[6]尤其值得重视的是,唐甄指出:朝廷追求的富裕,应是"富在编户,而不在府库"。"府库"就是国库,"编户"是户口本上的老百姓。"若编户空虚,虽府库之财积如山丘,实为贫,不可以为国矣。"[7]如果一个国家国库里面钱很多,但是老百姓手中没钱,日子很难过,这样的国家还是穷国,不能叫"富国"。应当把人民的利益置于国家之上。梁启超《新民说》进而总结说:"国者,积民而成,舍民之外则无有国。以一国之民,治一国之事,定一国之法,谋一国之利,捍一国之患,其民不可得而侮,其国不可得而亡,是之谓国民。"

2."人本"不是"君本":"民贵君轻"

其次,"以人为本"要求在处理君主与人民的关系时"以民为本",而不是"以君为本"。为什么呢？夏禹早已留下遗训:"民可近,不可下;民惟邦本,本固邦宁。"[8]一国之中,看起来君主地位最高,权力最大,其实他的地位和权力是由人民决定的,人民的地位才是最高贵的。君主只有得到广大人民的拥戴,才能长治久安;如果失去民心,就会成为孤家寡人。关于君与民相反相成的关系,在荀子以前的古书中,就有"君舟民水"、"载舟覆舟"的比喻。《荀子》记载:"传曰:'君者,舟也;庶人者,水也。水则载舟,水则覆舟。'此之谓也。故君人者,欲安,

---

[1] 包拯:《请罢天下科律》,《包拯集》,中华书局1963年版,第85页。
[2] 《清史稿·康熙清圣祖本纪》康熙五十三年正月,《续修四库全书》史部,第295册,上海古籍出版社1995年影印版,第128页。
[3] 顾炎武:《日知录》卷十二《言利之臣》,栾保群、吕宗力校点:《日知录集释》中,上海古籍出版社2006年版,第704页。
[4] 《亭林文集》卷五《华阴王氏宗祠记》,《顾亭林诗文集》,中华书局1983年版,第109页。
[5] 顾炎武:《日知录》卷十二《言利之臣》,栾保群、吕宗力校点:《日知录集释》中,第704页。
[6] 唐甄:《潜书·明鉴》,中华书局1963年版,第108页。
[7] 《潜书·存言》,中华书局1963年版,第114页。
[8] 《尚书·虞夏书·五子之歌》。

则莫若平政爱民矣。"[1]因此,《管子》指出:"古之圣王,所以取名广誉,厚功大业显于天下,不忘于后世,非得人者,未之尝闻。"[2]孔子强调:"民以君为心,君以民为体。心庄则体舒,心肃则容敬。心好之,身必安之;君好之,民必欲之。心以体全,亦以体伤。君以民存,亦以民亡。"[3]墨子认为,君主是天下百姓推选出来的:"君,臣萌(通氓)通约也。"[4]君主不为人民服务,人民就可以罢免君主。所以《左传》说:"民者,君之本也。"[5]《谷梁传》说:"民为君之本。"[6]孟子宣称:"民为贵,君为轻。"[7]其推理过程是:"得乎天子为诸侯,得乎诸侯为大夫,得乎丘民而为天子"[8]。荀子指出:"天之生民,非为君也,天之立君以为民也。"[9]刘向说:"夫天之生人也,盖非以为君也。天之立君也,盖非以为位也。夫为人君者,行其私欲而不顾其人,是不承天意,忘其位之所以宜事也。"[10]董仲舒重申:"天之生民,非为王也,而天立王以为民也。故德足以安乐民者,天予之;其恶足以贼害民者,天夺之。"[11]《吕氏春秋·爱类》指出:"人主有能以民为务,则天下归之矣。"《吕氏春秋·用众》说:"凡君之所以立,出乎众也。立已定而舍其众,是得其末而失其本。得其末而失其本,不闻安居。故以众勇无畏乎孟贲矣,以众力无畏乎乌获矣,以众视无畏乎离娄矣,以众知无畏乎尧、舜矣。夫以众者,此君人之大宝也。""夫取于众,此三皇、五帝之所以大立功名也。"《文子·上仁》要求君主:"以天下之目视,以天下之耳听,以天下之心虑,以天下之力争。"谭嗣同从君主由人民推举产生的历史角度说明"君末民本":"生民之初,本无所谓君臣,则皆民也。民不能相治,亦不暇治,于是共举一民为君。夫曰'共举之',则非君择民,而民择君也。……夫曰'共举之',则因有民而后有君,君末也,民本也。

---

[1]《荀子·王制》。最早著录于《汉书·艺文志》的《孔子家语》重申:"君者舟也,庶人者水也。水所以载舟,亦所以覆舟。"后来,这个思想被唐代的魏徵所强调:"闻古语曰:君,舟也;人,水也。水能载舟,亦能覆舟。""怨不在大,可畏唯人;载舟覆舟,所宜深慎。"(《贞观政要·君道》)。唐太宗深以为然,他告诫太子诸王:"舟所以比人君,水所以比黎庶,水能载舟,亦能覆舟。尔方为人主,可不畏惧?"(《贞观政要·教戒太子诸王》)。

[2]《管子·五辅》。
[3]《礼记·缁衣》。
[4]《墨子·经上》。
[5]《左传·僖公二十六年》。
[6]《谷梁传·桓公十四年》。
[7]《孟子·尽心下》。
[8]《孟子·尽心下》。
[9]《荀子·大略》。
[10]《说苑·君道》。
[11]《春秋繁露·尧舜不擅移,汤武不专杀》。

天下无有因末而累及本者,亦岂可因君而累及民哉?夫曰'共举之',则必且可共废之。君也者,为民办事者也;臣也者,助办民事者也。赋税之取于民,所以为办民事之资也。如此而事犹不办,事不办而易其人,天下之同义也。"[1]汉代的《白虎通义·爵》曾将"天子"视为天下最高的爵位:"天子者,爵称也。爵所以称天子者何?王者父天母地,为天之子也。"清初顾炎武则从民本思想出发坚决否定了这个说法:"为民而立之君,故班爵之意,天子与公、侯、伯、子、男一也,而非绝世之贵,代耕而赋之禄,故班禄之意,君、卿、大夫、士与庶人,在官一也,而非无事之食。"[2]王夫之说:"高以下为基,鸿以纤为积,君以民为依。"[3]康有为说:"一画贯三才谓之'王',天下归往谓之'王'……夫'王'不'王',专视民之聚散向背名之,非谓其黄屋左纛、威权无上也。"[4]从民为君本的角度出发,清代唐甄要求统治者爱民如身:"君之于民,他物不足以喻之,请以身喻民。身有疾,则心岂得安?身无疾,则心岂得不安?有戕其身而心在者乎?是故君之爱民,当如心之爱身也。"[5]值得一说的是唐太宗李世民。他感叹说:"为君之道必须先存百姓,若损百姓以奉其身,犹割股以啖腹,腹饱而身毙。"[6]"天子者,有道则人推而为主,无道则人弃而不用,诚可畏也。"[7]"夫安人宁国,惟在于君。君无为则人乐,君多欲则人苦。朕所以抑情损欲,克己自励耳。"[8]史载"贞观二年,京师旱,蝗虫大起。太宗入苑视禾,见蝗虫,掇数枚而咒曰:'人以谷为命,而汝食之,是害于百姓。百姓有过,在予一人,尔其有灵,但当蚀我心,无害百姓。'将吞之,左右遽谏曰:'恐成疾,不可。'太宗曰:'所冀移灾朕躬,何疾之避?'遂吞之。自是蝗不复为灾。"[9]唐太宗以天下苍生为念奋不顾身吞食蝗虫,堪称古代君主"以人为本"的楷模。

3."人本"不是"官本":"为吏者,人役也"

再次,"以人为本"要求在处理"官"与"民"的关系时,"官"以"民"为本。贾

---

[1] 谭嗣同:《仁学二》,《谭嗣同全集》下册,中华书局1981年版,第339页。
[2] 《日知录·周室班爵禄》。
[3] 王夫之:《诗广传》卷三,中华书局1964年版。
[4] 《中国现代学术经典·康有为卷》,河北教育出版社1996年版,第519页。
[5] 《潜书·明鉴》,中华书局1963年版,第109页。
[6] 《贞观政要·君道》,《资治通鉴》卷一九二《唐纪》八:"君依于国,国依于民,克民以奉君,犹割肉以充腹,腹饱而身毙,君富而国亡。"
[7] 《贞观政要·政体》。
[8] 吴兢:《贞观政要·务农》,叶大光等《贞观政要全译》,第431页。
[9] 吴兢:《贞观政要·务农》,叶大光等《贞观政要全译》,第432页。

谊指出:"夫民者,唯君者有之;为人臣者,助君理之。故夫为人臣者,以富乐民为功,以贫苦民为罪。故君以知贤为明,吏以爱民为忠。"[1]官吏是由君主任命的,必须服从君主以民为本、爱民惠民的大业,成为为民服务的仆役。明代海瑞《政序》指出:"爵位者,所托以为民之器也。"官衔不过是为民服务的工具。清代陈宏谋指出,官吏要能够为民服务,就必须了解一方天地的民情事务:"朝廷设官,原以为民,官必爱民,乃为尽职,固府州县官以'知'为名,又名之曰'地方官',谓地方之事,府州县当无所不知也。"[2]因此,选拔官吏必须听取人民的意见。齐宣王曾经问孟子:我怎样选拔使用人才?孟子的回答是,主要听老百姓的反映:"左右皆曰贤,未可也;诸大夫皆曰贤,未可也;国人皆曰贤,然后察之;见贤焉,然后用之。左右皆曰不可,勿听;诸大夫皆曰不可,勿听;国人皆曰不可,然后察之;见不可焉,然后去之。左右皆曰可杀,勿听;诸大夫皆曰可杀,勿听;国人皆曰可杀,然后察之;见可杀焉,然后杀之。故曰,国人杀之也。如此,然后可以为民父母。"[3]官吏本质上是由人民的劳动成果供养的。人民供养官吏的目的,是为了官吏公平地为自己办事。因此,官吏本质上扮演的是人民仆役的角色,如果拿了钱不办事,还反过来奴役人民、鱼肉人民,那么人民就有权利把他罢免掉:"凡吏于土者,若知其职乎?盖民之役,非以役民而已也。凡民之食于土者,出其什一佣乎吏,使司平于我也。今我受其值怠其事者,天下皆然。岂惟怠之,又从而盗之。向使佣一夫于家,受若值,怠若事,又盗若货器,则必甚怒而黜罚之矣。"[4]于是,柳宗元提出:享民俸禄的官吏而应当好好报答人民、勤勤恳恳为百姓服务,只有这样才能做到问心无愧:"夫为吏者,人役也。役于人而食其力,可无报耶?今吾将致其慈爱礼节,而去其欺伪凌暴,以惠斯人,而后有其禄,庶可平吾心而不愧于色。"[5]

4. "人本"不是"神本":"夫民,神之主也"

第四,"以人为本"还要求在处理"人"与"神"的关系时以"人"为本,而不是以"神"为本。"神"本来是不存在的。但信奉万物有灵的原始思维时代,它却是

---

[1] 《新书·大政》。
[2] 陈宏谋:《申饬官箴檄》,《清经世文编》卷二十一《吏政》上册,中华书局1992年版,第531页。
[3] 《孟子·梁惠王下》。
[4] 柳宗元:《送薛存义序》,《柳宗元集》第二册,中华书局2000年版,第616页。
[5] 柳宗元:《送宁国范明府诗序》,《柳宗元集》第二册,第595页。

人们一切行为的根本依据。夏朝是一个图腾、神话盛行的年代,它具有原始思维神灵至上的基本特征。商人延续、发展了夏人的神本主义观念,上自国家大事,下至私人生活,如祭祀、气候、收成、征伐、田猎、病患、生育、出门,无不求神问卜,占知吉凶,决定行止,从事请示鬼神、沟通人神旨意的巫史文化应运而生。《礼记·表记》揭示殷商文化的特点:"殷人尊神,率民以事神,先鬼而后礼。"但到了周代,"神本"的情况发生了改变,"人"在社会生活中的地位大大提高。这表现为两种情况。一是"人本"与"神本"并列的二元论。周人虽然不否定至高无上的神灵存在,但同时又认为,人民同样重要,于是出现了神、人并重的观念。《荀子·王霸》说:"上不失天时,下不失地利,中得人和而百事不废。"《富国》说:"上失天时,下失地利,中失人和,天下敖然若烧若焦。"《孙膑兵法·月战》说:"天时、地利、人和,三者不得,虽胜有央(殃)。"周穆王的大臣祭公谋父提出"事神保民"的命题。周厉王大臣芮良夫主张"使神人百物无不得其极"。西周时期虢国国君虢文公主张"媚于神而和于民"。春秋初期随国大夫季梁主张"忠于民而信于神"。周惠王大臣内史过指出:"国之将兴……神飨而民听,民神无怨,……国之将亡……民神怨痛,无所依怀","离民怒神而求利,不亦难乎"?[1] 如此等等,都是这种"神本"与"人本"二元论的体现。

另有一种情况则更进一步,强调在"神""人"关系中,"人"的力量是主要的,决定着一个国家的兴衰存亡,而"神"的作用则是次要的,是由"人"决定的,"人"就是至高无上的"神",值得崇敬,不可亵渎。周武王在讨伐商纣王的诸侯誓师大会上说:"惟人万物之灵。"[2]孔安国注释说:"灵,神也。"武王的意思是说:"人"是万物中的神灵。他所以率兵起义,就是因为商纣王"降灾下民"、"罪人以族",草菅人命。《国语·周语》记载周灵王之子说的一段话:"天所祟之子孙或在畎亩,由欲乱民也。畎亩之人或在社稷,由欲靖民也。"天神保佑的君王后代有的失国失位,落魄为乡野平民,由于"乱民";乡野平民有的成为社稷之主,由于能"靖民"、安民;天下得失的最终根由在人而不在神。虢国的史嚚说:"国将兴,听于民;将亡,听于神。神,聪明正直而一者也,依人而行。"[3] "神"是"聪明正直"、"依人而行"、与人相通的。随国大夫季梁认为:"夫民,神之主也,是以圣

---

[1]《国语·周语》。
[2]《尚书·周书·泰誓》。
[3]《左传·庄公三十二年》。

王先成民而后致力于神。"[1]人民就是神灵的主宰,民意就是神意,所以英明的圣王治理天下,总是先把人民的事情做好,然后再去侍奉神灵。士伯反驳宋国的仲几:"薛征于人,宋征于鬼,宋罪大矣。"[2]"征",取证的意思。宋国的仲几引用鬼神来论证自己的观点,成为士伯向主事者韩简子投诉并获得韩简子认同的一大罪状,他主张取证于人事。虞国国君曾认为:"吾享祀丰洁,神必据我。"只要将祭祀神灵的祭品准备得充分到位,神灵就会保佑自己。大夫宫之奇则提醒他:"鬼神非人实亲,惟德是依。""非德,民不和,神不享矣。神所冯依,将在德矣。"[3]仅在祭神的供品上用心是不会获得鬼神保佑的。鬼神保佑的是那些有德行的人。如果做人没有德行,那么,不仅"民不和",而且"神不享"。齐人孙武论兵家取胜之道,始终贯穿着"必取于人","不可取于鬼神"的理念:"明君贤将,所以动而胜人、成功出于众者,先知也。先知者不可取于鬼神,不可象于事,不可验于度,必取于人,知敌之情者也。"[4]成书于战国末期的《孝经》响亮地提出:"天地之性人为贵。"在天地间所有生物中,人的属性最为高贵。于是,"人本"取代了原先的"神本",成为周人宝贵的政治思想。《礼记·表记》揭示周代文化的这个特点:"周人尊礼尚施,事鬼敬神而远之,近人而忠焉。"周人的这个思想,一直成为历朝历代政治家治国安邦奉行的不二圭臬。

5. "人本"不是"天本":"民之所欲,天必从之"

第五,在古代的神灵概念中,"天"是至上神,"以人为本"不是"以神为本",又突出表现为不是"以天为本"。

中国古代的神灵概念在历史的发展中逐渐形成了天神、地祇两类。天神简称"神",是"阳之精气",所谓"阳之精气曰神"[5],如日神、月神、雷神、风神。《说文解字》云:"神,天神,引出万物者也。"《周礼·大司乐》注"以祀天神"的"天神":"谓五帝及日月星辰也。"地神称"祇"、"灵",所谓"阴之精气曰灵"[6],如山神、谷神、河神、海神之类。本着阴阳相生的观念,中国人对天神地祇都很崇拜,所谓"天父地母"、"皇天后土"。不过比较而言,天神比地祇更为高贵。在天

---

[1] 《左传·桓公六年》。
[2] 《左传·定公元年》。
[3] 《左传·僖公五年》。
[4] 《孙子兵法·用间》。
[5][6] 《大戴礼记·曾子问》。

神中,"天"、"上帝"作为最高的主宰神,地位最高。"天"有生育万物之功,与蒂落生果的"蒂"功能相通,而"蒂"在甲骨文中写作"帝",所以上古称"天"为"帝"、"天帝"。它高高在上,广大无边,所以又叫"上帝",或"昊天上帝""皇天上帝"。于是,殷商时期的"神本"观念又集中表现为"天本""帝本"思想。殷商卜辞没有与人有关的道德智慧方面的用语,充斥的是"上帝"和占卜"上帝"后获得的"吉""不吉""祸""咎""不利"等结果的用语。"帝与殷商时期的一些自然神和商王的先祖有上下统属关系,帝是商人崇拜的至上神。""殷商时期的帝对风、雨、雷等自然天象有控制权,也有随意降予商王国自然灾害与人事灾害的主动权。"[1]由于王权天命,君权神授,所以君王叫"天子"。《史记·五帝本纪》:"于是帝尧老,命舜摄行天子之政,以观天命。"为了获得天神的庇佑,从夏朝开始,统治者虔诚地开始了祭天活动。殷商时期,这种活动更是绵延不绝。所以夏商的"神本主义",又呈现为"天本主义"。

到了周代,伴随着"神本"观念的弱化,"天本"的概念也发生了变化。一方面,周人保留夏商时期王权天命、君权神授的观念和对主持正义的天神、上帝的崇拜。如《尚书·商书》指出:"有夏多罪,天命殛之。"《国语·晋语》指出:"天将兴之,谁能废之。"《战国策·魏策》说:"休祲降于天。"以周代殷是"皇天上帝"天命的产物[2],于是更加崇奉"皇天上帝",将原先的祭天活动系统化为祭天大礼[3]。另一方面,周人又发现天神并不那么可信:"天命靡常。"[4]"天难忱斯。"[5]上天也不怎么圣明公道。"昊天不佣,降此鞠讻。昊天不惠,降此大戾。""昊天不平,我王不宁。不惩其心,覆怨其正。"[6]"浩浩昊天,不骏其德。降丧饥馑,斩伐四国。旻天疾威,弗虑弗图。舍彼有罪,既伏其辜。若此无罪,沦

---

〔1〕 徐明波:《从卜辞看殷商时期上帝的性质》,《重庆师范大学学报(哲学社会科学版)》2007年第3期。
〔2〕 《尚书·周书·召诰》:"皇天上帝改厥元子,兹大国殷之命。"元子:首子、天子,指殷纣王。兹:已,停止、中断。
〔3〕 周代的祭天礼冬至之日在国都南郊圜丘(天坛)举行,叫郊祭。根据周礼,天子于孟春、秋分、冬至用碧玉、禋祀、太牢以最高礼仪祭上帝于天坛。《周礼》所祀天神,叫昊天上帝。汉、魏以来,天神名号不一。元大德九年,止依《周礼》,祀昊天上帝,不久五帝从享。明成祖迁都北京后以至清代,每年分祭天地于南北郊。
〔4〕 《诗·大雅·文王》。
〔5〕 《诗·大雅·大明》。忱,通谌(chén),相信。
〔6〕 均见《诗·小雅·节南山》。佣,一解为明,一解为平。

胥以铺。"[1]"荡荡上帝,下民之辟。疾威上帝,其命多辟。"[2]正因为"天"的权威削弱了,屈原才敢于在《天问》中对"天"发问,接连问了173个问题。在对"昊天"、"上帝"的品格、力量发生怀疑的同时,周人发现"人"的作用和力量倒是很大的,所谓"妖由人兴"[3],"吉凶由人"[4]。春秋后期某年,晋国发生日食,晋君向大臣文伯咨询吉凶,文伯回答说:"不善政之谓也。国无政,不用善,则自取谪(谴)于日月之灾。故政不可不慎也。务三而已:一曰择人,二曰因民,三曰从时。"[5]郑国子产说:"天道远,人道迩,非所及也。"[6]"天道"玄远而不易把握,而"人道"切近而易于践行,治理国家不如把"人道"的事情做好。不仅如此,周人还发现,天意往往以人意,尤其是人的道德为转移:"民之所欲,天必从之。"[7]"天视自我民视,天听自我民听。"[8]"皇天无亲,唯德是辅。"[9]顺乎人心,就合符天意,所谓"汤武革命,顺乎天而应乎人"[10]。

可见,"人"的地位比"天"还高贵。正如《礼记》所赞美的那样:人是"天地之心",人是天地的核心和中心。荀子指出:人不仅有认识自然规律的认知能力(知),而且有人有自我约束的道德意识(义),还有组织起来协同作战的社会能力(群),因此,"人定胜天":"大天而思之,孰与物畜而制之?从天而颂之,孰与制天命而用之?"[11]于是,"天时""地利"不如"人和",成为这个时期政治家乃至军事家的共识。孟子说:"天时不如地利,地利不如人和。三里之城,七里之郭,环而攻之而不胜。夫环而攻之,必有得天时者矣;然而不胜者,是天时不如地利也。城非不高也,池非不深也,兵革非不坚利也,米粟非不多也,委而去之,是地利不如人和也。故曰:域民不以封疆之界,固国不以山溪之险,威天下不以兵革之利。得道者多助,失道者寡助;寡助之至,亲戚畔之;多助之至,天下顺之。

---

[1]《诗·小雅·雨无正》。
[2]《诗·大雅·荡》。前一辟字,君王;后一辟字,邪僻。
[3]《左传·庄公十四年》。
[4]《左传·僖公二十六年》。
[5]《左传·昭公七年》。
[6]《左传·定公元年》。
[7]《尚书·周书·泰誓上》。
[8]《尚书·周书·泰誓中》。《尚书·虞夏书·皋陶谟》记载舜时大臣皋陶的话:"天聪明,自我民聪明;天明畏,自我民明威。"按《尚书》为周人编订,皋陶的这段话也可作为周人思想的间接反映,可参。
[9]《尚书·周书·蔡仲之命》。
[10]《易·革·彖辞》。
[11]《荀子·天论》。

以天下之所顺,攻亲戚之所畔,故君子有不战,战必胜矣。"[1]尉缭子指出:"天时不如地利,地利不如人和。圣人所贵,人事而已。"[2]因此,殷商的"天本"到周代一变而为"人本",谨人事、尽人力、得人心成为天下大治、战争取胜、获得天命的根本之道。

6."人本"不是"物本":"爱人"高于"爱物"

在古代的"天""人"关系中,"天"不仅是"神"的概念,还属于"物"的概念。与"人本"不是"天本"相关,"人本"也不是"物本",在处理"人"与"物"的关系中,应当坚持"人"比"物"重要的原则。自然界的"物"本来是为"人"的生存服务的,但如果这"物"属于国家的财产、官府的财产,而"人"是普通百姓,或由于"物"是非常贵重的财产,就容易发生重"物"轻"人"、舍身殉物的情况。《庄子·骈拇》批评当时社会以身殉物的愚蠢现象:"自三代以下者,天下莫不以物易其性矣。小人则以身殉利,士则以身殉名,大夫则以身殉家,圣人则以身殉天下。故此数子者,事业不同,名声异号,其于伤性以身为殉,一也。"李斯《谏逐客书》指出秦王在用人取物时重物轻人的失误:"今陛下致昆山之玉,有随、和之宝,垂明月之珠,服太阿之剑,乘纤离之马,建翠凤之旗,树灵鼍之鼓。此数宝者,秦不生一焉,而陛下说之,何也?……快意当前,适观而已矣。今取人则不然,不问可否,不论曲直,非秦者去,为客者逐。然则是所重者,在乎色乐珠玉;而所轻者,在乎人民也。"因此,孔子主张的"仁者爱人",不仅意味着"爱他人",而且意味着"仁"的重点是"爱人"而不是"爱物"。比如《论语·乡党》中记载的下面这件逸事就说明了这一点:"厩焚。子退朝,曰:'伤人乎?'不问马。"马棚马多人少,失火后马肯定死伤不少,孔子获悉马棚失火后,只关心"人"的安全,而不问"马"的情况,这说明在他心目中,"人"比"马"重要得多。朱熹注解说:"盖贵人贱畜,理所当然。"孔子"非不爱马,然恐伤人之意多,故未及问"。[3]吕不韦进而重新界定"仁爱"之"仁":"仁于他物,不仁于人,不得为仁;不仁于他物,独仁于人,犹若为仁。"[4]"爱人"比"爱物"重要得多。

---

[1]《孟子·公孙丑下》。
[2]《尉缭子·战威》。
[3] 朱熹:《论语集注》卷五,朱熹:《四书章句集注》,中华书局1983年版,第121页。
[4]《吕氏春秋》卷二十一《开春论第一·爱类》,《二十二子》,上海古籍出版社1986年版,第710页。

"人本"不是"物本",还意味着全面理解人性内涵,过符合人性需求的生活,而不做物质的奴隶。人是物质与精神的统一体,既有食、色的欲望,又有精神的追求。如果沉溺于物欲,放弃更高的道德追求,那就是混同禽兽的"物"而不是真正的"人"。"人之有道也,饱食暖衣、逸居而无道,则近于禽兽。"[1]"富与贵,是人之所欲也,不以其道得之,不处也。"[2]"不义而富且贵,于我如浮云。"[3]就人的物欲来说,它的满足是有正常的人性限度的,"鹪鹩巢于深林,不过一枝;偃鼠饮河,不过满腹"[4]。在这个限度内给予满足是有益于人的生命存在的,超过这个限度的追求则是有害于生命存在的。"出则以车,入则以辇,务以自佚,命之曰招蹶之机;肥肉厚酒,务以自强,命之曰烂肠之食;靡曼皓齿,郑卫之音,务以自乐,命之曰伐性之斧。"[5]"世之富贵者,甚于声色滋味也多惑者,日夜求,幸而得之则循焉。循焉,性恶得不伤?"[6]真正的"人本"应当按照人性的实际需求满足物欲,享用物质资料:"耳虽欲声,目虽欲色,鼻虽欲芬香,口虽欲滋味,害于生则止。……由此观之,耳目鼻口,不得擅行,必有所制,譬之若官职,不得擅为,必有所制。此贵生之术也。"[7]"今有声于此,耳听之必慊,已听之则使人聋,必弗听;有色于此,目视之必慊,已视之则使人盲,必弗视;有味于此,口食之必慊,已食之则使人瘖,必弗食。是故圣人之于声色滋味也,利于性则取之,害于性则舍之,此全性之道也。"[8]

7. 余论:"以人为本"的当代解读

中华人民共和国成立以后,我们长期坚持"以阶级斗争为纲"和"无产阶级专政下的继续革命",经历了三十年的"谈人色变"时期,走了不少弯路。比如在处理"国家"与"人民"的关系时,片面强调先国家、集体,后个人,要求为了国家、集体利益无条件地牺牲个人利益,所以国力增强了,国防强大了,但人民的收入水平一直没有提高,百姓的生活状况长期没有改善;在处理"人"与"物"的关系

---

[1]《孟子·滕文公上》。
[2]《论语·里仁》。
[3]《论语·述而》。
[4]《庄子·逍遥游》。
[5]《吕氏春秋·本生》。
[6]《吕氏春秋·本生》。
[7]《吕氏春秋·贵生》。
[8]《吕氏春秋·本生》。

时,一味提倡为保护国家财产英勇献身,人的生命显得微不足道;在处理敌我矛盾时,取消"无罪推断",无视专政对象的基本人权,主张"把他们打翻在地,再踏上它一只脚,叫他永世不得翻身",如此等等,都是背离"以人为本"精神的。改革开放以来,我们废除了"以阶级斗争为纲"和"无产阶级专政下的继续革命"的政治方针,"以人为本"、"执政为民"逐渐成为党中央新的执政理念。党的十七大报告提出:"必须坚持以人为本","促进人的全面发展"。党的十八大报告强调:"以人为本""执政为民"是检验一切执政活动的最高标准。十八大凸显了"以人为本""人民至上"的执政理念,昭告世界中国道路将进一步把人民放在首要位置,坚持人民主体地位,尊重人民首创精神,贴近人民真实关切。习近平总书记指出:"人民对美好生活的向往,就是我们的奋斗目标。"有学者将中央执政理念的这种变化叫做"从物到人"[1]。它不仅体现了对中国古代和世界政治文明中有价值的"人本"思想精华的继承,包含着与时俱进的创造性发展。其注入的新的内涵是:以人为前提,以人为核心,以人为尺度,以人为归宿;在人与自然关系上,"以人为本"既主张利用自然为人类生存服务的,从而变革自然、改造自然,又肯定人依赖自然才能生存,自然是人的一部分,反对"人类中心主义",反对掠夺自然、破坏自然,追求人类社会的可持续发展;在人与物的关系上,既承认人的基本物质利益,反对"君子固穷"、"安贫乐道"的苦行僧主义,又肯定人的精神追求,反对"物本主义"和"金钱拜物教",反对将"人"异化为物质、金钱的奴隶;在人与人的关系上,既尊重精英群体的贡献权利,又保障弱势群体的生存权益;在人与组织的关系上,既主张个人融入组织,接受组织的管理,又主张组织部门尊重人、解放人、开发人,打破对人的束缚,使人尽其才;在个人与国家的关系上,将发展国力与惠及民生、国富与民富统一起来,不断改善人民群众的生活水平;在司法实践中,坚持"无罪推断"、慎杀少杀,减少冤假错案;在人与社会的关系上,追求达情遂欲、共同发展,实现人的全面自由发展。

"路漫漫其修远兮,吾将上下而求索。"在实现中华民族伟大复兴"中国梦"的道路上,"人本"精神必将焕发出蓬勃的生机与巨大的活力。

(本文载《社会科学研究》2014年第3期)

---

[1] 如韩庆祥、张洪春:《以人为本——从物到人》,江苏人民出版社2006年版,扉页,如题。

二、国学中的"法治"论

治理天下应以保障"民生"、尊重"民心"的"仁政""德治"为主,但同时还必须兼行"法治"。道德与法律共同构成人类社会的规范机制和秩序体系。道德主"内",法律主"外";道德治"本",法律治"标"。德治与法治犹如车之两轮,鸟之两翼,在一个健康运行的社会中,二者相辅相成、不可偏废。社会的道德建设不应反对和排斥法治建设,法治建设也不能代替道德建设,德治与法治齐抓共管,相互协调配合,才能真正实现社会和谐。依法治国,这就是中国古代政治文明留给我们的又一项思想遗产。从唐虞时期的"象刑"、夏朝的《禹刑》、商朝的《汤刑》、周朝的《吕刑》,到汉、隋、唐、宋、明、清的刑法,或轻或重,时起时伏,构成了中国古代君主专制之下有刑法无宪法的独特法律体系。在"仁政"之下,古代的"法治"论要求在立法、执法实践中坚持"德主刑辅"的基本原则,"先德后刑"、"尚德希刑"、以德立法、以德司法,"法令欲其难犯而易避","刑不厌轻""罚不患薄","疑罪从去""疑功从予",反对以法谋私,"司民短而诛过误",实现法律面前官民平等、君臣平等,真正把公平的法律落到实处。这些思想,对完善我们今天的法律体系仍然具有极大的参考价值和借鉴意义。

1."法制"产生依据及历代刑法简况

"法治"的依据是"法制"。中国古代"法制"的产生不仅源于现实的社会问题,也基于对人性的客观评判。人与生俱来地具有自私自利的情欲,而德治教化不是万能的。当自私自利的情欲冲决道德规范的堤防、胡作非为、危害社会的时候,国家就必须设立刑法给予惩罚、加以防范。葛洪指出:"莫不贵仁,而无能纯仁以致治也;莫不贱刑,而无能废刑以整民也。"[1]即便"贵仁""贱刑",也不可完全废除刑法,否则天下百姓就无法治理。法家先驱管子从人性好恶出发指出:"凡民莫不恶罚畏罪,是以人君严教以示之,明刑罚以致之。"[2]法家代表韩非子也从人性"喜利畏罪"揭示:"矫上之失,诘下之邪,治乱决缪……莫如法;属官威民,退淫殆,止诈伪,莫如刑。"[3]要之,治理天下必须德法兼用、宽猛相济。

---

[1] 葛洪:《抱朴子・外篇・用刑》。
[2] 《管子・版法解》。
[3] 《韩非子・有度》。

孔子指出："政宽则民慢……猛则民残……宽以济严,猛以济宽,政是以和。"[1]孟子告诫政治家："徒善不足以为政,徒法不足以自行。"[2]荀子提出："治之经,礼与刑。"[3]因而主张"隆礼重法"[4]。这种礼法并行、刑德相济的思想,在汉代又被进一步丰富发展。贾谊指出："夫礼者禁于将然之前,而法者禁于已然之后。"[5]礼教道德"禁于未然之前",可以预防犯罪,刑罚法律"禁于已然之后",可以制裁犯罪,二者不可偏废。刘安揭示："无法不可以为治也,不知礼仪不可以行法也。"[6]董仲舒强调："教,政之本也;狱,政之末也。其事异域,其用一也,不可以不相顺。"[7]刘向指出："治国有二机:刑、德是也。"[8]桓谭指出:"夫王道之治,先除人害,而足其衣食,然后教以礼仪,而威以刑诛,使知好恶去就。"[9]自班固《汉书》起,历代官修史书均在《礼乐志》之外并列《刑法志》,阐述每个朝代的礼教与法制情况,充分说明"德治"与"法治"如车之两轮,缺一不可。正如西晋傅玄所说："夫威德者,相须而济者也。故独任威刑而无惠,则民不乐生;独任德惠而无威刑,则民不畏死。……有国立政,能使其民可教可制者,其唯威、德足以相济者乎?"[10]

那么,中国古代惩罚犯罪的刑法大体是怎样的状况呢?

传说尧舜时期实行"象刑"[11],即用"画衣冠、异章服"的办法代表肉刑和死刑,以羞辱性的服饰来制裁犯罪人。这是比较仁慈的刑罚措施。

"禹承尧舜之后,自以德衰而制肉刑。"[12]据《左传·昭公六年》记载:"夏有乱政,而作《禹刑》。"《禹刑》的具体内容已经无从考证。东汉郑玄说:"夏刑,大辟二百,膑辟三百,宫辟五百,劓、墨各千。"说明夏朝已有"五刑"。据文献记载:

---

[1]《左传·昭公二十年》。
[2]《孟子·离娄上》。
[3]《荀子·成相》。
[4]《荀子·天论》。
[5]《汉书·贾谊传》。
[6]《淮南子·泰族训》。
[7]《春秋繁露·精华》。
[8]《说苑·政理》。
[9]《新论·王霸》。
[10]《傅子·治体》。
[11]《尚书舜典》:"象以典刑。"《史记·文帝纪》十三年诏说,古代有虞氏之时,以"画衣冠、异章服"作为处罚。《史记·武帝纪》元光元年诏:"朕闻昔在唐虞,画象而民不犯。""象"是服饰、象征。唐、虞:唐尧、虞舜。
[12] 班固:《汉书·刑法志》。

夏禹看见罪人被处罚时,曾自责痛哭:"禹出见罪人,下车,问而泣之。左右曰:'夫罪人不顺道,故使然焉,君王何为痛之至於此也?'禹曰:'尧舜之人皆以尧舜之心为心,今寡人为君也,百姓各自以其心为心,是以痛之。'"[1]又据说夏禹对司法部门审判的案件"大小必察,枉直咸举",甚至"以断趾之法,代大辟之刑","仁心恻隐,贯彻幽显"[2]。说明夏朝自大禹起虽然有了严厉的刑法,但还是保留着尧舜时期的仁德遗风。

《左传·昭公六年》又说:"商有乱政,而作《汤刑》。"祖甲在位时,曾对《汤刑》进行修订,成为商朝通行的刑法律条。《汤刑》现已失传,内容无法确考。据古代文献引述,商朝刑事立法更加完备,刑法名目更多,刑罚手段更加残酷,多为后世采用,所以荀子说:"刑名从商。"商代在五刑之外增加了许多酷刑。死刑的名目有:斩,即杀头;戮,即在执行死刑前履行一定的程序,使被戮罪犯先蒙受耻辱,然后再斩;醢,杀死后将尸体捣成肉酱;脯,杀死后将尸体剁成肉干;烹,把人放在器物里煮死;剖心,即把人的心肝挖出;炮烙,让有罪之人在底下烧火的铜格上行走,活活烫死烧死;孥戮,不仅杀其本人,而且祸及子女;劓殄,即族诛。"肉刑"是与死刑相对的生刑,对罪犯肉体上加以处罚,名目有:墨刑,在罪犯面部或额上刺刻后,涂以墨色,终身留下犯罪印记;劓刑,即割掉鼻子;刖刑,也叫剕刑,一说是用刀锯断足,一说是挖去膝盖骨,后来这一刑罚发展为斩左、右趾;断手,如《韩非子·内储说上》云:"殷之法,弃灰于公道者断其手。"宫刑,即割掉男子生殖器,破坏女子生殖机能。"徒刑"也开始出现,即拘系犯罪者,强迫其参加劳役。

西周继续实行墨、劓、宫、刖、杀五刑。战国时期,韩用申不害,秦用商鞅,实行连坐法,一人犯法,夷灭三族,还增加了凿颠(凿头颅)、抽胁(抽掉腋下肋骨)、镬烹(投入油锅)之刑。

秦始皇吞并六国后,废除德治,专任刑罚,采取严刑峻法,导致"赭衣塞路,囹圄成市"。

刘邦入关,与民约法三章,尽除秦朝苛法。吕后"除三族罪、妖言令"。文帝废除连坐法及黥、劓、刖刑、宫刑等肉刑,黥刑用髡(剃去头发)、钳(用铁圈束住颈项)、劳役代替,劓刑用鞭打三百下的笞刑代替,刖刑或用鞭打五百下的笞刑

---

[1] 刘向:《说苑·君道》。
[2] 吴兢:《贞观政要·论封建》李百药奏论。

代替,或改为死刑[1]。武帝时恢复了"连坐法""宫刑"等重刑,但宣帝以后,又重新恢复了轻刑。[2]

三国两晋南北朝时期,刑罚体系渐趋宽缓,"割裂肌肤,残害肢体"的刑罚手段逐渐减少。北朝西魏、北齐均下诏废止宫刑。北魏、北齐、北周规定了鞭刑与杖刑。北周把流刑作为死刑的一种宽待措施。《梁律》创缘坐妇女免处死刑的先例。

隋代《开皇律》删除不少残酷的生刑,对流刑、鞭刑做了人性化的修改,禁止"残剥肤体"的鞭刑,并废除"枭首"示众、"辕身"车裂之类的酷刑,把死刑限定为绞、斩两种。

唐代死刑、流刑大为减少。死刑只有绞斩两种;徒刑仅一年至三年;笞杖数目也大为降低;适用刑罚以从轻为度,比以前各代均为轻;唐律被认为是中国古代社会"得古今之平"的刑法典范。

宋代创设了一些新的刑罚制度。如凌迟刑,起初时适用于以妖术杀人祭鬼的罪犯,后来适用范围渐广;刺配刑,刺面、配流且杖脊,本来是对免死人犯的一种代用刑,后来则成了常用刑;折杖法,宋太祖时期作为重刑的代用刑出现,但因"良民偶有抵冒,致伤肢体,为终身之辱;愚顽之徒,虽一时创痛,而终无愧耻",所以徽宗时又对折杖刑数重作调整,减少对轻刑犯的伤害。

元朝保留了蒙古族人的许多习惯法,蒙古人、僧侣在刑罚处置中享有某种特权。元法死刑中无绞刑,凌迟为法定死刑。

明清时期复活了大量肉刑,刑罚手段日趋残酷。明、清两朝恢复了枭首示众之刑,并将适用范围逐步扩大,在死刑执行方面还发明出一些更加残酷的方式,如"剥皮实草"、"灭十族"、戮尸等。明代还发展了庭杖制度,这是在殿庭前对违抗皇命的大臣直接施以杖刑的酷刑。明代往往由厂卫行之,行刑之酷,许多被杖者当场毙命。明代还并创立了一些新的刑种,为清朝沿用。如"枷号"。这是明

---

[1] 文帝废除肉刑,无疑是一种进步,受到后人高度评价,但他改判笞刑的犯人,常常是还没有打够300下或者500下,就被活活打死。因此,班固批评文帝"外有轻刑之名,内实杀人"。"除肉刑者,本欲以全民也,今去髡钳一等,转而入于大辟",造成"死者岁以万数","以死罔民,失本惠矣"。鉴于上述弊端,景帝即位以后,两次下诏"减笞法",先将笞500下降为300下,笞300下降为200下,接着又将笞300下降为笞200下,笞200下降为100下。同时,规定笞刑的刑具一律为竹制的棰杖,长5尺,执刑者手持部分厚度为1寸,用来打人的部分薄半寸,并要削平其竹节;又规定笞刑只能打臀部,行刑者不得更换。"自是笞者得全"。

[2] 班固:《汉书·刑法志》。

朝首创的耻辱刑,清代沿用,一般用于有伤风化的伦理犯罪。枷是一种方形木质项圈,用以套住脖子,有时还套住双手。强制罪犯戴枷于监狱外或官府衙门前示众,以示羞辱。刑期为一月、二月、三月、六月、永远五种。枷的重量从二三十斤到一百五十斤不等。戴上最重枷的囚犯往往几天内就会毙命,所以从耻辱刑演变成致命的酷刑。"充军刑",罚犯人到边远地区从事强迫性的屯种或充实军伍,是轻于死刑、重于流刑的一种刑罚;"发遣刑",流放刑罚的一种,指将罪犯发往边地终生当差、为奴、种地。这是一种比充军更重的刑罚。《清朝续文献通考》指出:"军罪虽发极边烟瘴,仍在内地,遣罪则发于边外极苦之地,所谓屏诸四夷不与同中国者,此军与遣之分别也。"明代时只限军官和士兵,清时则包括徒罪以上的文武官员。

从唐虞时期的"象刑"、夏朝的《禹刑》、商朝的《汤刑》、周朝的《吕刑》,到汉、隋、唐、宋、明、清的刑法,或轻或重,时起时伏,构成了中国古代法律在君主专制之下只有惩罚人民犯罪的刑法,而无保证人民权利的宪法的独特体系。

2. "德主刑辅""尚德希刑"

作为"仁政"的一个组成部分,古代的"法治"论要求在立法、执法实践中坚持"德主刑辅"的基本原则。早在《尚书·周书》的《康诰》《多方》等篇中,我们就看到周人反复强调"明德慎罚"。孔子为代表的儒家把这发展为"德主刑辅"。汉代以降,通过儒学的"法典化"与法律的"儒学化",德法兼用、德主刑辅的政治模式逐渐固定下来。为什么要坚持"德主刑辅"?《淮南子·泰族训》说:"民无廉耻,不可治也。""民不知礼仪,法弗能正也。"董仲舒指出:法"能刑人而不能使人廉","能刑人而不能使人仁"。刘向说:"教化,所恃以为治也,刑法,所以助治。今废所恃而独立其所助,非所以致太平也。"[1]班固认为,在国家政治中,刑法虽然是不可以缺少的,但必须摆到合适的位置:"文德者,帝王之利器;威武者,文德之辅助也。"刑法虽为治理社会所必须,但只能治标,不能治本,决不能以法治为主,单纯依赖刑法,秦朝"专任刑罚"导致迅速灭亡就是惨痛的历史教训。要从根本上解决问题,必须立足于德治,坚持"德主刑辅"。

"德主刑辅"要求"先德后刑""先教后杀",避免"不教而杀"。周公认为在"教"与"刑"并用的情况下,应当教化先行,给犯罪者改过自新机会。如经过教

---

[1] 转引自班固:《汉书·刑法志》。

化仍然再犯,则再施以刑罚。比如酗酒成风,是商人遗留给周初的一个普遍而严重的社会问题。周公认为,商人酗酒以至于丧国,周人应以此为戒,反复教育而仍"群饮"者,则"尽执拘以归于周,予其杀"。朱熹将这种"先德后刑""先教后杀"的做法解释为"教之不从,刑以督之"。[1] 关于这样做的道理,刘向指出:"至于刑者,则非王者之所贵也,是以圣王先德教而后刑罚。"[2]

"德主刑辅"还要求"尊德卑刑""尚德希刑""大德小刑"。管子指出:刑法之威在守信,守信之道在禁少,"未有能多禁而多止者也"[3]。荀子提出:"明德慎刑,国家既治四海平。"[4]刘向主张:"尚其德而希其刑。"[5]王符提出:"圣人甚尊德礼而卑刑罚。"[6]南朝梁沈约撰《宋书》,研判历代兴废,他总结出来的治国之术是"刑务简阔"。魏徵总结道:"御之良者,不在于烦策;政之善者,无取于严刑。故虽宽猛相资,德刑互设,然不严而化,前哲所重。"[7]《隋书·刑法志》指出:"夫刑者,制死生之命,评善恶之源,剪乱诛暴,禁人为非者也。""上有道,刑之而无刑;上无道,杀之而不胜也。"

3."以德立法""以德司法"

在立法环节,"德主刑辅"要求"以德立法",保证立法的公正性。所谓"以德立法",包含两层意思。一是反对立法者从私利出发制定、修改法律,从源头上堵住漏洞。周武王曾请教姜太公:"为国而数更法令者,何也?"姜太公说:"为国而数更法令者,不法法,以其所善为法者也。故令出而乱,乱则更为法,是以其法令数更也。"[8]黄宗羲指出:"夫非法之法,前王不胜其利欲之私以创之,后王或不胜其利欲之私以坏之。坏之者固足以害天下,其创之者亦未始非害天下者也。"[9]确保法律的公正不仅有助于老百姓守法,而且有助于防止立法者和执法者犯法。刘安指出:法不仅是用来"禁民使不得恣"的,也是用来"禁君使无

---

[1] 《朱子语录》卷七十八。
[2] 《说苑·政理》。
[3] 《管子·任法》。
[4] 《荀子·成相》。
[5] 《说苑·政理》。
[6] 《潜夫论·德化》。
[7] 《隋书》卷七十四《列传第三十九·酷吏》。
[8] 刘向:《说苑·政理》。
[9] 黄宗羲:《明夷待访录·原法》。

擅断"的,"人主之立法,先自为检式仪表,故令行于天下。"[1]黄宗羲指出:如果有一套公正的法律,对于执法者而言,"其人是也,则可以无不行之意;其人非也,亦不至深刻罗网,反害天下"。这就叫"有治法而后有治人"。[2]

二是主张从防患于未然的仁德动机出发制定刑罚,努力使刑罚"难犯而易避",而不是动辄得咎。汉元帝目睹当时"生刑易犯"、"死刑过制"、法令"烦不约"、令人防不胜防的状况,即位后便加以删减。他提出立法的动机和原则:"夫法令者,所以抑暴扶弱,欲其难犯而易避也。"[3]汉末王符进一步加以诠释:"凡立法者,非以司民短而诛过误,乃以防奸恶而救祸败,检淫邪而内正道尔。"[4]立法的本意是让人"难犯而易避",而不是为了"司民短而诛过误",正如设立死刑的目的不是"求民之死",而是"求民之生"一样,否则立法就失去公正性、合法性了。所以,《宋史·刑法志》说:"先王有刑罚以纠其民,则必以温慈惠和以行之。盖裁之以义,推之以仁,则震悚杀戮之威,非求民之死,所以求其生也……刑以弼教,使之畏威远罪,导以之善尔。"魏源指出:"强人之所不能,法必不立;禁人之所必犯,法必不行。"[5]强迫人们去做办不到的事,这样的法令一定不能成立;禁止人们去做必定会触犯的事,这样的法令肯定不能实行。

在执法环节,"德主刑辅"要求"以德司法",将仁德的思想贯彻到执法实践中,"刑不厌轻","罚不患薄"。"以宽仁为治,故立法之制严,而用法之情恕。"[6]比如西汉司法实践中,特别注意减轻对老人、小孩、残疾人及孕妇的处罚。惠帝即位时,曾下令"民年七十以上若不满十岁有罪当刑者,皆完(不加肉刑,仅剃去脸颊上的毛和鬓发)之"。景帝时又规定,"年八十以上,八岁以下,及孕者未乳"等涉罪者,宽容拘禁,不加桎梏等刑具。宣帝时下诏"念夫耆老之人,发齿堕落,血气衰微,亦无暴逆之心,今或罹于文法,执于囹圄,不得终其年命……自今以来,诸年八十非诬告杀伤人,它皆勿坐"。成帝时又规定,"年未满七岁,贼斗杀人及犯殊死者,上请廷尉以闻,得减死"。这些规定,体现了刑罚中的仁德精神,为后世各朝所吸取。

量刑时以宽大为主,还是为防止漏网而重罚误判,是衡量是否"以德司法"

---

[1]《淮南子·主术训》。
[2] 黄宗羲:《明夷待访录·原法》。
[3]《汉书》卷二十三《刑法志》。
[4] 王符:《潜夫论·德化》。
[5] 魏源:《默觚下·治篇三》。
[6]《宋史·刑法志》。

的试金石。"明德慎罚"的周人主张凡是有疑问的罪行,可以从轻发落和赦免:"五刑之疑有赦,五罚之疑有赦。"墨辟疑赦,劓辟疑赦,剕辟疑赦,宫辟疑赦,大辟疑赦[1]。孔子曾经比较古今执法的不同:"古之知法者能省刑,本也;今之知法者不失有罪,末矣。""今之听狱者,求所以杀之;古之听狱者,求所以生之。"[2]贾谊在此基础上提出"疑罪从去"、"疑功从予"的司法原则:"与其杀不辜也,宁失于有罪也。故夫罪也者,疑则附之去已;夫功也者,疑则附之与已。则此毋有无罪而见诛、毋有有功而无赏者矣。""故古之立刑也,以禁不肖,以起怠惰之民也。是以一罪疑则弗遂诛也,故不肖得改也;故一功疑则必弗倍(背)也,故愚民可劝也。是以上有仁誉而下有治名。疑罪从去,仁也;疑功从予,信也。"[3]这里最值得警惕的是执法者利用自身的便利,故意设套坑害百姓。汉元帝批评当时执法界:"今之狱吏,上下相驱,以刻为明,深者获功名,平者多后患。谚曰:'鬻棺者欲岁之疫。'非憎人欲杀之,利在于人死。今治狱吏欲陷害人,亦犹此也。"[4]

执法者也有私利,这不仅会导致司法不公,而且会导致法律形同虚设,使国家有"法制"而无"法治"。"有法者而不用,与无法等。"[5]"世不患无法,而患无必行之法。"[6]制定法令是容易的,难的是把法令公正地落到实处。为此,商鞅、韩非要求除君主拥有特权之外执法时官民平等。"所谓一刑者,刑无等级,自卿相、将军以至大夫、庶人,有不从王令、犯国禁、乱上制者,罪死不赦。"[7]"法不阿贵,绳不绕曲,法之所加,智者弗能辞,勇者弗敢争,刑过不避大臣,赏善不遗匹夫。"[8]而管子、刘安则更进一步,要求君主专制之下君主带头执法:"君臣上下贵贱皆从法,此谓为大治。"[9]"法律度量者,人主之所以执下。释之而不用,是犹无辔衔而驰也,群臣百姓反弄其上。"[10]为了防止执法者以私干法,古代造就设立了监察机构。不过监察人员也有一个违法犯法、需要别人再监察

---

[1]《尚书·周书·吕刑》。
[2] 转引自《汉书》卷二十三《刑法志》汉元帝诏。听狱:断案。
[3]《新书·大政》。
[4]《汉书》卷二十三《刑法志》汉元帝诏。
[5] 刘安:《淮南子·主术训》。
[6]《盐铁论·申韩》。
[7]《商君书·赏刑》。
[8]《韩非子·有度》。
[9]《管子·任法》。
[10] 刘安:《淮南子·主术训》。

的问题,这就使得司法公正陷入了难以彻底解决的怪圈:"夫置丞立监者,且以禁人之为利也;而丞、监亦欲为利,则何以相禁?"[1]而且,下级官员犯法往往导源于上级官员的徇私枉法,"严下吏之贪,而不问上官,法益峻,贪益甚,政益乱,民益死,国乃以亡"[2]。执法公正要从上级官员抓起。

中国古代的"法治"思想最终是为维护君主专制、巩固君主统治的目的服务的,这就注定了它本身具有不同于现代民主法律体系的局限性;然而,维护君主专制、巩固君主统治的长远利益必然与人民的利益存有若干交叉之处,这就使得它同时包含许多具有普适意义的价值,值得在我们今天的立法、司法实践中参考借鉴。

(本文载《中国政法大学学报》2013年第5期)

三、论"公平正义"

"公平正义"是衡量社会文明的重要指标,也是确保社会稳定的价值基石。高福利并没有使卡扎菲统治的利比亚免于战乱,因为卡扎菲统治时期的利比亚腐败横行,公正尽失。这个活生生的教训正应验了孔子早就说过的话:"有国有家者,不患寡而患不均,不患贫而患不安。盖均无贫,和无寡,安无倾。"[3]在民生问题解决之后,必须逐步实现社会公平正义,才能促进和巩固社会和谐。改革开放以来,我国的民生问题有很大的改善,但社会不公现象也日益凸显,这给社会稳定埋下了巨大隐患。"十八大"报告明确将"平等"、"公正"作为"社会主义核心价值观"的一部分加以强调[4],提出"使发展成果更多更公平惠及全体人民"的奋斗目标。那么,什么是"公平正义"?如何实现"公平正义"?探讨这个问题,显然具有重大的理论和现实意义。

"正义"的核心涵义是"公平",也就是出以公心、无偏无私的"平等"。"平等"不仅是自然之道,也是人间之道。它以"人性平等""人格平等"为起点,走向"人权平等"。"人权平等"的首要涵义是争取权利的"机会平等",在商品经济活动中表现为"市场公平";"人权平等"的第二层涵义是兼顾"结果公平",通过社

---

[1] 《商君书·禁使》。
[2] 王夫之:《读通鉴论》卷二十八。
[3] 《论语·子路》。
[4] "十八大"报告提出:"倡导富强、民主、文明、和谐,倡导自由、平等、公正、法治,倡导爱国、敬业、诚信、友善,积极培育社会主义核心价值观。"

会的"损有余而奉不足"的社会二次分配对弱势群体实施基本的生活保障,达到共同富裕的"社会公平"。在当前社会主义市场经济条件下,面对社会成员之间愈益拉大的收入分配差距,如何重建公平正义,就显得更加迫切和重要。

1."平等"是天地之道、人间正道

我们平常经常说"公平正义",到底什么是"公平正义"?其实,"公平"是"正义"的前提。只要"公平"了,自然就具有"正义"性。而在"公平"中,"平等"又是"公正"的基础。所谓"公正",就是不偏不倚,出以公心,支持公道,它具体落实为"平等"。在自然界,"平"是"天地之道","平"则万物各得其所而长久存在,"不平"则"鸣","鸣"而不已,则"坠"、则"倾"。"天无私覆也,地无私载也,日月无私烛也,四时无私行也,行其德而万物得遂长焉。"[1]在人类社会,"平等"更是天下稳定的根本原则。"天地之道故平,平则万物各得其所。""及其不平也,此厚则彼薄,此乐则彼忧",最终必将"倾天下"[2]。

作为维护人类社会稳定的价值标杆,"公平"是古往今来政治家们孜孜以求的社会理想。相传尧有子十八,其天子之位不传其子而传舜;舜有九子,其天子之位不传其子而传禹,都是至公无偏的表现。儒家经典《礼记》将"天下为公"描绘为上古社会的一种美好状态:"大道之行也,天下为公,选贤与能,讲信修睦。故人不独亲其亲,不独子其子,使老有所终,壮有所用,幼有所长,矜寡孤独废疾者皆有所养。"周武王灭纣,带殷臣箕子归,向他讨教治国大法。箕子依据古代流传下来的《洛书》详细阐释了九种大法,建议武王大立中正无私公平之道:"无偏无陂,遵王之义;无有作好,遵王之道;无有作恶,遵王之路。无偏无党,王道荡荡;无党无偏,王道平平;无反无侧,王道正直。"[3]道家崇尚一种万物平等的"道德",主张为而不恃,成而弗有,生养万物而不求回报,体现了一种"公平"精神。《老子》第七十七章甚至将"损有余而补不足"作为"天道"提出来:"天之道,其犹张弓与?高者抑之,下者举之,有余者损之,不足者补之。天之道,损有余而补不足。"法家代表慎到指出:"古者立天子而贵之者,非以利一人也。曰:天下无一贵,则理无由通;通理以为天下也。故立天子以为天下,非立天下以为

---

[1]《吕氏春秋·去私》。
[2] 唐甄:《潜书·大命》。
[3]《尚书·周书·洪范》。

天子也;立国君以为国,非立国以为君也;立官长以为官,非立官以为长也。"[1]
商鞅指出:"尧、舜之位天下也,非私天下之利也,为天下位天下也……是故擅其
名而有其功,天下乐其政而莫之能伤也。今乱世之君、臣,区区然皆擅一国之利
而管一官之重,以便其私,此国之所以危也。故公私之交,存亡之本也。"[2]最
高执政者要保证全体社会成员每一个人的利益,就必须去除一己的私利,主持公
道。所以吕不韦总结说:"昔先圣王之治天下也,必先公,公则天下平矣。平得
于公。尝试观于上志,有得天下者众矣,其得之以公,其失之必以偏。凡主之立
也,生于公。""天下非一人之天下也,天下之天下也。阴阳之和,不长一类;甘露
时雨,不私一物;万民之主,不阿一人……天地大矣,生而弗子,成而弗有,万物皆
被其泽、得其利,而莫知其所由始,此三皇、五帝之德也。"[3]"庖人调和而弗敢
食,故可以为庖。若使庖人调和而食之,则不可以为庖矣。王伯之君亦然。诛暴
而不私,以封天下之贤者,故可以为王伯;若使王伯之君诛暴而私之,则亦不可为
王伯矣。"[4]因此王夫之将"均平方正"作为社会管理之"矩"明确提出来:"君子
只于天理人情上絜着个均平方正之矩,使一国率而由之,则好民之所好,民即有
不好者,要非其所不可好也,恶民之所恶,民即有不恶者,要非其所不当恶
也。……惟恃此絜矩之道,以整齐其好恶而平施之,则天下之理得,而君子之心
亦无不安矣。……民者,公辞也,合上下前后左右而皆无恶者也。"[5]

在现代社会,"民主"、"自由"被视为"公正"的主要内涵。而人与人之间的
"平等"恰恰是反对压迫和奴役的"民主"的基础。"自由"是每个人平等享有的
权利,所以,"平等"也是"自由"的前提:"如果人们不能平等相处,又怎么能宣布
人人自由呢?"[6]"因为人人都将完全平等,所以人人也将完全自由。"[7]在现
代民主国家,人们将"平等"放在更高的位置。19世纪法国政治思想家托克维尔
指出:"民主国家的人民天生就爱好自由,你不用去管他们,他们自己就会去寻
找自由,喜爱自由,一失去自由就会感到痛苦。但是,他们追求平等的激情更为
热烈,没有止境,更为持久,难以遏止。他们希望在自由之中享受平等。""民主

---

[1] 《慎子·威德》。
[2] 《商君书·修权第十四》。
[3] 《吕氏春秋·贵公》。
[4] 《吕氏春秋·去私》。
[5] 王夫之:《读四书大全说》卷一。
[6] 勒鲁:《论平等》,王允道译,商务印书馆1988年版。
[7] 托克维尔:《论美国的民主·自由与平等互利》,董果良译,商务印书馆1988年版。

国家的人民在任何时候都爱平等,但在某个时期,他们追求平等的激情可能达到狂热的地步。"[1]没有人天生愿意做奴隶,没有人愿意任由他人役使。"人们不但因为他们认为平等可贵而维护平等,而且因为他们相信平等必定永远长存而依恋平等。"[2]"当代人对于平等的热爱炽烈于和强大于对于自由的热爱。""追求平等的激情是一个不可抗拒的力量,凡是想与它抗衡的人和权力,都必将被它摧毁和打倒。"[3]在西方,从斯巴达克斯率领的奴隶起义,到基督教的"天堂"理想,到18世纪美国独立战争、法国资产阶级革命针对殖民制度和封建专制提出的口号,"平等"的思想无不包含其中。孙中山倡导的"三民主义"要义就是"打不平""争平等":用"民权主义"向特权阶级"打不平""争平等",用"民生主义"向富人"打不平""争平等",用"民族主义"向外国"打不平""争平等"。

那么,如何理解"公平正义"的基础"平等"呢?

2."人性平等""人格平等"

首先是"人性平等""人格平等",这是走向"人权平等"的起点。所谓"人性平等",是指人的物种属性是没有高低贵贱之分的。现实社会中的人拥有各种头衔名位,衣食住行也各有差别,其实都一个样。凡人总有一死,苍凉的死神平等地降临穷人的茅舍和国王的城堡。"死神冰冷的手覆于国王身上,而笏和皇冠势将坠入尘土,与那贫寒且卑曲的镰铲,同等埋没。"人既有食色、生死之类的动物属性,又有意识、理性之类的非动物属性。不同种族、肤色、性别、时代的人都是如此。李贽指出:"尧舜与途人一,圣人与凡人一。""虽圣人,不能无势利之心;虽盗跖,不能无仁义之心。"[4]"圣人不曾高,众人不曾低。"[5]康有为揭示:"人,皆天所生也。同为天之子,同此圆首方足之形,同在一种族之中,至平等也。"[6]伏尔泰在编写《哲学辞典》"平等"条目时说:"一切享有各种天然能力的人,显然都是平等的,当他们发挥各种动物机能的时候,以及运用他们的理智的时候,他们是平等的。中国的皇帝、印度的大莫卧儿、土耳其的帕迪夏,也不能向

---

[1] 托克维尔:《论美国的民主・自由与平等互利》,董果良译。
[2] 托克维尔:《论美国的民主・自由与平等互利》,董果良译。
[3] 托克维尔:《论美国的民主・自由与平等互利》,董果良译。
[4] 李贽:《道古录》上。
[5] 《焚书》卷一《与京中友朋》。
[6] 康有为:《大同书》。

最下等的人说:'我禁止你消化、禁止你上厕所、禁止你思想。'"[1]霍布斯在《巨灵》中表示:自然创造人之体能与智能是如此地平等,虽然偶尔可见某人在身体或心智方面比他人强壮、敏捷,然而整体而论,人际间的差异并不显著到使一较强者因此得以主张其专享某一利益,而排除他者要求该利益之权的地步。既然人性是平等的,因而每个人生来都应当得到尊重。尽管现实社会中人的财富有多寡之分,人的地位有高低之别,还有人种、肤色、美丑、健康与残疾等的不同,但每个人都应当得到平等对待,这就是"人格平等"。孟子曾举例说:"一箪食,一豆羹,得之则生,弗得则死。呼尔而与之,行道之人弗受;蹴尔而与之,乞人不屑也。"[2]这是对人格尊严的最好的注脚。人是有被尊重的尊严需求的。社会对人的尊严需求的满足应当是平等的。人与人之间应当在精神上互相尊重,把对方当成和自己一样的人来看待。

3."人权平等"之一:"机会平等""市场公平"

其次是"人权平等"。既然人性平等、人格平等,所以,人的权利也应当是平等的。美国《独立宣言》宣称:"人人生而平等,造物者赋予他们若干不可剥夺的权利,其中包括生命权、自由权和追求幸福的权利。"法国《人权宣言》宣称:"在权利方面,人们生来是而且始终是自由平等的。""法律是公共意志的表现……在法律面前,所有的公民都是平等的。"《世界人权宣言》第一条规定:"人人生而自由,在尊严和权利上一律平等。"从第二条到第二十九条,《世界人权宣言》确认了人的各项权利,但前面的主语都是"人人",表示这些权利是所有人共有的平等权利,"不分种族、肤色、性别、语言、宗教、政治或其他见解、国籍或社会出身、财产、出生或其他身份等任何区别","不受任何歧视"。康有为呼吁:"男女平等,各自独立,此天予人之权也。"[3]然而,尽管我们都承认权利平等,但在具体追求权利平等的实践中却会产生不平等的问题。如果我们按照"平等"的要求"给每个人以应得的权利",由于人有智愚、勤惰等差别,就会产生结果上拥有财富的巨大的不平等,埋下社会不稳定的隐患。如果按照人性平等、各取所需的要求平均分配财富,又会造成多劳少得、少劳多得、不劳亦得的不平等,使社会财

---

[1] 《十八世纪法国哲学》,商务印书馆1979年版,第88页。
[2] 《孟子·告子上》。
[3] 康有为:《大同书》。

富的创造成为无源之水、无本之木,最终失去人人平均享有财富的平等。

人性是平等的,人格也应当是平等的,但人的资禀和能力又是千差万别、具有个性差异的。英国当代经济学家哈耶克指出:"无穷多样化的人性即个人能力和潜能的差别幅度之大,乃是人类最显著的特征之一。而其进化可能已使人类成为所有动物中相互最具有差异性的一种动物。""低估个人之间先天差异的重要性,将一切重要差异皆归诸环境的影响,这在如今已成为一种时髦。其实,不论环境的影响多么重要,我们一定不能忽略这样一个事实,即各个人从一开始就是很不相同的。即使让所有的人都在非常相似的环境中长大,个人差异的重要性也绝不会因此减小。"[1]"从人是不相同的这一事实出发,得出的结论是:如果平等地对待他们,结果必定造成他们实际地位的不平等。"[2]如果"要求政府对所有人一视同仁","必定会在许多方面造成不平等"[3]。所以"平等"的基本要求,是"给同样的人以同样的待遇,给不同的人不同的待遇"[4]。从影响社会稳定的社会不公问题的实质来看,人们对通过多劳多得、少劳少得等平等竞争产生的结果的不平等是能够接受的。比如袁隆平得到丰厚的奖金就没人说不公,甚至有人觉得他还应得到更多。为什么?因为那是对他所做贡献的应有奖励。而对利用不平等的机会巧取豪夺造成的财富占有的不平等则是深恶痛绝、难以容忍的。所以人权平等之首要,在于实现这种权利的机会平等,而不是结果平等。

争取公平竞争的机会,是实现权利平等的起点。一个健康公正的社会,就是穷人改善自己境遇的机会不受到强力限制的社会。在这个社会中,机会向所有人开放。每个人只要愿意,都可以通过自己的努力,提升自己的地位,改善自己的命运。历史和现实的经验说明,造成贫富不均、贵贱分别巨大差异的主要原因是机会不均。中国古代引发农民起义的贫富不均大多源于"贫者无立锥之地,而富者田连阡陌"的机会不均,所以古来有见识的思想家、政治家都主张通过"均田"达到"均贫富",实现天下太平。如宋代李觏提出"田均则耕者得食,食足则蚕者得衣"[5],清代颜元提出"天地间田宜天地间人共享"[6],孙中山主张

---

[1] 哈耶克:《自由宪章·平等、价值和功能》,杨玉生等译,中国社会科学出版社1999年版。
[2] 哈耶克:《自由宪章·平等、价值和功能》,杨玉生等译。
[3] 哈耶克:《自由宪章·平等、价值和功能》,杨玉生等译。
[4] 吴鹏森:《围绕社会主义市场经济重建公平——关于公平与效率关系的再思考》,《光明日报》1994年6月22日。
[5] 李觏:《潜书》。
[6] 颜元:《四存编·存治编》。

"平均地权",中国共产党领导的民主革命从农民"打土豪,分田地"的土地革命入手。在市场经济条件下,机会平等表现为市场公平。"所谓市场公平,就是各种投资主体和生产要素在市场中地位平等,机会均等。首先是平等的市场参与权,即投资自由和择业自由,人们进入市场不受任何先决条件制约,不受任何社会歧视或享有任何特权。其次是平等的市场经营权,即收入和工资的市场化。"[1]中国改革开放进程中所以会产生巨大的贫富差距,一个重要原因是来自权力寻租和行业垄断对市场公平的破坏。在厂长与工人、官员与职员、电力行业职工与纺织行业职工、正式工与临时工等之间,同样劳动所获报酬的差别是多么巨大、多么不平等。因此,当前我们追求的人权平等面临的主要任务,是要尽力消除垄断与特权导致的机会分布不平等。机会均等的权利等如果得不到尊重,穷人愈穷、富人愈富的结局就很难改变。

在机会均等的条件下,劳动者根据能力高低、勤惰差别、贡献大小,获得了不同的经济地位和社会地位。这种不平等的结果不仅不应当受到指责,而且应当受到保护和鼓励。正是机会均等导致的结果的不等,才能极大调动人们的劳动积极性,保障社会财富的创造。无视人的资质差异、勤奋懒惰、贡献大小,一律主张在分配上吃大锅饭,势必挫伤人们的劳动积极性,扼杀社会财富的创造效率。这在历史上我们是有过沉痛教训的。"中国改革前的低效率和长期发展迟滞,正是由于其不公平的社会机制所带来的。这种不公平既表现在微观领域,也表现在宏观领域和社会结构上。就个人行为来看,平均主义,大锅饭,论资排辈熬年头,严重挫伤了劳动者的生产积极性和工作热情,哪里谈得上什么公平?又哪里能够产生效率?在企业行为上,实行计划经济,不论产品质量如何,是否适销对路,只要完成计划,一切万事大吉,赚钱亏本全由国家承担,甚至干得愈越好,拿得越少;干得越差,补贴越大。在社会生活的其他领域方面,也存在许多不公平的现象。可以说,改革前我国的社会体制,不仅是低效率,而且在实行社会公平方面也存有种种弊端。"[2]由此可见,片面强调结果公平的平均主义,其实是最大的社会不公。邓小平反思这段历程时说:"过去搞平均主义,吃'大锅饭',实际上是共同落后,共同贫穷,我们就是吃了这个亏。改革首先要打破平均主

---

[1] 吴鹏森:《围绕社会主义市场经济重建公平——关于公平与效率关系的再思考》,《光明日报》1994年6月22日。

[2] 吴鹏森:《围绕社会主义市场经济重建公平——关于公平与效率关系的再思考》,《光明日报》1994年6月22日。

义,打破'大锅饭',现在看来这个路子是对的。"[1]

事实正如美国学者弗里德曼深刻揭示的那样:"一个社会把平等——所谓结果均等——放在自由之上,其结果是既得不到平等,也得不到自由。"[2]与此形成鲜明对比的是,"凡是存在着机会均等的地方,老百姓的生活都能达到过去做梦也不曾想到的水平"[3]。机会的平等并不意味着结果的平等。我们反对的社会不公,只能是人们依据不平等的机会通过非正当竞争获得的结果的不平等,而不是人们在同一起跑线上依据不同的才能和努力获得的结果的不平等。因此,我们有必要重申哈耶克的一段话:"除了因卓越的才华和勤奋而带来的不平等,其他任何不平等都不应存在。"[4]

4."人权平等"之二:"结果公平""社会公平"

虽然我们承认机会平等、市场平等带来的结果的不平等,另一方面我们又要看到,由机会均等、市场平等导致的财富拥有的不平等如达到相当程度,就会引发社会危机。历史上,每次农民起义都是以"均贫富"相号召的。如唐末黄巢提出"均平",北宋初年王小波宣称:"吾疾贫富不均,今为汝均之。"严复曾经警告:"贫富贵贱过于相悬,则不平之鸣,争心将作,大乱之故,常由此生。"太平之世必须"无甚富亦无甚贫,无甚贵亦无甚贱"[5]。在老弱病残与比尔·盖茨、巴菲特之间,收入的差别堪比天壤。比尔·盖茨、巴菲特智慧致富、合法致富固然无可厚非,但老弱病残作为一国的公民也有生存的权利。如果国家、政府在全体社会成员财富分享方面不予以调节,对社会底层弱势群体的生活不给予保障,社会和谐将难以为继。因此,在重视机会公平的同时,还要兼顾结果公平。老子早就指出:"天之道,损有余而补不足。人之道则不然,损不足以奉有余。孰能有余以奉天下,唯有道者。"荀子揭示:"礼者,断长续短,损有余,益不足。"[6]董仲舒指出:"大人病不足于上,而小民羸瘠于下,则富者愈贪利而不肯为义,贫者日犯禁而不可得止,是世之所以难治也。""有所积重,则有所空虚矣。大富则骄,大贫则忧。忧则为盗,骄则为暴。此众人之情也。圣者则于众人之情,见乱之所从

---

[1] 《邓小平文选》第三卷,人民出版社 1993 年版,第 155 页。
[2] 弗里德曼:《自由选择·资本主义和平等》,胡骑译,商务印书馆 1982 年版。
[3] 弗里德曼:《自由选择·资本主义和平等》,胡骑译。
[4] 哈耶克:《自由宪章·平等、价值和功能》,杨玉生等译。
[5] 均见严复:《原强》。
[6] 《荀子·礼论》。

生,故其制人道而差上下也,使富者足以示贵而不至于骄,贫者足以养生而不至于忧。以此为度,调而均之,是以财不匮而上下相安,故易治也。"[1]在通过机会公平、市场公平创造丰富的社会财富、使一部分人先富起来之外,政府机构还需要从保障全体社会成员生活的社会公平角度出发,"损有余以益不足",通过赋税制度和社会保障制度,进行财富的二次分配和平衡调节,实现共同富裕。"一方面,通过赋税制度特别是各种累进税进行收入调节,避免收入过分两极分化;另一方面通过社会保障措施确保那些缺乏参与市场竞争能力的人或市场竞争中的失败者有基本的生活条件。""表面上看,社会公平与市场公平是矛盾的,市场公平是'奖勤罚懒'、'奖优汰劣',社会公平是'杀富济贫'。但深入分析就会发现,二者是内在统一的,它们共同构成了现代社会公平的大厦。社会公平是确保市场公平的重要条件。它的调节作用能在一定程度上对市场公平作出校正和补充。"[2]

通过社会公平对社会财富的创新配置,实现全体社会成员的共同富裕,是社会稳定的深层机制,也是中国社会主义建设的基本目标。邓小平指出:"社会主义的目的就是要全国人民共同富裕,不是两极分化。如果我们的政策导致两极分化,我们就失败了……我们提倡一部分地区先富起来,是为了激励和带动其他地区也富裕起来,并且使先富起来的地区帮助落后的地区更好地发展。提倡人民中有一部分人先富起来,也是同样的道理。对一部分先富裕起来的个人,也要有一些限制,例如,征收所得税。"[3]"社会主义与资本主义不同的特点就是共同富裕,不搞两极分化。创造的财富,第一归国家,第二归人民。"[4]"我的一贯主张是,让一部分人、一部分地区先富起来,大原则是共同富裕。一部分地区发展快一点,带动大部分地区,这是加速发展,达到共同富裕的捷径。"[5]"社会主义原则,第一是发展生产,第二是共同致富。我们允许一部分人先好起来,一部分地区先好起来,目的是更快地实现共同富裕。"[6]当然,值得指出的是,所谓"共同富裕",不是指不论贡献大小人人无差别地享有社会财富,而是指给予那

---

[1]《春秋繁露》卷八《度制》。
[2]均见吴鹏森:《围绕社会主义市场经济重建公平——关于公平与效率关系的再思考》,《光明日报》1994年6月22日。
[3]《邓小平文选》第三卷,第110—111页。
[4]《邓小平文选》第三卷,第123页。
[5]《邓小平文选》第三卷,第166页。
[6]《邓小平文选》第三卷,第172页。

些市场竞争能力的弱者或市场竞争中的破产者以基本的生活保障。这是区别于传统的平均主义分配机制的根本点,是必须加以注意的。

5. 围绕社会主义市场经济重建公平正义

在当前社会主义市场经济条件下,追求公平正义,就是要从人性平等、人格平等出发,在机会平等、市场公平中追求每个人的平等权利,同时通过政府机构对社会财富的调节实现社会平等、共同富裕。由此可见,"公平"是一种用于评价、裁判、处理外显或潜在矛盾、冲突双方的权利关系的范畴。正如2005年胡锦涛在省部级主要领导干部专题研讨班的讲话中指出:"公平正义,就是社会各方面的利益关系得到妥善协调,人民内部矛盾和其他社会矛盾得到正确处理,社会公平和正义得到切实维护和实现。"

尽管近十年来社会公平越来越受到中央政府的高度重视,但这个问题并不那么容易解决。2012年10月20日,西班牙中国政策观察网站发表胡利奥·里奥斯题为《社会不公平是中国最大的问题》的评论,称阻碍中国经济继续以两位数速度增长的原因不是全球危机,而是社会不公平。[1] 2012年11月19日,中共中央编译局副局长、全球治理与发展战略研究中心主任俞可平教授在接受采访时指出:"中国现在面临的最大挑战是什么?如果要列出三个最主要的挑战,社会的不公正是其一,而收入分配不公是导致社会不公的重要根源。"[2]

围绕社会主义市场经济的现实,如何重建公平正义?

首先,建立社会公平的基本条件,为全体社会成员提供平等发展的机会。改革户籍制度、劳动制度、人事制度,破除各种身份限制,使城乡居民都成为人格平等的自由身;普及义务教育,扩大成才教育,为社会全体成员站在相同的起跑线上打下教育基础;推进民主法制建设,努力实现保护机会均等、权益的司法平等。

其次,加大经济改革力度和深度,建立健全市场公平机制。第一,确立和维护法人的独立地位和平等地位。要真正实现政企分开,革除政府对市场经济的行政干预,使国有企业成为真正独立的法人,自主经营,自负盈亏;要真正做到不同所有制在市场上平等竞争,受到法律的同等保护。第二,建立公平的市场规则,确立市场经济秩序。防止和打击各种不正当的市场竞争,保证企业法人拥有

---

[1]《参考消息》2012年10月23日第15版《促进社会公平乃中共当务之急》。
[2]《东方早报》2012年11月19日《收入分配不公是社会不公的重要根源》。

平等的市场参与权和市场竞争权,保证必要的政府干预不损害市场公平原则。第三,建立健全公平的市场分配机制,真正体现按劳分配原则。中国的收入分配制度改革2003年启动,近10年间来大致遵循"提低、扩中、调高"的思路分层次推进,但实际效果并不理想。1985年至2007年间,中国收入分配中的不平等现象大增,城乡差距不断扩大。城镇居民的平均收入是农民的3倍。现在最令人担忧的官员的特权再分配上体现的腐败,这是一种制度性腐败,一种看似合法的腐败。比如数额巨大的"三公"消费,单位集体公款支付的高额礼券、高价礼品,高级官员在住房、医疗、退休等方面的过度的福利,高级领导干部转任国企高管后的巨额收入,等等。[1] 虽然10多年来中国一直没有公布全国性的基尼系数,但是很多专家都认为中国的基尼系数已经超过警戒线。所以俞可平指出:"在当代,作为善治要素的公正特别要求有效消除和降低富人与穷人之间的两极分化,维护妇女儿童、少数族群、穷人等弱势人群的基本权利。"[2]

再次,建立健全赋税制度和社会保障制度,实现社会公平。通过社会保障制度降低市场竞争给个人带来的风险,使经济发展带来的物质文明泽及全体社会成员,增强全民的社会安全感。通过赋税制度调节收入分配,缩小收入差距,防止市场竞争的结果损害其自由、平等地参与市场竞争这一前提。俞可平指出:"在收入分配改革方案中,除了一些直接的收入分配制度,还应当配合那些对推动社会公正起积极作用的其他措施,比如尽早开征遗产税和房产税等等,让更多的穷人、社会弱势群体能够享受到改革开放的果实。"[3]

最后,进一步完善司法公正体系。2013年1月7日,在全国政法工作电视电话会议上,习近平总书记要求,全国政法机关要顺应人民群众对公共安全、司法公正、权益保障的新期待,全力推进平安中国、法治中国、过硬队伍建设,深化司法体制机制改革,坚持从严治警,坚决反对执法不公、司法腐败,进一步提高执法能力,进一步增强人民群众安全感和满意度,进一步提高政法工作亲和力和公信力,努力让人民群众在每一个司法案件中都能感受到公平正义,保证中国特色社会主义事业在和谐稳定的社会环境中顺利推进。

---

[1]《东方早报》2012年11月19日《收入分配不公是社会不公的重要根源》。
[2]《东方早报》2012年11月19日《收入分配不公是社会不公的重要根源》。
[3]《东方早报》2012年11月19日《收入分配不公是社会不公的重要根源》。又:这三点对策性的思路,参吴鹏森:《围绕社会主义市场经济重建公平——关于公平与效率关系的再思考》,《光明日报》1994年6月22日。

没有公平正义,社会的安定有序、诚信友爱、充满活力等也都无法实现。构筑一个公平正义的社会,需要人们有渴望公平正义的理想、捍卫公平正义的意识、践行公平权利的能力和实现社会公平的胸怀。让我们共同努力。

(本文载《中国政法大学学报》2014年第4期)

四、时代语境下的"自由"新解

在世界公约肯定的各种人权中,"自由"是一项重要人权。《世界人权宣言》提出:"人人生而自由。""人人有权享有……自由。"在马克思、恩格斯描述的共产主义社会,人人享有自由是这个社会的基本特点。"在那里,每个人的自由发展是一切人的自由发展的条件。"[1]"社会主义制度"将"给所有的人提供真正的充分的自由"[2]。"五四"运动高举"自由"大旗,催生了中国共产党;中国共产党高举"自由"大旗,率领全国人民开展了反帝反封建和反对蒋介石独裁统治的英勇斗争,取得了民主革命的伟大胜利。然而,在新中国成立后批判"自由主义"的浪潮中,"自由"逐渐偃旗息鼓;改革开放的新时期以来,"自由"重见天日,但又时常遭到"西方资产阶级思想"之类的误读。其实,"自由"作为全人类的共同价值,不只为资本主义所独享,也理当为社会主义所继承。令人欣慰的是,在最近中国共产党十八大报告倡导的"社会主义核心价值观"中,"自由"作为一个重要范畴被明确提出来,具有非同寻常的意义。在新形势下,如何综合历史上关于"自由"的思维成果,准确解读"自由"的涵义,使人们对"自由"的追求既落到实处,又不至陷入一偏,显然是具有重要现实意义的研究课题。让我们试作探讨。

1."自由"的双重涵义:自主与自律

"自由"的字面意义或者说表层涵义是按照自己的意志不受束缚、不被奴役地行事。这也是它的第一层意思。在中国古代,庄子在《逍遥游》中提出了无所依赖、自由放飞的人生理想。班固《汉书·五行志》中最早提出"自由"一词。郑玄注《周礼》有"去止不敢自由"之说。《玉台新咏·孔雀东南飞》说:"吾意久怀忿,汝岂得自由。"晋袁宏《后汉纪·灵帝纪中》:"今方权宦群居,同恶如市,上不

---

[1]《共产党宣言》,《马克思恩格斯选集》第一卷,人民出版社1972年版,第273页。
[2] 恩格斯语,《马克思恩格斯全集》第二十一卷,人民出版社1965年版,第570页。

自由,政出左右。"唐刘商《胡笳十八拍》之七:"寸步东西岂自由,偷生乞死非情愿。"清蒲松龄《聊斋志异·巩仙》:"野人之性,视宫殿如藩笼,不如秀才家得自由也。"这里的"自由",都是按照自己的意志不受束缚行动的意思。在古拉丁语中,"自由"(liberta)一词的含义是从束缚中解放出来。在古希腊、古罗马时期,"自由"与"解放"同义。英语中的 liberty 源自拉丁文,出现于 14 世纪。而 freedom 则在 12 世纪之前就已形成,同样包含着不受任何羁束地自然生活和获得解放等意思。在西方,最初意义上的"自由",指自主、摆脱强制,意味着人身依附关系的解除和人格上的独立。

"自由"出于人的天性。人是有理性、有思想的动物。按照自己的理性思考形成的意志、作出的判断行动,是人的天然追求。没有人希望被支配、被约束、被奴役。美国人帕特里克·亨利 1775 年 3 月 23 日在殖民地弗吉尼亚议会的演讲中最后说:"或给我自由,或给我死亡。"法国哲学家勒鲁指出:"自由,就是有权行动。""使人自由,就是使人生存。""缺乏自由,那只能是虚无和死亡。"[1]法国思想家罗曼·罗兰重申:"不自由,毋宁死。"卢梭在《社会契约论》中指出:"人人共有的自由是天赋的。""这种人人共有的自由,是人的本性的结果。人的第一条法则是维护自己的生存,人最先关怀的是他自己;人达到理性的年龄后,但凭自己来判别适于自保的手段,就立即从而成为自己的主宰。"

"自由"是一项天赋人权。人的权利是对天然人性的确认。基于按照自己思想意志行事的自由是人的本性,所以卢梭说:"放弃自己的自由,就是放弃自己做人的资格,就是放弃人的权利,甚至就是放弃自己的义务……这样一种放弃与人的本性不相容;使自己的意志失去全部自由,就等于使自己的行为失去全部价值。"[2]康德指出:"天赋的权利只有一项,就是那与生俱来的自由。自由就是不屈从别人强制的意志。而且,根据普遍的法则,它能够和所有人的自由并存,它是每个人由于自己的人性并具有的独一无二的、原本的、生来就有的权利……这是每个人生来就有的品质,根据这种品质,通过权利的概念,他应该是他自己的主人。"在这个意义上,"自由"属于天赋人权之一。

不过,这项天赋人权在专制社会则遭到扼杀。卢梭有一句名言:"人是生而自由的,可是现在他处处戴着镣铐!"指的就是这种情况。只有在民主社会,人

---

[1] 勒鲁:《论平等》,王允道译,商务印书馆 1988 年版。
[2] 北京大学哲学系编译:《十八世纪法国哲学》,商务印书馆 1979 年版,第 168 页。

们才能获得自由权。"自由"实际上是"民主"在个体层面上的体现。"民主"的"民"是一个集体名词,它由无数个人构成。"民主"强调全民做主,体现在每一个个体层面上,就是独立自主、自作主宰,每个个体按照自己的意志独立行事。所以"自由"是个体的"民主"形态,也是"民主"的应在之义和必然结果。

不过,我们不久就发现,如果一味按照自己的意志无拘无束地自由行事,最后就会侵犯别人的利益而使自己失去自由。所以个人的自由必须以不损害他人的自由为界限。于是,懂得自律,学会宽容,是自由的深层意义,也是自由的第二层涵义。应当注意到,"民主只承认对所有人普遍适用的自由。"[1]"自由"作为组成"民主"的基本单位,它自然应当接受"民主"的规范和约束。每个人都追求自由,个体在追求自由的时候必然与他人的权利形成冲撞。"民主"确保每个个体的自由权利,所以个体追求自由必须以不损害他人的自由为前提。自由是在不侵害别人权利的前提下按照自己的意愿行为。对于与他人无关的事情,个人有权决定自己的行为。而与他人发生联系的事情,就必须坚持不侵害的原则。因此,"自由"既有自主行事的权利,又有不损害他人自由的责任和义务。对他人自由的尊重,表现为对社会道德、法律规则的恪守。只有在自律的前提下,才能实现真正的自由。自律是自由的另一部分,两者合在一起才是完整自由。自由的概念好比太极,一面是为所欲为的阳,一面是克己自律的阴,阴阳结合,相互转化和制约才是真正的自由。法国《人权宣言》第四条规定:"自由就是指有权从事一切无害于他人的行为。因此,个人的自然权利的行使,只以保证社会上其他成员能享有同样权利为限制。"第十一条规定:"传达思想和意志是人类宝贵的权利之一,因此各个公民都有言论、著述和出版的自由,但在法律所规定的情况下,应对滥用此项自由负担责任。"[2]康德说:"每个人都享有天赋的平等,这就是他不受别人约束的权利,但是这种权利同时也是他可以同别人彼此约束的权利。"自由不仅意味着在自然规律和道德法律的范围内做自己想做的事,而且包括能够不做自己不想做的事。所以康德补充说:"自由是我不要做什么就能够不做什么。"1903年,严复最早将约翰·穆勒的《论自由》(*On Liberty*)翻译到中国,因担心中国人将"自由"误解为"无礼""不法""无礼""放肆""淫佚",他特将书名改译为《群己权界论》。他对"自由"的经典定义是:"人得自由,而必以

---

[1] 阿克顿:《自由与权力》,侯建译,商务印书馆2001年版。
[2] 吴绪、杨人楩选译:《十八世纪末法国资产阶级革命》,商务印书馆1989年版,第49—50页。

他人之自由为界。"[1]自由主义的信条是：我虽然反对你的意见，但誓死捍卫你坚持自己意见的权利。为了尊重别人的自由权利，我们必须习惯于被别人否定。因此，胡适"以'宽容'为自由主义的第一要义"[2]，"自由"必须学会宽容，能够容忍别人的不同意见。如果"自由"排除了自律和宽容，变成毫无节制的为所欲为，那就是野蛮、放纵，就会带来灾难性的恶果。年老的罗曼·罗兰反思"自由"的危害时曾经感叹："自由！自由！有多少罪恶假汝之名而行。"这种极端的个人"自由"，在实现的过程中会导致极大的破坏性，在掌握权力后会形成新的独裁，造成人民群众更大的不自由。只有包含自律和宽容的自由才可能形成一种制约机制，使社会有序发展，确保人人都享有自由。

2."自由"的表现形态：政治自由、经济自由、思想自由、言论自由

"自由"有多种表现形态，其中，首要和基础的形态是政治自由。什么是政治自由？洛克在《政府论》中提出：自由意味着不受他人的束缚与强暴。易言之，政治自由意味着政府不得任意压迫和奴役人民，人民有表达政治意愿、行使政治权力的权利。现代国家民主制度的本质就是保护人们的政治自由，尊重人们的自由意识，维护人们在宪法范围内行动的自由，制止侵害他人自由的恶行。这种保证人民自由的现代国家民主制度不仅包括民主共和制，也包括君主立宪制。民主共和制是比君主立宪制更高级、更先进的民主政体，国家权力机关和国家元首由公民选举产生并有一定任期，同时实行权力制衡，如美国、法国等。君主立宪制是以世袭的国王或天皇为国家元首，君主权力按宪法规定受到一定限制的政权组织形式。君主立宪制在当代主要体现为议会制的君主立宪制，如英国、日本等。英国的君主立宪制起源于1688年英国资产阶级和新贵族发动的非暴力政变，史称"光荣革命"。作为这场革命重要成果的《权利法案》是英国君主立宪制的宪法文本。英国君主立宪制将君主制、贵族制和民主制三者融为一体，给英国人带来了不少政治自由。18世纪的休谟指出："没有什么比我们这个国家中人们所享有的极端新闻自由更易使外国人感到吃惊了。我们可以任意向公众报道一切，并可公开指责国王及其大臣们所采取的每项措施。假如政府当局决定打仗，人们便断言他们误解了民族利益，若非别有用心，便是愚昧无知；而且

---

[1]《群己权界论·译凡例》，北京时代华文书局2014年版，第26页。
[2] 李慎之：《重新点燃启蒙的火炬——"五四"运动八十年祭》，《开放时代》1999年11、12月号。

宣称在当前情况下和平最为可取。假若大臣们热衷于和平,我们的政论家便一味散布战争气氛,鼓吹杀伐,并把政府的和解措施说成是卑怯行为。鉴于这种自由是别的任何政府……都不容许的……这就自然会引起一个问题:为什么唯独大不列颠人民享有这种特权?我们的法律之所以容许我们享有这种自由,原因看来在于我们政府的混合体制:它既不全是君主制,也不全是共和制……而是将少许的君主制和自由掺和"[1],也就是君主立宪制。无论民主共和制还是君主立宪制,都有一个共同点:按宪法行政,保证公民的政治自由和各项权利。

与"计划经济"相对的"经济自由"是自由的另一种重要形态。亚当·斯密在1776年的《国富论》中曾揭示了财富贸易的自由原则。历史证明:"自由主义和资本主义创造了一切奇迹赖以产生的基础,其标志便是我们当代的生活水平。""只有资本主义和自由主义,只有私有制和自由经营活动,才能确保人类劳动达到最高的效益。"[2]"凡是容许自由市场起作用的地方,凡是存在着机会均等的地方,老百姓的生活都能达到过去做梦也不曾想到的水平。相反,正是在那些不允许自由市场发挥作用的社会里,贫与富之间的鸿沟不断加宽,富人越来越富,穷人越来越穷。"[3]哈佛商学院的《管理与企业未来》一书提到:自由是人类智慧的根源;"在知识经济时代,财富不过是在自由价值观普及的社会里无数个人活动的副产品。在个人自由得到最大保障的社会,民众的智慧空前活跃,创新的东西也会不断被提出,财富作为副产品也会像火山爆发般喷涌而出。"只注目科技与财富的繁花,无视它赖以生存的经济自由土壤,鄙视甚至仇视自由,只能导致缘木求鱼的结果。

"思想自由"及其表现的"言论自由"是政治自由、经济自由的衍生品,同时也是与每个人密切联相关的自由形态。人是有意识、有思想的动物。思想具有自由的天性,要求自由地放飞和表达。人的自由思想和言论不可能全部契合执政者的意愿,特别是批评性的思想和言论,会让执政者很难受,但却对执政者认识政治得失、调整政治方针有极大帮助,所以,自古以来,英明的政治家能容忍不同意见,鼓励自由言论。然而,专制体制本质上与自由思想、自由言论是格格不入的。专制统治者总是想方设法钳制、扼杀人民的自由思想和言论,而御用思想、奴才言论则大行其道。马克思说过:"发表意见的自由是一切自由中最神圣

---

[1] 休谟:《休谟政治论文选·关于新闻自由》,张若衡译,商务印书馆1993年版。
[2] 米瑟斯:《自由与繁荣的国度·自由主义的前途》,韩光明译,中国社会科学出版社1994年版。
[3] 弗里德曼:《自由选择·资本主义和平等》,胡骑译,商务印书馆1982年版。

的,因为它是一切的基础。"[1]他在抨击普鲁士政府扼杀言论自由、新闻自由的书报检查令时说:"你们赞美大自然令人赏心悦目的千姿百态和无穷无尽的丰富宝藏,你们并不要求玫瑰花散发出和紫罗兰一样的芳香,但你们为什么却要求世界上最丰富的东西——精神只能有一种存在形式呢?我是一个幽默的人,可是法律却命令我用严肃的笔调。我是一个豪放不羁的人,可是法律却指定我用谦逊的风格。一片灰色就是这种自由所许可的唯一色彩。每一滴露水在太阳的照耀下都闪现着无穷无尽的色彩。但是精神的太阳,无论它照耀着多少个体,无论它照耀什么事物,却只准产生一种色彩,就是官方的色彩!"[2]"五四"时期李大钊在《危险思想与言论自由》一文中疾呼:"思想本身没有丝毫危险的性质,只有愚昧与虚伪是顶危险的东西,只有禁止思想是顶危险的行为。""思想自由与言论自由,都是为保障人生达于光明与真实的境界而设的。无论什么思想言论,只要能够容他的真实没有矫揉造作地尽量发露出来,都是于人生有益的,绝无一点害处。""假使一种学说确与情理相合,我们硬要禁止他,不许公然传布,那是绝对无效。因为他的元素仍然在情理之中,情理不灭,这种学说也终不灭。假使一种学说确与情理相背,我以为不可禁止,不必禁止。因为大背情理的学说,正应该让大家知道,大家才不去信。若是把他隐蔽起来,很有容易被人误信的危险。""禁止思想是绝对不可能的,因为思想有超越一切的力量。监狱、刑罚、苦痛、穷困,乃至死杀,思想都能自由去思想他们,超越他们。这些东西,都不能钳制思想,束缚思想,禁止思想。""思想是绝对的自由,是不能禁止的自由,禁止思想自由的,断断没有一点的效果。你要禁止他,他的力量便跟着你的禁止越发强大。你怎样禁止他、制抑他、绝灭他、摧残他,他便怎样生存、发展、传播、滋荣,因为思想的性质力量,本来如此。"[3]

专制统治在扼杀自由思想、自由言论的同时,还积极从事统一思想的工作。1931年,面对不断走向专制独裁的蒋介石政府报章、讲话中喋喋不休的"思想统一"主张,梁实秋撰文批判说:"思想这件东西,我以为是不能统一的,也是不必统一的。""思想是独立的。随着潮流摇旗呐喊,那不是有思想的人,那是盲从的愚人。思想只对自己的理智负责,换言之,就是只对真理负责;所以武力可以杀

---

[1]《马克思恩格斯全集》第十一卷,人民出版社1956年版,第573页。
[2]《评普鲁士最近的书报检查令》,《马克思恩格斯全集》第一卷,人民出版社1979年版。
[3]《每周评论》1919年6月1日第24号。收入《李大钊文集》下卷,人民出版社1984年版。

害,刑法可以惩罚,金钱可以诱惑,但是却不能掠夺一个人的思想。别种自由可以被恶势力所剥夺净尽,唯有思想自由是永远光芒万丈的。一个暴君可以用武力和金钱使得有思想的人不能发表他的思想,封书铺、封报馆、检查信件,甚而至于加以'反动'的罪名,枪毙、杀头、夷九族!但是他的思想本身是无法可以扑灭,并且愈遭阻碍将来流传的愈快愈远。""天下就没有固定的绝对的真理。……人类文明所以能渐渐的进化,把迷信铲除,把人生的难题逐渐的解决,正因为是有许多有独立思想的人敢于怀疑,敢于尝试,能公开的研究辩难。思想若是统于一,那岂不是成为一个固定的呆滞的东西?当然,自己总以为自己的思想是对的,但是谁敢说'我的思想是一定正确的,全国的人都要和我一样的思想'?"假如用从小灌输的方法、宣传的方法和排除异己的方法强行统一思想,"结果必定是把全国的人民驱到三个种类里面去:第一类是真有思想的人,绝对不附和思想统一的学说,这种人到了万不得已的时候只得退隐韬晦著书立说,或竟激愤而提倡革命;第二类是受过教育而没有勇气的人,口是心非的趋炎附势,这一类人是投机分子,是小人;第三类是根本没有思想的人,头脑简单,只知道盲从。这三类人,第一类的是被淘汰了,剩下的只是投机分子和盲从的群众。试问一个人群由这样的人来做中坚,可多么危险?""我并不相信在思想上人们的思想绝对的没有相同的地方,人是可以在志同道合的情形之下协力合作的,但是这其间容不得丝毫的勉强。要思想统一便不能不出于勉强之一途,所以思想统一不但是徒劳无功,而且是有害无利。""我们现在要求的是:容忍! 我们要思想自由,发表思想的自由,我们要法律给我们以自由的保障。……我们反对思想统一! 我们要求思想自由!"[1]历史常常有惊人的相似之处。梁实秋深刻批判过的"统一思想",在三十多年后的"文化大革命"中又一次重演。而"统一思想"的徒劳及其对全民族创造力、生命力的扼杀,再一次被历史证明。

3."自由"在中国的命运

中国古代虽然早已有"自由"的概念,也涌现过坚持自由独立人格的知识分子,如孟轲、颜阖、陶渊明、李白、苏轼,等等,但并没有形成完整意义上的自由主义学说体系。现代意义上的"自由"理念是西方近代反对封建专制革命的产物。

---

[1]《新月》第2卷第3期,1931年。

1876年美国独立100周年的时候,法国送给美国人一尊自由女神像作为礼物。自由女神像高46米,穿着古希腊风格的服装,所戴头冠有象征世界七大洲及七大洋的七道尖芒,日日夜夜矗立在纽约市哈德逊河口,将自由的光芒照向全世界。中国在20世纪之初的政治改良运动与民主革命运动的风潮影响下,将西方的"自由"思想介绍进来。1900年《万国公报》从第136册起连载斯宾塞的《自由篇》,是西方"自由"概念第一次引入中国。1900年梁启超在《致康有为书》中指出:"中国数千年之腐败,其祸及于今日,推其大原,皆必自奴隶性来。不除此性,中国万不能立于世界万国之间。而'自由'云者,正使人自知其本性,而不受钳制于他人。今日非施此药,万不能愈此病。"1902年严复发表《主客平议》,借鉴约翰·穆勒《论自由》中的思想,以"自由"反抗古代的奴隶专制:"夫'自由'者,各尽其天赋之能事,而自承之功过也。虽然,其设等差以隶相尊者,其'自由'必不全。故言'自由',则不可不明'平等'。'平等'而后有自主之权。"〔1〕1903年严复翻译出版了穆勒的《论自由》,改名为《群己权界论》;同年,马君武将此书翻译为《自由原理》出版,把西方的自由主义思想体系比较完整地介绍到了中国。1905年,严复在东京出版《老子评语》,指出:"今日之治,莫贵乎崇尚'自由','自由'则物各得其致,而天择之用存其最宜,太平之盛,可不期而至。"〔2〕稍后孙中山发动民主革命,正是为了追求"自由":"自由、平等,是欧洲近一百多年来最大的两个革命思想。""余致力国民革命凡四十年,其目的在求中国之自由平等。"南社成员如柳亚子、高旭、宁调元、周实等人都一再歌颂"自由",为推翻清朝专制的民主革命呐喊:"自由钟铸声初发,独夫台上风萧萧。"〔3〕"十年前是一重囚,也逐欧风唱自由。"〔4〕"千万亿年重九日,自由花发好提壶。"〔5〕

"五四"运动高举"民主"与"科学"的大旗,进一步促进了"自由"思想在中国的传播。蔡元培在1917年出任北京大学校长,提出"囊括大典,网罗众家,思想自由,兼容并包"的方针,把北大改造成一所名副其实的现代大学,使北大正式成为在中国引进和发扬自由主义的基地。胡适最早是以要求挣脱束缚的"文

---

〔1〕《大公报》光绪二十八年五月二十一至二十三日,1902年6月26—28日。
〔2〕《老子评语》,日本东京1905年12月版;商务印书馆1931年版。
〔3〕高旭:《海上大风潮起作歌》。
〔4〕宁调元:《感怀四首》。
〔5〕周实:《〈民立报〉出版日少屏索祝》。

学革命"登上"五四"运动历史舞台的。[1] 后来他逐渐把对"自由"的追求从文学领域扩展到政治领域中,在激烈的党派之争中保持价值中立,成为现代中国自由主义思想的领袖。1930年,他在《介绍我自己的思想》一文中宣称:"现在有人对你们说:'牺牲你们个人的自由,去求国家的自由!'我对你们说:'争你们个人的自由,便是为国家争自由!争你们自己的人格,便是为国家争人格!自由平等的国家不是一群奴才建造得起来的!'"他是这么说的,也是这么做的。五四时期,他发表《多研究些问题,少谈些"主义"》《三论问题与主义》,批判对各种动听的"主义"和学说的迷信,因而毛泽东1923年称胡适为"非革命的民主派"。20年代,他反对北洋军阀政府,1929年发表《人权与约法》《我们什么时候才有宪法》等文,强调人权和自由,批评国民党政府的独裁腐败,30年代起主张"安内"、"剿共",40年代末对学生运动的同情与理解,等等,都是从他的自由主义立场出发的。40年代末当中国自由主义知识分子打算拥戴他建立自己的党派以增强在政治中的力量时,他也因党派组织与自由主义精神不合而终未建党。"在整个20世纪,他是中国自由主义的第一位代表人物。"[2] 30年代后,国共两党之争和抗日民族战争趋于白热化,启蒙的主题逐渐让位于救亡的主题,自由主义受到挤压,但作为一种中立的价值观,胡适开辟的自由主义思想传统还是通过1924年至1928年的《现代评论》,1928年至1933年的《新月》月刊,1937年至1946年西南联大的《当代评论》《今日评论》《战国策》,1946年至1948年的《观察》周刊一脉延续了下来。

全面抗日战争爆发后,毛泽东在1937年9月7日写下了《反对自由主义》,罗列了"自由主义"的十一种表现,将"自由主义"等同于放任自流、无拘无束加以批判,指出"革命的集体组织中的自由主义是十分有害的。它是一种腐蚀剂,使团结涣散,关系松懈,工作消极,意见分歧。它使革命队伍失掉严密的组织和纪律,政策不能贯彻到底,党的组织和党所领导的群众发生隔离。这是一种严重的恶劣倾向。"号召"我们要用马克思主义的积极精神,克服消极的自由主义"。从此,"自由主义"背上沉重的黑锅,一直走到"文革"结束。而新中国的社会主

---

〔1〕他在阐述"文学革命"的"自由"特点时指出:"新文学的语言是白话的,新文学的文体是自由的,是不拘格律的。形式上的束缚,使精神不能自由发展,使良好的内容不能充分表现。若想有一种新内容和新精神,不能不先打破那些束缚精神的枷锁镣铐。"于是"自由吐出心里的东西"(《谈新诗》,1919年10月10日《星期评论》),实现思想和诗体的"大解放",就成为胡适倡导的"新诗运动"和"白话文运动"的基本主张。

〔2〕李慎之:《重新点燃启蒙的火炬——"五四"运动八十年祭》,《开放时代》1999年11、12月号。

义也就在对"自由主义"的声讨中异化为"思想统一"的专制主义,造成了一系列深重的灾难。

改革开放以来,人们对社会主义异化问题展开了全面的检讨与反思。邓小平挖掘思想僵化的原因,历数思想僵化的危害,倡导"解放思想":"十年来,林彪、'四人帮'大搞禁区、禁令,制造迷信,把人们的思想封闭在他们假马克思主义的禁锢圈内,不准越雷池半步。否则,就要追查,就要扣帽子、打棍子。""民主集中制受到破坏,党内确实存在权力过分集中的官僚主义。这种官僚主义常常以'党的领导'、'党的指示'、'党的利益'、'党的纪律'的面貌出现,这是真正的管、卡、压。许多重大问题往往是一两个人说了算,别人只能奉命行事。这样,大家就什么问题都用不着思考了。""思想一僵化,条条、框框就多起来了……思想一僵化,随风倒的现象就多起来了……一个党,一个国家,一个民族,如果一切从本本出发,思想僵化,迷信盛行,那它就不能前进,它的生机就停止了,就要亡党亡国。""解放思想是当前的一个重大政治问题。""当前这个时期,特别需要强调民主。因为在过去一个相当长的时间内,民主集中制没有真正实行,离开民主讲集中,民主太少。""一听到群众有一点议论,尤其是尖锐一点的议论,就要追查所谓'政治背景'、所谓'政治谣言',就要立案,进行打击压制,这种恶劣作风必须坚决制止。""我们要创造民主的条件,要重申'三不主义':不抓辫子、不扣帽子、不打棍子。"[1]基于对中国历史与现实中专制主义的深恶痛绝,李慎之展开了对自由主义的探讨和倡导。[2] 在1997年给《顾准日记》写的序《智慧与良心的实录》中,李慎之最早提出"自由主义"概念:"说他放弃的是专制主义,追求的是自由主义,毋宁更符合他思想实际。"[3]为了给"自由主义"正名,李慎之对毛泽东的《反对自由主义》提出不同意见。[4] 在李慎之看来,马克思主义及其"共产主义"理想与"自由主义"并不矛盾,"自由主义"是"共产主义"及其初级阶段"社会主义"的应之义。1999年在《关于自由主义答客问》中,李慎之指出:"如果倒退到60年以前,那时的我只知道共产主义是最自由的,自由主义不过是比较低级的阶段而已。因此,根本不认为两者有什么矛盾。如果倒退到40年

---

[1] 《解放思想、实事求是、团结一致向前看》,《邓小平文选》第二卷,人民出版社1994年版,第141—144页。
[2] 李慎之:《与杜维明先生的对话》:"对这种专制主义的深刻批判、深刻反思是中国自由主义的最大资源。"1998年《国际儒学联合会简报》。
[3] 《顾准日记》,经济日报出版社1997年版。
[4] 李慎之:《革命压倒民主——〈历史的先声〉序》,《历史的先声》,香港博思出版集团2002年版。

前,那时我已经知道了实践中的马克思主义,亦即苏联、中国式的共产主义是与自由主义完全对立的,自由主义完全是资产阶级意识形态。但是当时的我虽然知道了这一点,心里却是怀疑的……如果退到 20 年以前,那时极左思潮已开始失势,改革开放已经开始。我又觉得共产主义与自由主义没有太大的矛盾了。尤其是'初级阶段'的理论确立以后,心里更加明确,不论共产主义何时实现,人民目前首先要争取自由,这点是没有疑问的。"1998 年,北京大学建校 100 周年,出版了一部论文集《北大传统与近代中国——自由主义的先声》。李慎之为之作序《弘扬北大的自由主义传统》[1]。在这篇序文中,他清晰勾画出北京大学的自由主义传统,同时对"自由主义"的内涵做了系统界说:

> 自由主义认为:人人都有追求自己的快乐和幸福的自由,都有发展自己的创造性的自由,只要不损害他人的自由。
>
> 人人都享有自由,就有可能形成一种制约的机制,使社会有序发展,同时堵塞了产生专制暴君的门路。自由主义者最懂得一个人必须自尊、自强、自律、自胜,最懂得对他人要尊重、要宽容。自由主义者不但乐于听取各种各样的反对意见,而且保护反对意见。他的信条是:"我虽然反对你的意见,但是坚决认为你有发表你的意见的权利。"他只是决不宽容扼杀别人的自由的专制者和独裁者。
>
> 自由主义可以是一种政治学说,可以是一种经济思想,也可以是一种社会哲学。它可以是一种社会政治制度,更是一种生活态度。只有全社会多数人基本上都具备了这样的生活态度,也就是正确的公民意识,这个社会才可以算是一个现代化的社会,这个国家才可以成为一个法治国家。

在此基础上,他明确提出了"自由主义"的价值主张:"在人认为有价值的各种价值中,自由是最有价值的一种价值。"并呼唤大力弘扬这种价值:"值此北京大学建校 100 周年之际,最要紧的是要弘扬北大的自由主义传统。""发轫于北京大学的自由主义传统在今天的复兴,一定会把一个自由的中国引进一个全球化的世界,而且为世界造福争光。"李慎之所做的一切,使他获得"中国自由主义者的领袖"的美誉。

"生命诚可贵,爱情价更高;若为自由故,二者皆可抛。"在拨乱反正的今天,

---

[1] 载《北大传统与近代中国——自由主义的先声》,中国人事出版社 1998 年版。

"自由"作为世界人权公约认可的普世价值,已经写入中华人民共和国宪法:"中华人民共和国公民的人身自由不受侵犯。""中华人民共和国公民有言论、出版、集会、结社、游行、示威的自由。""中华人民共和国公民有宗教信仰自由。""中华人民共和国公民的通信自由和通信秘密受法律的保护。除因国家安全或者追查刑事犯罪的需要,由公安机关或者检察机关依照法律规定的程序对通信进行检查外,任何组织或者个人不得以任何理由侵犯公民的通信自由和通信秘密。""中华人民共和国公民有进行科学研究、文学艺术创作和其他文化活动的自由。"同时规定:"中华人民共和国公民在行使自由和权利的时候,不得损害国家的、社会的、集体的利益和其他公民的合法的自由和权利。"让我们在宪法规定的权利和义务范围内,在十八大报告倡导的社会主义核心价值观范围内,建设更加自由、更加美好的幸福社会。

(《中国政法大学学报》2015年第4期。中国人民大学复印资料《思想政治教育》2015年第12期全文转载)

五、从空想共产主义到马克思的共产主义

在西方社会的发展进程中,有感于现实社会的不完美,不少思想家提出了改革社会的共产主义理想。柏拉图提出的"共妻""共子""共产"的"理想国",莫尔描绘的"乌托邦"、康帕内拉描绘的"太阳城"、温斯坦莱提出的"土地公有"、摩莱里主张的"平等共享"、马布利的"平等共产"、巴贝夫的"平等共和国"、圣西门的"实业制度"、傅立叶的"和谐制度"、欧文的"公社制度"以及马克思恩格斯的"共产主义",都是对这些社会理想的美好憧憬。一种流行的观点认为,马克思以前的共产主义学说都是不切实际的空想,直到马克思手中,共产主义学说才转变为科学。研究发现,马克思恩格斯的共产主义学说,既有自己的创新,也有对此前学说的继承,比如绝对平等、人性爱劳动、绝对无私、财产共享,等等,因而在许多地方流于一厢情愿的美好想象。这就需要我们用实事求是和发展变化、与时俱进的观点和方法,不断加以改造、丰富、发展和完善,而不能用僵化封闭的、本本主义的、教条主义的态度去对待它。事实上,新时期中国改革开放的伟大实践,已经对此做出了实际的回答。这里,我们简要回顾马克思以前空想共产主义学说的基本思想,仔细剖析一下马克思共产主义学说的基本特征,以期对人们客观认识二者的异同,用科学的实事求是的态度去对待马克思的共产主义学说有所帮助。

1. 马克思以前的空想共产主义学说

马克思以前的空想共产主义学说,最早可追溯至柏拉图的"共妻""共子""共产"的"理想国"。

(1)柏拉图

柏拉图(约前427—前347),古希腊哲学家,也是整个西方文化史上影响最大的哲学家和思想家之一。柏拉图创建了"理想国"。这"理想国"的特点,就是以消灭婚姻家庭及其私有观念、消灭财产私有制为特征的"共产主义"。

柏拉图指出:国家存在的目的不是为了某个阶级的幸福,而是为了全体人民的幸福,包括男人和女人。柏拉图将理想国中的公民划分为卫国者、士兵和普通人民三个阶级。哲学家由理性主宰,是黄金,理所当然地成为国家的管理者、统治者。士兵听凭意志行事,是白银,堪当国家的保卫者;普通人民则由欲望主宰,属于创造财富的生产阶层,是钢铁。为了防止统治者的腐化,主张国家的统治者(包括监护者和保卫者)不应拥有私产。统治者的职责在于治理国家,保卫者和监护者和的职责在于保卫国家,维护法律。因此,他们应当把国家的利益当作自己的利益。他们必须符合如下规定:首先,除掉必不可少的用度之外,不得拥有私有财产;其次,任何人不得有自己私有的不让别人随便进出的住所或贮藏室;再次,他们的饮食只能相当于那些训练作战的勇敢而有节制的战士所需要的数量,这些物质是作为薪俸由公民贡献给统治者的,并且是恰够所用的;第四,他们应当像军营里的士兵一样,住在一起,吃在一起;第五,他们不允许接触和管理金银货币,不允许穿戴金银饰品,不允许使用金银器皿,以免玷污圣洁的灵魂。如果他们要取得土地、房屋和财产,就没有资格担任管理国家的统治者、监护者和保卫者,而只能成为管家或农夫。

为了消灭私有财产,也就必然要消灭家庭和婚姻,因为家庭是私有制的总后台。家庭取消了以后,生命如何延续?柏拉图主张实行共妻制,由统治者按照优生原则分配、组织男女,使之生儿育女。由于父母孩子、兄弟姐妹互不认识,如何避免出现乱伦呢?他指出,政府要根据人口的计划需要,对适龄生育的男女实行定期交配制度,并在整个过程中做好记录和保密工作;为确保让优秀的父母生出更多的子女,政府要根据优生原则确定交配对象和交配频率。为了贯彻优生原则,他对适龄生育男女的年龄作出了严格的科学鉴定:男25—55岁、女20—40岁。在适龄范围内,生育频率也有一定的计划控制。对适龄生育男女未经政府批准而偷偷摸摸媾合怀孕的,要实行强制人流。即使如此,也不能保证生出来的孩子个个都是优秀的。社会财富不应该被有缺陷的孩子无端浪费掉,畸形、弱智的孩子应该送到一个人皆不知的地方去,让他们自生自灭。对不承担生育任务的男女、不在此年龄范围内的男女,性交是自由的,但若因此怀孕,要实行强制流产。为了防止父母和孩子认识、兄弟姐妹认识,柏拉图主张孩子一出生就由政府保育院收去统一抚育,并由学校统一教育,进而让博爱、公爱来取代狭隘自利的私爱,以共妻、共子制作为共产制的前提保证。

柏拉图以共妻共子为前提的共产社会设计不可谓不细致周详,他对统治者的财产限制可谓用心良苦,代表了广大人民的利益,但他一方面取消统治者的私有财产,另一方面又承认被统治的劳动者、生产阶层私有财产的权利,这在逻辑上是矛盾的,在实践上是难以操作的。同时,他的共妻共子思想虽然可以确保共产,但却违背人伦和人性,结果只能流于空想。

(2) 莫尔、康帕内拉

16 至 17 世纪中叶之前,英国的莫尔和意大利的康帕内拉等人吸收改造了古希腊柏拉图的思想、早期基督教的平等思想以及当时正蓬勃兴起的资产阶级人文主义思想,提出了以"乌托邦"、"太阳城"为标志的共产主义理想。一般将莫尔和康帕内拉倡导的改造社会的共产主义学说称为第一阶段的"空想社会主义"。

莫尔(1478—1535)早年倾心于古希腊哲学研究,陶醉于柏拉图的"共产主义"理想。他年轻时曾写过一篇对话,为柏拉图的"共产主义"及其"共妻"制度辩护。他不是纯粹的书斋中的学者,曾有丰富的从政经历,但性情刚直,不谀权贵,这便埋下了他最终被判死刑的种子。1516 年,在繁忙的公务活动间隙,他完成《乌托邦》一书的写作。这本书的原名是《关于最完美的国家制度和乌托邦新岛的既有益又有趣的金书》[1]。《乌托邦》这个书名是 1516 年 11 月 12 日在与爱拉斯谟的通信中首先使用的。《乌托邦》一书表现了人类最初对社会主义形态的想象[2]。"乌托邦"在莫尔的书中是假想的位于南半球的岛屿,岛上的国家制度是最好的。在这个岛国里,家庭并未废除(这是不同于柏拉图的),并且

---

[1] 托马斯·莫尔:《乌托邦》,戴镏龄译,商务印书馆 2007 年版。
[2] 托马斯·莫尔:《乌托邦》,戴镏龄译,商务印书馆 1982 年版。

是基本的生产单位,生产资料和全部新产品都是公有,分配原则是按需分配,人们勤劳善良,道德高尚,过着幸福富足的生活。在莫尔看来,私有制是万恶之源。"只有消灭了私有制以后,才有可能用公平合理的方法分配物质和建立个人幸福。""确定财产均等是达到社会幸福的唯一道路。""假使私有制度存在,假使金钱是衡量一切的标准,我以为国事的进行就不可能公正。"在私有制国家里,"一伙富有者狼狈为奸,表面名义上代表国家,实则为私人利益打算","口头上谈说公共福利的人,尽是只为私人的利益奔走打算。在乌托邦,私有制根本不存在,大家都热心公事。""在乌托邦,一切归全民所有。""乌托邦没有物质分配不均衡的现象,没有穷人,没有乞丐。虽然每个人一无所有,大家都很富足。""个人吃饭问题在乌托邦是不用操心的,妻儿嚎寒啼饥的声音是听不到的。女孩子的妆奁是不用发愁的。"那么,如此源源不断的财富是哪里来的呢?是由乌托邦人每天六小时的劳动创造的。那么人们为什么会自觉地主动积极地从事劳动呢?这正是《乌托邦》设计最经不起推敲的地方。贪图享受,厌恶劳苦,是人的生理天性,如果不是为了获取自己必需的生活资料,人们是不会自觉积极地从事劳动的。因此,承认个人利益的私有制既可导致你争我夺的罪恶,也可产生推动财富创造的动力;既是万恶之源,也是万善之源,关键在于对人的不可磨灭的私欲加以合理引导。莫尔没有很好地注意和解决这一问题,所以注定了他的共产主义社会理想沦为空想。

康帕内拉(1568—1639)一生在思索改造社会的计划,寻找拯救人类的出路,幻想建立幸福的社会。经过多年的构思,他于1601年下半年在狱中写成《太阳城》。1609年,为了捍卫《太阳城》阐发的理想,他又写了《论最好的国家》作为《太阳城》的续篇。在《太阳城》一书中,康帕内拉描绘了一个按照根本不同于当时意大利和西欧各国社会制度的原则建立起来的新型理想社会。按照他的历史发展观,人类社会是从黄金时代开始的。经过私有制阶段,最后又会进入黄金时代。他在《论黄金时代》一诗中说:

> 从前曾有过黄金世纪的时代,
> 它是会回来的,而且不止一次。
> 一切被埋葬的东西都力图重见天日,
> 他们终将循环归根……
> 如果人们忘掉"我的"、"你的",

>从事一切有益的、正直的和愉快的事业,
>我相信现实生活就会变成天堂。[1]

康帕内拉向往不分你我、没有私有观念的"天堂",认为私有制是产生利己主义私有观念的根源,要消灭诡辩、伪善、残暴行为和贫富对立等社会弊病,必须消灭私有制,实现公有制。他说:"财产公有制是最好的制度。"为了从根本上消灭私有制和私有观念,与莫尔不同的是,康帕内拉主张取消家庭和婚姻,实行共妻制。同年人互称兄妹,大22岁的称父母,小22岁的称子女。人们首先注意集体生活,然后才注意个人生活。在"太阳城"中,人人爱劳动,以寄生为耻,没有剥削,劳动有职业不同,无贵贱之分,互相服务,人人平等。总之,在这个公有制社会里,生产和消费由社会统一组织安排,产品按公民需要分配,儿童由国家抚养和教育,教育与生产相联系,"良心找到了安慰,消灭了万恶之源的贪婪,消灭了做买卖所固有的欺骗,消灭了偷盗、抢劫、无节制、穷人受屈辱和不学无术等现象","自私心、仇恨、嫉妒、诡计也同样消失了"。

康帕内拉的共产、共妻主义理论,主张消灭压迫与剥削,人人劳动,按需分配,反映了意大利早期无产者和贫苦劳动人民对幸福生活的渴望,但如同莫尔一样,没有解决人们在脱离个人利益之外为何会爱劳动的问题,没有正视人们的私有观念并不会随着私有制的消灭而消失的事实,而且比莫尔更甚者,是回到柏拉图,希望从取消婚姻家庭入手取消私有观念,无视无家庭的独立个体仍然存有自私的生物天性的事实,因而不切实际,注定流于空想。

(3) 温斯坦莱、摩莱里、马布利、巴贝夫

17至18世纪末,空想社会主义进入第二阶段。代表人物是英国的温斯坦莱,法国的摩莱里、马布利、巴贝夫。这些思想家大多把改造社会的共产主义学说建立在自然法学说和理性论基础上,带有明显的理性思辨和理性论证色彩,但也难逃空想的宿命。

温斯坦莱(约1609—1652)来自贫民社会,是17世纪英国掘地派运动的领袖和杰出思想家。1649年1月,温斯坦莱发表了《新的正义的法律》,提出在土地公有制的基础上,共同利用土地和享受土地果实。为了实现这一理想,1649年4月,他率领一群贫苦农民到塞利郡圣乔治山开垦荒地。这就是英国历史上著名的掘地派运动。此举得到了广大贫民的热烈响应,迅速扩展到诺桑普顿、白

---

[1] 托马斯·康帕内拉:《太阳城》附录一,陈大维等译,商务印书馆1997年版,第87页。

金汉、亨丁顿、兰开夏、肯特等郡,有的地方出现了千人组成的公社。尽管掘地派一再声明,"不是依靠刀剑和枪炮,而是依靠爱的精神",但是克伦威尔政权还是出动军队进行了镇压。在掘地派运动被镇压下去后一年即1652年,温斯坦莱出版了《自由法》一书[1]。

温斯坦莱在《自由法》一书中不仅继续捍卫"土地自由"的观点,而且还提出了在土地公有制基础上改造现存社会、建立理想的社会制度——共和管理制度的方案。这个方案立足于土地,强调的是贫民对土地占有与使用的自由。

首先,他主张依靠统治者的恩惠使贫民获得土地占有的自由,实现共和管理制度。温斯坦莱领导的掘地派运动发生在英国资产阶级革命胜利之后。在革命中,广大城乡贫民虽然是取得革命胜利的决定性力量,为革命作出了巨大贡献和流血牺牲,但是,革命胜利的果实却为资产阶级和新贵族所独吞,广大城乡贫民反而遭受更大的奴役和更加沉重的压迫。在《自由法》的正文之前,温斯坦莱附有给克伦威尔的信。信中他要求克伦威尔实现自己提出的把广大人民从暴政下解放出来,成为自由人的诺言和保证,让平民自由占有土地和享受自由。

其次,共和国管理制度真正的自由就是使用土地的自由。温斯坦莱认为,建立在私有制基础上的贸易自由、传教自由、与女人交往的自由、地主剥削农民的自由,只能导致奴役,而不是真正的自由;作为共和国基础的真正自由就是自由使用土地。在温斯坦莱所设计的理想共和国中,土地及其全部果实都是公有财产,每个人都有使用土地、耕种土地、在土地上建筑房屋的自由,以及不受任何限制地享用土地果实的自由。土地由每个家庭通力协作进行耕种和收割,土地的果实(包括森林、矿产、牲畜等)和手工业者的所有产品都要送进公共仓库,然后再按照需要发给每家和个人使用。

再次,人人都必须参加劳动是土地使用自由的前提。为了使共和国得到丰富的食物和一切必要的财富,每一个少年必须学习一种劳动。实行全部土地及其果实公有不会使人游手好闲,靠寄生或行乞为生。共和国的"游手好闲法"规定,如果有人拒绝学习手艺、拒绝工作劳动,而又想一样吃穿,最初将受到劝诫,如不悔改,将受到鞭打并从事强迫劳动。

复次,土地公有并不意味着家庭财产公有。温斯坦莱虽然把自己理想的社会制度称为"生活资料的公有制",但在实际上已把生产资料和生活资料做了不

---

[1] 收入温斯坦莱:《温斯坦莱文选》,任国栋译,商务印书馆1965年版。

同的处理。在温斯坦莱看来,土地及其果实、仓库属于公有,可以自由使用,而家庭财产则属于私有,不能自由使用,共同消费,它必须受到法律的保护。"虽然土地及其全部果实都是公有财产……但是每幢房子及其全套家具还是居住者个人的财产,每个家庭从仓库或者商店里拿来供用的衣服、食物或某种装饰品都是这个家庭的财产。"共和国的法令保护每个人的安宁和他的私人住宅,使之不受侵犯。如果以公有为名强占他人的住宅、设备、粮食、妻子或孩子,将受到法律的制裁。

土地公有和生产资料公有,人人必须劳动,不允许雇工和寄生,生活资料按需分配,政治上实行议会制共和制度、法治和民主,承认婚姻家庭,保护个人财产,实现和平自由,这些就使得温斯坦莱的社会理想较前人更具有切实可行的色彩。

摩莱里(约1700—1780)是18世纪法国杰出的思想家,也是18世纪法国学术史上最神秘的人物之一。一生写了许多著作,但都用不同的笔名发表,"摩莱里"是他笔名,真实名字不详。最有影响的著作是《自然法典》。

摩莱里指出:私有制是社会出现混乱和罪恶的根本原因,人类的黄金时代是原始氏族公社,人类社会的理想是实行平均的共产主义制度。《自然法典》提出了三条基本原则:基本实行公有制;公民享有工作权和生活保障权;公民都有各尽所能的义务。他的社会理想是建立在需求与能力的理论基础之上的。摩莱里认为,人天生有物质需求,同时,人又天生具有满足需求的能力。人的需求和满足需求的能力是不平衡的,能力总是稍落后于人的需求。他说:"自然界英明地使我们的需求和我们力量的增长相符合;再者,在我们其余整个生活确定需求数额的时候,它使这些需求总是稍超过我们能力的限度。"[1]人的需求是相同的,应该得到同样的满足。从这一点出发,他得出了人的社会地位和权利也是平等的结论。因此,他主张人们应当共同劳动,共同使用土地资源,共同享受劳动产品:自然界正是"通过人们感觉和需要的共同性,使他们了解自己地位和权利的平等,了解共同劳动的必要性。"[2]需要的平等赋予了权利的平等,能力的不同更加使人意识到联合起来的优势和必要。于是人类不可分割地共同占有土地,人人平等地享受土地的果实。"世界是一张足供所有共餐者享用的餐桌",

---

[1] 摩莱里:《自然法典》,姜亚洲、黄建华译,商务印书馆1982年版,第21页。
[2] 摩莱里:《自然法典》,姜亚洲、黄建华译,第23页。

"它的全部菜肴有时属于所有的人,因为大家都饿了,有时只属于某些人,因为其余的人已经吃饱了。任何人都不是它的绝对的主人,而且也没有权利要求这一点"[1]。他主张:理想的社会实行生产资料公有制和计划经济,人人参加劳动,消灭货币和贸易,按需分配生活资料。

马布利(1709—1785)是18世纪法国著名的政治家、理论家和历史学家。主要著作有《论法制或法律的原则》《论公民的权利和义务》《论波兰的政治和法律》《英国政府和法律概观》等。这是空想社会主义者第一次用法典的形式表达政治主张。

马布利期望建立的理想社会是一个"人人平等,贫富与共,自由博爱的共和国"。其中,"平等"是这个社会的最主要的特征:人人劳动,人人享有消费产品,"人人都是富人,人人都是穷人,人人平等,人人自由,人人是兄弟"。在他看来,自然赋予人平等的地位,"自然界没有创造出国王、统治者、庶民和奴隶。"后来私有制的产生才破坏了人类社会的平等。私有制首先造成了经济的不平等和贫富对立,然后造成政治的不平等和贵贱差别,是"一切罪恶的基本原因"。为了实现"平等"的社会理想,他不仅主张废除"私有制",而且主张废除"私人财产",实行公有制。"自然界要求我们走向财产公有。""先要建立共同财产,这样地位平等,并在此双重基础上建立人类的幸福就更加容易了。"私有制破坏平等,公有制才能实现平等。因此,"平等"与"共产"就走到了一起。

实现社会平等不仅取决于废除私有制度和私人财产,而且取决于节制欲望。马布利认为:"需求越小,幸福越多。"禁欲是社会财富平均共享的基础,清心寡欲是高尚的道德。为了过朴素的生活,他甚至提出了限制生产的主张,憧憬"苦修苦练的、禁绝一切生活享受的斯巴达式的共产主义"。

马布利十分重视法律的作用,主张通过法律调节欲望,限制不平等,保证平等。同时主张用暴力革命手段实现平等的共产主义社会。他指出:如果一个政府不能给人平等自由,"人们就应当以最大的力量行动起来"去反对它、推翻它[2]。

巴贝夫(1760—1797)出生于贫苦农民家庭。虽未受过系统的学校教育,但刻苦自学哲学、历史和文学著作。1786年后开始形成并陈述自己的共产主义思

---

[1] 摩莱里:《自然法典》,姜亚洲、黄建华译,第22页。
[2] 参《马布利选集》,何清新译,商务印书馆1960年版。

想。由于积极参加法国大革命,曾几次被捕入狱,成为平等派运动的领导人之一。1796年3月主持建立了平等派密谋组织的中央委员会,积极筹备群众起义推翻资产阶级政权,结果失败。5月10日再度被捕,1797年5月27日被处死。巴贝夫曾主编《人民论坛报》,鼓动人民起来消灭私有制,建立"普遍幸福的"、"人人平等的"社会;并设想建立以农业为中心的、具有平均主义和禁欲主义特点的"共产主义公社"。

巴贝夫社会理想的核心是"平等论"。认为在自然状态下人类本是平等的,私有制是造成人间不平等的总根源;主张通过密谋暴力方式推翻剥削制度,建立革命专政逐步消灭私有制;最终形成财产公有、共同劳动和平均分配的"平等共和国"。他的共产主义体系虽然"相当粗糙和肤浅",但马克思却称许他为第一个"真正能动的共产主义政党"的奠基人。巴贝夫的学说具有强烈的批判性。不仅批判和谴责资本主义私有制,主张财产公有,而且继承了法国大革命的传统,主张通过暴力革命,推翻资本主义制度,建立人民专政。他身体力行,付诸革命行动。巴贝夫倡导的共产主义理想和暴力革命思想对马克思、恩格斯产生了重要的影响。[1]

(4) 圣西门、傅立叶、欧文

18至19世纪前半叶之前,空想社会主义发展到第三阶段,代表人物是法国的圣西门、傅立叶和英国的欧文。他们站在时代高度,以唯物主义自然观以及含有唯物主义因素的历史观,试图证明资本主义将被更完备的社会形态所取代,从而提出了自己的共产主义学说。马克思曾高度评价这三人的社会学说:"德国的理论上的社会主义永远不会忘记,它是站在圣西门、傅立叶和欧文肩膀上的。"

圣西门(1760—1825),幼年受过正规的教育。17岁加入了法国军队,被送往美国援助独立战争。1789年法国革命爆发后,圣西门于1793年至1794年间被囚禁一年。释放后办了一个豪华的巴黎沙龙,吸引了许多知识分子,为实现他"改进人类文明"和"改进最穷苦阶级的精神和物质状况"的许多设想而做基础准备。1802年至1814年间,致力于研究实证科学和实验科学,试图从这些理论中找到解决社会问题的办法,逐渐发展和完善了他的思想体系,预见到许多社会主义原则,如:社会"阶级"划分、大规模的"工业化"、"欧洲的重组"、"历史进化观"、"国家计划管理"等。1825年完成代表作《新基督教》。马克思在《资本论》

---

[1] 参《巴贝夫文选》,梅溪译,商务印书馆1962年版。

中曾经指出:圣西门在他的最后一本著作《新基督教》中,直接作为工人阶级的代言人出现,宣告他的最终目的是无产阶级的解放。他建议向全社会宣布"人人应当劳动"的准则。

他认为,"从事劳动的人是最幸福的人。""有效利用时间的家庭是最幸福的家庭。""闲散人员最少的国家是最幸福的国家。假如没有游手好闲的人,人类一定能够享受到他们所追求的一切幸福。"他认为社会变革是从低级向高级发展的。现存资本主义制度只是从封建制度转向理想制度的一个过渡阶段,并初步意识到经济状况是政治制度的基础。他预言,旧的社会制度必将为理想的实业制度所代替。圣西门设想的未来的理想制度是一种"实业制度"。在实业制度下,由实业者和学者掌握社会政治、经济、文化各方面的权力;实业制度的一项重要原则是人人参与劳动;实业制度实行计划生产和按劳分配;实业制度的唯一目的是尽善尽美地运用科学、艺术和手工业的知识来满足人们物质生活和精神生活的需要,特别是满足人数最多的最贫穷阶级的需要;个人收入应同他的才能和贡献成正比,不存在任何特权。圣西门强烈反对不事生产的封建贵族与军人等级,认为社会应当由实业家和科学家来领导;他还提出了实行普遍劳动义务制、计划经济和按劳分配等一系列具有社会主义思想萌芽的主张。

与此前许多空想社会主义思想家主张通过暴力手段废除私有制、建立美好社会不同,圣西门主张保留私有制,把宣传和平思想作为实现社会改造的唯一手段上,圣西门把从事产业活动的资产者看成是和工农一样的劳动者或"实业者",寄希望于统治阶级的理性和善心,幻想国王和资产者会帮助无产阶级建立实业制度。这就使得他的学说不能不流于空想。[1]

傅立叶(1772—1837),出生于富商家庭,主张用改良的手段来改造社会。从19世纪初开始,先后发表了《全世界和谐》《四种运动论》《新世界》等著作,揭露了资本主义制度的罪恶,主张以"和谐制度"来代替资本主义制度。

"和谐制度"又称"协作制度",基本组织是叫做"法郎吉"的合作社;基本原则是人人都参加劳动;经济上实行股份所有制,资本家资本入股,穷人劳动入股,学者知识入股。在实行"和谐制度"的"和谐社会"里,人们联合起来,个人利益与集体利益相一致,共同劳动,共同生活,共同消费,劳动不再成为负担,而成为

---

[1] 参《圣西门选集》第1卷,王燕生、徐仲年、徐基恩等译;第2—3卷,董果良译,商务印书馆1982年版。

一种需要,成为人的天赋权利中的第一权利,并且与教育相结合,体现出优越的先进的生产力。

在傅立叶看来,资本主义是一种"每个人对全体和全体对每个人的战争"的制度,是奴隶制的复活。资本主义生产的无政府状态决定了资本主义制度下不可避免的危机。但他并不主张一概废除私有制,而是幻想通过建立一种以合作社——"法郎吉"为其基层组织的社会主义社会来取代资本主义社会。"法郎吉"一词源于希腊语,指严整的步兵队伍,傅立叶用它来表示和谐制度下的生产—消费协作社,通常由1 600人组成。在"法朗吉"内,家庭不再是社会的经济细胞,男女自由,婚姻临时结合,妇女得到了最大程度的解放。男女平等,人人劳动,免费教育,工农结合,没有城乡差别,也没有脑力劳动和体力劳动的差别。他还为"法郎吉"绘制了一套建筑蓝图。建筑物叫"法伦斯泰尔",中心区是食堂、商场、俱乐部、图书馆等。建筑中心的一侧是工厂区,另一侧是生活住宅区。"法郎吉"是招股建设的。收入按劳动、资本和才能分配。傅立叶幻想通过这种社会组织形式和分配方案来调和资本与劳动的矛盾,从而达到人人幸福的社会和谐。

傅立叶的和谐社会是建立在人人都具有爱劳动的天性基础上的。"傅立叶证明:每个人生下来就有一种偏好某种劳动的习性;绝对懒惰是胡说,这种情形从来未曾有过,也不可能有;人类精神本来就有活动的要求,并且有促使肉体活动的要求;因此就没有必要像现今社会制度那样强迫人们活动,只要给人们的活动天性以正确的指导就行了。接着他确立了劳动和享受的同一性,指出现代社会制度把这二者分裂开来,把劳动变成痛苦的事情,把欢乐变成大部分劳动者享受不到的东西,是极端不合理的。然后他又指出:在合理的制度下,当每个人都能根据自己的兴趣工作的时候,劳动就能恢复它的本来面目,成为一种享受。"[1]显然,这是不合人性实际的,因而,在消灭了私有制之后,或者说在取消了约束的公有制条件下,人们会不会自觉主动地去从事为全社会创造财富的劳动,就是大可疑究的了。[2]

欧文(1771—1858),出生于手工业者家庭。从小当学徒谋生。通过刻苦自学,掌握了丰富的知识。亲历英国工业革命鼎盛时期尖锐的劳资矛盾,在自己管

---

〔1〕 恩格斯:《大陆上社会改革运动的进展》,《马克思恩格斯全集》第一卷,人民出版社1956年版,第578页。

〔2〕 参《傅立叶选集》第1—3卷,汪耀三、庞龙、黄甫译,商务印书馆1982年版。

理的工厂进行改革试验。他把工人的工作时间缩短为 10 小时,禁止不满 9 岁的童工劳动,改善工人的生活和劳动条件,提高工人工资,设立工厂商店,向工人出售比普通市场价格便宜的消费品,开办工厂子弟小学、幼儿园和托儿所,建立工人互助储金会。欧文的这些改革措施取得了明显的成效,工人生活得到改善,工厂也增加了利润。1812 年,欧文为宣传自己的改革成就,发表了《关于新拉纳克工厂的报告》,引起欧洲社会的广泛关注。此后,欧文为了争取议会制定工厂法和限制工作日的立法进行了大量的工作。1815 年他在《论工业制度的影响》一书中,呼吁制定改善工人劳动条件的议会法案。1817 年,欧文在《致工业和劳动贫民救济协会委员会报告》中提出建立合作社来解决失业问题的主张。1820 年,欧文在《致拉纳克郡报告》中提出消灭私有制,建立财产公有,权利平等和共同劳动的改革社会的理想主张,标志着其空想社会主义思想体系的形成。

1824 年,欧文到美国创办"新和谐"公社,来实践他的社会理想。欧文的"公社制度",将"公社"作为一个工、农、商、学结合的社会组织加以建设管理,实行生产资料公共占有、权利平等、民主管理等原则,确认生产资料公有制是公社的经济基础,主张在机器大生产基础之上,有计划地组织集体生产和生活;消除了城乡差别;实行按需分配的原则;规定公社的最高权力属于全体社员大会;对人的全面发展也十分重视。尽管在实施过程中没有获得成功,却留下了宝贵的思想财富。欧文认为劳动人民的贫困是资本主义社会的必然产物,因而尖锐地批判资本主义的制度,幻想建立完美的社会主义制度,但反对工人阶级通过暴力斗争对社会关系进行社会主义的改造,而主张通过社会改良逐步实现美好的社会理想。[1]

2. 马克思、恩格斯的"共产主义"学说及其改造

马克思(1818—1883),德国政治哲学家及社会理论家。主要著作有《资本论》、《共产党宣言》等。恩格斯(1820—1895),德国思想家,马克思的亲密战友,曾与马克思合著过不少重要著作,在马克思逝世后,帮助完成了马克思生前未完成的《资本论》等著作,并领导实际的国际工人运动。

马克思恩格斯运用辩证唯物主义和历史唯物主义的世界观与方法论,吸收英国古典经济学家亚当·斯密和大卫·李嘉图的劳动价值论,继承并改造了西

---

[1] 参《欧文选集》,柯象峰、何光来、秦果显译,商务印书馆 1965 年版。

方历史上特别是圣西门、傅立叶、欧文等人的共产主义学说,揭示了资本主义制度下异化劳动造成的种种不公和社会问题,主张无产阶级通过暴力革命和阶级斗争,推翻资本主义私有制,建立理想的共产主义社会。

(1) 马克思、恩格斯描绘的共产主义社会的特征

① 消灭私有制,实现公有制

马克思、恩格斯在《共产党宣言》中宣称:"共产党人可以把自己的理论用一句话概括起来:消灭私有制。"[1]"共产主义革命就是同传统的所有制关系实行最彻底的决裂;毫不奇怪,它在自己的发展进程中要同传统的观念实行最彻底的决裂。"[2]"共产主义的特征并不是要废除一般的所有制,而是要废除资产阶级的所有制。"[3]"共产主义并不剥夺任何人占有社会产品的权力,它只剥夺利用这种占有去奴役他人劳动的权力。"[4]

② 消灭了资本主义异化劳动,劳动成为人的第一需要

在私有制条件下,尤其是在资本主义条件下,强迫的劳动对于劳动者来说是一种痛苦、一种负担,因而是一种异化劳动:"在奴隶、徭役和雇佣劳动等等劳动的历史形态中,劳动始终是使人感到厌恶的,始终是一种外来的强制的劳动,相反地,不劳动才是'自由和幸福'。"[5]但是到消灭了资本主义异化劳动的共产主义社会,劳动就成了人的一种快乐、一种自觉的需要。"在共产主义社会的高级阶段……劳动已不仅是谋生的手段,而且成了生活的第一需要。"[6]"生产劳动给每一个人提供全面发展和表现自己全部的即体力的和脑力的的能力的机会,这样,生产劳动就不再是奴役人的手段而成了解放人的手段,因此,生产劳动就从一种负担变成一种快乐。"[7]劳动成了"自我实现、主观的客观化,因而这是真正的自由"[8]。正是这一点,保证了"任何个人都不能把自己在生产劳动这个人类生存的自然条件中所应参加的部分推到别人身上"[9],保证了物质财

---

[1] 《共产党宣言》,《马克思恩格斯选集》第一卷,人民出版社1972年版,第265页。
[2] 《共产党宣言》,《马克思恩格斯选集》第一卷,第271—272页。
[3] 《共产党宣言》,《马克思恩格斯选集》第一卷,第265页。
[4] 《共产党宣言》,《马克思恩格斯选集》第一卷,第267页。
[5] 马克思:《政治经济学批判大纲》,《马克思、恩格斯、列宁、斯大林论共产主义社会》,人民出版社1958年版,第51页。
[6] 转引自列宁:《国家与革命》,《列宁全集》第25卷,人民出版社1958年版,第454页。
[7] 恩格斯:《反杜林论》,《马克思恩格斯选集》第三卷,人民出版社1972年版,第333页。
[8] 马克思:《政治经济学批判大纲》,《马克思、恩格斯、列宁、斯大林论共产主义社会》,人民出版社1958年版,第51页。
[9] 恩格斯:《反杜林论》,《马克思恩格斯选集》第三卷,第333页。

富的极大涌流和按需分配的物质基础。在这个问题上,马克思、恩格斯高度肯定并吸收了傅立叶关于人性爱好劳动的观点:"傅立叶第一个确立了社会哲学的伟大原理,这就是:因为每个人天生就爱好或者喜欢某种劳动,所以这些个人爱好的全部总和就必然会形成一种能满足这个社会需要的力量。从这个原理可以得出下面一个结论:如果每个人的爱好都能得到满足,每个人都能做自己愿意做的事情,那么,即使没有现代社会制度所采取的那种强制手段,也同样可以满足一切人的需要。这种论断尽管听起来是非常武断,可是经过傅立叶的论证以后,就像哥伦布竖鸡蛋一样,就成了无可辩驳的、几乎是不言而喻的道理。"[1]

③ 消灭社会分工、城乡差别、脑力劳动与体力劳动的对立

由于共产主义社会消灭了社会分工、城乡差别以及脑力劳动与体力劳动的对立,因而人们可以各尽所能,获得全面发展。马克思、恩格斯批判资本主义私有制下的社会分工,认为分工扼杀人的才能。马克思引用亚当·斯密的话:"个人之间天赋才能的差异,实际上远没有我们所设想的那么大;这些十分不同的、看来是使从事各种职业的成年人彼此有所区别的才赋,与其说是分工的原因,不如说是分工的结果。"然后说:"搬运夫和哲学家之间的原始差别要比家犬和猎犬之间的差别小得多,他们之间的鸿沟是分工掘成的。"[2]马克思还指出:"现代社会内部分工的特点,在于它生产了特长和专业,同时也产生职业的痴呆。"[3]马克思设想:"在共产主义社会的高级阶段,迫使人们奴隶般地服从社会分工的现象已经消失,脑力劳动与体力劳动的对立也随之消失。"[4]"个人力量由于社会分工转化为物的力量这一现象……只能靠个人重新驾驭这些物的力量并消灭分工的办法来消灭。"[5]"消灭城市与乡村间的对立并不是空想,正如消除资本家与雇佣工人间的对立不是空想一样。"[6]"通过消除旧的分工……以及城乡的融合,使社会全体成员的才能得到全面的发展。"[7]"个人的全面表

---

[1] 恩格斯:《大陆上社会改革运动的进展》,《马克思恩格斯全集》第1卷,人民出版社1956年版,第578页。
[2] 马克思:《政治经济学的形而上学》,《马克思恩格斯选集》第1卷,第125页。
[3] 马克思:《政治经济学的形而上学》,《马克思恩格斯选集》第1卷,第135页。
[4] 马克思语,转引自列宁:《国家与革命》,《列宁全集》第25卷,第454页。
[5] 马克思、恩格斯:《费尔巴哈》,《马克思恩格斯选集》第1卷,第82页。
[6] 恩格斯:《论住宅问题》,《马克思、恩格斯、列宁、斯大林论共产主义社会》,第118页。
[7] 恩格斯:《共产主义原理》,《马克思恩格斯选集》第1卷,第224页。

现,只有到了外部世界对个人才能的实际发展所起的作用受到个人本身驾驭的时候,才不再成为理想,成为口号,这也正是共产主义者所向往的。"[1]

④ 消灭阶级差别、贫富差别

共产主义社会由于消灭了私有制,取消了社会分工,也就消灭了阶级差别、贫富差别:"阶级的存在是由分工引起的,到那时现在这种分工也将完全消失。"[2]"共产主义否认阶级存在的必要性;它要消灭任何阶级,消灭任何阶级的差别。"[3]"在共产主义社会里……谈不到个别阶级的破产,更谈不到像现在那样的富人和穷人的阶级了。"[4]全体社会成员变成了利益共同体,人与人之间的利益对立、矛盾也不复存在,个人利益与集体利益融为一体:"在共产主义社会里,人和人的利益并不是彼此对立的,而是一致的,因而竞争就消失了。"[5]"只有在集体中,个人才能获得全面发展其才能的手段,也就是说,只有在集体中才可能有个人自由。"[6]

⑤ 取消商品经济和货币,实行计划经济

共产主义社会取消商品经济和货币,实行计划经济:"当全部资本、全部生产和全部交换都集中在人民手里的时候私有制将自行灭亡,金钱将变成无用之物。"[7]"在社会化的生产中,货币资本已不复存在……生产者们比方说将会得到一种纸的凭证,凭此在社会的消费品储存中,取去一个与他们的劳动时间相符的数量。这种凭证,不是货币。它是不流通的。"[8]"一旦社会占有了生产资料,商品生产就将被消除……社会生产内部的无政府状态将为有计划的自觉的组织所代替。"[9]"若我们设想一个非资本主义的社会,那就是设想一个共产主义的社会,货币资本就会完全消灭,从而,由此引入的交易上的烟幕也会消灭。问题会简单还原为:社会必须预先计算,能用多少劳动,生产资料,和生活资料在某种事业上,而不致有害。"[10]"在共产主义社会里,无论生产和消费都很容

---

[1] 马克思、恩格斯:《德意志思想体系》,《马克思、恩格斯、列宁、斯大林论共产主义社会》,第133页。
[2] 恩格斯:《共产主义原理》,《马克思恩格斯选集》第1卷,第222页。
[3] 马克思、恩格斯:《论波兰问题》,《马克思恩格斯选集》第1卷,第292页。
[4] 恩格斯:《在爱北斐特的演说》,《马克思恩格斯全集》第2卷,第605页。
[5] 恩格斯:《在爱北斐特的演说》,《马克思恩格斯全集》第2卷,第605页。
[6] 马克思、恩格斯:《费尔巴哈》,《马克思恩格斯选集》第1卷,第82页。
[7] 恩格斯:《共产主义原理》,《马克思恩格斯全集》第4卷,第368页。
[8] 马克思:《资本论》第2卷,第437页,人民出版社1958年版。
[9] 恩格斯:《反杜林论》,《马克思恩格斯选集》第3卷,第323页。
[10] 马克思:《资本论》第2卷,第377页。

易估计。既然知道每一个人平均需要多少物品,那就容易算出一定数量的人需要多少物品;既然那时生产已经不掌握在个别私人企业主的手里,而是掌握在公社及其管理机构的手里,那也就不难按照需求来调节生产了。"〔1〕后来,德国社会民主党领袖倍倍尔把新社会的这个特点说得更明确:"新社会不制造专供买卖用的商品。生产的目的是仅为供给消费。""在新社会里没有商品,所以没有货币。"〔2〕

⑥ 各取所需,按需分配

生产力高度发展,物质财富充分涌流,人们各取所需,按需分配。共产主义社会是建立在资本主义制度创造的发达的科学技术和高度的生产效率基础之上的,同时消灭了私有制和资本主义异化劳动戴在劳动者身上的种种枷锁,消除了利益争斗造成的财富消耗和浪费,人性和人的才能得到全面发展,"生产力随着每个人的全面发展而增长,一切社会财富的资源都会充分地涌现出来——只有在那时候……社会才能把'各尽所能,各取所需'写在自己的旗帜上。"〔3〕

⑦ 消灭国家,建立"公社"

到共产主义社会,国家就消亡了。"到目前为止还在阶级对立中运动着的社会都需要有国家,即需要一个剥削阶级的组织,以便维持它的外部的生产条件,特别是用暴力把被剥削阶级控制在当时的生产方式所决定的那些压迫条件下。"而在共产主义社会,"无产阶级将取得国家政权,并且首先把生产资料变为国家财产……这样一来它就消灭了作为无产阶级的自身,消灭了一切阶级差别和阶级对立,也就消灭了作为国家的国家"。"当国家终于真正成为整个社会的代表时,它就使自己成为多余的了。""国家不是'被废除'的,它是自行消亡的。""那时,对人的统治将由对物的管理和对生产过程的领导所代替。"〔4〕当然,马克思也注意到,"在资本主义社会和共产主义社会之间,有一个从前者变为后者的革命转变时期",他指出:"这个时期的国家"不仅不会消亡,而且"只能是无产阶级专政。"〔5〕国家消亡以后,社会管理组织是"公社"。

---

〔1〕 恩格斯:《在爱北斐特的演说》,《马克思恩格斯全集》第 2 卷,第 605 页。
〔2〕 倍倍尔:《妇女与社会主义》,生活·读书·新知三联书店 1955 年版,第 404 页。
〔3〕 马克思语,转引自列宁:《国家与革命》,《列宁全集》第 25 卷,第 454 页。
〔4〕 以上引文,均见恩格斯:《反杜林论》,《马克思恩格斯选集》第 3 卷,第 320 页。
〔5〕 引文均见马克思:《哥达纲领批判》,《马克思恩格斯选集》第 3 卷,第 21 页。

⑧ 保留家庭，家庭成员独立，性生活自由

共产主义社会中家庭处于什么样的地位和状态？一方面，"共产主义组织并不实行共妻制"，家庭还将存在和保留；另一方面，"两性间的关系将成为仅仅和当事人有关而社会无须干涉的私事"，"由私有制所产生的现代婚姻的两种基础，即妻子依赖丈夫、孩子依赖父母，也会消灭"[1]。

⑨ 教育与劳动相结合

为了开发人的潜能，共产主义社会重视人的教育，不过这种书本知识的教育要与体力劳动紧密结合起来。马克思、恩格斯早在《共产党宣言》中就呼吁：废除童工，"对一切儿童实行公共的和免费的教育"，"把教育同物质生产结合起来"[2]。并指出："生产劳动和教育的早期结合是改造现代社会的最强有力的手段之一。"[3] 在《资本论》中，马克思又强调："未来教育对所有已满一定年龄的儿童来说，就是生产劳动同智育和体育相结合，它不仅是提高社会生产的一种方法，而且是造就全面发展的人的唯一方法。"[4]

⑩ 尊重个性，实现人的自由发展

一方面，共产主义社会不存在超脱集体利益之外的个人利益，另一方面，"要不是每一个人都得到解放，社会本身也就不能得到解放"[5]。"只有在个人得到全面发展的条件下，私有制才会消灭"，反过来说，"共产主义社会"正是"个人独特的和自由的发展不再是一句空话的单一的社会"[6]。在《共产党宣言》最后，马克思恩格斯曾满怀憧憬地期待："代替那存在着阶级对立的资产阶级旧社会的，将是这样一个联合体，在那里，每个人的自由发展是一切人的自由发展的条件。"[7] 由于取消了社会分工，"在共产主义社会里，任何人都没有特定的活动范围，每个人都可以在任何部门内发展，社会调节着整个生产，因而使我有可能随我自己的心愿今天干这事，明天干那事，上午打猎，下午捕鱼，傍晚从事畜牧，晚饭后从事批判，但并不因此就使我成为一个猎人、渔夫、牧人或批判者。"[8]

---

[1] 均见恩格斯：《共产主义原理》，《马克思恩格斯选集》第1卷，第224页。
[2] 《马克思恩格斯选集》第1卷，第273页。
[3] 马克思：《哥达纲领批判》，《马克思恩格斯选集》第3卷，第24页。
[4] 转引自恩格斯：《反杜林论》，《马克思恩格斯选集》第3卷，第361页。
[5] 恩格斯：《反杜林论》，《马克思恩格斯选集》第3卷，第332页。
[6] 引文见马克思、恩格斯：《德意志思想体系》，《马克思、恩格斯、列宁、斯大林论共产主义社会》，第134—135页。
[7] 《马克思恩格斯选集》第1卷，第273页。
[8] 马克思、恩格斯：《费尔巴哈》，《马克思恩格斯选集》第1卷，第37页。

（2）马克思共产主义学说的得失评估

在分析马克思之前的空想社会主义者"所以是空想主义者"的原因时,恩格斯曾经指出:"正是因为在资本主义生产还很不发达的时代,他们只能是这样。"[1] 身处资本主义生产发达的时代,通过对当代资本主义现实弊病、客观规律和发展趋势的深入研究分析,马克思恩格斯的共产主义学说希望以其可以被现实印证的科学品格区别于历史上的空想共产主义学说。不过,由于历史条件的限制,资本主义在马克思恩格斯去世之后又出现了许多新的发展和变化,而将马克思恩格斯的共产主义蓝图变为现实的国际共产主义运动又出现了"种下的是龙种,收获的是跳蚤"的弯路,这就使得人们不得不对马克思的共产主义学说作出实事求是的反思,并以一种与时俱进的开放态度对此进行改革。从中国新时期改革开放三十多年的实践来看,马克思恩格斯描绘的共产主义社会的十大特征大多数都做了不恪守教条的改进。比如马克思设想的共产主义社会主张彻底消灭私有制和私有观念,全部实现公有制,当下中国社会从对个人利益的承认出发,打破了一统天下的公有制,以股份制、民营企业、外资企业为代表的私有制经济占据了国民经济不小的比重。从1998年到2003年,企业所有制开始并完成了"国退民进"的改革,国有及国有控股企业户数从23.8万户减少到15万户,中国企业的所有制格局为之一变。2002年,一份《中国私营企业调查报告》显示,在过去的4年里,有25.7%被调查的私营企业由国有或集体所有制改制而来。在通过公有制企业改制而来的私营业主中,中共党员所占比例达50.66%。2003年,国资委透露,在实际操作中,绝大多数地方进行的国有资产都是采取全部转让的方式退出。[2] 最早搞农村土地承包责任制的安徽凤阳在一年之内就把数百家集体企业全部卖给了私人。县委书记说:过去我们敢"包",打破了农村的"一大二公",现在我们敢"卖",打破了城镇里的"一大二公",凤阳今后不再搞单一公有制的企业了。国有企业的退出速度和比例成为改革政绩考核的一个指标。[3] 国家统计局前局长李成瑞的一篇文章表明:2005年我国公有制经济与私有制经济在三大指标中所占的比重是:1. 资本:公私经济(二、三产业)所占比重分别为:53%与47%;2. 就业人员:公私经济(二、三产业)所占比重分别为:39%与61%;3. 国内生产总值:公私经济所占比重分别为:39%与61%。

---

[1] 恩格斯:《反杜林论》,《马克思恩格斯选集》第3卷,第306页。
[2] 吴晓波:《激荡三十年》下册,中信出版社2008年版,第114—115页。
[3] 吴晓波:《激荡三十年》下册,第115页。

2012年中国的私有制资产虽然不足总资产的35%,但对GDP贡献却已经超过65%,说明私有制经济的效率远远高过国有经济。随着新一届政府市场经济改革力度的进一步加大,私有经济的比重将会进一步扩大。马克思设想的共产主义社会消灭了资本主义异化劳动,劳动成为人的第一需要,而在当下中国社会市场经济、私营经济条件下,资本的"异化劳动"不仅大量存在,甚至有的地方变本加厉;劳动远未"成为人的第一需要",按照人的好逸恶劳天性,劳动也不可能"成为人的第一需要"。马克思设想的共产主义社会消灭了社会分工、城乡差别、脑力劳动与体力劳动的对立,当下中国随着科学技术的发展和生产力的提高,城乡差别、脑力劳动与体力劳动的差别虽然在缩小,但依然存在,社会分工也从未取消。马克思设想的共产主义社会消灭了阶级差别、贫富差别,但中国当下的贫富差别不是缩小了,而是加大了,甚至到了国际警戒的危险水平,由此形成的阶级差别是客观存在的。马克思设想的共产主义社会取消了商品经济和货币,实行计划经济,而中国当下恰恰借鉴和恢复了资本主义社会的市场经济和商品经济,货币不仅在相当长的时期内还存在,而且看不到货币取消的理由。马克思设想的共产主义社会消灭了国家,建立了世界一体的"公社"。当今世界有相当于世界"公社"的"联合国",但那是反映不同国家的集体意志、处理不同国家利益纷争的联合体,不同于马克思所说的不包含国家的世界"公社";而国家作为具有文化历史传统的利益共同体,也看不到有什么消亡的可能。马克思设想的共产主义社会家庭成员独立,性生活自由,也面临着一个亲情伦理和社会管理的问题。关于各取所需,按需分配,如果是指财富分配上不论贡献大小的绝对平均主义"大锅饭",我们已经吃尽了苦头,那是我们在当下一次分配体制中尽力避免的,但通过二次分配保证全社会每个人都能有生活保障,却也是我们当下改革所兼顾的。至于教育与劳动相结合,尊重个性,实现人的自由发展,这是可以继承和吸取的精华,也是当下中国社会努力奋斗的目标。

(本文载《马克思主义美学研究》2014年第2期)

祁志祥著作目录

1. 《中国古代文学原理》,学林出版社 1993 年
2. 《中国美学的文化精神》,上海文艺出版社 1996 年
3. 《佛教美学》,上海人民出版社 1997 年
4. 《美学关怀》,复旦大学出版社 1998 年
5. 《佛学与中国文化》,学林出版社 2000 年
6. 《中国人学史》,上海大学出版社 2002 年
7. 《中国美学原理》,山西教育出版社 2003 年
8. 《似花非花——佛教美学观》,宗教文化出版社 2003 年
9. 《中国现当代人学史》,学林出版社 2006 年
10. 《中国古代文学理论》("十一五"国家级教材),山西教育出版社 2008 年
11. 《中国美学通史》(国家社科基金项目,三卷本),人民出版社 2008 年
12. 《中国佛教美学史》,北京大学出版社 2010 年
13. 《人学视阈下的文艺美学探究》,上海财经大学出版社 2010 年
14. 《历代文学观照的经济维度》,河南人民出版社 2012 年
15. 《人学原理》,商务印书馆 2012 年
16. 《国学人文导论》,商务印书馆 2013 年
17. 《社会理想与社会稳定》,社会科学文献出版社 2013 年
18. 《中国文学美学史》,山西教育出版社 2014 年
19. 《乐感美学》(国家社科基金后期资助项目),北京大学出版社 2016 年
20. 《中国现当代人学史》修订本,台湾独立作家出版 2016 年
21. 《国学与人生》,商务印书馆 2017 年
22. 《佛教美学新编》,上海人民出版社 2017 年

23. 《八十年代文艺美学通信》(与钱中文合著),上海教育出版社 2018 年
24. 《中国现当代美学史》上下册(国家社科基金后期资助项目),商务印书馆 2018 年
25. 《中国美学全史》五卷本,上海人民出版社 2018 年
26. 《中华传统美学精神》,上海人民出版社 2018 年
27. 《中国古代文学理论》修订本("十一五"国家级教材),华东师范大学出版社 2018 年
28. 《且行且珍惜:祁志祥自传体诗文集》,汕头大学出版社 2018 年
29. 《国学人文读本》上下卷(主编),上海文化出版社 2008 年
30. 《美学与远方》,朱立元、祁志祥主编,上海人民出版社 2017 年
31. 《中国传统文学与经济生活》,许建平、祁志祥主编,河南人民出版社 2006 年

图书在版编目(CIP)数据

祁志祥学术自选集/祁志祥著. —上海:复旦大学出版社,2019.10
ISBN 978-7-309-14637-0

Ⅰ.①祁… Ⅱ.①祁… Ⅲ.①社会科学-文集 Ⅳ.①C53

中国版本图书馆 CIP 数据核字(2019)第 208891 号

祁志祥学术自选集
祁志祥 著
责任编辑/胡欣轩

复旦大学出版社有限公司出版发行
上海市国权路 579 号   邮编:200433
网址:fupnet@fudanpress.com   http://www.fudanpress.com
门市零售:86-21-65642857   团体订购:86-21-65118853
外埠邮购:86-21-65109143
江阴金马印刷有限公司

开本 787×960 1/16   印张 36.75   字数 588 千
2019 年 10 月第 1 版第 1 次印刷

ISBN 978-7-309-14637-0/C·384
定价:148.00 元

如有印装质量问题,请向复旦大学出版社有限公司发行部调换。
版权所有   侵权必究